Selected Typical Cases from People's Courts in the Yangtze Delta Region and the Third Circuit Court of the Supreme People's Court . Volume 1

最高人民法院第三巡回法庭
长三角地区人民法院
典型案例选编

（第一辑）

最高人民法院第三巡回法庭
华东政法大学
组编

法律出版社 LAW PRESS · CHINA
北京

图书在版编目（CIP）数据

最高人民法院第三巡回法庭长三角地区人民法院典型案例选编. 第一辑 / 最高人民法院第三巡回法庭，华东政法大学组编. -- 北京：法律出版社，2023
ISBN 978-7-5197-8069-2

Ⅰ. ①最… Ⅱ. ①最… ②华… Ⅲ. ①案例-汇编-中国 Ⅳ. ①D920.5

中国国家版本馆 CIP 数据核字（2023）第 124519 号

最高人民法院第三巡回法庭长三角地区人民法院典型案例选编（第一辑）
ZUIGAO RENMIN FAYUAN DISAN XUNHUI FATING CHANGSANJIAO DIQU RENMIN FAYUAN DIANXING ANLI XUANBIAN(DI-YI JI)

最高人民法院第三巡回法庭
华东政法大学
组编

策划编辑 朱 峰
责任编辑 苗 婕 金 姗
装帧设计 贾丹丹

出版发行 法律出版社
编辑统筹 辞书·融出版编辑部
责任校对 李慧艳
责任印制 吕亚莉
经　　销 新华书店

开本 710 毫米×1000 毫米 1/16
印张 30.75 **字数** 501 千
版本 2023 年 8 月第 1 版
印次 2023 年 8 月第 1 次印刷
印刷 北京建宏印刷有限公司

地址：北京市丰台区莲花池西里 7 号（100073）
网址：www.lawpress.com.cn
投稿邮箱：info@lawpress.com.cn
举报盗版邮箱：jbwq@lawpress.com.cn

销售电话：010-83938349
客服电话：010-83938350
咨询电话：010-63939796

书号：ISBN 978-7-5197-8069-2
定价：128.00 元

凡购买本社图书，如有印装错误，我社负责退换。电话：010-83938349

编审委员会

本书的出版,离不开上海、江苏、浙江、安徽省(市)高级人民法院的倾力协作,离不开华东政法大学的大力支持,离不开关心三巡和“长三办”工作的各单位、院校的积极参与,在此衷心表示感谢!本书中的不当、疏漏之处难免,敬祈读者批评指正。

编审委员会

二〇二三年六月

序　　言

习近平总书记多次强调"一个案例胜过一沓文件"。党的二十大报告对严格公正司法作出专门部署,深刻指出要加快建设公正高效权威的社会主义司法制度。推进案例工作高质量发展,是落实党的二十大精神的必然要求。

最高人民法院第三巡回法庭(以下简称三巡)自成立以来,审结了大量新型、疑难、复杂案件,形成了一批促进法律适用统一、规范司法裁判标准的典型案例,有效发挥司法裁判规范指引作用,有力指导公正裁判。同时,三巡通过搭建案例平台、发布典型案例、加强调研交流等方式,带动巡回区法院完善案例体系建设,形成了案例工作的三巡经验。

2020年,最高人民法院推动长三角一体化发展司法工作小组办公室(以下简称"长三办")在三巡设立。2022年,"长三办"以"促进法律适用统一,以高质量司法服务保障长三角一体化发展"为主题,在长三角地区法院征集、筛选了一批具有典型性、示范性、指导性的案例。

为总结提升三巡及"长三办"成立以来的案例成果,三巡与华东政法大学联合出版《最高人民法院第三巡回法庭长三角地区人民法院典型案例选编》(以下简称《案例选编》)系列丛书,收录三巡以及长三角地区法院审理的典型案例。

《案例选编》的出版,是三巡主审法官裁判智慧的集合,也是长三角地区法院审判人员司法实践经验的结晶。第一辑收录三巡历年入选指导性案例、《最高人民法院公报》案例和《人民法院案例选》的19个案例以及长三角地区法院审理的20个典型案例。《案例选编》兼顾不同案例来源和读者阅读习惯,每篇案例包括编者按、裁判摘要和案例文稿三部分内容。

编写说明

1. 本书中涉及的法律法规、司法解释较多,统一按下表采用简称。

全　称	简　称
《最高人民法院关于适用〈中华人民共和国民事诉讼法〉的解释》	《民诉法解释》
《最高人民法院关于适用〈中华人民共和国仲裁法〉若干问题的解释》	《仲裁法解释》
《最高人民法院关于审理民间借贷案件适用法律若干问题的规定》	《民间借贷若干问题的规定》
《全国法院民商事审判工作会议纪要》	《九民会议纪要》
《最高人民法院关于适用〈中华人民共和国涉外民事关系法律适用法〉若干问题的解释(一)》	《涉外民事关系司法解释(一)》
《最高人民法院关于适用〈中华人民共和国担保法〉若干问题的解释》	《担保法司法解释》
《最高人民法院关于适用〈中华人民共和国合同法〉若干问题的解释(二)》	《合同法司法解释(二)》
《最高人民法院关于适用〈中华人民共和国企业破产法〉若干问题的规定(二)》	《企业破产法司法解释(二)》
《最高人民法院关于审理建设工程施工合同纠纷案件适用法律问题的解释》	《建设工程施工合同纠纷司法解释》
《最高人民法院关于审理建设工程施工合同纠纷案件适用法律问题的解释(一)》	《建设工程施工合同纠纷司法解释(一)》
《最高人民法院关于审理建设工程施工合同纠纷案件适用法律问题的解释(二)》	《建设工程施工合同纠纷司法解释(二)》
《中华人民共和国海关关于〈中华人民共和国知识产权海关保护条例〉的实施办法》	《知识产权海关保护条例实施办法》

续表

全　称	简　称
《最高人民法院关于适用〈中华人民共和国行政诉讼法〉的解释》	《行政诉讼法司法解释》
《最高人民法院关于适用〈中华人民共和国公司法〉若干问题的规定(四)》	《公司法司法解释(四)》
《最高人民法院关于涉外民商事案件诉讼管辖若干问题的规定》	《涉外民商事案件诉讼管辖司法解释》
《最高人民法院关于审理外商投资企业纠纷案件若干问题的规定(一)》	《外商投资企业纠纷司法解释(一)》
《最高人民法院关于适用〈中华人民共和国公司法〉若干问题的规定(三)》	《公司法司法解释(三)》
《国家发展改革委办公厅关于印发〈商业银行收费行为执法指南〉的通知》	《商业银行收费行为执法指南》
《最高人民法院关于审理票据纠纷案件若干问题的规定》	《票据纠纷司法解释》
《最高人民法院关于人民法院民事执行中查封、扣押、冻结财产的规定》	《查封、扣押、冻结财产的规定》
《最高人民法院关于人民法院办理执行异议和复议案件若干问题的规定》	《执行异议和复议规定》
《关于审理商品房买卖合同纠纷案件适用法律若干问题的解释》	《商品房买卖合同司法解释》
《最高人民法院关于适用〈中华人民共和国民法典〉时间效力的若干规定》	《民法典时间效力规定》
《最高人民法院关于为设立科创板并试点注册制改革提供司法保障的若干意见》	《试点注册制的若干意见》
《科创板首次公开发行股票注册管理办法(试行)》	《科创板首发办法》
《上海证券交易所科创板股票发行上市审核规则》	《审核规则》
《上海证券交易所科创板股票发行上市审核问答(二)》	《审核问答(二)》
《私募股权投资基金监督管理暂行办法》	《私募基金管理办法》
《最高人民法院关于审理商标民事纠纷案件适用法律若干问题的解释》	《商标纠纷司法解释》
《最高人民法院关于审理涉及驰名商标保护的民事纠纷案件应用法律若干问题的解释》	《驰名商标保护司法解释》

续表

全　称	简　称
《最高人民法院关于审理不正当竞争民事案件应用法律若干问题的解释》	《不正当竞争案件司法解释》
《最高人民法院、最高人民检察院关于办理环境污染刑事案件适用法律若干问题的解释》	《环境污染刑事案件司法解释》
《最高人民法院关于适用〈中华人民共和国反不正当竞争法〉若干问题的解释》	《反不正当竞争法司法解释》
《最高人民法院关于审理消费民事公益诉讼案件适用法律若干问题的解释》	《消费民事公益诉讼司法解释》
《最高人民法院关于审理环境民事公益诉讼案件适用法律若干问题的解释》	《环境民事公益诉讼司法解释》
《最高人民法院、最高人民检察院关于检察公益诉讼案件适用法律若干问题的解释》	《检察公益诉讼司法解释》
《最高人民法院关于审理侵害植物新品种权纠纷案件具体应用法律问题的若干规定》	《侵犯植物新品种权纠纷司法解释》
《最高人民法院关于审理侵害植物新品种权纠纷案件具体应用法律问题的若干规定(二)》	《侵犯植物新品种权纠纷司法解释(二)》
《最高人民法院关于审理环境侵权责任纠纷案件适用法律若干问题的解释》	《环境侵权责任纠纷司法解释》

2. 本书部分案件裁判时间较早,《民法典》尚未生效,案例中引用的《民法通则》《合同法》《担保法》《侵权责任法》等法律法规和司法解释等现均已失效,正文中不再对现已失效的法律法规作标注提醒。另外,本身案件裁判中引用的《民事诉讼法》《民诉法解释》等法律法规和司法解释为当时有效的版本,由于部分案件裁判时间较早,相关条款与现行有效版本可能有所出入,正文中也不再作标注提醒。

第一编

第三巡回法庭案例

民事案例

指导案例170号

饶某礼与江西省某物资供应站等房屋租赁合同纠纷案

编者按

合同无效是对合同效力根本性的否定评价，从私法自治和鼓励交易出发，司法审判应审慎认定合同无效，故《民法典》第153条不仅规定违反法律、行政法规的强制性规定的民事法律行为方才无效，而且规定如果该强制性规定不导致该民事行为无效的，亦当除外。但同时，该条第2款又规定，违背公序良俗的民事行为无效。《民法总则》第153条第2款及原《合同法》第52条第4项分别对此也有类似规定。本案中，合同双方当事人违反行政规章签订租赁合同，合同无效并非因为其违反行政规章，而是因其约定将经鉴定机构鉴定存在严重结构隐患，或将造成重大安全事故的应当尽快拆除的危房出租用于经营酒店，危及不特定公众人身及财产安全，属于违背公序良俗的行为，损害社会公共利益，应当依法确认租赁合同无效。合同无效后，应按照合同双方当事人的过错大小确定各自应当承担的法律责任。

裁判摘要

违反行政规章一般不影响合同效力,但违反行政规章签订租赁合同,约定将经鉴定机构鉴定存在严重结构隐患,或将造成重大安全事故的应当尽快拆除的危房出租用于经营酒店,危及不特定公众人身及财产安全,属于损害社会公共利益、违背公序良俗的行为,应当依法认定租赁合同无效,按照合同双方的过错大小确定各自应当承担的法律责任。

原告(反诉被告):饶某礼

被告(反诉原告):江西省某物资供应站

法定代表人:朱某刚,站长

第三人:上海永祥加固技术工程有限公司

法定代表人:高某贵,执行董事

饶某礼因与江西省某物资供应站(以下简称物资供应站)、上海永祥加固技术工程有限公司(以下简称永祥加固公司)发生房屋租赁合同纠纷,向江西省南昌市中级人民法院提起诉讼,在诉讼过程中,物资供应站向饶某礼提起反诉,江西省南昌市中级人民法院予以受理。

原告饶某礼诉称:2011 年,原告通过招投标的方式中标被告位于南昌市青山南路办公大楼的承租权,双方于 2011 年 8 月 29 日签订租赁合同,约定:该办公大楼整体出租给原告用于经营商务宾馆,租赁期限为 15 年,自 2011 年 9 月 1 日至 2026 年 8 月 31 日,租金按每平方米 26 元计算(合计每月租金为人民币 107,120 元)。被告收取原告保证金等费用共计 220 万元。合同签订后,原告依约履行了合同规定的全部义务,但该办公楼却于 2012 年突然倒塌,导致原告无法实现合同目的,双方也无法继续履行租赁合同,故原告依据《合同法》的有关规定诉至法院要求解除合同。另根据原告调查得知,该出租办公楼于 2007 年就经江西省建设安全生产监督管理局鉴定为危楼 D 级,并建议尽快拆除。被告将危险房屋直接出租给原告明显违反相关法律规定,存在明显过错,应承担相应的赔偿责任。原告为承租该大楼已经投入大量人力、物力、财力,大楼倒塌给原告造成了巨大的经济损失。请求判令:(1)解除原、被告双方 2011 年 8 月 29 日签订的租赁合同;(2)被告物资供应站返还原告饶某礼保证金人民币 220 万元;(3)被告赔偿原告各项经济损失共计人民币

281万元。

被告物资供应站辩称：被告出租的房屋虽然是危房，但具有可修复性，法律并无强制性规定危房应当拆除。反之，原建设部《城市危险房屋管理规定》第17条明确提出了对危房的具体措施为加固或修缮处理。根据双方当事人的合同约定，加固房屋的责任由承租人承担；加固的房产必须达到商业房产的使用标准，承租人方可以使用。因此，根据当事人之间的约定，租赁物的瑕疵担保责任已由出租人转移至承租人，且该种转移并不违反法律强制性规定。根据法律规定，租赁合同解除或终止时，承租人应将租赁物完整无损地返还出租人；否则，应承担损害赔偿责任，故原告应承担赔偿责任。

反诉原告物资供应站提出反诉称：2011年8月29日，双方当事人就房屋租赁事宜签订合同，双方约定，饶某礼承租物资供应站的青山南路办公大楼，并独立承担使用前的房屋加固责任。饶某礼承租后，于2011年10月26日将房屋加固工程发包给第三人永祥加固公司。2012年1月3日，永祥加固公司在施工过程中造成大楼垮塌，租赁物完全毁损。饶某礼承租后因第三人的加害行为致使租赁物毁损，应向物资供应站承担责任。大楼因垮塌毁损，造成物资供应站大楼价值损失3,010,000.72元、收益损失20,740,726.39元、为防止损失扩大支出的合理费用88,414.89元，合计24,635,161.39元。请求判令反诉被告饶某礼承担侵权责任，赔偿反诉原告24,635,161.39元。

反诉被告饶某礼辩称：反诉程序上存在瑕疵，而且倒塌的房屋即使不加固，随时都有可能垮塌，而不是因为反诉被告过错导致倒塌，请求法院驳回反诉原告的诉讼请求。

第三人永祥加固公司未陈述意见。

江西省南昌市中级人民法院一审查明：

南昌市青山湖区晶品假日酒店（以下简称晶品酒店）组织形式为个人经营，经营者系饶某礼。2011年7月27日，晶品酒店通过公开招标的方式中标获取租赁物资供应站合法占有的南昌市青山南路办公大楼招租的权利。2011年7月27日，晶品酒店向物资供应站提供的承诺书记载："我公司郑重承诺，如我公司中标以后，一定会严格按照加固设计单位和江西省建设工程安全质量监督管理局等权威部门出具的加固改造方案，对青山路办公大楼进行科学、安全的加固。并在取得具有法律效力的书面文件后，再使用该大楼。"投标承诺书第10条、第11条记载，晶品酒店同意根据招标人要求投入相应加固改造装修资金,用于办公大楼的加固改造和装修工程,并再次强调了承诺书的内容。

2011年8月29日,晶品酒店与物资供应站签订一份租赁合同,合同约定:物资供应站将南昌市青山南路办公楼4120平方米建筑(不包括门卫室以及洪都农商行实际占用面积)出租给晶品酒店经营商务宾馆。租赁期限15年,自2011年9月1日起至2026年8月31日止。租金和其他费用:(1)租赁期内,前5年租金(含管理费)为每月每平方米26元,合计每月107,120元。鉴于晶品酒店前期准备工作的需要,物资供应站同意从2012年4月开始计付租金。(2)从2017年4月1日始增加租金,以后每过3年增加一次租金,每次增加比例为原租金总额的5%,以此类推。(3)合同签订之日,晶品酒店应向物资供应站给付履约保证金人民币20万元,合同期满后,如无法定或约定事由发生,物资供应站免息返还。(4)如有下列事由之一发生,物资供应站有权没收履约保证金并终止合同:①拖欠租金2个月;②晶品酒店单方提前终止合同;③因晶品酒店过错,租赁物毁损或造成物资供应站其他重大经济损失。第4条第2款第6项约定:晶品酒店对租赁物的装修装饰,应符合招标文件的要求和投标文件的承诺;装修方案应当事先递交物资供应站书面认可,装修装饰不得破坏或影响租赁物的主体机构和安全。第5条"特别约定":(1)租赁物经有关部门鉴定为危楼,须加固后方能使用。晶品酒店对租赁物的前述问题及瑕疵已充分了解。晶品酒店承诺对租赁物进行加固,确保租赁物达到商业房产使用标准,晶品酒店承担全部费用。(2)加固工程方案的报批、建设、验收(验收部门为省建设工程安全质量监督管理局或同等资质的部门)均由晶品酒店负责,物资供应站根据需要提供协助。(3)晶品酒店如未经加固合格即擅自使用租赁物,应承担全部责任。如因加固、供水电及晶品酒店履约不能等因素致使合同无法履行,晶品酒店应承担违约责任,物资供应站不予退还履约保证金、不予补偿晶品酒店的实际投资;如物资供应站因此遭受损失,晶品酒店承担赔偿责任。第7条"违约责任"约定:因双方任一方违约导致合同解除或单方无故终止合同的,违约方应赔偿守约方所有经济损失。合同签订后,物资供应站依照约定交付了租赁房屋。

晶品酒店先后于2011年7月25日、8月15日支付给物资供应站20万元、1000万元,物资供应站认可其中20万元是履约保证金,1000万元是投标保证金,在中标后退还了800万元投标保证金。

2011年10月26日,晶品酒店与永祥加固公司签订一份加固改造工程协议书,晶品酒店将租赁的房屋以包工包料次包干(图纸内的全部土建部分)的方式发包给永祥加固公司加固改造,改造范围为主要承重柱、墙、梁板结构加固新增墙体全部内粉刷,图纸内的全部内容以及图纸、电梯、热泵。开工时间为2011年10月26日,竣工时间为2012年1月26日。后2012年1月3日在加固施工过程中,涉案的建筑物大部分垮塌。

同时查明:2007年2月7日物资供应站与南昌市洪都农村信用合作联社签订房屋租赁合同,物资供应站将涉案的部分房屋出租给了南昌市洪都农村信用合作联社,租赁期限为2007年3月15日起至2017年3月14日止。租金为每月13,600元,并根据市场行情变化每隔3年双方协商重新调整一次租金。2011年3月17日,物资供应站与南昌洪都农村商业银行股份有限公司(原南昌市洪都农村信用合作联社,以下简称洪都农商行)签订补充协议,约定从2011年3月15日起年租金变为179,520元。2012年11月27日,物资供应站与洪都农商行达成赔偿协议,物资供应站赔偿12万元。另外,物资供应站因涉案房屋倒塌赔偿附近居民、单位的损失以及排除危险、排险期间的过渡安置等共支付764,434.89元。

另查明:江西省建设业安全生产监督管理站2007年6月18日作出技术鉴定意见将涉案的建筑物危险性等级划分为D级危房。在诉讼中,一审法院委托鉴定机构对涉案建筑物的价值和倒塌原因、因果关系、过错进行司法鉴定。江西豫章房地产经纪评估公司作出房地产估价报告对涉案建筑物价值进行了鉴定,认定涉案建筑物在价值时点(2012年1月3日)的市场价值为276.4万元。但对于涉案建筑倒塌原因、因果关系、过错的委托鉴定,因倒塌建筑物不存在,双方当事人又无法提供有效的涉及施工等验收资料,被鉴定机构退回。一审法院在诉讼过程中到加固改造设计图纸的设计单位江西省协建工程设计院有限公司进行调查取证,该单位回复,加固改造设计不是其单位的正式设计业务,该单位设计人员应朋友要求提交了供工程咨询及施工准备使用的图纸,没有出示正式施工蓝图,故没有底图和相关资料的存档,没有签订合同,也没有收取任何费用。

江西省南昌市中级人民法院一审认为:饶某礼系个体工商户业主,其经营的晶品酒店与物资供应站签订的房屋租赁合同系双方真实意思表示,且并不违反法律规定,法院予以确认。因双方在诉讼中均同意解除该租赁合同,且租赁的建筑已经毁损,合同目的无法实现,故对饶某礼提出的解除合同的请求均予以支持。

关于责任的承担问题。饶某礼在本诉中基于合同法律关系请求物资供应站承担违约责任及赔偿损失,物资供应站在反诉中要求饶某礼承担侵权赔偿责任。双方争议的核心问题在于谁应当对涉案建筑物的倒塌承担责任?《合同法》第222条规定,承租人应当妥善保管租赁物,因保管不善造成租赁物毁损、灭失的,应当承担损害赔偿责任。首先,投标承诺书、承诺书、租赁合同等可以证明饶某礼在签订租赁合同时知道涉案建筑系危房,且双方也约定由饶某礼所经营的晶品酒店将出租房屋加固后再使用。其次,根据合同约定,加固工程方案的报批、建设、验收均由晶品酒店负责,加固设计图纸也是饶某礼委托他人设计,加固施工单位永祥加固公司也系晶品酒店与之签订的加固合同。最后,合同约定装修方案应当事先递交物资供应站书面认可,装修装饰不得破坏或影响租赁物的主体机构和安全,本案中并无证据证明饶某礼将加固方案递交物资供应站进行认可,而涉案建筑又是在加固过程中倒塌。另外,虽然涉案房屋系危房,但本案事故并不是在使用中倒塌,而是饶某礼发包的加固公司在加固危房过程中倒塌。一般情况下,危房在通过采取科学、合理的加固措施后依然可以达到安全使用的条件,饶某礼以危房抗辩其不承担责任没有事实依据。综上,本涉案建筑物的倒塌系饶某礼未履行妥善保管租赁物的义务,其请求物资供应站承担赔偿责任没有事实和法律依据,予以驳回。反之,由于饶某礼未履行妥善保管租赁物义务导致物资供应站财产损毁,应承担相应的侵权赔偿责任。

关于饶某礼本诉中所主张的220万元保证金问题。经查,其中的20万元属于履约保证金,依据合同约定,如因晶品酒店过错造成租赁物毁损或物资供应站其他重大经济损失的,物资供应站有权没收履约保证金并终止合同。如因加固、供水电及晶品酒店履约不能等因素致使合同无法履行,晶品酒店应承担违约责任,物资供应站不予退还履约保证金、不予补偿晶品酒店的实际投资。现因晶品酒店个体经营者饶某礼未履行妥善保管租赁物义务导致物资供应站财产损毁,合同无法履行,造成物资供应站重大损失,物资供应站有权依照合同约定没收该20万元。关于另外200万元投标保证金,因招投标已经结束,物资供应站有义务返还饶某礼。

关于饶某礼应赔偿物资供应站的损失问题。《民法通则》第117条规定,侵占国家的、集体的财产或者他人财产的,应当返还财产,不能返还财产的,应当折价赔偿。损坏国家的、集体的财产或者他人财产的,应当恢复原状或者折价赔偿。受害人因此遭受其他重大损失的,侵害人并应当赔偿损失。《侵权责任法》第19条规定,侵害他人财产的,财产损失按照损失发生时的市场价格或者其他方式计算。首

综上,一审判决认定事实和适用法律均存在错误,应予纠正。江西省高级人民法院依照《民事诉讼法》第144条及第170条第1款第1项、第2项的规定,于2018年8月24日判决如下:"一、维持江西省南昌市中级人民法院(2013)洪民一初字第2号民事判决第一项、第二项;二、撤销江西省南昌市中级人民法院(2013)洪民一初字第2号民事判决第三项、第四项、第五项;三、江西省某物资供应站返还饶某礼履约保证金20万元;四、饶某礼赔偿江西省某物资供应站经济损失1,824,217.45元;五、本判决第一项、第三项、第四项确定的金额相互抵扣后,江西省某物资供应站应返还饶某礼375,782.55元,该款项限江西省某物资供应站于本判决生效后十日内支付;六、驳回饶某礼的其他诉讼请求;七、驳回江西省某物资供应站的其他反诉请求。"

饶某礼、物资供应站不服二审判决,均向最高人民法院提起再审。饶某礼申请再审称:(1)根据相关规定,不符合质量安全要求的房屋不得出租。涉案房屋于2007年已被鉴定为D级危楼,应立即拆除。但是,物资供应站在明知出租房屋属于危楼的情况下,仍通过公开招投标的方式进行招租,且在招标文件中故意隐瞒了出租建筑物的真实状况。涉案房屋在出租前从未进行过加固,即使无任何外力作用仍随时可能发生倒塌。原审判决认定房屋倒塌发生于永祥公司修缮加固过程中,不能排除加固过程中外力的因素导致房屋倒塌,缺乏证据证明。物资供应站将该房屋进行出租具有违法性。涉案危险房屋出租系用于开设宾馆经营,对社会公众造成严重安全隐患,易引发重大安全事故。根据《合同法》第52条的规定,损害社会公共利益的合同为无效合同,故涉案租赁合同应当认定为无效合同。(2)原审判决一方面认定双方当事人对涉案房屋倒塌均有过错,饶某礼应承担的赔偿责任可以减轻;另一方面认定饶某礼主张的281万元损失即便真实发生,也应由其自行承担。上述认定与法律规定相悖。一审期间,对涉案房屋倒塌原因多次鉴定,均无法确定涉案房屋倒塌与修缮、加固有任何因果关系。在没有证据证明饶某礼构成违约或侵权的情况下,让饶某礼承担赔偿责任没有事实和法律依据。请求:撤销原审民事判决第四项,改判物资供应站赔偿饶某礼281万元。再审中,饶某礼将向一审法院提出的第一项诉讼请求变更为:确认涉案租赁合同无效。

物资供应站辩称:(1)物资供应站没有隐瞒涉案房屋系D级危房的状况,签订的租赁合同系双方真实意思表示且不违反法律禁止性规定,合法有效。(2)危房不能出租,但消除了危房状态的房屋是可以出租的。租赁合同约定的权利义务包括两部分,一是饶某礼对涉案房屋解危,使之达到安全使用标准;二是饶某礼实际使用,达到合同目的。饶某礼对承租房屋的使用是附条件的,如条件成就,则解脱了危房的概念。(3)危房加固修复需要具备专业资质的设计、施工单位承揽,物资供应站与饶某礼约定加固方案应事先经出租方书面许可,加固方案须经报批、建设、验收,并未忽视人身安全和公共安全。(4)涉案房屋属于D级危房,物资供应站已预先告知。危房加固修复方案的设计与施工,目的就是通过加固消除危险状态,使房屋达到正常安全使用标准。把危房状态认定为施工状态下房屋倒塌原因之一,进而认定物资供应站承担责任,于法无据。(5)作为加固工程的发包人,饶某礼负有谨慎选任责任,但饶某礼委托的永祥加固公司在一审法院调查时并没有出示正式施工图。涉案房屋是在加固施工期间倒塌,饶某礼应对房屋毁损的后果承担全部责任。

物资供应站申请再审称:(1)租赁合同合法有效。危房的加固维修义务通过当事人的合意进行转移,法律并无禁止。涉案房屋通过加固修复消除安全隐患后就不再是危房,物资供应站并没有"带病出租"涉案房屋,不存在与法律法规的效力性强制性规定相冲突的情形。且饶某礼委托的施工图设计人在其出具的维修改造设计施工图说明中也认可,涉案房屋经过加固维修后就不应该属于D级危房。涉案房屋具有利用价值。即使是D级危房,也具有可修复性。根据《城市危险房屋管理规定》第17条、住房和城乡建设部办公厅于2018年3月28日发布的《农村危房改造基本安全技术导则》(建办村函〔2018〕172号)第3条等条款的规定,表明加固维修是通用措施,拆除重建是例外措施,法律法规不存在凡是D级危房就应当拆除的强制性规定。本着兼顾效率的原则,双方约定,加固修复与酒店装饰装修一并进行,由承租方进行加固修复,同时约定加固方案应事先递交并经出租方书面许可,加固工程方案须经报批、建设、验收,表明物资供应站并未忽视人身安全和公共安全,没有过错。(2)涉案房屋施工属于特殊的危房加固类,设计人、施工人需要专门资质,设计施工均应特别注意、专门防范。涉案危房在加固过程中倒塌,与设计、施工瑕疵关联,物资供应站没有过错。涉案房屋自2007年被评定为D级危房后,至2011年在加固施工中倒塌,其间历经3年风雨,没有自然倒塌。任何建筑物随着时间的推移,毁损是必然的,但通过科学手段,延迟毁损是可能的。涉案房屋于2011年1月3日前即已移交饶某礼,在饶某礼发包的加固工程施工中倒塌,原因应由饶某礼举证,如果原因无法查明,依法应由饶某礼、永祥加固公司承担连带责任。涉案房屋垮塌之时处于饶某礼发包的房屋加固施工期间,垮塌的原因应当由饶某礼从设计、施工等方面查找。饶某礼放弃对设计单位、施工单位的追责,主张物资供应站欺诈,违背诚实信用原则。(3)原审判决对物资供应站主张的租金损失未予支持,认定事实错误,适用法律不当。涉案租赁合同包括加固修复与酒店经营两项内容,饶某礼承担的是加固修复和给付租金义务。物资供应站已按约交付房屋,饶某礼已开始履行合同约定的加固修复义务。因此,合同已在履行之中。《合同法》第233条规定是对意思自治、诚实信用等原则与公共安全冲突的平衡,并未认定该类民事行为当然无效,而是赋予承租人解除权。涉案房屋消除安全隐患后,可以确保租赁物达到商业房产使用标准,就不存在上述法律规定的解除事由。租金损失4,394,880元由两部分构成:一是物资供应站与饶某礼的租金损失;二是物资供应站与洪都农商行的租金损失。房屋倒塌时,物资供应站与洪都农商行的租赁合同尚在履行中,因涉案房屋倒塌该租赁合同被迫终止。洪都农商行向物资供应站应支付的租金亦是物资供应站的可得利益,一审法院酌定为3年租金损失,并无不当。原审判决将两笔租金作为一笔处理,认定物资供应站与洪都农商行签订的租赁合同尚未实际履行,显属错误。请求:(1)撤销原审民事判决第二项、第三项、第四项、第五项、第六项、第七项;(2)维持一审判决第三项、第四项、第五项。再审中,物资供应站将向一审法院提出的反诉请求变更为:饶某礼赔偿物资供应站损失418.7万元。

饶某礼辩称:涉案租赁合同损害社会公共利益,应当认定为无效合同。物资供应站主张的损失主要包括三部分:一是涉案房屋毁损的损失;二是物资供应站因涉案房屋倒塌而排除危险和支付补偿款产生的费用;三是租金损失。原审判决将涉案房屋毁损损失认定为物资供应站的直接损失,认定事实及适用法律错误。认定该损失的唯一依据是江西省豫章房地产经纪评估公司出具的评估报告,该报告的假设条件为"手续齐全、可在公开市场上自由转让",而该房屋早在2007年就被鉴定为D级危房,应立即拆除。且该房屋在当年建设之初就无施工设计单位设计、无具体施工单位、无竣工验收报告,鉴定报告的假设条件均不具备,不能作为物资供应站的损失依据。物资供应站在危房倒塌后支付的排除危险费用和补偿款,是物资供应站违法违规造成的,应由物资供应站自行承担。对于租金损失,原审判决的认定并无不当。综上,物资供应站违反规定将极度危险的房屋向社会公开招标出租,并在招标文件中隐瞒了涉案房屋的危险程度,导致涉案房屋意外倒塌造成各方损失,该损失均由物资供应站的过错造成,理应由其进行赔偿,其损失也应由其自行承担。

最高人民法院经再审,确认了原审查明的事实。

另查明:江西省建设业安全生产监督管理站于2007年6月18日出具的房屋安全鉴定意见中的鉴定论证为:"1. 该大楼由某农场设计工程师进行设计,又进行了多次扩建改造(含装修),造成该大楼结构体系较乱,结构受力不明确,不规范、不合理。经查,现有图纸严重不符合国家设计深度要求,且残缺不全,无设计单位,无图标图签,无设计、校审人员签名。2. 该大楼建设施工未委托有正规资质的施工单位组织施工,工程质量达不到国家施工规范、质量验收规范要求。经查,由某农场自己组织人员进行施工,无工程技术资料,无法了解当年的施工质量控制情况。3. 经对该大楼主体结构检测报告分析发现:除砖块质量符合要求外,砌筑砂浆和砼的强度均存在强度离散率大,强度偏低的问题,这是造成砖混结构体系承重砖墙强度不稳定的原因。经查,没有钢筋、砼和砖块等建材产品出厂合格证及二次检验报告。4. 对该大楼主体结构验算发现:一、二、三、四层承重墙体和承重砖柱的强度不能满足上部承载力的要求;三、四、五层⑦、⑧、⑨、⑩轴390×800砼大梁的强度、挠度均不能满足上部承载力的要求;部分砖墙、砖柱受力构件的构造不符合相关规范的构造要求,存在较严重的结构安全隐患。5. ……去年九江地震的余震就对该大楼结构造成一定的破坏,对此应引起业主和上级部门足够的重视。6. 关于大楼地基和基础的问题。经查该大楼无地质勘查报告,无地基和基础施工技术资料。"房屋安全鉴定意见的鉴定结果和建议是:"1. 根据对该办公大楼的主体结构验算结果,该大楼主要结构受力构件设计与施工均不能满足现行国家设计和施工规范的要求,其强度不能满足上部结构承载力的要求,存在较严重的结构隐患。2. 该大楼未进行抗震设计,没有抗震构造措施,不符合《建筑抗震设计规范》(GB50011-2001)的要求。遇有地震或其他意外情况发生,将造成重大安全事故。3. 根据《危险房屋鉴定标准》(GB50292-1999),该办公楼按房屋危险性等级划分,属D级危房,应予以拆除。4. 几点建议:(1)应立即对大楼进行减载,减少结构上的荷载。(2)对有问题的结构构件进行加固处理。(3)目前,应对大楼加强观察,并应采取措施,确保大楼安全过渡至拆除。如发现有异常现象,应立即撤出大楼的全部人员,并向有关部门报告。(4)建议尽快拆除全部结构。"

最高人民法院再审认为,本案的争议焦点为:(1)涉案租赁合同的效力;(2)物资供应站应否向饶某礼退还20万元履约保证金并赔偿281万元;(3)饶某礼应否赔偿物资供应站主张的损失8,043,314.89元。

一、关于涉案租赁合同的效力问题

根据江西省建设业安全生产监督管理站于2007年6月18日出具的房屋安全鉴定意见,涉案租赁合同签订前,该合同项下的房屋存在以下安全隐患:一是主要结构受力构件设计与施工均不能满足现行国家设计和施工规范的要求,其强度不能满足上部结构承载力的要求,存在较严重的结构隐患。二是该房屋未进行抗震设计,没有抗震构造措施,不符合《建筑抗震设计规范》国家标准,遇有地震或其他意外情况发生,将造成重大安全事故。房屋安全鉴定意见同时就此前当地发生的地震对涉案房屋的结构造成了一定破坏,应引起业主及其上级部门足够重视等提出警示。在上述认定基础上,江西省建设业安全生产监督管理站对涉案房屋的鉴定结果和建议是,涉案租赁房屋属于应尽快拆除全部结构的D级危房。据此,经有权鉴定机构鉴定,涉案房屋已被确定属于存在严重结构隐患,或将造成重大安全事故的应当尽快拆除的D级危房。根据中华人民共和国住房和城乡建设部《危险房屋鉴定标准》第6.1条规定,房屋危险性鉴定属D级危房的,系指承重结构已不能满足安全使用要求,房屋整体处于危险状态,构成整幢危房。尽管《危险房屋鉴定标准》第7.0.5条规定,对评定为局部危房或整幢危房的房屋可按下列方式进行处理:(1)观察使用;(2)处理使用;(3)停止使用;(4)整体拆除;(5)按相关规定处理。但在本案中,有权鉴定机构已经明确涉案房屋应予拆除,并建议尽快拆除该危房的全部结构。因此,涉案危房并不具有可在加固后继续使用的情形。根据《商品房屋租赁管理办法》第6条的规定,不符合安全、防灾等工程建设强制性标准的房屋不得出租。《商品房屋租赁管理办法》虽在效力等级上属部门规章,但是,该办法第6条规定体现的是对社会公共安全的保护以及对公序良俗的维护。结合本案事实,在涉案房屋已被确定属于存在严重结构隐患、或将造成重大安全事故、应当尽快拆除的D级危房的情形下,双方当事人仍签订租赁合同,约定将该房屋出租用于经营可能危及不特定公众人身及财产安全的商务酒店,明显损害了社会公共利益,违背公序良俗。从维护公共安全及确立正确的社会价值导向的角度出发,对本案情形下合同效力的认定应从严把握,司法不应支持、鼓励这种为追求经济利益而忽视公共安全的有违社会公共利益和公序良俗的行为。故依照《民法总则》第153条第2款关于违背公序良俗的民事法律行为无效的规定,以及《合同法》第52条第4项关于损害社会公共利益的合同无效的规定,确认涉案租赁合同无效。原审判决关于租赁合同不违反法律规定应属有效的认定系适用法律不当,予以纠正。

鉴于本案一审中,饶某礼的第一项诉讼请求是解除其与物资供应站签订的涉案租赁合同,依照《最高人民法院关于民事诉讼证据的若干规定》第35条第1款"诉讼过程中,当事人主张的法律关系的性质或者民事行为的效力与人民法院根据案件事实作出的认定不一致的,不受本规定第三十四条规定的限制,人民法院应当告知当事人可以变更诉讼请求"的规定,法院向饶某礼和物资供应站进行了释明。经释明,饶某礼将其上述诉讼请求变更为确认涉案租赁合同无效。物资供应站亦将其诉讼请求变更为饶某礼赔偿物资供应站损失4,186,994.89元,具体包括:(1)涉案大楼因毁损灭失无法返还,依据鉴定结论,应折价赔偿276.4万元;(2)物资供应站因一次性赔偿给洪都农商行而发生的损失12万元;(3)物资供应站排除危险支出以及支付给原址居民的搬迁安置费共计764,434.89元;(4)物资供应站收取的洪都农商行租金损失,按一审法院确定的3年租金收益538,560元。同时,释明后,双方当事人对租赁合同应属无效合同均不持异议。

二、关于租赁合同无效的责任认定及法律后果承担问题

首先,物资供应站与饶某礼对涉案租赁合同无效均有过错,均应承担责任。但是,本案中,物资供应站作为涉案房屋的出租方,明知该房屋是存在严重结构隐患或将造成重大安全事故、应尽快拆除的危房,却未按照上述房屋安全鉴定意见的要求和建议及时安排拆除该房屋,而是忽视公共安全隐患将危房出租用于经营商务酒店。故物资供应站对租赁合同无效具有主要过错,应承担主要责任。上述房屋安全鉴定意见中的几点建议包括应立即对大楼进行减载、对有问题的结构构件进行加固处理、对大楼加强观察并采取措施确保大楼安全过渡至拆除、尽快拆除全部结构等,该意见中并没有涉案房屋经加固后可以使用的表述或建议。而住房和城乡建设部办公厅发布的《农村危房改造基本安全技术导则》系对农村危房处理的规定,亦不适用于本案。物资供应站关于该房屋经加固后仍可以正常使用的主张,缺乏事实和法律依据,不能成立。同时,根据租赁合同第5条约定,租赁物经有关部门鉴定为危房,需加固后方能使用,饶某礼对租赁物的前述问题及瑕疵已充分了解。可见,饶某礼作为承租方,在订立租赁合同时亦明知涉案房屋属于危房。虽饶某礼述称其仅知道涉案房屋为危房,而不知道系应立即拆除的房屋,但作为承租人其有义务对租赁房屋的状况进行审查,特别是在已知房屋是危房的情形下,更有义务对

明发集团有限公司与宝龙集团发展有限公司等合同纠纷案

编者按

审判实践中，对于《仲裁法解释》第 7 条“当事人约定争议可以向仲裁机构申请仲裁也可以向人民法院起诉的，仲裁协议无效。但一方向仲裁机构申请仲裁，另一方未在仲裁法第二十条第二款规定期间内提出异议的除外”的规定存在不同的理解和认识。本案裁定对《仲裁法解释》第 7 条的适用问题予以明确，即当事人在合同中约定，双方发生与合同有关的争议，既可以向人民法院起诉，也可以向仲裁机构申请仲裁的，当事人关于仲裁的约定无效；但纠纷发生后，一方当事人向仲裁机构申请仲裁，另一方未提出异议并实际参加仲裁的，则合同中关于通过仲裁方式解决争议的约定有效。之后，一方就同一合同产生的其他争议又向人民法院起诉的，人民法院不予受理；已经受理的，应裁定驳回起诉。该案裁判具有典型性，对同类案件中诉讼或仲裁的争议解决方式的确定具有指导意义，有利于同类案件的裁判尺度统一。

裁判摘要

当事人在合同中约定,双方发生与合同有关的争议,既可以向人民法院起诉,也可以向仲裁机构申请仲裁的,当事人关于仲裁的约定无效。但发生纠纷后,一方当事人向仲裁机构申请仲裁,另一方未提出异议并实际参加仲裁的,应视为双方就通过仲裁方式解决争议达成了合意。其后双方就同一合同有关争议又向人民法院起诉的,人民法院不予受理;已经受理的,应裁定驳回起诉。

原告:明发集团有限公司

法定代表人:黄某明,董事长

被告:宝龙集团发展有限公司

法定代表人:许某康,董事长

第三人:致同会计师事务所(特殊普通合伙)厦门分所

法定代表人:刘某,负责人

原告明发集团有限公司(以下简称明发集团)因与被告宝龙集团发展有限公司(以下简称宝龙公司)及第三人致同会计师事务所(特殊普通合伙)厦门分所发生合同纠纷,向福建省高级人民法院提起诉讼。

原告明发集团诉称:2002年11月8日,明发公司与宝龙公司签订合作开发"明发商业广场"合同书(以下简称合作合同),约定双方合作开发"明发商业广场"项目,明发公司拥有项目70%的控股权,宝龙公司拥有项目30%的控股权,双方按股份比例共同投入项目所需建设资金,项目涉及的广告费、员工费用、办公费用等均由双方按股权比例支付承担;双方按投资比例分享项目完税后利润。合作合同签订后,双方合作开发了"明发商业广场"项目。2009年11月26日,宝龙公司向厦门仲裁委员会(以下简称厦门仲裁委)提起仲裁申请要求对"明发商业广场"项目的利润进行分配。案件审理过程中,厦门仲裁委委托第三人出具的商定程序报告就"明发商业广场"项目的支出和收入进行了认定,在该报告中第三人明确提出项目中的开发成本人民币517,035,643.74元以及营业外支出共计人民币55,357,555.61元,需要双方协商分摊。然而,厦门仲裁委针对第三人的上述意见并未组织双方对相关支出进行协商分摊,也未以裁决方式进行分摊,仅遗留了相关支出项目未予处理。但根据开发合同的约定,宝龙公司亦应按30%的比例分担上述未经处理的支出,并按商定程序报告确定的资金占用费利率向明发公司支付资金占用费。此外,双方合作开发“明发商业广场”项目,直接使用了明发公司的“明发”品牌商标,宝龙公司应就此向明发公司支付品牌使用费。

据此,为维护自身的合法权益,请求:判令宝龙公司向明发公司支付“明发商业广场”项目支出166,269,681.29元、资金占用费103,270,099.05元、“明发”品牌使用费4800万元、律师费50万元,以上共计318,039,780.34元。

2019年11月19日,明发公司补充诉称:根据合作合同约定,宝龙公司应按其所占之“明发商业广场”的30%股权比例,负责该项目的土地资金及建设资金和相关费用。截至涉案项目成功办理预售许可证可以对外销售之日,明发公司已就涉案项目支付土地出让金共计785,000,000.00元,并累计支付工程款24,388,716.52元,共计支出809,388,716.52元。根据上述约定,宝龙公司应向明发公司支付项目成本242,816,614.96元,但宝龙公司实际仅向明发公司支付款项共计213,000,000元。故宝龙公司应按合作合同第四章第8条之约定,就其未按约定分担的成本部分,以年息10%的利率向明发公司支付资金占用利息。在原、被告共同开发、经营“明发商业广场”的过程中,相关办公场所一直是明发公司提供,项目涉及物业服务由明发公司的关联公司明胜世家(厦门)物业管理有限公司(以下简称明胜世家公司)提供,并由明发公司实际承担了相关的物业费用。根据明发公司与明胜世家公司进行的结算确认,暂计至2019年6月18日明发公司作为开发商应就明胜世家公司提供的物业服务支付物业管理费128,936,062.66元。在扣除仲裁案中已确认作为管理费用的55,879,246.74元后,明发公司还应向物业公司支付物业管理费73,056,815.92元。在双方合作期间,项目主要负责人黄某先生的工资是由明发公司支付的,宝龙公司就此从未向明发公司支付任何费用。暂计至2019年6月18日,明发公司应向黄某先生支付工资共计68,845,205.48元。合作期间,项目的经营管理工作一直使用明发公司所提供的场地和办公家具,就项目部使用明发公司所提供之办公场地,暂计至2019年7月15日应向明发公司支付租金共计83,712,852.6元。就以上各项费用,宝龙公司从未主动向明发公司支付,厦门仲裁委也未在相关仲裁案件中予以处理。宝龙公司应就上述费用按30%的比例予以承担,并就其中的房屋使用费按双方约定的比例向明发公司支付资金占用利息。另外,在相关仲裁案件处理的过程中,因涉案项目遭遇台风和日常的损耗等,明发公司就涉案工程亦有日常的维护费用和专项整修费用支付,期间就不同维护整修工程分别支付工程款23,032,176元、38,478,653元和28,012,794元。对于该费用,宝龙公司亦未主动向明发公司支付,厦门仲裁委亦未就该等费用进行处理。鉴于上述情况,明发公司补充请求:判令宝龙公司支付房屋使用费(暂计至2019年7月15日共计25,113,855.78元),以及相应资金占用利息(利息按年息10%计算,暂计至2019年7月15日共计16,895,238.9元),支付前期投入不足资金占用利息1,053,811.74元(土地出让金和建安费用),支付物业管理费(暂计至2019年6月18日共计21,917,044.78元),支付高级管理人员工资(暂计至2019年6月18日共计20,653,561.64元),支付工程费用23,032,176元,以上各项暂共计108,665,688.84元。

福建省高级人民法院经审查认为:

首先,双方已经选择通过仲裁方式解决合同纠纷。2002年11月8日,明发公司与宝龙公司签订合作合同。2009年11月26日,宝龙公司依据合作合同第12条"对本合同各条款的执行与解释所引起的争执,合作双方应尽量通过友好协商解决,如争议调解不成,可提交当地仲裁机构仲裁或辖区人民法院诉讼"的规定向厦门仲裁委员会申请仲裁。2009年12月1日,明发公司收到仲裁委受理通知及相关材料,选定仲裁员廖某新,对厦门仲裁委受理本案及仲裁庭组成均没有异议,双方参加了全部仲裁审理活动,直至2018年10月30日仲裁委作出裁决书。根据《仲裁法》第20条第2款及《仲裁法解释》第7条的规定,当事人上述行为表明双方对合作中产生的纠纷已经选择通过仲裁解决。其次,2018年10月30日,厦门仲裁委已根据宝龙公司的申请对双方的争议作出裁决;之后,厦门市中级人民法院亦已就明发公司的撤销仲裁申请作出驳回裁定。本案明发公司所提起的诉讼(包括增加的诉讼请求)仍是基于双方在履行2002年11月8日签订的合作合同中所产生的纠纷,根据《仲裁法》第9条"仲裁实行一裁终局的制度。裁决作出后,当事人就同一纠纷再申请仲裁或向人民法院起诉的,仲裁委员会或者人民法院不予受理"的规定,故明发公司对已经仲裁的争议不能再向法院提起民事诉讼。对于合作中新产生的争议仍应按既选的仲裁方式解决。

据此,福建省高级人民法院依照《民事诉讼法》第124条第2项、第154条第1款第3项,《仲裁法》第9条,《民诉法解释》第208条第3款、第215条的规定,于2020年2月13日作出裁定:"驳回明发集团有限公司的起诉。"

明发公司不服一审裁定,向最高人民法院提起上诉称:涉案纠纷系明发公司首次向司法机关提出相关主张,未经司法机关处理,一审法院对此不予受理错误。首先,厦门仲裁委并未对"关于厦门明发商业广场合作项目支出执行商定程序的报告"涉及的572,359,122.72元的开发成本与营业外支出进行认定和处理。其次,明发公司提出的品牌使用费、房屋使用费等诉讼请求,既未包含在仲裁案件的请求或反请求当中,也未经包括厦门仲裁委在内的裁判机关审理。根据《仲裁法解释》第7条的规定,合作合同第12条关于约定仲裁的条款没有法律效力,应视为双方未达成提交仲裁的合意。明发公司参加仲裁,仅视为同意通过仲裁方式解决仲裁案件中请求和反请求部分涉及的内容,并不能推定其同意通过仲裁方式解决涉案合同项下的其他纠纷,除非双方有新的仲裁协议或其他明确的意思表示。争议解决条款是当事人依据意思自治原则选择争议解决方式的约定,在没有禁止性规定的情况下,应最大限度尊重当事人的意思自治。在双方未约定由仲裁机构仲裁的情况下,明发公司就合作合同项下其他纠纷可通过诉讼方式解决争议。一审法院以"双方已经选择通过仲裁方式解决合同纠纷"为由,认定对于合作中新产生的争议仍应按既选的仲裁方式解决错误,二审法院应予纠正。请求:撤销一审裁定,指令一审法院继续审理本案。

最高人民法院经二审审查认为:《仲裁法解释》第7条规定:"当事人约定争议可以向仲裁机构申请仲裁也可以向人民法院起诉的,仲裁协议无效。但一方向仲裁机构申请仲裁,另一方未在仲裁法第二十条第二款规定期间内提出异议的除外。"《仲裁法》第20条第2款规定:"当事人对仲裁协议的效力有异议,应当在仲裁庭首次开庭前提出。"本案明发公司与宝龙公司签订的合作合同第12条约定:"对本合同各条款的执行与解释所引起的争执,合作双方应尽量通过友好协商解决,如争议调解不成,可提交当地仲裁机构仲裁或辖区人民法院诉讼。"2009年11月26日,宝龙公司依据该约定向厦门仲裁委申请仲裁,明发公司收到厦门仲裁委受理通知及相关材料,未对以仲裁方式解决纠纷以及仲裁机构提出异议,全程参与仲裁活动,直至2018年10月30日厦门仲裁委作出裁决书。宝龙公司、明发公司的行为符合上述法律、司法解释规定的情形,涉案合作合同第12条关于仲裁协议的约定对双方具有法律约束力。依据《仲裁法》第5条及《民诉法解释》第215条的规定,双方就涉案合作合同产生的纠纷均应通过仲裁的方式解决,不能向人民法院提起诉讼。一审法院裁定驳回明发公司起诉,并无不当。明发公司关于参加仲裁仅视为其同意通过仲裁方式解决仲裁案件中请求和反请求部分涉及的内容,并不能推定其同意通过仲裁方式解决涉案合作合同项下其他纠纷的主张不能成立,不予支持。

据此,最高人民法院依照《民事诉讼法》第 170 条第 1 款第 1 项、第 171 条的规定,于 2021 年 3 月 26 日裁定如下:

驳回上诉,维持原裁定。

本裁定为终审裁定。

黄某与陈某玲、陈某峰、福建省丰泉环保集团有限公司民间借贷纠纷案

编者按

抵销作为债权债务消灭的一项重要制度，具有担保债权实现及简化债务清偿等功能。但由于诉讼抵销程序与执行参与分配程序存在相互衔接的问题，实务中对于执行债权转让情形下的抵销制度存在争议。本案的情形就属于诉讼程序中行使抵销权，即诉讼中的抵销。目前程序法对诉讼中的抵销尚无明确规定，但无论是从正当程序原则、《九民会议纪要》第 43 条的规定，还是从诉讼效益角度出发，人民法院都应当对诉讼中的抵销一并审查。基于抵销制度的非孤立性与法律追求公平正义的最终目标，本案对判断抵销主张是否成立，不仅审查了抵销权的行使是否符合现有法律规定的基本要件，而且综合考量了诉讼程序与执行程序的衔接及抵销目的等相关因素，对于类似案件处理具有一定的指导意义。

裁判摘要

抵销权的行使不得损害第三人的合法权益。当债权人同时为多个执行案件的被执行人且无实际财产可供清偿他人债务时,债务人以受让申请执行人对债权人享有的执行债权主张抵销债权人债权的,人民法院应对主动债权的取得情况进行审查,防止主动债权变相获得优先受偿,进而损害其他债权人的利益。债务人受让的执行债权仍应当在债权人作为被执行人的执行案件中以参与分配的方式实现,以遏制恶意抵销和维护债权公平受偿的私法秩序。

原告:黄某

被告:陈某玲

被告:陈某峰,香港特别行政区居民

被告:福建省丰泉环保集团有限公司

法定代表人:陈某峰

原告黄某因与被告陈某玲、陈某峰、福建省丰泉环保集团有限公司(以下简称丰泉公司)发生借款合同纠纷,向福建省高级人民法院提起诉讼。

原告黄某诉称:2013 年 6 月 23 日被告就尚欠原告借款经核对确认,并签订借款借据。该借款借据记载:经核对原、被告各方确认,截至 2013 年 6 月 23 日被告累计结欠原告借款现金人民币 3500 万元,月利率 3.5%,利息每月 22 日前支付,借款期限为 12 个月(2013 年 6 月 23 日至 2014 年 6 月 22 日),如逾期还款,按借款金额的日 5‰支付违约金。陈某峰、丰泉公司自愿为陈某玲的上述借款提供连带责任担保,保证期限为本借据签订之日起至借款期限届满之日起 2 年止,担保范围包括借款本金、利息、逾期还款违约金及出借人为实现债权而支付的费用。借款借据签订后,原告同意被告还款期限延至 2015 年 3 月 23 日,陈某峰、丰泉公司亦同意为陈某玲的上述借款“担保至还款结清本息为止”,三被告均在该借款借据上签字(捺印)、盖章。但陈某玲未能按照借款借据约定支付利息,且借款期限届满后也未偿还本金及利息,陈某峰、丰泉公司也未履行担保责任。原告为维护自身合法权益,请求:判令被告陈某玲立即向原告偿还尚欠借款本金人民币 3500 万元,支付从 2013 年 11 月 2 日起至实际还款之日止的利息(暂计至 2016 年 9 月 27 日尚欠利息 24,749,333.33 元);被告陈某玲向原告支付律师代理费人民币 8 万元;被告陈某峰、丰泉公司对陈某玲上述债务承担连带清偿责任。

被告陈某玲、陈某峰、丰泉公司共同答辩称:(1)民间借贷应以实际交付为准,原告没有证据证明其实际向被告交付了3500万元,其只通过一份借据,既未提供转账凭证,也未提交现金收条、说明资金来源,无法证明借款已经实际履行。(2)经双方当时结算共同签订一份借款借据,确认截至该日被告借钱原告3500万元。现原告提交其自制的利息计算清单,拟说明截至该日被告尚欠利息6,576,000元,但未提供任何证据证明。该借款借据是双方核对结算后共同签署的,此后也没有新的借款,故原告主张截至2013年6月23日被告尚欠原告利息6,576,000元无事实和法律依据。(3)被告已经偿还的利息,应按月利率3%进行抵扣。上述借款借据约定的月利率3.5%超过《民间借贷若干问题的规定》所规定的36%年利率标准,被告有权主张按照年利率36%的标准在已经偿还的利息1195万元中抵扣本金。(4)原告委托两个律师事务所,只能以一个律师事务所的收费作为依据。(5)案外人吴某忠已将其对原告的债权转让给被告,并将情况告知原告,被告陈某玲有权主张其与原告之间的债务抵销。

福建省高级人民法院一审查明:

2013年6月23日,被告陈某玲作为借款人向原告黄某出具借款借据。该借款借据载明:经核对后确认,截至2013年6月23日累计结欠黄某借款3500万元,月利率3.5%,利息每月22日前支付,借款期限为12个月,如逾期还款,按借款金额的日5‰支付违约金。担保人丰泉公司、陈某峰自愿为借款人的上述借款提供连带责任担保,保证期限为本借据签订之日起至借款期限届满之日起2年,担保范围包括借款本金、利息、逾期还款违约金及出借人为实现债权而支付的费用,借款人和担保人同意承担出借人为实现债权而支付的费用(包括但不限于律师代理费、公证费、诉讼费、差旅费以及实现债权的其他实际费用)。此后,原告同意将还款期限延至2015年3月23日。2015年3月23日,陈某峰、丰泉公司又在该借据上确认为陈某玲的上述借款"担保至还款结清本息为止"。

2013年6月29日至2016年9月11日,被告陈某玲分19笔向原告支付利息。其中,2013年6月29日支付20万元、2013年8月22日支付480万元、2013年10月14日支付15万元、2013年12月4日支付10万元、2013年12月18日支付10万元、2013年12月27日支付220万元、2014年1月29日支付50万元、2014年2月28日支付10万元、2014年3月25日支付30万元、2014年4月3日支付50万元、2014年

5月27日支付100万元、2014年8月27日支付10万元、2014年9月30日支付20万元、2014年11月3日支付10万元、2014年12月30日支付10万元、2015年2月16日支付100万元、2015年11月27日支付10万元、2016年2月6日支付20万元、2016年9月11日支付20万元。上述19笔款项共计1195万元。

另查明:2011年7月22日至10月19日,案外人谢某月通过银行向被告陈某玲账户转账付款共计5660万元。2011年10月10日,厦门明晟源投资有限公司通过银行转账向被告丰泉公司付款共计1700万元。2010年2月2日至2011年8月9日,原告黄某通过银行转账向陈某玲付款共计100万元。2011年10月10日至19日,原告黄某通过银行转账向陈某玲付款共计1540万元。

案外人黄某进分别于2016年9月26日和2018年3月7日向北京大成(厦门)律师事务所、福建汇德(厦门)律师事务所支付律师代理费8万元和7万元。

原告黄某与谢某月系夫妻关系,与黄某进系父子关系。厦门明晟源投资有限公司的法定代表人系黄某。

福建省高级人民法院一审认为:被告陈某峰系香港特别行政区居民,故本案属于涉港民商事纠纷。原、被告双方均同意本案适用中华人民共和国法律,依照《涉外民事关系司法解释(一)》第19条、《涉外民事关系法律适用法》第3条的规定,本案适用中华人民共和国法律。

一、关于原告是否已向被告实际出借3500万元

根据被告陈某玲于2013年6月23日向原告黄某出具的借款借据,原、被告双方经核对后确认截至2013年6月23日被告陈某玲累计结欠黄某借款3500万元,被告丰泉公司、陈某峰作为担保人也在该借款借据上盖章、签名,各方对借款事实是明确予以认可的。2015年3月23日,被告陈某峰、丰泉公司又在该借据上确认为被告陈某玲的上述借款"担保至还款结清本息为止",再次对借款事实予以确认。原告黄某提供的证据也证明其在2011年7月22日至10月19日,通过自己或案外人账户向被告陈某玲或丰泉公司的银行账户转账付款9000万元。被告未能举证上述汇款与本案借款无关,相反还主张其已经偿还利息1195万元。上述事实均可证明涉案借款已经实际发生。因此,被告关于涉案借款未实际履行的主张不能成立。

二、关于被告陈某玲在2013年6月23日出具涉案借条时是否还欠原告利息657.6万元

原、被告双方在涉案借款借据上对于尚欠的借款本金金额作了确认,并未提及

被告陈某玲尚欠利息。原告解释称该笔利息系基于先前借款计算得出,但原告黄某系基于涉案借款借据提起本案诉讼,涉案借款借据出具前的借款所产生的利息与本案无关,当事人应另行解决。因此,原告主张被告陈某玲偿还该笔657.6万元利息无事实依据,不予支持。

三、关于涉案借款借据约定的月利率是否超过法定的利率标准,被告陈某玲已经偿还的利息1195万元是否可抵扣本金

《民间借贷若干问题的规定》第26条规定,借贷双方约定的利率未超过年利率24%,出借人请求借款人按照约定的利率支付利息的,人民法院应予支持;借贷双方约定的利率超过年利率36%,超过部分的利息约定无效。借款人请求出借人返还已支付的超过年利率36%部分的利息的,人民法院应予支持。涉案借款借据约定的月利率3.5%已经超过年利率36%,超过部分的利息约定无效。被告陈某玲在2013年6月29日至2016年9月11日共向原告支付1195万元。其中,陈某玲2013年6月29日还款20万元,按照年利率36%计算,尚欠本金3500万元,利息7123.29元;陈某玲于2013年8月22日还款480万元,扣除按照年利率36%计算的利息1,871,232.18元,其余抵扣本金2,928,767.82元,尚欠本金32,071,232.18元。此后,陈某玲自2013年10月14日起至2016年9月11日止支付其余695万元利息,按照年利率36%计算可折抵220天的利息,即已付利息计至2014年3月30日止。自2014年3月31日起,应按年利率24%计算利息。

四、关于被告应承担的原告委托律师代理费金额

涉案借款借据约定被告陈某峰、丰泉公司为被告陈某玲的债务承担连带担保责任,担保范围包括借款本金、利息、逾期还款违约金及出借人为实现债权而支付的费用。三被告同时确认,借款人和担保人同意承担出借人为实现债权而支付的包括律师代理费在内的各项费用,因此被告应当承担原告为本案诉讼所支出的合理费用。原告先后委托北京大成(厦门)律师事务所、福建汇德(厦门)律师事务所律师代理本案诉讼并分别支付律师代理费8万元和7万元。鉴于原告已经解除其与北京大成(厦门)律师事务所律师的委托合同,该所律师未完成代理事务,因该合同所产生的费用不属于原告为实现债权而产生的合理费用,不应得到支持。因此,被告陈某玲只应对上述律师代理费中的7万元承担责任。

五、关于被告能否以受让案外人的债权抵销本案债务

原告与案外人之间的债权债务关系与本案不属于同一法律关系,且原告不同

意将其与案外人之间的债务与被告所欠债务抵销。因此,被告主张以其受让案外人的债权抵销本案债务,不予支持。

涉案借款借据系合同双方的真实意思表示,除了因双方约定的利率超过年利率36%,超过部分的利息约定无效外,合同其他内容未违反法律法规禁止性规定,应认定合法有效。被告陈某玲未能按照法律规定和合同约定支付利息,且借款期限届满后也未偿还本金及相应利息,应承担违约责任。被告陈某峰、丰泉公司自愿为被告陈某玲的上述债务承担连带保证担保责任,担保范围包括借款本金、利息、逾期还款违约金及出借人为实现债权而支付的费用,故被告陈某峰、丰泉公司应在上述担保范围内承担连带保证责任。

据此,福建省高级人民法院依照《涉外民事关系司法解释(一)》第19条,《涉外民事关系法律适用法》第3条,《合同法》第60条第1款、第107条、第205~207条,《担保法》第12条、第18条、第31条,《民间借贷若干问题的规定》第26条,《担保法司法解释》第42条第1款的规定,于2018年11月2日判决如下:"一、被告陈某玲应自本判决生效之日起10日内向原告黄某偿还借款本金32,071,232.18元,并支付以32,071,232.18元为基数按年利率24%计算自2014年3月31日起至实际支付之日止的利息;二、被告陈某玲应自本判决生效之日起10日内向原告黄某支付律师费70,000元;三、被告陈某峰、福建省丰泉环保集团有限公司应对被告陈某玲的上述债务承担连带偿还责任,被告陈某峰、福建省丰泉环保集团有限公司承担担保责任后,有权向被告陈某玲追偿;四、驳回原告黄某的其他诉讼请求。"

陈某玲、陈某峰、丰泉公司不服一审判决,向最高人民法院提起上诉称:(1)涉案债权本息经双方和解方案确认为4000万元,而非判决认定的数额。2018年1月22日,黄某对借款本息确认:截至2017年12月31日,尚欠借款本金3500万元,利息按2%计算余欠1680万元,最后,双方同意按4000万元结算,双方在黄某打印的和解方案上签字按了手印。因此,涉案债权的本息应按合计4000万元进行认定。虽陈某玲、丰泉公司未参与和解方案的签订,但均予以认可。(2)涉案债权已被抵销,应判决驳回黄某的全部诉讼请求。案外人吴某忠与黄某之间的民间借贷纠纷经过厦门市中级人民法院、福建省高级人民法院两审终审,作出生效民事判决,且吴某忠已向厦门市中级人民法院申请强制执行黄某借款本金4100万元及相应利息。陈某玲受让了前述案件中吴某忠对黄某的全部债权,吴某忠已经将债权转让情况书面通知了黄某,并且黄某本人签收了该份通知,吴某忠同时将债权转让的情况告知了执行法院。根据《合同法》第79条、第80条的规定,债权转让已生效,由陈某玲享有前述案件中对黄某4100万元及相应利息的债权,其受让债权金额远高于涉案债权金额。根据《合同法》第99条的规定,涉案债权与陈某玲受让的债权均为到期债权,标的物均为金钱债务,且不属于法律规定或者按照合同性质不得抵销的情形。因此,陈某玲有权主张债务抵销,涉案债权也已经被抵销。请求撤销一审判决,驳回黄某的全部诉讼请求。

被上诉人黄某辩称:(1)关于黄某与陈某峰签订和解方案的问题。2018年1月22日,黄某和陈某峰签订的和解方案目的是解除陈某峰的担保责任,但陈某峰最终没有履行和解方案。陈某玲等人要求对抵债权,说明其已放弃和解方案。签订和解方案的背景是黄某保全了陈某峰控制的公司的厂房、土地等,导致陈某峰经营困难,其找到黄某要求付款一部分,解除其责任,故黄某同意签订和解方案。由此可知,和解方案对黄某没有约束力。(2)陈某玲的债权对应的债务人为黄某和谢某月,谢某月和黄某是夫妻,本案黄某的债权不属于夫妻共同债权,陈某玲主张对抵没有法律依据;黄某因三角债陷入债务纠纷,目前作为被执行人有多个执行案件在案,无法履行债务。如果允许对抵,会导致第三人吴某忠的债权处于优先受偿的地位,损害其他债权人的利益。原审判决事实清楚,适用法律正确。故请求驳回上诉,维持原判。

最高人民法院经二审,确认了一审查明的事实。

二审另查明:2018年1月22日,陈某峰(甲方)与黄某(乙方)签订和解方案一份,该方案约定:"一、截至2017年12月31日,甲方欠乙方本金3500万元,利息按2%计算余欠1680万元,现经双方协商确定本息按人民币4000万元结算。二、付款方式:1.签订协议之日起一个月内须付人民币2000万元;2.2018年12月31日前甲方须付人民币1000万元,并按银行贷款利率支付1000万元对应的利息;3.2019年12月31日前支付剩余的人民币1000万元,并按银行贷款利率支付2018.1.1至2019.12.31日1000万元对应的利息。三、若甲方违约上述付款方式,须承担年利率24%的违约金。"陈某峰与黄某签订和解方案后,陈某峰在2018年2月22日(第一期款项2000万元的支付期限)的最后一天向黄某发送催告函,要求黄某提供用于收款的银行账号。陈某峰在之后的两年间一直未履行还款义务。

黄某及其妻谢某月与案外人吴某忠的借贷纠纷,福建省高级人民法院已生效的判决(2015)闽民终字第2259号确认"黄某、谢某月应于本判决生效之日起10日内返还吴某忠借款4100万元及利息(自2011年11月1日起以本金4100万元为基数,按银行同期同类贷款基准利率的四倍计至还款之日止,已经偿付的1,806,322元,抵作利息)"。2016年10月11日,吴某忠就上述案件向厦门市中级人民法院申请执行,但由于黄某、谢某月无实际可执行之财产,厦门市中级人民法院终结执行。除与吴某忠执行案外,黄某为其所牵涉的其他多起案件中的被执行人,且因黄某无可供执行财产,已被法院纳入失信被执行人名单。

2018年5月22日,吴某忠与陈某玲签订债权转让确认书,约定吴某忠将其对黄某享有的4100万元债权本金及利息转让给陈某玲,并于同日向黄某、谢某月发送债权转让通知书,黄某、谢某月于2018年5月25日收到上述通知书。陈某玲于2018年8月21日(一审诉讼程序中)主张以其从吴忠某处受让的债权抵销其对黄某的债务。

最高人民法院二审认为:本案为民间借贷纠纷,因陈某峰系香港特别行政区居民,故本案属于涉港民商事纠纷。双方当事人均同意本案适用内地法律,依照《涉外民事关系司法解释(一)》第19条、《涉外民事关系法律适用法》第3条的规定,本案适用内地法律。

本案的争议焦点为:(1)关于上诉人主张按和解方案确定本案本息数额是否应予支持的问题;(2)关于陈某玲受让案外人吴某忠的债权能否抵销其对黄某的债务的问题。对此分析认定如下:

一、关于上诉人主张按和解方案确定本案本息数额是否应予支持的问题

(一)关于和解方案的效力是否及于陈某玲的问题。和解方案系由黄某与陈某峰签订,双方均认可和解方案系基于涉案纠纷所签订,为双方真实意思表示,不违反法律、行政法规的禁止性规定,合法有效。陈某峰、陈某玲、丰泉公司虽主张陈某峰系代表三方共同与黄某签订和解方案,和解方案构成对涉案债权债务重新确认,但和解方案并无债务人陈某玲及担保人丰泉公司的签名或盖章,且和解方案不包含陈某峰系代表三方签订的相关内容的任何表述,债权人黄某亦不认可和解方案已免除陈某玲债务,故该协议不能构成免责的债务承担,陈某峰只是作为共同债务人加入涉案债权债务。此外,由于陈某玲在一审期间提出以其受让的债权向黄某主张债务抵销,亦可见本案中陈某玲并未认为和解协议已免除其还款义务。综上,

和解方案不能构成对涉案债权债务重新确认，亦不免除陈某玲的债务，仍应以借款借据作为确认涉案债权债务的依据。

（二）关于陈某峰的担保债权本息能否按和解方案确定的问题。本案中，和解方案约定陈某峰应当在2018年2月22日前向黄某支付2000万元、2018年12月31日前支付1000万元及利息、2019年12月31日前支付1000万元及利息，但陈某峰并未于约定期限内及此后支付相应款项。陈某峰在第一期款项2000万元的支付期限的最后一天方才向黄某发送催告函，要求黄某提供用于收款的银行账号，且在第一期还款期限届满后的两年间一直未履行还款义务。又因和解方案签订于本案诉讼过程中，陈某峰本可向法院申请提存该笔款项便能清偿债务、履行其合同义务，但陈某峰却并未以此方式还债，上述事实足以表明陈某峰拒不还款的真实意思。和解方案虽未清楚载明用以向黄某还款的银行账户，但这一瑕疵并不构成陈某峰的履约障碍。因此，陈某峰提出的因黄某未提供银行账户导致其无法还款，其发送过催告函要求黄某告知银行账户足以证明陈某峰并未违约的抗辩，不能成立。陈某峰未在约定期限内履行其作为共同债务人承担和解方案中确定的债务，一审按照借款借据确定其担保责任并无不当。

二、关于陈某玲主张以其从案外人吴某忠处受让的对黄某的债权抵销陈某玲对黄某的债务的问题

首先，人民法院应当对当事人提出的抵销诉求进行审查。陈某玲在一审中提出的债务抵销主张属于以行使抵销权的方式对黄某的债权请求权进行抗辩，也即诉讼抵销抗辩。一般情况下，被告在诉讼过程中提出诉讼抵销抗辩在法律上并无不当，为了实现诉讼经济目标及免除个案中当事人另行起诉的诉累，人民法院应当在案件中对被告提出的诉讼抵销抗辩予以审查处理，确定这一抗辩是否成立。一审法院以黄某与案外人吴某忠之间的债权债务关系与本案不属于同一法律关系，且黄某不同意将其与吴某忠之间的债务与陈某玲所欠债务抵销为由，对陈某玲的抵销主张不予审查存在不当，在此予以指出。

其次，抵销权的行使不应损害第三人的合法权益。抵销权作为《合同法》规定的一项实体权利，债务人可通过行使抵销权免除自己的债务，实现自己的债权；但抵销权的行使，不得损害第三人的合法权益。为此，我国《企业破产法》在承认抵销权的同时，又对用来抵销的主动债权进行了限制，特别是规定了债务人的债务人在破产申请受理后取得他人对债务人的债权，或者已知债务人有不能清偿到期债务

或者破产申请的事实而对债务人取得债权的,不允许抵销。该制度的主要目的在于防止债务人资不抵债时,债务人的债务人通过新取得债权来主张抵销,使自己新取得的债权得到优先清偿,使自己的债务得以免除,而损害其他债权人利益。与此同理,我国目前没有自然人破产法的司法现状,在诉讼审理程序和执行程序存在关联的情形下,出现个人债务人不能清偿到期债务的情况时,应当防止损害第三人特别是个人债务人的其他债权人的合法权益。由于黄某已是多起执行案件的被执行人,这些案件中的债权均因黄某缺乏可供执行财产而未得到清偿。若在本案中径行准予陈某玲以受让的债权抵销债务,将导致黄某可供执行财产的直接减损,并损害涉及黄某的其他执行案件中的其他债权人的合法利益。

再次,诉讼审理程序中抵销权的行使不应与执行程序中公平分配原则相冲突。在一般情况下,有效的诉讼抵销抗辩在经法院审查后可以获得支持,但当存在诉讼审理程序中抵销权行使与执行程序参与分配有关联的情形时,抵销权的行使应受到一定限制。本案中,黄某作为多起执行案件的被执行人一直无法履行债务,陈某玲受让并主张用以抵销的主动债权即来自其中的一起执行案件,且该债权原本便存在因黄明无可供执行财产而被迫终止执行的情况。在本案中径行准予陈某玲以受让的债权抵销债务,就意味着源自吴某忠的未能通过执行受偿的债权,反而以此种方式间接地较黄某的其他债权人得到优先受偿,与执行程序参与分配制度的公平分配原则直接冲突。

最后,人民法院应根据诚实信用原则确认是否支持抵销权的行使。对于债权转让情形下债务人以受让取得的债权主张抵销的,且取得的债权在执行程序中无法实现时,人民法院应当对诉讼抵销抗辩予以审慎的实质审查。即人民法院应根据诚实信用原则审查用于抵销的主动债权的取得情况,以保护善意抵销权的同时不损害第三人的合法权益。本案中,在陈某玲明知黄某作为多起案件被执行人缺乏可供执行财产的情形下,在本案一审庭审之后受让债权并主张抵销的行为违反了诚实信用原则。此外,当陈某玲能举证证明黄某事实上仍存在其他可供执行财产,诉讼抵销抗辩事实上不会损害被执行人的其他案外债权人利益,对于此类诉讼抵销抗辩,法院仍可予以支持。但陈某玲未能提出有效证据证明黄某仍有充分的其他可供执行财产,亦未能证明其诉讼抵销抗辩不会在结果上损害黄某案外的其他债权人利益。因此,对于陈某玲的诉讼抵销抗辩,不予支持。

据此,最高人民法院依照《民事诉讼法》第 170 条第 1 款第 1 项及《民诉法解释》第 334 条的规定，于 2020 年 6 月 30 日判决如下：

驳回上诉，维持原判。

本判决为终审判决。

江西银行股份有限公司南昌洪城支行与上海神州数码有限公司等借款合同纠纷案

编者按

调解贯穿于民事诉讼的始终,调解与裁判都是人民法院行使审判权不可或缺的重要方式。在涉及多方当事人的二审程序中,会出现仅有部分当事人对一审判决中的部分判项提起上诉,在二审期间与被上诉人自愿达成调解协议,并请求二审法院作出民事调解书的情形。由于一旦二审法院作出调解书并送达后,一审判决视为撤销,此时,对于调解书并未涉及的其他一审判项应当如何处理,并没有明确的法律规定,实践中亦存在不同的认识和做法。本案是对于仅有部分当事人针对一审判决的部分判项提起上诉的情形以"一调一判"方式依法妥善解决二审争议的典型案例,对于充分保障当事人行使处分权,妥善化解矛盾纠纷,进一步探索《民事诉讼法》第 179 条的法律适用,具有积极意义。对于健全更加符合审判实践需要的民事调解制度,完善民事诉讼程序,实现公正司法、司法为民,也具有一定的推动作用。

裁判摘要

1. 部分当事人对一审民事判决中的部分判项提起上诉的,人民法院在二审程序中可以就当事人的上诉请求开展调解工作,对当事人达成的调解协议依法审查后,予以确认并制作调解书。调解书送达后,一审判决即视为撤销。

2. 对于上诉请求和调解书中并未涉及的其他一审判项,经审查与调解书不相冲突也未损害各方当事人合法权益的,可以在二审判决中予以确认。

原告:江西银行股份有限公司南昌洪城支行

法定代表人:曾某辉,行长

被告:上海神州数码有限公司

法定代表人:李某,董事长

被告:南昌凯良科技有限公司

法定代表人:陈某,总经理

被告:陈某

被告:肖某

被告:吉安市天际房地产开发有限公司

法定代表人:傅某梅

原告江西银行股份有限公司南昌洪城支行(以下简称江西银行洪城支行)因与被告上海神州数码有限公司(以下简称神州数码公司)、南昌凯良科技有限公司(以下简称凯良公司)、陈某、肖某、吉安市天际房地产开发有限公司(以下简称天际公司)发生借款合同纠纷,向江西省高级人民法院提起诉讼。

原告江西银行洪城支行诉称:2016 年 3 月,被告神州数码公司作为甲方(供货商)、原告作为乙方、被告凯良公司作为丙方(购货商)签订了未来提货权融资业务合作协议书(以下简称合作协议)。合作协议约定:神州数码公司与凯良公司签订购销协议,由凯良公司购买神州数码公司的货物;江西银行洪城支行与凯良公司签订了编号尾号 504 号的融资授信协议,由江西银行洪城支行向凯良公司提供融资授信额度。三方在本协议项下的合作期限为一年,自 2016 年 3 月 25 日至 2017 年 3 月 25 日。江西银行洪城支行为凯良公司承兑以神州数码公司为收款人的银行承兑汇票,双方另行签订银行承兑协议。凯良公司向其在江西银行洪城支行开立的保证金账户中存入保证金,凯良公司填写提货申请书,向江西银行洪城支行提出提取购销协议项下货物的申请。江西银行洪城支行核对凯良公司缴存的保证金与提货申请书中的提货金额相符后,根据前述款项的数额向神州数码公司发出发货通知书。神州数码公司收到江西银行洪城支行出具的发货通知书后,向江西银行洪城支行发出发货通知书收到确认函,同时按照江西银行洪城支行的通知金额向凯良公司发货。江西银行洪城支行出具的发货通知书是神州数码公司向丙方发货的唯一凭证。神州数码公司保证其向凯良公司发出的全部货物均只凭江西银行洪城支行开具的发货通知书,并严格按照发货通知书的内容发货,其累计实际发货金额不能超过江西银行洪城支行累计通知发货金额。若神州数码公司未按江西银行洪城支行出具的发货通知书所规定的金额发货,超出部分不得计入该协议约定的累计发货的货款总金额。凯良公司收到神州数码公司的发货后,应向江西银行洪城支行出具货物收到告知函。银行承兑汇票到期前10天,如果银行承兑汇票对应的保证金金额不足100%,即神州数码公司仅根据江西银行洪城支行出具的发货通知书计算,累计发货的货款总金额小于票面金额时,江西银行洪城支行向神州公司发出退款通知书。神州数码公司收到退款通知书后,必须无条件按退款通知书的要求将差额款项汇入江西银行洪城支行指定的银行账户。如果神州数码公司没有按时退款,江西银行洪城支行有权以自己的名义直接向神州数码公司追索上述款项。上述协议到期后,三方于2017年又新签订了合作协议书,约定江西银行洪城支行与凯良公司签订编号尾号816号的融资授信协议;合作期限1年,自2017年3月28日起至2018年3月27日止。

2016年3月28日,江西银行洪城支行与凯良公司签订了授信协议。该授信协议约定授信期限为12个月,即从2016年3月28日起至2017年3月24日止;江西银行洪城支行向凯良公司提供循环授信额度1亿元整,并明确未来提货权融资业务(保兑仓模式)1亿元(敞口)为循环授信额度,项下品种为银行承兑汇票,银承保证金不低于20%。2017年4月10日,江西银行洪城支行与凯良公司新签订了一份授信协议,授信期限为12个月,即从2017年3月28日起至2018年3月27日止。

2016年3月28日,为了确保凯良公司与江西银行洪城支行一系列债权债务合同的履行,江西银行洪城支行与被告陈某、被告肖某签订了最高额保证合同,约定陈某、肖某为凯良公司与江西银行洪城支行在2016年3月28日至2017年3月24日签订的所有主合同项下各笔债权提供最高额连带责任保证担保,担保主合同项下最高债权本金最高余额为1.1亿元。2017年4月10日,三方重新签订了最高额保证合同,约定陈某、肖某为凯良公司与江西银行洪城支行在2017年3月28日至2018年3月27日签订的所有主合同项下各笔债权提供最高额连带责任保证担保,担保主合同项下最高债权本金最高余额为1.08亿元。

2018年12月11日,江西银行洪城支行与被告天际公司签订最高额保证合同,以及江西银行洪城支行与被告凯良公司、天际公司签订了担保协议书。两份合同约定,天际公司需对凯良公司在江西银行洪城支行保兑仓敞口承担连带保证还款责任。

上述合同签订后,原告严格按照合作协议的约定履行。在合同履行期间,凯良公司未按照银行承兑汇票承兑合同的约定按期补足银承敞口,致使从2018年2月1日起,原告江西银行洪城支行出现银承垫款,且保证人陈某、肖某、天际公司也未履行保证责任。原告多次催告要求神州数码公司按照合作协议的约定将发货通知书载明的累计发货金额与银行承兑汇票票面金额的差额款项退回给原告,但神州数码公司不予理会。为维护原告的合法权益,请求:判令被告凯良公司偿还银行承兑垫款84,402,787.42元及利息、罚息(利息、罚息以84,402,787.42元为基数,按银行承兑汇票承兑合同约定计算,自2018年2月8日起计算至债务清偿之日止);被告神州数码公司对前述被告凯良公司应付银行承兑垫款84,402,787.42元承担差额退款责任,并支付违约金(违约金以垫款金额为基数,按每日万分之二点一计算违约金,自2018年2月8日起计算至债务清偿之日止);被告陈某、被告肖某、被告天际公司对前述被告凯良公司应付银行承兑垫款本息承担连带清偿责任;各被告承担律师费等原告为实现本案债权发生的费用。

被告神州数码公司辩称:本案本质上属于刑事犯罪,应当移送公安机关按照刑事司法程序处理,请求裁定驳回江西银行洪城支行的起诉。即使作为民事案件处理,神州数码公司也不应承担退款责任,应驳回江西银行洪城支行对神州数码公司的诉请。目前江西银行洪城支行并没有提供充分的证据证明对本案的汇票承担垫款的具体数额。江西银行洪城支行没有充分的证据证明43,809万元的汇票均是三方协议下的汇票。神州数码公司已足额发货,无须承担退款责任。江西银行洪城支行在整个交易过程中,未严格履行合作协议,存在重大过错,其应承担相应的后果。江西银行洪城支行在本案中已诉求凯良公司偿还承兑垫款,就不应再在本案中诉求神州数码公司承担差额退款责任及违约金。

被告凯良公司辩称:对江西银行洪城支行的诉请的事实没有异议,凯良公司愿意承担还款责任。江西银行洪城支行既主张凯良公司偿还欠款的利息与罚息,又主张神州数码公司就同一欠款的违约金,标准过高,请求予以核减。

被告陈某、肖某、天际公司未作答辩。

江西省高级人民法院一审查明:

2016 年 3 月 28 日,原告江西银行洪城支行与被告凯良公司签订了编号尾号 504 号的授信协议,约定:(1)江西银行洪城支行向凯良公司提供 111,000,000 元整的授信额度,其中循环授信额度 100,000,000 元、一次性授信额度 11,000,000 元。(2)授信期间为 12 个月,即从 2016 年 3 月 28 日起至 2017 年 3 月 24 日止。(3)综合授信未来提货权融资业务(保兑仓模式)1 亿元(敞口),未来提货权融资业务(保兑仓模式)为循环授信额度,项下品种为银行承兑汇票,银承保证金不低于 20%。2017 年 4 月 10 日,江西银行洪城支行与凯良公司新签订了一份协议编号尾号 816 号的授信协议,约定:(1)江西银行洪城支行向凯良公司提供 108,000,000 元整的授信额度,其中循环授信额度 100,000,000 元、一次性授信额度 8,000,000 元。(2)授信期间为 12 个月,即从 2017 年 3 月 28 日起至 2018 年 3 月 27 日止。

2016 年 3 月,被告神州数码公司作为甲方(供货商)、原告江西银行洪城支行作为乙方、被告凯良公司作为丙方(购货商)签订合作协议,约定:(1)神州数码公司与凯良公司签订购销协议,由凯良公司购买神州数码公司的货物;江西银行洪城支行与凯良公司签订了协议编号尾号 504 号的融资授信协议,由江西银行洪城支行向凯良公司提供融资授信额度。(2)三方在本协议项下的合作期限为一年,自 2016 年 3 月 25 日至 2017 年 3 月 25 日。江西银行洪城支行为凯良公司承兑以神州数码公司为收款人的银行承兑汇票,双方另行签订银行承兑协议。凯良公司申请江西银行洪城支行承兑时,应当向江西银行洪城支行缴存首笔保证金,首笔保证金最低不少于银行承兑协议中约定的比例。(3)在凯良公司向其在江西银行洪城支行开立的保证金账户中存入保证金,或向江西银行洪城支行提前清偿部分融资授信款项本息的情况下,凯良公司填写提货申请书,向江西银行洪城支行提出提取购销协议项下货物的申请。江西银行洪城支行核对凯良公司缴存的保证金或清偿的融资授信贷款本金数额(清偿应付利息后的余额)与提货申请书中的提货金额相符后,根据前述款项的数额向神州数码公司发出发货通知书。神州数码公司收到江西银行洪城支行出具的发货通知书后,向江西银行洪城支行发出发货通知书收到确认函,同时按照江西银行洪城支行的通知金额向凯良公司发货。江西银行洪城支行出具的发货通知书是神州数码公司向凯良公司发货的唯一凭证。神州数码公司保证其向凯良公司发出的全部货物均只凭江西银行洪城支行开具的发货通知书,并严格按照发货通知书的内容发货,其累计实际发货金额不能超过江西银行洪城支行累计通知发货金额。若神州数码公司未按江西银行洪城支行出具的发货通知书所规定的金额发货,超出部分不得计入本协议约定的累计发货的货款总金额。神州数码公司和凯良公司之间由此产生的纠纷与江西银行洪城支行无关,江西银行洪城支行对神州数码公司、凯良公司双方的损失不承担任何责任。凯良公司收到神州数码公司的发货后,应向江西银行洪城支行出具货物收到告知函。三方指定专人负责联系和操作本协议项下的业务。三方在业务发生前预留印章样本,业务办理过程中,收到银行承兑汇票收到确认函、提货申请书、发货通知书、发货通知书收到确认函、货物收到告知函等文件后,应认真核对印章是否与预留样本相符,并对核对结果负责。(4)银行承兑汇票到期前10天,如果银行承兑汇票对应的保证金金额不足100%,即神州数码公司仅根据江西银行洪城支行出具的发货通知书计算,累计发货的货款总金额小于票面金额时,江西银行洪城支行向神州数码公司发出退款通知书。神州数码公司收到退款通知书后,必须无条件按退款通知书的要求将差额款项汇入江西银行洪城支行指定的银行账户。江西银行洪城支行的退款通知自发出之日起即视为送达神州数码公司。如果神州数码公司没有按时退款,江西银行洪城支行有权以自己的名义直接向神州数码公司追索上述款项,神州数码公司对此不持异议。凯良公司作为银行承兑汇票申请人,应无条件向江西银行洪城支行补足保证金,清偿全部借款本息。银行承兑汇票、借款到期时,若神州数码公司未将差额款项退还江西银行洪城支行且凯良公司未补足保证金致使江西银行洪城支行垫款,凯良公司未清偿全部借款本息致使借款逾期,则凯良公司应按照相应的银行承兑协议、借款合同中约定的罚息利率向江西银行洪城支行支付垫款及逾期罚息。(5)神州数码公司向江西银行洪城支行退还差额款项的责任是独立的,神州数码公司声明并保证其向江西银行洪城支行退回差额款项是无条件的。(6)任何一方违反本协议的任何条款(包括声明和保证条款)均构成本协议项下的违约行为,应当向守约方支付违约金或损害赔偿金。迟延履行给付金钱义务的,应当按照未给付金额的每日万分之二点一向守约方支付滞纳金。对于其违约行为给守约方造成的损失,应负责赔偿。损失赔偿的范围包括但不限于本金、利息、罚息、可以预见的可得利益及实现债权的所有费用。三方在该协议中还分别指定了具体联系人。上述协议到期后，三方于2017年3月又新签订了合作协议，约定：江西银行洪城支行与凯良公司签订了协议编号尾号816号的融资授信协议；合作期限一年，自2017年3月28日至2018年3月27日。三方另指定协议项下相关事务联系人。其他约定与2016年三方所签订的合作协议一致。

2016年3月28日，被告肖某、被告陈某与原告江西银行洪城支行签订了最高额保证合同，约定：(1)陈某、肖某为江西银行洪城支行与凯良公司在2016年3月28日至2017年3月24日内签订的所有主合同项下各笔债权提供最高额连带责任保证担保，担保主合同项下债权本金最高余额为111,000,000元整及其所产生的利息（包括复利和罚息），以及违约金、赔偿金和债务人应向江西银行洪城支行支付其他款项、江西银行洪城支行实现债权与担保权利而发生的费用（包括但不限于诉讼费、仲裁费、财产保全费、差旅费、执行费、评估费、拍卖费、公证费、送达费、公告费、律师费等）。(2)陈某、肖某在本合同项下自愿提供的保证方式为连带责任保证。(3)保证期间为主合同项下债务履行期限届满之日起两年。2017年4月10日，被告肖某、被告陈某与原告江西银行洪城支行重新签订了最高额保证合同，约定：陈某、肖某为江西银行洪城支行与凯良公司在2017年3月28日至2018年3月27日内签订的所有主合同项下各笔债权提供最高额连带责任保证担保，担保主合同项下债权本金最高余额为108,000,000元整。其他约定与2016年最高额保证合同一致。

上述合同签订后，江西银行洪城支行、神州数码公司、凯良公司按照合作协议所约定的保兑仓交易模式，自2016年3月至2017年12月31日，凯良公司向江西银行洪城支行共计提交92份提货申请书，申请提货金额合计312,339,000元；江西银行洪城支行向神州数码公司共计发出92份发货通知书，发货金额共计312,339,000元；神州数码公司向江西银行洪城支行共计发出89份发货通知书收到确认函，确认发货金额共计312,339,000元；凯良公司向江西银行洪城支行共计提交89份货物收到告知函，确认收货金额合计312,339,000元。截至2018年2月，共计105份提货申请书、105份发货通知书和102份货物收到告知函载明的货物金额均为340,017,964.13元，各方凭证载明的货物金额、数量和种类完全等同。同时，凯良公司与江西银行洪城支行共计签订110份银行承兑汇票承兑合同，江西银行洪城支行收取了凯良公司每笔汇票票面金额20%的保证金，并据此共计开具并承兑了以凯良公司为出票人、以神州数码为收款人的134份银行承兑汇票，各份票面金额共计438,090,000元。截至2018年5月29日，凯良公司已支付保证金340,037,212.58元，银行敞口余额98,052,787.42元（票面总金额438,090,000元－已付保证金340,037,212.58元）。随后，凯良公司向江西银行洪城支行分笔共计还款1365万元。至此，江西银行洪城支行银行承兑汇票垫款余额共计为84,402,787.42元（票面总金额438,090,000元－已付保证金340,037,212.58元－还款13,650,000元），与其2018年2月8日至7月31日的41份银行承兑汇票兑付凭证所载明的垫款总金额一致。

在凯良公司未按照银行承兑汇票承兑合同的约定按期补足银行承兑敞口后，江西银行洪城支行从2018年3月5日至7月18日向神州数码公司发出共计49份退款通知书，均要求神州数码公司按照合作协议的约定将发货通知书载明的累计发货金额与银行承兑汇票票面金额的差额款项退回江西银行洪城支行。神州数码公司在2018年3月29日回函江西银行洪城支行称，自2018年3月6日以来，神州数码公司陆续收到江西银行洪城支行发送的退款通知书25份，根据上述通知书，江西银行洪城支行要求神州数码公司退还未发货款项共计33,090,052.42元，其认为江西银行洪城支行在通知书中主张的未发货金额系江西银行洪城支行单方计算的数额，自2016年3月江西银行洪城支行与凯良公司及神州数码公司签署合作协议及其补充协议以来，三方一直依据补充协议约定履行权利义务，结算时的发货金额应以神州数码公司与凯良公司核对的实际发货金额为准。根据截至2018年3月的对账结果，神州数码公司已收承兑汇票金额肆亿叁仟捌佰零玖万元（438,090,000元），该银票项下的全部货物已发货完成，并不存在已收承兑汇票未发货的情况，故没有向江西银行洪城支行退款的事实及合同依据。相反，截至2018年3月28日，江西银行洪城支行尚欠肆仟伍佰陆拾万零伍佰陆拾壹元柒角壹分（45,600,561.71元）金额的发货通知书未按约定在发货后四个月内补发神州数码公司。为此，神州数码公司希望江西银行洪城支行审慎核实相关情况，撤回前述退款通知书中的退款要求，并尽快将上述应补发的发货通知书发送神州数码公司。

2018年8月，江西银行洪城支行两次发催告函称：凯良公司应于2018年8月15日前向江西银行洪城支行偿还银承垫款92,702,805.24元以及罚息、违约金等。神州数码公司应于2018年8月15日前对凯良公司所欠江西银行洪城支行的款项承担支付义务，并承担违约金义务。陈某、肖某应于2018年8月15日前对凯良公司的全部债务承担连带保证责任。凯良公司、神州数码公司、陈某、肖某如未能在上述期限前履行各自的付款义务,江西银行洪城支行将采取法律途径,查封、冻结诸位财产。届时,诸位不仅要承担上述付款义务、违约责任等,还有可能承担由此发生的其他费用(包括但不限于诉讼费、保全费、执行费、律师费等)。

另查明:凯良公司在与江西银行洪城支行所签订的110份银行承兑汇票承兑合同中均约定:江西银行洪城支行所垫付票款自付款之日起转作凯良公司逾期贷款,并按每天万分之五计收逾期利息(含复利),且不需通知凯良公司和另签订借款合同。按此约定,截至2019年1月7日,凯良公司应承担每笔为清偿垫款的利息、罚息共计9,791,589.98元。同时,按照合作协议的约定,截至2019年1月7日,神州数码公司应承担每笔未清偿垫款的违约金共计3,916,635.99元。

一审还查明:2018年12月11日,被告天际公司股东(出资人)决议:因江西银行洪城支行与凯良公司等签订的合作协议、授信协议、银行承兑汇票承兑合同等项下债权债务已到期,同意天际公司为债务人凯良公司向债权人江西银行洪城支行提供连带保证责任担保,担保范围包括债务本金84,402,787.42元,利息、罚息、违约金及实现债权的全部费用。同日,凯良公司、天际公司与江西银行洪城支行签订担保协议书,约定:(1)凯良公司到期债务:三方一致确认,截至2018年12月6日,基于合作协议、授信协议、银承合同等,凯良公司应向江西银行洪城支行偿还银承垫款本金84,402,787.42元及利息、罚息、违约金(利息、罚息、违约金以84,402,787.42元为基数,按银承合同之约定计算,自2018年3月17日起计算至全部债务清偿之日止)。(2)保证责任担保:天际公司自愿为上述凯良公司全部债务提供连带保证责任担保。同日,天际公司与江西银行洪城支行签订了合同编号为"江银南昌洪支高保字第1720816号"的最高额保证合同,约定:(1)天际公司为江西银行洪城支行与凯良公司在2017年4月10日至2018年3月27日内签订的所有主合同项下各笔债权提供最高额连带责任保证担保,担保主合同项下债权本金最高余额为84,402,787.42元及其所产生的利息(包括复利和罚息)以及违约金、赔偿金和债务人应向江西银行洪城支行支付其他款项,江西银行洪城支行实现债权与担保权利而发生的费用。(2)天际公司在本合同项下自愿提供的保证方式为连带责任保证。(3)保证期间为主合同项下债务履行期限届满之日起两年。

江西银行洪城支行为追索债权,与北京市京师(南昌)律师事务所签订委托代理合同,委托北京市京师(南昌)律师事务所就本案纠纷作为诉讼代理人,双方约定律师费35万元。2019年1月21日,江西银行洪城支行向该律师事务所转账支付35万元,该律所也开具了增值税专用发票。

江西省高级人民法院一审认为:江西银行洪城支行与凯良公司签订的授信协议,神州数码公司、江西银行洪城支行、凯良公司签订的合作协议,肖某、陈某与江西银行洪城支行签订的最高额保证合同,凯良公司与江西银行洪城支行签订的银行承兑汇票承兑合同,天际公司与江西银行洪城支行签订的最高额保证合同等合同,系当事人的真实意思表示,内容未违反法律法规的强制性规定,应属合法有效。

本案的争议焦点为:(1)凯良公司应偿还江西银行洪城支行承兑垫款及利息、罚息金额是多少;(2)神州数码公司是否应对凯良公司应付江西银行洪城支行承兑垫款承担差额退款责任并支付违约金;(3)陈某、肖某、天际公司是否该承担凯良公司应付江西银行洪城支行承兑垫款本息的连带清偿责任;(4)各被告是否应承担律师费等原告为实现本案债权发生的费用。

一、关于凯良公司应偿还江西银行洪城支行承兑垫款及利息、罚息金额是多少的问题

根据《合同法》第60条第1款的规定:"当事人应当按照约定全面履行自己的义务。"本案中,神州数码公司、凯良公司以及江西银行洪城支行三方在合作协议中明确约定江西银行洪城支行向凯良公司提供融资,以开立银行承兑汇票方式向神州数码公司支付货款,现江西银行已依约开具134张出票人为凯良公司、收款人为神州数码公司的银行承兑汇票,并实际交付给神州数码公司,江西银行洪城支行已依约履行了向凯良公司提供融资的义务。但凯良公司却违反约定,未能在汇票到期前交付全部票据款,导致江西银行洪城支行垫付票据款84,402,787.42元,凯良公司构成违约。对原告江西银行洪城支行主张凯良公司应立即向其偿还银行承兑汇票垫款本金84,402,787.42元和逾期付款利息9,791,589.98元(截至2019年1月7日),凯良公司还应按照银行承兑汇票承兑合同约定的利率标准即每日万分之五自2019年1月8日起至付清全部款项之日止支付后续的利息。

关于凯良公司2020年归还江西银行洪城支行30,823,841.64元的认定问题。凯良公司提交的江西银行贷款还款单载明的借据号及还款金额,与本案110份银行承兑汇票承兑合同的合同编号或本案134份银行承兑汇票的票据号码,以及本案41份银行承兑汇票载明的票据金额均不能对应,故对凯良公司主张该笔款项为归还本案银行承兑汇票,不予支持。

二、关于神州数码公司是否应对凯良公司应付江西银行洪城支行承兑垫款承担差额退款责任并支付违约金的问题

神州数码公司应否承担责任的核心问题在于两份合同补充协议能否认定。本案的交易模式为保兑仓交易,即以银行信用为载体、以银行承兑汇票为结算工具,由银行控制货权、卖方受托保管货物并以承兑汇票与保证金之间的差额作为担保。而合同补充协议则完全颠覆了保兑仓交易中最核心的银行的控货权及卖方的受托义务、担保责任。江西银行洪城支行否认签署过合同补充协议,且经鉴定合同补充协议上所加盖的公章与江西银行洪城支行于合作协议中所留印章印文不一致。神州数码公司无法有效证明江西银行洪城支行知情并参与了该补充协议的签署。从内容来看,合同补充协议完全颠覆了保兑仓交易中最核心的银行的控货权及卖方的受托义务、担保责任,这不符合三方交易的初衷,大大增加了银行的风险。而且,如果江西银行洪城支行真实参加了 2016 年合同补充协议的签署,则无须在 2017 年签署与 2016 年内容基本一致的合作协议,然后又在 2017 年签订与 2016 年内容基本一致的合同补充协议。故此,对神州数码公司提交的两份合同补充协议,一审不予采信。

江西银行洪城支行承兑汇票交付后,其行为性质不受在后的他人行为影响,神州数码公司取得票据权利后,如何行使、是否从汇票中受益,凯良公司是否申请提货,后续的交易流程是否完成,均非江西银行洪城支行能够决定,不影响江西银行洪城支行承兑汇票系履行合作协议的行为性质。江西银行洪城支行承兑并将汇票交付神州数码公司后,即已完成合作协议约定的主要合同义务。根据合作协议的约定,主债务的银行承兑汇票/借款到期前 10 日,如果银行承兑汇票对应的保证金金额不足 100%,或凯良公司提前还款金额不足以清偿全部债务,即江西银行洪城支行按累计出具的发货通知书计算,累计发货的货款总金额小于票面金额/收款证明中的金额时,江西银行洪城支行向神州数码公司发出退款通知书,神州数码公司收到退款通知书后 10 个工作日内,必须无条件按退款通知书的要求将差额款项汇入江西银行洪城支行指定的账户。如果神州数码公司没有按时退款,江西银行洪城支行有权以自己名义直接向神州数码公司追索上述款项。由于神州数码公司未按时退款,江西银行洪城支行有权以自己的名义直接向其追索上述款项,要求神州数码公司对垫款承担退款责任。另外,协议约定任何一方违反该协议的任何条款(包括声明和保证条款)均构成该协议项下的违约行为,应当向守约方支付违约金

或损害赔偿金。迟延履行给付金钱义务的,应当按照未给付金额的每日万分之二点一向守约方支付滞纳金。故对原告江西银行洪城支行主张神州数码公司应向其承担银行承兑汇票垫款84,402,787.42元差额退款责任,并支付违约金3,916,635.99元(截至2019年1月7日),自2019年1月8日起至债务清偿之日止按每日万分之二点一计算违约金,予以支持。

关于神州数码公司主张41张垫款清单计84,402,787.42元未必是本案未来提货权下的汇票问题。一审认为,在本案105份提货申请书、105份发货通知书及102份货物收到告知函均载明发货总金额为340,010,000元,与134份银行承兑汇票项下凯良公司已交保证金总金额340,030,000元基本匹配,符合合作协议的交易模式("凯良公司缴存保证金数额与提货金额相符"),即确定该134份银行承兑汇票与合作协议等涉案合同相关联的情形下,神州数码公司并未提供证据证明江西银行洪城支行垫付的银行承兑汇票为双方之间其他业务或其他合同项下,故对其以上主张,一审不予支持。

三、关于陈某、肖某、天际公司是否应该承担凯良公司应付江西银行洪城支行承兑垫款本息的连带清偿责任问题

陈某、肖某、天际公司分别在与江西银行洪城支行签订的最高额保证合同中,明确约定为江西银行洪城支行与凯良公司的上述债权提供连带责任保证担保。故对江西银行洪城支行请求判令陈某、肖某、天际公司均应按其提供担保的意思表示,对凯良公司应向江西银行洪城支行偿还的上述债务承担连带清偿责任的诉请,予以支持。

四、关于各被告是否应承担原告为实现本案债权发生的律师费等费用问题

江西银行洪城支行为追索本案债权,委托了律师作为诉讼代理人参加诉讼,并实际支出律师费用35万元。根据双方当事人签订的授信协议、合作协议、最高额保证合同等合同的约定,应由违约方负担实现债权的费用,故对原告江西银行洪城支行主张各被告承担原告为实现债权所支出的律师费35万元,予以支持。

据此,江西省高级人民法院依照《合同法》第60条、第107条、第205条、第207条,《担保法》第12条、第14条、第18条、第21条、第31条,《民事诉讼法》第144条的规定,于2020年8月7日判决如下:"一、被告南昌凯良科技有限公司在本判决生效之日起十日内向原告江西银行股份有限公司南昌洪城支行偿还银行承兑汇票垫款本金84,402,787.42元和逾期付款利息9,791,589.98元(截至2019年1月7

日),并自2019年1月8日起至付清全部款项之日止按每日万分之五的标准支付后续的利息;二、被告上海神州数码有限公司对上述第一项被告南昌凯良科技有限公司应付银行承兑汇票垫款84,402,787.42元向原告江西银行股份有限公司南昌洪城支行承担差额退款责任,并向江西银行股份有限公司南昌洪城支行支付违约金3,916,635.99元(截至2019年1月7日),并自2019年1月8日起至债务清偿之日止按每日万分之二点一计算违约金;三、被告陈某、被告肖某、被告吉安市天际房地产开发有限公司对前述第一项被告南昌凯良科技有限公司应付银行承兑垫款本息承担连带清偿责任,在承担保证责任后有权向南昌凯良科技有限公司追偿;四、被告南昌凯良科技有限公司在本判决生效之日起十日内向原告江西银行股份有限公司南昌洪城支行支付律师代理费350,000元。"

神州数码公司不服一审判决,向最高人民法院上诉称:本案涉嫌刑事犯罪,应当移送公安机关按照刑事司法程序处理。一审法院未依法移送,适用法律错误,违反法定程序。一审判决判令神州数码公司承担差额退款责任及支付违约金,认定事实错误,适用法律错误。一审判决认定凯良公司已经偿还的30,823,841.64元不属于偿还本案欠款,认定事实错误,且证据不足。江西银行洪城支行存在诸多重大过错,一审判决未判令江西银行洪城支行对自身过错承担责任,有违公平原则。一审判决判令凯良公司承担还款责任及利息后,又判令神州数码公司承担差额退款责任及支付违约金,于法无据。请求:撤销一审民事判决第二项,改判驳回江西银行洪城支行对神州数码公司的所有诉讼请求,即神州数码公司不承担差额退款责任及违约金。

被上诉人江西银行洪城支行辩称:本案属于民事纠纷,神州数码公司未按合同约定履行义务,应当承担差额退款责任并支付违约金。一审查明事实清楚,应驳回神州数码公司的上诉请求。

原审被告凯良公司、陈某、肖某、天际公司经传唤,未参加诉讼。

二审审理过程中,神州数码公司与江西银行洪城支行自愿达成调解协议。

最高人民法院二审认为:《民事诉讼法》第9条规定,人民法院审理民事案件,应当根据自愿和合法的原则进行调解。第172条规定,第二审人民法院审理上诉案件,可以进行调解。调解达成协议,应当制作调解书,由审判人员、书记员署名,加盖人民法院印章。调解书送达后,原审人民法院的判决即视为撤销。《最高人民法院关于人民法院民事调解工作若干问题的规定》第14条第1款规定:“当事人就部分诉讼请求达成调解协议的,人民法院可以就此先行确认并制作调解书。”根据上述规定,当事人仅对一审判决的部分判项提起上诉的,人民法院在二审程序中可以就当事人的上诉请求开展调解工作,对当事人达成的调解协议依法审查后,予以确认并制作调解书。调解书送达后,一审判决即视为撤销。对于各方当事人均未提起上诉,在调解协议中也未涉及的其他一审判项,可以在与调解书不冲突,也不损害其他各方当事人合法权益的情况下,在二审判决中予以确认。

本案中,一审判决第二项的内容涉及神州数码公司所承担的差额退款责任以及违约金。各方当事人中,仅有神州数码公司提起上诉,请求撤销一审判决第二项,驳回有关神州数码公司的全部诉讼请求。经二审合法传唤,各原审被告未到庭参加诉讼,不参加本案调解。经二审调解,神州数码公司与江西银行洪城支行达成调解协议,请求二审法院出具调解书。经审查,调解协议的内容不违反法律,未损害其他当事人的合法权益,与一审判决的其他判项并不冲突。而且,对于神州数码公司依照调解书支付的款项,江西银行洪城支行在调解书中明确承诺不依据本判决重复执行。神州数码公司依照调解书支付的本金,在根据本判决书计算利息时也应相应予以扣除。故对神州数码公司与江西银行洪城支行达成的调解协议,二审法院依法另行出具调解书予以确认,一审判决应依法视为撤销。对于各方当事人均未提起上诉的其他一审判项在二审判决中予以确认。

综上,最高人民法院依照《民事诉讼法》第9条、第170条、第172条,《最高人民法院关于人民法院民事调解工作若干问题的规定》第14条第1款的规定,于2021年8月26日判决如下:

一、江西省高级人民法院(2019)赣民初20号民事判决视为撤销,上海神州数码有限公司与江西银行股份有限公司南昌洪城支行按照本院(2021)最高法民终479-1号民事调解书履行义务;

二、南昌凯良科技有限公司在本判决生效之日起10日内向江西银行股份有限公司南昌洪城支行偿还银行承兑汇票垫款本金84,402,787.42元和逾期付款利息9,791,589.98元(截至2019年1月7日),并自2019年1月8日起至付清全部款项之日止按每日万分之五的标准支付后续的利息;

三、陈某、肖某、吉安市天际房地产开发有限公司对前述第二项南昌凯良科技有限公司应付银行承兑垫款本息承担连带清偿责任,在承担保证责任后有权向南

昌凯良科技有限公司追偿;

四、南昌凯良科技有限公司在本判决生效之日起10日内向江西银行股份有限公司南昌洪城支行支付律师代理费350,000元。

本判决为终审判决。

中国电建集团港航建设有限公司与平潭综合实验区土地储备中心建设工程施工合同纠纷案

编者按

双方当事人在合同中协议选择以仲裁的方式解决争端，虽在签订仲裁条款时其选择的仲裁机构尚未成立，但在争端发生之时该仲裁机构已然存在，此即不属于《仲裁法》第 18 条规定的“对仲裁委员会没有约定或者约定不明确”的情形。此种情况下，应认为双方对该仲裁机构的成立及对争端发生时以仲裁的方式解决是有预期的，故应当尊重双方当事人的意思自治，以仲裁的方式解决双方争议。

裁判摘要

当事人签订仲裁条款时，约定的仲裁机构尚未成立；争端发生时，约定的仲裁机构成立，仲裁机构的不确定性已经得到确定，双方当事人应根据仲裁协议申请仲裁。

原告：中国电建集团港航建设有限公司

法定代表人：随某信，董事长

被告：平潭综合实验区土地储备中心

负责人：甘某，主任

原告中国电建集团港航建设有限公司（以下简称中电港航公司）因与被告平潭综合实验区土地储备中心（以下简称平潭土地中心）发生建设工程施工合同纠纷，向福建省高级人民法院提起诉讼。

原告中电港航公司诉称：2011 年 9 月 26 日，原、被告双方签订了福建省平潭综合实验区金井湾盐田造地工程投资建造 BT 项目（投资 + 施工总承包）合同（以下简称 BT 项目合同）。约定中电港航公司作为该项目投资方及施工总承包方，建设内容包括盐田造地面积 500 万平方米、吹填工程量约 2000 万立方米及临时排水沟、道路等，建设方式采用分块施工、分块验收、分块采购。合同签订后，中电港航公司依约于 2011 年 10 月 1 日开始建设施工，至 2013 年 12 月 1 日完成全部施工任务，2014 年 5 月 28 日通过整体交工验收。平潭综合实验区财政投资评审中心于 2014 年 12 月 31 日出具了平潭综合实验区财政投资评审中心关于批复平潭金井湾盐田造地工程投资建造 BT 项目结算审核报告的函，明确该项目审定金额 50,303.22 万元，其中包括建设费 460,941,425 元、建设期利息 18,774,491 元、采购期利息 6,720,125 元，截至 2014 年 6 月 30 日超出采购期利息 16,596,225 元。请求：判令平潭土地中心立即支付拖欠建安费合计 111,264,498.97 元，并支付以拖欠建安费 111,264,498.97 元为基数，按 1 ~ 3 年银行贷款基准利率 2.2 倍计算的超出采购期利息，自 2017 年 1 月 25 日起算至采购款项全部付清之日止。

福建省高级人民法院一审经审查认为：BT 项目合同第 10.2（1）条明确约定："对于未能友好解决或者通过争议评审解决的争议，发包人或承包人任一方均有权提交给工程所在地的仲裁委员会仲裁。"该约定合法有效，对于双方当事人均有约束力。虽然合同订立之时海峡两岸仲裁中心尚未成立,工程所在地并无仲裁委员会。但是本案纠纷发生之时,海峡两岸仲裁中心已经成立,而且也是工程所在地唯一的仲裁委员会。《仲裁法解释》第3条规定:“仲裁协议约定的仲裁机构名称不准确,但能够确定具体的仲裁机构的,应当认定选定了仲裁机构。”虽然缔约之时无明确仲裁委员会,但在双方纠纷发生时已有明确且唯一的仲裁委员会的情况下,应当认定双方的仲裁条款有效,另一方在开庭前提交了仲裁协议,中电港航公司应当申请仲裁。

据此,福建省高级人民法院依据《民事诉讼法》第124条第2项、第154条第1款第3项,《仲裁法》第26条,《民诉法解释》第208条第3款的规定,于2019年4月26日裁定:“驳回中国电建集团港航建设有限公司的起诉。”

中电港航公司不服一审裁定,向最高人民法院上诉称:BT项目合同约定的仲裁条款为无效条款,一审法院适用法律错误。首先,BT项目合同第10.2(1)条约定:“对于未能友好解决或者通过争议评审解决的争议,发包人或承包人任何一方均有权提交给工程所在地的仲裁委员会仲裁。”一审法院已查明,合同订立之时,工程所在地并无仲裁委员会。根据《仲裁法》第16条的规定,仲裁协议必须约定选定的仲裁委员会,同时该法第18条规定,没有约定或约定不明确的,当事人可以补充协议,达不成补充协议的,仲裁协议无效。BT项目合同仅约定仲裁地点,缔约时该地并无仲裁机构,故该仲裁条款为无效条款。其次,《合同法》第56条规定,无效的合同或被撤销的合同自始没有法律约束力。BT项目合同的仲裁条款,缔约时属无效条款,自始无效。一审裁定认定本案纠纷发生时,海峡两岸仲裁中心已经成立,且是工程所在地唯一的仲裁委员会,应认定仲裁条款有效,该认定违反了《合同法》第56的规定。再次,一审裁定适用《仲裁法解释》第3条规定,属适用法律错误。该条款针对的是“仲裁协议约定的仲裁机构名称不准确”的情形,本案不属约定仲裁机构名称不准确,而是约定的仲裁地点没有仲裁机构。最后,关于仲裁的约定,不仅包含仲裁的意愿,还应包括对选定仲裁机构之信任。BT项目合同缔约时,海峡两岸仲裁中心尚未成立。上诉人不可能选择一个尚未设立的仲裁机构受理和解决争议。如将本案交由海峡两岸仲裁中心进行仲裁违背上诉人之意愿。综上,请求:撤销一审裁定,指令一审法院审理本案。

平潭土地中心辩称:一审法院认定仲裁条款有效,裁定驳回中电港航公司的起诉,符合法律规定,应当予以维持。涉案 BT 项目合同第 10.2(1)条中明确约定:“对于未能友好解决或者通过争议评审解决的争议,发包人或者承包人任意一方均有权提交给工程所在地的仲裁委员会仲裁。”该条约定一是明确了对于未能解决的纠纷,双方协商选择通过仲裁解决;二是明确了“争议发生时”选择“工程所在地的仲裁委员会”作为仲裁机构。这是双方同意提交给工程所在地的仲裁委员会申请仲裁的意思表示,是真实有效的。双方缔约时,海峡两岸仲裁中心虽然未能成立,但争议时,海峡两岸仲裁中心已经成立,且是福建平潭综合实验区唯一的仲裁委员会,而诉争的工程所在地位于平潭综合实验区金井湾,因此一审认定双方在争议时应在海峡两岸仲裁中心申请仲裁,适用法律正确。

最高人民法院经审查认为:BT 项目合同签订于 2011 年 9 月 26 日,该合同系双方真实意思表示,且未违反法律禁止性规定,应依法确认合同有效。双方订立仲裁条款的本意为发生纠纷时选择用仲裁的方式解决纠纷,且选择工程所在地的仲裁委员会为仲裁机构。当中电港航公司于 2019 年 2 月向福建省高级人民法院提起诉讼时,工程所在地仲裁委员会即海峡两岸仲裁中心依法成立,仲裁条款的不确定性已经消除,应当认定仲裁条款有效。双方就 BT 项目合同发生争议时,中电港航公司应根据 BT 项目合同中仲裁条款的约定申请仲裁,故一审法院驳回其起诉并无不当。依照《民事诉讼法》第 170 条第 1 款第 1 项的规定,裁定如下:

驳回中国电建集团港航建设有限公司的上诉,维持原裁定。

本裁定为终审裁定。

联储证券有限责任公司
与东方金钰股份有限公司等
保证合同纠纷案

编者按

保证合同中,约定保证人承担的保证责任大于债务人的主债务,该部分约定无效。其法理基础是,虽然对于保证合同中对保证责任范围的约定也应当尊重当事人的意思自治,但由于保证合同是主合同的从合同,保证责任是主债务的从债务,故基于从属性原则,保证责任的范围不可能大于主债务的范围;否则,便不是承担担保责任。如果当事人约定的担保责任范围大于主债务,应当认定大于主债务部分的约定因违反担保的从属性这一基本属性而无效,从而将担保责任缩减至主债务的范围。从另一个角度来看,设定担保的目的是保障主债权的实现,如债权人因担保合同的设立而获得比主债权更大的利益,这与设立担保的本来目的相违背,也使当事人之间的合同权利义务严重失衡。

裁判摘要

根据《担保法》第21条第1款“保证担保的范围包括主债权及利息、违约金、损害赔偿金和实现债权的费用。保证合同另有约定的,按照约定”的规定,保证人承担保证责任的范围优先适用保证合同的约定。根据意思自治原则,当事人约定的保证责任的范围经常出现大于主债务范围的情形,较为常见的是在保证合同中约定,保证人除去应当对主债务承担连带责任外,如果保证人未按照合同约定履行保证责任,则其应当另行向债权人支付违约金。除此之外,诸如担保责任约定的利息高于主债务利息、担保责任的履行期限限于主债务履行期届满等,都是担保责任范围大于主债务范围的情形。因担保合同是主合同的从合同,基于从属性原则,应当认定大于主债务部分的约定无效,从而将担保责任缩减至主债务的范围。

原告:联储证券有限责任公司

法定代表人:沙某明

被告:东方金钰股份有限公司

法定代表人:赵某

被告:云南兴龙实业有限公司

法定代表人:赵某

被告:赵某

被告:王某琰

原告联储证券有限责任公司(以下简称联储证券)因与被告东方金钰股份有限公司(以下简称东方金钰公司)、云南兴龙实业有限公司(以下简称兴龙实业公司)、赵某、王某琰发生合同纠纷,向浙江省高级人民法院提起诉讼。

原告联储证券诉称:原告以2.99亿元认购了昆仑信托有限责任公司(以下简称昆仑信托公司)设立的“昆仑信托·联储东方金钰集合资金信托计划”(以下简称信托计划),原告系该信托计划的委托人和受益人之一。昆仑信托公司代表信托计划与被告东方金钰公司于2016年12月26日签订昆仑信托·联储东方金钰集合资金信托计划特定股权收益权转让与回购合同(以下简称回购合同),合同约定:东方金钰公司向昆仑信托公司转让其合法持有的深圳市东方金钰珠宝实业有限公司(以下简称目标公司)100%股权的收益权(以下简称特定股权收益权),转让价款为人民币3亿元,可分期支付,支付首期转让价款即视为转让标的交割完成,昆仑信托公司享有特定股权收益权;东方金钰公司按照合同约定分期支付行权费,行权费率为10.5%;回购期限届满后或出现合同约定的情形时,东方金钰公司应依据合同约定或昆仑信托公司提前回购的要求,回购特定股权收益权并向昆仑信托公司支付特定股权收益权回购款,同时合同对违约责任、管辖、通知和送达、诉讼费及律师费的承担等内容作了明确约定。回购合同签订后,昆仑信托公司依约向东方金钰公司支付特定股权收益权转让款共计3亿元。为保证债权人实现回购合同项下的债权,保证人兴龙实业公司、东方金钰公司实际控制人赵某及其配偶王某琰,对回购合同项下的全部债务提供连带责任保证,分别签订昆仑信托・联储东方金钰集合资金信托计划保证合同(合同编号:第16198－01号,以下简称保证合同一)、昆仑信托・联储东方金钰集合资金信托计划保证合同(合同编号:第16198－02号,以下简称保证合同二),以上保证合同保证范围均为债务人在主合同项下对债权人负有的全部债务以及债权人为实现债权与担保权利而发生的费用,保证方式为连带责任保证,保证期间为自保证合同生效之日起至回购合同项下的债务履行期限届满之日后两年止,同时上述保证合同还约定了债权清偿顺序及保证人的违约责任。根据回购合同约定的定期行权费的支付时间及计算方法,东方金钰公司应在2018年6月20日向昆仑信托公司支付当期的定期行权费12,891,666.67元,但东方金钰公司至今尚未支付以上款项,同时兴龙实业公司、赵某、王某琰未按昆仑信托公司要求承担保证责任。截至起诉之日,东方金钰公司、兴龙实业公司、赵某、王某琰均多次被列为被执行人,累计被执行金额已超过7亿元,重要资产被采取司法冻结措施,债务人及保证人的财务状况恶化,卷入重大纠纷,影响昆仑信托公司的债权安全。昆仑信托公司依据回购合同第11.2条的约定,有权要求东方金钰公司提前回购,立即支付回购合同项下所有特定股权收益权回购价款。昆仑信托公司于2018年7月11日向东方金钰公司发出要求提前回购的通知函,向兴龙实业公司、赵某、王某琰发出要求履行担保责任的通知函,要求东方金钰公司提前回购特定股权收益权,确定2018年7月20日为提前回购日。但东方金钰公司至今尚未履行支付特定股权收益权回购价款的义务,保证人亦未承担保证责任。同时,根据合同约定及债务人、保证人存在的违约情形,债务人东方金钰公司未按期支付行权费,昆仑信托公司有权要求其支付一次性违约金;未按照昆仑信托公司要求支付特定股权收益权回购价款的,应当自逾期之日起至全部清偿之日止,支付连续性迟延违约金;保证人未按合同约定履行通知义务、履行保证责任的,应当支付主债权金额10%的违约金。原告作为集合资金信托的委托人和受益人,依法根据原告与昆仑信托公司订立信托合同的约定,昆仑信托公司将回购合同项下的与2.99亿份信托份额(该部分信托份额对应特定股权收益权转让价款2.99亿元)对应的债权转让给原告,自2018年7月24日起,原告受让昆仑信托公司在回购合同、保证合同项下与标的债权对应的全部合同权利。昆仑信托公司于2018年7月25日向东方金钰公司、兴龙实业公司、赵某、王某琰告知上述债权转让事宜,并要求四被告向原告履行还款义务、担保义务,但四被告至今尚未向原告支付全部未付款项。另,根据回购合同的约定,本案诉讼费、律师费、财产保全费等实现债权的费用应当由被告承担。原告为维护自身合法权益,提起诉讼请求:(1)判令被告东方金钰公司支付特定股权收益权回购基本价款2.99亿元以及基本回购价款的迟延违约金(以2.99亿元为基数,自2018年7月21日计算至实际付清全部款项之日);(2)判令东方金钰公司支付2017年12月20日至2018年6月20日的定期行权费12,848,694.44元以及迟延违约金,支付2018年6月20日至7月20日的定期行权费2,188,513.89元以及迟延违约金;(3)判令被告东方金钰公司支付一次性违约金3139.5万元;(4)判令被告兴龙实业公司、赵某、王某琰支付违约金,以诉讼请求第1、2、3、6项之和为基数,按10%计算;(5)判令被告兴龙实业公司、赵某、王某琰对东方金钰公司第1、2、3、6项诉请的付款义务承担连带清偿责任;(6)判令四被告共同负担原告支付的本案保全责任保险费291,574.21元、律师费110万元、公证费2040元。

被告东方金钰公司、兴龙实业公司、赵某、王某琰未答辩。

浙江省高级人民法院一审查明:

2016年12月26日,东方金钰公司作为转让方、昆仑信托公司作为受让方签订回购合同,约定东方金钰公司向昆仑信托公司转让其持有的深圳市东方金钰珠宝实业有限公司100%股权的收益权,转让价款为3亿元,可分期支付。回购合同第5.1条约定:转让方作为特定股权收益权的出让方,承诺按照本合同约定的时限和金额回购全部特定股权收益权。第5.5.2条约定:转让方应于各期信托单位期限届满两年(包括信托计划的受托人宣布提前到期)前的5日内或提前回购日,分期足额支付回购基本价款。第5.3.2条约定:如转让方出现如下情形时,受让方可自主决定提前回购日,即受让方可宣布任一日期为提前回购日,但应提前5个工作日书面通知转让方,自该通知送达转让方之日起5个工作日内,转让方应提前支付特定股权收益权回购基本价款及行权费：(1)转让方未按本合同的约定按期支付前端行权费或定期行权费……合同第5.4条、第5.5条、第5.6条约定：特定股权收益权回购价款由特定股权收益权回购基本价款和行权费两部分构成，基本价款等于受让方支付的全部转让价款。行权费分为前端行权费与定期行权费，其中定期行权费按日计费，年行权费率为10.5%，于每个会计年度的6月20日及12月20日及各期特定股权收益权回购到期日结清当期行权费。第6条约定：兴龙实业公司、赵某、王某琰作为保证人，为转让方在本合同项下支付特定股权收益权回购价款的债务提供连带责任保证，具体担保事项以受让方与各保证人签订的保证合同为准。第11条约定：转让方存在未按期支付特定股权收益权回购价款等违约情形时，受让方可单方面采取下列一种或数种措施进行处理，在此情况下，转让方同意无条件放弃抗辩权，并应补偿因其违约对受让方造成的一切损失：(1)要求转让方提前回购，转让方应立即支付本合同项下所有特定股权收益权回购价款；(2)按特定股权收益权回购基本价款的10.5%向转让方收取一次性违约金，受让方要求转让方支付一次性违约金的，不影响其要求转让方按照本合同其他条款的约定继续支付特定股权收益权回购基本价款、行权费及连续性迟延违约金的权利；(3)转让方未按本合同约定的期限和金额支付特定股权收益权回购基本价款及/或行权费的(包括被受让方要求提前回购后应支付的特定股权收益权回购基本价款及/或行权费)，应自逾期之日起至全部清偿之日止，以逾期应付款金额为基数按本合同第5.6.2条约定的行权费率上浮50%的标准按日计收连续性迟延违约金……合同第17.2条约定：如发生争议，未能协商一致的，任何一方均可向受让方住所地有管辖权的人民法院提起诉讼。与诉讼有关的所有费用包括但不限于诉讼费、执行费、律师代理费等均由败诉方承担。合同还就送达等事项进行了约定。

同日，兴龙实业公司、赵某、王某琰分别作为保证人与昆仑信托公司签订保证合同一、保证合同二，约定：保证人所担保的主债权为东方金钰公司在上述回购合同项下对昆仑信托公司负有的支付特定股权收益权回购价款的义务，保证范围为东方金钰公司在主合同项下对债权人负有的全部债务，包括但不限于全部特定股权收益权回购基本价款和行权费、资金占用费、违约金、赔偿金、手续费、保险费及其他为签订或履行本合同而发生的费用以及债权人为实现债权与担保权利而发生的费用，保证方式为连带责任保证，保证期间为自合同生效之日起至主合同项下的债务履行期限届满之日后两年止。上述两份保证合同第10.2条均约定：保证人违约，债权人有权采取下列一项或几项措施……(3)要求保证人支付主债权金额10%的违约金……合同亦就送达等事项进行了约定。

合同签订后,昆仑信托公司依约分笔向东方金钰公司支付特定股权收益权转让款,合计3亿元。

东方金钰公司于2018年6月20日向昆仑信托公司发来延期付息申请函称:因公司账户冻结,6月利息不能按期支付。昆仑信托公司于2018年6月21日向东方金钰公司发送履约催促函,向兴龙实业公司、赵某、王某琰发送履行担保责任的催促函,要求东方金钰公司按约支付定期行权费,兴龙实业公司、赵某、王某琰按约履行担保义务。后,东方金钰公司仍未支付该笔到期的定期行权费,兴龙实业公司、赵某、王某琰也未按昆仑信托公司的要求承担保证责任。

昆仑信托公司于2018年7月11日向东方金钰公司发出提前回购的通知函,要求东方金钰公司提前回购,并确定2018年7月20日为提前回购日,要求东方金钰公司在收到该通知之日起5个工作日内且不晚于提前回购日向昆仑信托公司支付全部特定股权收益权回购价款。同日,昆仑信托公司向兴龙实业公司、赵某、王某琰发送要求履行担保责任的通知函,要求兴龙实业公司、赵某、王某琰分别按照其所签订的保证合同一、保证合同二约定承担保证责任,于2018年7月21日17:00之前向昆仑信托公司支付东方金钰公司未足额支付部分的款项。东方金钰公司、兴龙实业公司、赵某、王某琰未按昆仑信托公司的要求履行回购义务及支付回购价款。

联储证券作为委托人、昆仑信托公司作为受托人签订昆仑信托·联储东方金钰集合资金信托合同一份。2018年7月24日,昆仑信托公司向联储证券发送信托财产原状分配通知书,昆仑信托公司按照上述信托合同之约定,决定将信托计划提前终止,提前终止日期为2018年7月24日,并将信托财产以债权形式向联储证券分配。即昆仑信托公司将回购合同项下的与2.99亿份信托份额(该部分信托份额对应特定股权收益权转让价款2.99亿元)对应的债权移交给联储证券,并将保证合同项下与标的债权对应的全部权利移交给联储证券,联储证券自2018年7月24日起受让昆仑信托公司在回购合同、保证合同一、保证合同二项下与标的债权对应的全部合同权利。同日,昆仑信托公司向东方金钰公司发送债权转让通知书,向兴龙实业公司、赵某、王某琰发送权利变更通知书,告知债权转让及权利变更事宜。

2018年10月11日,联储证券为实现本案债权,与山东高行律师事务所签订专项委托代理合同一份,并于2018年10月19日支付律师代理费110万元。联储证券在本案审理中,向原审法院申请财产保全,华安财产保险股份有限公司浙江分公司为联储证券的财产保全申请提供了担保,联储证券为此支付保费291,574.21元。另外,联储证券为本案保全证据在山东省济南市泉城公证处公证,并支付公证费2040元。

浙江省高级人民法院一审认为:

涉案昆仑信托公司与东方金钰公司签订的回购合同,与兴龙实业公司、赵某、王某琰签订的保证合同一、保证合同二系各方当事人真实意思表示,不存在违反法律、行政法规强制性规定的情形,应认定合法有效,各方当事人均应按合同约定诚信全面履行义务。昆仑信托公司作为受让方已按约履行了支付特定股权收益权受让价款等义务,东方金钰公司理应按约履行回购合同约定的回购及支付特定股权收益权回购价款义务。东方金钰公司未按回购合同约定支付应于2018年6月20日支付的定期行权费,已构成违约。昆仑信托公司有权依据回购合同的约定,要求东方金钰公司提前回购。昆仑信托公司已按回购合同约定向东方金钰公司发送要求提前回购的通知函,确定提前回购日。东方金钰公司应按通知内容履行回购义务及支付特定股权收益权回购价款。后续昆仑信托公司将回购合同项下与2.99亿份信托份额对应的债权移交给联储证券,也向东方金钰公司发送了债权转让通知书,履行了债权转让通知义务,相应债权转让合同已成立并生效。据此,东方金钰公司应按通知内容向联储证券支付特定股权收益权回购价款。故该院对联储证券要求东方金钰公司支付特定股权收益权回购价款2.99亿元的诉请予以支持。东方金钰公司未按约定支付定期行权费,已构成违约,应按照合同约定承担违约责任,对联储证券要求东方金钰公司按回购合同约定支付一次性违约金及迟延违约金的诉请予以支持。联储证券为实现本案债权,支付律师费、保险费、公证费,也已提供相关证据证明费用实际发生,相应诉请有事实和法律依据,一审法院予以支持。兴龙实业公司、赵某、王某琰作为保证人,为东方金钰公司回购合同项下付款义务提供连带责任保证,应依约承担保证责任,对东方金钰公司的上述付款义务承担连带付款责任。

保证合同对保证责任范围的约定,虽实行意思自治,但因保证合同是主合同的从合同,基于从属性原则,保证责任的范围不能超过主债务的范围。兴龙实业公司、赵某、王某琰在本案中系保证人,其承担责任的范围不能超过主债务人东方金钰公司承担责任的范围。故尽管保证合同约定了保证人违约时,债权人有权要求保证人支付主债权金额10%的违约金的内容,但基于保证人承担责任不超过主债务人承担责任范围之因素,综合考虑兴龙实业公司、赵某、王某琰已就东方金钰公司应支付的一次性违约金及迟延违约金等承担连带付款责任等情况,法院对联储证券要求兴龙实业公司、赵某、王某琰分别支付违约金34,711,215.15元的诉请不予支持。

据此,浙江省高级人民法院依照《合同法》第8条、第44条、第60条第1款、第79~81条、第107条、第114条,《担保法》第18条、第21条、第22条,《民事诉讼法》第144条的规定,于2019年4月18日判决如下:"一、被告东方金钰股份有限公司于本判决生效之日起10日内向联储证券有限责任公司支付特定股权收益权回购基本价款299,000,000元;二、被告东方金钰股份有限公司于本判决生效之日起10日内向联储证券有限责任公司支付2017年12月20日(含当日)至2018年6月20日(不含当日)的定期行权费12,848,694.44元,支付2018年6月20日(含当日)至2018年7月20日(含当日)的定期行权费2,188,513.89元,合计15,037,208.33元;三、被告东方金钰股份有限公司于本判决生效之日起10日内向联储证券有限责任公司支付一次性违约金31,395,000元;四、被告东方金钰股份有限公司于本判决生效之日起10日内向联储证券有限责任公司支付迟延违约金1,679,943.18元(暂计算至2018年7月31日,后续以314,037,208.33元为基数,按照15.75%/年的利率计算至款项实际清偿之日止);五、被告东方金钰股份有限公司于本判决生效之日起10日内赔偿联储证券有限责任公司律师费损失1,100,000元、保险费损失291,574.21元、公证费损失2040元,合计1,393,614.21元;六、被告兴龙实业、赵某、王某琰对东方金钰股份有限公司的上述付款义务承担连带清偿责任;七、驳回原告联储证券有限责任公司的其他诉讼请求。"

联储证券不服一审判决,向最高人民法院上诉称:涉案保证合同不违反法律、行政法规的强制性规定,合法有效。保证合同除具有借款合同的从属性之外,还具有作为合同的基本要素,具有独立性。本案两份保证合同第10.2条均约定"保证人违约,债权人有权采取下列一项或几项措施:……(3)要求保证人支付主债权金额百分之拾的违约金……"该条款是合同当事人意思自治的体现,是保证人向债权人承担违约责任的条款,不存在条款无效的情形,人民法院应当尊重合同约定,对涉案保证人违约金条款的效力予以肯定。人民法院调整违约金,需以债务人请求为前提条件,债务人未要求的,人民法院不得依职权调整违约金。原审中,东方金钰公司、兴龙实业公司、赵某、王某琰经合法传唤未到庭参加诉讼,视为放弃答辩、举证、质证权利,原审法院无权对违约金进行调减。综上,原审判决适用法律错误,请求:(1)改判兴龙实业公司支付违约金,以特定股权收益权回购价款2.99亿元、2017年12月20日至2018年7月20日的定期行权费15,037,208.33元、一次性违约金3139.5万元、迟延违约金1,679,943.18元(暂计算至2018年7月31日,2018年8月1日后的迟延违约金以314,037,208.33元为基数,按照15.75%年利率计算至款项实际清偿之日)、实现债权的费用3,523,087.21元此五项之和为基数,按10%计算,金额暂计算为35,063,523.87元。(2)改判赵某、王某琰支付违约金,以特定股权收益权回购价款2.99亿元、2017年12月20日至2018年7月20日的定期行权费15,037,208.33元、一次性违约金3139.5万元、迟延违约金1,679,943.18元(暂计算至2018年7月31日,2018年8月1日后的迟延违约金以314,037,208.33元为基数,按照15.75%年利率计算至款项实际清偿之日)、实现债权的费用3,523,087.21元此五项之和为基数,按10%计算,金额暂计算为35,063,523.87元。(3)改判东方金钰公司负担一审案件受理费、财产保全费347,112元,兴龙实业公司、赵某、王某琰承担连带责任。(4)本案二审案件受理费、差旅费、公告费、邮寄费等费用由东方金钰公司、兴龙实业公司、赵某、王某琰共同负担。

最高人民法院经二审,确认了一审查明的事实。

最高人民法院二审认为:本案二审中涉及的主要法律问题是兴龙实业公司、赵某、王某琰是否应在涉案主债务之外向联储证券支付保证合同约定的违约金,即担保人承担担保责任的范围能否大于主债务。首先,根据《担保法》第21条"保证担保的范围包括主债权及利息、违约金、损害赔偿金和实现债权的费用。保证合同另有约定的,按照约定。当事人对保证担保的范围没有约定或者约定不明确的,保证人应当对全部债务承担责任"的规定,虽然保证人承担保证责任的范围优先适用保证合同的约定,实行意思自治,但因保证合同是主合同的从合同,保证责任是主债务的从债务,基于担保从属性的必然要求,保证责任的范围不能大于主债务的范围。当事人约定的保证责任的范围大于主债务的,应当缩减至主债务的范围。其次,根据《合同法》第5条"当事人应当遵循公平原则确定各方的权利和义务"的规定,若本案联储证券与兴龙实业公司、赵某、王某琰约定的违约金条款可获支持,联储证券将从保证人处额外获得从主债务人处不能得到的巨额利益。根据《担保法》第31条“保证人承担保证责任后,有权向债务人追偿”的规定,由于债权人与保证人在保证合同中特别约定的违约金只针对保证人,不属于主债务的范围,故保证人承担保证合同约定的责任后将无法向主债务人追偿,这将使当事人之间的利益关系严重失衡。因此,原审判决基于担保从属性原则并综合考虑兴龙实业公司、赵某、王某琰就东方金钰公司应支付的一次性违约金及迟延违约金等已经承担连带责任的情况,对联储证券关于兴龙实业公司、赵某、王某琰支付违约金34,711,215.15元的诉请未予支持,适用法律并无不当。

据此,最高人民法院依照《民事诉讼法》第144条、第170条第1款第1项的规定,于2019年10月10日判决如下:

驳回上诉,维持原判。

本判决为终审判决。

福建挺虎置业集团有限公司与仙游县自然资源局建设用地使用权出让合同纠纷案

编者按

理论上，违约金可分为惩罚性违约金与赔偿性违约金两类。惩罚性违约金又称固有意义上的违约金，是依当事人的约定或依法律法规的规定，对于违约所确定的一项制裁。赔偿性违约金是当事人双方预先估计的损害赔偿总额，又叫作损害赔偿额的预定。但在实践中，惩罚性违约金与赔偿性违约金并不能截然两分，只能说某违约金约定偏重于惩罚性或偏重于赔偿性，因为即便明确约定是赔偿性违约金，其仍然具有双重功能：一是惩罚性功能；二是补偿性功能。在违约方因法律上履行不能导致违约的情况下，属于因客观原因无法履约，违约方请求人民法院调整违约金的，因缺少督促债务人履约的余地，人民法院不应强调违约金的惩罚性功能，违约金应当以填补守约方的实际损失为主。守约方确实没有实际损失的，可不再判决违约方承担违约金责任。

裁判摘要

违约金既具有弥补守约方因对方违约遭受损失的功能即补偿性功能,又具有督促当事人诚信履行合同的功能即惩罚性功能。对于违约方具有违约故意的情形,人民法院应当发挥违约金惩罚性功能,督促违约方早日履约。而对于违约方非因其自身等客观原因导致违约的,法院不应过分强调违约金的惩罚性,违约金的适用应当以填补守约方损失为主。在现有证据不能反映守约方存在实际损失,违约方系因客观原因无法履约,且其一直在能力范围内积极履行其他合同义务的情况下,根据公平原则和诚实信用原则,可不再判决其支付违约金。

原告:福建挺虎置业集团有限公司

法定代表人:郑某昇,董事长

被告:仙游县国土资源局

法定代表人:李某力,局长

原告福建挺虎置业集团有限公司(以下简称挺虎公司)因与被告仙游县国土资源局(以下简称仙游国土局)发生建设用地使用权出让合同纠纷,向福建省高级人民法院提起诉讼。

原告挺虎公司诉称:2012 年 9 月 12 日,仙游国土局、仙游县招投标中心发布仙游县 PS-2012-20 号地块国有建设用地使用权拍卖出让公告(以下简称拍卖出让公告),决定以拍卖方式出让仙游县 PS-2012-20 号宗地,并公布了涉案土地的基本情况和规划指标要求。2012 年 10 月 9 日,挺虎公司、仙游国土局、仙游县招投标中心签署拍卖成交确认书,共同确认挺虎公司以 4.58 亿元应价成交,竞得涉案土地的国有建设用地使用权。2012 年 10 月 19 日,挺虎公司与仙游国土局签订出让合同,约定由仙游国土局将涉案土地出让给挺虎公司,约定出让宗地面积 37,491 平方米,仙游国土局同意在 2015 年 10 月 19 日前将涉案土地交付给挺虎公司,交付土地时该宗地应达到的土地条件为按现状土地条件拍卖出让,拍卖地块上建(构)筑物由挺虎公司按规定组织拆除。涉案土地的定金为 1 亿元,定金抵作土地出让价款,挺虎公司不能按时支付土地出让价款的,自滞纳之日起,挺虎公司每日按延迟支付款项的千分之一缴纳滞纳金。由于仙游国土局未按时提供出让土地而致使挺虎公司延期占有涉案土地的,每延期一日,仙游国土局应当按照挺虎公司已经支付的土地出让价款的千分之一向挺虎公司支付违约金。出让合同签订后,由于仙游县城市控制性规划修编需要,涉案土地红线范围内 7.3394 亩土地被列入城市规划道路用地。鉴于此,2014 年 12 月 4 日,仙游国土局与挺虎公司签订国有建设用地使用权出让补充合同(以下简称补充合同),约定将 7.3394 亩城市规划道路备用地从原出让地块中扣除,即出让给挺虎公司的涉案土地实际用地面积为 48.8976 亩(56.237 ~ 7.3394 亩),按相应比例退还挺虎公司因此而多缴纳的部分土地出让金 59,772,839 元(7.3394 亩 ÷ 56.237 亩 × 4.58 亿元)。出让合同签订后,挺虎公司已支付全部土地出让金,并办理了涉案土地的国有土地使用证。由于挺虎公司部分土地出让金的支付时间晚于约定的时间,挺虎公司亦按照出让合同约定的日千分之一的标准向仙游国土局支付滞纳金共计 23,71.93 万元。但仙游国土局至今未向挺虎公司交付涉案土地。目前涉案土地上的房屋仍由仙游县人民政府办公使用,导致挺虎公司迟迟未能进行涉案土地上房产项目的开发与销售,给挺虎公司造成了巨大的经济损失。为维护自身权益,请求:(1)判令仙游国土局向挺虎公司交付 PS - 2012 - 20 号土地中的 48.8976 亩;(2)判令仙游国土局向挺虎公司支付违约金,以挺虎公司已支付的土地出让金 398,227,161 元为基数,按每日千分之一的标准,自 2015 年 10 月 20 日计算至实际交付土地之日。

被告仙游国土局辩称:(1)本案不属人民法院民事诉讼受案范围,应驳回挺虎公司的起诉。(2)挺虎公司未按本案出让合同的约定按期将合格的"仙游县行政中心工程"和"市民广场配套工程"交付给仙游县人民政府,仙游国土局有权相应推迟涉案地块交地时间。根据出让合同第 6 条以及补充条款第 2 点(与拍卖出让公告第 4 条"其他条件"第 2 点一致)之约定,挺虎公司作为涉案地块的竞得人应同时承建仙游县行政中心工程,并在约定的工期(3 年内)完成工程建设并经验收合格后交付给仙游县人民政府使用,若挺虎公司未在约定的工期内完成仙游县行政中心工程并经验收合格后交付给仙游县人民政府使用,仙游国土局有权相应推迟涉案地块交地时间。2012 年 10 月 25 日,仙游县中信城市建设有限公司(以下简称中信公司)作为发包方与福建省顺安建筑工程有限公司(以下简称顺安公司)和挺虎公司作为承包人就仙游县行政中心工程签订了建设工程施工合同,第一部分第 3 条约定仙游县行政中心的开工日期按监理批准的开工日为准,合同工期总日历天数为 1080 天。2013 年 1 月 18 日,监理单位在顺安公司提交的开工报告表签署"同意开工"的意见,同意仙游县行政中心工程开工。根据 2016 年 12 月 22 日福建省房屋建筑工程竣工验收报告显示,仙游县行政中心的竣工日期为2016年12月22日。之后,挺虎公司、顺安公司作为施工单位,筑力(福建)建设发展有限公司作为监理单位与建设单位中信公司于2017年5月8日签署竣工移交证书,将经验收合格的仙游县行政中心工程移交。中信公司与顺安公司、挺虎公司三方于2015年1月5日就仙游县行政中心跟标项目"市民广场配套工程"签订建设工程施工合同,约定市民广场配套工程开工日期为2015年1月6日,竣工日期为2015年7月31日。但至今挺虎公司未将经验收合格的市民广场配套工程交付给仙游县人民政府使用。为此,仙游国土局有权相应推迟涉案地块交地时间。(3)虽然挺虎公司未按约定按时交付经验收合格的仙游县行政中心工程和市民广场配套工程,仙游国土局仍按出让合同补充条款第9点约定,自2013年7月至2017年12月分21次向挺虎公司支付了土地出让价款利息共计12,324.40634万元。(4)根据补充合同约定,挺虎公司取得的国有土地使用权面积已核减了城市规划道路备用地7.3394亩,但挺虎公司至今没有办理土地变更登记,也没有对其涉及49,616.35万元银行贷款所设定的抵押登记进行变更登记,造成已核减的土地仍实际登记在挺虎公司名下,并行使用益物权而受益。为此,在挺虎公司完成履行在先义务之前,仙游国土局有权依法行使后履行抗辩权,中止履行交地的义务。同时,本案也不属民事诉讼受案范围,也应驳回挺虎公司的起诉。

福建省高级人民法院一审查明:

2012年9月3日,仙游县城乡规划委员会办公室作出《关于仙游县PS-2012-20号地块(机关大院旧址)国有土地使用权出让规划条件的函》,该函载明"县土地储备中心:你中心《关于仙游县PS-2012-20号地块(机关大院旧址)国有土地使用权出让规划条件的函》(仙土储〔2012〕67号)收悉。根据城市规划,经研究,现将仙游县PS-2012-20号地块(机关大院旧址)国有土地使用权公开出让规划条件函复如下:一、用地情况。1.该地块位于仙游县中心区四至:东至规划58米宽八二五大街,南至新华书店、民房、解放西路,西至民房、府西路,北至县武装部、审计局集资房。2.总用地面积37,491.35平方米……"其附件1 PS-2012-2地块宗地图涵盖仙游县政府机关大院。

2012年9月12日,仙游国土局发布拍卖出让公告。该公告分别载明拍卖讼争地块的位置、面积、用途、使用年限、土地交付、建设时间、规划条件及要求等。其中拍卖出让地位于仙游县县城中心区,东至规划58米宽八二五大街;西至民房、府西路;南至新华书店、民房、解放西路;北至县武装部、县审计局集资房。第4条其他条件第1点记载“仙游县人民政府授权中信公司作为仙游县行政中心工程项目业主,负责办理立项、地质、地质勘察图设计、图审、工程预算、环评报批、工程招标投标、规划许可、施工许可、工程监理、质量监督、竣工验收等事宜,并负责与土地竞得人沟通协调”。第2点记载“该地块土地竞得人同时承建仙游县行政中心……施工单位须在约定工期(三年内)完成工程建设并经验收合格后交付给仙游县人民政府使用。若逾期在3个月之内的……拍卖地块交地时间相应推迟……”

2012年10月19日,仙游国土局作为出让人,挺虎公司作为受让人签订出让合同。合同第1条约定,根据相关法律、行政法规及土地供应政策规定,双方本着平等、自愿、有偿、诚实信用的原则,订立本合同。第4条约定,本合同项下出让宗地编号为PS-2012-20号,宗地总面积37,491平方米,其中出让宗地面积为37,491平方米,本合同项下的出让宗地坐落于仙游县县城中心区……第6条约定,出让人同意在2015年10月19日前将出让宗地交付给受让人,出让人同意在交付土地时该宗地应达到本条第二项规定的土地条件:按现状土地条件拍卖出让,拍卖地块上建(构)筑物由土地受让人按规定组织拆除,拆除后残值抵作拆除费用,拆除过程中一切安全责任由土地受让人承担。第7条约定,本合同项下的国有建设用地使用权出让年期为商服用地—批发零售用地(商店、商场)40年,住宅用地—城镇住宅用地(普通住宅)70年,按本合同第6条约定的交付土地之日起算……第8条约定,本合同项下宗地的国有建设用地使用权出让价款为4.58亿元,每平方米12,216.26元。第9条约定,本合同项下宗地的定金为1亿元,定金抵作土地出让价款。第10条约定,受让人同意按照本条第1款第2项的规定向出让人支付国有建设用地使用权出让价款:按以下时间和金额分二期向出让人支付国有建设用地使用权出让价款。第一期2.29亿元,付款时间为2012年11月19日之前。第二期2.29亿元,付款时间为2013年10月19日之前。分期支付国有建设用地使用权出让价款的,受让人在支付第二期及以后各期国有建设用地使用权出让价款时,不向出让人支付利息。第28条约定,合同双方当事人任何一方由于不可抗力原因造成的本合同部分或全部不能履行,可以免除责任,但应在条件允许下采取一切必要的补救措施以减少因不可抗力造成的损失。当事人迟延履行期间发生的不可抗力,不具有免责效力。第30条约定,受让人应当按照本合同约定,按时支付国有建设用地使用权出让价款。受让人不能按时支付国有建设用地使用权出让价款的,自滞纳之日起,每日按迟延支付款项的1‰向出让人缴纳违约金,延期付款超过60日,经出让人催交后仍不能支付国有建设用地使用权出让价款的,出让人有权解除合同,受让人无权要求返还定金,出让人并可请求受让人赔偿损失。第37条约定,受让人按本合同约定支付国有建设用地使用权出让价款的,出让人必须按照本合同约定按时交付出让土地,由于出让人未按时提供土地而致使受让人本合同项下宗地占有延期的,每延期一日,出让人应当按受让人已经支付的国有建设用地使用权出让价款的1‰向受让人给付违约金,土地使用年期自实际交付土地之日起算。出让人延期交付土地超过60日,经受让人催交后仍不能交付土地的,受让人有权解除合同,出让人应当双倍返还定金,并退还已经支付国有建设用地使用权出让价款的其余部分,受让人并可请求出让人赔偿损失。第38条约定,出让人未能按期交付土地或交付的土地未能达到本合同约定的土地条件或单方改变土地使用条件的,受让人有权要求出让人按照规定的条件履行义务,并且赔偿履行而给受让人造成的直接损失。土地使用年期自达到约定的土地条件之日起算。

出让合同补充条款第2点约定,该地块土地竞得人同时承建仙游县行政中心工程,该工程的施工单位应具备房屋总承包一级及以上施工资质要求。施工单位须在约定工期(3年内)完成工程建设并经验收合格后交付仙游县人民政府使用。若逾期在3个月之内,施工单位应按工程的总造价每日万分之二赔偿损失给中信公司,拍卖地块交地时间相应推迟,推迟期间土地竞得人所缴纳的土地出让价款不计利息。若逾期超过3个月,项目业主有权单方终止施工合同,按完成工程量的50%结算工程款,重新发包,同时土地出让人有权解除出让合同,取消竞买保证金。若因非项目业主原因(不可抗力除外),工程停工超过1个月的,项目业主有权单方终止施工合同,并按完成工程量的50%结算工程款,重新发包,同时土地出让人有权解除出让合同,取消竞买保证金。第3点约定,仙游县行政中心工程概况:仙游县行政中心坐落在鲤北片区。一期拟建勤政楼1幢、公共资源交易中心1幢及地下人防等配套工程,工程建筑安装(含二次装修)预算价约2.4亿元(具体以工程招标文件、施工图和工程量清单为准)。因勤政广场、升旗台、室外综合管线、绿化、景观、道路、照明(夜景)、给排水、干部周转房、接待宾馆、垃圾收集点、公共卫生间、公共文体设施、护坡、停车场等配套设施项目工程正在进行施工图设计,待前期工作成熟后,作为仙游县行政中心工程的跟标项目进行跟标,工程施工合同另行签订。第9点约定,拍卖地块交地前,土地竞得人所缴纳的土地出让价款,仙游县财政局按同期一年期银行贷款基准利率上浮30%计息,计算时间自土地出让金缴纳之日起至土地交付之日止,按季度结息。

2014年12月4日,仙游国土局与挺虎公司签订补充合同。内容载明:“……现因城市控制性规划修编需要,将该宗地红线内约7.3394亩土地列入城市规划道路用地,根据国家有关法律以及《关于研究挺虎公司有着历史遗留问题的备忘录》议定要求,拟对该地块内部分国有土地使用权进行收回,现经双方平等协商,达成补充如下:一、将7.3394亩城市规划道路备用地从原出让地块中扣除,即出让给挺虎公司的县委县政府原址地块用地面积56.237亩-7.3394亩=48.8976亩。二、容积率……三、其他要求保持不变。四、按相应比例退还挺虎公司因此而多缴纳的部分土地出让金(7.3394亩/56.237亩)×4.58亿元(拍卖成交价)=5977.2839万元。”

《仙游县人民政府关于仙游县政府驻地迁移的请示》载明:“莆田市人民政府:为推动我县经济社会快速发展和城市化进程,拟对仙游县政府驻地进行迁移,现将有关情况报告如下:一、仙游县基本情况……二、仙游县政府驻地迁移的必要性。(一)……(三)有利于带动仙游中心城区改造。我县现有的机关大院属于商住黄金地块,土地开发价值高,《仙游县县城总体规则》(2001-2020)将该地块规划为商住用地,办公区不宜继续使用城区商业地段。实施党政机关大院迁移、改造工程……三、具备搬迁的基本条件……(二)新址配套完善。我县党政机关占地52亩,总建筑面积40,754平方米,其中办公用房35,124平方米,人防及附属用房5630平方米,目前已全部竣工并装修完毕……仙游县人民政府。2017年1月3日。”莆田市人民政府分别于2017年、2018年将仙游县政府驻地迁移请示上报福建省人民政府。

竣工移交证书记载“工程名称:仙游县行政中心。致:中信公司(建设单位)。兹证明施工单位顺安公司施工的工程,已按施工合同的要求完成,并验收合格,即日起该工程移交建设单位管理,并进入保修期。附件:单位(子单位)工程质量竣工验收记录”。在施工单位一栏中盖有顺安公司印章以及挺虎公司印章,落款日期为2017年5月8日。监理单位筑力(福建)建设发展有限公司、建设单位中信公司也分别于2017年5月8日盖章确认。一审庭审中,仙游国土局确认一期拟建勤政楼1幢、公共资源交易中心1幢及地下人防等配套工程已于2017年5月8日交付。

2017年6月2日,中信公司出具关于县行政中心设计变更情况说明,内容如下:“中央办公厅、国务院办公厅《关于党政机关停止新建楼堂馆所和清理办公用房的通知》(中办发〔2013〕17号)、闽委办发〔2013〕14号、莆委办发〔2013〕1号文件和国务院新的《党政机关办公用房建设标准》出台以后,县委县政府领导高度重视,成立了停止新建楼堂馆所和清理办公用房领导小组,对在建的县行政中心工程进行了自查自纠,要求及时整改,对原来设计的施工图纸进行变更,削减部分超标项目,降低工程造价。其中,2013年6月底中信公司出函中国建筑设计院要求对原图纸进行部分项目(东西附属楼层数减少、取消会议中心、减少地下室面积等)设计变更,中国建筑设计院于2013年9月25日提供修改的全套施工图纸。2014年4月22日,中信公司致函中国建筑设计院要求对图纸进行部分再变更,取消外墙干挂、玻璃幕墙、中央空调等项目,中国建筑设计院于2014年7月11日提供设计变更后施工图纸。2014年11月,县政府办行政科通知施工单位对县行政中心主楼8~9层部分领导办公室、部分会议室、6~7层个别领导办公室和东、西附楼4层部分领导办公室进行内部结构调整。2016年6月,中国建筑设计院出具图纸要求对县行政中心玻璃窗户进行变更。"

挺虎公司按照出让合同约定的日1‰的标准向仙游国土局支付延迟(2012年11月19日至2014年2月10日)支付土地出让金产生的滞纳金2371.93万元。仙游县财政局依据出让合同补充条款第9条之约定,向挺虎公司支付自2012年10月23日至2019年1月27日,按银行贷款基准利率上浮30%标准的利息148,262,298.1元(其中截至2017年5月8日的利息为108,915,297.54元)。挺虎公司分别于2014年2月、2014年3月、2014年6月和2016年2月将涉案土地使用权分别抵押给中国工商银行股份有限公司仙游支行、仙游县农村信用合作联社、中信银行股份有限公司莆田分行,抵押面积共计37,491.35平方米,设定抵押额共计49,616.35万元。

仙游国土局在仙游县人民政府迁移新址获审批后,于2019年1月28日向挺虎公司交付了涉案土地。

福建省高级人民法院一审认为,本案的争议焦点为:(1)本案是否属于民事诉讼受案范围;(2)挺虎公司要求仙游国土局向挺虎公司交付PS-2012-20号土地中的48.8976亩的请求能否得到支持;(3)仙游国土局应否承担违约责任以及应支付的违约金数额。

一、关于本案是否属于民事诉讼受案范围的问题

涉案出让合同及补充合同的签约一方仙游国土局虽是国家行政机关,但系双

方根据《物权法》《合同法》的规定,经平等协商一致而订立的合同,且该合同约定了双方的违约责任,属于平等主体之间的市场交易行为,应为民事合同,现在因为履行土地使用权出让合同事项产生的纠纷当属民事争议。仙游国土局主张本案不属于民事诉讼受案范围,缺乏依据。

二、关于挺虎公司要求仙游国土局交付 PS－2012－20 号土地中的 48.8976 亩的问题

挺虎公司主张,仙游县人民政府是否申请迁移不影响仙游国土局交地的义务,仙游国土局应依约交付涉案土地。仙游国土局称,本案讼争土地是县政府办公的地方,县政府要迁移的新地方是挺虎公司建设的,如果要交地,必然要把县政府整体迁移到新地方,仙游县人民政府驻地迁移尚未得到国务院的批准,目前在上报批准。一审法院认为,挺虎公司要求交付的 PS－2012－20 号土地中涵盖仙游县政府机关大院,依据《国务院关于行政区划管理的规定》第 4 条关于"下列行政区划的变更由国务院审批……(二)自治州、县、自治县、市、市辖区的设立、撤销、更名和隶属关系的变更以及自治州、县、自治县、市人民政府驻地的迁移……"之规定,以及《民政部关于加强政府驻地迁移管理工作的通知》第 2 条关于"根据《国务院关于行政区划管理的规定》(国发〔1985〕8 号)和有关要求,省、自治区、直辖市、自治州、县、自治县、市、市辖区人民政府和地区(盟)行政公署驻地迁移,由相关地方人民政府(行政公署)逐级上报国务院审批……"之规定,仙游县人民政府迁移新址,应逐级上报审批。现仙游国土局向本院提供了仙政文〔2017〕2 号《仙游县人民政府关于仙游县政府驻地迁移的请示》、仙政文〔2018〕27 号《仙游县人民政府关于仙游县政府驻地迁移的请示》、莆政〔2017〕15 号《莆田市人民政府关于仙游县政府驻地迁移的请示》、莆政〔2018〕20 号《莆田市人民政府关于仙游县政府驻地迁移的请示》,可以证明仙游县人民政府已经逐级上报驻地迁移。同时,仙游县人民政府行使公共服务职能需要相应的办公场所,因此履行该义务涉及公共利益,挺虎公司称仙游县人民政府是否申请迁移不影响本案仙游国土局交地的义务,理由不能成立。根据查明的事实,仙游国土局迁移新址已获批准,并于 2019 年 1 月 27 日交付了涉案土地,履行了合同约定的交地义务。

三、关于仙游国土局应否承担违约责任以及违约金数额问题

1. 关于仙游国土局是否存在违约以及违约金起止时间的问题。2012 年 10 月 19 日签订的出让合同补充条款第 2 点约定"该地块土地竞得人同时承建仙游县行

政中心工程,该工程的施工单位应具备房屋总承包一级及以上施工资质要求。施工单位须在约定工期(三年内)完成工程建设并经验收合格后交付给仙游县人民政府使用。若逾期在3个月之内,施工单位应按工程的总造价每日万分之二赔偿损失给中信公司,拍卖地块交地时间相应推迟,推迟期间土地竞得人所缴纳的土地出让价款不计利息”。挺虎公司主张只有施工单位的原因导致逾期交付工程,拍卖地块交地时间才能相应推迟缺乏合同依据,不能成立。因在本案中,负有交付仙游县行政中心工程义务的是挺虎公司,即便如挺虎公司所称确因第三人中信公司原因导致交付工程逾期,根据《合同法》第121条关于“当事人一方因第三人的原因造成违约的,应当向对方承担违约责任。当事人一方和第三人之间的纠纷,依照法律规定或者按照约定解决”之规定,亦应由挺虎公司向仙游国土局承担逾期交付仙游县行政中心工程的责任。因此,虽然出让合同第6条约定“出让人同意在2015年10月19日前将出让宗地交付给受让人”,但依据补充条款第2条约定,在挺虎公司交付仙游县行政中心工程之前,仙游国土局有权推迟交付涉案土地。

根据出让合同补充条款第3点之约定,挺虎公司依出让合同补充条款第2点约定应交付的工程为一期拟建勤政楼1幢、公共资源交易中心1幢及地下人防等配套工程。对此,仙游国土局在庭审中确认一期拟建勤政楼1幢、公共资源交易中心1幢及地下人防等配套工程于2017年5月8日交付。因此,涉案土地交付时间亦应相应推迟至2017年5月8日。在挺虎公司交付前述工程后,仙游国土局延期交付拍卖地块构成违约,应承担违约责任。仙游国土局称挺虎公司没有及时办理涉及已收回规划道路备用地的土地变更登记与相应的抵押注销登记,仙游国土局有权依法行使后履行抗辩权,缺乏合同依据,不予支持。虽仙游国土局主张其未能交地系因迁移新址未获批准,但该情形属于合同之外第三人的原因造成违约,同理,仙游国土局应向挺虎公司承担违约责任。

由上,挺虎公司要求仙游国土局承担仙游行政中心工程逾期交付期间的逾期交地违约金,缺乏合同依据,故对挺虎公司主张自2015年10月20日起算至2017年5月8日的违约金不予支持,逾期交地违约金应自2017年5月8日交付工程第二天起算(2017年5月9日)至交地之日止。

2. 关于违约金标准的问题。诉讼中,仙游国土局提供了土地登记卡、土地权利登记查询结果、国有土地使用权抵押登记申请审批表及抵押物清单,可以证明挺虎公司分别于2014年2月、2014年3月、2014年6月和2016年2月将涉案土地使用权抵押给中国工商银行股份有限公司仙游支行、仙游县农村信用合作联社、中信银行股份有限公司莆田分行，设定抵押额49,616.35万元。另挺虎公司确认，其已收到仙游国土局支付的自2012年10月23日至2019年1月27日的融资利息共计148,262,298.1元。

3.关于出让合同补充条款第9点约定是否变更了出让合同第38条、第39条关于违约责任的约定的问题。由于出让合同补充条款第9点约定仙游国土局支付利息不以仙游国土局违约为前提，性质上不属于违约金，因此并未替代出让合同第38条、第39条关于违约责任的约定。

依据《合同法》第113条第1款关于"当事人一方不履行合同义务或者履行合同义务不符合约定，给对方造成损失的，损失赔偿额应当相当于因违约所造成的损失，包括合同履行后可以获得的利益，但不得超过违反合同一方订立合同时预见到或者应当预见到的因违反合同可能造成的损失"之规定，挺虎公司并无证据证明存在房地产下行的预期利益损失及延期开发导致错过销售的黄金周期造成的损失，而且挺虎公司已自2014年2月起将涉案土地使用权进行抵押贷款，享受了讼争土地使用权的相关权益。同时，考虑仙游国土局未能及时交地的客观原因系迁移新址未获得批准而非恶意违约，而且仙游县财政局已支付截至2017年5月8日交付工程的利息108,915,297.54元弥补挺虎公司资金占用的损失，根据《合同法司法解释(二)》第29条第2款关于"当事人约定的违约金超过造成损失的百分之三十的，一般可以认定为合同法第一百一十四条第二款规定的'过分高于造成的损失'"的规定，出让合同约定仙游国土局按挺虎公司已支付的出让价款1‰支付逾期交地违约金过高。故对仙游国土局关于违约金过高，要求调整的主张予以支持。一审法院依据《合同法司法解释(二)》第29条第1款关于"当事人主张约定的违约金过高请求予以适当减少的，人民法院应当以实际损失为基础，兼顾合同的履行情况、当事人的过错程度以及预期利益等综合因素，根据公平原则和诚实信用原则予以衡量，并作出裁决"的规定，对出让合同约定的逾期交地违约金标准予以调整，酌情将违约金调整为"仙游国土局以挺虎公司已支付的土地出让金398,227,161元(4.58亿元－5977.2839万元)为基数，自2017年5月9日起至2019年1月27日止按同期一年期银行贷款基准利率上浮30%计算"。同时，2017年5月9日之后，仙游国土局依据出让合同补充条款第9点约定支付的利息不能重复支付，应予扣减。根据查明的事实，仙游国土局已将包括自2017年5月9日起至2019年1月27日止按同期一年期银行贷款基准利率上浮30%计算的利息39,347,000.56元支付给挺虎公司,仙游国土局事实上已经履行了调整后的违约金。

综上,挺虎公司的诉讼请求部分成立,予以支持。鉴于仙游国土局在诉讼中已交付了土地,并支付了调整后的违约金,挺虎公司的诉讼请求应予驳回。

据此,福建省高级人民法院依照《合同法》第60条第1款、第107条,《合同法司法解释(二)》第29条,《民事诉讼法》第64条第1款的规定,于2019年2月28日判决如下:"驳回原告福建挺虎置业集团有限公司的诉讼请求。"

挺虎公司不服一审判决,向最高人民法院上诉称:(1)出让合同第6条约定仙游国土局应于2015年10月19日前将涉案土地交付给挺虎公司,应以该时间作为逾期交地违约金计算起点。根据出让合同补充条款第2点约定,仙游国土局能延期交地的唯一例外是因施工单位原因导致仙游行政中心延期完工。事实上,行政中心工程逾期完工系该工程发包人中信公司多次变更设计造成,而中信公司系仙游县人民政府(国土局)的代理人。行政中心工程竣工验收报告中的竣工项目审查表中亦注明施工单位无违约行为。故仙游国土局不能以行政中心工程未交付为由拒绝交付案涉土地。仙游行政中心工程的竣工验收报告载明,该工程于2016年12月22日竣工验收合格。因政府迁址未获审批,仙游国土局延迟接受行政中心工程,直至2017年5月8日才签署竣工移交证书。故行政中心工程交付时间应认定为2016年12月22日。(2)仙游国土局应当按照出让合同约定的日1‰标准支付逾期交地违约金。违约方主张合同有关违约金计算标准约定高于守约方实际损失的,应承担举证责任。仙游国土局并未举证证明本案合同违约金计算过分高于实际损失,其调减违约金的请求不应得到支持。挺虎公司将案涉土地使用权抵押贷款,需要支付相应的利息。且挺虎公司作为土地使用权人,有权行使相应的权利,不能因权利人合法行使权利而成为调减违约金的理由。仙游国土局未及时交地并非客观原因,其过错明显。出让合同签订时,仙游国土局即已知晓县政府驻地迁移需经国务院审批。仙游国土局没有将驻地迁移方案事先上报或者沟通,而是先行要求挺虎公司开工建设行政中心工程,从而导致工程交付后县政府无法迁入,涉案土地亦无法交付。仙游县财政局根据出让合同补充条款第9点约定支付款项的性质系融资利息,该款项与逾期交地时仙游国土局应支付的违约金无关,不能作为调低违约金的酌定因素。出让合同对双方违约金标准做了对等约定,且挺虎公司已按照日1‰

标准实际支付逾期缴纳土地出让金的违约金,仙游国土局亦应按照该标准承担违约责任。民营企业的融资成本至少为年利率24%,一审法院仅支持银行贷款基准利率1.3倍的违约金,显属过低。故请求:撤销原审判决,改判仙游国土局向挺虎公司支付违约金476,279,685元(以398,227,161元为基数,按每日1‰的标准,自2015年10月20日计算至2019年1月28日)。

被上诉人仙游国土局辩称:(1)涉案出让合同约定拍卖土地的交付系以仙游行政中心工程竣工交付为前提,在该工程交付前,仙游国土局有权行使先履行抗辩权。挺虎公司应在2016年1月18日前交付行政中心工程,而该工程实际交付时间却是2017年5月8日。挺虎公司主张中信公司是国土局的代理人及仙游国土局恶意拖延接受行政中心工程均缺乏事实依据,不能成立。本案系建设用地使用权出让合同纠纷,挺虎公司应向仙游国土局承担其逾期交付行政中心工程的违约责任。至于其逾期交付是否系案外人中信公司原因所致,不属于本案的审查范围。根据补充合同的约定,挺虎公司应当履行退回已核减的城市规划道路备用地7.3394亩的权属占有并注销相应土地抵押登记的义务。但挺虎公司自2014年2月起多次将包括上述7.3394亩在内的土地使用权抵押给多家金融机构,直至2019年3月15日才办理抵押注销登记和土地变更登记,导致已收回的土地权属长期被挺虎公司占有并享受相应利益。故在挺虎公司办理该7.3394亩土地抵押登记注销和变更登记之前,国土局有权行使先履行抗辩权和同时履行抗辩权。(2)根据国务院及民政部相关规定,县政府迁移新址应逐级上报审批。在本案合同履行期间,迁址审批权的管理模式发生变化,由地方政府逐级上报国务院同意后民政部下发批复文件的模式,变更为由所在地的省级人民政府直接审批。正是上述审批模式的变更,导致本案新政府迁址审批时间跨度长达2年。故本案符合情势变更情形,结合"县政府行使公共服务职能需要相应的办公场所,履行交地义务涉及公共利益""县政府已两次逐级上报驻地迁移"的实际情况,在县政府迁址报批期间,仙游国土局延迟交地并没有过错,不应承担违约责任。(3)挺虎公司没有实际损失,且已以行为认可土地延期交付。自2017年5月9日起至2019年1月27日(实际交地日期)止,县财政局已将按一年期银行贷款基准利率上浮30%计算的利息39,347,000.56元支付给挺虎公司。挺虎公司收取上述利息的行为应视为其同意出让人延期交付土地。且挺虎公司自2014年2月起将案涉土地使用权进行抵押贷款,享受了该土地的相关权益。挺虎公司主张房地产下行预期利益损失及延期开发导致错过销售的黄金周期造成损失不符合事实,亦无证据证明。出让合同约定逾期交付土地的违约金计算标准过高,原审判决调整为"按同期一年期银行贷款基准利率上浮30%计算",在县财政局已按该标准支付利息情况下,原审判决驳回挺虎公司主张违约金的诉讼请求是客观公正的。

最高人民法院经二审,确认了一审查明的事实。

最高人民法院二审认为,本案二审的争议焦点为:(1)仙游国土局是否存在逾期交地违约行为;(2)挺虎公司主张仙游国土局支付逾期交地违约金应否予以支持。

一、关于仙游国土局是否存在逾期交地违约行为的问题

第一,仙游国土局认为在挺虎公司未交付仙游行政中心工程期间其可行使先履行抗辩权及同时履行抗辩权,拒绝交付涉案土地。经审查:涉案出让合同第6条约定,出让人同意在2015年10月19日前将出让宗地交付给受让人。同时,出让合同补充条款第2点约定,该地块土地竞得人同时承建仙游县行政中心工程;施工单位须在约定工期(3年内)完成工程建设并经验收合格后交付仙游县人民政府使用。若逾期在3个月之内,施工单位应按工程的总造价每日万分之二赔偿损失给中信公司,拍卖地块交地时间相应推迟,推迟期间土地竞得人所缴纳的土地出让价款不计利息。据此,虽然出让合同约定了涉案土地的交付时间,但挺虎公司作为涉案土地使用权的竞得人负有承建、交付仙游行政中心工程的义务;若逾期交付工程,则仙游国土局交付土地的时间亦相应推迟。《合同法》第121条规定,当事人一方因第三人的原因造成违约的,应当向对方承担违约责任。挺虎公司及其指定的施工单位与涉案工程的发包方中信公司建设工程施工合同纠纷不是本案土地使用权出让合同纠纷的审理范围。原审判决认定挺虎公司不能以第三人中信公司的原因主张其不应承担逾期交付工程责任具有法律依据。根据上述出让合同补充条款第2点的约定,仙游国土局可行使先履行抗辩权,在挺虎公司逾期交付仙游行政中心工程期间,有权拒绝向其交付土地。而对于仙游行政中心工程交付时间,涉案工程的竣工验收报告显示仙游行政中心工程于2016年12月22日竣工验收合格,但竣工验收并不等同于工程交付。仙游县人民政府于2017年1月3日向莆田市人民政府报送《仙游县人民政府关于仙游县政府驻地迁移的请示》也仅载明仙游行政中心工程于2016年12月22日完工,而未载明县政府已接收。挺虎公司虽主张仙游国土局恶意拖延签署交接文件,但对此并未提交证据证明,且其亦不能举证曾催告仙游国

土局接受工程而遭到拒绝。因此,原审判决按照各方签署的竣工移交证书载明的时间认定涉案行政中心工程于2017年5月8日交付具有事实依据。

第二,仙游国土局认为挺虎公司未按补充合同约定办理已核减的7.3394亩土地权属及抵押变更登记手续,其可以主张同时履行抗辩权。经审查:2014年12月4日,仙游国土局与挺虎公司签订补充合同,约定将7.3394亩城市规划道路备用地从原出让地块中扣除,但该合同未约定挺虎公司在办理权属登记核减之前,仙游国土局有权拒绝交付土地,且未约定挺虎公司办理土地使用权面积核减手续的期间。此外,同时履行抗辩权针对的是对方当事人未履行合同主给付义务,而本案中挺虎公司办理土地使用权面积核减手续义务较其依照合同约定承担的土地出让金支付义务以及行政中心承建义务而言,不属于合同主给付义务。且挺虎公司承担的土地使用权面积核减义务与国土局依照出让合同、补充合同约定所应承担的土地交付义务之间不具对价性,双方所负债务之间不能成立给付与对待给付的关系,双方所负债务之间在实质上不具牵连性。故仙游国土局以挺虎公司未办理7.3394亩土地权属核减手续为由主张同时履行抗辩权缺乏法律依据,不予支持。

第三,仙游国土局认为由于县政府的迁址需要经过审批,在迁址报批期间,其延迟交地不应承担违约责任。经审查:涉案出让合同及其补充条款均未将县政府迁址审批获准作为涉案土地交付的条件。在迁址审批前,仙游国土局对于交付包括县政府机关大院在内涉案土地存在法律上履行的不能,但不能以此为由拒绝承担延期交付土地的违约责任。

因此,在挺虎公司交付仙游行政中心工程前,仙游国土局有权拒绝交付涉案土地。而在挺虎公司交付该工程即2017年5月8日后,仙游国土局负有交付涉案土地的义务,其迟延交付即构成违约。

二、关于挺虎公司主张仙游国土局支付逾期交地违约金应否予以支持的问题

出让合同第37条约定,"由于出让人未按时提供土地而致使受让人本合同项下宗地占有延期的,每延期一日,出让人应当按受让人已经支付的国有建设用地使用权出让价款的1‰向受让人给付违约金,土地使用年期自实际交付土地之日起算"。故该合同约定仙游国土局逾期交付土地产生的损失赔偿额的计算方法为每日按已付土地出让金1‰计算。《合同法》第114条第2款规定:"约定的违约金低于造成的损失时,当事人可以请求人民法院或者仲裁机构予以增加;约定的违约金过分高于造成的损失时,当事人可以请求人民法院或者仲裁机构予以适当减少。"

据此,当约定的违约损失计算方法过分高于造成的损失时,当事人可以请求人民法院予以适当减少。挺虎公司提出出让合同约定逾期交地违约损失计算方法人民法院不应调整的主张与《合同法》上述规定相悖,不能成立。而关于当事人主张违约金过高,应当如何调整,《合同法司法解释(二)》第29条第1款规定,“当事人主张约定的违约金过高请求予以适当减少的,人民法院应当以实际损失为基础,兼顾合同的履行情况、当事人的过错程度以及预期利益等综合因素,根据公平原则和诚实信用原则予以衡量,并作出裁决”。据此,人民法院在调整合同约定的违约损失计算方法时,应当以守约方的实际损失为基础,兼顾违约方的过错程度、预期利益以及合同的履行情况等因素。

1. 关于挺虎公司的实际损失。挺虎公司在一、二审中均未提交证据证明其实际损失具体数额,其在一审庭审中称其损失包括土地出让金的资金成本、为土地配套过程中资金投入、房地产下行过程中预期利益损失及延期开发导致错过销售的黄金周期。对此,仙游国土局提交证据证明挺虎公司自2014年2月起即将涉案土地使用权抵押给金融机构以获取银行贷款,涉及抵押总金额达到49,616.35万元。挺虎公司实际支付土地出让金为398,227,161元,在其支付土地出让金后,仙游县财政局按照同期贷款利率上浮30%向其支付利息。在挺虎公司没有举证证明其向金融机构办理抵押贷款的利率高于同期贷款利率上浮30%的情况下,可以认定逾期交地期间,挺虎公司不存在土地出让金的资金占用损失。对于“为土地配套过程中资金投入”,挺虎公司并未指明其在没有收到土地之前作了哪些配套工作,投入了多少资金,故其该项损失主张缺乏事实依据。而针对其主张的房地产下行过程中预期利益损失及延期开发导致错过销售黄金周期的损失,挺虎公司亦没有举证证明在逾期交地期间,仙游县房地产市场存在房屋销售价格下跌的情形,故其该项损失主张亦缺乏事实依据。因此,本案现有证据不能反映仙游国土局的逾期交地行为导致挺虎公司何种损失。

2. 关于仙游国土局的过错程度。挺虎公司要求交付的涉案土地中涵盖仙游县政府机关大院。2018年10月10日颁布的《行政区划管理条例》第8条规定:“县、市、市辖区的部分行政区域界线的变更,县、不设区的市、市辖区人民政府驻地的迁移,国务院授权省、自治区、直辖市人民政府审批;批准变更时,同时报送国务院备案。”据此,仙游县政府驻地迁移需要上报福建省人民政府审批。仙游国土局提交多份仙游县人民政府及莆田市人民政府上报审批的文件,由此可见,仙游县人民政府一直在积极履行县政府迁址的审批手续。而在迁址手续审批通过之前,仙游县人民政府不能从涉案土地搬迁出去,仙游国土局亦无法向挺虎公司交付涉案土地。一般来说,违约金既具有弥补守约方因对方违约遭受损失的功能即补偿性功能,又具有督促当事人诚信履行合同的功能即惩罚性功能。对于违约方具有违约故意的情形,人民法院应当发挥违约金惩罚性功能,督促违约方早日履约。而对于违约方非因其自身等客观原因导致违约情况的,法院不应过分强调违约金的惩罚性。具体到本案中,鉴于在县政府迁址审批通过前,仙游国土局对于涉案土地交付存在法律上履行不能,而非主观上不愿意交付涉案土地,故本案的违约金适用应当以填补守约方损失为主。

3. 关于合同履行情况及预期利益。根据出让合同及其补充条款的约定,仙游国土局主要义务包括交付土地及在未交付土地期间按照同期贷款利率上浮30%的标准支付已付土地出让金的利息。对于第一项义务,在仙游县政府迁址获批即履行交地义务法律上的障碍消除后,仙游国土局第一时间向挺虎公司交付涉案土地。对于第二项义务,仙游县财政局一直按约支付未交付期间的利息。据此,仙游县政府及国土局一直在能力范围内积极履行出让合同项下义务。此外,根据出让合同第37条的约定,涉案土地使用年期自实际交付土地之日起算,故逾期交付土地并未影响挺虎公司对该土地未来开发收益。

综合以上分析,涉案土地曾经是仙游县政府机关所在地,而县政府迁址需要上级部门审批,在审批通过之前,仙游国土局对涉案土地交付义务的履行存在法律上障碍,其没有违约的故意。故本案的违约金应当以弥补挺虎公司的实际损失为主。而根据本案现有证据不能反映挺虎公司因逾期交地存在何种损失,且仙游国土局一直在能力范围内积极履行涉案出让合同项下义务。考虑以上因素,根据公平原则和诚实信用原则,在仙游县财政局已按约支付逾期交地期间土地出让金利息损失的情况下,不应再判决仙游国土局承担违约金。因此,本案原审判决认定国土局应支付违约金不当,但该判决以仙游县财政局支付利息已全额冲抵违约金为由驳回挺虎公司于违约金诉讼请求的裁判结果正确,应予维持。

据此,最高人民法院依照《民事诉讼法》第170条第1款第1项的规定,于2019年11月19日判决如下:

驳回上诉,维持原判。

本判决为终审判决。

周某与厦门佰翔手礼电子商务有限公司网络购物合同纠纷案

编者按

对违约金的司法调整是私法意思自治的例外规定，也赋予了法院较大的司法裁量权。在对违约金调整过程中，不仅要考虑双方当事人利益的平衡及将来对类似案件处理的影响，避免裁判尺度的不一，还要确保司法裁量权的行使具有规范性与可控性。本案裁判确立了食品安全领域中约定惩罚违约金过高的司法调整思路，即以《食品安全法》第148条的规定为参照基数进行酌减，既平衡了有、无约定两种情况下违约金的数额，为类似民事行为提供了稳定预期，又缓解了过度支持惩罚性违约金带来的恶意“知假买假”现象，确保了裁判尺度的统一性以及对违约金调整的确定性，对于营造安全、稳定的市场交易秩序具有重要意义。

裁判摘要

消费者依据双方订立的合同或者商家承诺主张约定的惩罚性违约金赔偿时，如果双方约定的惩罚性违约金过高，商家可以依照《合同法》第114条的规定，请求人民法院或仲裁机构予以适当减少。人民法院在确定酌减基准时，可以依照《合同法司法解释(二)》第29条关于调整过高违约金的规定，参照《食品安全法》等相关法律、法规中关于法定赔偿金额的规定，合理调整违约金数额，公平解决违约责任问题。

原告：周某

被告：厦门佰翔手礼电子商务有限公司

法定代表人：韩某

原告周某因与被告厦门佰翔手礼电子商务有限公司(以下简称佰翔公司)发生网络购物合同纠纷，向江苏省淮安市中级人民法院提起诉讼。

原告周某诉称：2015年6月，原告出差途中经厦门机场，在机场进出口及大厅看到被告处宣称的“买特产，上手礼网，所售商品均为正品，假一罚万”的宣传画册及大型户外广告后，受以上广告及宣传画册的引导，原告购买被告画册所宣传的食品特级大红袍茶叶。后原告于2015年11月12日在被告工作人员的要求下汇款购得630盒云香特级大红袍(90g)，价值17,640元。被告收款后于2015年11月18日通过快递予以发货。后原告食用上述所谓的特级大红袍后，觉得口味不对劲，为打消疑虑，原告于2016年1月26日将涉案特级大红袍茶叶送交国家茶叶质量监督检验中心进行质量检验，检验结果和检验结论显示多项指标为不合格。食品质量安全关系千家万户，被告作为国内知名大型礼品销售企业，其销售如此不合格食品的行为有辱商家诚信、守法经营的原则，更违反了《食品安全法》等相关规定。被告为招揽生意，其承诺“假一罚万”的广告宣传内容给其带来巨大的经济利益；这也意味着，被告既然承诺了高于法律倍数的赔偿，一旦出现问题就必须践行承诺。原告现只要求被告按其承诺“假一罚万”赔偿责任的50%兑现承诺。请求判令被告立即退还货款17,640元，并赔付8820万元，检验费2000元，合计人民币88,219,640元。

被告佰翔公司辩称：被告不同意原告诉讼请求，原告要求的5000倍赔偿是基于违约金的计算方式，被告出售的涉案产品并非原告所述的假货，也不存在瑕疵，该产品不应当适用"假一罚万"的条款。即使法院认定涉案产品存在瑕疵,原告是以买卖合同请求权为基础提出的违约金计算标准,被告认为5000倍违约金的计算方式过高,请求法院予以调整。因为涉案产品不属于假货,被告不同意退货,检验费用属于人民法院基于审判结果依职权予以分配的范畴。

江苏省淮安市中级人民法院一审查明:

2015年12月29日,江苏省南京市南京公证处(以下简称南京公证处)出具(2015)宁南证民内字第29915号公证书一份,内容为:2015年12月18日,周某称"手礼网"存在虚假宣传,侵犯其作为消费者的合法权益,申请保全证据;南京公证处公证员及周某于2015年12月20日上午来到厦门机场T4航站楼,公证员使用手机进行拍照以及周某在该航站楼内的厦门地图免费取阅点现场拿取两份印有"手礼网最厦门手绘地图"交给公证员保管。同时,周某在厦门机场T4航站楼二楼出发层门对面标有"手礼网临时提货点"字样的柜面现场刷卡付款人民币2962元并在提货点现场提取了"云香特级铁观音160g"50盒、"云香特级大红袍90g"50盒、"黄胜记手工馅饼礼袋800g"4袋。上述产品购买过程经公证人员现场拍照,除"黄胜记手工馅饼礼袋800g"4袋产品由周某自行保管外,其余产品打包为四箱由公证人员参与托运后,由公证人员检查包装带回公证处保管。从南京公证处拍摄的照片及提取的"手礼网最厦门手绘地图"显示:厦门机场内厦门地图免费取阅点货架上有"每年有60万航空旅客通过手礼网手绘地图购买特产""买特产,上手礼网,所售商品均为正品,假一罚万!"的广告语。"手礼网最厦门手绘地图"上印刷了手礼网销售的商品名称、图片及价格,并宣称:"买特产,怕被宰,上手礼网,机场担保,假一罚万!"

2015年11月12日,周某汇款35,262元,通过手礼网向佰翔公司购买了云香特级大红袍茶叶630盒,每盒单价为28元,金额17,640元;云香特级铁观音茶叶630盒,每盒单价为28元,金额17,640元;佰翔公司向周某开具发票一张,发票金额为35,262元。涉案大红袍茶叶制造商为厦门云香茶业有限公司(以下简称云香茶业公司),每盒净含量为90克,标注等级为一级,保质期为18个月,每盒内有小包装12袋,但小包装袋上标注的等级为特级,保质期为3年,与外包装上标注不一致。

另查明,周某系南京同舟知识产权事务所有限公司(以下简称同舟知识产权公司)的法定代表人。2015年8月21日至12月20日,周某先后12次从手礼网购买佰翔公司销售的云香特级铁观音和云香特级大红袍茶叶,价值共计259,459.50元

(含本案大红袍茶叶价值 17,640 元)。

江苏省淮安市中级人民法院一审认为:周某通过网络向佰翔公司购买大红袍茶叶,双方建立了商品买卖契约关系。本案的争议焦点为:(1)周某购买的案涉大红袍茶叶是否属于佰翔公司所承诺的“正品”或非“假”产品;(2)对“假一罚万”如何理解和适用。

关于争议焦点一。周某以《合同法》为请求权基础向佰翔公司主张权利,故对佰翔公司宣称的“所售商品均为正品,假一罚万”的“正品”“假”应当从合同内容上进行理解并予以判断。周某购买涉案大红袍茶叶时,双方未订立书面合同对购买的大红袍茶叶的质量进行明确约定。根据《合同法》第 61 条、第 62 条的规定,涉案大红袍茶叶的质量标准应按照国家标准、行业标准执行,一旦涉案大红袍茶叶质量不符合国家标准、行业标准,即可认定为周某所购大红袍茶叶不符合合同约定的质量标准。一审法院已就涉案大红袍茶叶的质量指标委托四川省科学技术咨询服务中心进行鉴定,双方对鉴定结果均无异议,故对该鉴定意见书予以采纳。涉案大红袍茶叶不仅稀土含量不合格,感官品质也不符合武夷岩茶大红袍一级的要求,低于外包装上标注的等级,更低于内包装上标注的等级。佰翔公司虽主张《食品安全国家标准　食品中污染物限量》(GB 2762 - 2017)中已经将稀土含量这一标准删除,但由于该标准的实施时间为 2017 年 9 月 17 日,故可以认定涉案大红袍茶叶质量不合格,并非佰翔公司所承诺的“正品”、非“假”产品。

关于争议焦点二。佰翔公司宣称“假一罚万”,但没有在宣传广告中对“假一罚万”的含义进行解释。虽然佰翔公司提交的公证书可以证明手礼网在正品保障一栏中对“假一罚万”作出相应解释,但佰翔公司无证据证明该解释内容已向网上购物的消费者进行明示和说明,并由消费者点击确认。因此,手礼网正品保障一栏中对“假一罚万”的解释不能作为双方买卖合同的内容,对周某不具有法律约束力。根据通常理解,“一”与“万”的概念及单位应该一致,“假一罚万”应当解释为如果佰翔公司所售产品系“假”的产品,则应按所售商品价款的一万倍进行赔偿。因佰翔公司所售茶叶系不合格产品,构成根本违约,周某有权解除合同,故周某要求佰翔公司退还货款 17,640 元,于法有据,予以支持。根据权利义务相一致的原则,周某应将其所购买的云香特级大红袍茶叶 622 盒(已扣除送检样品 8 盒)返还给佰翔公司,佰翔公司返还周某货款 17,640 元,如周某退货缺少,则按每盒 28 元(17,640 元 ÷ 630 盒)减少应退货款。合同的权利义务终止,不影响合同中结算和清理条款的效力。“假一罚万”系双方对违约责任的约定,“罚万”系佰翔公司的单方承诺,周某接受该承诺并购买涉案商品,则“罚万”也成为双方对违约金计算方法的明确约定。本案需解决的重点问题在于对“罚万”的违约金是否应予调整以及如何调整。

关于本案违约金是否应予调整的问题。一审法院关注到,该问题在学界及司法实务中有极大争议。诚然,契约必须遵守是合同法的基本原则,但合同自由不是绝对的,合同自由需要合同正义予以规制。虽然不要求违约金数额与违约损失数额完全一致,但畸重的违约金数额将导致当事人权利义务的严重失衡。该规定已确定违约金虽然具有“补偿和惩罚”的双重功能,但违约金制度系以赔偿非违约方的损失为主要功能,而不是旨在严惩违约方。因此,违约金的数额不能完全放任和留待当事人自由约定,在约定违约金过高或过低的情况下,一方当事人请求调整的,法院应予适当调整,以维护民法的公平原则。本案中,佰翔公司承诺“假一罚万”,显然过高,佰翔公司请求法院予以调整,予以准许。

关于违约金如何调整的问题。《合同法司法解释(二)》第29条规定,当事人主张约定的违约金过高请求予以适当减少的,人民法院应当以实际损失为基础,兼顾合同的履行情况、当事人的过错程度以及预期利益等综合因素,根据公平原则和诚实信用原则予以衡量,并作出裁决。当事人约定的违约金超过造成损失的30%的,一般可以认定为《合同法》第114条第2款规定的“过分高于造成的损失”。本案中,如按照上述“超过造成损失的百分之三十”的标准调整违约金,不足以发挥违约金制度适当的惩罚功能,亦不符合公平原则和诚实信用原则。考虑涉案大红袍茶叶系食用农产品,不同于一般的产品,对其质量问题应予严格规制。《食品安全法》第148条第2款中规定,“生产不符合食品安全标准的食品或者经营明知是不符合食品安全标准的食品,消费者除要求赔偿损失外,还可以向生产者或者经营者要求支付价款十倍或者损失三倍的赔偿金;增加赔偿的金额不足一千元的,为一千元”。《食品安全法》所规定的上述“十倍”赔偿系法律所规定的特殊类型的违约金,以特别强化违约金的惩罚功能彰显对食品安全的特别保护。故虽然周某选择以《合同法》为请求权基础主张权利,但不因此而排除《食品安全法》第148条第2款在本案中的适用。经鉴定,涉案大红袍茶叶稀土含量既不符合《地理标志产品武夷岩茶》(GB/T18745-2006)标准要求,也不符合《食品安全国家标准 食品中污染物限量》(GB 2762-2012)技术要求,属于不安全食品,故对违约金的调整,应依照《食品安全法》第148条的规定,将违约金调整为商品价款的10倍。涉案大红袍茶叶实际价款为17,640元,故一审法院支持违约金176,400元。周某主张鉴定费2000元,该费用系周某损失的一部分,由于已支持了违约金176,400元,该违约金已超出周某的实际损失,故佰翔公司不应再承担该费用,对周某该项诉讼请求,不予支持。

关于诉讼费问题。根据《诉讼费用交纳办法》第29条的规定,诉讼费用由败诉方负担,胜诉方自愿承担的除外。部分胜诉、部分败诉的,人民法院根据案件的具体情况决定当事人各自负担的诉讼费用数额。本案中,虽然法院根据案件事实和相关法律规定综合权衡后只支持了周某10倍违约金的诉求,但是在认定被告违约且其确实承诺"假一罚万"的事实基础上,导致本案诉讼发生的主要责任应由被告承担,故判令被告承担本案90%的诉讼费。

据此,江苏省淮安市中级人民依照《合同法》第60~62条,第94条第4项,第97条,第98条,第107条,第114条第1款、第2款,第125条第1款;《食品安全法》第148条第2款;《合同法司法解释(二)》第29条;《民事诉讼法》第64条、第142条的规定,于2017年11月14日判决如下:"一、原告周某于判决生效之日起15日内退还厦门佰翔手礼电子商务有限公司云香特级大红袍茶叶622盒,厦门佰翔手礼电子商务有限公司在收到周某退还的云香特级大红袍茶叶后五日内退还周某货款17,640元(如果周某退货缺少,则佰翔公司有权按每盒28元相应减少应退货款);二、厦门佰翔手礼电子商务有限公司于判决生效之日起15日内支付周某赔偿款176,400元;三、驳回周某的其他诉讼请求。一审案件受理费482,898元,由原告周某负担48,289元、由被告负担434,609元,鉴定费218,00元,由被告负担。"

周某、佰翔公司均不服一审判决,向江苏省高级人民法院提起上诉。

周某上诉称:(1)一审法院关于涉案茶叶不是正品及"假一罚万"应解释为佰翔公司出售"假"的产品应按货款一万倍予以赔偿的认定正确,但将"罚万"的违约金调整为10倍错误。佰翔公司宣称的"假一罚万"是一种惩罚性质的违约金,该承诺系其真实意思表示,合法有效。该承诺可使其吸引更多的客源,获得更多的竞争优势,其也理应按该承诺承担责任。且"假一罚万"如果得到支持,可以对整个食品行业的可持续健康发展起到警示教育作用。"假一罚十"是《食品安全法》规定的法定赔偿标准,针对的是所有销售不合格食品的经营者,而不是针对自愿作出"假一罚万"承诺的经营者。一审法院即使调整违约金,亦应高于10倍,如"假一罚百"或"假一罚千"。一审判决违背公平原则,违背社会公众的认知与社会公德,亦违反

《江苏省高级人民法院关于审理消费者权益保护纠纷案件若干问题的讨论纪要》第6条的规定。(2)本案一审案件受理费、鉴定费及周某自行委托检验的检验费2000元应全部由佰翔公司承担。引起诉讼的责任在佰翔公司,周某起诉索赔标的未超出佰翔公司承诺的“假一罚万”的额度,一审案件受理费应全部由佰翔公司承担。因涉案茶叶的司法鉴定结论显示多项指标不合格,故法院委托鉴定产生的鉴定费应由佰翔公司承担。周某自行委托检验的检验结论与一审法院委托司法鉴定的鉴定结论基本吻合,该检验结论合法有效,由此产生的检验费2000元也应由佰翔公司承担。(3)涉案质量不合格茶叶不应判决退还给佰翔公司,应予以没收销毁。请求:(1)改判佰翔公司退还货款17,640元,并按该款100倍比例给付违约金1,764,000元,承担检验费2000元;(2)一、二审案件受理费及鉴定费由佰翔公司承担。

佰翔公司辩称:(1)一审法院关于“假一罚万”的认定错误,不存在“一”就是1元,“万”就是万元或者是万倍,应以佰翔公司作出该承诺及宣传的真实意思表示即一单赔付一万元来认定“假一罚万”。因关于茶叶的相关稀土限量已经取消,故不存在涉案茶叶因稀土含量超过限量标准而认定其存在质量问题。根据司法鉴定意见,涉案茶叶的感观品质符合其外包装中标注的企业标准。因此,涉案茶叶不存在周某所诉称的质量问题。根据江苏省高级人民法院的相关会议纪要的规定,以牟利为目的,在明知产品存在瑕疵情况下购买,相关赔偿也不应得到支持。因此,佰翔公司无须退还货款,也不应承担赔偿责任。(2)关于2000元检验费,周某未提交证据证明此系针对涉案茶叶支付的检验费,故与本案无关,不应由佰翔公司负担。关于一审案件受理费,一审法院认定佰翔公司承担90%错误,应当按照诉讼请求支持多少来进行承担。周某以牟利为目的购买涉案茶叶并提起诉讼,本案产生的责任在周某,案件受理费应由周某承担。法院委托鉴定产生的鉴定费,佰翔公司同意一审判决的处理。

佰翔公司上诉称:(1)涉案茶叶不存在瑕疵及质量问题,故佰翔公司不存在违约情形,一审判决佰翔公司向周某退还货款17,640元并支付赔偿金176,400元属认定事实不清,适用法律错误。一审法院委托的鉴定机构出具了司法鉴定意见,该鉴定意见明确涉案茶叶感官品质符合企业标准,该企业标准标注在产品的外包装上,故一审法院认定感官品质低于标注等级错误。虽然鉴定意见还载明稀土含量略高于限量标准,但2017年3月17日相关部门颁布的新标准中删除了含茶叶在内的植物性食品中稀土限量的要求,此标准在2017年9月17日实施,一审法院应当根据该新标准来认定涉案茶叶质量是否合格。在南京市栖霞区人民法院审理周某起诉佰翔公司的(2017)苏0113民初1347号案件中,鉴定机构向该院出具了“茶叶质量鉴定退案函”,鉴定机构在退案函中提出因相关稀土含量限量已取消,故稀土含量鉴定不必要。且新标准亦是认为稀土含量限量不合理才予以取消该指标的。因此,一审法院根据《食品安全法》认定涉案茶叶存在食品安全问题缺乏依据。周某系以牟利为目的购买涉案茶叶并提起本案诉讼,其赔偿请求不应支持。一审法院认定10倍价款的赔偿金额明显超出周某的实际损失,佰翔公司不应对周某恶意购买所造成的损失扩大部分承担赔偿责任。(2)一审法院判决佰翔公司承担90%的案件受理费错误。一审法院仅支持了周某10倍的违约金数额,故应当根据诉讼请求支持多少来判决双方承担相应案件受理费。引起本案诉讼的主要责任并非佰翔公司承诺的“假一罚万”,一审审理中佰翔公司已就承诺的“假一罚万”作出解释,即在产品系假货的情况下向消费者支付1万元,且佰翔公司也在官方网站的正品保障一栏中对“假一罚万”作了明确的解释。而周某系故意曲解和过度解读佰翔公司的承诺,其提起诉讼系为达到获利的目的。因此,本案巨额诉讼费用,一审法院判决由佰翔公司承担90%明显错误。请求:(1)撤销一审判决书第一项、第二项,驳回周某的诉讼请求;(2)一、二审案件受理费由周某承担。

江苏省高级人民法院经二审,确认了一审查明的事实。

二审期间,佰翔公司提交一份鉴定机构于2017年8月18日向南京市栖霞区人民法院出具的茶叶质量鉴定退案函,证明在该院审理的周某起诉佰翔公司的案件中,因稀土含量已不再作为茶叶鉴定的相关指标,鉴定机构已终止鉴定。经审查,二审法院对佰翔公司提交的茶叶质量鉴定退案函的真实性予以认定。但从其内容来看,鉴定机构之所以终止鉴定是因为新的标准不再为茶叶等食品设置稀土限量标准,且送检的铁观音茶叶保质期已过,感官品质无法鉴定。该证据与本案无关联性,不能作为认定本案事实的依据。

二审另查明:本案司法鉴定是按云香茶叶公司的企业标准和武夷岩茶标准即国家标准两种标准进行的鉴定,且是为了查明涉案茶叶是否符合“一级”要求。

江苏省高级人民法院二审认为,本案二审的争议焦点为:(1)佰翔公司出售给周某的涉案茶叶,是否为佰翔公司承诺的“正品”或非“假”产品;(2)对佰翔公司承诺的“假一罚万”应如何理解和适用,周某是否有权主张赔偿损失;(3)涉案茶叶应如何处理;(4)一审案件受理费及鉴定费分担是否合理。

一、关于佰翔公司出售给周某的涉案茶叶,是否为佰翔公司承诺的“正品”或非“假”产品的问题

佰翔公司承诺的“正品”或非“假”产品,从合同内容理解,应是产品品牌真实、质量合格。一审法院已就涉案茶叶的质量委托鉴定机构鉴定,鉴定意见是稀土含量超出企业标准和武夷岩茶标准要求,感官品质基本符合企业标准要求,但不符合武夷岩茶标准要求。双方对该鉴定意见都无异议,一审法院予以采信并无不当。佰翔公司虽主张《食品安全国家标准 食品中污染物限量》(GB 2762－2017)中已将稀土限量这一标准删除,但该标准发布时间为2017年3月17日,实施时间为2017年9月17日,佰翔公司出售涉案茶叶及作出“假一罚万”承诺时,新标准并未实施。且涉案茶叶不仅稀土含量超标,感官品质也存在问题。由于周某购买涉案茶叶时,双方未对质量进行书面约定,根据《合同法》第61条及第62条的规定,合同生效后,当事人就质量等内容没有约定或者约定不明确的,可以协议补充;不能达成补充协议的,按照合同有关条款或者交易习惯确定。如仍不能确定质量要求的,按照国家标准、行业标准履行;没有国家标准、行业标准的,按照通常标准或者符合合同目的的特定标准履行。基于上述事实和法律规定,可以认定涉案茶叶的质量应按国家标准、行业标准执行,一审法院依据鉴定意见确认涉案茶叶质量不合格,不是佰翔公司承诺的“正品”或非“假”产品,并无不当。佰翔公司二审中提交的鉴定终止退案函,与本案不具有关联性,不能否定本案的茶叶质量鉴定意见。因此,佰翔公司关于涉案茶叶质量合格,佰翔公司不存在违约情形的上诉主张,不予支持。

二、关于佰翔公司承诺的“假一罚万”应如何理解和适用,周某是否有权主张赔偿损失的问题

1.周某是否有权主张赔偿损失。二审法院认为,对于食品、药品消费领域,购买者明知商品存在质量问题仍然购买并主张惩罚性赔偿的,人民法院予以支持。但自然人、法人或其他组织以牟利为目的购买的除外。本案中,佰翔公司主张周某为牟利而购买的意图明显,故不应对周某赔偿请求予以支持,但周某在本案中并非依据《食品安全法》及其司法解释主张10倍的法定惩罚性赔偿,而是以《合同法》为请求权基础向佰翔公司主张违约责任。“假一罚万”系佰翔公司作出的对其违约后如何承担责任的承诺,周某予以接受,双方即形成对违约责任的约定。周某主张佰翔公司承担违约责任能否予以支持,法院需审查的是佰翔公司是否存在违约行为,而

周某是否属于以牟利为目的购买明知有质量问题的商品,不影响其向佰翔公司主张违约赔偿。故佰翔公司关于周某为牟利而购买涉案茶叶,周某的赔偿请求不应支持的主张不能成立,不予支持。

2. 佰翔公司承诺的“假一罚万”应如何理解。佰翔公司主张其关于“假一罚万”的承诺是指如果其所售产品为假货,应向消费者支付1万元的赔偿。为证明其主张,佰翔公司提交其在手礼网官方网站的正品保障一栏中对“假一罚万”为买到假货赔偿1万元的解释予以证明。但佰翔公司未提交其已向网上购物者履行了解释说明义务且购物者通过点击同意的相关证据。故佰翔公司主张应将“假一罚万”理解为“买到假货赔偿一万元”,因缺乏证据证明,不能成立。一审法院对“假一罚万”含义的解释并无不当。

3. 佰翔公司承诺的“假一罚万”应否予以调整。周某系依据《合同法》主张佰翔公司承担违约责任,根据《合同法》第114条的规定,当事人可以约定一方违约时应当根据违约情况向对方支付一定数额的违约金,约定的违约金过分高于造成的损失的,当事人可以请求人民法院或仲裁机构予以适当减少。本案中,佰翔公司虽承诺所售茶叶如系“假”的产品,应按所售价款的1万倍予以赔偿,但周某并无证据证明其因购买涉案茶叶遭受了如此重大损失,故“假一罚万”应属于过分高于损失的违约金,并且佰翔公司在一审中亦请求法院调整予以减少违约金。《合同法司法解释(二)》第29条第1款规定:“当事人主张约定的违约金过高请求予以适当减少的,人民法院应当以实际损失为基础,兼顾合同的履行情况、当事人的过错程度以及预期利益等综合因素,根据公平原则和诚实信用原则予以衡量,并作出裁决。”从一审法院调整涉案违约金的原则来看,虽然周某就其主张的损失数额没有提供充分证据予以证明,但一审法院考虑涉案争议标的为茶叶,系食用农产品,不同于一般日用品,应对生产或销售该产品的质量予以严格规制,并据此参照《食品安全法》第148条第2款规定,将本案“假一罚万”的违约金调整为10倍赔偿,并无不当。

4. 关于2000元检验费。即使周某主张的其就涉案茶叶自行委托检验支付了检验费2000元的事实成立,因该检验费亦应属于周某损失的一部分,在其主张的违约金已超过损失的情况下,一审法院对其该项主张不予支持,并无不当。

三、关于涉案茶叶应如何处理的问题

一审法院认为,从周某诉讼请求来看,其系要求退还货款并支付违约金,故在确认双方合同解除,佰翔公司将货款退还给周某的情况下,周某应当将茶叶退还给佰翔公司。故一审判决周某将涉案茶叶退还给佰翔公司并无不当。周某主张涉案茶叶应予没收或销毁,缺乏法律依据,本院不予支持。

四、关于一审案件受理费、鉴定费应如何承担的问题

关于一审案件受理费,《诉讼费用交纳办法》第 29 条第 1 款、第 2 款规定:“诉讼费用由败诉方负担,胜诉方自愿承担的除外。部分胜诉、部分败诉的,人民法院根据案件的具体情况决定当事人各自负担的诉讼费用数额。”本案中,周某请求佰翔公司退还货款并赔偿货款 5000 倍违约金,一审法院支持了周某退还货款的诉讼请求,对赔偿 5000 倍违约金的请求调整为货款的 10 倍。对此周某应属于上述规定中部分胜诉、部分败诉的情形。涉案茶叶质量不合格,责任在佰翔公司,且引发本案诉讼的主要原因是佰翔公司作出的“假一罚万”的承诺。故一审法院根据案件的具体情况决定由佰翔公司负担本案 90% 的案件受理费,系依据规定行使裁量权,并无不妥。双方关于一审案件受理费由对方承担的上诉主张,均不能成立,二审不予支持。关于鉴定费,涉案茶叶质量鉴定系由双方提出申请,鉴定意见表明产品部分指标符合标准要求,部分指标不符合标准要求。一审法院根据鉴定情况将鉴定费 65,400 元确定为周某承担 21,800 元,佰翔公司承担 43,600 元,并无不当。周某关于鉴定费应全部由佰翔公司承担的主张,不予支持。

据此,江苏省高级人民法院依照《民事诉讼法》第 170 条第 1 款第 1 项的规定,于 2018 年 8 月 18 日判决如下:“驳回上诉,维持原判。”

周某不服二审判决,向最高人民法院申请再审称:(1)因食品安全的特殊性,法律并不禁止企业承诺高于货款金额 10 倍的惩罚性赔偿,佰翔公司自愿作出的高于茶叶价款 10 倍的赔偿承诺,应当认定为有效。一、二审判决对双方约定的茶叶价款 1 万倍的违约金进行调整,仅判令佰翔公司支付茶叶价款 10 倍的违约金是错误的,违背了公平原则和诚信原则。佰翔公司利用“假一罚万”的广告语在商业竞争中获取优势,就必须承担此类广告语可能带来的后果。周某仅要求佰翔公司按照茶叶价款的 100 倍支付违约金,该请求应该得到支持。(2)涉案质量不合格的茶叶不应判决退还给佰翔公司,应予以没收销毁,以防止不合格食品再次流入社会。(3)本案一、二审案件受理费及鉴定费、检验费应由佰翔公司承担。周某提起本案诉讼是基于佰翔公司销售了质量不合格的茶叶及作出的“假一罚万”的承诺,佰翔公司理应承担本案诉讼费用。一审法院委托鉴定机构对案涉茶叶进行司法鉴定,鉴定结

论显示茶叶多项指标不合格,由此产生的鉴定费应由佰翔公司承担。周某自行对案涉茶叶委托检验的检验结论与司法鉴定的结论基本吻合,检验费 2000 元也应由佰翔公司承担。本案符合《民事诉讼法》第 200 条第 6 项规定的情形,请求予以再审。

被申请人佰翔公司辩称:(1)涉案茶叶并非假冒伪劣产品,没有失去使用功能,不存在欺诈消费者的情形。相关规定已经删除了含植物性食品中稀土含量的要求,表明稀土含量标准不影响食品本身的安全性。涉案茶叶产品品牌真实、质量合格。(2)佰翔公司"假一罚万"的宣传内容并非悬赏广告,周某利用佰翔公司基于诚信经营作出的承诺,以牟利为目的大量购买案涉茶叶并进行索赔的行为不应得到支持。(3)周某要求的巨额违约金缺乏法律依据。买卖合同是本案的基础法律关系,因周某主张的违约金过高,一、二审判决予以调减,并无不当。茶叶价款 10 倍的违约金已经远高于周某的实际损失,并且周某明知案涉茶叶存在瑕疵,仍通过多次、大量购买的方式,使损失进一步扩大,佰翔公司就周某故意扩大损失的部分无赔偿义务。(4)本案一、二审案件受理费及鉴定费不应全部由佰翔公司承担。一审判决佰翔公司承担 90% 的案件受理费,已经过分加重了佰翔公司的负担。本案讼累的产生是因周某主动追求损害结果扩大而导致,并非因为佰翔公司的销售行为。案涉茶叶价款 10 倍的违约金已经完全覆盖周某的实际损失及诉讼中发生的一切费用,故鉴定费不应当由佰翔公司额外负担。周某的再审事由不能成立,其再审申请应当驳回。

最高人民法院经审查认为,本案的争议焦点为:(1)二审判决对佰翔公司支付的违约金标准的认定是否正确;(2)涉案茶叶应否予以没收销毁;(3)一、二审案件受理费及鉴定费、检验费的分担是否合理。

首先,关于二审判决对佰翔公司支付的违约金标准的认定是否正确问题。周某从佰翔公司购买的茶叶经鉴定质量不合格,不是佰翔公司承诺的"正品",周某作为买受人要求佰翔公司承担违约责任符合《合同法》的相关规定及双方合同约定。依据佰翔公司作出的"假一罚万"的承诺,周某一审要求佰翔公司按其所购茶叶价款的 5000 倍给予赔偿,二审变更为要求佰翔公司按其所购茶叶价款的 100 倍给予赔偿。但周某在一、二审过程中均未能提交证据证明其因购买涉案茶叶所遭受的实际损失金额。《合同法司法解释(二)》第 29 条第 1 款规定,当事人主张约定的违约金过高请求予以适当减少的,人民法院应当以实际损失为基础,兼顾合同的履行情况、当事人的过错程度以及预期利益等综合因素,根据公平原则和诚实信用原则予以衡量,并作出裁决。鉴于周某一审主张的涉案茶叶价款5000倍的违约金明显过高,且佰翔公司在一审中明确请求对过高的违约金予以调减,二审判决结合茶叶属于食用农产品,不同于一般的日用品,应对生产或销售该产品的质量予以严格规制等实际情况,参照《食品安全法》第148条第2款的规定,维持一审判决关于佰翔公司向周某支付违约金的判项,并无不当。周某关于佰翔公司应按照茶叶价款100倍支付违约金的主张,不能成立。

其次,关于涉案茶叶应否予以没收销毁问题。周某一审的诉讼请求是判令佰翔公司退还涉案茶叶价款并支付检验费2000元及违约金8820万元。其关于涉案茶叶应予没收销毁的主张,既缺乏法律依据,亦超出其一审诉讼请求范围,故其该项主张,不应支持。

最后,关于一、二审案件受理费及鉴定费、检验费的分担是否合理问题。因生效判决关于诉讼费用负担的决定问题不属于《民事诉讼法》第200条规定的因当事人申请人民法院应当再审的情形,故周某关于本案一、二审案件受理费应由佰翔公司承担的申请再审理由,不能成立。《诉讼费用交纳办法》第12条第1款规定,诉讼过程中因鉴定、公告、勘验等发生的依法应当由当事人负担的费用,人民法院根据"谁主张、谁负担"的原则,决定由当事人直接支付给有关机构或者单位。本案中,双方当事人均向法院申请对涉案茶叶质量进行鉴定,鉴定意见表明涉案茶叶部分指标不符合标准要求。一、二审法院根据本案实际情况,决定本案鉴定费65,400元中,周某承担21,800元,佰翔公司承担43,600元,并无不当。周某关于本案鉴定费应由佰翔公司承担的主张,缺乏事实和法律依据。关于周某就涉案茶叶自行委托检验产生的2000元检验费,该费用属于周某主张的实际损失的一部分,二审法院考虑判令佰翔公司支付给周某的176,400元违约金已超出周某的实际损失,对周某的该项主张未予支持,并无不妥。

综上,周某提出的再审事由不能成立,其再审申请不符合《民事诉讼法》第200条第6项规定的情形。最高人民法院依照《民事诉讼法》第204条第1款、《民诉法解释》第395条第2款的规定,于2019年6月25日裁定如下:

驳回周某的再审申请。

江西腾荣实业有限公司与江西银行股份有限公司南昌高新支行债权转让合同纠纷案

编者按

银行金融机构通过与借款人签订虚假的债权转让协议、资产委托管理协议的方式收取其向借款人发放贷款的部分利息，属于金融机构变相收取借款利息的模式之一，在一定程度上扰乱了金融秩序。对于此类扰乱金融秩序的金融行为或所谓的“金融创新”模式，司法应作出正面回应，与监管部门形成司法和行政的合力，以规范、引导金融行业健康发展。本案裁判对此类案件在真意探究和行为效力评价方面具有新颖性、典型性，对于规范商业银行贷款行为，维护金融秩序，具有重要意义。

裁判摘要

借款人与贷款银行在双方签订的借款合同之外,又另行签订债权转让及资产委托管理协议,约定借款人支付一定金额的债权转让费用但不获取任何利益的,应认定该债权转让及资产委托管理协议系以变相收取借款利息等为目的,属于双方订立的借款合同的组成部分。双方签订债权转让及资产委托管理协议系以虚假的意思表示实施的民事法律行为,依法应认定为无效;该行为所隐藏的收取利息行为的效力,依照有关法律规定处理。

原告:江西腾荣实业有限公司

法定代表人:熊某武,董事长

被告:江西银行股份有限公司南昌高新支行

法定代表人:敖某新,行长

原告江西腾荣实业有限公司(以下简称腾荣公司)因与被告江西银行股份有限公司南昌高新支行(2015 年 12 月 17 日由南昌银行股份有限公司高新支行变更为现名称,以下简称江西银行高新支行)发生债权转让合同纠纷案,向江西省南昌市中级人民法院提起诉讼。

原告腾荣公司诉称:2013 年 10 月 28 日,原告(乙方)与被告(甲方)江西银行高新支行签订了一份债权转让协议。协议约定:(1)甲方自愿将本协议附件一贷款债权明细表所列债权及相关从权利一并转让给乙方。本协议转让资产项下债权及从权利从交割日起由甲方转让给乙方。乙方应向甲方支付的各笔资产的转让价格为 10,620,439.51 元,乙方应于 2013 年 12 月 10 日前一次性将款项划入甲方指定账户。(2)鉴于甲方先后有多笔贷款债权向乙方转让,甲乙双方一致确认,该多笔债权的具体交割日以甲方按本协议附件二格式出具的债权转让确认函为准。甲方在交割日前已经收到乙方按照本合同规定支付的买价后,双方于交割日进行贷款债权的交割。(3)甲方是转让债权的合法权利人,并保证全额收到乙方转让价款后将该债权转让给乙方。乙方保证按时支付转让价款,在债权交割后,严格按照相关法律法规、政策规定及协议的约定,主张和行使债权项下的任何权利。双方并对违约责任与争议解决方式进行了约定,还约定协议附件一贷款债权明细表、附件二债权转让确认函及附件三贷款债权证明文件清单均为本协议不可分割的组成部分,与本协议具有同等法律效力等。本协议签订后,被告于 2013 年 12 月 5 日从原告账户自动扣转支付上述债权转让价款。但被告却未按合同约定将合同项下债权交割给原告。后原告从网上搜索发现,被告竟以债权人的身份就本案转让债权向法院起诉相关债务人以主张权利[案号:(2013)洪民二初字第 235 号]。法院根据被告的申请,于 2014 年 9 月 2 日立案执行。在执行过程中,被告申请终结本次执行程序。在此期间,原告多次要求被告依约转让债权,但时至起诉之时,被告既未按合同约定将债权及相关债权证明文件依法转让或提供给原告,也未向原告出具收取债权转让款的发票,原告未依法依约取得上述债权,遭受了严重的经济损失。原告遂向被告提出解除债权转让协议,返还债权转让款。请求:(1)解除原、被告双方于 2013 年 10 月 28 日签订的债权转让协议;(2)被告立即返还原告债权转让价款 10,620,439.51 元,并赔偿原告利息损失 3,048,066.14 元(利息自 2013 年 12 月 5 日起暂计算至 2018 年 8 月 5 日止,之后利息按年利率 6.15%计算至付清款项之日止)。

被告江西银行高新支行辩称:(1)原告腾荣公司转让债权已超过诉讼时效,依法不受法律保护。本案债权于 2013 年 12 月发生转让,至腾荣公司起诉,已 4 年有余。其间,没有诉讼时效中止、中断及延长的法定事由,腾荣公司的转让债权依法不受法律保护。(2)本案债权转让协议合法有效,无法定解除或撤销理由,腾荣公司无权要求返还转让款。被告与腾荣公司于 2013 年 10 月签订债权转让协议,系双方的真实意思表示,且腾荣公司于 2013 年 12 月 5 日支付了债权转让款,债权转让协议合法有效。合法有效的合同,当事人应当按约定履行,本案并无解除与撤销合同的法定事实,当事人应当继续履行合同的约定。本案债权转让未通知债务人以及债权仍然在被告名下强制执行和部分债务人被工商部门吊销执照,这些均不是有效合同应当解除或撤销的法定事由。债权转让的本质是转让债权,只要本案债权可以转让至腾荣公司名下,就不存在所谓"不能实现合同的目的",合同就应继续履行。本案债权转让未通知债务人,可以继续通知债务人;债权仍在被告名下,可以变更或交付至腾荣公司名下。至于债权未执行到位以及部分债务人被吊销执照,那是腾荣公司应当承担的风险,与债权转让是否应解除无关。腾荣公司无权解除合同,继而也就无权要求被告返还转让款。

江西省南昌市中级人民一审查明:

2013 年 10 月 28 日,原告腾荣公司(作为乙方)与被告江西银行高新支行(作为甲方)签订债权转让协议。协议约定,"第二条:1. 甲方自愿将本协议附件一贷款债权明细表所列债权及相关从权利(包括但不限于担保合同权益)一并转让给乙方。2. 本协议转让资产项下债权及从权利从交割日起由甲方转让给乙方。3. 乙方应向甲方支付的各笔资产的转让价格为10,620,439.51元,乙方应于2013年12月10日前一次性将相关款项划入甲方指定账户。第三条:1. 鉴于甲方先后有多笔贷款债权向乙方转让,甲乙双方一致确认,该多笔债权的具体交割日以甲方按本协议附件二格式出具的债权转让确认函(详见附件二)为准,具体的交割债权范围以甲方按本协议附件一格式出具的贷款债权明细表(见附件一)为准。2. 甲方在交割日前已经收到乙方按照本合同第二条规定支付的买价后,双方于交割日进行贷款债权的交割。3. 双方确认,从交割日起,甲方在贷款债权明细表中所列明的贷款债权转移至乙方,归乙方享有,并行使债权人的一切权利……第五条:1. 甲方是转让债权的合法权利人,并保证全额收到乙方转让价款后将该债权转让给乙方。2. 乙方保证按时支付转让价款,在债权交割后,严格按照相关法律法规、政策规定及协议的约定,主张和行使债权项下的任何权利……第八条:1. 本协议生效后,双方当事人均应履行本协议约定的义务,任何一方不履行约定义务的,应当承担相应的违约责任,并赔偿由此给对方造成的损失"。附件一贷款债权明细表由腾荣公司与江西银行高新支行盖章,载明债务人名称:江西省维财实业有限公司(以下简称维财公司);担保人名称:江西南发实业有限公司(以下简称南发公司)、涂某宝、龚某友;账面余额:1000万元;账面利息:537,773.51元;有诉讼费82,666元。附件二债权转让确认函系由江西银行高新支行落款盖章致腾荣公司(受让方),载明:根据江西银行高新支行(转让方)与腾荣公司于2013年10月28日签订的债权转让协议,转让方已将本期贷款债权明细表-X债权项下拥有的全部权益,于2013年10月28日依法转让给受让方。2013年10月28日即为债权转让协议所约定的交割日。转让方特此确认该等债权已向受让方转让的事实。附件三贷款债权证明文件清单由腾荣公司与江西银行高新支行盖章,载明文件名称:授信协议、流动资金借款合同、最高额抵押合同、最高额保证合同;是否原件:否。

2013年12月5日,从腾荣公司在江西银行南大支行账户有两笔款项分别转入江西银行高新支行营业部、江西银行高新支行,金额分别为10,537,773.51元、82,666元。

2013年8月7日,江西银行高新支行因与维财公司、南发公司、龚某友、涂某云、涂某兰、龚某刚、陈某新借款合同纠纷案向南昌市中级人民法院起诉,南昌市中级人民法院于2014年5月23日作出(2013)洪民二初字第235号一审民事判决,该判决于2014年8月25日生效。该案于2014年9月2日立案执行,江西银行高新支行于2014年9月17日向南昌市中级人民法院申请终结本案的本次执行程序,南昌市中级人民法院于2014年9月22日裁定终结本次执行程序。2018年,江西银行高新支行向南昌市中级人民法院出具情况说明,载明“贵院(2013)洪民二初字第235号判决书已生效,经贵院强制执行后并未执行到任何财产,贵院于2014年9月22日出具了(2014)洪终执字第202号执行裁定书,裁定终结本次执行程序,至今我行未向贵院申请恢复强制执行”。

2015年5月13日,腾荣公司向江西银行高新支行出具关于要求提供债权人信息资料的报告,载明“我公司为了在贵行贷款5400万元人民币,接受了贵行债权人江西维财实业有限公司的不良贷款债权转让条件,为了我公司能追回此笔债权,特请贵行提供债权人维财公司和担保人南发公司、龚某友、涂某宝、涂某兰、龚某刚、陈某新的借款合同、借款借据、担保协议以及相关资料和信息资料为感”。江西银行高新支行否认收到该报告,腾荣公司未提供证据证明江西银行高新支行收到该报告。

2018年4月10日,腾荣公司就本案案涉纠纷以借款合同纠纷为由向南昌市中级人民法院起诉江西银行高新支行,2018年7月11日,腾荣公司撤诉。

根据2018年6月27日南昌市市场和质量监督管理局提供的企业信息载明,维财公司、南发公司均处于吊销状态。

2013年10月21日,腾荣公司与江西银行高新支行签订借款合同,腾荣公司向江西银行高新支行借款5400万元,期限3年,从2013年10月28日至2016年10月23日,年利率6.15%。江西银行高新支行在本案庭审中陈述,因为腾荣公司在该笔借款中享受了利率优惠才受让了本案诉争的债权。

腾荣公司(乙方、委托方)与江西银行高新支行(甲方、受托方)签订了一份资产委托管理协议(编号、落款年月日及签订地点均为空白),载明“第二条(一):委托管理标的见附件委托管理资产清单……第四条:1.甲方清收上述委托管理资产取得的款项,在扣除清收过程发生的必要性支出部分后,剩余款项全部作为委托管理费归属甲方。甲方可在回收的借款本息资金中直接扣收委托管理费”。附件委托管理资产清单(未加盖腾荣公司和江西银行高新支行印章)载明:“借款人维财公司,担保人南发公司、涂某宝、龚某友”。

江西省南昌市中级人民法院一审认为,本案的争议焦点为:(1)2013年10月28日所签债权转让协议是否应当解除;(2)江西银行高新支行是否应返还转让价款10,620,439.51元并赔偿利息;(3)本案诉讼是否已超过诉讼时效。

一、关于原、被告所签债权转让协议是否应当解除的问题

原、被告于2013年10月28日签订债权转让协议后,腾荣公司于2013年12月5日转款两笔(分别为10,537,773.51元、82,666元)共计10,620,439.51元至江西银行高新支行,已履行完合同义务。在本案审理中,江西银行高新支行认可未将债权移交给腾荣公司,但认为未移交的原因是腾荣公司已委托江西银行高新支行代为追偿。江西银行高新支行理由为腾荣公司向江西银行高新支行支付了诉讼费82,666元,双方签订了资产委托管理协议。经查,江西银行高新支行与维财公司、南发公司等金融借款合同纠纷案[案号:(2013)洪民二初字第235号]于2013年8月7日起诉,腾荣公司与江西银行高新支行签订债权转让协议是2013年10月28日,该协议附件一载明的债权明细表中含"有诉讼费82666"字样,且在2013年12月5日支付的款项中有一笔即82,666元。但这些仅能说明转让的资产价值中含有诉讼费82,666元,并不能说明腾荣公司有委托江西银行高新支行代为追偿的意思表示。关于资产委托管理协议,虽有腾荣公司和其法定代表人熊某武印章,但协议的编号、资产内容、落款年月日及签订点均为空白,附件委托管理资产清单上则没有加盖任何印章。更为重要的是,依据该协议第4条第1项的约定,江西银行高新支行追偿到的任何款项都将作为委托管理费归属江西银行高新支行,也即腾荣公司支付给江西银行高新支行10,620,439.51元后将不能得到任何回报,这明显有悖常理,也无法认定是腾荣公司的真实意思表示。江西银行高新支行在庭审质证时陈述"该借款腾荣公司享受了优惠的利率政策,年利率仅为6.15%,当时南昌银行的贷款利率执行的标准为年利率13%左右,这也是原告同意接受本案债权的原因所在"。如果江西银行高新支行所述属实,那就说明本案债权转让属于假转让。腾荣公司于2013年12月5日支付10,620,439.51元后,江西银行高新支行仍然在以自己名义针对债权进行诉讼、执行,一直到执行终结,且没有提供任何证据证明其向腾荣公司告知了相关情况。因此,依据《合同法》第94条第4项"当事人一方迟延履行债务或者有其他违约行为致使不能实现合同目的"的规定,腾荣公司诉请解除债权转让协议,予以支持。

二、关于江西银行高新支行是否应返还转让价款10,620,439.51元并赔偿利息

的问题

依据《合同法》第97条"合同解除后,尚未履行的,终止履行;已经履行的,根据履行情况和合同性质,当事人可以要求恢复原状、采取其他补救措施,并有权要求赔偿损失"之规定,腾荣公司已支付的10,620,439.51元,江西银行高新支行应予返还,并应向腾荣公司赔偿自2013年12月5日起计算至款项支付完止的利息。关于利息标准,参照《民间借贷若干问题的规定》第29条第2款第1项"既未约定借期内的利率,也未约定逾期利率,出借人主张借款人自逾期还款之日起按照年利率6%支付资金占用期间利息的,人民法院应予支持"之规定,认定按年利率6%计算。

三、关于本案诉讼是否已超过诉讼时效问题

依据《民法总则》第199条"法律规定或者当事人约定的撤销权、解除权等权利的存续期间,除法律另有规定外,自权利人知道或者应当知道权利产生之日起计算,不适用有关诉讼时效中止、中断和延长的规定。存续期间届满,撤销权、解除权等权利消灭"之规定,腾荣公司诉请解除债权转让协议系行使解除权,解除权行使的期限属于除斥期间。依据《合同法》第95条"法律规定或者当事人约定解除权行使期限,期限届满当事人不行使的,该权利消灭。法律没有规定或者当事人没有约定解除权行使期限,经对方催告后在合理期限内不行使的,该权利消灭"之规定,江西银行高新支行并未向腾荣公司进行催告,合同解除权并未消灭。

据此,江西省南昌市中级人民法院依照《合同法》第94条第4项、第95条、第97条,《民法总则》第199条的规定,于2019年12月20日判决如下:"一、解除江西腾荣实业有限公司与江西银行股份有限公司南昌高新支行于2013年10月28日签订的债权转让协议;二、江西银行股份有限公司南昌高新支行在本判决生效之日起10日内返还江西腾荣实业有限公司债权转让款10,620,439.51元并支付利息(利息自2013年12月5日起按年利率6%计算至转让款付清之日止)。"

江西银行高新支行不服一审判决,向江西省高级人民法院上诉称:(1)一审判决认定事实不清。涉案债权转让协议中没有任何条款约定江西银行高新支行必须将债权凭证原件交付给腾荣公司,也未约定江西银行高新支行负有开具发票的义务。涉案债权转让协议附件三已经列明向腾荣公司提供的债权原始凭证非原件,对此腾荣公司已然明知。涉案债权已按照协议约定的时间、方式予以交割和转让,腾荣公司也已履行付款义务,债权转让协议已经全部履行完毕,江西银行高新支行没有违反合同的约定。(2)一审判决未能查清本案债权受让与债权清收是分别通过两个意思表示真实的法律行为来实现,未能结合债权转让协议正确评析资产委托管理协议,从而片面地否定资产委托管理协议是腾荣公司的真实意思表示。一般而言,受让债权后,受让人可自行主张债权,亦可通过委托专业的机构代理为之。本案中,腾荣公司受让债权后,鉴于江西银行高新支行的专业优势,又将该债权委托给江西银行高新支行清收,这也是受让银行债权后的普遍做法。正是因为双方签署资产委托管理协议,才能合理解释债权转让协议中没有约定移交债权转让凭证原件、未约定通知债务人、附件三中明确债权凭证非原件、转让资产中包括82,666元诉讼费等诸多与一般债权转让不同之处,也才会出现腾荣公司受让债权后在明知债务人、担保人的情况下在长达5年的时间里不向债务人、担保人主张权利的情况。故资产委托管理协议是双方真实意思表示。资产委托管理协议虽然没有编号、落款年月及签订地点,但在双方有且仅有涉案债权转让的情形下,该资产管理协议指向的资产内容明确,权利义务界定清晰,且有腾荣公司盖章、法定代表人签名,具备合同成立与生效要件。至于资产委托管理协议第4条第1项约定,江西银行高新支行追偿的任何款项都将作为委托管理费归属江西银行高新支行,是因在债权转让之前双方有着良好的商业合作关系。双方本着互惠互利的原则,腾荣公司自愿将追偿后的款项作为委托管理费支付给江西银行高新支行,是腾荣公司意思表示真实的权利处分,不违反法律、法规的规定,且腾荣公司也从未以重大误解、显失公平、欺诈等为由提出撤销。故一审法院未能结合债权转让协议,综合认定资产委托管理协议系双方真实意思表示,合法有效。且江西银行高新支行正是按照该协议履行债权清收义务。(3)一审判决适用法律错误,未能综合借款合同反映商业合作背景,错误论证债权转让属于假转让与合同目的无法实现。债权转让协议、资产委托管理协议与借款合同是互相独立且又有联系的合同,均为双方真实意思表示。上述合同表明,江西银行高新支行与腾荣公司存在良好合作的商业关系,确定各自的义务。根据腾荣公司提交的2015年5月13日的报告可知,腾荣公司同意受让债权的合同目的之一还在于获得江西银行高新支行的贷款。故腾荣公司两个合同目的都已然实现:一是获得江西银行高新支行贷款,二是获得受让债权并委托江西银行高新支行代为清收。(4)一审判决认为,“江西银行并未向腾荣公司进行催告,合同解除权并未消灭”属于适用法律错误。如腾荣公司认为江西银行高新支行没有在交割日履行合同义务,导致合同目的不能实现,则应当自交割日

2013 年 12 月 18 日起计算解除权行权期间。虽然《合同法》第 95 条规定了经催告后在合理期限不行使,解除权消灭,但解除权行权期限并不是无限制的,应结合个案情况综合认定。参考《民法典》(三稿)第 564 条的规定,“法律没有规定或者当事人没有约定解除权行使期限,自解除权人知道或者应当知道解除事由之日起一年内不行使,或者经对方催告后在合理期限内不行使的,该权利消灭”,同时参考《商品房买卖合同司法解释》的相关规定,对方当事人没有催告的,解除权自发生之日起 1 年内未行使的,解除权消灭。本案中解除权即使存在,自发生之日 2013 年 12 月 18 日起算直至起诉前,时间长达 5 年,在如此长的时间内,腾荣公司一直没有行使解除权,解除权应已消灭。请求驳回腾荣公司所有诉讼请求。

被上诉人腾荣公司辩称:(1)债权转让协议明确约定,江西银行高新支行应在交割日将其基准日实际持有的与主张和行使债权有关的法律文件,限于贷款合同、借据、担保合同、抵(质)押担保权利凭证、逾期贷款催收通知书等全部资产文件移交给腾荣公司依法主张和行使债权。根据债权债务关系经验法则,债务人部分或全部偿还债务后定会要求债权人销毁所持借据等债权凭证,若有债款剩余则重立债权凭证。由此可见,虽然债权转让协议第 1 条第 5 款未注明江西银行高新支行应移交给腾荣公司债权凭证是否为原件,但是根据合同的约定以及法律的规定,江西银行高新支行必须将债权及债权凭证原件一并移交给腾荣公司;否则,腾荣公司无法按债权转让协议的上述约定向债务人及担保人主张债权。《发票管理办法》第 19 条明确规定:“销售商品、提供服务以及从事其他经营活动的单位和个人,对外发生经营业务收取款项,收款方应当向付款方开具发票;特殊情况下,由付款方向收款方开具发票。”故依照法律规定,江西银行高新支行负有向腾荣公司开具 10,620,439.51 元债权转让款发票的义务。江西银行高新支行以债权转让协议未约定必须将债权凭证原件交付给腾荣公司和约定负有开具发票之义务为由否认其违约,不能成立。江西银行高新支行以债权转让协议附件三已经列明向腾荣公司提供的债权凭证非原件,对此腾荣公司已然明知,并不成立。虽然附件三贷款债权证明文件清单中载明原件为“否”,但该清单“文件名称”一栏中,江西银行高新支行只打印了“授信协议”“流动资金借款合同”“最高额抵押合同”“最高额保证合同”的字样,并未写明文件编号、借据及金额等内容,属于合同双方的权利义务关系不明,不具有法律效力。况且,该附件三为江西银行高新支行提供的格式条款,应根据《合同法》第 41 条“对格式条款的理解发生争议的,应当按照通常理解予以解释。

对格式条款有两种以上解释的,应当作出不利于提供格式条款一方的解释。格式条款和非格式条款不一致的,应当采用非格式条款”的规定进行处理。上述四份文件既不是债权转让协议第1条第5款所规定的所有资产文件,也不是该协议第3条(债权交割)第1款所规定的范围,不能证明江西银行高新支行不应将该债权凭证原件移交给腾荣公司或已将债权凭证原件或复印件移交给了腾荣公司。根据《合同法》第80条、第82条的规定,江西银行高新支行转让债权应依法通知债务人,因江西银行高新支行未按合同约定向腾荣公司交割债权及债权凭证,故没有依法通知债务人。因此,附件三“文件名称”一栏中标明“是否原件”为“否”,这并不影响江西银行应向腾荣公司履行移交债权及债权凭证原件的义务。江西银行高新支行未按债权转让协议的约定将贷款债权及债权凭证移交给腾荣公司,并就转让债权以自己的名义进行诉讼、申请执行已构成根本违约。(2)江西银行高新支行上诉称一审判决未能结合债权转让协议正确评析资产委托管理协议,从而孤立片面地否定资产委托管理协议是腾荣公司的真实意思表示,明显与客观事实不符。根据资产委托管理协议第1条第2款的规定,授权委托是以交割债权为前提。因江西银行高新支行未依约交割债权,故也不存在江西银行高新支行诉称腾荣公司受让债权后鉴于江西银行高新支行的专业优势,又将该债权委托给江西银行高新支行清收的问题。事实上,腾荣公司也没有将该债权授权委托江西银行高新支行清收。资产委托管理协议不具备证据“三性”的特征,依法不具有法律效力。江西银行高新支行于一审庭审后提供资产委托管理协议复印件予以质证,无法辨别该协议中加盖的是否为腾荣公司公章及法定代表人熊某武个人印鉴章。即使江西银行高新支行可以提供资产委托管理协议的原件,但该协议也无公司法定代表人熊某武个人或负责人的签名。因此,该协议既未依法签订、生效,也未实际履行。腾荣公司2013年10月21日向江西银行高新支行借款5400万元时,江西银行高新支行提出为便于银行发放贷款,办理相关贷款手续,责令腾荣公司将公司公章及熊某武个人印鉴章留置银行暂时保管。这可能为江西银行高新支行私下制作资产委托管理协议提供了机会。腾荣公司未依法取得贷款债权,故不存在将此债权委托江西银行高新支行进行管理的问题。资产委托管理协议第3条约定,江西银行高新支行在进行委托资产管理过程中发生的税费等费用均由腾荣公司承担,但追偿到的任何款项都将作为委托管理费全部归江西银行高新支行所有,这明显不是腾荣公司的真实意思表示,也不符合公平原则。由此可见,该资产委托管理协议不具有真实性。即使双方签订了资产委托管理协议,但根据资产委托管理协议的约定,该协议也未实际履行,江西银行高新支行未经腾荣公司书面授权,也不得以腾荣公司的名义或以自己的名义针对转让债权起诉债务人及担保人,并申请执行。根据资产委托管理协议第2条(委托事项)第4款的约定,在江西银行高新支行进行委托资产处置过程中,必须有腾荣公司出具授权书,其他相关文件(包括诉讼材料等)办理相关手续等。但江西银行高新支行针对债权起诉、申请执行既未告知腾荣公司,也未经腾荣公司出具授权,这进一步证明了该资产委托管理协议并未签订、生效和实际履行,不具有证据"三性"的特征。即使资产委托管理协议已生效,腾荣公司出具了授权委托书,江西银行高新支行也只能以腾荣公司的名义进行起诉、申请执行与终结执行。借款与债权转让是两个不同的法律关系,腾荣公司已按借款合同的约定归还了江西银行高新支行的全部借款本息,借款年利率6.15%是国家规定的合法利率,并不存在"该借款腾荣公司享受了优惠的利率政策"的问题。即使当时南昌银行的贷款利率执行的标准为年利率13%左右,也与本案债权转让纠纷一案没有任何法律关系。腾荣公司之所以未起诉债务人及担保人,是因为江西银行高新支行不按合同约定向腾荣公司移交债权及债权凭证所致,这也是腾荣公司为什么提起本案诉讼的根本原因。(3)江西银行高新支行上诉称一审判决适用法律错误,未能综合借款合同反映的商业合作背景,错误论证债权转让属于假转让与合同目的无法实现,与客观事实不符,与法律相悖。资产委托管理协议依法不具有法律效力,虽债权转让协议与借款合同均为双方真实意思表示,但系两个不同的法律关系,双方均应严格履行合同的义务。腾荣公司已按借款合同约定全面履行了自己的义务,足额归还了江西银行高新支行5400万元的借款本息。鉴于双方之间的借贷关系,腾荣公司不得不同意受让了江西银行高新支行相对债务人维财公司10,620,439.51元的债权,并按债权转让协议的约定全额支付了债权转让款10,620,439.51元。但江西银行高新支行未按债权转让协议的约定将该贷款债权及相关债权凭证交割给腾荣公司,还在腾荣公司毫不知情的情况下,以债权人的名义起诉债务人及担保人并申请执行,一直至执行终结。江西银行高新支行不能以双方的借款合同和所谓的"良好合作的商业关系"来抗辩或者否认其应按合同约定向腾荣公司履行交割债权的义务。本案签订债权转让协议的目的是依法取得债权及债权凭证,但腾荣公司的合同目的没有实现。一审判决依法判决解除债权转让协议是十分正确的。(4)根据《民法总则》第196条和《合同法》第95条的规定,解除权的行使无法定或者约定期限的,则经对方催告后在合理期限内不行使的解除权消灭。由此可见,解除权行使的期限,无论是法定期限,还是约定期限,在性质上都属于除斥期间。况且,本案系债权转让合同纠纷,并非借款债务纠纷,腾荣公司也多次要求江西银行高新支行交割债权及债权凭证以向债务人及担保人主张债权。因江西银行高新支行未依法向腾荣公司进行催告,故腾荣公司合同解除权并未消灭。综上所述,原判决认定事实清楚,适用法律正确,江西银行高新支行的上诉请求依法不能成立。

江西省高级人民法院经二审,查明以下事实:江西银行高新支行于2013年8月7日起诉维财公司等,要求归还1000万元借款(本案债权本金)本息,一审法院于同日立案,审理后作出(2013)洪民二初字第235号民事判决。该判决于2014年8月25日生效后,江西银行高新支行申请执行,一审法院于2014年9月22日作出执行裁定,裁定终结执行并确认尚有1000万元本金及利息未执行到位。

二审查明的其他事实与一审一致,予以确认。

江西省高级人民法院二审认为:

本案双方2013年10月21日签订的借款合同,约定腾荣公司向江西银行高新支行借款5400万元,同年10月28日双方又签订一份债权转让协议,约定腾荣公司受让江西银行高新支行对维财公司等的债权。从表面上看:第一,上述二份合同毫无关联,腾荣公司与江西银行高新支行之间形成不同的法律关系,且借款合同签订在前,债权转让协议签订在后。但根据腾荣公司2015年5月13日出具的关于要求提供债权人信息资料的报告内容可知,腾荣公司是为了向江西银行高新支行借款5400万元而接受了江西银行高新支行对维财公司等的债权。第二,腾荣公司并未否认加盖在资产委托管理协议上印章的真实性,也未提交证据证明签订资产委托管理协议时受胁迫和欺诈,至今也未申请撤销该资产委托管理协议。二审法院认为该资产委托管理协议是双方真实意思表示,内容不违反国家法律及行政法规的禁止性规定,合法有效。第三,该资产委托管理协议虽没有签署日期,但约定内容与债权转让协议能够相互衔接。结合该二份协议内容可知腾荣公司受让本案债权后又委托江西银行高新支行清收该资产,从而也印证了腾荣公司2015年5月13日出具的报告中关于其就是为该笔贷款受让的本案债权的说法。江西银行高新支行作为一家商业银行,在向腾荣公司发放5400万元贷款时利息未上浮,而是按照当时中国人民银行同期贷款基准年利率6.15%计算利息。事后,双方又签订债权转让协议,约定腾荣公司以10,620,439.51元受让江西银行高新支行对维财公司等的债权。二审法院认为江西银行高新支行在借款合同中放弃的上浮利息,在债权转让协议中以债权转让款的形式得到补偿。此举对双方均有利,对江西银行高新支行来说,不仅发放了一笔贷款业务,而且清收了一笔不良债权;对腾荣公司来说,则是获得一笔5400万元、期限为3年的中长期贷款。故资产委托管理协议约定腾荣公司委托江西银行高新支行清收资产,江西银行高新支行取得的款项在扣除清收过程中发生的必要性支出部分后,剩余款项作为委托管理费归属江西银行高新支行并非有悖常理。加之,江西银行高新支行起诉维财公司等借款合同纠纷案情况,一审法院已裁定终结执行并确认借款本息未执行到位,江西银行高新支行并未因此获得更多利益。第四,本案债权转让协议于2013年10月28日签订,至今已经超过6年,且该债权转让协议并未明确要求交割债权,根据双方在资产委托管理协议中关于由江西银行高新支行清收,清收资产扣除必须支出费用外,剩余款项作为委托管理费归属江西银行高新支行的约定内容,可知债权转让协议已履行完毕,不存在江西银行高新支行未交付本案债权凭证构成违约,腾荣公司合同目的无法实现的问题。腾荣公司诉请解除双方签订的债权转让协议,江西银行返还其债权转让款本息的理由,与事实不符,于法无据,不予支持。一审法院判决解除双方签订的债权转让协议,江西银行高新支行返还债权转让款本息错误,予以纠正。

据此,江西省高级人民法院依照《民事诉讼法》第170条第1款第2项的规定,于2020年5月26日判决如下:"一、撤销江西省南昌市中级人民法院(2018)赣01民初342号民事判决;二、驳回江西腾荣实业有限公司的诉讼请求。"

腾荣公司不服二审判决,向最高人民法院申请再审称:二审判决认定基本事实错误。涉案资产委托管理协议是伪造的,既未依法签订、生效,也未实际履行,更不是腾荣公司的真实意思表示,不具有法律效力。二审判决认定案涉债权转让协议已履行完毕错误,腾荣公司已全面履行了案涉债权转让协议所约定的义务,并全额支付了10,620,439.51元的债权转让款,但江西银行高新支行并未依约将债权凭证移交给腾荣公司,而是以自己的名义提起诉讼并申请执行,已构成根本违约。现债务人维财公司及担保人南发公司已被工商部门吊销营业执照,已无清偿债务的能力,腾荣公司已无法向债务人及担保人主张权利,其受让案涉债权的合同目的已无法实现。二审判决对前述基本事实认定错误,致使判决结果错误,严重损害了腾荣公司的合法权益。本案符合《民事诉讼法》第200条第2项、第6项规定的情形,应予再审。

最高人民法院经审查认为:

本案腾荣公司与江西银行高新支行所签订的债权转让协议和资产委托管理协议名为债权转让和资产委托管理协议,实为双方订立的本金为5400万元的借款合同的组成部分。理由如下:首先,从债权转让协议和资产委托管理协议的约定来看,该两份协议约定的内容不符合常理。一般而言,腾荣公司作为涉案债权受让方及资产委托管理方,其受让涉案债权并委托江西银行高新支行清收,应以获取收益为目的,但本案双方签订的债权转让协议和资产委托管理协议约定,腾荣公司以10,620,439.51元的对价受让江西银行高新支行的债权,再委托江西银行高新支行予以清收,清收所得款项在扣除支出费用后,剩余款项全部作为委托管理费归江西银行高新支行所有。即腾荣公司在向江西银行高新支行支付了10,620,439.51元的债权转让款后,不能从受让的上述债权中获取任何收益。其次,从双方签订债权转让协议和资产委托管理协议的目的来看,腾荣公司是通过与江西银行高新支行签订借款合同,以获得江西银行高新支行5400万元的借款,江西银行高新支行与腾荣公司签订债权转让协议和资产委托管理协议是在借款合同之外另行收取10,620,439.51元的款项,实现剥离不良资产即涉案债权。腾荣公司2015年5月13日向江西银行高新支行出具的关于要求提供债务人信息资料的报告中载明:"我公司为了在贵行贷款5400万元人民币,接受了贵行债务人维财公司的不良贷款债权转让条件……"江西银行高新支行在本案一审中也有关于"该借款腾荣公司享受了优惠的利率政策,年利率仅为6.15%,当时江西银行高新支行的贷款利率执行的标准为年利率13%左右,这也是腾荣公司同意接受本案债权的原因所在"的陈述。再次,从债权转让协议和资产委托管理协议的实际履行情况来看,江西银行高新支行并未实际履行该两份协议。债权转让协议第2条约定,江西银行高新支行应在交割日即2013年10月28日将涉案债权及从权利转让给腾荣公司,但根据江西银行高新支行在本案一审中自认的事实,其在收到腾荣公司支付的10,620,439.51元债权转让款后并未将涉案债权移交给腾荣公司,而是继续以自己的名义通过提起诉讼、申请法院强制执行的方式对涉案债权进行追讨,且江西银行高新支行并未提供证据证明其已将相关债权追讨情况告知腾荣公司。

综合以上分析可以看出,腾荣公司与江西银行高新支行关于债权转让及资产委托管理的意思表示是虚假的,江西银行高新支行收取的10,620,439.51元的债权转让款应认定为其就涉案5400万元借款在双方于2013年10月21日签订的借款合同之外另行收取的利息。《民法总则》第146条规定:“行为人与相对人以虚假的意思表示实施的民事法律行为无效。以虚假的意思表示隐藏的民事法律行为的效力,依照有关法律规定处理。”根据该条法律规定,本案中腾荣公司与江西银行高新支行以虚假的意思表示所实施的债权转让及资产委托管理行为应为无效,双方以该虚假的意思表示所隐藏的支付10,620,439.51元借款利息的行为,实际系双方订立本金为5400万元的借款合同这一民事法律行为的组成部分,对该行为的效力应依照有关法律规定处理。鉴于本案中腾荣公司并未就双方订立的本金为5400万元的借款合同提出相应的诉讼请求,故本院对该借款合同的效力不作审查和认定。二审判决认定债权转让协议和资产委托管理协议合法有效虽有不当,但判决驳回腾荣公司关于解除债权转让协议及江西银行高新支行返还债权转让款和相应利息的诉讼请求,并无不妥。

综上,腾荣公司提出的再审事由不能成立,其再审申请不符合《民事诉讼法》第200条第2项、第6项规定的情形。最高人民法院依照《民事诉讼法》第204条第1款、《民诉法解释》第395条第2款的规定,于2021年6月25日裁定如下:

驳回江西腾荣实业有限公司的再审申请。

台州德力奥汽车部件制造有限公司与浙江建环机械有限公司管理人浙江安天律师事务所等第三人撤销之诉纠纷案

编者按

民事诉讼司法裁判的既判力并不只在当事人之间产生效果,在一定情形下会扩张到未参与诉讼的有利害关系的第三人。如果生效裁判的拘束对第三人实体权利可能产生不利影响,在诉讼程序上应当赋予其维护权益的保障机制。第三人撤销之诉就是诉讼法赋予第三人的自我救济程序,但由于会对生效裁判的效力进行评价,打破原有法律关系的稳定状态,因而该程序的启动应当谨慎。司法实践中,原告主体资格的认定是第三人撤销之诉至关重要的"第一步",尤其是对"有法律上的利害关系"的理解存在不同认识。本案基于第三人撤销之诉立法目的、价值追求与制度体系,是关于汇票保证人提起第三人撤销之诉资格认定裁判标准的典型案例,对于发展完善第三人撤销之诉,平衡司法裁判既判力和第三人实体权益保护,具有重要指导意义,对于保障经济社会发展大局稳定,促进实质公平正义,也具有积极作用。

裁判摘要

在银行承兑汇票的出票人进入破产程序后，对付款银行于法院受理破产申请前6个月内从出票人还款账户划扣票款的行为，破产管理人提起请求撤销个别清偿行为之诉法院判决予以支持的，汇票的保证人与该生效判决具有法律上的利害关系，具有提起第三人撤销之诉的原告主体资格。

原告：台州德力奥汽车部件制造有限公司

法定代表人：李某良，执行董事

被告：浙江建环机械有限公司管理人浙江安天律师事务所

诉讼代表人：蒋某虎，负责人

被告：中国光大银行股份有限公司台州温岭支行

负责人：李某云，行长

原告台州德力奥汽车部件制造有限公司（以下简称德力奥公司）因与被告浙江建环机械有限公司管理人浙江安天律师事务所（以下简称建环公司破产管理人）、中国光大银行股份有限公司台州温岭支行（以下简称光大银行温岭支行）发生第三人撤销之诉一案，向浙江省台州市中级人民法院提起诉讼。

德力奥公司诉称：第一，原一、二审判决认定的事实存在重大错误。（1）原审法院存在诸多认定事实错误。①依据浙江建环机械有限公司（以下简称建环公司）账务记载认定建环公司是债务人是错误的：260万元债务产生的原因是建环公司以银行承兑汇票支付卖方货款，不管是谁向陈某兰借款，该借款最终被用于支付票据款，最终应当由建环公司清偿，建环公司是最终债务人，建环公司记载了该260万元为公司债务符合会计准则。②认为陈某媚对建环公司260万元债务记载没有提出异议而推定该260万元债务属于建环公司是错误的：建环公司自认该260万元为其债务是对陈某媚有利的，特别是在建环公司已经破产的情况下，陈某媚当然不会如法院判决认为的“应当去自认该债务”。③因为陈某兰向破产管理人申报债权推定建环公司是陈某兰的债务人，且是唯一的债务人是错误的：在建环公司破产的情况下，抢先申报债权有利于陈某兰利益最大化；在陈某兰向建环公司申报该笔债权又申请撤回的情况下，陈某兰是否为合格的债权人需要管理人依据事实与法律进行认定，本案中不排除管理人为了私利故意将陈某兰认定为建环公司的债权人；而且,原审法院将原审原告所作出的认定作为支持原审原告的证据是荒谬的。(2)原审法院以间接证据否定直接证据,违反证据认定规则。原审案件涉及260万元资金来源的有两组直接证据:一是260万元资金的银行转账记录;二是借款借据(复印件),其他相关证据均为间接证据。直接证据均指向系保证人清偿了票款。①银行转账记录证明到期票款是保证人陈某媚代为清偿。该260万元借款于2014年10月2日由陈某兰转入陈某媚在兴业银行账户,当日又由陈某媚转入其在光大银行温岭支行的账户后,再转至光大银行温岭支行的建环公司账户,资金来源非常清晰。②关于借款借据。借款借据系复印件,原一、二审以该复印件认定借款人为建环公司,在证据认定上存在瑕疵。借款借据上的借款人包括建环公司、王某亮、陈某媚,原审认定建环公司是唯一的借款人与借款借据不符;而且,借款借据如果属实,则该证据属于直接证据,能直接证明260万元借款的借款人为建环公司、王某亮、陈某媚,保证人为德力奥公司、颜某、曾某、浙江奋进机械有限公司(以下简称奋进机械)。原审判决以建环公司内部记账等否定借款借据的证明力,是以间接证据否定直接证据。由于颜某、曾某为德力奥公司和奋进机械的实际控制人,因此该260万元借款的保证人实际即德力奥公司。陈某兰的借款实际上是基于德力奥公司的信用,而德力奥公司是光大银行温岭支行授信的担保人,因而在形式上是建环公司、王某亮、陈某媚、德力奥公司、颜某、曾某、奋进机械共同向陈某兰举债以清偿建环公司的到期票款,实质是基于建环公司的信用清偿了建环公司的到期票款。综上,从银行资金流转情况来看,到期票款应当是保证人陈某媚代为清偿。假如借款借据属实,在向陈某兰的借款中,作为借款人或保证人的王某亮、陈某媚、德力奥公司,同时是承兑协议项下的保证人,他们向陈某兰借款的目的就是清偿承兑协议项下的票款。由于建环公司当时已经丧失清偿能力,则到期票款是由保证人王某亮、陈某媚、德力奥公司等共同清偿。而且,目前德力奥公司已经归还130万元。因此,原一、二审法院认定到期票款是由建环公司清偿错误。

第二,原审法院将票据项下对持票人的付款认定为对光大银行温岭支行的清偿是错误的,不存在建环公司对光大银行温岭支行的清偿,因而更不存在对光大银行温岭支行的个别清偿。2014年10月2日,本案汇票到期日260万元由陈某兰账户转入陈某媚在兴业银行的账户,当日又由陈某媚转入其在光大银行温岭支行的账户后,再转至光大银行温岭支行的建环公司汇票解付账户,10月8日光大银行温岭支行将该260万元及保证金260万元一并用于支付到期票款给持票人。上述事实表明,在光大银行温岭支行 10 月 8 日将票款划付持票人委托银行之前,票款已经交付款账户,光大银行温岭支行在本案汇票项下没有发生垫款。因此,不存在建环公司对光大银行温岭支行清偿的事实。在陈某兰申报债权前,其已经得到本案原告 130 万元的清偿款,并在继续向本案原告追偿。如果认定陈某兰为破产债权人,陈某兰将得到重复清偿。个别清偿行为之所以应当被撤销是因为个别清偿行为使破产企业可用于破产清偿的财产减少,但在原审案件中,用于清偿银行承兑协议项下票款的资金来源是向陈某兰的借款,而不是破产企业的固有资产。现陈某兰已经申请撤销债权申报,因而对银行承兑协议项下票款的清偿并不会产生破产企业资产的减少,因而将该清偿行为认定为个别清偿也是没有事实与法律依据的,而要求光大银行温岭支行将票款返还给建环公司将产生建环公司不当得利的后果。

第三,本案原告属于原审案件适格的第三人,原审法院的错误判决侵害了本案原告的合法利益。如前文所述,承兑汇票协议项下的实际付款义务从银行转账记录看应当是陈某媚代为履行;如果借款借据属实,则是由保证人王某亮、陈某媚、德力奥公司等共同代为履行。原审法院错误认定建环公司向陈某兰借款清偿票款系认定事实错误。2017 年 1 月,德力奥公司收到温岭市人民法院传票,内容涉及光大银行温岭支行诉德力奥公司等保证合同纠纷,要求德力奥公司作为建环公司在前述承兑汇票协议项下的保证人承担保证责任。其依据是前述保证人替建环公司支付的票款被玉环县人民法院(2016)浙 1021 民初 7201 号民事判决第一项及浙江省台州市中级人民法院(2016)浙 10 民终 360 号民事判决认定为个别清偿。在台州市中级人民法院作出(2016)浙 10 民终 360 号民事判决前,德力奥公司已经向陈某兰偿还了部分借款。原一、二审判决将造成本案原告就同一笔担保债务两次清偿,严重损害原告合法权益。

第四,原告是原审案件债权债务的保证人,原审案件的处理结果与其有重大利害关系,原审法院应当通知本案原告参加诉讼而没有通知,剥夺了本案原告的诉讼权利。(1)原审案件争议焦点是光大银行温岭支行银行承兑协议项下 260 万元票款是主债务人建环公司清偿还是保证人陈某媚代偿。本案原告既是银行承兑协议项下 260 万元债务的共同保证人,又是银行承兑协议项下 260 万元债务票款得以清偿的资金来源——陈某兰借款的保证人,银行承兑协议项下 260 万元债务的清偿行为是否被撤销,与本案被告有重大的利害关系。(2)陈某兰与光大银行温岭支行均向本案原告主张债权。在台州市中级人民法院作出(2016)浙 10 民终 360 号民事判决前,德力奥公司的原股东与现股东已经实际向陈某兰偿还了130万元借款,陈某兰仍然要求德力奥公司清偿剩余130万元借款及全部利息。光大银行温岭支行提起诉讼,要求本案原告承担银行承兑协议项下的保证责任,现温岭市人民法院已经作出一审判决,判令本案原告在光大银行温岭支行垫付款的1/2范围内承担连带责任。原一、二审判决将造成本案原告就同一笔担保债务两次清偿,严重损害原告合法权益。综上,建环公司汇票于2014年10月2日到期后,无论是陈某媚,还是保证人王某亮、陈某媚、德力奥公司作为借款人或保证人共同向陈某兰借款260万元,帮助建环公司清偿了到期票款。原审判决认为是建环公司借款清偿票款与事实不符,损害本案原告的合法权益,故原告依法提起第三人撤销之诉。请求:撤销浙江省玉环市人民法院(2016)浙1021民初7201号民事判决第一项及浙江省台州市中级人民法院(2016)浙10民终360号民事判决中"光大银行温岭支行返还建环公司破产管理人人民币2,563,430.83元,并从2016年10月13日起按中国人民银行规定的同期同类贷款基准利率赔偿利息损失"的判决,判决光大银行温岭支行收到的2,563,430.83元不属于建环公司的个别清偿行为。

被告建环公司破产管理人辩称:生效判决认定事实无误,适用法律正确。光大银行温岭支行申请再审生效判决也已经浙江省高级人民法院裁定驳回。请求驳回原告德力奥公司的诉讼请求。

被告光大银行温岭支行辩称:涉案生效判决是错误的,认可并支持原告的诉讼请求。对原告陈述的其已归还陈某兰部分款项的事实光大银行温岭支行不清楚。生效判决的依据是借条复印件,没有原件。所借款项是汇到陈某媚账户,并没有到建环公司的账户,原二审中光大银行温岭支行也提交了三组新证据,但都没被采纳。陈某兰也说自己借钱是给陈某媚,没有借钱给建环公司,其没有申报过债权。陈某媚也证明款项是其作为保证人代为偿还的,二审中陈某兰也已经到庭。生效判决否定陈某媚代偿的事实,看似符合逻辑,实为歪曲事实。一审中建环公司破产管理人的诉讼请求有两项:一是撤销,二是返还,而一审判决主文支持了返还请求,但未支持撤销,这一点不符合逻辑,《企业破产法》第32条和第34条是相互关联不可分割的。

浙江省台州市中级人民法院一审查明:

2014年3月21日,建环公司与光大银行温岭支行签订一份综合授信协议,约定光大银行温岭支行向建环公司提供最高额为520万元的授信额度,有效使用期限为2014年4月1日至2015年3月31日，保证人为德力奥公司、王某亮、陈某媚。同日，光大银行温岭支行与王某亮、陈某媚以及德力奥公司分别签订一份最高额保证合同，约定王某亮、陈某媚以及德力奥公司为建环公司上述授信协议下最高本金余额520万元提供连带责任保证。同年4月2日，建环公司与光大银行温岭支行另行签订一份银行承兑协议，约定建环公司提供不低于银行承兑汇票票面金额50%的保证金，然后进行出票，并约定建环公司将于本协议项下的银行承兑汇票到期前将票款足额存入其在光大银行温岭支行开立的账户，由光大银行温岭支行于银行承兑汇票到期日将该款项支付给持票人。同日，建环公司共出具承兑汇票520万元，承兑汇票到期日为2014年10月2日。2014年10月2日，陈某兰将260万元汇至陈某媚兴业银行的账户，然后陈某媚将260万元汇至其在光大银行温岭支行的账户，再由陈某媚将260万元汇至建环公司在光大银行温岭支行的还款账户。同年10月8日，光大银行温岭支行在建环公司的上述账户内扣划2,563,430.83元，并陆续支付持票人承兑汇票票款共37笔，合计520万元。讼争的260万元记载于建环公司的财务账册，权利人为翁某萍。

2015年1月4日，浙江省玉环市人民法院受理建环公司的破产重整申请，并于1月20日指定浙江安天律师事务所担任破产管理人。因重整不成，浙江省玉环市人民法院于2015年5月7日作出(2015)台玉商破字第1号民事裁定书，终结建环公司的重整程序并宣告其破产清算。2016年10月13日，建环公司破产管理人提起请求撤销个别清偿行为之诉，案经审理，生效判决认为讼争的260万元是建环公司偿还，该偿还时间在建环公司破产申请前6个月，其个别清偿行为损害了其他债权人的利益，破产管理人有权行使撤销权，并判决光大银行温岭支行返还建环公司破产管理人2,563,430.83元及利息损失。光大银行温岭支行履行判决返还了建环公司破产管理人本金2,563,430.83元、利息90,756.13元，合计2,654,186.96元，该款项已纳入建环公司破产财产并予以分配。在破产清算过程中，建环公司破产管理人将涉案的260万元的债权列入陈某兰名下，并纳入建环公司破产财产第二次分配方案，该方案经浙江省玉环市人民法院(2015)台玉商破字第1号之五民事裁定认可。后陈某兰撤回债权申报。2017年6月30日，浙江省玉环市人民法院裁定终结建环公司破产程序。

浙江省台州市中级人民法院一审认为:《企业破产法》第32条规定:“人民法院受理破产申请前六个月内，债务人有本法第二条第一款规定的情形，仍对个别债权人进行清偿的,管理人有权请求人民法院予以撤销。但是,个别清偿使债务人财产受益的除外。”基于上述法律规定以及各方当事人诉辩内容,本案的争议焦点为:(1)陈某媚于2014年10月2日汇入建环公司在光大银行温岭支行开设的还款账户的260万元,是建环公司偿还还是陈某媚代偿;(2)原案判决认定建环公司的付款行为构成个别清偿并予撤销,是否符合法律规定。

判断诉争款项系建环公司偿还抑或陈某媚代偿,应当以民事法律行为发生时当事人的行为表征加以综合考量。德力奥公司主张诉争款项系陈某媚代建环公司偿还,但陈某媚作为建环公司股东及财务主管,在诉争款项被光大银行温岭支行扣划之后,既未向建环公司主张权利,亦未对建环公司在记账凭证中将翁某萍记载为讼争款项权利人提出异议。在建环公司被宣告破产后,既未向建环公司破产管理人申报债权,亦未对他人申报债权的行为提出异议。原案判决结合陈某媚身份、债权申报表记载内容、诉争借款时间及金额与建环公司记账凭证中记载的翁某萍短期借款一致等情况,认定诉争款项系由建环公司偿还,符合高度盖然性证明标准。根据银行承兑协议,建环公司负有在汇票到期日前向光大银行温岭支行足额偿付汇票融资款的义务,故光大银行温岭支行对建环公司享有合同债权,具备债权人资格,其扣划讼争款项并支付给持票人符合合同约定。德力奥公司主张建环公司仅是持票人的债务人,否定其与光大银行温岭支行之间存在债权债务关系,与事实不符。建环公司在人民法院受理破产申请前6个月内,仍对个别债权人进行清偿,而且该清偿行为亦未使建环公司财产受益,故建环公司破产管理人有权申请撤销,原案判决认定建环公司的付款行为构成个别清偿并予撤销,符合法律规定。另外,德力奥公司提交银行回单、收条等证据,拟证明其面临承担向光大银行温岭支行与陈某兰二次清偿的风险,但德力奥公司承担上述债务系基于不同法律关系,德力奥公司依此主张撤销原案判决,理由亦不能成立。

据此,浙江省台州市中级人民法院依照《企业破产法》第32条、第34条,《民事诉讼法》第56条第3款,《民诉法解释》第292条的规定,于2019年3月15日判决如下:“驳回原告台州德力奥汽车部件制造有限公司的诉讼请求。”

德力奥公司不服一审判决,向浙江省高级人民法院提起上诉称:(1)原判认定“诉争款项系由建环公司偿还,符合高度盖然性证明标准”,存在错误。①建环公司是丧失清偿能力的公司,若陈某媚将自己记载为建环公司债权人,相当于认同自己为陈某兰（翁某萍）的债务人，作为建环公司的控制人、财务主管，其非常清楚建环公司没有实际清偿能力，将自己记载为债权人或申报破产债权对陈某媚并非好事，反而将建环公司直接记载为债务人最符合陈某媚的利益。因此，陈某媚不愿将自己记载为建环公司的债权人，其作为财务主管也有此便利。②诉争款项的付款人系陈某媚。根据银行转账记录，260 万元款项于 2014 年 10 月 2 日由陈某兰账户转入陈某媚在兴业银行账户，当日又由陈某媚转入其在光大银行温岭支行账户，再转入建环公司在光大银行温岭支行汇票解付账户，10 月 8 日光大银行温岭支行将该 260 万元和 260 万元保证金一并用于支付到期票款给持票人。原判以借款主体（资金来源）的审查代替债务清偿主体的审查，偷换了概念。何人向陈某兰借款是资金来源问题，何人向票据债务人清偿票款是债务清偿问题。货币系种类物，不能越过直接偿债人陈某媚追查资金原始来源以确认票据债务的清偿人。保证人通过债务人账户履行保证责任不应认定债务人为还款人。讼争款项的付款人为保证人陈某媚而非建环公司。（2）原判认定光大银行温岭支行是建环公司的债权人，讼争款项由建环公司支付给光大银行温岭支行，存在错误。根据《票据法》的规定，建环公司属于出票人，负有到期付款的义务；光大银行温岭支行是票据承兑人，负有担保付款的义务；建环公司与光大银行温岭支行均系票据债务人，持票人系债权人。票据承兑属于增信行为，银行不直接提供资金支持，不存在归还融资的问题，在承兑银行发生垫款前建环公司不存在足额偿付汇票融资款的义务。因此，在票据到期未发生垫付行为时，不存在出票人对承兑人的清偿问题。本案中，根据银行承兑协议，建环公司将票款存入其银行账户，然后由银行将该款直接支付持票人，在发生垫款前，银行只享有要求建环公司在汇票日前准备足额备付金并划给持票人的权利，不存在建环公司偿还银行融资的合同义务，银行对建环公司不享有请求付款的权利。银行转账凭证也证明 260 万元直接由建环公司在光大银行温岭支行汇票解付账户转给了持票人。因此，涉案付款行为建立在持票人请求付款的基础上，涉案款项清偿对象系持票人而非光大银行温岭支行。（3）涉案支付行为不属于《企业破产法》规定的可撤销的个别清偿行为。涉案支付行为只发生债务转移，未造成可分配财产的减少。支付前，建环公司对持票人负有 260 万元债务；支付后，其对持票人的负债消灭，增加对陈某媚的 260 万元负债。支付前后，公司资产和负债均未发生变化。同时，涉案款项实质上是陈某兰（德力奥公司）代偿，相关判决造成建环公司破产管理人不当得利。本案无论是陈某媚向陈某兰借款，还是陈某媚、王某亮、建环公司共同向陈某兰借款,或是建环公司向陈某兰借款,现陈某兰撤回债权申报,建环公司破产管理人也未将该笔债权确认给任何债权人,原案判决依据的建环公司票据债务系陈某兰举债支付的基础不存在。因此,本案从本质上来看,260 万元票据债务是陈某兰代为支付,实际是德力奥公司代为支付,目前已支付本金 130 万元,利息 5 万元。由于陈某兰代为支付票据款又未申报债权,建环公司实际额外得到 260 万元财产,光大银行温岭支行在未取得票款的情况下返还给建环公司破产管理人 260 万元,造成德力奥公司损失 260 万元,建环公司破产管理人不当得利 260 万元。(4)建环公司破产管理人欠缺专业精神,滥用诉权,应对自己的过错承担责任。请求:撤销原判,改判支持其一审诉讼请求。

被上诉人建环公司破产管理人辩称:原判认定事实清楚,适用法律正确。(1)涉案款项确系建环公司偿还。诉争 260 万元系由陈某兰出借给建环公司,建环公司出具了借条,王某亮和陈某媚作为建环公司股东,在借条上签字确认,并由案外人曾某、颜某等作为担保人签名。陈某兰对此予以确认并在建环公司破产过程中作为债权人申报了案涉 260 万元债权。若案涉债务系陈某媚以担保人身份代偿,完全可以实际欠款清偿而无须汇入 260 万元整。涉案 260 万元被扣划后,陈某媚既未向建环公司主张权利,也未对建环公司记账凭证将翁某萍记载为诉争款项权利人提出过异议。在建环公司宣告破产以后,陈某媚也未向管理人申报债权,对陈某兰申报债权也未提出异议。(2)银行承兑汇票系银行为企业提供信贷支持的一种方式,银行当然成为企业的债权人。根据涉案银行承兑协议,建环公司需提供不低于银行承兑汇票票面金额 50% 的保证金,并在银行承兑汇票到期前将票款足额存入其在光大银行温岭支行开立的账户。因此,建环公司负有在汇票到期日前向光大银行温岭支行足额偿付汇票融资款的义务,光大银行温岭支行对建环公司享有合同债权,具有债权人资格。原案经一、二审及再审审查,支持了破产管理人的请求。光大银行温岭支行此后也向破产管理人申报了债权,并在破产财产分配过程中取得了相应债权分配款,且未提出异议,更印证了光大银行温岭支行的债权人身份。(3)建环公司破产管理人已经尽职履行了管理人职责。破产管理人向光大银行温岭支行提起诉讼经过建环公司债权人委员会的同意,且目的在于维护破产企业广大债权人的合法权益。因此,根据《企业破产法司法解释(二)》第 9 条之规定,管理人无须承担责任,德力奥公司主张建环公司破产管理人存在 260 万元不当得利,极其荒谬。(4)涉案款项由光大银行温岭支行返还后,根据浙江省玉环市人民法院的民事裁定,建环公司破产管理人已将款项作为破产财产分配给了全体债权人。目前建环公司所有财产已全部分配完毕,玉环市人民法院也已经裁定终结建环公司的破产程序。(5)光大银行温岭支行在2017年8月2日主动履行原案生效判决义务后,即向德力奥公司主张权利,要求其承担保证义务并于2018年1月5日诉至法院,故德力奥公司此时即应知晓其权益受到损害。同时,德力奥公司作为建环公司债权人于2018年2月9日接受第二次分配款时,也已知晓相关款项被追回。因此,德力奥公司2018年11月30日提起本案诉讼已经超过法律规定的6个月期限。请求:驳回上诉,维持原判。

一审被告光大银行温岭支行辩称:陈某媚系独立自然人,建环公司系独立法人,两者完全不同。案涉债务确系由保证人陈某媚代偿,而非建环公司清偿。陈某媚将260万元从其兴业银行账户汇至光大银行温岭支行账户,然后再汇至建环公司光大银行温岭支行账户,最终履行了保证人的担保责任。而陈某媚在原案中也出具了情况说明,确认系其代偿。但原案一、二审及本案一审均认定系建环公司偿还而非陈某媚偿还。根据银行承兑协议,光大银行温岭支行本身系建环公司的债权人。而从票据法律关系来看,银行和持票人均系建环公司的债权人。请求法院依法判决。

浙江省高级人民法院经二审,确认了一审查明的事实。

二审另查明:陈某兰持有落款时间为2014年10月2日的借条一份,载明:"今向陈某兰暂借人民币贰佰陆拾万元正,于2014年10月20日前还款,逾期按照月息2%。"款汇以下账号光大银行温岭支行,陈某媚62266××××8533。借款人处陈某媚、王某亮签名,建环公司加盖公章;担保人处颜某、曾某签名,奋进机械盖章。

2014年4月2日,建环公司与光大银行温岭支行签订的银行承兑协议约定,建环公司作为承兑申请人(出票人)同意按银行承兑汇票票面金额万分之五共计2600元向承兑行光大银行温岭支行支付承兑手续费,建环公司应于光大银行温岭支行承兑之日在光大银行温岭支行处开立的专用账户中存入或汇入金额不低于银行承兑汇票票面金额50%的保证金。保证金自存入之日起即转移为光大银行温岭支行占有,作为履行合同的担保。在光大银行温岭支行向持票人付款前,建环公司不得支取或动用该保证金。本协议项下的银行承兑汇票德力奥公司、王某亮、陈某媚提供连带责任保证担保。如果光大银行温岭支行在银行承兑汇票项下垫付任何款项,该等款项自垫付之日起即转成建环公司欠付光大银行温岭支行的逾期贷款,无须签订其他形式的合同和协议,建环公司对该逾期贷款承担还款义务,并须按照本协议约定的逾期罚息利率向承兑行支付利息,直至逾期贷款本息全部清偿为止。

建环公司破产管理人于2017年3月7日向债权人会议提交关于提请债权人会议审议建环公司破产财产分配方案的报告并附第一次债权分配表,载明:对于还在诉讼的2个撤销个别清偿案件,如最后胜诉,则待执行款到位后另外再进行分配,对于今后如有其他追回财产,在财产追回后也另外进行分配。以上报告经债权人会议审议,并通过破产财产分配方案。第一次债权分配表载明,德力奥公司系建环公司的债权人(债权6,697,695.96元),且以曾某的名义确认了债权2,072,500元。建环公司破产管理人于2018年1月31日向债权人会议提交破产财产第二次分配方案报告和第二次债权分配表,载明:因对光大银行温岭支行行使撤销个别清偿行为,返还本金利息合计2,654,186.96元,作为本次分配财产。第二次债权分配表载明,德力奥公司在第一次债权分配表的基础上增加了债权1,580,845元。

浙江省玉环市人民法院于2017年1月10日作出(2016)浙1021民初7201号民事判决:"一、限光大银行温岭支行于判决生效后一个月内返还建环公司破产管理人2,563,430.83元,并从2016年10月13日起按中国人民银行规定的同期同类贷款基准利率赔偿利息损失;二、驳回建环公司破产管理人的其余诉讼请求。案件受理费27,307元,减半收取计13,653.50元,由光大银行温岭支行负担。"光大银行温岭支行不服提起上诉,浙江省台州市中级人民法院于2017年2月16日立案,并于2017年7月10日作出(2016)浙10民终360号民事判决,认为诉争的260万元是建环公司偿还,偿还时间在建环公司破产申请前6个月,其个别清偿行为损害了其他债权人的利益,建环公司破产管理人有权行使撤销权。判决驳回上诉,维持原判。案件受理费27,307元由光大银行温岭支行负担。

2018年1月5日,光大银行温岭支行向浙江省温岭市人民法院提起(2018)浙1081民初349号保证合同纠纷诉讼,要求德力奥公司、王某亮、陈某媚对建环公司所欠的银行承兑汇票垫付资本金2,563,430.83元及利息122,555.48元承担连带清偿责任,并赔偿为实现债权支付的律师代理费9669元。

浙江省高级人民法院二审认为:根据《民事诉讼法》第56条第3款的规定,前两款规定的第三人,因不能归责于本人的事由未参加诉讼,但有证据证明发生法律效力的判决、裁定、调解书的部分或者全部内容错误,损害其民事权益的,可以自知道或者应当知道其民事权益受到损害之日起6个月内,向作出该判决、裁定、调解书的人民法院提起诉讼。因此,德力奥公司根据上述规定提起第三人撤销之诉,要求撤销原案判决第一项,需举证证明:(1)其属于提起第三人撤销之诉的适格原告;(2)其因不能归责于本人的事由未参加原案诉讼;(3)其提起本案诉讼系在知道或者应当知道其民事权益受到损害之日起6个月内;(4)原案判决内容错误且损害了其民事权益。

就德力奥公司是否属于提起第三人撤销之诉适格原告的问题。根据查明的事实,德力奥公司系涉案建环公司向光大银行温岭支行申请开具的银行承兑汇票的连带责任保证人,其对涉案2014年10月2日汇入建环公司在光大银行温岭支行还款账户的260万元是否属于《企业破产法》规定的"对个别债权人进行清偿",具有法律上的利害关系,属于《民事诉讼法》第56条规定的无独立请求权第三人。

就德力奥公司是否因不能归责于本人的事由未参加原案诉讼的问题。本案并无证据证明德力奥公司在原案诉讼过程中知晓该案的存在,因此,其属于因不可归责于本人的事由未参加原案诉讼。

就德力奥公司提起本案诉讼是否在知道或者应当知道其民事权益受到损害之日起6个月内的问题。虽然本案登记立案时间为2018年11月30日,但是该时间系浙江省台州市中级人民法院在收到德力奥公司起诉材料并经审查认定符合第三人撤销之诉立案标准后确定立案的时间,并非德力奥公司提起本案诉讼的时间。德力奥公司向浙江省台州市中级人民法院提交的起诉状明确落款时间为2018年5月10日,且其提交起诉材料时签订的当事人送达地址确认书亦注明落款时间为2018年5月25日,因此在缺乏有效证据推翻上述文书材料落款时间的情况下,本案应认定德力奥公司提起本案诉讼时间最迟为2018年5月25日。

虽然根据建环公司破产管理人2017年3月7日提交的债权分配表,德力奥公司系建环公司的债权人,建环公司破产管理人同日向债权人会议提交的关于提请债权人会议审议建环公司破产财产分配方案的报告也载明存在诉讼中的2个撤销个别清偿案件。但是该份报告并未明确诉讼中撤销个别清偿的案件系德力奥公司要求撤销的原案,不能证明德力奥公司在2017年3月即知晓原案诉讼,其民事权益受到损害。虽然浙江省台州市中级人民法院于2017年7月10日作出原案二审判决,最终判令光大银行温岭支行返还建环公司破产管理人2,563,430.83元及利息损失,但本案并无证据证明德力奥公司在上述判决作出后即知晓判决结果,因此亦不能认定德力奥公司在原案二审判决作出后即知晓其民事权益受到损害。根据在案证据,光大银行温岭支行向浙江省温岭市人民法院起诉时明确要求德力奥公司对建环公司所欠的银行承兑汇票垫付资本金与利息承担连带清偿责任;建环公司破产管理人向债权人会议提交的破产财产第二次分配方案报告载明“因对光大银行温岭支行行使撤销个别清偿行为,返还本金利息合计2,654,186.96元,作为本次分配财产”。因此,本案应认定德力奥公司在光大银行温岭支行起诉及建环公司破产管理人提交破产财产第二次分配方案报告后,应当知道其民事权益受到损害。前者系在2018年1月5日,后者系在2018年1月31日,因此德力奥公司于2018年5月提起本案诉讼,符合法律规定的6个月法定期限。

就原案判决是否内容存在错误且损害了德力奥公司民事权益的问题。根据《票据法》第19条、第38条、第44条的规定,银行承兑汇票是指由承兑申请人(出票人)向银行申请,经银行审查同意承兑签发的商业汇票;银行承兑是指银行作为汇票付款人,承诺在汇票到期日支付汇票金额的票据行为。涉案银行承兑协议约定,建环公司须在银行承兑汇票2014年10月2日到期前将票款足额存入指定账户,由光大银行温岭支行于银行承兑汇票到期日将该款项支付给持票人。如果光大银行温岭支行在银行承兑汇票项下垫付任何款项,该等款项自垫付之日起即转成建环公司欠付光大银行温岭支行的逾期贷款。因此,在涉案银行承兑汇票法律关系中,光大银行温岭支行仅在建环公司未能按约在到期日前将款项汇入指定账户,导致其基于银行承兑在2014年10月2日汇票到期日对持票人产生垫付责任后,才对建环公司确定享有债权;且其债权的金额也取决于建环公司实际存入款项与约定须存入款项之间的差额。在此之前,光大银行温岭支行并未产生垫付责任,其仅以银行承兑汇票形式对建环公司予以授信,并不对建环公司享有债权,更遑论金额特定的债权。而《企业破产法》第32条规定的“对个别债权人进行清偿”,根据文意,是指在清偿行为发生时,债权人已确定享有特定的债权。因此,建环公司2014年10月2日向其在光大银行温岭支行指定账户存入260万元的行为并不属于《企业破产法》第32条规定的“对个别债权人进行清偿”。根据《票据法》第21条“汇票的出票人必须与付款人具有真实的委托付款关系,并且具有支付汇票金额的可靠资金来源”的规定,建环公司上述行为系根据银行承兑协议约定,履行自身合同项下义务的行为,属于双务合同中的正常履约行为。

此外,若将上述行为认定为《企业破产法》第32条规定的“对个别债权人进行清偿”,意味着一旦签订银行承兑协议后,出票人的任何支付行为均可能因时间上符合“人民法院受理破产申请前六个月内”的情形而被认定为《企业破产法》规定的“对个别债权人进行清偿”情形进而被撤销，将直接导致银行因超高风险而拒绝以银行承兑汇票形式对企业予以授信、支持企业经营，有违《企业破产法》的立法目的。

故原案判决将建环公司在 2014 年 10 月 2 日银行承兑汇票到期日向指定账户存入 260 万元款项的行为认定为属于《企业破产法》第 32 条规定的情形并予以撤销，内容存在错误。由于原案判决要求光大银行温岭支行返还建环公司破产管理人 2014 年 10 月 2 日建环公司汇入的相应款项，则德力奥公司作为银行承兑协议项下的连带责任保证人须对光大银行温岭支行承担连带清偿责任，损害了德力奥公司的民事权益。

因此，浙江省台州市中级人民法院（2016）浙 10 民终 360 号民事判决和浙江省玉环市人民法院（2016）浙 1021 民初 7201 号民事判决第一项存在错误且损害了德力奥公司的民事权益，应予撤销。由于浙江省玉环市人民法院（2016）浙 1021 民初 7201 号民事判决第二项与第一项直接关联，因此在撤销该判决第一项的情况下，对第二项也一并改判。至于德力奥公司请求“判决光大银行温岭支行收到的 2, 563, 430. 83 元不属于建环公司的个别清偿行为”，并非民事诉讼判决的范围，难以支持。

综上，二审判决认定事实清楚，适用法律错误，实体处理不当，应予纠正。浙江省高级人民法院依照《民事诉讼法》第 170 条第 1 款第 2 项的规定，于 2019 年 7 月 15 日判决如下：“一、撤销台州市中级人民法院（2018）浙 10 民撤 2 号民事判决；二、撤销台州市中级人民法院（2016）浙 10 民终 360 号民事判决和玉环市人民法院（2016）浙 1021 民初 7201 号民事判决第一项‘限被告中国光大银行股份有限公司台州温岭支行于判决生效后一个月内返还原告浙江建环机械有限公司管理人浙江安天律师事务所人民币 2, 563, 430. 83 元，并从 2016 年 10 月 13 日起按中国人民银行规定的同期同类贷款基准利率赔偿利息损失’；三、改判玉环市人民法院（2016）浙 1021 民初 7201 号民事判决第二项‘驳回原告浙江建环机械有限公司管理人浙江安天律师事务所的其余诉讼请求’为‘驳回原告浙江建环机械有限公司管理人浙江安天律师事务所的全部诉讼请求’；四、驳回台州德力奥汽车部件制造有限公司的其他诉讼请求。”

建环公司破产管理人不服二审判决,向最高人民法院申请再审称:(1)二审判决认定事实有误,认定的基本事实缺乏证据证明,德力奥公司诉讼主体不适格且怠于行使诉讼权利,无权提起第三人撤销之诉。原案(2016)浙1021民初7201号、(2016)浙10民终360号民事判决书及(2017)浙民申3568号民事裁定书,即建环公司破产管理人与一审被告光大银行温岭支行的请求撤销个别清偿行为纠纷案非虚假诉讼。(2)德力奥公司怠于行使权利。德力奥公司于2017年3月7日就已知晓原案诉讼,且知晓建环公司破产管理人一审已胜诉,二审尚在法院审理中,而其作为建环公司向光大银行温岭支行申请开具银行承兑汇票的连带责任保证人,理应积极申请参加诉讼维护权利而却怠于行使,不符合"因不能归责于本人的事由未参加诉讼"的第三人行使撤销权的条件。(3)德力奥公司行使撤销权已过6个月除斥期间,建环公司破产管理人现有新的证据足以推翻二审判决。2017年3月7日,建环公司第二次债权人会议在浙江省玉环市人民法院召开,会议上,建环公司破产管理人在浙江建环机械有限公司破产案件第二次债权人会议管理人工作报告第2项"通过法院诉讼撤销个别清偿行为"中向各债权人报告,同时在该报告第3项第2点及关于提请债权人会议审议浙江建环机械有限公司破产财产分配方案的报告第6项中也载明了存在诉讼中的2个撤销个别清偿案件。另外,建环公司破产管理人与农商银行玉城支行的请求撤销个别清偿行为纠纷一案经农商银行玉城支行申请,浙江省玉环市人民法院于2016年12月23日依法追加并通知德力奥公司参与诉讼,而该案与本案所涉原案无论案由、案件情形、审理法院、主审法官均相同,且两个案件中涉及担保责任的相对人均系德力奥公司,其又系建环公司的债权人,基于上述特殊情形可以确定德力奥公司此时就已知道前案的存在。尤其建环公司破产管理人在建环公司第二次债权人会议上将前案的诉讼情况明确向德力奥公司等债权人如实告知的情况下,至迟于2017年3月7日德力奥公司也应当知道本案所涉原案的存在,而非二审判决认定的德力奥公司在2018年1月5日一审被告光大银行温岭支行起诉或2018年1月31日建环公司破产管理人提交破产财产第二次分配方案报告后才知道其民事权益受到损害。而德力奥公司向一审法院起诉的时间为2018年11月30日,故德力奥公司行使第三人撤销之诉已远远超过法律规定的6个月除斥期间;即使认可二审判决认定德力奥公司提起第三人撤销之诉时间至迟为2018年5月25日,也已超过法律规定的6个月除斥期间,建环公司破产管理人提交的新证据可证明上述事实。(4)原案及一审判决认定的事实和法律关系准确无误，光大银行温岭支行系建环公司的债权人。银行承兑汇票系银行为企业提供信贷支持的方式之一，也是企业向银行融资方式的一种，即银行承兑汇票具有融资性。本案中，根据涉案综合授信协议第3条约定，银行承兑汇票属于授信额度下的具体业务。另根据二者签订的综合授信协议及银行承兑协议，建环公司在提供了担保的情况下，还须提供不低于银行承兑汇票票面金额50%的保证金，才可进行出票；建环公司将于本协议项下的银行承兑汇票到期前将票款足额存入其在光大银行温岭支行开立的账户；即建环公司负有在汇票到期日前向光大银行温岭支行足额偿付汇票融资款的义务，故光大银行温岭支行享有合同债权，具有债权人资格；且在一、二审诉讼过程中，光大银行温岭支行自身也认可其债权人身份。二审判决认为若将涉案建环公司的行为认定为“对个别债权人进行清偿”，将直接导致银行因超高风险而拒绝以银行承兑汇票形式对企业予以授信、支持企业经营，有悖通常的市场交易规则，银行开具承兑汇票不能只获取利益，而不承担任何风险。(5)二审判决明知建环公司破产管理人在原案胜诉后，对光大银行温岭支行返还的涉案款项经建环公司债权人授权的债权人委员会会议表决通过并经浙江省玉环市人民法院裁定，依据该裁定对涉案款项进行了全部分配，并已终结破产程序的情况下，也不考虑再审被驳回的情况，更不考虑生效裁判的既判力、稳定性，轻率地判决撤销了原案的一、二审生效判决及本案的一审判决，是极不负责任且不严肃的。(6)二审判决认定事实错误，导致适用法律错误，应予纠正。综上，根据《民事诉讼法》第200条第1项、第2项、第6项之规定申请再审。

一审被告光大银行温岭支行辩称：二审判决认定事实不清，适用法律错误，本案已过6个月的除斥期间，二审判决不仅错误否定了光大银行温岭支行是建环公司的债权人，也未考虑原六份生效判决的既判力和稳定性。

最高人民法院经再审审查认为：本案再审审查的核心问题是德力奥公司提起第三人撤销之诉是否符合法定条件。《民事诉讼法》第56条第3款规定：“前两款规定的第三人，因不能归责于本人的事由未参加诉讼，但有证据证明发生法律效力的判决、裁定、调解书的部分或者全部内容错误，损害其民事权益的，可以自知道或者应当知道其民事权益受到损害之日起六个月内，向作出该判决、裁定、调解书的人民法院提起诉讼。人民法院经审理，诉讼请求成立的，应当改变或者撤销原判决、裁定、调解书；诉讼请求不成立的，驳回诉讼请求。”据此，提起第三人撤销之诉需要具备的法定条件，可区分为：(1)资格性或者主体性条件，即原则上应属于前条规定的第三人(有独立请求权第三人和无独立请求权第三人),且因不能归责于本人的事由未参加原案诉讼;(2)实体性条件,即原案裁判部分或者全部内容错误,损害其民事权益;(3)程序性条件,即第三人自知道或者应当知道其民事权益受到损害之日起6个月内提起。现分述如下:

一、关于德力奥公司是否有权提起第三人撤销之诉的问题

基于本案已经查明的事实,2014年3月21日,光大银行温岭支行分别与建环公司、德力奥公司签订综合授信协议、最高额保证合同,约定光大银行温岭支行在2014年4月1日至2015年3月31日向建环公司提供最高额520万元的授信额度,德力奥公司为该授信协议项下最高本金余额520万元提供连带责任保证。2014年4月2日,光大银行温岭支行与建环公司签订银行承兑协议,建环公司提供50%保证金(260万元),光大银行温岭支行向建环公司出具承兑汇票520万元,汇票到期日为2014年10月2日。由此,若汇票到期前建环公司未能依约将票款足额存入其在光大银行温岭支行的账户,基于票据无因性以及光大银行温岭支行作为银行承兑汇票的第一责任人,光大银行温岭支行须先行向持票人兑付票据金额,然后再向出票人(本案即建环公司)追偿,德力奥公司依约亦须承担连带偿付责任。由于涉案汇票到期前,建环公司依约将票款足额存入了其在光大银行温岭支行的账户,光大银行温岭支行向持票人兑付了票款,故不存在建环公司欠付光大银行温岭支行票款的问题,德力奥公司亦无须承担连带偿付责任。但是,由于建环公司破产管理人针对建环公司在汇票到期前向其在光大银行温岭支行账户的汇款行为提起“个别债权撤销”之诉(原案),若建环公司破产管理人的诉求得到支持,德力奥公司作为建环公司申请光大银行温岭支行开具银行承兑汇票的保证人即要承担连带还款责任,故原案的处理结果与德力奥公司有法律上的利害关系,二审判决认定德力奥公司属于《民事诉讼法》第56条规定的无独立请求权第三人,有相应的事实依据。

就德力奥公司是否因不能归责于本人的事由未参加原案诉讼的问题。基于已经查明事实,原案一审判决系2017年1月10日作出、二审判决系2017年7月10日作出。建环公司破产管理人申请再审主张德力奥公司在2017年3月7日即已经知道原案诉讼的存在,德力奥公司理应积极申请参加诉讼维护权利而却怠于行使,不符合“因不能归责于本人的事由未参加诉讼”的法定条件。经查,建环公司破产管理人该项主张的主要依据是其在2017年3月7日建环公司召开的第二次债权人会议上,提交的建环公司破产案件第二次债权人会议管理人工作报告第2项第6点关

于“通过法院诉讼撤销个别清偿行为”的内容,以及建环公司破产管理人与农商银行玉城支行请求撤销个别清偿行为一案(以下简称另案)中德力奥公司被法院通知参加诉讼的事实。经查,建环公司破产案件第二次债权人会议管理人工作报告第2项第6点关于“通过法院诉讼撤销个别清偿行为”中载明:“管理人通过财务审查,发现建环公司有3笔清偿行为符合破产法可撤销个别清偿行为。为此,管理人分别对建环公司向王某康、浙江玉环农村合作银行广陵支行、中国光大银行股份有限公司台州温岭支行的3笔个别清偿行为向玉环法院提起诉讼。其中与王某康的诉讼已败诉;与浙江玉环农村合作银行广陵支行的诉讼还在一审中;与中国光大银行股份有限公司台州温岭支行的诉讼一审已胜诉,二审尚在台州中院审理中。”前述报告内容尽管表明存在一起针对光大银行温岭支行的个别清偿行为撤销诉讼,但因缺乏该案的具体信息,如涉案个别清偿的时间、缘由、金额等,在没有其他证据佐证的情况下,建环公司破产管理人据此主张德力奥公司应当知道该案即原案诉讼,且因自身原因未能参加该案二审诉讼,不符合第三人撤销之诉的资格条件,证据不足。至于另案中,德力奥公司被审理法院通知参与诉讼,并不当然意味着其同时知晓原案的存在,在无其他证据佐证的情况下,建环公司破产管理人主张德力奥公司应当知道原案诉讼的存在属于自己的推断,依据不足。建环公司破产管理人在申请再审中提交的前述证据材料不属于《民诉法解释》第387条第1款规定的足以推翻二审判决的新的证据。由此,二审判决认定本案并无证据证明德力奥公司在原案诉讼过程中知晓该案的存在,其未参加原案诉讼属于不可归责于本人的事由,并无明显不当。

二、关于原案裁判部分或者全部内容是否错误、损害德力奥公司民事权益的问题

基于前述分析,建环公司破产管理人针对建环公司2014年10月2日向其在光大银行温岭支行账号存入260万元提起个别债权清偿撤销之诉,原案一、二审判决支持了建环公司破产管理人的诉讼请求。基于该案判决结果,建环公司清偿行为无效,德力奥公司作为该笔授信业务的连带保证人即负有连带偿付该债务的保证责任,对其民事权益造成损害是可以确定的。故德力奥公司提起第三人撤销之诉能否成立的核心要件在于原案裁判是否有误,具体地说,诉争清偿行为是否属于《企业破产法》第32条规定的“个别清偿行为”,若属于,则原案裁判无误。

《企业破产法》第32条规定:“人民法院受理破产申请前六个月内,债务人有本

法第二条第一款规定的情形,仍对个别债权人进行清偿的,管理人有权请求人民法院予以撤销。但是,个别清偿使债务人财产受益的除外。”第2条第1款规定:“企业法人不能清偿到期债务,并且资产不足以清偿全部债务或者明显缺乏清偿能力的,依照本法规定清理债务。”鉴于2015年1月4日浙江省玉环市人民法院受理建环公司的破产重整申请,故该日期前6个月内符合前述规定的个别债权清偿行为,破产管理人有权请求予以撤销。就涉案建环公司2014年10月2日向其在光大银行温岭支行的账号汇入260万元如何认定事宜,经查,光大银行温岭支行基于双方所签综合授信协议、银行承兑协议,对建环公司作为出票人的520万元商业汇票予以承兑,并约定建环公司于银行承兑协议项下汇票到期前将票款足额存入其在光大银行温岭支行开立的账户,由光大银行温岭支行于银行承兑汇票到期日兑付给持票人。据此,建环公司作为银行承兑汇票的出票人(最终付款人)向其在光大银行温岭支行开立的账户汇入260万元是履行其在银行承兑协议中的付款行为,并非向光大银行温岭支行的清偿,因此时光大银行温岭支行尚不是建环公司的债权人,实际上接受该款项、获得清偿的是该汇票的持票人,光大银行温岭支行也仅是履行无条件代建环公司向汇票持票人付款的票据义务。具体来说,若作为出票人的建环公司在汇票到期前依约将诉争260万元汇入约定的指定账户,光大银行温岭支行则在汇票到期后无条件将票据金额支付给持票人,基于该汇票产生的法律关系一并终止;若建环公司未能依约将260万元汇入指定账户,则光大银行温岭支行基于承兑人的身份依然要无条件对持票人付款,并因此成为建环公司的债权人,可依法向建环公司追偿,以及要求保证人承担担保责任。由此,二审判决认定建环公司在汇票到期前将诉争260万元汇入约定的指定账户系履行自身合同项下义务的行为,不属于《企业破产法》第32条规定的“对个别债权进行清偿”的行为,有相应的事实和法律依据,并无不当。

三、关于德力奥公司提起本案诉讼是否超过法定6个月期限的问题

经查,2018年1月5日光大银行温岭支行向浙江省温岭市人民法院提起(2018)浙1081民初349号保证合同纠纷诉讼,要求德力奥公司、王某亮、陈某媚对建环公司所欠的银行承兑汇票垫付资本金2,563,430.83元及利息122,555.48元承担连带清偿责任;1月31日,建环公司破产管理人向债权人会议提交破产财产第二次分配方案报告,载明:因对光大银行温岭支行行使撤销个别清偿行为,返还本金利息合计2,654,186.96元,作为本次分配财产。而德力奥公司向台州市中级人

民法院提交本案起诉状的落款时间为2018年5月10日,且其提交起诉材料时签署的当事人送达地址确认书注明落款时间为2018年5月25日。由此,二审判决认定德力奥公司2018年1月应当知道其民事权益受到损害,德力奥公司2018年5月25日提起本案诉讼,并未超过6个月法定期限,有相应的事实依据,并无明显不当。

综上,建环公司破产管理人的再审申请不符合《民事诉讼法》第200条第1项、第2项、第6项规定的情形。最高人民法院依照《民事诉讼法》第204条第1款、《民诉法解释》第395条第2款的规定,于2019年7月15日如下:

驳回浙江建环机械有限公司管理人浙江安天律师事务所的再审申请。

指导案例153号

永安市燕诚房地产开发有限公司
与远东(厦门)房地产发展有限公司等
第三人撤销之诉纠纷案

编者按

普通债权人在一般情况下不具备提起第三人撤销之诉的主体资格,若要赋予其第三人撤销之诉的原告资格,必须首先将其身份限定在《民事诉讼法》第56条所规定的主体范畴之内。破产程序中的普通债权人的破产债权的实现程度会因相关裁判的执行而受到损害,故应认定普通债权人知道或者应当知道其民事权益受到损害的时间从获知债务人进入破产程序时起算。该案明确了破产程序中的普通债权人在特定条件下可以获得提起第三人撤销之诉的主体资格,对于第三人撤销之诉的法律适用盲区起到补法作用,充分体现了第三人撤销之诉为当事人合法权益提供救济渠道的立法旨意,有利于维护司法公信力,营造公平诚信的市场环境,为高质量发展提供有力司法保障。

裁判摘要

债权人对确认债务人处分财产行为的生效裁判提起第三人撤销之诉的,在出现债务人进入破产程序、无财产可供执行等影响债权人债权实现的情形时,应当认定债权人知道或者应当知道该生效裁判损害其民事权益,提起诉讼的6个月期间开始起算。

原告:永安市燕诚房地产开发有限公司

法定代表人:雷某思,总经理

被告:郑某南

被告:远东(厦门)房地产发展有限公司

法定代表人:张某月,负责人

第三人:高某珍

原告永安市燕诚房地产开发有限公司(以下简称燕诚公司)因与被告郑某南、远东(厦门)房地产发展有限公司(以下简称远东厦门公司)、高某珍发生第三人撤销之诉纠纷,向福建省高级人民法院提起诉讼。

原告燕诚公司诉称:2015年8月20日远东厦门公司进入破产程序,燕诚公司系债权申报人之一。2016年3月15日燕诚公司收到其他债权申报人的申报材料后发现,以高某珍为名申报的本息3.12亿元巨额债权,系从(2003)闽民初字第2号原告郑某南与被告远东厦门公司借款纠纷一案的原告郑某南处受让而来。高某珍系远东厦门公司的法定代表人张某月之女,其所受让并申报的巨额债权,系张某月通过掌控远东厦门公司,利用职务之便与郑某南恶意串通调解,进行虚假诉讼获取的。远东厦门公司及其股东香港远东房地产发展有限公司(以下简称香港远东公司)均未收到郑某南出借的款项。郑某南在起诉状中明确表示约定借款以"实际到账为准",但郑某南没有提供任何实际付款的凭证,远东厦门公司历年财务账簿及报表中亦无记录,没有证据证明远东厦门公司收到了涉案借款。郑某南提供的12笔借款的借据全部由张某月执笔,借据落款处的借款人均为香港远东公司,而非远东厦门公司。从落款时间来看,部分借据出具时远东厦门公司尚未成立。故郑某南向远东厦门公司主张权利属主体错误。远东厦门公司对约定利息超过银行同期同类贷款利率的4倍未作任何抗辩,积极主动承诺债务并达成调解,明显不符合常理。

(2003)闽民初字第2号借款纠纷案已涉嫌犯罪,2003年福建省人民检察院对该案提出再审建议,福建省高级人民法院认为张某月与郑某南涉嫌恶意串通,侵占远东厦门公司的财产,提出五条线索疑点将该案于2003年10月24日移送福建省公安厅侦查。(2003)闽民初字第2号借款纠纷案与(2011)闽民初字第35号原告张某月与被告香港远东公司、第三人远东厦门公司、第三人雷某思借款合同纠纷案的债务依据重叠,权利主体矛盾,后案经最高人民法院(2013)民四终字第25号终审,认定2275.34万元系张某月为香港远东公司垫资投入远东厦门公司的借款,该2275.34万元系以前案中的五份借款凭证作为借款依据,证明张某月在(2003)闽民初字第2号借款纠纷案中至少获得本金2275.34万元(占本案标的额73%)的虚假债权。综上,现有证据充分证明张某月之女高某珍从(2003)闽民初字第2号借款纠纷案原告郑某南处受让的债权虚假,其将该高达3.016亿元的债权申报作为远东厦门公司的破产债权,侵犯了破产债务人和其他债权人的合法权益,请求撤销(2003)闽民初字第2号民事调解书。

福建省高级人民法院一审审查认为:本案中燕诚公司诉请撤销(2003)闽民初字第2号原告郑某南与被告远东厦门公司借款纠纷一案的民事调解书,属于第三人撤销之诉,应首先从程序上审查燕诚公司是否符合提起第三人撤销之诉的起诉条件。

关于主体资格。《民事诉讼法》第56条规定,"对当事人双方的诉讼标的,第三人认为有独立请求权的,有权提起诉讼。对当事人双方的诉讼标的,第三人虽然没有独立请求权,但案件处理结果同他有法律上的利害关系的,可以申请参加诉讼,或者由人民法院通知他参加诉讼。人民法院判决承担民事责任的第三人,有当事人的诉讼权利义务。前两款规定的第三人,因不能归责于本人的事由未参加诉讼,但有证据证明发生法律效力的判决、裁定、调解书的部分或者全部内容错误,损害其民事权益的,可以自知道或者应当知道其民事权益受到损害之日起六个月内,向作出该判决、裁定、调解书的人民法院提起诉讼。人民法院经审理,诉讼请求成立的,应当改变或者撤销原判决、裁定、调解书;诉讼请求不成立的,驳回诉讼请求"。虽然燕诚公司是远东厦门公司破产案件的债权申报人,但其对郑某南与远东厦门公司借款纠纷一案所涉债权债务没有独立的请求权,亦不存在法律上的利害关系,故燕诚公司不是郑某南与远东厦门公司借款纠纷一案的第三人,根据上述规定,燕诚公司不具备提起第三人撤销之诉的主体资格。

关于期限规定。根据《最高人民法院关于适用〈民事诉讼法〉的解释》第292条中"第三人对已经发生法律效力的判决、裁定、调解书提起撤销之诉的,应当自知道或者应当知道其民事权益受到损害之日起六个月内,向作出生效判决、裁定、调解书的人民法院提出"的规定,提起第三人撤销之诉的期间为自第三人知道或者应当知道其民事权益受到侵害之日起6个月,该6个月期间为不变期间。即便燕诚公司具备提起第三人撤销之诉的主体资格,亦应当自知道或者应当知道其民事权益受到侵害之日起6个月内提起诉讼。根据燕诚公司提供的证据材料,燕诚公司设立于1992年,1995年3月9日雷某思任总经理,1996年11月11日雷某思任董事长,2003年7月雷某思就郑某南与远东厦门公司借款纠纷一案向福建省高级人民法院和福建省人民检察院提出申诉。可以认定燕诚公司知道或者应当知道其民事权益受到侵害的时间为其法定代表人雷某思提起申诉之时。考虑到第三人撤销之诉系《民事诉讼法》于2012年8月31日修正后新设立的制度,故即便自2013年1月1日施行之日开始计算6个月期间,燕诚公司亦已超过其有权提起第三人撤销之诉的法定期限。

综上所述,燕诚公司不符合提起撤销(2003)闽民初字第2号民事调解书的法定条件,应当依法驳回其起诉。福建省高级人民法院依照《民事诉讼法》第56条、第154条第1款第3项,《民诉法解释》第292条规定,于2017年7月31日裁定如下:"驳回永安市燕诚房地产开发有限公司的起诉。"

燕诚公司不服一审判决,向最高人民法院上诉称:(1)燕诚公司系远东厦门公司的破产债权人,高某珍以(2003)闽民初字第2号郑某南与远东厦门公司借款纠纷一案的民事调解书申报巨额债权,对燕诚公司破产债权的实现产生重大不利影响。(2003)闽民初字第2号案件是双方当事人恶意串通转移资产的虚假诉讼,影响破产债权人利益,燕诚公司与处理结果存在明显的法律上的利害关系,因此燕诚公司系无独立请求权的第三人,具备本案的诉讼主体资格。一审法院认为燕诚公司"对郑某南与远东厦门公司借款纠纷一案所涉及债权债务不存在法律上的利害关系"明显错误。(2)燕诚公司作为远东厦门公司的破产债权人,只有在收到破产管理人确认远东厦门公司存在借款债务的通知后,方可知其民事权益受到损害。因此,本案的诉讼期限应当从燕诚公司收到破产管理人对该借款债权确认的通知时起算,即应当从2016年8月16日起计算诉讼期间。燕诚公司于同年9月12日提起本案诉讼并没有超过第三人撤销之诉为期6个月的法定期限。(3)雷某思代表远东厦门公司的个人申诉行为,并不等于燕诚公司在破产之前就知道或者应当知道其民事权益受到损害。一审法院根据雷某思代表远东厦门公司的个人行为,认定燕诚公司知道或应当知道其权利受到损害存在明显的逻辑与事实错误。(4)人民法院对已发现的确有错误的裁判,有责任依法启动纠错程序。应对本案进行实体审理,以维护法律的尊严,保障当事人及所有破产债权人的合法权益。(5)人民法院对第三人撤销之诉案件应当组成合议庭开庭审理,一审法院没有开庭审理,审理程序及裁定错误。一审法院没有查明(2003)闽民初字第2号案件虚假诉讼的基础事实及双方当事人恶意串通的情形。综上,请求:(1)撤销福建省高级人民法院(2016)闽民撤6号民事裁定;(2)指令福建省高级人民法院依法对本案进行实体审理。

被上诉人郑某南辩称:燕诚公司不是本案的适格主体,一审法院认定事实正确。根据合同相对性原则,(2003)闽民初字第2号案件是郑某南与远东厦门公司之间的民间借贷案件,远东厦门公司是否还有其他债权人存在并非该案的审查范围,该案没有也不可能有其他必须参加诉讼的第三人,燕诚公司并非该案的第三人。燕诚公司的法定代表人雷某思早在2003年就已知晓(2003)闽民初字第2号案件,并就该案调解书向福建省人民检察院提出过申诉。燕诚公司早已知道该案全部过程,但却从未行使法律赋予的向检察机关申诉等权利,属于怠于行使权利,其提起本案诉讼时,已经超过法定期限。(2003)闽民初字第2号民事调解书业已经过福建省高级人民法院审查,并不符合提起审判监督程序的条件。可见该调解书不存在内容错误的情形。即便法院受理本案,燕诚公司的诉讼请求也不能成立。2015年4月8日,郑某南与第三人高某珍就(2003)闽民初字第2号民事调解书项下债权全部转让给高某珍事宜签订债权转让协议,并已经通知远东厦门公司。涉案调解书项下所有的民事权利义务均转由高某珍继受,燕诚公司提起的本案诉讼与郑某南无关。综上,燕诚公司提起本案第三人撤销之诉的法定期限业已经过,且并非本案的适格主体,请求二审法院驳回其上诉请求。

被上诉人远东厦门公司辩称:燕诚公司是否具备提起第三人撤销之诉的条件,由法院依法认定。

原审第三人高某珍述称:燕诚公司所称的(2003)闽民初字第2号案件存在恶

意串通系虚假诉讼,没有任何证据证明。燕诚公司所述的张某月诉香港远东公司借款合同纠纷案在郑某南起诉的(2003)闽民初字第2号案件发生之后,应该由法院来审查后一个案件而不是本案的合法性。一审法院主要是以燕诚公司主体不适格为由驳回其起诉,该等事项属于立案过程中应当由法院直接依职权进行审查的范围,并不需要正式开庭审理,一审程序并无错误,燕诚公司的上诉理由不能成立。其他意见同郑某南意见。

最高人民法院二审审查认为:本案属于第三人认为当事人恶意串通进行诉讼、损害其利益而提起的第三人撤销之诉。根据《民事诉讼法》第56条的规定,提起第三人撤销之诉应当符合以下条件:一是主体方面,只能是《民事诉讼法》第56条第1款、第2款分别规定的,对当事人双方诉讼标的有独立请求权的第三人,或者虽然没有独立请求权,但案件处理结果同他有法律上的利害关系的第三人;二是实体方面,有证据证明发生法律效力的判决、裁定、调解书部分或者全部内容错误,损害第三人的民事权益;三是程序方面,第三人因不能归责于本人的事由未参加诉讼,且自知道或者应当知道其民事权益受到损害之日起6个月内,向作出生效判决、裁定、调解书的人民法院提起诉讼。

围绕本案一审法院裁定驳回起诉的理由,本案二审的争议焦点为:燕诚公司是否具有提起本案诉讼的主体资格,是否有证据证明(2003)闽民初字第2号民事调解书确认的债权存在虚假,燕诚公司的起诉是否超过法定期间,以及一审法院审理本案是否存在程序错误等。

民事诉讼法设立第三人撤销之诉制度,目的是保护受错误生效裁判损害,特别是受虚假诉讼损害的第三人的权益,使因不能归责于本人原因未参加诉讼的第三人,可以向人民法院提起诉讼、请求救济。因此,燕诚公司是否属于《民事诉讼法》第56条规定之列的第三人,决定其是否具有提起本案诉讼的主体资格。从所主张的事实看,燕诚公司并非以有独立请求权的第三人的身份提起本案诉讼,而是以相关当事人恶意串通进行虚假诉讼损害其债权作为起诉的理由。显然,燕诚公司能否被纳入无独立请求权的第三人之列,是判断本案讼争问题的基本出发点。

根据《民事诉讼法》第56条第2款的规定,对当事人双方诉讼标的没有独立请求权,但案件处理结果同他有法律上的利害关系的,属于无独立请求权的第三人。可见,有法律上的利害关系是无独立请求权第三人的基本要素。燕诚公司向人民法院提起本案诉讼,请求保护的民事权利系债权。由债权的相对性所决定,在一般情况下,作为普通债权人的第三人不具有基于其债权提起第三人撤销之诉的事由。但根据《合同法》第74条第1款的规定,因债务人放弃其到期债权或者无偿转让财产,对债权人造成损害的,债权人可以请求人民法院撤销债务人的行为。债务人以明显不合理的低价转让财产,对债权人造成损害,并且受让人知道该情形的,债权人也可以请求人民法院撤销债务人的行为。由是,如果生效裁判所确认的债务人的相关财产处分行为符合上述规定的撤销权的条件,则依法享有撤销权的债权人就与该生效裁判案件的处理结果具有法律上的利害关系,从而具备了以无独立请求权第三人的身份提起第三人撤销之诉的原告主体资格。

本案中,燕诚公司举示的证据显示,福建省人民检察院曾于2003年8月19日发出闽民建(2003)2号检察建议书,建议福建省高级人民法院对2号民事调解书依法再审。福建省高级人民法院于2003年10月24日发出(2003)闽民监字第149号犯罪线索移送函,认为郑某南与张某月涉嫌恶意串通,侵占远东厦门公司的财产,进而损害香港远东公司的合法权益,依法将有关犯罪线索移送福建省公安厅进行侦查。由此,燕诚公司已就(2003)闽民初字第2号案件为虚假诉讼、该案民事调解书确认的债权存在虚假的问题提供了相应的证据材料。其所主张的远东厦门公司在民事诉讼程序中以达成调解协议方式承认郑某南的虚假债权并制定还款计划的情形,属于《合同法》第74条第1款规定的无偿转让财产损害债权人利益的行为之列,燕诚公司对于(2003)闽民初字第2号案件的处理结果,有法律上的利害关系,特别是在远东厦门公司被人民法院宣告破产、其财产已经不足以清偿全部债务的情况下,燕诚公司的债权必然会因为郑某南债权的有无以及数额的大小而受到直接影响。燕诚公司作为远东厦门公司的债权人,依据《合同法》第74条规定享有撤销权,具备提起本案第三人撤销之诉的主体资格。

根据《民事诉讼法》第56条第3款中的规定,第三人"可以自知道或者应当知道其民事权益受到损害之日起六个月内",向人民法院提起诉讼。该6个月起诉期间的起算点,为当事人知道或者应当知道其民事权益受到损害之日。本案中,在远东厦门公司有足够资产清偿所有债务的前提下,(2003)闽民初字第2号民事调解书对燕诚公司债权的实现没有影响;在远东公司正常生产经营的情况下,亦难以确定(2003)闽民初字第2号民事调解书会对燕城公司的债权造成损害。但是,在远东厦门公司因不能足额清偿所欠全部债务而进入破产程序,燕诚公司、郑某南债权的受让人高某珍均系其破产债权人,且高某珍依据(2003)闽民初字第2号民事调解书申报债权的情况下，燕诚公司破产债权的实现程度会因高某珍依据的(2003)闽民初字第2号民事调解书所申报的破产侵权而受到损害，故应认定燕诚公司在获知远东厦门公司进入破产程序的信息后才会知道或者应当知道其民事权益受到损害。而燕诚公司举示的远东(厦门)房地产发展有限公司破产一案告知函显示，燕诚公司于2016年3月15日签收破产管理人制作的有关债权人申报材料，其于2016年9月12日向福建省高级人民法院提交诉状请求撤销(2003)闽民初字第2号民事调解书，未超过6个月的起诉期间。虽然燕诚公司时任总经理雷某思于2003年7月就(2003)闽民初字第2号案件向福建省高级人民法院和福建省人民检察院提出申诉，但其系以香港远东公司股东、董事及远东厦门公司董事、总经理的身份为保护远东厦门公司的利益而非燕诚公司的债权提出的申诉，且此时燕诚公司是否因(2003)闽民初字第2号民事调解书而遭受损害并不确定，也就不存在其是否知道或者应当知道，进而依照《民事诉讼法》第56条第3款的规定起算6个月起诉期间的问题。郑某南、高某珍主张燕诚公司提起本案诉讼时已经超过法定期间，依据不足。一审判决对此认定错误，应予纠正。此外，(2003)闽民初字第2号民事调解书项下的债权虽然已经转让给高某珍，但因该债权涉嫌由虚假诉讼形成，郑某南作为提起该案之诉讼的债权人，依法应作为第三人撤销之诉的被告参加本案诉讼。郑某南关于案涉调解书项下的债权已经合法转让，本案与其无关的主张不能成立。

鉴于第三人撤销之诉案件涉及对生效裁判的判定，关系到原生效裁判的当事人以及第三人的权利义务，《民诉法解释》第294条专门规定："人民法院对第三人撤销之诉案件，应当组成合议庭开庭审理。"由此，第三人撤销之诉案件立案后，不适用书面审理，受案法院应当组成合议庭开庭进行审理。对方当事人就第三人的诉讼主体资格及其他起诉条件提出异议的，亦须经合议庭开庭审理后依法予以判定。一审法院受理本案后，未依法开庭审理即驳回燕诚公司的起诉，程序错误，应予纠正。

综上，燕诚公司提起本案第三人撤销之诉，符合《民事诉讼法》第56条规定的起诉条件，一审法院裁定驳回其起诉，适用法律不当。最高人民法院依照《民事诉讼法》第171条、《民诉法解释》第332条的规定，于2018年9月21日裁定如下：

一、撤销福建省高级人民法院(2016)闽民撤6号民事裁定；

二、本案指令福建省高级人民法院审理。

本裁定为终审裁定。

江苏南通二建集团有限公司与上海佳程房地产开发有限公司等建设工程施工合同纠纷案

编者按

审判实践中对于承包人在何种情况下丧失建设工程价款优先受偿权的问题一直存有争议,相关法律和司法解释也未有明确规定。本案裁判确立了“承包人出具虚假的工程款收款证明,就其实际未获清偿的工程款债权不再享有建设工程价款优先受偿权”的裁判思路,明确指出承包人因其自身的过错行为,导致丧失建设工程价款优先受偿权的法律后果。该案裁判展现了司法裁判对民事主体不诚信行为的否定性评价,对引导建设工程施工领域建立诚信、规范的市场秩序具有重要价值。

裁判摘要

承包人出具虚假的工程款收款证明，就其未获清偿的工程款债权主张享有建设工程价款优先受偿权的，人民法院不予支持。

原告：江苏南通二建集团有限公司
法定代表人：杨某东，董事长
被告：上海佳程房地产开发有限公司
法定代表人：田某陶，董事长
被告：上海佳程企业发展有限公司
法定代表人：田某陶，董事长
被告：上海栩宽企业发展有限公司
法定代表人：田某陶，董事长
被告：上海五牛素福投资中心（有限合伙）
委派代表：韩某
被告：五牛股权投资基金管理有限公司
法定代表人：韩某，执行董事
被告：深圳五牛股权投资基金管理有限公司
法定代表人：韩某，执行董事
第三人：上海农村商业银行股份有限公司浦东分行
负责人：杨某君，行长

原告江苏南通二建集团有限公司（以下简称南通二建）因与被告上海佳程房地产开发有限公司（以下简称佳程房产公司）、上海佳程企业发展有限公司（以下简称佳程发展公司）、上海栩宽企业发展有限公司（以下简称栩宽公司）、上海五牛素福投资中心（有限合伙）（以下简称五牛投资中心）、五牛股权投资基金管理有限公司（以下简称五牛基金公司）、深圳五牛股权投资基金管理有限公司（以下简称深圳五牛公司）、第三人上海农村商业银行股份有限公司浦东分行（以下简称农商行）发生建设工程施工合同纠纷，向上海市第一中级人民法院提起诉讼。

原告南通二建诉称：2015 年 4 月 23 日，南通二建与佳程房产公司签订施工合同，将系争工程发包给南通二建施工。南通二建于 2015 年 5 月 19 日收到开工令后开始施工,至2016年12月19日,工程形象进度施工完成至整体主体结构封顶,并于2017年1月13日完成工程进度款支付审批所需的全部审核手续。之后,双方签订补充协议将进度款支付比例从70%降至55%即9900万元,但佳程房产公司仅支付2974万元,拖欠工程进度款达6926万元。2017年1月28日起,南通二建无奈停工。2018年6月,双方再签订补充协议书,对佳程房产公司所拖欠的工程款支付进度再作约定,但佳程房产公司到期仍未履行约定。现佳程房产公司因资金链断裂丧失继续履约能力,构成根本性违约,佳程房产公司在经多次催告后仍拒绝给付工程款,故南通二建有权解除双方所签建设工程施工合同,并有权以工程折价或者变卖的价款享有优先受偿权。佳程发展公司作为佳程房产公司的一人有限责任公司的股东,与佳程房产公司的财产未能相互独立,其应对佳程房产公司的债务承担连带责任。栩宽公司、佳程发展公司均系案外人北京佳程房地产开发有限公司设立的一人有限公司,与佳程房产公司在股东、管理人员、经营场所、经营范围及财产等方面完全混同,已经构成公司人格混同,亦应对佳程房产公司的债务承担连带责任。五牛投资中心作为佳程房产公司的控股股东,滥用股东权利,不但与佳程房产公司进行高利贷交易,且通过伪造南通二建的印章和虚假的分包合同套取专项用于系争工程的开发贷款,用于给付佳程房产公司所欠自己的高利贷本息,严重损害包括南通二建在内的债权人的合法权益,理应对佳程房产公司的债务承担连带责任。五牛基金公司和深圳五牛公司作为五牛投资中心的普通合伙人,对五牛投资中心的债务承担无限连带责任。请求判令:(1)解除南通二建与佳程房产公司签订的《上海浦东佳程广场(G1-12地块)项目总承包工程施工合同》(以下简称施工合同)。(2)佳程房产公司返还南通二建履约保证金200万元。(3)佳程房产公司支付南通二建工程款(根据司法鉴定意见扣除佳程房产公司垫付的水电费934,248元及已付工程款2974万元)。(4)佳程房产公司支付南通二建停工损失(根据2018年6月双方签订的补充协议书,以每天10,500元计算自2017年3月31日至判决生效之日止)。(5)佳程房产公司赔偿南通二建因逾期支付工程款所致资金财务成本损失(根据2018年6月双方签订的补充协议书,以司法鉴定意见最终确认的工程款的77.5%,扣除佳程房产公司已付工程款29,74万元,按照年利率6.65%的标准自2017年3月31日起计算至判决生效之日止;根据司法鉴定意见最终确认的工程款,扣除佳程房产公司已付工程款2974万元,按照年利率8.4%的标准自判决生效日之次日计算至实际给付之日止)。(6)确认南通二建有权在佳程房产公司欠付的上述债务范围内,以系争工程折价或者变卖的价款优先受偿。(7)佳程发展公司、栩宽公司、五牛投资中心对佳程房产公司的上述债务承担连带清偿责任。(8)五牛基金公司、深圳五牛公司对五牛投资中心的上述债务承担连带清偿责任。

被告佳程房产公司辩称:不同意解除双方之间的施工合同;同意返还履约保证金;就工程款,同意按照法院根据鉴定结论判令的工程价款支付;就停工损失,同意承担部分责任,但标准过高,请求法院调整,就南通二建主张的计算期限无异议;就资金成本损失,同意承担部分责任,但计算本金标准过高,请求法院调整,对南通二建主张的计算期限无异议;就优先受偿权和连带清偿责任均由法院依法认定。

被告佳程发展公司、栩宽公司共同辩称:不同意解除施工合同,因南通二建因未按施工合同约定支付足额履约保证金、交付保单及开具已付工程款发票,佳程房产公司有权暂停支付工程款,故南通二建以佳程房产公司未付工程款为由要求解除合同没有依据。南通二建在施工过程中存在很多违约行为,其无权要求返还履约保证金。就工程价款,应根据司法鉴定金额确定。南通二建没有证据证明其停工损失,其主张的财务成本损失也没有事实和法律依据。南通二建主张工程款优先受偿权的时间已超过合同约定的竣工时间6个月,诉争工程并未完工并通过竣工验收,其主张优先受偿权没有法律基础。栩宽公司系独立法人,不存在与佳程房产公司、佳程发展公司人格混同的情况,不应当承担连带责任。请求法院驳回南通二建诉请。

被告五牛投资中心、五牛基金公司、深圳五牛公司共同辩称:不同意南通二建第7项、第8项诉讼请求。五牛投资中心、五牛基金公司、深圳五牛公司并非本案适格被告,本案系南通二建与佳程房产公司的建设工程施工合同纠纷,五牛投资中心、五牛基金公司、深圳五牛公司与诉争工程无关。五牛投资中心与佳程房产公司达成借款意向,佳程房产公司以其99%的股权作为担保,五牛投资中心并未实际支付股权对价,故五牛投资中心并非佳程房产公司真正的股东,况且佳程房产公司偿还借款后,五牛投资中心即将股权全部回转。双方约定的借款利息合法,不存在高利贷情形,更没有利用股东控股身份损害南通二建的利益。南通二建其他诉讼请求与五牛投资中心、五牛基金公司、深圳五牛公司无关,故不发表意见。

第三人农商行述称:不同意南通二建第1项、第3项、第4项、第5项、第6项诉讼请求。按照目前施工造价,南通二建已经全额或超额获得了工程款,不存在合同解除的问题。佳程房产公司向农商行提供了一份其与南通二建签订的约定工程款为384, 142, 962元的施工合同,故农商行据此与佳程房产公司签订借款协议,约定农商行向佳程房产公司提供贷款4亿元,且农商行已发放大部分贷款,而南通二建实际收到工程款328,032,091元。农商行于本案诉讼中发现南通二建和佳程房产公司约定的工程款仅为1.8亿元,其实际收到的工程款已远超合同约定的数额,故南通二建和佳程房产公司存在恶意串通骗取贷款行为,涉嫌犯罪。南通二建将其收到的部分工程贷款又返还给佳程房产公司,应当属于企业拆借行为,不能视为佳程房产公司未支付工程款,故南通二建向佳程房产公司主张工程款缺乏法律依据。财务成本和停工损失的诉请亦应当按照借款法律关系另案处理。南通二建于本案中主张优先受偿权已超过法定除斥期间,应予驳回。南通二建其余诉讼请求与第三人无关,请求法院依法判决。

上海市第一中级人民法院一审查明:

一、诉争工程签约及施工合同履行情况

佳程房产公司通过协议招标,于2015年4月22日与南通二建签订施工合同。施工合同第一部分"合同协议书"约定:工程采用总承包方式,计划开工日期2015年3月20日,计划竣工日期2016年10月20日,实际开工日期以施工许可证或发包人的书面通知开工日期为准,竣工日期以承包人提交的竣工报告中列明的经发包人书面确认的竣工日期为准。合同签约合同价为1.8亿元(系暂定总价合同)。施工合同第二部分"通用条款"16.1.1约定:承包人对于发包人违约的情况可以按照本合同约定要求发包人承担违约责任,但是不得以任何形式停工、怠工,否则可能会造成发包人极大损失。施工合同第三部分"专用条款"1.1.1.11约定:本合同通用条款指住房城乡建设部、国家工商行政管理总局发布的建设工程施工合同(示范文本)(GF-2013-0201)规定的通用条款……12.3.6(2)b约定:人工费计价标准:预算编制时人工费按开工当月上海市建筑建材业网站公布的工料机信息价中人工费价格的中间价计价,该工程实施期间和结算时,无论人工工资如何变化(含国家政策性调差文件),该工程人工费均不再调整……12.4.1约定:本工程无预付款。本工程形象进度施工至整体(两幢塔楼)主体结构封顶且建设单位与监理单位、设计单位签认后,承包方提出付款申请后15个工作日内,支付至已完工程施工图预算造价的70%……16.1.2(2)约定:因发包人原因未能按合同约定支付合同价款的违约责任:30日为免息期,按合同约定付款日期超过30日以上,每逾期一天应按应付未付款的中国人民银行同期同类贷款基准利率支付违约金。

施工合同签订后,南通二建于2015年5月19日取得施工许可证后开工。

2016年10月,南通二建与佳程房产公司签订补充协议(以下简称2016年补充协议),第1条约定:为保证第三方监管及时提交监管报告及依据,保证本项目开发贷款在11月不被终止,承包人配合于2016年10月20日在监管方要求的资金确认函上盖章(发包人明确该确认函内容不作为承包方实际收款的依据)。第2条第1款约定:鉴于发包人近期资金使用需求较大,承包人愿意配合发包方提请本期开发贷款人民币4000万~5000万元,同时发包人明确本次放款若超过4000万元,则提前支付承包人工程款人民币800万元,若放款少于3000万元,则提前支付给承包人的工程款亦不少于500万元;第2款约定:鉴于承包人形象进度已经至9层,为支持承包人,发包人同意提前支付承包人部分工程款:发包人明确本次贷款后续申请发放的贷款(约4000万元)的50%支付给承包人作为提前支付的形象进度款,剩余50%承包人收到后2个工作日返还至发包人;第3款约定:发包人明确主体工程封顶后申请发放的贷款(约4000万元)的70%作为进度款支付给承包人,发包人申请发放的剩余开发贷(约2000万元)发放后其50%支付给承包人,余款50%承包人收到后2个工作日返还至发包人;第4款约定:发包人明确前述所需提前支付(或支付)的工程款,承包人可从相应开发贷款中扣除相应额度后将剩余款项返还给发包人;第5款约定:为表诚意,双方协商同意将原合同约定本工程形象进度施工完成至整体(两幢塔楼)主体结构封顶后支付至已完工程施工图预算造价的70%调整为55%,双方明确原合同约定的其他工程款支付条款仍按原合同约定执行,已提前支付的款项可从应付款额中扣除。第4条约定:本补充协议是原合同的组成部分,补充协议若与原合同不一致,则以补充协议为准。双方未尽其他事宜,以原双方签订的原合同条款为准。

2017年1月12日,南通二建提交上海浦东佳程广场(G1-12地块)项目付款申请书,载明本工程形象进度施工已完成至整体(两幢塔楼)主体结构封顶,支付至已完工程施工图预算造价的55%,累计已付款2974万元,本期申请付款金额69,26万元。上海C有限公司(以下简称C公司)浦东佳程广场监理项目部在该申请书批注确认工程进度,南通二建批注同意按合同节点,按成本部核定金额支付。

南通二建先后向佳程房产公司发送2017年1月13日工程款支付事宜的函、2017年2月13日停工的联系单,证明其曾要求佳程房产公司履行2016年补充协议所约定的形象进度施工完成至整体(两幢塔楼)主体结构封顶时佳程房产公司应支付工程款9900万元的义务,扣除已付的2974万元,还应支付工程款6926万元;另因佳程房产公司拖欠工程款,恰逢春节前夕,南通二建面临工程施工人员、分包单位、材料商的索款压力,故从2017年1月28日起南通二建不得不停工。

佳程房产公司于2017年2月17日向南通二建发送关于上海浦东佳程广场项目沟通联系函,载明由于年底银行放贷紧缩的问题,造成工程款暂时支付困难,没有足额支付工程款,致使南通二建无法足额支付农民工年终工资问题,对此表示歉意等。2017年3月6日向南通二建发送回函,其中载明:南通二建擅自停工,无权向佳程房产公司索赔停工损失及顺延工期。根据施工合同第三部分"专用条款"12.4.1的约定,付款实体要件和程序要件尚未全部满足,付款条件尚不具备。

南通二建于2017年8月18日向佳程房产公司发送律师函,重申要求佳程房产公司立即付清所拖欠的全部工程进度款,并与其磋商确定停工损失赔偿和工期顺延等事宜,否则将循司法途径解除施工合同。

本案审理中,佳程房产公司(甲方)和南通二建(乙方)于2018年6月3日签订补充协议书(以下简称2018年补充协议)约定,双方就解决本案项下的纠纷及总包合同的后续履行事宜等达成一致,并签署协议如下:"一、甲、乙双方一致确认:在本协议签署之前,甲方在总包合同项下共计欠付乙方工程进度款6926万元。对于甲方所欠付的本工程进度款,乙方同意甲方分期支付。其中:首期工程进度款人民币3000万元整,甲方应于2018年6月15日前支付给乙方……四、甲、乙双方一致同意并确认:在本协议签署后,双方继续履行总包合同,在本工程恢复施工后,对复工后的工程量的工程进度款按月审核支付,每月25日前支付上月已完成工程量所对应的工程进度款的77.5%。五、自2017年1月28日停工之日起,至本协议签署之日止,乙方的经济损失包括乙方因甲方逾期支付工程进度款所蒙受的资金财务成本损失、停工期间乙方所蒙受的各项停工损失(以下简称'乙方经济损失'),但不包括乙方因(2017)沪01民初1450号民事诉讼所支出的各项费用。乙方同意甲方给予乙方经济损失补偿款共计人民币壹仟万元整(¥:10000000元,下称'停工补偿款')。在本工程正式复工(以复工证日期为准,下同)后的30日内先行支付50%;剩余50%的停工补偿款纳入本工程结算(核算质保金时需扣除该停工补偿款部分),待本工程竣工结算完毕后与工程结算款同期一次性支付给乙方……七、其他特别约定事项:1.本协议签署后,在总包合同的后续履行过程中,如任何一方再行违约,均不影响相对方依总包合同的约定,行使包括合同解除权在内的相关合同权利……3.甲乙双方均同意并确认:甲方支付本协议第一条、第二条款项任何一期逾期,则本协议第五条项下的停工补偿款按以下方法核算:工程款占用成本暂按照1.6亿元(最终按工程结算价核算至复工前所完成工程量)核算至77.5%的工程款为基数减去已付款2974万元,从2017年3月31日－2018年5月28日(具体核算至首期3000万元实际支付之日),年利率按照6.65%计;工期损失双方按照10,500元每天计,368天+90天+28天(28天为暂计算至5月28日,实际以首期3000万元实际支付之日核算)。4.甲方同意在本工程正式复工后,如此后任一期工程款支付延误的,甲方按照年利率8.4%的标准向乙方支付逾期付款利息。5.以本协议相关约定为准,甲、乙双方就本工程在本协议签署前的欠付工程进度款,以及工程停工及复工等事项,不再存在任何未尽争议,任何一方不会再向对方主张任何索赔或补偿。6.本协议是总包合同的补充协议,本协议约定内容与总包合同不一致的,以本协议为准。除本协议约定的条款外,其余条款仍按总包合同履行。为免歧义,本协议的争议解决方式与总包合同一致。”该协议签订后,佳程房产公司并未依约履行付款义务。

二、工程款支付情况

佳程房产公司向南通二建汇款明细:2015年4月21日付2345万元,2015年9月8日付1000万元,2015年9月28日付1000万元,2015年11月27日分别付800万元、200万元,2016年8月30日付1810万元,2016年10月31日付3247万元,2016年11月28日付21,085,001元,2016年12月19日付20,327,900元,上述共计145,432,901元。

南通二建向佳程房产公司汇款明细:2015年4月24日付2345万元,2015年9月8日付1000万元,2015年9月29日付1000万元,2015年11月27日分别付800万元、200万元,2016年8月31日付1810万元,2016年10月31日付2747万元,2016年11月29日付10,545,001元,2016年12月21日付6,127,900元,上述共计115,692,901元。

南通二建陈述,其取得农商行向佳程房产公司发放贷款145,432,901元,但因未到施工合同约定的支付进度款的时间节点,故南通二建根据佳程房产公司的要求,将其中的115,692,901元返还给佳程房产公司,南通二建实际取得的工程款为2974万元。佳程房产公司认可其共支付工程款2974万元。

三、诉争工程实际已完成部分造价相关联事宜

上海市闵行区建设和交通委员会于2015年5月19日签发建筑工程施工许可

证一份,准予佳程房产公司就诉争工程桩基部分开始施工;上海市闵行区建设和管理委员会于2015年7月9日签发建筑工程施工许可证一份,准予佳程房产公司就诉争工程主体部分开始施工。

2019年4月22日,佳程房产公司、南通二建和审价单位共同签署司法鉴定会商纪要,其中佳程房产公司、南通二建均确认对1号楼土建、2号楼土建、3号楼土建工程量无异议。

南通二建于2015年12月9日出具关于混凝土中外加剂用量确认的编号47工程联系单,载明非人防设计图纸中说明“地下室内底板、外墙、外墙内的柱,顶板和梁的混凝土内均掺高性能膨胀抗裂剂取代等量水泥拌制成补偿收缩混凝土,应进行试配并满足相关规范要求”。人防图纸中说明“本工程底板(梁),顶板(梁),外墙,水池侧墙采用防水密实性混凝土,防水混凝土建议添加抗渗、防裂性能稳定的SY-T抗裂防水剂。防水剂掺量应经试验确定”,现已让混凝土搅拌站实验室对底板C40强度等级、外墙板、顶梁板C35强度等级出配合比报告,请设计确认是否满足要求。2015年12月9日C公司批注“上述砼中增加SY-T外加剂,请设计确认”,2016年5月11日佳程房产公司批注“经设计确认已同意该做法,详邮件答复”。审理中,南通二建提交其委托案外人出具的混凝土配合比报告,但佳程房产公司对该配合比报告不予认可。

佳程房产公司确认非人防部分的图纸虽未明确要求使用带E钢筋,但标注有抗震要求,且南通二建实际使用带E钢筋施工。

佳程房产公司、南通二建均确认关于人防门安装签有固定总价合同,南通二建实际只完成人防门门框的安装。

佳程房产公司、南通二建均确认BG-010、BG-011工程变更签证联系单为1号楼、2号楼土方开挖机械进出场费用;BG-017、BG-018工程变更签证联系单为1号楼、2号楼截桩费用;BG-021工程变更签证联系单为围护实体质量现场检测费用;BG-034工程变更签证联系单为工程桩截桩增加钢筋费用。

南通二建于2015年8月6日出具关于现场四周道路以及围墙事宜的编号21工程联系单,载明由于围护图纸设计基坑周边环境平均标高与现场四周围墙内地面平均标高相差较大,建议先将围墙拆除,再挖周边道路至设计标高,再用轻质材料重新砌筑,最后浇筑临时道路。C公司于2015年8月7日批注“情况属实,拟同意。需补充围墙实施方案供审核,并明确时间安排”。2015年9月9日佳程房产公司批注“根据总包上报且相关单位已审批的方案实施”。南通二建于2017年1月6日出具编号BG-030“基坑周边土方卸载及南侧围墙采用彩钢板围墙”工程变更签证联系单,内容注明其根据已审批的施工方案进行了施工。C公司于同日批注签收。

经南通二建申请,一审法院于2018年8月6日通过上海市高级人民法院委托上海中世建设咨询有限公司(审价单位)对诉争工程已完成工程量的造价进行司法鉴定,审价单位于2019年4月24日出具工程造价司法鉴定意见书,鉴定金额为确定造价153,245,733元,争议造价8,167,403元。各方当事人对该鉴定意见书提交书面意见,审价单位根据各方意见进行了复查,并于2019年8月1日出具工程造价司法鉴定意见书质证意见的回复,调整鉴定金额为确定造价153,117,450元,争议造价8,293,671元。一审法院组织各方当事人对该鉴定意见书进行质证。2019年11月18日,审价单位出具工程造价鉴定补充说明(二),列明双方的部分争议项目的参考数据,供法院参考。一审法院再次组织当事人对该鉴定意见发表了质证意见。

2019年12月4日,组织各方当事人赴诉争工程所在地点,就双方所争议的部分暗敷项目是否实际施工的问题进行现场查勘,双方一致确认:(1)1号楼地上和地下的弱电系统均未施工,应在审价金额中予以扣除;(2)1号楼的联动、广播、照明均已施工;(3)2号楼的弱电项目、火灾报警系统已施工。另外,施工现场还留有两台塔吊和垂直运输机。

根据现场勘察结论及当事人一致确认意见,审价单位于2019年12月10日出具工程造价鉴定补充说明(三),确认以2015年7月人工费计算,确定造价153,346,338元,争议造价7,938,345元;以2015年5月人工费计算,确定造价为153,033,864元,争议造价7,936,690元。双方再次质证后,一审法院归纳双方分歧如下。

四、南通二建与佳程房产公司关于工程造价的异议及审价单位意见

(一)确定造价部分

南通二建:该部分经三方核对确认,应计入确定造价。

佳程房产公司:对其中土方造价有异议,双方现场测量标高时,佳程房产公司工作人员不懂专业直接签字,现佳程房产公司不认可该数据,确定造价中土方费用计算过高。

审价单位:鉴定人员根据现场测量的标高数据进行审价,且在鉴定过程中,就土方工程量经三方核对,签字确认,故该款列入确定造价。

(二)争议造价部分

1.1 号楼垂直运输机械费用

南通二建:诉争工程主体结构已封顶,需要垂直运输机械的工作量已经完成,该费用已实际发生,应全额计入工程量。

佳程房产公司:诉争工程未完工,现仅为局部封顶,该项费用不应全部计取,应按 60% 打折计算。

审价单位:各方就计取比例无法达成一致,故审价单位以全额列入争议项目由法院确定。结构封顶后还需要垂直运输费用,包括砖墙结构施工和墙面的粉刷都仍需要垂直运输机械。按照已经完工比例和总工程比例计算,建议按照 65% 计取。

2.1 号楼抗裂膨胀剂、防水剂

南通二建:设计图纸中对此有明确设计要求,根据 47 号工程签证单双方共同确认需要使用抗裂膨胀剂、防水剂。该联系单与图纸内容是一样的,没有变更。南通二建按照图纸说明施工,应按该标准计算工程款,如果按照常规参考比例计算,则还应增加水泥的数量。

佳程房产公司:对审价单位的两种计算标准均不同意,对图纸和 47 号工程签证单真实性无异议。实际南通二建并没有按照图纸和联系单的要求去做,南通二建在本案中提供的配合比方案报告并未经佳程房产公司同意,目前也没有证据证明南通二建按照配合比报告施工。对审价单位的计算方式亦不予认可。

审价单位:双方就该项金额应按照图纸说明标准,还是按照常规参考比例标准存在争议,由法院决定按何种标准认定。根据设计图纸要求添加膨胀剂和防水剂,而在工程签证单上双方均确认同意目前施工方法,前者审价依据的配合比是根据联系单所附报告计算,后者系根据常规配合比计算。

3.1 号楼带 E 钢筋补差

南通二建:同意审价单位意见,实际按照图纸要求全部使用带 E 钢筋,应计入工程造价。

佳程房产公司:确认南通二建实际使用带 E 钢筋,虽然非人防部分图纸确标注有抗震要求,但并非必须选用价格较高的带 E 钢筋,故不认可非人防部分按带 E 钢筋计价。

审价单位:非人防部分图纸虽未写明带E钢筋,但标注有抗震要求,故可选用带E钢筋,确认金额为180,556元。

4.1号楼人防门预埋钢门框

南通二建:认可按照109,134元计算造价。

佳程房产公司:认可按照88,641元计算造价。

审价单位:预埋钢门框鉴定造价为109,134元。按照合同,以固定总价101万元定额计价,经计算,下浮率应为26.9%,人防门框按此下浮率计算,造价为88,641元。

5.2号楼带E钢筋补差

南通二建:同意审价单位意见。

佳程房产公司:2号楼没有人防部分,无须选用带E钢筋,该款不应计入造价。

审价单位:按照图纸标注有抗震要求,可选用带E钢筋,确认金额为4240元。

6.签证争议项目

(1)010号、011号签证单

南通二建:同意审价单位意见,应当计入造价,虽双方合同已约定土方价,但按照惯例,应另行计算挖机进出场费用。

佳程房产公司:认可审价单位计算金额,但不应计入造价。按照合同第76页第I(1)条中已经约定了土方单价为9元,故不存在另计算挖土机械进场费。

审价单位:010号签证单是2号楼土方挖机进出场费用,011号签证单是1号楼基坑挖机进出场费用。

(2)017号、018号签证单

南通二建:同意审价单位的意见。

佳程房产公司:不认可审价单位对截桩定额子目套用标准。

审价单位:017号、018号签证单分别是1号楼、2号楼的截桩费用,因实际没有达到设计标高,审价中对截桩费进行相应调整,扣减相应人工费。因该项目没有相对应的定额子目,本案所涉为管桩,与搅拌桩接近,故套用相应标准进行计算。

(3)021号签证单

南通二建:同意审价单位意见,检测针对桩基质量,结果显示桩基质量都是合格的,故应计入工程款。

佳程房产公司:该项费用实际发生,因认为南通二建施工质量出现问题而进行检测,该费用不应由佳程房产公司承担。检测针对的是桩基质量,确认检测结果是合格的。

审价单位:021 号签证单是 1 号楼围护实体质量现场检测费用。

(4)030 号签证单

南通二建:同意审价单位意见,该款应计入造价。

佳程房产公司:监理在该签证单上注明情况不明,未经确认,不同意计入造价,21 号联系单确有本公司工作人员签字确认,但其对具体情况不清楚,故不认可其签字效力。

审价单位:030 号签证单是基坑周边卸土及南围墙采用彩钢板临时围墙机费用。该签证单载明概括性事项,具体施工方案是按照 21 号联系单进行。审价单位根据该签证单和 21 号联系单配套计取费用。

(5)034 号签证单

南通二建:同意审价单位意见,该款应计入造价。

佳程房产公司:认可该部分钢筋费用实际发生,但该款应包含在 017 号、018 号签证单费用中计算,不能重复计算。

审价单位:034 号签证单是截桩增加钢筋费用,打桩和截桩过程中不包含钢筋费用,故应独立计算。

(三)人工费计算标准

南通二建:桩基工程不涉及人工,故诉争工程应以主体部分开工时间为准,按照 2015 年 7 月市场人工费标准计算。

佳程房产公司:根据施工合同,按开工当月的人工费的价值算,故诉争工程应以桩基部分开工时间为准,按照 2015 年 5 月市场人工费标准计算。

审价单位:诉争工程涉及两份建筑工程施工许可证,涉及桩基部分许可开工时间为 2015 年 5 月 19 日,主体部分开工时间为 2015 年 7 月 9 日。本案工程总造价须由法院先确定人工费适用标准后,审价单位将人工费计入,对工程总造价进行调整。

五牛投资中心、五牛基金公司、深圳五牛公司均表示对鉴定报告不发表意见,由法院依法认定。农商行亦表示对鉴定报告不发表意见,由法院依法认定。

审价单位于 2020 年 3 月 13 日出具工程造价鉴定补充说明(四),载明系争工程造价中确定项目合计 153,033,864 元。争议项目包括:(1)1 号楼垂直运输机械费用5,246,909元;(2)1号楼抗裂膨胀剂、防水剂按常规计算902,985元,按设计图纸计算为1,366,934元;(3)人防门预埋钢门框总额计算下浮率后计88,277元;(4)1号楼带E钢筋补差180,556元、2号楼带E钢筋补差4240元;(5)签证单争议中对017号、018号签证单扣减打桩费10,866元后合计1,018,499元。上述均按照2015年5月人工费进行调整。

南通二建为本次司法鉴定支付鉴定费934,281元。

审理中,佳程房产公司主张其为南通二建垫付水电费934,248.36元,南通二建予以认可,同意从佳程房产公司应付工程款中扣除。

五、农商行发放贷款情况

1. 2016年3月28日,农商行与佳程房产公司签订固定资产借款合同、抵押合同,约定佳程房产公司向农商行借款4亿元用于商业用房开发,并将系争工程抵押给农商行并办理了抵押登记。农商行自2016年5月18日至2017年3月21日已向佳程房产公司发放贷款共计373,242,901元。对此,佳程房产公司予以确认。

2. 农商行另提交付款凭证、施工方已收到资金确认函、闵行区浦江镇政府就佳程广场税收落地的函(复印件)、建设工程施工合同补充协议(复印件),证明佳程房产公司已支付南通二建工程款共计364,509,901元。

南通二建意见:(1)农商行主张其已发放的贷款中仅有145,432,901元实际汇入南通二建的账户,其中南通二建收款2974万元,剩余115,692,901元已通过银行转账返还给佳程房产公司;还有219,077,000元从未进入过南通二建的账户,故农商行提交的相对应的付款凭证均为虚假。(2)对落款日期为2016年3月31日、5月10日、5月23日、8月22日、8月30日的施工方已收到资金确认函上南通二建印章的真实性予以确认,但都是在2016年10月25日统一盖章,系为履行南通二建与佳程房产公司签订的2016年补充协议。盖章当时虽然注意到确认函上记载的合同总价为384,142,962元,但佳程房产公司对其解释该金额包含了后续大楼装修绿化等工程且该资金确认函仅仅用于农商行上级的审查,故南通二建加盖了公司印章。之后佳程房产公司再要求其盖章,南通二建没有同意。对2016年10月24日、10月31日、11月17日、11月28日、12月19日施工方已收到资金确认函的真实性不予认可,其尾部印章为"上海浦东佳程广场项目项目经理部",并注明对"文件往来及非经济合同有效",加盖该印章并不能代表南通二建的意思。(3)对闵行区浦江镇政府就佳程广场税收落地的函、建设工程施工合同补充协议的复印件真实性不予认可,南通二建从未签过该补充协议,与该补充协议内容相对应的资金确认函指向的合同系“暖通施工专业承包工程合同”,明显与本案无关。

佳程房产公司仅认可其加盖公司印章的部分付款凭证的真实性,对施工方已收到资金确认函的真实性及来源表示不清楚。但是佳程房产公司确认农商行确已实际向佳程房产公司发放贷款 373,242,901 元,而其仅向南通二建支付工程款 2974 万元,对于其余款项的去向问题,佳程房产公司却未作说明。

审理中,经一审法院赴银行调查取证,确认南通二建的建设银行账户内确未收到 2016 年 5 月 4 日 194 万元、5 月 19 日 18,260 万元、8 月 22 日 5,376,700 元、10 月 24 日 10,046,700 元、11 月 17 日 9,731,500 元及 11 月 28 日 9,382,100 元,该六笔款项共计 219,077,000 元。佳程房产公司工商银行账户内亦无支付上述款项的记录。农商行对该调查结果真实性予以确认,但认为南通二建既然在施工方已收到资金确认函上盖章,可以认定其已收到该些款项。

3. 南通二建提交 2015 年 9 月 2 日至 2016 年 12 月 21 日佳程房产公司向南通二建出具的多份承诺书、情况声明及承诺函、声明及承诺函,证明佳程房产公司承诺通过南通二建账户过渡银行贷款资金,不作为工程款付款依据,南通二建系应佳程房产公司要求在施工方已收到资金确认函上盖章,实际南通二建并未收到这些过渡款项。佳程房产公司对上述证据予以认可。农商行亦认可证据真实性,但认为这些证据足以证明南通二建与佳程房产公司将工程款以往来款的方式返还,主观上存在恶意,客观上损害了农商行的权益。

4. 农商行提供一份南通二建和佳程房产公司签订的合同价为 384,142,962 元的施工合同,陈述该合同源于佳程房产公司,农商行系根据该合同才批准向佳程房产公司贷款 4 亿元,本案诉讼中才得知南通二建与佳程公司实际签订的是合同价为 1.8 亿元的施工合同,故认为南通二建与佳程房产公司存在恶意串通,骗取银行贷款的情形。南通二建认为该合同造假,一则施工方已收到资金确认函载有合同编号,但是该合同上没有编号,亦无南通二建的印章原件;二则该合同上“承包人项目经理:童某”,其系佳程房产公司的员工,实际承包人项目经理应为南通二建的员工黄某;三则该造假合同第 4 页少了一行文字,致上下文不连贯;四则按照土建成本惯例,每平方米约 2000 元,但该合同的标准达到每平方米约 6000 ~ 7000 元,明显不合理。综上所述,农商行作为专业金融机构,不可能没察觉该合同系造假而成,应系明知。佳程房产公司表示其对该 384,142,962 元合同的情况不清楚。

六、南通二建主张的资金财务成本损失事宜

南通二建主张,为佳程房产公司先行垫付工程款,其于2015年7月16日发行债券,因此蒙受资金财务成本损失。为此其提交南通二建发行企业债券融资费率一览表、证券发行登记完成确认书一系列相关材料,证明债券发行金额为7.5亿元,债券发行票面利率为8.1%,按年分摊融资费率0.3%,综合融资费率8.4%。佳程房产公司认为融资发行企业债券与本案无关,且其融资完成时间早于诉争工程施工,其并无证据证明其发债项目与系争工程相关。

七、五牛投资中心与佳程房产公司的借款及担保事宜

2015年6月16日,五牛投资中心、佳程房产公司、北京佳程房地产开发有限公司共同签订借款合同,合同约定五牛投资中心以委托贷款形式向佳程房产公司提供借款2.5亿元,借款以实际放款金额为准,借款期限18个月;佳程房产公司提供的担保方式为在建工程抵押担保、股权转让担保和股权质押担保。

同日,佳程发展公司、五牛投资中心、佳程房产公司共同签订股权转让协议,约定佳程发展公司将其在佳程房产公司所持有股权中的99%转让给五牛投资中心。三方同时签订补充协议(一),约定股权转让协议系为担保佳程房产公司和五牛投资中心签订的借款协议的履行,故股权转让款不实际支付。

同日,三方签订股权质押合同,约定佳程发展公司将其在佳程房产公司持有的1%股权及其对应出资额240万元质押给五牛投资中心。2015年6月18日,上海市闵行区市场监督管理局出具股权出质设立登记通知书,确认佳程发展公司向五牛投资中心出质佳程房产公司金额为240万元的股权。

五牛投资中心(委托人)、上海银行股份有限公司闸北支行(贷款人)、佳程房产公司(借款人)签订上海银行人民币单位委托贷款借款合同,约定由上海银行贷款2.5亿元,贷款月利率为1.6667%,贷款期限为2015年6月23日至2017年3月22日。其后,佳程房产公司通过五牛投资中心实际收到银行贷款金额1.9亿元。

2016年5月11日,五牛投资中心、佳程发展公司签订连带责任保证合同,约定佳程发展公司对五牛投资中心借款给佳程房产公司的上述借款承担连带责任保证。同日,五牛投资中心、佳程房产公司、上海D有限公司签订协议书约定截至2016年5月12日,佳程房产公司对五牛投资中心负有到期债务本息共计205,505,456.67元;佳程房产公司向上海D有限公司借款1.99亿元,用于向五牛投资中心偿还借款本息,五牛投资中心收到上述1.99亿元后,将其持有的佳程房产

公司99%股权转回给佳程发展公司,剩余本息由佳程房产公司于2016年6月20日前偿还。上海D有限公司于2016年5月12日向五牛投资中心支付1.99亿元。五牛投资中心收到上海D有限公司支付的代偿借款本息后,将其持有的佳程房产公司99%股权回转给佳程发展公司。佳程房产公司于2016年5月19日向五牛投资中心还款5,928,422.33元。

另查明,佳程房产公司系佳程发展公司于2013年9月17日设立的一人有限责任公司。2015年6月16日,佳程房产公司通过股东会决议,由佳程发展公司向五牛投资中心转让佳程房产公司99%股份,公司类型变更为有限责任公司。2016年5月14日,五牛投资中心、佳程发展公司、佳程房产公司签订股权转让协议,合同载明佳程房产公司和五牛投资中心签订借款协议,为担保借款协议的履行,五牛投资中心受让佳程房产公司99%股权,并已办理了工商变更手续,在借款协议约定的全额还本付息后,佳程发展公司有权回购五牛投资中心持有的佳程房产公司股权。之后佳程房产公司通过股东决定,佳程发展公司持有100%股份,公司类型变更为一人有限公司。

五牛投资中心系有限合伙企业。南通二建提供工商登记的材料,认为五牛基金公司和深圳五牛公司先后作为五牛投资中心的普通合伙人,故应对五牛投资中心的债务承担无限连带责任。

八、佳程房产公司、佳程发展公司、栩宽公司之间的关系

佳程发展公司系佳程房产公司的一人股东。该两公司为证明其各自完全独立,不存在财产、人员、住所的混同,提供:(1)上海立信佳诚东审会计师事务所有限公司出某的佳程房产公司、佳程发展公司2014~2016年审计报告;(2)佳程房产公司与案外人上海E有限公司签订的租赁期为2017年3月20日至2019年3月19日的房屋租赁合同,佳程发展公司与案外人朱某签订的租赁期为2017年4月1日至2019年3月31日的办公房租赁合同;(3)佳程房产公司支付上海E有限公司的支付凭证、发票。南通二建认为上述证据并不足以证明佳程发展公司的财产独立于佳程房产公司。

佳程发展公司、栩宽公司均系北京A有限公司设立的一人有限公司。南通二建提供公司登记档案、照片,证明二公司在股东、管理人员、经营场所、经营范围及财产等方面混同,故栩宽公司应对佳程发展公司的债务承担连带责任。佳程房产公司、佳程发展公司、栩宽公司对证据真实性无异议,但认为仅以此不能证明南通二

建的主张。

南通二建提供律师调查笔录,证明佳程房产公司与佳程发展公司、栩宽公司存在财产混同,佳程房产公司向农商行贷款 3.8 亿元,大部分被用于清偿五牛投资中心的高利贷本息。佳程房产公司、佳程发展公司、栩宽公司、五牛投资中心、五牛基金公司、深圳五牛公司均对该证据真实性、关联性不予认可。

经一审法院与出具审计报告的上海立信佳诚东审会计师事务所有限公司咨询了解,前述审计报告是按照企业会计制度和相关会计准则的规定编制财务报表,反映公司审计年度的财务状况以及审计年度的经营成果和现金流量,并不能证明公司财产与其股东财产相互独立,要证明该项争议点,尚须进行专项审计予以确定。

上海市第一中级人民法院一审认为:依法成立的合同受法律保护,双方当事人均应恪守合同约定,履行各自义务。南通二建和佳程房产公司签订的施工合同及补充协议均系双方真实意思表示,不违反法律的禁止性效力性规定,合法有效,双方均应按约履行。现诉争工程尚未竣工,双方于合同履行过程中产生纠纷涉诉。

本案的争议焦点为:(1)南通二建是否有权解除其与佳程房产公司签订的施工合同;(2)南通二建实际收到诉争工程的工程款金额及佳程房产公司还应支付南通二建已完工部分工程款的金额;(3)南通二建要求佳程房产公司赔偿停工损失和资金成本损失的事实和法律依据问题;(4)南通二建对诉争工程欠付款项是否享有优先受偿权及优先受偿权的范围问题;(5)佳程发展公司、栩宽公司、五牛投资中心、五牛基金公司、深圳五牛公司是否应当对佳程房产公司的给付义务承担连带责任。

一、关于合同解除

发包人未按约定支付工程价款致使承包人无法施工,且在催告的合理期限内仍未履行相应义务,承包人有权要求解除建设工程施工合同。诉争工程施工合同履行过程中,南通二建和佳程房产公司签订 2016 年补充协议,将工程形象进度施工至整体(两幢塔楼)主体结构封顶时佳程房产公司应付的工程进度款的支付比例由已完工程施工图预算造价的 70% 调整至 55%。在南通二建施工至结构封顶并于 2017 年 1 月 13 日满足工程进度款支付的全部条件后,佳程房产公司仅支付了 29.74 万元工程款,该款远远低于双方约定的付款金额。为此,双方又达成 2018 年补充协议,约定佳程房产公司就拖欠的工程进度款分期付款,并约定佳程房产公司于 2018 年 6 月 15 日前支付首期工程进度款后,南通二建即予以复工,但佳程房产公司再次违约,分文未付。结合双方签订的施工合同、2016 年补充协议、2018 年补充协议和佳程房产公司付款情况,佳程房产公司欠付工程款致双方合同目的无法实现,已构成根本性违约。南通二建要求解除与佳程房产公司之间的施工合同,有充分的事实与法律根据,予以支持。鉴于双方当事人在2018年补充协议中曾经达成继续履行的合意,但因佳程房产公司又未履行该协议约定的首期3000万元的付款义务,故南通二建于2018年7月4日组织的各方当事人证据交换谈话中明确主张解除双方施工合同,该解除意思到达佳程房产公司,故一审法院认定双方施工合同于2018年7月4日解除。

佳程房产公司提出南通二建未付清履约保证金、未交付足额发票等,此系合同履行瑕疵,不足以对抗作为合同主义务的工程款给付义务。佳程房产公司另主张南通二建在任何情况下不得停工、怠工,根据施工合同中专用条款对双方适用通用条款的特别约定,佳程房产公司以此抗辩南通二建违约在先无权解除合同的意见,不予采信。况且之后双方另行签订补充协议,就双方于施工合同履行过程中的争议已予以厘清,诉争工程未竣工系因佳程房产公司的违约行为造成。据此,佳程房产公司主张其未按合同约定支付工程款,不构成根本性违约的主张,不予采信。

合同解除后,尚未履行的,终止履行;已经履行的,根据履行情况和合同性质,当事人可以要求恢复原状、采取其他补救措施,并有权要求赔偿损失。双方施工合同解除后,佳程房产公司应将拖欠工程款项向南通二建支付,返还履约保证金,并赔偿南通二建相应财产损失。南通二建应同时将诉争工程交付给佳程房产公司。

二、关于已完工程量造价

本案中工程造价鉴定意见书及工程造价鉴定补充说明由具有法定资质的司法审价机构作出,审价程序合法,依法作为定案证据予以采信。

(一)人工费计算标准

关于人工费计算标准是以2015年5月19日还是以2015年7月9日的建筑工程施工许可证为准,鉴于施工合同专用合同条款12.3.6(2)b约定人工费计价标准按开工当月上海市建筑建材业网站公布的工料机信息价中人工费价格的中间价计价。本案中相关部门于2015年5月19日许可诉争工程开工,双方合同中对开工时间并无其他特别约定,故原审法院采信佳程房产公司的主张,本案人工费应按2015年5月市场标准计算。

(二)土方费用问题

佳程房产公司对于审价单位对土方费用的计算依据,即2015年5月4日佳程房产公司、南通二建经现场测量后签字确认的浦东佳程广场自然土标高不予认可，但并无证据予以反驳。结合审价单位、南通二建、佳程房产公司三方于本案鉴定过程中达成司法鉴定会商纪要，佳程房产公司明确对1号楼土建、2号楼土建、3号楼土建工程量无异议。佳程房产公司对审价单位列入确定费用的土方费提出的异议不成立，不予采信。

据此，诉争工程确定造价部分为153,033,864元。

（三）1号楼垂直运输机械费用

双方就审价单位对该项费用认定为5,246,909元并无异议，但对该项应计入工程造价的比例存在分歧。对此，一审法院采信审价单位意见，即便主体机构封顶后仍需要使用垂直运输机械进行后续施工，应根据已完工程量比例，酌情确定该款按65%即3,410,490.85元计入工程造价。

（四）1号楼抗裂膨胀剂、防水剂

双方均确认设计图纸、编号47工程联系单要求混凝土添加膨胀剂和防水剂，南通二建并无提供充分证据证明其提供的配合比报告经佳程房产公司同意，亦无证据证明其系实际按照该配合比进行施工。在此情况下，一审法院确认按照常规比例计902,985元计入工程造价。佳程房产公司对审价单位两种计算标准均不予认可，但并未提供反驳依据，不予采信。

（五）1号楼、2号楼带E钢筋补差

佳程房产公司对南通二建在诉争工程中实际使用带E钢筋的事实并无异议，但认为非人防部分不需要使用费用较高的带E钢筋，故对该部分费用不予认可。鉴于双方均确认非人防部分图纸虽未明确要求使用带E钢筋，但标注有抗震要求，且佳程房产公司并无依据证明使用带E钢筋属于明显不合理，故一审法院认为南通二建在非人防部分使用带E钢筋并无不当。根据实际施工情况，该项费用共计184,796元应计入工程造价。

（六）1号楼人防门预埋钢门框

双方均确认关于人防门安装签有固定总价合同，现南通二建实际施工钢门框预埋，就该施工工程量应按照固定总价和定额计算下浮率。经审价单位核算下浮率为26.9%，应予采信，故一审法院采信佳程房产公司意见，人防门预埋钢门框的工程量应计算下浮率后计88,277元计入工程造价。

(七)签证单问题

1. 关于2号楼土方挖机进出场费和1号楼基坑挖机进出场费,佳程房产公司签署010号、011号签证单对此予以确认该款实际发生,该签证单系对双方建设施工合同的补充和变更,故佳程房产公司现主张合同已约定挖土方单价,故不同意支付上述款项,其理由不成立。该项应计入工程造价。

2. 1号楼、2号楼截桩费用,017号、018号签证单确认桩基施工因没有达到设计标高,实际产生截桩人工费。对截桩费用审价单位根据工程所涉两种桩型分别按相关标准进行计算。审理中,审价单位对截桩产生的人工费进行调整后,截桩费用应扣除人工费10,866元。佳程房产公司对审价单位计算标准提出异议,但并无充分依据予以反驳,一审法院不予采信。

3. 1号楼围护实体质量现场检测费用,021号签证单确认该项检测系双方共同决定且检测结果为基本符合设计要求,南通二建要求佳程房产公司支付该项检测费用并无不当,佳程房产公司主张系因工程发生质量问题才进行检测,故应由南通二建自行承担该费用的理由,不予采信。确认该款项应计入工程造价。

4. 基坑周边卸土及南围墙采用彩钢板临时围墙费用,南通二建提供030号签证单与编号21号工程联系单相互印证,南通二建实际就基坑周边土方卸载及南侧围墙采用彩钢板围墙进行施工。佳程房产公司主张该项施工情况不明,未经其确认,但并未提供相应证据予以证明。佳程房产公司称其公司员工对具体情况不清楚,故其在编号21号工程联系单上签字无效的意见,缺乏法律依据,故不予采信。该项应计入工程造价。

5. 1号楼工程桩截桩增加钢筋费用,034号签证单所涉该项费用佳程房产公司确认实际发生,但认为前述017号、018号签证单所确定的截桩费用中应已包含该费用。鉴于工程桩截桩并非因南通二建造成,且审价单位明确前述017号、018号签证单所确定的截桩费用不包含本项目项下费用,故原审法院对佳程房产公司的该项主张,不予采信。该项应计入工程造价。

上述签证单争议项目1~5总计1,018,499元,应予计入工程造价。

(八)水电费

双方均确认佳程房产公司为南通二建垫付水电费934,248.36元,南通二建认可应在佳程房产公司应付工程款中扣除。

综上所述,一审法院认定诉争工程已完工工程造价总计157,704,663.49元。

该款扣除佳程房产公司已付的工程款 2974 万元，还应支付南通二建工程款 127,964,663.49 元。

关于农商行主张南通二建实际超收工程款的意见，一审法院认为，根据在案证据及佳程房产公司和南通二建的一致确认，南通二建实际收到的工程款为 2974 万元，虽然南通二建在施工方收到资金确认函上认可收到的工程款总额高于其实际收到的工程款，但根据施工合同、补充协议约定，资金确认函不能作为其实际收到工程款的依据，且与经调查取得的银行转账记录不符。南通二建虽曾收到过共计 145,432,901 元款项，但因未至付款节点，南通二建确已返还佳程房产公司 115,692,901 元。据此，农商行主张南通二建已收到全部工程款，不应再主张工程款的意见，缺乏依据，不予采信。至于南通二建与佳程房产公司共同提供虚假的资金确认函的法律责任问题，当事人可另行处理。

三、南通二建主张的停工损失和资金财务成本损失

根据合同法规定，当事人可以约定一方违约时应当根据违约情况向对方支付一定数额的违约金，也可以约定因违约产生的损失赔偿额的计算方法。诉争工程因佳程房产公司欠付工程款，致南通二建于 2017 年 1 月 28 日起停工，产生经济损失。根据双方 2018 年补充协议第 5 条及第 7 条第 3 项、第 4 项约定，佳程房产公司确认南通二建自停工之日起蒙受资金财务成本损失及停工损失，并明确佳程房产公司若未履行该补充协议项下分期给付工程款义务的情况下，其应赔偿南通二建财务成本损失及停工损失的计算方式，即工程款占用成本（按工程结算价核算至复工前所完成工程量）核算至 77.5% 为基数减去已付款 2974 万元，自 2017 年 3 月 31 日至 2018 年 5 月 28 日（具体核算至首期 3000 万元实际支付之日），年利率按照 6.65% 计。工期损失按照每天 10,500 元计，368 天 + 90 天 + 28 天（28 天为暂计算至 5 月 28 日，实际以首期 3000 万元实际支付之日核算）。佳程房产公司同意在工程正式复工后，如此后任一期工程款支付延误的，南通二建按照年利率 8.4% 的标准向佳程房产公司支付逾期付款利息。

南通二建主张停工损失按每天 10,500 元，自 2017 年 3 月 31 日起计算至判决生效之日止，符合 2018 年补充协议的约定，予以支持。

南通二建主张资金财务成本损失按司法鉴定意见最终确认的工程款的 77.5%，扣除佳程房产公司已付工程款 2974 万元，按照年利率 6.65% 的标准自 2017 年 3 月 31 日起计算至判决生效之日止；根据司法鉴定意见最终确认的工程

款,扣除佳程房产公司已付工程款2974万元,按照年利率8.4%的标准计算自判决生效日之次日至工程款实际给付之日止。一审法院认为,2018年补充协议对佳程房产公司违反合同约定逾期未付工程款的违约责任作出明确约定,该约定已变更施工合同中关于佳程房产公司的违约责任的条款,故南通二建以2018年补充协议为依据主张占用资金的财务成本损失并无不当。根据双方的违约条款约定,工程款占用成本按已完成工程量的77.5%扣除已付工程款为本金,计算期限为2017年3月31日起至首期3000万元实际支付之日止,根据该补充条款整体内容,应视为南通二建认可在支付首期3000万元之前,仅以工程款中77.5%为计算逾期付款利息的本金范围,鉴于实际佳程房产公司并未支付该首期3000万元,故原审法院认定该计算标准应计算至本案判决生效之日止。另外,在佳程房产公司仍不支付应付工程款的前提下,则从本案判决生效之次日起至佳程房产公司实际付清工程款的期间,应以全部未付的工程款为本金进行计算。南通二建主张该期间应以年利率8.4%计算,但根据双方2018年补充协议的约定,只有在工程正式复工后产生的任一期工程款逾期付款的才按照年利率8.4%的标准支付,该约定是针对复工后正常履行的情况下,南通二建继续按期申报进度款的情形,但鉴于诉争工程实际并未复工,在该补充协议签订后并不存在新增工程量,故南通二建主张按年利率8.4%计算剩余22.5%工程款的财务成本损失,缺乏合同依据。佳程房产公司对南通二建该项诉请的计算期限无异议,但认为其主张的年利率标准过高,应予调整。一审法院对南通二建主张按年利率8.4%计算的诉请,不予采信,就合同约定的6.65%计算标准,系属合理,无须再予调低。一审法院认定,佳程房产公司应就未付工程款,自判决生效之日的次日起至实际支付工程款期间,按照年利率6.65%计算。

四、南通二建对系争工程是否享有建设工程优先受偿权及优先受偿权范围

《建设工程施工合同纠纷司法解释(二)》第17条规定:“与发包人订立建设工程施工合同的承包人,根据合同法第二百八十六条规定请求其承建工程的价款就工程折价或者拍卖的价款优先受偿的,人民法院应予支持。”第19条规定:“建设工程质量合格,承包人请求其承建工程的价款就工程折价或者拍卖的价款优先受偿的,人民法院应予支持。”本案中,诉争工程系因佳程房产公司逾期欠付工程款而停工,非因承包人的原因,建设工程未能在约定期间内竣工,承包人享有的优先受偿权不受影响,故南通二建对诉争工程享有建设工程优先受偿权,符合法律规定。《建设工程施工合同纠纷司法解释(二)》第22条规定:“承包人行使建设工程价款

优先受偿权的期限为六个月,自发包人应当给付建设工程价款之日起算。”施工合同解除后的系争工程已完工程量的价款结算,系在本案审理中通过司法鉴定程序予以确定,故南通二建主张工程款优先受偿权并未超过法律规定的期限。

南通二建主张除工程价款外,因佳程房产公司逾期支付工程进度款所造成的资金财务成本损失和停工损失,应纳入优先受偿范围。一审法院认为,《最高人民法院关于建设工程价款优先受偿权问题的批复》第3条规定,建筑工程价款包括承包人为建设工程应当支付的工作人员报酬、材料款等实际支出的费用。对于未竣工工程而言,建设工程价款是以施工预算价为基础进行评估确定的,由成本(直接成本、间接成本)、利润(酬金)和税金构成,已包含人工费及垫资款。本案中,南通二建主张的资金财务成本损失和停工损失,系依据2018年补充协议约定的违约金。《建设工程施工合同司法解释(二)》第21条第2款规定:“承包人就逾期支付建设工程价款的利息、违约金、损害赔偿金等主张优先受偿的,人民法院不予支持。”据此,南通二建主张将资金财务成本损失和停工损失纳入建设工程价款优先受偿权的范围,缺乏法律依据,不予支持。

五、佳程发展公司、栩宽公司与佳程房产公司是否构成人格混同

根据《公司法》第63条的规定,一人有限责任公司的股东不能证明公司财产独立于股东自己的财产的,应当对公司债务承担连带责任。该规定采取举证责任倒置的方式,要求股东对公司财产与股东独立承担举证责任。佳程房产公司系由佳程发展公司设立的一人有限公司,关于佳程房产公司、佳程发展公司所提供的2014~2016年度审计报告,根据一审法院与出具该审计报告的上海立信佳诚东审会计师事务所有限公司咨询,其仅是按照企业会计制度和相关会计准则的规定编制财务报表,反映公司审计年度的财务状况以及审计年度的经营成果和现金流量。佳程发展公司并未提供公司财产与其股东财产相互独立的专项审计报告等证据,故应承担举证不能的不利后果,故佳程发展公司应当对佳程房产公司的债务承担连带责任。

栩宽公司和佳程发展公司均系案外人北京佳程房地产开发有限公司所设立的一人有限公司,南通二建主张栩宽公司亦应对佳程房产公司的债务承担连带责任,但栩宽公司并非佳程房产公司的股东,虽其与佳程房产公司法定代表人相同且均有房地产开发经营业务,但南通二建并无证据证明栩宽公司和佳程房产公司存在财产混同的情况,故不符合《公司法》第20条第3款关于公司股东滥用公司法人独

立地位和股东有限责任,逃避债务,严重损害公司债权人利益的,应当对公司债务承担连带责任的规定。南通二建主张栩宽公司对佳程房产公司的债务承担连带责任,于法无据,不予采信。

六、五牛投资中心、五牛基金公司、深圳五牛公司是否应对佳程房产公司债务承担责任

根据在案证据,佳程房产公司为诉争工程开发项目向五牛投资中心借款,并以股权转让、质押等形式作为债务担保,五牛投资中心通过银行委托贷款方式向佳程房产公司出借款项后,佳程发展公司向五牛投资中心转让其所持佳程房产公司股权,及至佳程房产公司偿还借款后,五牛投资中心即将股权回转。一审法院认为,五牛投资中心虽持有佳程房产公司99%股权,但系履行以股权转让作为债务担保的约定。南通二建以借款年利率达20%,属于高利贷性质的主张,缺乏法律依据,难以采信。南通二建主张佳程房产公司系将从农商行贷款取得的工程款用以偿还五牛投资中心的借款,构成关联交易和利益输送,缺乏依据,亦不予采信。南通二建并无证据证明五牛投资中心在作为佳程房产公司股东期间存在逃避债务,严重损害公司债权人利益的事实,故其要求五牛投资中心、五牛基金公司和深圳五牛公司对佳程房产公司的债务承担连带责任的主张,亦不予支持。

据此,上海市第一中级人民法院依照《合同法》第94条第3项、第97条、第107条、第284条,《公司法》第20条、第63条,《民事诉讼法》第144条,《建设工程施工合同司法解释》第6条第2款、第3款及《建设工程施工合同司法解释(二)》第17条、第19~22条的规定,于2020年4月13日判决如下:"一、确认江苏南通二建集团有限公司与上海佳程房地产开发有限公司于2015年4月22日签订的《上海浦东佳程广场(G1-12地块)项目总承包工程施工合同》于2018年7月4日解除;二、江苏南通二建集团有限公司于本判决生效之日起15日内将上海浦东佳程广场(G1-12地块)工程场地交还给上海佳程房地产开发有限公司;三、上海佳程房地产开发有限公司于本判决生效之日起15日内支付江苏南通二建集团有限公司工程款人民币127,964,663.49元;四、江苏南通二建集团有限公司在上海佳程房地产开发有限公司欠付工程款人民币127,964,663.49元范围内就涉案上海浦东佳程广场(G1-12地块)项目工程折价或者拍卖的价款享有优先受偿权;五、上海佳程房地产开发有限公司于本判决生效之日起15日内返还江苏南通二建集团有限公司履约保证金人民币200万元;六、上海佳程房地产开发有限公司于本判决生效之日起15日内支

付江苏南通二建集团有限公司停工损失,按每天人民币10,500元计算,自2017年3月31日起至本判决生效之日止;七、上海佳程房地产开发有限公司于本判决生效之日起15日内支付江苏南通二建集团有限公司财务成本损失,以人民币92,481,114.20元为本金,按年利率6.65%,计算自2017年3月31日起计算至本判决生效之日止,以人民币127,964,663.49元为本金,按年利率6.65%,计算自本判决生效日之次日起至上海佳程房地产开发有限公司实际付清工程款之日止;八、上海佳程企业发展有限公司就本判决第三、五、六、七项对上海佳程房地产开发有限公司的债务承担连带责任;九、驳回江苏南通二建集团有限公司的其余诉讼请求。"

南通二建、农商行不服一审判决,向上海市高级人民法院提起上诉。

南通二建上诉称:(1)工程款数额的认定上存在两个错误。一是人工费计价标准问题。双方合同约定"人工费计价标准按开工当月上海市建筑建材业网站公布的工料机信息中人工费价格的中间价计价",一审将开工日期定为2015年5月不妥,应为2015年7月。二是垂直运输机械费用的计取问题。该费用应当全额计取,一审按比例计取不当。(2)栩宽公司、五牛投资中心应当对佳程房产公司的债务承担连带清偿责任。栩宽公司与佳程发展公司之间财务混同,应当否认其公司人格。五牛投资中心怠于履行股东职责,损害公司债权人利益应当对债权人承担责任。五牛基金公司、深圳五牛公司作为普通合伙人对合伙企业即五牛投资中心债务承担连带责任。请求:撤销原审判决第三、四、七、八项,依法改判应付工程款金额为130,012,950.16元,判决栩宽公司、五牛投资中心对佳程房产公司的债务承担连带清偿责任,五牛基金公司、深圳五牛公司对五牛投资中心的债务承担连带清偿责任。

被上诉人佳程房产公司、五牛投资中心、五牛基金公司、深圳五牛公司均不同意南通二建上诉请求。

农商行上诉称:南通二建实际已经收到了工程款,丧失了对建设工程的优先受偿权。南通二建主张优先受偿权已过除斥期间。请求:改判一审判决第四项,判决南通二建对工程款不享有优先受偿权。

南通二建认为农商行作为本案的无独立请求权第三人没有权利提出上诉,且不同意农商行的上诉请求。

上海市高级人民法院经二审,确认了一审查明的事实。

上海市高级人民法院二审认为,根据各方当事人诉辩主张,本案的争议点为:(1)南通二建就工程款提出的异议是否成立;(2)栩宽公司、五牛投资中心、五牛基金公司、深圳五牛公司对佳程房产公司的债务是否承担连带责任;(3)农商行是否有权提起上诉,其主张南通二建不享有工程款优先受偿权是否有事实和法律依据。

一、南通二建就工程款提出的异议是否成立

1. 人工费计价标准

南通二建与佳程房产公司对合同约定的人工费计价标准均没有异议,对于诉争工程的开工时间亦无异议,只是对按工程桩基开工时间还是主体部分开工时间作为计价标准有不同意见。二审法院认为,由于合同约定以开工当月作为人工费计价标准,并未区分哪一个工程阶段的开工日期,按照文字解释的方法在没有特别约定的情况下应当理解是整个工程的开工日期。二审法院按照桩基开工日期作为人工费计价标准并无不当,予以维持。

2. 垂直运输机械费比例

南通二建与佳程房产公司对该费用的数额没有异议,双方争议点在于由于工程并未全部完工,垂直运输机械费的确定是否按照完工比例进行确定。二审法院认为,一审法院按照已完工比例确定垂直运输机械费比例,是基于系争工程的实际施工情况,有事实依据。南通二建要求全额支付,是认为合同不能继续履行的责任在于佳程房产公司,未施工部分的金额应当作为损失予以计算。但是,对于南通二建的损失其已另行主张并得到了支持,故工程款应当按实计算为妥。

二、栩宽公司、五牛投资中心、五牛基金公司、深圳五牛公司是否承担连带责任

1. 栩宽公司是否承担连带责任

根据公司法的规定,公司股东不得滥用股东权利损害公司或者其他股东的利益,不得滥用公司法人独立地位和股东有限责任损害公司债权人的利益。如果有上述情况,严重损害公司债权人利益的,应当对公司债务承担连带责任。对于一人有限公司,公司法明确规定股东不能证明公司财产独立于股东自己的财产的,应当对公司债务承担连带责任。对于非一人有限公司的情形,则主张承担连带责任的一方应当举证证明两公司之间存在人格混同,严重损害其利益。故南通二建应当就其所主张的栩宽公司承担连带责任举证证明。南通二建在一审中提供的工商登记资料信息及在二审中所陈述的两公司同一天设立、两公司是上海佳程广场项目的共同权利人等证据,意图证明栩宽公司与佳程房产公司之间丧失独立性及相互

之间人格混同，缺乏证明力，难以采信。一审法院认为南通二建的主张缺乏事实和法律依据，并无不当，予以维持。

2. 五牛投资中心、五牛基金公司、深圳五牛公司是否承担连带责任

根据查明的事实，五牛投资中心成为佳程房产公司的股东是基于其和佳程房产公司的借贷法律关系而进行债务担保行为，南通二建认为佳程房产公司与五牛投资中心之间存在关联交易和利益输送，没有证据证明。其主张五牛投资中心承担连带责任没有事实和法律依据。在此前提下，五牛基金公司、深圳五牛公司亦不承担连带责任。一审法院对南通二建的该项诉请不予支持，并无不当，予以维持。

三、农商行是否有权提起上诉及南通二建是否享有工程款优先受偿权

《民事诉讼法》第56条一方面规定了“人民法院判决承担民事责任的第三人，有当事人的诉讼权利义务”，另一方面又规定了“前两款规定的第三人，因不能归责于本人的事由未参加诉讼，但有证据证明发生法律效力的判决、裁定、调解书的部分或者全部内容错误，损害其民事权益的，可以自知道或者应当知道其民事权益受到损害之日起六个月内，向作出该判决、裁定、调解书的人民法院提起诉讼”，该规定赋予了无独立请求权第三人提起撤销之诉的权利。在此情形下，作为已经是本案第三人的农商行，基于原判项中的优先受偿权与其抵押权之间存在民事权利的冲突，南通二建优先受偿权的享有损害其抵押权权益；在此情形下，农商行对优先受偿权提出异议而上诉，符合民事诉讼法的基本原理和精神，其有权提起上诉。

关于南通二建的优先受偿权问题，就南通二建与佳程房产公司之间的建设工程承包合同法律关系而言，南通二建对欠付工程款范围内就系争工程折价或者拍卖的价款享有优先受偿权，并无不当。本案的关键在于，南通二建的优先受偿权与农商行的抵押权产生冲突的情况下，两权利相较应当如何保护的问题。二审法院注意到，农商行与佳程房产公司签订固定资产借款合同、抵押合同，约定佳程房产公司向农商行借款4亿元用于商业用房开发，并将诉争工程抵押给农商行并办理了抵押登记。农商行在发放贷款过程中，一方面要求审核工程进度，另一方面要求建设工程的施工方南通二建出具施工方已收到资金确认函。农商行的上述行为，是对其抵押权的保护。南通二建明知出具施工方已收到资金确认函系配合佳程房产公司获得贷款发放仍予以出具，甚至在实际收到相应工程款后将款项返还给佳程房产公司，南通二建的资金处分行为是其对自己权利的处分，应承担相应的法律后果。二审法院综合衡量南通二建的优先受偿权和农商行的抵押权，认为农商行已

经尽其所能维护其抵押权利益,而南通二建返还已收款项后再主张欠付工程款优先受偿权,损害了农商行的权益,难以支持。至于南通二建抗辩认为其返还工程款的行为是基于未到支付工程进度款的原因,该主张是其与佳程房产公司之间的约定,不能对抗农商行,亦不能否定其出具施工方已收到资金确认函的事实。

综上所述,南通二建的上诉请求不成立,农商行的上诉请求成立。上海市高级人民法院依照《民事诉讼法》第 144 条、第 170 条第 1 款第 2 项之规定,于 2020 年 12 月 4 日判决如下:"一、维持上海市第一中级人民法院(2017)沪 01 民初 1450 号民事判决第一项、第二项、第三项、第五项、第六项、第七项、第八项、第九项;二、撤销上海市第一中级人民法院(2017)沪 01 民初 1450 号民事判决第四项。"

南通二建不服二审判决,向最高人民法院申请再审称:(1)原审判决认定事实的主要证据是伪造的。南通二建申请再审新提交的启东市公安局立案告知单、鉴定意见通知书、立案决定书、苏州同济司法鉴定所司法鉴定意见书,可以证明案涉建设工程施工合同补充协议及 2016 年 3 月 31 日、5 月 10 日、5 月 23 日的施工方已收到资金确认函中南通二建的公章均系伪造,南通二建对佳程房产公司向农商行申请贷款并不知情,也没有配合佳程房产公司转移贷款资金。南通二建将收到的 115, 692, 901 元款项返还给佳程房产公司是履约行为,不存在过错。(2)农商行存在过错,并非善意第三人。南通二建申请再审新提交的上海市监察委员会公告、上海市不动产登记信息、上海银行人民币单位委托贷款借款合同、上海市建设工程施工合同证明农商行存在配合佳程房产公司挪用贷款以归还高息过桥资金的行为,其未注意审核佳程房产公司伪造的总承包工程施工合同,也未按规定将贷款直接发放至南通二建账户。(3)农商行对涉案工程不享有抵押权。农商行仅办理了涉案工程抵押预告登记,未办理抵押登记,抵押权未设立。即便农商行办理了在建工程抵押登记,南通二建申请再审新提交的混凝土抗压强度检测报告、钢材焊接力学性能检测报告、工程变更签证联系单、挖土令、建设工程开工报告等证据也可以证明农商行对抵押合同签订以后新施工的两幢塔楼、主体工程不享有抵押权。(4)农商行系无独立请求权的第三人,没有上诉的权利。(5)建设工程价款优先受偿权是一项法定权利,如与抵押权存在冲突,则应结合案件事实认定优先顺序,不应直接剥夺南通二建享有的该项权利。故本案符合《民事诉讼法》第 200 条第 1 项、第 3 项、第 6 项规定的情形,应予再审。

被申请人农商行辩称:(1)南通二建共出具11份资金确认函,各函件内容连续,仅凭其提交的鉴定报告不足以推翻南通二建在原审中关于部分资金确认函系其出具的自认及原审法院对该部分事实的认定。(2)农商行不存在过错,其既对工程进度进行了审核,又要求南通二建出具了施工方已收到资金确认函以保障其抵押权实现。相反,南通二建在收到款项后私自转还给佳程房产公司,并且刻意隐瞒实际工程合同及付款情况,主观上存在明显恶意。(3)上海市第一中级人民法院(2018)沪01民初784号生效判决已经确认农商行依法享有涉案工程抵押权。(4)农商行作为涉案工程抵押权人,在本案中属于有利害关系的第三人,依法享有上诉权利。(5)南通二建主张的建设工程价款优先受偿权不得对抗农商行的抵押权。

最高人民法院经再审审查认为:

一、关于南通二建就案涉工程应否享有建设工程价款优先受偿权的问题

建设工程价款优先受偿权是建设工程承包人享有的一项法定优先权,但承包人不得滥用该项权利,且在特定情形下,因承包人自身存在过错行为,其还可能丧失建设工程价款优先受偿权。本案南通二建就涉案工程应否享有建设工程价款优先受偿权,应结合南通二建所实施行为的主观过错、后果、是否损害他人合法权益、是否影响建筑工人利益等因素综合予以认定。第一,从主观过错来看,南通二建在原审中自认其曾向农商行出具了落款时间分别为2016年3月31日、5月10日、5月23日、8月22日、8月30日的5份施工方已收到资金确认函,确认收到工程款261,466,700元。南通二建作为长期专业从事工程建设的市场主体,应对农商行要求其出具收到资金确认函的目的以及其出具收到资金确认函所产生的法律后果具有相应的认知。在此情况下,南通二建仍向农商行出具与实际收到工程款金额不符的施工方已收到资金确认函,并将其实际收到的145,432,901元工程款中的115,692,901元返还给了佳程房产公司,配合佳程房产公司套取农商行贷款。南通二建的行为在主观上存在重大过错,其应对此承担相应的法律责任。第二,从行为后果来看,南通二建在原审中自认由其出具的5份资金确认函载明其已收到佳程房产公司支付的工程款合计261,466,700元,超过原审法院认定的南通二建施工工程的总价款157,704,663.49元。发包人欠付工程款是承包人享有建设工程价款优先受偿权的前提和基础,南通二建在收到资金确认函中确认收到的工程款已超出其实际应得的工程款,其因为自身的过错行为丧失了主张建设工程价款优先受偿权的事实基础,其不应再享有该项优先权。第三,从是否损害他人权益的角度来看,虽

然南通二建出具5份收到资金确认函的对象为农商行,但该行为导致佳程房产公司从农商行获取的本应用于支付工程款的贷款被挪作他用,而具有优先受偿权的工程款未获清偿,必然会影响佳程房产公司其他债权人的债权受偿,故南通二建出具收到资金确认函的行为,不仅损害了农商行的合法权益,而且损害了佳程房产公司其他债权人的合法权益,其对佳程房产公司享有的工程款债权不应再优先于农商行对佳程房产公司享有的贷款债权,以及其他债权人对佳程房产公司享有的债权。第四,南通二建并未提供证据证明其就涉案工程不享有建设工程价款优先受偿权会损害建筑工人利益。综上,二审判决认定南通二建就涉案工程因其自身过错行为不享有建设工程价款优先受偿权,并无不当。南通二建申请再审新提交的启东市公安局立案告知单、鉴定意见通知书、立案决定书、苏州同济司法鉴定所司法鉴定意见书,不足以推翻其在原审中关于上述5份收到资金确认函由其出具的自认,亦不能证明原审认定的施工方已收到资金确认函均系伪造;其申请再审新提交的上海市监察委员会公告、上海市不动产登记信息、上海银行人民币单位委托贷款借款合同、上海市建设工程施工合同,不足以证明农商行存在主观恶意、未尽到合理审查义务的情形。南通二建所提交的上述证据材料均不属于《民事诉讼法》第200条第1项规定的足以推翻原判决的新的证据。

二、关于农商行是否享有涉案工程抵押权的问题

农商行与佳程房产公司就涉案工程签订了借款合同和抵押合同,并办理了涉案工程抵押预告登记,且农商行享有涉案工程抵押权已经上海市第一中级人民法院(2018)沪01民初784号民事生效判决确认,原审法院认定农商行享有案涉工程抵押权,并无不妥。南通二建关于农商行不享有涉案工程抵押权的主张不成立。南通二建申请再审新提交的混凝土抗压强度检测报告、钢材焊接力学性能检测报告、工程变更签证联系单、挖土令、建设工程开工报告不足以推翻原判决的上述认定,不属于《民事诉讼法》第200条第1项规定的新的证据。

三、关于农商行在本案中是否享有上诉权的问题

南通二建关于其对涉案工程折价或者拍卖的价款优先受偿的诉讼请求与农商行实现涉案工程抵押权的优先顺位直接相关,本案的处理结果与农商行具有法律上的利害关系,农商行在一审时以第三人身份参加本案诉讼符合《民事诉讼法》第56条的规定。一审判决判定南通二建对涉案工程折价、拍卖的价款享有优先受偿权,已实质性地影响农商行享有的案涉工程抵押权的行使和实现,农商行因一审判

决结果实际上承担了相应的法律后果。在此情形下,二审法院认定农商行享有上诉权,并无不当。南通二建关于农商行无权提起本案上诉的主张,亦不予支持。

综上,南通二建提出的再审事由不能成立,其再审申请不符合《民事诉讼法》第200条第1项、第3项、第6项规定的情形。最高人民法院依照《民事诉讼法》第204条第1款,《民诉法解释》第395条第2款规定,于2021年8月10日裁定如下:

驳回江苏南通二建集团有限公司的再审申请。

商事案例

许某宏与泉州南明置业有限公司、林某哲与公司有关的纠纷案

编者按

董事会作为公司经营决策机构，可以根据法律或者公司章程规定的权限和表决程序，就其审议事项经表决后形成董事会决议，但该决议应当反映董事会的商业判断和独立意志。任免董事的决议因关系公司控制权，故该类公司决议纠纷在实践中多发、易发。对于公司股东、董事、监事等提起的公司决议无效之诉，人民法院既要适用公司法及其司法解释的规定，亦应依据民事诉讼法及其司法解释审查原告是否“与本案有直接利害关系”。本案主要涉及原告是否适格等程序性问题，体现了对提起公司决议无效之诉的原告主体资格的审查要求，以及构成“决议”的条件，对类似程序问题的判断具有借鉴意义。本案裁判蕴含的司法价值，对于平等保护中外当事人合法权益，营造市场化法治化国际化营商环境，亦具有积极作用。

裁判摘要

1. 人民法院应当根据《公司法》《公司法司法解释(四)》《民事诉讼法》的规定审查提起确认公司决议无效之诉的当事人是否为适格原告。对于在起诉时已经不具有公司股东资格和董事、监事职务的当事人提起的确认公司决议无效之诉,人民法院应当依据《民事诉讼法》第119条的规定审查其是否符合与案件有直接利害关系等起诉条件。

2. 公司法意义上的董事会决议,是董事会根据法律或者公司章程规定的权限和表决程序,就审议事项经表决形成的反映董事会商业判断和独立意志的决议文件。中外合资经营企业的董事会对于合营一方根据法律规定委派和撤换董事之事项所作的记录性文件,不构成公司法意义上的董事会决议,亦不能成为确认公司决议无效之诉的对象。

原告:许某宏(曾用名:许某良),中国香港特别行政区居民

被告:泉州南明置业有限公司

法定代表人:林某哲

被告:林某哲,中国香港特别行政区居民。

原告许某宏诉因与被告泉州南明置业有限公司(以下简称泉州南明公司)、林某哲发生公司相关纠纷,向福建省高级人民法院提起诉讼。

原告许某宏诉称:1995年下半年,被告林某哲邀请原告及刘某煌、林某龙、黄某阳、戴某民五人共同在泉州投资水上乐园项目,提出借已经在香港设立的南明置业有限公司(以下简称香港南明公司)的名义与泉州市鲤城区地产开发公司(以下简称鲤城公司)、泉州市北峰对外加工装配有限公司(以下简称北峰公司)合资成立泉州南明娱乐有限公司。按照约定,鲤城公司与北峰公司合计出资600万元,占注册资本30%,香港南明公司出资1400万元,占注册资本70%。被告林某哲担任公司法定代表人兼董事长,原告出任该企业的董事,参与管理。公司名称后于2007年11月23日变更为"泉州南明置业有限公司"。1996年10月4日,原告等五个自然人与以林某哲为代表的香港南方纺织有限公司等六方投资人(以下简称六方投资人)就泉州南明公司投资项目中各方投资数额、比例、时间及权益份额等事项共同签订香港南明置业有限公司第一次董事会记录。之后,原告通过银行汇款与现金

方式共计投资港币250万元,占投资总额10%,由此享有泉州投资项目10%的投资权益。2000年8月9日,被告林某哲利用其对被告泉州南明公司的实际控制权,在原告被司法机关羁押不知情的情况下,召开泉州南明公司董事会并伪造原告签名,通过虚假的泉州南明娱乐有限公司董事会决议免除原告在被告泉州南明公司的董事职务,企图将原告在被告泉州南明公司的投资收益据为己有。根据外商投资企业相关法律规定,中外合资经营企业的董事会无权免除或者撤换公司董事。据此,泉州南明娱乐有限公司董事会决议违反法律与公司章程规定,应被确认无效。2003年3月8日,鲤城公司与北峰公司将其持有的泉州南明娱乐有限公司股权全部转让给香港南明公司,并于2003年12月2日办理股权变更登记,被告泉州南明公司由香港南明公司独资经营。此后,被告泉州南明公司陆续变更公司的名称、董事、经营范围等,并将公司所属商品房项目用地用于南益·西湖豪庭项目开发,开发收益超过人民币9亿余元。香港南明公司实际上系投资工具,不具备独立意思表示。被告林某哲凭借香港南明公司实际控制人的特殊身份,操控被告泉州南明公司将房地产开发收益直接分配给除原告之外其他四名投资方。原告曾多次向两被告主张权益,并要求两被告赔偿原告损失未果。两被告剥夺原告董事身份后,直接剥夺了原告对被告泉州南明公司的知情权、决策管理权、投资收益分配权等权利,已经严重侵犯了原告的合法权益;被告林某哲作为香港南明公司及被告泉州南明公司的实际控制人,应对泉州南明公司剥夺原告董事身份以及损害原告财产权益的行为负责并对由此给原告造成的实际经济损失承担连带赔偿责任。请求:(1)确认泉州南明公司2000年8月9日的泉州南明娱乐有限公司董事会决议无效;(2)判令两被告连带赔偿原告经济损失暂计9000万元(最终金额以人民法院委托有关机构审计或评估的金额为准)。

被告林某哲辩称:原告并非泉州南明公司的股东,只是泉州南明公司的原董事,无权起诉请求确认泉州南明公司的董事会决议无效。原告只是香港南明公司委派的泉州南明公司的首届外方董事,2000年8月9日香港南明公司发出委派书,确定原告不再担任泉州南明公司董事,至此,原告不再具有泉州南明公司的董事身份。涉案泉州南明娱乐有限公司董事会决议的内容系更换公司董事及总经理,涉及的是公司内部治理事项,并不违反法律、行政法规的规定,原告称决议内容违反法律规定,没有依据,且原告称被告林某哲擅自伪造其签名,也不是事实。原告并非泉州南明公司的股东,其所称的出资250万港元也不是事实,无权起诉请求分配泉州南明公司的盈余。林某哲并非本案的适格被告,原告对林某哲进行了不实指控,构成虚假陈述,依法应予制裁。因此,原告不具有诉权,请求驳回原告的起诉。

江西省高级人民法院一审查明:

1993 年 1 月 12 日,香港南明公司在香港注册成立。股东为许某棋、杨某嘉,各占 1 股;2006 年 11 月 28 日,许某棋将其名下的 1 股转让给徐某福。

1995 年 12 月 29 日,泉州南明娱乐有限公司成立,公司注册资本人民币 2000 万元,投资总额人民币 2500 万元,其中,鲤城公司出资 480 万元,占 24% 股份;北峰公司出资 120 万元,占 6% 股份;香港南明公司出资 1400 万元,占 70% 股份。公司章程第四章第 17 条规定:合营公司设董事会,董事会是合营公司的最高权力机构;第 18 条规定了董事会的职权范围;第 19 条规定:董事会由八名董事组成,其中甲方(鲤城公司)委派二名,乙方(北峰公司)委派二名,丙方(香港南明公司)委派四名,董事任期为四年,可以连任。第 21 条规定:甲、乙、丙方在委派和更换董事人选时,应书面通知董事会。

1996 年 10 月 4 日,香港南明公司召开董事会,董事会记录载明:香港南方纺织有限公司、许某良、刘某煌、林某龙、黄某阳、戴某民六方合作组成香港南明公司,其中,香港南方纺织有限公司占股 50%,许某良、刘某煌、林某龙、黄某阳、戴某民各占股 10%;公司集资 2500 万港元,按各自股份比例出资。同时约定集资日期如下:(1)1996 年 10 月 10 日香港南方纺织有限公司须投入 500 万港元;许某良、刘某煌等五人须各投入 100 万港元。(2)1996 年 12 月 31 日,香港南方纺织有限公司须投入 500 万港元;许某良、刘某煌等五人须各投入 100 万港元。(3)1997 年 3 月 31 日,香港南方纺织有限公司须投入 250 万港元;许某良、刘某煌等五人须各投入 50 万港元。林某哲、徐某福、杨某嘉、许某良均在该董事会记录上签字。

1997 年 3 月 14 日,泉州泉联审计事务所就泉州南明公司实收资本验证事项出具报告书,载明:香港南明公司于 1996 年 10 月汇入 3,999,850 港元,折人民币 4,285,839 元;于 1997 年 1 月两次汇入 4,999,700 港元,折人民币 5,353,679 元;合计人民币 9,639,518 元。1998 年 3 月 9 日,泉州泉联审计事务所再次就泉州南明公司实收资本验证事项出具报告书,该次验资事项载明:1997 年 5 月 5 日外商汇入 300 万港元,折人民币 3,214,200 元,两次投入资本共计人民币 12,853,718 元。

2003 年 12 月 2 日,鲤城公司、北峰公司分别将各自名下持有的泉州南明娱乐有限公司股权全部转让给香港南明公司,自此,泉州南明娱乐有限公司变更为外商独资企业。

2007年1月29日,泉州南明娱乐有限公司名称变更为泉州南明置业有限公司(泉州南明公司)。

在香港特别行政区高等法院原讼法庭受理的商业案件2013年第8宗原告许某棋诉被告林某哲、香港南益公司、香港南明公司、杨某嘉、徐某福、好运商业管理有限公司、上海展天国际物流有限公司一案中,香港南明公司提交的辩护词中提及:"……6.……在1993年1月12日左右,南明置业有限公司于香港成立,作为水上乐园的投资媒介。杨先生(杨某嘉)代表集团持有南明之1份公司股。至于原告(许某棋),经许氏幼弟同意,则被提议持有南明之另1份公司股份[但是林先生(林某哲)并不了解原告与许氏兄弟间的内部利益分配或家产分配,许氏兄弟也未向林先生披露任何相关信息,或请求林先生参与相关事宜(如有)]……18.原告(许某棋)于1996年11月5日支付(或使他人支付)100万港元分期付款的第1期(于1996年10月10日到期)。原告于1997年3月6日支付(或使他人支付)100万港元分期付款的第2期(于1996年12月31日到期)。但是原告后来未能在规定的1997年3月31日或其他到期日前支付(或使他人支付)50万港元的最后一笔分期付款款项。"

另查明:原告许某宏,原名许某良,于2003年3月11日改名为许某宏。

福建省高级人民法院一审认为:本案原告的诉请第一项为请求确认董事会决议无效,第二项虽表述为请求两被告赔偿经济损失,但实质上是基于其是公司实际投资人的主张请求按照出资比例分配公司盈余,两项诉求均属于主张股东权益,本案的案由应当确定为与公司有关的纠纷。因原告许某、被告林某哲均系中国香港特别行政区居民,本案系涉港民商事纠纷,应参照涉外案件适用集中管辖的规定。被告泉州南明公司的住所地在一审法院辖区内,依照《民事诉讼法》第26条,《民诉法解释》第22条,《涉外民商事案件诉讼管辖司法解释》第1条第1款第5项、第3条、第5条等规定,本案由一审法院管辖。各方当事人在诉讼过程中均援引中华人民共和国内地法律且未对法律适用问题提出异议,根据《涉外民事关系司法解释(一)》第8条第2款的规定,应确认中华人民共和国内地法律为本案准据法。关于原告的诉讼主体资格问题,本案原告主张其作为实际投资人出资设立了泉州南明公司,两被告认为原告的两项诉请均是股东才有资格提起的权利请求,但原告并非泉州南明公司的股东,因此不是本案的适格原告。对此分析如下:

首先,从原告提交的兴业银行香港分行汇款凭证来看,并未体现该200万港元款项系原告许某宏所支付,且原告主张另有50万元是现金支付,亦未能提供任何证据。香港南明公司在香港诉讼的辩护词中虽认可了先后收到200万港元,但认为是许某棋支付的。从香港南明置业有限公司第一次董事会记录分析,仅体现了香港南方纺织有限公司、许某良、刘某煌、林某龙、黄某阳、戴某民约定共同出资2500万港元组成香港南明公司,但该份董事会记录只能说明六方投资人约定对香港南明公司的注资情况,并未体现六方投资人的实际投资情况。原告主张其出资250万港元,依据不足。

其次,原告主张香港南明置业有限公司第一次董事会记录是六方投资人对泉州南明公司投资事宜的约定,泉州南明公司的港方注册资金实缴时间、款项总额与董事会记录的约定高度吻合,原告是泉州南明公司的实际投资人。但根据《公司法》第3条的规定,公司法人资格独立,香港南明公司作为依法设立的公司,在财产、责任方面与其发起人、董事和成员等截然分离,具有独立的法律地位,也应当以自己的名义享有民事权利和承担民事义务。即便许某宏支付了250万港元,但其完成出资后所形成的财产应当归香港南明公司所有,香港南明公司、北峰公司、鲤城公司才是泉州南明公司的登记股东和出资方。

最后,香港南明置业有限公司第一次董事会记录体现的六方投资人本身均非香港南明公司的登记股东,只是通过约定向香港南明公司投资,再由香港南明公司投资设立泉州南明公司的方式,间接控制泉州南明公司权益,即便前述六方投资人按照约定实际完成了出资,也是共同作为泉州南明公司的实际控制人,而非泉州南明公司的隐名投资者,不应认定为委托投资,不属于《外商投资企业纠纷司法解释(一)》第14条中规定的"当事人之间约定一方实际投资、另一方作为外商投资企业名义股东"的委托他人代持股的情形。综上,原告许某宏主张其为泉州南明公司的实际投资人,依据不足,而其并非被告泉州南明公司的股东,不能行使泉州南明公司的股东才享有的财产及其他权益,不是本案的适格原告,因本案尚未就原告的诉求进行实体审查,原告申请证人出庭作证所涉事项亦不影响本案诉讼主体资格的判断,故对于其调查取证、笔迹鉴定、委托审计、证人出庭作证等申请,亦不予支持。

据此,福建省高级人民法院依照《民事诉讼法》第119条、第154条第1款第3项,《民诉法解释》第208条第3款的规定,于2016年9月10日裁定如下:"驳回原告许某宏的起诉。"

许某宏不服一审判决,向最高人民法院提起上诉称:(1)一审关于许某宏等六方投资人对香港南明公司注资,出资完成后所形成的财产应当归香港南明公司所有的事实认定错误。一审法院未调查香港南明公司收到许某宏等六方投资人投资款项后如何处理的相关事实,在未查清六方投资人所投资金是入了香港南明公司资产,还是六方投资人仅将香港南明公司作为投资通道以该公司名义投资的情况下,即作出前述认定,显得草率。一审关于即便许某宏完成出资后也只是泉州南明公司的实际控制人而非实际投资人的事实认定错误。公司的实际控制人往往和实际投资人一致,二者并非互相矛盾的概念。(2)本案业已查清许某宏实际出资的事实,且许某宏也提交证据证明其签名被伪造,确属与本案存在诸多利害关系,一审法院以主体不适格为由适用《民事诉讼法》第119条的规定驳回许某宏起诉,不符合《公司法》第22条第1款的规定。一审为处理程序事宜驳回起诉裁定,在得出裁定结论所依据的必要事实范畴之外,就该案件很多实体问题也作了认定,明显超出裁定职责范畴,亦对当事人的实体权利造成了不当影响甚至侵害。请求:撤销一审裁定,指令一审法院审理本案。

被上诉人泉州南明公司辩称:(1)许某宏明确其诉请的权利基础系作为实际投资人出资设立了泉州南明公司,但其未能证明出资情况。即便许某宏对香港南明公司确有出资,基于法人独立人格,其出资后形成的财产也应归香港南明公司所有。许某宏并不具备泉州南明公司股东资格,其出资也不能作为行使本案请求权的依据。至于香港南明公司收到投资款后如何处理,与本案无关。(2)一审裁定认定许某宏提起本案诉讼系主张股东权益,许某宏对此未提出异议。本案许某宏并无证据证明其委托香港南明公司进行投资,即使许某宏系实际出资人,根据《外商投资企业纠纷司法解释(一)》的规定,其也不具备提起本案诉讼的权利。(3)许某宏的诉请须以特定身份为前提,其所称"与本案存在诸多利害关系"不能补正其主体资格,其权利行使缺乏法律依据。涉案董事会决议内容属于公司内部治理事项,即使许某宏认为与其存在利害关系,也应与委派其作为董事的股东另行解决。同理,关于投资收益,也应由其与香港南明公司另行解决,不得径行向泉州南明公司直接行权。(4)许某宏主张一审裁定在实体认定上超出裁定职责范畴,既无事实依据,也不属于正当的上诉理由。(5)许某宏在涉案董事会决议产生15年后起诉要求确认决议无效,明知法律对实际投资人行权路径规定明确仍坚持提起本案诉讼,并在一审中提出证据保全、笔迹鉴定、财务审计等申请,存在滥用诉权倾向。因此，许某宏的上诉理由均不能成立，一审裁定认定事实清楚，适用法律正确，应予维持。

被上诉人林某哲辩称：(1)许某宏所提董事会决议效力确认及公司盈余分配诉请分属确认之诉和给付之诉，两诉法律关系不同，且无事实和法律上的牵连，不属于可以合并审理的共同诉讼，许某宏在本案中的主张缺乏法律依据，应驳回其起诉。(2)林某哲仅系泉州南明公司法定代表人，不是涉案董事会决议的利害关系人，也不在泉州南明公司享受股东权益。本案纠纷与林某哲无关，许某宏起诉林某哲显属恶意，应驳回其对林某哲的起诉。其他意见同泉州南明公司答辩意见，许某宏各项上诉理由均不能成立。

最高人民法院经二审查明：2000 年 8 月 9 日，香港南明公司出具委派书记载："原南明娱乐有限公司董事长林某哲先生及港方董事许某良、郭某强先生因工作调动及身体原因，不再担任南明娱乐有限公司董事。现委派王某德先生担任南明娱乐有限公司董事长；委派刘某煌先生、万某松先生为南明娱乐有限公司港方董事。原董事吴某谋先生保持不变。"

2000 年 8 月 9 日泉州南明娱乐有限公司董事会决议载明：泉州南明娱乐有限公司董事会成员林某哲、郭某强、许某良（原文为许某扬）、杨某锡、万某新、吴某德、张某贤因工作调动或身体原因不再担任公司董事。经董事会研究决定更换董事人员如下：王某德（港方董事，任董事长），刘某煌（港方董事，任总经理），万某松（港方董事），颜某灿（内地董事），杨某川（内地董事），郑某欣（内地董事），郭某阳（内地董事），原港方董事总经理吴某谋先生不再担任总经理，但仍担任董事一职。特此决议。董事会成员落款处有林某哲、杨某锡、万某新、吴某谋、许某良签名。许某宏主张此处"许某良"的签名系被伪造。

泉州南明公司章程第四章第 18 条规定："董事会决定合营公司的一切重大事宜。其职权主要如下：(1)决定和批准总经理提出的重要报告（如生产规划、年度营业报告、资金、供款等）；(2)批准年度财务报表、收支预算、年度利润分配方案；(3)通过公司的重要规章制度；(4)决定设立分支机构；(5)修改公司规章；(6)讨论决定合营公司停产、终止或与另一个经济组织合并；(7)决定聘用总经理、会计师等高级职员；(8)负责合营公司终止和期限满时的清算工作；(9)其他应由董事会决定的重大事宜。"

除上述事实外，最高人民法院经二审，确认了一审查明的其他事实。

最高人民法院二审认为：

一、关于本案纠纷适用的准据法问题

许某宏、林某哲为中华人民共和国香港特别行政区居民，其在中华人民共和国内地起诉、应诉，且在诉讼过程中均援引中华人民共和国内地法律进行主张和抗辩，故一审法院关于本案系涉港民商事纠纷，应参照涉外案件的程序进行审理，本案准据法为中华人民共和国内地法律的认定，符合《涉外民事关系司法解释(一)》第19条和第8条第2款的规定，予以维持。

二、关于本案两项诉请可否一并审理的问题

本案中，许某宏以泉州南明公司2000年8月9日泉州南明娱乐有限公司董事会决议解除其董事职务违反法律规定，剥夺其分配投资收益等权利为由，向一审法院提起诉讼，请求确认涉案董事会决议无效，并要求泉州南明公司及林某哲连带赔偿其相当于投资收益的经济损失。该两项诉讼请求依据的法律关系虽然不同，但均系基于许某宏认为其系泉州南明公司实际投资人、其投资权益被不当侵夺这一相同的事实背景。《民诉法解释》第221条规定：“基于同一事实发生的纠纷，当事人分别向同一人民法院起诉的，人民法院可以合并审理。”一审法院根据许某宏向泉州南明公司、林某哲主张权利系基于同一事实的情形，认定许某宏提出的两项诉讼请求均系与公司有关的纠纷且一并予以审理，于法有据，予以维持。被上诉人林某哲关于许某宏在本案中的两项诉讼请求分属不同的法律关系、不应合并审理的诉讼理由不能成立，不予支持。

三、关于许某宏是否为本案的适格原告问题

《公司法司法解释(四)》第1条规定，公司股东、董事、监事等请求确认股东会或者股东大会、董事会决议无效或者不成立的，人民法院应当依法予以受理。该规定将确认公司决议无效之诉的原告明确列举为公司股东、董事、监事等，同时要求“人民法院应当依法予以受理”。根据《民事诉讼法》第119条第1项和《民诉法解释》第208条第3款的规定，提起诉讼的原告必须“是与本案有直接利害关系的公民、法人和其他组织”，人民法院在立案后发现原告的起诉不符合起诉条件的，应当裁定驳回起诉。据此，对于公司股东、董事、监事等提起的公司决议无效之诉，人民法院既要适用《公司法》及其司法解释的规定，也应依据《民事诉讼法》及其司法解释审查原告是否“与本案有直接利害关系”。同理，提起公司盈余分配诉讼的原告，亦应当具有股东身份，或者与公司盈余分配有其他直接利害关系。因此，一审法院在本案受理中,依法审查许某宏与本案是否具有直接的利害关系,并以此判定许某宏是否具有提起本案两项诉讼请求的原告资格,适用法律正确。

(一)关于许某宏是否为涉案董事会决议无效之诉的适格原告问题

本案中,许某宏系以2000年8月9日泉州南明娱乐有限公司董事会决议违法解除其董事职务为由请求确认该董事会决议无效。根据查明的事实,涉案董事会决议作出时,泉州南明公司为中外合资经营企业。《中外合资经营企业法》第6条规定,合营企业设董事会,其人数组成由合营各方协商,在合同、章程中确定,并由合营各方委派和撤换;董事会的职权是按合营企业章程规定,讨论决定合营企业的重大问题。根据泉州南明公司章程第四章第19条、第21条的规定,董事会由8名董事组成,其中鲤城公司委派2名,北峰公司委派2名,香港南明公司委派4名;三方在委派和更换董事人选时,应书面通知董事会。据此,泉州南明公司的董事系由合营各方委派和撤换。作为合营方,香港南明公司可以委派许某宏为泉州南明公司的董事,也可以单方解除许某宏的董事职务。故自香港南明公司2000年8月9日包含解除许某宏董事职务内容的委派书到达泉州南明公司时起,许某宏即不再担任泉州南明公司董事职务。涉案董事会决议中虽然包含许某宏不再担任董事职务的内容,但其依据是股东香港南明公司关于免除许某宏董事职务的通知,所体现的只是合营企业股东的意志,并非泉州南明公司董事会的意志。因此,该部分内容仅系泉州南明公司董事会对既有法律事实的记载。根据《公司法》的规定,董事会作为公司经营决策机构,可以根据法律或者公司章程规定的权限和表决程序,就其审议事项经表决后形成董事会决议,但该决议应当反映董事会的商业判断和独立意志。由此,《公司法司法解释(四)》第1条规定可以由公司股东、董事、监事等请求确认无效的决议,并不包括本案所涉不体现董事会意志的记录性文件。故涉案上述文件中涉及许某宏不再担任泉州南明公司董事职务的部分,虽然有董事会决议之名,但其并不能构成公司法意义上的董事会决议。综上,涉案董事会决议并非许某宏丧失泉州南明公司董事职务的原因,无论该董事会决议上"许某良"签名是否系伪造,均不影响香港南明公司解除其董事职务的效力。许某宏关于其是涉案董事会决议无效之诉适格原告的上诉理由不能成立。一审裁定关于许某宏与涉案董事会决议间不具有直接的利害关系、并非本案适格原告的认定正确,予以维持。

(二)关于许某宏与泉州南明公司的盈余分配之间是否存在直接利害关系的问题

许某宏并非泉州南明公司的股东,其于本案中系以泉州南明公司实际投资人身份,请求按照出资比例分配公司盈余。公司法上的实际投资人,是以名义股东的名义在该名义股东出资义务范围内投入资金、实物等并最终享有投资权益的民事主体。根据《公司法司法解释(三)》第24条第1款和《外商投资企业纠纷司法解释(一)》第15条第1款的规定,作为实际投资人的投资者,须与名义股东之间订立以名义投资人为名义股东、由实际投资人投资并享有投资权益的合同。据此,许某宏提出的有关其系泉州南明公司实际投资人的主张能否成立,需要审查其于本案提供的证据能否证明其与香港南明公司间,就香港南明公司作为名义股东、许某宏作为实际投资人形成了委托投资合同关系。香港南明公司于1993年1月12日在香港注册成立,注册股东为许某棋、杨某嘉,各占1股。据许某宏一审举示的1996年10月4日香港南明置业有限公司第一次董事会记录记载,由许某宏与刘某煌、林某龙、黄某阳、戴某民及香港南方纺织有限公司六方,按照各自股份比例集资2500万港元,合作组成香港南明公司。就许某宏等六方集资的目的是否专门用于香港南明公司履行对泉州南明公司的出资义务一节,该董事会决议中并无明确的记载,但从各方约定共同集资2500万港元的数额来看,显然大于香港南明公司对泉州南明公司负有的认缴出资义务即人民币1400万元。本案现有证据并不能证明许某宏等六方与香港南明公司之间存在以香港南明公司作为名义股东向泉州南明公司进行投资的委托投资关系这一待证事实。故许某宏以其出资实际用于泉州南明公司这一嗣后事实为由主张其系该公司的实际投资人,缺乏事实和法律依据,不予采信。与此同时,实际投资人不是外商投资企业的股东,法律所保护的仅是实际投资人基于与名义股东之间的合同安排而享有的投资权益,并非股东所能享有的全部权益。因此,《公司法司法解释(三)》第24条第2款、《外商投资企业纠纷司法解释(一)》第15条第2款均强调,实际投资人获取投资权益的实现方式,是依据其与名义股东之间的合同关系向名义股东进行主张。《外商投资企业纠纷司法解释(一)》第17条规定:“实际投资者根据其与外商投资企业名义股东的约定,直接向外商投资企业请求分配利润或者行使其他股东权利的,人民法院不予支持。”可见,即便许某宏所持的其与香港南明公司存在名为“投资通道”的委托投资关系进而成为泉州南明公司实际投资人的主张成立,亦不能直接向泉州南明公司主张投资权益。由上,一审裁定关于许某宏并非泉州南明公司的实际投资人,其与泉州南明公司的盈余分配不具有直接利害关系的认定正确，予以维持。顺予指出，《公司法》第 216 条第 3 项规定，“实际控制人，是指虽不是公司的股东，但通过投资关系、协议或者其他安排，能够实际支配公司行为的人”。一审法院在未审查泉州南明公司的控制权归属的情况下，作出许某宏等六方投资人共同出资作为泉州南明公司实际控制人的认定，事实依据不足，予以纠正。

四、关于许某宏与林某哲之间是否具有直接利害关系的问题

如前所述，许某宏并非涉案董事会决议无效之诉的适格原告，林某哲作为泉州南明公司的董事长在涉案董事会决议上签字的行为，系履行职责的职务行为，依法不能产生对许某宏的个人责任。加之许某宏与泉州南明公司之间不存在直接的利害关系，并非请求盈余分配诉讼的适格原告，林某哲作为泉州南明公司的法定代表人当然亦非本案的适格被告。故一审法院驳回许某宏对林某哲的起诉的处理结果正确，予以维持。

五、关于本案其他相关问题的处置

依照香港南明置业有限公司第一次董事会记录记载的内容，许某宏与其他五方投资人合作组成香港南明公司并按照各自股份比例出资，该董事会记录亦记载了六方的股份比例及集资款项的投入日期。且许某宏在本案诉讼中主张，六方投资人依其与香港南明公司间的约定对外进行投资。故许某宏系与其他五方投资人之间，六方投资人系与香港南明公司之间形成了相应的法律关系。许某宏应基于其与其他五方投资人的约定及六方投资人与香港南明公司间的约定主张并行使相应的权利。由于许某宏在香港特别行政区的投资情况，并不影响本案对许某宏是否具备原告主体资格的判断，二审法院对于许某宏与其他五方投资人之间，六方投资人与香港南明公司之间法律关系的性质不予审理。同理，一审法院于本案审查认定许某宏与香港南明公司间是否存在资金往来、资金往来具体数额、该资金是否系对香港南明公司的直接投资等事实亦无必要，二审法院对一审裁定有关上述内容的认定不予确认。许某宏可在另行主张权利时一并请求受案法院予以审查认定。此外，因本案无须就许某宏的诉请进行实体审查，许某宏一审申请证人出庭作证所涉事项并不影响本案诉讼主体资格的判断，一审法院对其调查取证、笔迹鉴定、委托审计、证人出庭作证等申请不予支持，并无不当。许某宏二审中提出的调查取证及委托鉴定申请，亦不予准许。对于许某宏二审提交的相关证据，即使予以采信也不能证明其具有原告资格，于本案不予认定。

综上,许某宏的上诉请求不能成立。最高人民法院依照《民事诉讼法》第 170 条第 1 款第 1 项、第 171 条的规定,于 2017 年 10 月 10 日裁定如下:

驳回上诉,维持原裁定。

本裁定为终审裁定。

中国工商银行股份有限公司上海市分行营业部等与上海智富茂城置业有限公司等金融借款合同纠纷案

编者按

实务中，一些金融机构利用优（强）势地位，在金融借款合同中约定利息外另行收取财务顾问费、咨询费、手续费等费用，此类费用虽与金融借款直接相关，却不直接表现为利息等直观的融资成本。金融机构收取该费用却并未向客户提供实质性服务，属变相增加企业融资成本的行为，与国家提出的降低实体企业融资成本的精神不相符。因此，在司法审判中，必须对金融机构的变相利息加以规制，即借款人对金融机构的变相利息认为质价不符，要求酌减或者不予支付的，法院应当根据借款人提供的证据进行审查，必要时可以依职权进行调查，查清是否存在质价不符变相收取利息的情形。本案是《九民会议纪要》出台后，最高人民法院援引《九民会议纪要》第51条规定精神改判的第一例二审案件，对金融借款合同中的不合理费用予以规制，清理纠正金融服务不合理收费，旗帜鲜明地彰显了金融应当服务实体经济的司法导向，通过审判活动指引金融机构切实降低实体企业的融资成本，回归金融服务实体经济的本源。

裁判摘要

商业银行收取中间费用应当遵循依法合规、平等自愿、息费分离、质价相符的原则。实践中,商业银行利用其优势地位捆绑贷款强制客户订立中间业务合同而未提供实质性服务,属变相收取利息,背离了民法平等、自愿、公平原则,增加企业融资成本,属于《商业银行收费行为执法指南》规定的“只收费不服务”情形。为充分发挥司法的规范指引作用,促进金融和实体经济实现良性循环,有效降低企业融资成本,回归金融服务实体经济的基本遵循,对金融机构收取的变相利息和不合规费用必须加以严格审查。

原告:中国工商银行股份有限公司上海市分行营业部

负责人:徐某华,总经理

原告:上海农村商业银行股份有限公司宝山支行

负责人:杨某华,行长

被告:上海智富茂城置业有限公司

法定代表人:丁某富,执行董事

被告:智富企业发展(集团)有限公司

法定代表人:严某明,执行董事

被告:丁某富

被告:严某文

原告中国工商银行股份有限公司上海市分行营业部(以下简称工行上海分行营业部)、原告上海农村商业银行股份有限公司宝山支行(以下简称农商行宝山支行)因与被告上海智富茂城置业有限公司(以下简称智富茂城公司)、被告智富企业发展(集团)有限公司(以下简称智富企业公司)、被告丁某富、被告严某文发生金融借款合同纠纷,向上海市高级人民法院提起诉讼。

原告工行上海分行营业部、原告农商行宝山支行诉称:2011 年 3 月 11 日,原告工行上海分行营业部、原告农商行宝山支行与被告智富茂城公司三方签订了银团贷款协议一份,合同约定,被告智富茂城公司因开发建设普陀区古浪路某商用房产,原告工行上海分行营业部作为牵头安排行、贷款代理行、担保代理行、账户监管行,原告农商行宝山支行作为贷款人,两原告组成银团向被告智富茂城公司给予借款15亿元额度(其中原告工行上海分行营业部承诺额10亿元,占银团份额2/3;原告农商行宝山支行承诺额5亿元,占银团份额1/3),借款期限为8年,自首个提款日起起算借款期限,约定分次提款,分期还款,借款利率为中国人民银行5年以上贷款基准利率上浮20%,按季付息,借款利率以年为一期,一期一调整,逾期罚息利率为逾期时所适用借款利率的140%,同时合同约定贷款人有权对未付利息按照逾期罚息利率计收复利。2011年4月21日,原告工行上海分行营业部作为担保代理行与被告智富茂城公司签订了房地产抵押协议,约定被告智富茂城公司以其名下上海市普陀区古浪路×弄×号地下1~地下4、1~4层房产,古浪路×弄×号地下4层汽车库为两原告向其发放的该笔银团借款提供抵押担保,该抵押合同已办理了抵押登记。2011年12月2日,原告工行上海分行营业部作为担保代理行与被告智富茂城公司签订了房地产抵押协议,约定被告智富茂城公司以其名下上海市普陀区真大路×弄×号4~26层、古浪路×弄×号1~25层等房产为两原告向其发放的该笔银团借款提供抵押担保,该抵押合同已办理了抵押登记。2015年3月30日,原告工行上海分行营业部作为担保代理行与被告智富企业公司签订了保证协议,被告智富企业公司自愿为两原告向被告智富茂城公司发放的该笔银团借款提供连带责任担保。2015年3月30日,原告工行上海分行营业部作为担保代理行与被告丁某富、被告严某文签订了保证协议,被告丁某富、被告严某文自愿为两原告向被告智富茂城公司发放的该笔银团借款提供连带责任担保。2011年6月至2015年12月,原告工行上海分行营业部向被告智富茂城公司发放19笔借款,共计借款金额8.0834亿元。原告农商行宝山支行通过贷款代理行原告工行上海分行营业部向被告智富茂城公司发放8笔借款,原告农商行宝山支行直接向被告智富茂城公司发放2笔借款,共计借款金额4.0418亿元。被告智富茂城公司累计向两原告提款12.1252亿元。因商用房开发项目规划调整及建设进度滞后延后等原因,两原告分别于2013年1月9日、2015年3月30日、2017年3月30日与被告智富茂城公司签订三份银团贷款补充协议,对还款计划进行了三次调整。借款合同履行期间,被告智富茂城公司未能按照银团贷款协议、银团贷款补充协议的约定按期归还2017年9月30日、12月25日到期应付的银团贷款本金,构成违约。两原告依据银团贷款协议违约后果的约定,于2017年12月26日宣告贷款的任何未提取部分被取消,同时宣告全部贷款立即到期,要求被告智富茂城公司立即向两原告支付所有未还本金及相应利息,其中积欠原告工行上海分行营业部借款本金738,282,000元,积欠原告农商行宝山支行借款本金369,151,000元,并要求其余被告承担各自应承担的担保责任。两原告为维护合法权益,诉至法院,请求:(1)被告智富茂城公司立即向原告工行上海分行营业部支付借款本金738,282,000元,同时以欠款本金为基数按照逾期罚息利率8.232%支付自2018年3月21日起至实际清偿日止的逾期利息;(2)被告智富茂城公司立即向原告农商行宝山支行支付借款本金369,151,000元,同时要求以欠款本金为基数按照逾期罚息利率8.232%支付自2018年3月21日起至实际清偿日止的逾期利息;(3)被告智富企业公司、被告丁某富、被告严某文为被告智富茂城公司的上述第1项、第2项债务承担连带保证责任;(4)被告智富茂城公司以其名下上海市普陀区古浪路×弄×号地下1~地下4、1~4层房产,古浪路×弄×号地下4层汽车库为其上述第1项、第2项债务承担抵押担保责任,并在被告智富茂城公司不能偿还上述第1项、第2项债务时,两原告有权对上述抵押物折价或者以拍卖、变卖该抵押物所得的价款在担保范围内优先受偿;(5)被告智富茂城公司以其名下上海市普陀区真大路×弄×号4~26层、古浪路×弄×号1~25层等4处房产为其上述第1项、第2项债务承担抵押担保责任,并在被告智富茂城公司不能偿还上述第1项、第2项债务时,两原告有权对上述抵押物折价或者以拍卖、变卖该抵押物所得的价款在担保范围内优先受偿。

被告智富茂城公司、智富企业公司、丁某富、严某文共同辩称:(1)政府政策变化影响了被告按期还款,应依据情势变更原则,公平地变更合同约定的还款期限,驳回两原告诉请。(2)三次签订银团贷款补充协议也是情势变更情形所引发,并非被告的过错,也未延长原合同约定的还款期限。(3)被告具有还款意愿和实力,两原告滥用诉权申请财产保全影响了被告履约还款。(4)被告主观上没有违约过错,与两原告积极磋商,目前已初步达成和解方案,且已开始履行。(5)对两原告诉请的本金金额没有异议,对逾期利息的起算日期没有异议,对罚息利率有异议,希望能予以调整。担保义务未到履行时候,应驳回两原告该项诉请。

上海市高级人民法院一审查明:

2011年3月11日,原告工行上海分行营业部、原告农商行宝山支行与被告智富茂城公司三方签订了银团贷款协议,约定各贷款人分别地而非连带地同意根据本协议的条款和条件向借款人提供总金额不超过15亿元的贷款。贷款期限为8年,自首个提款日起至贷款到期日,暂从2011年3月31日至2019年3月30日。该协议第9.02条约定了利率和利息计算:"(i)本合同利率确定为在中国人民银行相应档次基准利率(5 年以上贷款基准利率)上浮 20%,每笔提款的合同利率分别计算,并实行一期一调整,以年为一期;(ii)如遇中国人民银行调整利率或利率确定办法,则按中国人民银行的有关规定办理。"银团贷款协议第 9.03 条约定了罚息:"(i)逾期罚息。在本协议期内,如果借款人未能按时支付到期应付或由贷款代理行宣告到期应付的全部或部分与贷款有关的本金、利息或任何其他应付款项,则自该款项应付之日起,根据实际逾期金额和实际逾期天数计收逾期利息,该逾期利息的年利率为本协议所述之逾期行为发生时所适用的贷款利率的 140%,并应贷款代理行要求由借款人立即支付。"银团贷款协议第 21.01 条约定了违约事件构成:"(i)未能支付。当本协议项下任何本金、利息、费用或借款人与贷款人之间的任何其他应支付的款项到期时或明确要求支付时,借款人未能立即支付。为避免异议,本协议 9.03 款规定的可适用的罚息应于本协议项下任何款项到期应付而未付之日起开始适用。"银团贷款协议第 21.02 条约定了违约后果:"在发生任一违约事件后,借款人应及时通知贷款代理行,各贷款人有权向贷款代理行发出书面指示,而贷款代理行应根据各贷款人的指示书面通知借款人行使下列权利:(i)在任何时候停止发放任何贷款,宣告贷款的任何未提取部分被取消,各贷款人不再负任何向借款人提供贷款的义务;和/或(ii)宣告全部贷款立即到期应付(此时这些贷款应与其孳生利息以及借款人在本协议项下当时所欠的任何其他款项一起到期应付);和/或(iii)行使贷款文件下的任何权利,包括但不限于处置抵押房地产或行使相关权利;和/或(iv)按照本协议的规定收取罚息。"

2011 年 4 月 21 日,原告工行上海分行营业部作为担保代理行与被告智富茂城公司签订了房地产抵押协议,约定被告智富茂城公司以其名下上海市普陀区古浪路×弄×号地下 1～地下 4、1～4 层房产,古浪路×弄×号地下 4 层汽车库及人防汽车库为两原告向其发放的银团借款提供抵押担保,并于 2011 年 4 月 22 日完成了抵押权登记。

2011 年 12 月 2 日,原告工行上海分行营业部作为担保代理行与被告智富茂城公司签订了房地产抵押协议,约定被告智富茂城公司以其名下上海市普陀区真大路×弄×号 4～26 层、古浪路×弄×号 1～25 层等 4 处房产为两原告向其发放的银团借款提供抵押担保,并于 2011 年 12 月 30 日完成了抵押权登记。

2015 年 3 月 30 日,原告工行上海分行营业部作为担保代理行与被告智富企业公司签订了保证协议,被告智富企业公司自愿为两原告向被告智富茂城公司发放的银团借款提供连带责任担保。2015 年 3 月 30 日,原告工行上海分行营业部作为担保代理行与被告丁某富、被告严某文签订了保证协议,被告丁某富、被告严某文自愿为两原告向被告智富茂城公司发放的银团借款提供连带责任担保。

2011 年 4 月至 2015 年 12 月,原告工行上海分行营业部向被告智富茂城公司发放借款金额 8.0834 亿元,原告农商行宝山支行向被告智富茂城公司发放借款金额 4.0418 亿元。

2013 年 1 月 9 日、2015 年 3 月 30 日、2017 年 3 月 30 日两原告与被告智富茂城公司等签订三份银团贷款补充协议,对还款计划进行了三次调整。

一审庭审中原告工行上海分行营业部表述,被告智富茂城公司向其归还本金 70,058,000 元,截至 2018 年 3 月 20 日没有欠息。原告农商行宝山支行表述,被告智富茂城公司向其归还本金 35,029,000 元,截至 2018 年 3 月 20 日没有欠息。四名被告对此均予以确认。

上海市高级人民法院一审认为:

原告工行上海分行营业部、农商行宝山支行与被告智富茂城公司、智富企业公司、丁某富、严某文分别签订的银团贷款协议、房地产抵押协议、保证协议、银团贷款补充协议等,均系当事人的真实意思表示,合法有效,各方当事人均应恪守约定并按约履行各自的义务。

原告工行上海分行营业部、农商行宝山支行依约放款后,银团贷款协议履行过程中,因被告智富茂城公司未能按照银团贷款协议、银团贷款补充协议的约定按期归还 2017 年 9 月 30 日、12 月 25 日到期应付的银团贷款本金,构成违约,两原告依据银团贷款协议关于违约后果的约定,于 2017 年 12 月 26 日宣告贷款的任何未提取部分被取消,同时宣告全部贷款立即到期,要求被告智富茂城公司立即向两原告支付所有未还本金及相应利息,具有合同依据,于法无悖。根据当事人的举证情况,一审法院确认 2011 年 4 月至 2015 年 12 月,原告工行上海分行营业部向被告智富茂城公司发放借款金额 8.0834 亿元,原告农商行宝山支行向被告智富茂城公司发放借款金额 4.0418 亿元。在履约过程中,被告智富茂城公司向原告工行上海分行营业部归还本金 70,058,000 元,截至 2018 年 3 月 20 日没有欠息。被告智富茂城公司向原告农商行宝山支行归还本金 35,029,000 元,截至 2018 年 3 月 20 日没有欠息。四名被告对上述贷款和还款金额在庭审中均予以确认。虽然庭后被告智富茂城公司举证欲主张其已支付原告工行上海分行营业部的 4538 万元应抵扣系争贷款本金,但该部分支付费用与本案系争贷款属于不同的法律关系,不能作为已归还本金予以抵扣,对该主张不予采纳。四被告抗辩政府政策变化影响了被告按期还款,本案应依据情势变更原则,公平地变更合同约定的还款期限,驳回两原告诉请。一审法院认为,当事人对自己提出的诉讼请求所依据的事实或者反驳对方诉讼请求所依据的事实有责任提供证据加以证明。没有证据或者证据不足以证明当事人的事实主张的,由负有举证责任的当事人承担不利后果。本案中,四被告并未提交充分有效的证据来证明其主张,故不予采信。

原告工行上海分行营业部作为担保代理行与被告智富茂城公司签订的房地产抵押协议,依法成立并生效。在对抵押房产办理了抵押登记后,相关抵押权依法设立。现被告智富茂城公司未能还款,两原告有权要求被告智富茂城公司承担抵押担保责任。

原告工行上海分行营业部作为担保代理行分别与被告智富企业公司、丁某富、严某文签订了保证协议,被告智富企业公司、丁某富、严某文自愿为两原告向被告智富茂城公司发放的银团借款提供连带责任担保。被告智富企业公司、丁某富、严某文作为保证人应当按约承担连带保证责任。在被告智富茂城公司未能还款的情况下,两原告要求被告智富企业公司、丁某富、严某文就被告智富茂城公司的还款义务承担连带清偿责任的诉讼请求,符合合同约定和法律规定,应予支持。被告智富企业公司、丁某富、严某文在承担保证责任后,有权向被告智富茂城公司追偿。

据此,上海市高级人民法院依照《合同法》第 60 条第 1 款、第 205 条、第 206 条、第 207 条,《物权法》第 176 条、第 179 条、第 187 条、第 195 条第 1 款、第 198 条,《担保法》第 18 条、第 21 条第 1 款、第 31 条,《担保法司法解释》第 42 条第 1 款之规定,于 2018 年 9 月 20 日判决如下:"一、被告上海智富茂城置业有限公司应于本判决生效之日起 10 日内支付原告中国工商银行股份有限公司上海市分行营业部贷款本金人民币 738,282,000 元。二、被告上海智富茂城置业有限公司应于本判决生效之日起 10 日内支付原告中国工商银行股份有限公司上海市分行营业部自 2018 年 3 月 21 日起至实际清偿日止的逾期利息(以本金人民币 738,282,000 元为基数按照逾期罚息利率 8.232% 支付,如中国人民银行贷款基准利率发生调整,则逾期罚息利率按照涉案银团贷款协议的约定进行调整)。三、被告上海智富茂城置业有限公司应于本判决生效之日起 10 日内向原告上海农村商业银行股份有限公司宝山支行支付借款本金人民币 369,151,000 元。四、被告上海智富茂城置业有限公司应于本判决生效之日起10日内向原告上海农村商业银行股份有限公司宝山支行支付自2018年3月21日起至实际清偿日止的逾期利息(以本金人民币369,151,000元为基数按照逾期罚息利率8.232%支付,如中国人民银行贷款基准利率发生调整,则逾期罚息利率按照涉案银团贷款协议的约定进行调整)。五、若被告上海智富茂城置业有限公司不履行上述第一、二、三、四项付款义务的,原告中国工商银行股份有限公司上海市分行营业部、原告上海农村商业银行股份有限公司宝山支行有权以登记证明号为普2011××745、普2011××151的上海市房地产登记证明载明的房地产折价,或者以拍卖、变卖该抵押财产所得的价款优先受偿。抵押物折价或者拍卖、变卖后,其价款超过债权数额的部分归被告上海智富茂城置业有限公司所有,不足部分由被告上海智富茂城置业有限公司继续清偿。六、被告智富企业发展(集团)有限公司、被告丁某富、被告严某文对被告上海智富茂城置业有限公司上述第一、二、三、四项付款义务承担连带清偿责任。被告智富企业发展(集团)有限公司、被告丁某富、被告严某文承担保证责任后,有权向被告上海智富茂城置业有限公司追偿。"

智富茂城公司不服一审判决,向最高人民法院上诉称:(1)一审判决智富茂城公司已支付的4538万元不能抵扣诉争贷款本金,缺乏基础事实和法律依据,应当改判。智富茂城公司向工行上海分行营业部支付的4538万元应计入贷款本金范围内,该费用虽然名义上属于"服务费""托管费""安排费"等,但相关协议的签署和支付凭证的备注均是在工行上海分行营业部的强烈要求下签署和填写,该费用并非真实产生的"安排费""托管费"等,涉案贷款行为亦不属于实质性有偿服务。相关协议虽然真实存在,但并非智富茂城公司的真实意思表示。(2)工行上海分行营业部、农商行宝山支行多次收取银团贷款安排费违反了银监会的规定。(3)智富茂城公司、智富企业公司、丁某富和严某文不应承担逾期罚息和一审诉讼费,工行上海分行营业部、农商行宝山支行未按约发放全部贷款,构成违约,智富茂城公司并未违约,不应承担逾期罚息和一审诉讼费用。请求:(1)撤销一审判决第一项,改判智富茂城公司向工行上海分行营业部还款的贷款本金中扣除4538万元。(2)撤销一审判决第二项,改判智富茂城公司无须向工行上海分行营业部承担逾期罚息,相关利息应按照原合同约定的利率自2018年3月21日起计算;且应扣除自2011年7月至2014年9月智富茂城公司已分期偿还的本金金额4538万元所对应的利息的金额,并将此多付的利息作为本金予以扣除。(3)撤销一审判决第四项,改判智富茂城公司无须向农商行宝山支行承担逾期罚息,相关利息应按照原合同约定的利率自2018年3月21日起计算。(4)一审、二审案件受理费由工行上海分行营业部、农商行宝山支行负担。

二审庭审期间,原被上诉人工行上海分行营业部申请变更其诉讼主体资格为中国华融资产管理股份有限公司上海自贸试验区分公司(以下简称华融资产上海公司),并提交其与华融资产上海公司签订的资产转让协议、债权转让协议以及相应转让通知,智富茂城公司、智富企业公司、丁某富、严某文对上述转让已知情,故二审法院允许其主体变更为华融资产上海公司。

被上诉人华融资产上海公司辩称:(1)4538万元是属于其他性质的费用支出,不属于本案的借贷还款本金,与本案争议标的是不同的法律关系。(2)《商业银行法》规定银行可以收取手续费。①关于银团贷款安排费。根据《银团贷款业务指引》及《银团贷款中间业务收费行为自律公约》的规定,银团贷款费用是贷款利息之外由借款人支付的费用。本案所涉贷款的额度高达15亿元,单一银行难以拿出,所以工行上海分行营业部作为牵头行为此次银团贷款组织了其他参与银行为借款人提供贷款,并成功组成银团,提供了实质服务。②关于资金托管费。其所涉及的托管服务是除资金划付外,还多出了由工行上海分行营业部根据智富茂城公司要求对其每笔款项支付至相应建设单位和公司进行资金管理、保障等服务内容,不同于一般的发放贷款,而是一种增值服务。③关于贸易金融服务费,与本案无关联。④关于财务顾问费。一审补充证据中的工作记录表表明智富茂城公司满意工行上海分行营业部提供的服务,且该费用所依据的法律关系亦与本案无关。⑤关于国际金融服务费。是工行上海分行营业部与智富茂城公司间的另一法律关系,与本案无关。(3)逾期利息系合同明确约定,智富茂城公司已严重违约,应支付逾期利息。请求驳回上诉,维持原判。

被上诉人农商行宝山支行辩称:智富茂城公司存在违约,一审法院按照合同约定要求其承担相应责任及利息,于法有据。银团贷款安排费用的收取与农商行宝山支行无关,农商行宝山支行未收到上述费用。

最高人民法院经二审,确认了一审查明的事实。

最高人民法院二审另查明:

关于3405万元的银团安排费。2011年3月11日,工行上海分行营业部与智富茂城公司签订的银团贷款协议约定,借款人智富茂城公司应当支付给工行上海分行营业部银团费用,包括工行上海分行营业部为银团贷款而产生的谈判、准备、起草及签署而产生的法律服务费用和其他费用,及为维护工行上海分行营业部及农商行宝山支行利益而对协议文本的补充、修订而产生的合理成本费用开支,包括但不限于评估、审计、登记、公证、保险等。2011 年 3 月 14 日,智富茂城公司向工行上海分行营业部出具银团贷款安排费用支付承诺函,该函件载明,智富茂城公司委托工行上海分行营业部作为安排行及牵头行,为涉案开发项目组织安排总金额不超过人民币 15 亿元的银团贷款至银团完成组建,且各方已经签署包括人民币壹拾伍亿元银团贷款协议在内的贷款文件。智富茂城公司承诺自 2011 年 3 月 31 日至 2013 年 12 月 21 日分 12 期共支付工行上海分行营业部 5000 万元银团安排费。承诺函还载明,承诺函的签署和提交构成贷款协议下首次提款的先决条件之一,承诺函应作为贷款文件的一部分,一旦智富茂城公司违反承诺函项下的任何事项,将被视为对贷款协议的违反,工行上海分行营业部有权根据贷款协议的有关规定宣布贷款违约并采取相应的违约救济。后智富茂城公司在 2011 年 3 月至 2014 年 6 月,分 9 次共计支付银团贷款安排费 3405 万元。

关于 582 万元的资金托管费。2011 年 3 月 21 日,智富茂城公司与工行上海分行营业部签订贷款资金托管协议,之后智富茂城公司于 2011 年 7 月 28 日向工行上海分行营业部支付托管费用 122 万元。2013 年 6 月 25 日,智富茂城公司与工行上海分行营业部签订安心账户(客户融入资金)托管协议,之后智富茂城公司于 2013 年 6 月 27 日向工行上海分行营业部支付托管费用 260 万元。2013 年 12 月 17 日,智富茂城公司与工行上海分行营业部签订安心账户(客户融入资金)托管协议,之后智富茂城公司于 2013 年 12 月 31 日向工行上海分行营业部支付托管费用 200 万元。上述协议约定,工行上海分行营业部为智富茂城公司提供针对涉案银团贷款的资金托管服务。

关于 136 万元的贸易金融服务费。2013 年 12 月 17 日,智富茂城公司与工行上海分行营业部签订贸易金融服务协议,约定工行上海分行营业部为智富茂城公司提供综合性金融服务,包括商业资信调查及商品库存管理。之后,智富茂城公司分别于 2013 年 4 月 8 日、12 月 31 日向工行上海分行营业部支付贸易融资安排费 51 万元、85 万元。

关于 300 万元的财务顾问费。2013 年 12 月 17 日,智富茂城公司与工行上海海分行营业部签订财务顾问服务协议，约定工行上海分行营业部为智富茂城公司就“智富名品城×期”项目提供财务顾问服务。之后智富茂城公司于2014年9月10日向工行上海分行营业部支付财务顾问费300万元。

关于115万元的国际业务服务费。2013年12月17日，智富茂城公司与工行上海分行营业部签订中国工商银行国际业务综合服务协议，约定工行上海分行营业部为智富茂城公司提供国际业务相关专业性服务，包括国际风险咨询、海外银行及境外交易对手信息查询、协助选择国际贸易最佳结算方式。之后智富茂城公司于2013年12月31日向工行支付国际业务服务费115万元。

此外，智富茂城公司在向工行上海分行营业部支付上述3405万元的银团安排费、582万元的资金托管费、136万元的贸易金融服务费、300万元的财务顾问费、115万元的国际业务服务费合计4538万元时，未欠付银团贷款利息。

最高人民法院二审认为，本案的争议焦点为：(1)智富茂城公司应否承担逾期罚息；(2)智富茂城公司已支付给工行上海分行营业部的4538万元能否抵扣系争贷款本金。

一、关于智富茂城公司应否承担逾期罚息的问题

本案中，银团贷款协议和银团贷款补充协议均系当事人真实意思表示，合法有效，各方当事人应按照协议约定履行相应义务。根据一审查明的事实，智富茂城公司在履行义务过程中，未能按照银团贷款补充协议的约定按期归还2017年9月30日、12月25日到期应付的银团贷款本金，违约事实属实。根据银团贷款协议第9.03条关于罚息的约定，在智富茂城公司未能按期还款的情况下，工行上海分行营业部、农商行宝山支行有权自该款项应付之日起，根据实际逾期金额和实际逾期天数计收逾期利息。一审判决智富茂城公司向工行上海分行营业部、农商行宝山支行支付逾期利息，有事实和法律依据，并无不当。

二、关于智富茂城公司主张其已支付给工行上海分行营业部的4538万元能否抵扣系争贷款本金的问题

首先，系争4538万元与涉案贷款系同一法律关系。有关银团安排费、资金托管费、贸易金融服务费、财务顾问费、国际业务服务费均在本案银团贷款协议、银团贷款补充协议签订后及上述合同履行期间订立相关合同并支付相应的款项，且上述费用均因本案金融借款合同纠纷产生，工行上海分行营业部与智富茂城公司除涉案金融贷款纠纷外并不存在其他业务往来，上述银团安排费等费用均系因涉案贷

款产生,人民法院应当予以审查。

其次,工行上海分行营业部并未提供银团安排、资金托管、贸易金融服务、财务顾问、国际业务服务等相应的服务。《商业银行收费行为执法指南》第9条规定,商业银行收费行为应当遵循依法合规、平等自愿、息费分离、质价相符的原则。平等自愿,是指商业银行与客户法律地位平等,应当在双方自愿基础上提供服务,不应以融资或者其他交易条件为前提,强制或者变相强制提供服务、收取费用。质价相符,是指商业银行应当根据客户的实际需要,提供价格合理的服务。顾问与咨询类、资金监管类、资产托管类、融资安排类等业务,特别应当体现实质性服务的要求。实践中,银行利用其优势地位捆绑贷款强制变相收取利息或提供中间业务,背离了民法平等、自愿、公平原则,增加了实体企业负担。金融监管部门多次发文予以规范和重点整治这一顽疾,为了形成司法和行政的合力,发挥司法的规范引导作用,促进金融和实体经济实现良性循环,有效降低企业融资成本,对金融机构收取的变相利息和不合规费用必须加以严格审查。本案二审程序中,经法庭调查,智富茂城公司认为,工行上海分行营业部未提供银团贷款服务、资金托管服务、贸易金融服务、财务顾问服务以及国际业务综合服务金融服务,华融资产上海公司除向法庭提供相关协议及合同外,亦未能提供可证明工行上海分行营业部已经向智富茂城公司提供了独立于银团贷款且具备实质内容的上述服务的证据。可见,工行上海分行营业部并未提供实质性服务,工行上海分行营业部与智富茂城公司之间的真实意思也非成立资金托管、顾问等服务合同关系,而是工行上海分行营业部利用贷款优势地位的不合理收费,变相增加企业融资成本,属于《商业银行收费行为执法指南》规定的“只收费不服务”情形,故其收取案涉4538万元费用缺乏事实依据。

最后,系争4538万元应予抵扣系争本金。一审程序中已查明,截至2018年3月20日,智富茂城公司对工行上海分行营业部、农商行宝山支行并无拖欠利息,也即智富茂城公司在向工行上海分行营业部支付3405万元的银团安排费、582万元的资金托管费、136万元的贸易金融服务费、300万元的财务顾问费、115万元的国际业务服务费共计4538万元费用时,并未拖欠银行的银团贷款利息。若在贷款期间内,借款人已经依据贷款主合同按时支付了贷款利息,且又依据其他合同或协议支付了以服务费等为名义的额外费用,则对该部分费用,法院可准予抵扣本金。因此,智富茂城公司主张4538万元费用抵扣贷款本金,予以支持。

此外,根据《最高人民法院关于金融资产管理公司收购、处置银行不良资产有关问题的补充通知》(法发〔2005〕62 号)第 3 条的规定,在人民法院知晓债权转让事实时,人民法院应当依据转让人或者受让人的申请和有效的债权转让协议,裁定变更诉讼主体。本案在一审期间债权已经转让,本应在一审期间变更诉讼主体,但由于当事人并未告知一审法院该事实导致一审法院仍以转让人为诉讼主体进行判决。由于本案诉讼主体的变更是基于债权转让法律行为所致,变更前后的主体是承继关系,故本案二审裁定变更诉讼主体后,受让人华融资产上海公司可以依据资产转让协议享有工行上海分行营业部的实体权利。

综上,智富茂城公司的上诉请求部分成立。最高人民法院依照《民事诉讼法》第 144 条,第 170 条第 1 款第 1 项、第 2 项,第 174 条的规定,于 2020 年 6 月 30 日判决如下:

一、维持上海市高级人民法院(2018)沪民初 3 号判决第三项;

二、撤销上海市高级人民法院(2018)沪民初 3 号判决第一项、第二项、第四项、第五项、第六项;

三、上海智富茂城置业有限公司应于本判决生效之日起 10 日内支付中国华融资产管理股份有限公司上海自贸试验区分公司贷款本金 692,902,000 元;

四、上海智富茂城置业有限公司应于本判决生效之日起 10 日内支付中国华融资产管理股份有限公司上海自贸试验区分公司自 2018 年 3 月 21 日起至实际清偿日止的逾期利息(以本金 692,902,000 元为基数,逾期罚息利率按照涉案银团贷款协议的约定,基准利率按全国银行间同业拆借中心公布的同期一年期至五年期贷款市场报价利率);

五、上海智富茂城置业有限公司应于本判决生效之日起 10 日内支付上海农村商业银行股份有限公司宝山支行自 2018 年 3 月 21 日起至实际清偿日止的逾期利息(以本金 369,151,000 元为基数,逾期罚息利率按照涉案银团贷款协议的约定,基准利率按全国银行间同业拆借中心公布的同期一年期至五年期贷款市场报价利率);

六、若上海智富茂城置业有限公司不履行付款义务的,中国华融资产管理股份有限公司上海自贸试验区分公司、上海农村商业银行股份有限公司宝山支行有权以登记证明号为普 201107006745、普 201107019151 的上海市房地产登记证明载明的房地产折价,或者以拍卖、变卖该抵押财产所得的价款优先受偿,抵押物折价或者拍卖、变卖后,其价款超过债权数额的部分归上海智富茂城置业有限公司所有,

不足部分由上海智富茂城置业有限公司继续清偿;

七、智富企业发展(集团)有限公司、丁某富、严某文对上海智富茂城置业有限公司上述第一、三、四、五项付款义务承担连带保证责任,智富企业发展(集团)有限公司、丁某富、严某文承担保证责任后,有权向上海智富茂城置业有限公司追偿;

八、驳回上海智富茂城置业有限公司的其他上诉请求。

本判决为终审判决。

恒丰银行股份有限公司宁波分行与宁波众仁宏电子有限公司等信用证开证纠纷、追偿权纠纷案

编者按

票据质押是质押法律关系在票据法上的体现,不仅要受担保法等普通民事法律的调整,还要受票据法规则的制约。首先,从担保法来讲,票据质权人通过票据质押背书并交付的方式取得了质权。作为质押权人,其行使权利需要以《民法典》第436条中规定的方式进行,即"质权人可以与出质人协议以质押财产折价,也可以就拍卖、变卖质押财产所得的价款优先受偿"。其次,从票据法来讲,《票据法》第35条第2款规定:"汇票可以设定质押;质押时应当以背书记载'质押'字样。被背书人依法实现其质权时,可以行使汇票权利。"据此,票据质权人享有的是汇票权利,其有权对抗票据债务人援用其对出质人的抗辩,除非票据质权人明知存在抗辩事由而取得票据。

裁判摘要

票据抗辩权的切断旨在保护正当、善意的持票人,而票据质权人支付了合理对价,其已经合法、善意取得了票据权利,票据债务人不能以自己对出质人的抗辩事由对抗票据质权人。

原告:恒丰银行股份有限公司宁波分行

代表人:沈某辉,行长

被告:宁波众仁宏电子有限公司

法定代表人:朱某峰,执行董事

被告:宁波港迪贸易有限公司

法定代表人:鲍某君,执行董事

被告:杨某,汉族

被告:王某,汉族

被告:宁波国海电子有限公司(系港商独资企业)

法定代表人:朱某峰,执行董事

被告:中外运宁波物产有限公司

法定代表人:朱某峰,执行董事

被告:浙江乐迪电子科技有限公司

法定代表人:裴某蕾,执行董事

被告:中国有色金属建设股份有限公司

法定代表人:武某,董事长

原告恒丰银行股份有限公司宁波分行(以下简称恒丰银行宁波分行)因与被告宁波众仁宏电子有限公司(以下简称众仁宏公司)、宁波港迪贸易有限公司(以下简称港迪公司)、杨某、王某、宁波国海电子有限公司(以下简称国海公司)、中外运宁波物产有限公司(以下简称中外运公司)、浙江乐迪电子科技有限公司(以下简称乐迪公司)、中国有色金属建设股份有限公司(以下简称有色金属公司)发生信用证开证纠纷、追偿权纠纷,向浙江省宁波市中级人民法院提起诉讼。

原告恒丰银行宁波分行诉称:2015 年 9 月 9 日,恒丰银行宁波分行与港迪公司、乐迪公司、杨某、王某订立最高额保证合同各一份,约定由港迪公司、乐迪公司、杨某、王某为众仁宏公司与恒丰银行宁波分行在2015年9月9日至2018年9月9日因借款等综合授信业务订立的全部授信业务合同项下的债权提供最高额保证担保，担保的最高额债权本金余额均为1亿元，担保范围为主债权本金及利息、复利、罚息、违约金、损害赔偿金和实现债权的费用。

2016年10月10日、11日，恒丰银行宁波分行与中外运公司、国海公司订立最高额保证合同各一份，约定由中外运公司、国海公司分别为众仁宏公司与恒丰银行宁波分行在2016年10月10日至2019年10月9日、2016年10月11日至2019年10月10日因借款等综合授信业务订立的全部授信业务合同项下的债权提供最高额保证担保，担保的最高额债权本金余额均为1亿元，担保范围为主债权本金及利息、复利、罚息、违约金、损害赔偿金和实现债权的费用。

2016年10月13日，恒丰银行宁波分行与众仁宏公司订立贸易融资主协议一份，约定众仁宏公司可向恒丰银行宁波分行申请使用贸易融资额度3996万元。同时，众仁宏公司与恒丰银行宁波分行签订最高额质押合同一份，以有色金属公司出票并承兑的4000万元商业汇票为前述贸易融资主协议项下发生的全部主债权进行担保。同日，众仁宏公司向恒丰银行宁波分行出具开证申请书，向恒丰银行宁波分行申请开立金额为3996万元的信用证，占用前述贸易融资主协议项下贸易融资额度，并承诺如违反约定而导致恒丰银行宁波分行垫款的，自垫款之日起，恒丰银行宁波分行有权按照逾期贷款年利率18%计收逾期利息，众仁宏公司存入1200万元保证金后，恒丰银行宁波分行开立了信用证，2017年4月13日到期。

2016年10月19日、28日，众仁宏公司与恒丰银行宁波分行签订贸易融资主协议各一份，向恒丰银行宁波分行申请买方保理担保业务，额度为34,938,750元、24,998,400元。同时，众仁宏公司与恒丰银行宁波分行签订最高额质押合同各一份，以有色金属公司出票并承兑的3500万元、2500万元汇票分别为前述贸易融资主协议项下发生的全部主债权进行担保。2016年10月21日，众仁宏公司与恒丰银行宁波分行签订贸易融资主协议一份，向恒丰银行宁波分行申请买方保理担保业务，额度为12,020,400元，担保合同为双方于2016年10月13日签订的最高额质押合同。后众仁宏公司向恒丰银行宁波分行提交买方保理业务申请书三份，申请办理买方保理业务，恒丰银行宁波分行分别向众仁宏公司提供买方保理担保授信额度34,938,750元、12,020,400元、24,998,400元，到期日为2017年4月19日、20日、27日，若众仁宏公司到期未支付上述款项，恒丰银行宁波分行有权就未清偿款项按照中国人民银行一年期贷款基准利率上浮50%计收逾期利息、违约金。

后因众仁宏公司明确表示无力清偿到期融资款项,扣除保证金后,恒丰银行宁波分行仍须于到期日为众仁宏公司垫款合计99,917,550元,各担保人也未能承担相应的担保责任,恒丰银行宁波分行亦致函要求有色金属公司在收函3日内回复能否兑付上述质押汇票,但其并未回函,视为拒付。故诉请判令:(1)众仁宏公司立即向恒丰银行宁波分行偿还垫款99,806,006.75元,并支付自实际垫款日起至实际清偿日止的逾期利息;(2)众仁宏公司赔偿恒丰银行宁波分行为实现债权而支出的律师费损失110万元;(3)港迪公司、杨某、王某、中外运公司、国海公司、乐迪公司对上述第1项、第2项债务在各自担保的最高额保证范围内承担连带清偿责任;(4)有色金属公司立即向恒丰银行宁波分行兑付汇票1亿元,并支付自票据到期日起按照中国人民银行同期同类贷款基准利率计算至付清之日止的利息。庭审中,恒丰银行宁波分行变更第1项诉请为:众仁宏公司立即向恒丰银行宁波分行偿还垫款99,837,550元,并支付自实际垫款日起至实际清偿日止的逾期利息。

被告乐迪公司辩称:(1)主债权是否实际发生无法确认;(2)恒丰银行宁波分行并未明确各被告应承担的责任份额及具体组成,诉请不明;(3)根据最高额保证合同的约定,乐迪公司保证的额度为1亿元,不涉及利息及其他费用等;(4)本案涉及的担保既有物的担保,又有保证,且抵押合同就抵押物权实现顺序作了约定,乐迪公司作为保证人仅在担保物不足清偿部分范围内承担保证责任。

被告有色金属公司辩称:(1)一审法院对本案恒丰银行宁波分行与有色金属公司之间的纠纷不具有管辖权。(2)保理合同项下主债权发生的依据不足。除贸易主合同之外,恒丰银行宁波分行与众仁宏公司间并无具体业务协议,也无具体的交易凭证。(3)恒丰银行宁波分行对众仁宏公司的主债权不属于质押担保范围。在保理合同项下,恒丰银行宁波分行向港迪公司支付保理资金,从而取得港迪公司对众仁宏公司的应收账款即货款请求权。该债权的原始权利人是港迪公司,而港迪公司的债权不属于质押合同的担保范围。(4)涉案权利质押不成立。作为质押标的的票据权利是众仁宏公司作为持票人对作为出票人和承兑人的有色金属公司的付款请求权和追索权,即众仁宏公司的票据权利,因众仁宏公司未履行票据原因关系中对有色金属公司的交货义务,众仁宏公司不享有票据权利,故以众仁宏公司对有色金属公司的票据权利为标的的权利质押依法不能成立。(5)恒丰银行宁波分行主张质权发生的依据不足,其并未提供相应的商业汇票。(6)最高额质押涉及的额度不包括利息和费用,有色金属公司承担的债务金额不应超过本金金额。综上,恒丰银行宁波分行与有色金属公司之间并未签订任何合同,恒丰银行宁波分行也未取得票据权利,双方之间也不存在其他债权债务关系,故恒丰银行宁波分行对有色金属公司的诉请缺乏依据,请求驳回恒丰银行宁波分行对有色金属公司的起诉或驳回恒丰银行宁波分行对有色金属公司的诉讼请求。

被告众仁宏公司、港迪公司、杨某、王某、国海公司、中外运公司均未作答辩。

浙江省宁波市中级人民法院一审查明:

2015 年 9 月 9 日,恒丰银行宁波分行分别与港迪公司、乐迪公司、杨某、王某订立最高额保证合同各一份,约定由港迪公司、乐迪公司、杨某、王某为恒丰银行宁波分行与众仁宏公司在 2015 年 9 月 9 日至 2018 年 9 月 9 日因借款等综合授信业务订立的全部授信业务合同项下的债权提供最高额保证担保;2016 年 10 月 10 日、11 日,恒丰银行宁波分行分别与中外运公司、国海公司订立最高额保证合同各一份,约定由中外运公司、国海公司为恒丰银行宁波分行与众仁宏公司因借款等综合授信业务订立的全部授信业务合同项下的债权提供最高额保证担保,担保期间分别为 2016 年 10 月 10 日至 2019 年 10 月 9 日、2016 年 10 月 11 日至 2019 年 10 月 10 日。上述最高额保证合同均约定:"当主合同同时受债务人或第三人提供的物的担保时,保证人同意债权人有权自行决定行使权利的顺序,债权人有权在不行使担保物权的情况下要求保证人立即支付债务人的全部到期应付款项。"保证合同担保的最高额债权本金余额均为 1 亿元;担保范围为主债权本金及利息、复利、罚息、违约金、损害赔偿金和实现债权的费用等;担保方式为连带责任保证。

2016 年 10 月 12 日、18 日、27 日,众仁宏公司与有色金属公司签订编号为 NFCP161012007、NFCP161018001、NFCP161027001 的商票预付款采购合同各一份,约定众仁宏公司向有色金属公司销售电解铝,供货时间分别为 2017 年 4 月 3 日、7 日、17 日。上述合同签订当天,有色金属公司分别签发金额为 4000 万元、3500 万元、2500 万元,承兑日期均为 6 个月的商业承兑汇票并背书转让给众仁宏公司。

2016 年 10 月 13 日、19 日、28 日,恒丰银行宁波分行与众仁宏公司订立贸易融资主协议各一份,约定众仁宏公司可向恒丰银行宁波分行申请使用的贸易融资额度分别为 3996 万元、34, 938, 750 元、24, 998, 400 元,第一份贸易融资主协议约定的贸易融资业务为国内信用证,后两份贸易融资主协议约定的贸易融资业务为买方保理担保;上述协议签订同时,恒丰银行宁波分行与众仁宏公司相应订立 2016 年恒银甬信高质字第005110130011、005110190011、005110280011号最高额质押合同,约定众仁宏公司以有色金属公司出票并承兑的编号为0010006121095978、0010006121095979、0010006121095981的商业承兑汇票为上述贸易融资主协议项下发生的主债权进行担保,担保的最高债权本金余额分别为3996万元、34,938,750元、24,998,400元,担保范围均为主债权本金及利息、复利、罚息、违约金、损害赔偿金和实现债权的费用等;2016年10月21日、恒丰银行宁波分行又与众仁宏公司订立贸易融资主协议一份,约定众仁宏公司可向恒丰银行宁波分行申请使用的贸易融资额度为12,020,400元,贸易融资业务为买方保理担保,2016年恒银甬信高质字第005110130011号最高额质押合同系该贸易融资主协议的担保合同。

2016年10月13日、18日、27日,恒丰银行宁波分行向有色金属公司发送记载了出票日期、汇票号码、出票人、收款人、汇票金额及到期日的上述三张商业承兑汇票的查询书,有色金属公司回复"查询汇票记载内容与我单位承兑的汇票记载内容一致"。编号0010006121095978的商业承兑汇票记载:出票日期2016年10月12日,付款人有色金属公司,收款人众仁宏公司,金额4000万元,到期日2017年4月12日,交易合同号码NFCP16××2007,本汇票已经承兑,到期无条件付票款,"承兑人签章"处盖有有色金属公司财务专用章与王某个人印鉴。编号0010006121095979、0010006121095981的商业承兑汇票除"出票日期2016年10月18日、27日,到期日2017年4月18日、27日及交易合同号码NFCP161018001、NFCP161027001"外,其他内容与编号0010006121095978的商业承兑汇票记载内容一致。后众仁宏公司将相应的商业承兑汇票质押背书并交付给恒丰银行宁波分行,被背书人为恒丰银行宁波分行,众仁宏公司在"背书人"栏加盖财务专用章,该栏内还注明"质押"字样。

上述最高额质押合同第6.3条均约定,主合同同时受其他担保合同担保的,质权人有权自行决定行使权利的顺序,质权人有权直接行使质权而无须向其他担保人主张权利。

2016年10月13日,众仁宏公司向恒丰银行宁波分行申请开证,同年10月20日,众仁宏公司缴纳保证金1200万元,恒丰银行宁波分行开立了金额为3996万元的国内信用证,到期日为2017年4月13日。保证金存管期限为3个月,按年利率1.43%计收利息,若众仁宏公司未按约足额存入款项,恒丰银行宁波分行有权自垫款之日起按年利率18%计收逾期利息。

2016年10月21日,恒丰银行宁波分行与港迪公司签订保理服务合同,约定港迪公司愿意将其针对特定债务人之以信用方式销售货物等交易所产生的应收账款转让给恒丰银行宁波分行，由恒丰银行宁波分行按约为港迪公司办理无追索权保理业务，附件中约定的债务人为众仁宏公司。2016年10月20日，恒丰银行宁波分行与港迪公司签订TAS－DFC业务合同一份，约定港迪公司将其基于上述保理服务合同产生的对保理商的保理收益权，不可撤销地委托恒丰银行宁波分行以自身名义代理其转让给券商等第三方投资机构设立的资产管理计划的管理人或其他投资人。同年2016年10月20日、21日、28日，众仁宏公司向恒丰银行宁波分行提交买方保理业务申请书各一份，申请对其作为买方与港迪公司作为卖方签署的买卖合同项下买方应付账款提供买方信用风险担保业务，应付账款金额，即担保金额为34,938,750元、12,020,400元、24,998,400元，并承诺如上述应付款项在2017年4月19日、20日、27日仍未清偿，恒丰银行宁波分行有权按一年期基准利率上浮50%计收逾期利息、复利和违约金。港迪公司基于上述买方信用风险担保业务及其与恒丰银行宁波分行间的保理服务合同约定，向恒丰银行宁波分行转让了上述应收账款并通知众仁宏公司于到期日向恒丰银行支付相应金额，众仁宏公司确认同意。同时，根据港迪公司与恒丰银行宁波分行间的TAS－DFC业务合同，港迪公司又向恒丰银行宁波分行申请叙作TAS－DFC（国内保理收益权代理转让）业务，将其持有的上述保理收益权转让予财富证券有限责任公司并融资34,218,526.49元、11,775,350.79元、24,476,350.08元。

2017年3月15日，恒丰银行宁波分行向有色金属公司发函要求其于收函3日内回复是否如期兑付上述质押的商业承兑汇票，有色金属公司并未回函。因众仁宏公司未足额存入上述信用证项下资金也未清偿应付账款，恒丰银行宁波分行于2017年4月13日对外发生垫款3996万元并于2017年4月19日、20日、27日分别向财富证券有限责任公司付款34,938,750元、12,020,400元、24,998,400元。

2017年4月17日，众仁宏公司向有色金属公司发送关于无法交货的函，表明未能按约履行上述三份商票预付款采购合同项下交货义务。

一审另查明：（1）众仁宏公司向恒丰银行宁波分行交存的保证金1200万元至该笔信用证垫款发生之日产生利息82,463.33元；（2）涉案信用证垫款发生日，恒丰银行宁波分行分别扣划众仁宏公司、中外运公司、港迪公司、乐迪公司账户余额15,853.20元、1285.88元、9271.03元、2669.81元。

浙江省宁波市中级人民法院一审认为：

恒丰银行宁波分行和众仁宏公司、港迪公司、杨某、王某、国海公司、中外运公司、乐迪公司签订的合同均系各方真实意思表示,其内容并不违反法律、行政法规的禁止性规定,应认定合法有效,对各方当事人均有约束力。众仁宏公司未按约支付款项,致使恒丰银行宁波分行为其垫款,其中信用证垫款扣除保证金、利息及其他代偿款项后,众仁宏公司尚欠恒丰银行宁波分行垫款本金 27,848,456.75 元,尚欠的保理垫款本金分别为 34,938,750 元、12,020,400 元、24,998,400 元,恒丰银行宁波分行为本案支付的律师费系其催收、实现债权的费用,收费标准也未超出《浙江省律师服务收费标准》的规定,现恒丰银行宁波分行要求其归还上述垫款本金,按双方约定支付相应的罚息并赔偿律师费损失,于法有据,予以支持。港迪公司、杨某、王某、国海公司、中外运公司、乐迪公司与恒丰银行宁波分行签订了最高额保证合同,自愿为众仁宏公司上述债务承担连带责任保证担保,乐迪公司辩称主债权实际发生的依据不足,但恒丰银行宁波分行提供的开证申请书、买方保理业务申请书等合同约定与垫款凭证相互印证,而乐迪公司并未提供任何反驳证据,故对其抗辩意见,不予采信;同时,乐迪公司辩称其需承担责任的限额应不超过本金额度,但根据最高额保证合同约定,乐迪公司担保的"额度"为最高债权本金余额,担保的"范围"包括本金、利息、罚息、违约金、损害赔偿金和实现债权的费用等,"额度"从数量上确定主债权本金的金额,"范围"从内容上明确担保范畴,两者共同构成乐迪公司的责任限额,故乐迪公司上述抗辩意见不成立,亦不予采信;乐迪公司关于根据(2016)最高法民终 40 号案例,恒丰银行宁波分行应优先实现抵押物权,各保证人仅在抵押物不足以清偿范围内承担责任的抗辩意见,一审法院认为,结合最高额保证合同第 8.5 条及最高额质押合同第 6.3 条的内容,上述条款对实现担保物权作出了明确约定,与(2016)最高法民终 40 号的情况不同,根据《物权法》第 176 条的规定,就本案此种情形应遵循约定优先原则,且相关约定不存在无效情形,乐迪公司上述抗辩意见,于法无据,不予采信,故恒丰银行宁波分行有权要求上述各保证人在其担保的最高债权本金余额及相应的罚息、律师费范围内对港迪公司上述债务承担连带责任。

众仁宏公司还以有色金属公司开具的商业承兑汇票为涉案债务提供质押担保,有色金属公司辩称一审法院对本案中恒丰银行宁波分行与有色金属公司间的纠纷不具有管辖权,恒丰银行宁波分行对众仁宏公司的主债权实为港迪公司的应收账款,并非质押担保范围,且众仁宏公司因未履行供货义务而未取得汇票权利,导致恒丰银行宁波分行与众仁宏公司间的汇票质权不成立，故有色金属公司不应当承担汇票付款义务。本案诉讼中，一审法院已裁定驳回有色金属公司提出的管辖权异议申请，浙江省高级人民法院亦裁定维持，故对有色金属公司相关辩称意见，不予采信。恒丰银行宁波分行与众仁宏公司间的贸易融资主协议及相应最高额质押合同约定，众仁宏公司以汇票质押担保的主债权种类为买方保理担保，根据查明的事实，在买方保理担保业务中，恒丰银行宁波分行为众仁宏公司作为买方的应付账款提供担保，相应受让该应收账款，上述授信业务具体内容并不影响其作为主债权的性质，故有色金属公司相关辩称意见不成立，不予采信。有色金属公司将涉案汇票背书转让给众仁宏公司，众仁宏公司依法享有汇票权利，虽然有色金属公司可以众仁宏公司未履行汇票原因合同项下供货义务而对其行使票据权利进行抗辩，但却无法据此推出众仁宏公司不享有票据权利，退一步来讲，众仁宏公司在对涉案汇票进行质押的当时应具有汇票的处分权，其与恒丰银行宁波分行间签订了质押合同并将汇票质押背书后交付给恒丰银行宁波分行，相应的汇票质权依法设立，有色金属公司关于恒丰银行宁波分行与众仁宏公司间的汇票质权不成立的辩称意见，不能成立，不予采信。

有色金属公司能否以众仁宏公司未供货为由对恒丰银行宁波分行拒绝履行付款义务，恒丰银行宁波分行认为根据《票据法》第 13 条第 1 款关于票据抗辩切断的有关规定，作为持票人的恒丰银行宁波分行与有色金属公司间并非直接前后手关系，有色金属公司不能对其进行抗辩；有色金属公司则认为恒丰银行宁波分行并未通过质押取得汇票权利，众仁宏公司无须对恒丰银行宁波分行承担票据责任，双方间不构成前后手关系，故不能适用《票据法》第 13 条第 1 款的规定。一审法院认为，涉案汇票质押后，恒丰银行宁波分行获得的是该汇票的质权，汇票权利人仍然是众仁宏公司，相应地，众仁宏公司也未成为汇票债务人，其与恒丰银行宁波分行间并非前后手关系，即有色金属公司与恒丰银行宁波分行间的关系不能适用《票据法》第 13 条第 1 款的规定进行调整，有色金属公司与此有关的抗辩意见成立，予以采信。但是，汇票质押具有权利担保的性质，恒丰银行宁波分行依据其质权享有的是请求付款以优先受偿的权利，该权利不是众仁宏公司的汇票权利，也不受该汇票权利瑕疵的限制，行使汇票权利仅仅是恒丰银行宁波分行实现质权的方式；而且有色金属公司也未证明恒丰银行宁波分行在质押授信过程中存在恶意，恒丰银行宁波分行支付了对价，其作为善意第三人的权利应当受到保护，故有色金属公司对港迪公司的抗辩不能及于恒丰银行宁波分行。关于有色金属公司与乐迪公司相同的其他抗辩意见,不再重复阐述。涉案汇票的票面记载内容表明有色金属公司已经承兑,但其并未于到期日付款,故恒丰银行宁波分行要求有色金属公司在涉案质押汇票金额范围内向其承担清偿责任并赔偿自汇票到期日起至实际清偿日止的利息损失,具有事实和法律依据,予以支持,利息按中国人民银行规定的企业同期流动资金贷款利率计收。

据此,浙江省宁波市中级人民法院依照《合同法》第107条、第206条、第207条,《担保法》第18条、第31条,《物权法》第176条、第223条、第224条,《票据法》第11条第2款、第13条第1款、第35条第2款、第70条第1款,《担保法司法解释》第23条,《票据纠纷司法解释》第22条,《民事诉讼法》第144条规定,于2018年1月24日判决如下:

"一、被告宁波众仁宏电子有限公司于本判决生效之日起10日内返还原告恒丰银行股份有限公司宁波分行信用证垫款本金27,848,456.75元,并支付自2017年4月13日起至实际清偿之日止按年利率18%计收的罚息;

二、被告宁波众仁宏电子有限公司于本判决生效之日起10日内返还原告恒丰银行股份有限公司宁波分行买方保理担保垫款本金34,938,750元,并支付自2017年4月19日起至实际清偿之日止按中国人民银行一年期贷款基准利率上浮50%计收的罚息;

三、被告宁波众仁宏电子有限公司于本判决生效之日起10日内返还原告恒丰银行股份有限公司宁波分行买方保理担保垫款本金12,020,400元,并支付自2017年4月20日起至实际清偿之日止按中国人民银行一年期贷款基准利率上浮50%计收的罚息;

四、被告宁波众仁宏电子有限公司于本判决生效之日起10日内返还原告恒丰银行股份有限公司宁波分行买方保理担保垫款本金24,998,400元,并支付自2017年4月27日起至实际清偿之日止按中国人民银行一年期贷款基准利率上浮50%计收的罚息;

五、被告宁波众仁宏电子有限公司于本判决生效之日起10日内赔偿原告恒丰银行股份有限公司宁波分行律师费损失1,100,000元;

六、被告宁波港迪贸易有限公司、杨某、王某、宁波国海电子有限公司、中外运宁波物产有限公司、浙江乐迪电子科技有限公司分别对被告宁波众仁宏电子有限公司上述第一、二、三、四、五项付款义务承担连带清偿责任，其在承担保证责任后，有权向被告宁波众仁宏电子有限公司追偿；

七、若被告宁波众仁宏电子有限公司未履行上述第一、三、五项付款义务，则原告恒丰银行股份有限公司宁波分行有权要求被告中国有色金属建设股份有限公司向其支付第0010006121095978号商业承兑汇票项下款项4000万元并支付自2017年4月12日起至实际兑付之日止按中国人民银行规定的企业同期流动资金贷款利率计算的利息，但原告恒丰银行股份有限公司宁波分行于上述汇票项下优先受偿的数额应以本判决第一、三项确定的数额及相应的律师费439,409.84元为限；

八、若被告宁波众仁宏电子有限公司未履行上述第二、五项付款义务，则原告恒丰银行股份有限公司宁波分行有权要求被告中国有色金属建设股份有限公司向其支付第0010006121095979号商业承兑汇票项下款项3500万元并支付自2017年4月18日起至实际兑付之日止按中国人民银行规定的企业同期流动资金贷款利率计算的利息，但原告恒丰银行股份有限公司宁波分行于上述汇票项下优先受偿的数额应以本判决第二项确定的数额及相应的律师费385,073.27元为限；

九、若被告宁波众仁宏电子有限公司未履行上述第四、五项付款义务，则原告恒丰银行股份有限公司宁波分行有权要求被告中国有色金属建设股份有限公司向其支付第0010006121095981号商业承兑汇票项下款项2500万元并支付自2017年4月27日起至实际兑付之日止按中国人民银行规定的企业同期流动资金贷款利率计算的利息，但原告恒丰银行股份有限公司宁波分行于上述汇票项下优先受偿的数额应以本判决第四项确定的数额及相应的律师费275,516.88元为限。"

有色金属公司不服一审判决，向浙江省高级人民法院提起上诉称：恒丰银行宁波分行不享有票据权利，无权请求有色金属公司向其支付票据款；有色金属公司享有票据抗辩权，且该抗辩权未切断，有色金属公司无须对任何人承担票据责任；一审法院超越诉讼请求，在票据对价、善意持票人、请求权与抗辩权、判决质权性质以及主债权等问题方面认定错误。请求撤销一审判决第七、八、九项，改判驳回恒丰银行宁波分行对有色金属公司的诉讼请求。

被上诉人恒丰银行宁波分行辩称：根据法律和有关学理解释，恒丰银行宁波分行作为票据质权人享有票据权利。恒丰银行宁波分行作为质权人有权对有色金属公司的票据抗辩权提出切断的抗辩。恒丰银行宁波分行提起诉讼，目的是提起质权,路径既可以依据《票据法》也可以依据《担保法》,这两条路径都是恒丰银行宁波分行实现质权的方法,但只能二选一,一审中已论述清楚,不存在一审判决超越诉讼范围的情况。请求维持原判。

一审被告乐迪公司辩称:对有色金属公司的上诉请求和理由不持异议。乐迪公司认为在物保中约定了物保优先清偿,在人保中又约定人保优先清偿的情况下,应当采用物保优先清偿的规则,其只能在抵押物清偿不足范围内承担保证责任,一审判决认为本案涉及的事实与最高人民法院(2016)最高法民终40号判决不一致,但是没有说明理由。同时本案涉及的三笔保理业务已经超越了乐迪公司保证范围,保理业务不在主贸易合同项下。

一审被告众仁宏公司、港迪公司、杨某、王某、国海公司、中外运公司均未答辩。

浙江省高级人民法院经二审,确认了一审查明的事实。

二审另查明:2017年4月10日,恒丰银行宁波分行为本案诉讼与浙江海泰律师事务所签订聘用律师合同,并支付本案律师费人民币110万元。

浙江省高级人民法院二审认为,本案的争议焦点为:(1)恒丰银行宁波分行是否有权依据质押汇票请求有色金属公司付款。(2)保理合同所导致的主债权是否在担保责任范围内。

一、恒丰银行宁波分行是否有权依据质押汇票请求有色金属公司付款

(一)关于恒丰银行宁波分行是否拥有票据权利

有色金属公司认为,票据权利是属于持票人的,只有票据权利人才可以主张票据权利。根据《票据法》第27条关于背书的规定,持票人可以将票据权利转让给他人,或者将一定的票据权利授予他人行使,如果想转让或授予他人,必须进行背书。而背书分为两种:一种是转让背书,其法律后果是票据权利由背书转让给被背书人;另一种是非转让背书,包括委托收款背书及质押背书,其法律后果是不转让票据权利,背书人仍然是票据权利人。委托背书和质押背书共同点是都不转让票据权利,不同点在于委托背书仅仅授予被背书人付款请求权,而质押背书不仅赋予被背书人付款请求权,还赋予被背书人追索权。根据《票据法》第35条第2款的规定,汇票可以设定质押,被背书人依法实现其质权时可以行使汇票权利,但该规定不能得出恒丰银行宁波分行享有票据权利的结论,行使票据权利并不表明其一定享有票据权利,不享有票据权利的人也可以行使票据权利,实际上是行使出质人享有的权利,但如果出质人享有的权利是有瑕疵的,恒丰银行宁波分行将因抗辩而不

能实现。

恒丰银行宁波分行认为,我国学者及审判实务界认为票据质权人享有与票据转让类似的票据权利,相关裁判案例也支持这一主张。

二审法院认为:(1)我国《票据法》第35条第2款规定:"汇票可以设定质押;质押时应当以背书记载'质押'字样。被背书人依法实现其质权时,可以行使汇票权利。"此系法律直接规定。根据文义,更应理解为汇票的质押权人拥有票据权利。(2)虽然背书从理论上可以区分为转让背书及非转让背书,转让背书的被背书人及非转让背书的被背书人在权利上略有不同,但是不应当得出有色金属公司所主张的恒丰银行宁波分行作为质押背书的被背书人,其不具有票据权利,但是可以行使票据权利的结论。有色金属公司主张实际在于其认为恒丰银行宁波分行不具有票据权利,但可以代为行使票据权利,代为行使权利的界限自然受制于原权利人。这一主张完全否认了恒丰银行宁波分行作为质权人的独立地位。这一主张会导致一个根本的悖论,即恒丰银行宁波分行作为质押权利人,持有质押汇票,在债务人众仁宏公司履行相应义务时,其没有必要行使质押权,而在众仁宏公司不履行相关义务的情况下,由于其权利作为代位权受制于众仁宏公司,在有色金属公司行使抗辩权的情况下,其又无法行使质押权利,这就从根本上否定了汇票权利质押制度存在之必要。有色金属公司该主张不具备合理性。(3)目前司法实践支持票据质押权利人具有票据权利。故有色金属公司关于恒丰银行宁波分行不拥有票据权利的主张不能成立。

(二)关于票据抗辩切断

所谓票据抗辩切断通常是指票据债务人不得以自己与出票人或持票人的前手之间的抗辩事由,对抗持票人。我国《票据法》第13条第1款、第2款规定,票据债务人不得以自己与出票人或者与持票人的前手之间的抗辩事由,对抗持票人。但是,持票人明知存在抗辩事由而取得票据的除外。票据债务人可以对不履行约定义务的与自己有直接债权债务关系的持票人,进行抗辩。

有色金属公司认为,本案所涉汇票的权利人是众仁宏公司,恒丰银行宁波分行不是票据权利人,只是票据的质权人。而众仁宏公司没有按照合同的约定履行交货义务,根据《票据法》第13条的规定,票据债务人可以对不履行约定义务的与自己有直接债权债务关系的持票人进行抗辩,因此有色金属公司对众仁宏公司不承担票据责任。有色金属公司对众仁宏公司所享有的这种抗辩权到目前为止也是存在的,从来没有被切断过,因为只有转让背书才可以切断对人的抗辩。

恒丰银行宁波分行认为,我国学者及审判实务界认为票据质权人享有与票据转让类似的票据权利,相关裁判案例也支持这一主张。票据质权人享有与票据转让类似的票据权利,可以对有色金属公司的票据抗辩权提出切断。恒丰银行宁波分行作为票据质权人在取得票据质权时善意合法,有色金属公司没有证明恒丰银行宁波分行在质押授信的过程中存在恶意,恒丰银行宁波分行也支付了相应对价,作为善意第三人的权益应当受到保护。行使票据权利仅是恒丰银行宁波分行实现质权的一种方式,故既可以依据我国《票据法》请求有色金属公司付款,也可以依据我国《担保法》的有关规定请求有色金属公司付款以优先受偿。

二审法院认为:(1)赋予票据以无因性,赋予票据行为以独立性,票据抗辩权的切断,目的都在于保护正当、善意持票人。(2)本案中恒丰银行宁波分行作为票据质押权人,已经合法、善意地取得了涉案的汇票。(3)作为质押权人所拥有的票据权利,虽然应当受到一定的限制,如转质押以及再背书转让的权利,但这种限制不能无限放大,对保证其质押权实现的付款请求权及追索权,应当予以保护,由此,恒丰银行宁波分行之付款请求权及追索权应当可以合法切断有色金属公司的票据抗辩权。

(三)一审判决超越诉讼请求

有色金属公司上诉认为,一方面,恒丰银行宁波分行的诉讼请求是有色金属公司立即向恒丰银行宁波分行兑付汇票1亿元及自票据到期之日的利息,该项诉请本质上是要求有色金属公司承担票据责任,是给付之诉。该诉讼请求未被一审法院支持但也未被驳回。另一方面,恒丰银行宁波分行并未就票据质押的担保物权(优先受偿权)提出确认之诉。一审判决第七、八、九项判决确认其担保物权,超越了其诉讼请求范围,违反不告不理的民事诉讼原则。

恒丰银行宁波分行没有对此节点答辩。

二审法院认为:恒丰银行宁波分行一审中对有色金属公司提出的确为给付之诉,这一诉请成立的前提自然包含对其权利的确认,如果权利本身不能得到确认,其给付主张将被驳回,但法律并未强制要求当事人在诉请给付时必须先行或另行主张确认。一审判决第七、八、九项内容也是在满足法定条件下,有色金属公司须支付款项的关于给付的判决。故有色金属公司关于一审判决第七、八、九项判决确认了恒丰银行宁波分行的担保物权,超越了其关于给付的诉讼请求范围的上诉主张,不能成立。

(四)一审判决错误适用《票据法》第13条第1款和第35条第2款

有色金属公司认为,根据我国《票据法》第13条第1款,票据债务人不得以自己与出票人或者持票人之间的前手事由对抗持票人。一审判决引用这个条款错误,因为《票据法》第11条和第32条第2款明确规定,票据的前手必须是票据债务人,众仁宏公司将票据质押、背书交给恒丰银行宁波分行后,是不需要承担票据责任的,因此众仁宏公司就不是恒丰银行宁波分行的前手,所以恒丰银行宁波分行不可以引用《票据法》第13条第1款来对抗有色金属公司的抗辩权。有色金属公司同时认为,根据《票据法》第35条第2款的规定,汇票可以设定质押,被背书人依法实现其质权时可以行使汇票权利,但该规定不能得出恒丰银行宁波分行享有票据权利的结论,一审判决中对《票据法》第35条的适用属于对法律理解的错误。

恒丰银行宁波分行认为,一审适用法律正确。

二审法院认为,根据《票据法》第13条第1款的规定,票据债务人不得以自己与出票人或者持票人之间的前手事由对抗持票人。这是关于票据债务人抗辩能否成立的法律规定。同时,《票据法》第11条第2款规定,前手是指在票据签章人或者持票人之前签章的其他票据债务人。众仁宏公司将票据质押、背书交给恒丰银行宁波分行,构成其前手。有色金属公司认为港迪公司将票据质押、背书交给恒丰银行宁波分行后,不需要承担票据责任,缺乏法律依据。同时有色金属公司作为本案票据债务人,其认为众仁宏公司在此处不构成"前手",而意图将众仁宏公司排除于票据关系之外,其法律后果只能是破坏自己的抗辩权,而无法证明一审判决适用法律错误。有色金属公司关于《票据法》第35条第2款规定只意味着恒丰银行宁波分行不享有票据权利但可以行使票据权利的结论,同样缺乏理由,其依此主张一审判决适用法律错误同样不能成立。

二、保理合同所导致的主债权是否在担保责任范围内

恒丰银行宁波分行与众仁宏公司于2016年10月13日、19日、28日订立的2016年恒银甬信高质字第005110130011、005110190011、005110280011号最高额质押合同约定众仁宏公司以有色金属公司出票并承兑的第0010006121095978、0010006121095979、0010006121095981号商业承兑汇票分别为同日恒丰银行宁波分行与众仁宏公司订立的贸易融资主协议提供质押,第一份贸易融资主协议约定的贸易融资业务为国内信用证,后两份贸易融资主协议约定的贸易融资业务为买方

保理担保。2016年10月21日,恒丰银行宁波分行又与众仁宏公司订立贸易融资主协议一份,约定众仁宏公司可向恒丰银行宁波分行申请使用的贸易融资额度为12,020,400元,贸易融资业务为买方保理担保,2016年恒银甬信高质字第005110130011号最高额质押合同系该贸易融资主协议的担保合同。其后众仁宏公司于2016年10月13日向恒丰银行宁波分行申请开立金额为3996万元的国内信用证;2016年10月20日、21日、28日,众仁宏公司向恒丰银行宁波分行提交买方保理业务申请书各一份,申请对其作为买方与港迪公司作为卖方签署的买卖合同项下买方应付账款提供买方信用风险担保业务,应付账款金额即担保金额为34,938,750元、12,020,400元、24,998,400元,并承诺如上述应付款项在质押票据到期日未清偿,恒丰银行宁波分行有权按一年期基准利率上浮50%计收逾期利息、复利和违约金。故上述因保理项下合同所导致的债权完全在相应质押的责任范围内。乐迪公司关于保理业务不在主贸易合同项下的答辩意见也同样不具理由。

二审法院认为,本案恒丰银行宁波分行与众仁宏公司订立贸易融资主协议,为保证上述综合授信贷款的偿还,并与港迪公司、杨某、王某、国海公司、中外运公司、乐迪公司签订保证合同,众仁宏公司并以有色金属公司签发的商业承兑汇票为涉案债务提供质押担保,上述合同均系各方真实意思表示,其内容并不违反法律、行政法规的禁止性规定,应认定合法有效,对各方当事人均有约束力。恒丰银行宁波分行最终通过信用证及提供保理项下买方担保发放贷款,众仁宏公司未按约定足额存入本案所涉信用证项下款项及按时归还保理项下买方货款,致使恒丰银行宁波分行为其信用证垫款及代为支付买方货款,其中信用证垫款扣除保证金、利息及其他代偿款项后,众仁宏公司尚欠恒丰银行宁波分行垫款本金27,848,456.75元;尚欠的保理垫款本金分别为34,938,750元、12,020,400元、24,998,400元。且恒丰银行宁波分行为本案支付律师费110万元。现恒丰银行宁波分行要求众仁宏公司归还上述垫款本金及利息,双方约定支付的律师费,各担保人依照约定承担担保责任,于法有据,一审判决予以支持,并无不当。

综上,有色金属公司上诉主张缺乏依据及理由,不能成立,不予支持。浙江省高级人民法院依照《民事诉讼法》第170条第1款第1项之规定,于2018年5月4日判决如下:“驳回上诉,维持原判。”

有色金属公司不服二审判决,向最高人民法院申请再审称:(1)二审判决认定恒丰银行宁波分行已履行保证责任,可行使质权、享有票据权利错误。①恒丰银行宁波分行既是与众仁宏公司签订的贸易融资主协议项下的买方信用风险担保业务的保证人,又是以众仁宏公司作为债务人的同两笔特定应收账款的保理服务商、受让人、债权人。恒丰银行宁波分行承担的买方信用风险担保业务项下的保证责任,已于其成为同两笔应收账款的受让方即债权人时,因主体混同而消失。恒丰银行宁波分行随后无须也不可能履行保证责任。②众仁宏公司对恒丰银行宁波分行的欠款,是基于众仁宏公司作为应收账款债务人未向应收账款受让人、保理商、债权人履行债务而产生,并非基于贸易融资主协议而产生。恒丰银行宁波分行未履行贸易融资主协议的买方信用担保义务,无权依据最高额质押合同行使质权,故无权行使票据权利。(2)二审判决认定恒丰银行宁波分行享有票据权利错误。权利质押并不产生权利转让的效果;质押背书也只产生授权效力,并不产生票据权利转移的效力。涉案汇票的票据权利人仍是众仁宏公司,有色金属公司对恒丰银行宁波分行不承担票据责任,恒丰银行宁波分行对有色金属公司不享有付款请求权和追索权,无权要求有色金属公司直接向其支付票据款项。(3)有色金属公司享有票据抗辩权且该抗辩权未切断。因众仁宏公司未履行交货义务,根据《票据法》第 13 条第 2 款的规定,作为票据债务人的有色金属公司可以对作为票据权利人的众仁宏公司进行抗辩。有色金属公司是案涉票据唯一的票据债务人,众仁宏公司是唯一的票据权利人。既然有色金属公司的抗辩权成立,则其不需要承担票据责任。因该票据并未背书转让,而非转让背书(包括质押背书和委托背书)并不转让票据权利,众仁宏公司不是任何人的前手,有色金属公司的抗辩权不应被切断,其票据抗辩权应予支持。本案符合《民事诉讼法》第 200 条第 2 项、第 6 项、第 11 项规定的情形,应予再审。

被申请人恒丰银行宁波分行辩称:本案业务仅涉及单笔保理业务。港迪公司、众仁宏公司保理业务是整体的买方保理业务,有色金属公司依据错误的前提“恒丰银行宁波分行为众仁宏公司提供的仅是单纯的买方担保”,推出“构成债权债务混同造成保证债务消灭”的结论。涉案两笔业务整体结构为同一反向保理(买方保理)业务,恒丰银行宁波分行在保理业务中整体承担了保理商的角色并参与了业务全程。该综合业务包括应收账款管理、保理融资及坏账担保各个环节,并且通过与众仁宏公司、港迪公司签署的一系列文件实现。恒丰银行宁波分行应众仁宏公司申请(占用众仁宏公司授信额度,并由众仁宏公司提供担保)叙作保理业务,与众仁宏公司、港迪公司签署的文件均为该整体业务的组成部分。随后恒丰银行宁波分行受让了港迪公司应收账款,并按照众仁宏公司申请,促成相关机构向港迪公司发放了融资款,至此,恒丰银行宁波分行完成了买方保理业务中的应收账款转让与保理融资安排服务。港迪公司提前取得了众仁宏公司的货款,众仁宏公司在应付账款期限届满时负有按期偿还款项的义务,恒丰银行宁波分行承担众仁宏公司坏账风险。有色金属公司以自身开具的已承兑票据为众仁宏公司向恒丰银行宁波分行的融资行为提供整体质押担保,符合法律规定和自主意思表示,二审判决判令有色金属公司承担责任合法有据,有色金属公司的再审事由不成立。

最高人民法院经再审审查认为:本案的审查主要涉及有色金属公司的再审申请是否符合《民事诉讼法》第 200 条第 2 项、第 6 项、第 11 项规定的情形。

一、关于恒丰银行宁波分行是否履行了贸易融资主协议项下的买方信用风险担保义务问题

首先,有色金属公司基于其与众仁宏公司签订的商票预付款采购合同签发案涉商业承兑汇票,并背书转让给众仁宏公司。众仁宏公司为担保贸易融资主协议项下发生的主债权,与恒丰银行宁波分行签订最高额质押合同,将相应商业承兑汇票质押背书并交付恒丰银行宁波分行,被背书人为恒丰银行宁波分行,众仁宏公司在“背书人”栏注明“质押”字样,并加盖公司财务专用章。根据《物权法》第 224 条关于“以汇票、支票、本票、债券、存款单、仓单、提单出质的,当事人应当订立书面合同。质权自权利凭证交付质权人时设立;没有权利凭证的,质权自有关部门办理出质登记时设立”的规定,涉案汇票质权依法设立,恒丰银行宁波分行依法取得质权。其次,贸易融资主协议约定的融资业务主要为国内信用证和买方保理担保。因众仁宏公司未依约清偿买方保理业务项下应付账款,恒丰银行宁波分行对外发生垫款。有色金属公司关于恒丰银行宁波分行并未履行贸易融资主协议约定的买方信用风险担保义务、无权行使质权的主张,缺乏依据,不应支持。

二、关于恒丰银行宁波分行是否享有票据权利的问题

如前所述,恒丰银行宁波分行已取得涉案票据质权,依法可以行使汇票权利。有色金属公司认可恒丰银行宁波分行可行使票据权利,但主张其不享有票据权利。二审判决基于本案如仅认可恒丰银行宁波分行作为质权人可行使票据权利,而不认可其享有票据权利,实际上等同于否认了其作为质权人的独立地位,涉案质权将难以实现,故结合对《票据法》第 35 条第 2 款的文义理解、相关司法实践及本案实

际情况,未支持有色金属公司的上述主张,并无不妥。

三、关于有色金属公司主张的票据抗辩切断的问题

《票据法》第13条第1款规定:“票据债务人不得以自己与出票人或者与持票人的前手之间的抗辩事由,对抗持票人。但是,持票人明知存在抗辩事由而取得票据的除外。”第11条第2款规定:“前手是指在票据签章人或者持票人之前签章的其他票据债务人。”本案中,众仁宏公司将票据质押背书并交付恒丰银行宁波分行,构成恒丰银行宁波分行的“前手”。票据抗辩权的切断旨在保护正当、善意的持票人,而恒丰银行宁波分行作为质押权人支付了合理对价,其已经合法、善意取得了案涉票据。二审判决对有色金属公司关于其抗辩权未切断的主张未予支持,亦无不当。

另外,有色金属公司主张本案符合《民事诉讼法》第200条第11项规定的“原判决、裁定遗漏或者超出诉讼请求的”情形,但其在再审申请书中未明确具体的事实和理由。其该项主张缺乏依据,不应支持。

综上,有色金属公司提出的再审事由不能成立。最高人民法院依照《民事诉讼法》第204条第1款,《民诉法解释》第395条第2款规定,于2020年3月13日裁定如下:

驳回中国有色金属建设股份有限公司的再审申请。

行政案例

香港斯托尔实业(集团)有限公司
与泰州市人民政府、泰州市海陵区人民政府等
招商引资协议纠纷案

编者按

行政协议不同于民事协议,是行政机关在法律规定的职权范围内,基于行政管理的需要或者公共利益的实现,通过协商一致的方式,约定行政机关与行政相对人之间的权利义务关系。行政协议既是双方协商一致的结果,又是行政机关履行行政管理职责的结果;既具有行政性,又具有协议性。行政协议的产生,表明国家对社会的管理正在从单纯的"命令式"的垂直管理模式,向普遍吸纳"协商对话"基础上柔性执法的积极成分转变,此亦标志着国家治理体系和治理能力的现代化转变。审判实践中,对行政协议案件的审理,首先要解决行政协议的甄别难题,并且统合公共利益维护、私法主体利益保护、行政管理目标实现、协议双方意思自治、纠纷有效解决等相关因素,将相应的公、私法规则予以妥适地"嫁接"。

裁判摘要

1. 行政协议一般包括以下要素：一是协议有一方当事人必须是行政主体；二是该行政主体行使的是行政职权；三是协议目的是实现社会公共利益或者行政管理目标；四是协议的主要内容约定的是行政法上的权利义务关系。由于行政管理的复杂性以及双方当事人协议约定内容的多样性，判断一项协议是属于行政协议还是民事协议，不能仅看其名称，也不能仅依据其中的少数或者个别条文，而应结合以上要素和协议的主要内容综合判断。

2. 民事协议与行政协议、民事诉讼与行政诉讼，一般仅具有法理分工和管辖指引功能。审理行政协议案件既要适用行政法律规范，也要适用不违反《行政法》和《行政诉讼法》强制性规定的民事法律规范。区分民事协议与行政协议、民事诉讼与行政诉讼，更多应考虑审判的便利性、纠纷解决的有效性、裁判结果的权威性以及上下级法院间的一致性，也应考虑何种诉讼更有利于对行政权力的监督和对公共利益的维护。

原告：香港斯托尔实业（集团）有限公司

法定代表人：杨某，董事长

被告：泰州市人民政府

法定代表人：陆某鹏，市长

被告：泰州市海陵区人民政府

法定代表人：顾某，区长

被告：泰州市海陵工业园区管理委员会

法定代表人：彭某，主任

原告香港斯托尔实业（集团）有限公司（以下简称香港斯托尔公司）因与被告泰州市人民政府（以下简称泰州市政府）、泰州市海陵区人民政府（以下简称海陵区政府）以及泰州市海陵工业园区管理委员会（以下简称海陵园区管委会）发生不履行行政协议纠纷，向江苏省泰州市中级人民法院提起诉讼。

原告香港斯托尔公司诉称：2013 年 9 月 16 日原告与泰州市政府、海陵区政府的派出机构海陵园区管委会签订了海陵工业园区工业项目招商合同书，2013 年 12 月 15 日经协商签订补充协议书，协议明确了原、被告双方的权利义务。2014 年 12

月 1 日,原告完成了土地摘牌并以新注册的森托尔机器人有限公司与泰州市国土资源局签订了国有土地使用权出让合同后,被告未根据合同及补充协议书约定履行,导致原告至今无法开工建设。请求法院判令三被告立即履行协议约定,支付土地差价款项 1625 万元,并承担相应的违约责任。

被告泰州市政府辩称:(1)泰州市政府不是适格被告,海陵园区管委会为海陵区人政府派出机构,与泰州市政府没有关联;(2)本案不属于《行政诉讼法》规定的受案范围,海陵园区管委会与原告签订的协议,形式、内容均与《行政诉讼法》规定的行政协议不相符合,属于民事合同,当事人之间争议显然属于民事争议。综上,请求驳回原告的起诉。

被告海陵区政府辩称:(1)原告与海陵园区管委会签订的招商合同书以及补充协议为民事合同而非行政协议,不属于行政诉讼受案范围;(2)海陵园区管委会具有独立的法人资格,可以依法独立承担民事责任,海陵区政府不是招商合同书以及补充协议书的一方当事人,不应承担任何法律责任,不是适格被告。请求驳回原告的起诉。

被告海陵园区管委会辩称:(1)本案不属于行政诉讼受理的范围,涉案的两份合同均属于民事合同,双方之间无行政法上的权利义务关系。(2)原告诉讼请求不属于涉案合同中约定的海陵园区管委会应履行的合同义务,原告的请求不当。根据补充协议书第 2 条的约定,土地差价款项是由海陵园区管委会出借给原告,而不是直接支付给原告。(3)本起诉讼是因原告不履行协议约定内容,不遵守法律规定引起的,原告未按协议约定提供担保,也未按照《外资企业法实施细则》第 30 条的规定,于公司成立之日起 3 个月内缴纳认缴出资额的 15% 。(4)双方合同约定的海陵园区管委会向原告出借土地差价款的内容违反规定,不具有可履行性。根据《国务院关于清理规范税收等优惠政策的通知》(国发〔2014〕62 号)第 3 条第 2 款规定,严禁对企业违规减免或缓征行政事业性收费和政府性基金、以优惠价格或零地价出让土地,合同约定已经实际违反此条款规定。综上,请求驳回原告的起诉。

江苏省泰州市中级人民法院一审审查认为:本案争议焦点是本案是否属于行政诉讼受案范围。根据《行政诉讼法司法解释》第 11 条的规定,《行政诉讼法》第 12 条规定的行政协议是指行政机关为实现公共利益或者行政管理目标,在法定职责范围内,与公民、法人或其他组织协商订立的具有行政法上的权利义务内容的协议。本案中,原告诉称被告未依法履行的海陵工业园区工业项目招商合同书以及补充协议书虽是海陵园区管委会为实现招商引资目标与原告签订的协议,但该协议中的核心内容即原告所诉争的被告海陵园区管委会应承担的义务,是被告将土地“招拍挂”成交价与基数的差额部分以借款的形式借给原告,且由原告提供担保,同时在原告满足一定条件时,被告以奖励形式对借款冲抵,实质上是借款与赠与关系,属于民事法律关系,并不具有行政法上的权利义务内容。因此,原告所诉的海陵工业园区工业项目招商合同书以及补充协议书不属于《行政诉讼法》第12条规定中的行政协议,依法不属于行政诉讼受案范围。

据此,江苏省泰州市中级人民法院依照《行政诉讼法司法解释》第3条第1款第1项之规定,于2015年10月26日裁定如下:“驳回原告香港斯托尔实业(集团)有限公司的起诉。”

香港斯托尔公司不服一审裁定,向江苏省高级人民法院提起上诉称:香港斯托尔公司与海陵园区管委会签订的工业项目招商合同书及补充协议书属于《行政诉讼法司法解释》第11条中规定的“政府特许经营协议”或“其他行政协议”,依法属于行政诉讼的受案范围。原审法院未依据《行政诉讼法》第51条的规定裁定不予立案,据此可以认定香港斯托尔公司的起诉符合起诉条件。请求撤销一审裁定,指令一审法院继续审理。

被上诉人泰州市政府辩称:泰州市政府并非本案适格被告。海陵园区管委会与香港斯托尔公司就项目招商签订的协议并非行政协议,不属于行政诉讼的受案范围。一审法院裁定驳回香港斯托尔公司的起诉正确。请求驳回上诉,维持一审裁定。

被上诉人海陵区政府辩称:海陵园区管委会与香港斯托尔公司签订的工业项目招商合同书及补充协议书是双方作为平等的民事主体,经过多次协商达成的民事协议。海陵区政府并非涉案协议的相对人,香港斯托尔公司将海陵区政府列为被告错误。请求驳回上诉,维持一审裁定。

被上诉人海陵园区管委会辩称:涉案合同中明确约定了双方的权利义务及违约责任,属于平等主体之间签订的民事合同,不属于行政诉讼的受案范围。请求驳回上诉,维持一审裁定。

江苏省高级人民法院经二审查明:2013年9月16日,香港斯托尔公司与海陵园区管委会签订工业项目招商合同书。2013年12月15日,香港斯托尔公司与海陵园区管委会签订补充协议书。香港斯托尔公司认为海陵园区管委会未履行协议约定的义务,导致其无法开工建设,提起行政诉讼,请求判令泰州市政府、海陵区政府、海陵园区管委会立即履行协议约定,支付土地差价款项1625万元,并承担相应的违约责任。

江苏省高级人民法院二审认为:根据《行政诉讼法》第49条第4项的规定,案件属于人民法院行政诉讼受案范围是原告提起诉讼应当符合的条件之一。2015年5月1日起施行的修改后的《行政诉讼法》始将行政协议纳入行政诉讼受案范围。本案中,香港斯托尔公司与海陵园区管委会于2013年9月16日签订工业项目招商合同书,于2013年12月15日签订补充协议书。根据"法不溯及既往"的原则,涉案工业项目招商合同书及补充协议书不受修改后的《行政诉讼法》调整,依法不属于人民法院行政诉讼受案范围。一审法院依照《行政诉讼法司法解释》第3条第1款第1项的规定,裁定驳回香港斯托尔公司起诉的结果正确。

据此,江苏省高级人民法院依照《行政诉讼法》第89条第1款第1项的规定,于2016年12月16日裁定如下:"驳回上诉,维持原裁定。"

香港斯托尔公司不服二审裁定,向最高人民法院申请再审称:工业项目招商合同书及补充协议书系海陵园区管委会与其签订,协议内容涉及与招商引资有关的大量行政管理事项,符合公共利益需要,依法属于《行政诉讼法》规定的行政协议。香港斯托尔公司就协议履行问题提起行政诉讼,符合行政诉讼受理条件。修改后的《行政诉讼法》第12条未规定公民、法人或者其他组织不能在2015年5月1日之后对2015年5月1日之前签订的行政协议提起行政诉讼。因此,一、二审法院裁定认定事实错误,适用法律错误。请求撤销一、二审法院裁定,指令再审。

被申请人泰州市政府辩称:泰州市政府不是涉案招商引资协议当事人,不是本案的适格被告。请求驳回香港斯托尔公司的再审申请。

被申请人海陵园区管委会辩称:(1)根据双方约定,工业项目招商合同书及补充协议书是由平等主体间经友好协商签订的民事合同,海陵园区管委会不享有单方面变更或者解除合同的行政优益权,该协议争议依法不属于行政诉讼受案范围;(2)因香港斯托尔公司未完全缴纳土地出让金导致协议无法正常履行,该有关责任依法应当由香港斯托尔公司承担;(3)香港斯托尔公司对于协议约定的相应投资项目并未有实际资金投入,其在香港也没有其他资产或者投资,事实上不能履行涉案土地出让金缴纳等协议义务。请求驳回香港斯托尔公司的再审申请。

被申请人海陵区政府辩称:同意被申请人海陵园区管委会的意见。

最高人民法院再审查明,涉案工业项目招商合同书及补充协议书的主要内容包括:

1. 海陵园区管委会与香港斯托尔公司根据《土地管理法》《合同法》等规定,本着平等、自愿、有偿原则,友好协商,共同约定由香港斯托尔公司在拟受让的国有土地范围内从事投资活动,且该开发利用土地活动应当遵守法律法规规定,不得损害公共利益。

2. 香港斯托尔公司的主要义务包括:(1)通过国有土地使用权招标、拍卖和挂牌程序,竞买位于江苏泰州海陵工业园区规划范围内某地块总面积约 123 亩国有建设用地使用权,转让年限 50 年;(2)在工业项目招商合同书及补充协议书生效后,及时完成外资企业工商注册登记,缴纳相关税费,企业总投资额 5000 万美元,注册资本 3000 万美元,主要从事智能电脑针织机械生产、制造和销售等业务;(3)保证所使用的土地为拟申报项目的工业用地性质,不擅自改变土地用途,如需改变土地使用用途,应征得海陵园区管委会同意并报上级有权部门批准,重新签订相应土地使用权出让合同,调整土地使用权出让金并办理登记;(4)进园项目投资强度及容积率等,符合国家有关工业项目建设用地控制指标要求;(5)基建项目符合园区建筑工程轴线标高控制要求和建筑物退让规定,建筑风格、墙面涂料、色彩、主干道主体建筑立面等符合园区统一要求;(6)在收到项目进场开工建设通知后 30 日内组织开工建设,建设周期为 24 个月;(7)及时提供有关权证办理证件资料;(8)完成有关纳税义务,投产后第一年,开票销售额达 3 亿元人民币,第二年开票销售额达 5 亿元人民币,第三年开票销售额达 6 亿元人民币;(9)服从当地政府和海陵园区管委会的管理。

3. 海陵园区管委会的主要义务包括:(1)协助香港斯托尔公司参加项目地块招标、拍卖和挂牌等程序,办理企业注册登记;(2)协助香港斯托尔公司办理计划、测量、规划、国土、建设、消防、财政、人防、质监等相关报批手续;(3)向香港斯托尔公司提供"七通一平"(通水、通电、通路、通网、通气、通路灯、通排水和土地平整)的项目用地;(4)负责代建 5 万平方米厂房,帮助香港斯托尔公司争取有关厂区建设规费的优惠政策;(5)在香港斯托尔公司参加土地"招拍挂"、全额缴清土地出让金后 90 日内,协助办理取得国有建设用地使用权证,在项目竣工验收合格后 90 日内,协助办理取得房屋产权证;(6)在香港斯托尔公司完成相关纳税义务的条件下,就近预留100亩土地,用于香港斯托尔公司二期项目扩产;(7)帮助香港斯托尔公司协调用工、培训问题,为香港斯托尔公司配套安排25套住宅用房,销售价为人民币2200元/平方米,用于香港斯托尔公司引进高管人才,负责办理相应的房屋产权证、国有建设用地使用权证,并帮助解决其子女入学问题;(8)香港斯托尔公司投产前3年所缴纳国税、地税、基金、地税,其中由海陵园区管委会留成部分全额奖励香港斯托尔公司,后2年减半奖励;(9)保障香港斯托尔公司在投资、经营管理等方面的合法权益,帮助解决在项目实施过程中产生的与当地群众的矛盾纠纷。

4.双方还约定以下权利义务:(1)合同项下国有建设用地使用权以人民币5万元/亩为基数,"招拍挂"成交价与基数差额部分,由海陵园区管委会以借款形式出借给香港斯托尔公司,期限为5年,以扶持香港斯托尔公司及其项目公司发展;(2)对上述借款,香港斯托尔公司以泰州市天圣针织机械实业有限公司和在海陵工业园区内新注册建成企业的全部资产作为担保,并承担土地"招拍挂"后各项土地税费;(3)海陵园区管委会将项目地块"招拍挂"成交价与基数的差额部分提前支付给香港斯托尔公司,保障香港斯托尔公司按时交纳土地出让金;(4)香港斯托尔公司以土地摘牌之日后24个月为起始时间,连续3年企业入库税收达人民币10万元/亩以上,海陵园区管委会将以奖励形式对上述借款予以全部冲抵;(5)香港斯托尔公司以土地摘牌之日后24个月为起始时间,连续3年企业入库税收达人民币15万元/亩以上,海陵园区管委会除将上述借款全部冲抵以外,另按国有建设用地使用权证载明的土地使用权面积奖励香港斯托尔公司2万元/亩。

5.违约责任:(1)香港斯托尔公司未经海陵园区管委会同意放弃竞买涉案土地使用权的,应当承担违约金200万元人民币;(2)因海陵园区管委会违约导致香港斯托尔公司不能履行工业项目招商合同书及补充协议书的,海陵园区管委会应当承担违约金200万元人民币,违约金不足以弥补香港斯托尔公司损失的(包括但不限于主债务本息、违约金、为实现债权而产生的诉讼费、律师费等费用以及其他负担),海陵园区管委会仍应承担相应的赔偿责任;(3)协议一方不能履行其他协议约定义务的,违约方应当承担违约金40万元人民币,相对方则有权解除协议;(4)因海陵园区管委会的原因影响香港斯托尔公司及其项目公司开工建设的,海陵园区管委会应当顺延香港斯托尔公司及其项目公司的开工、建设和竣工时间,并承担相应责任;(5)香港斯托尔公司擅自改变土地用途的,应当承担相应责任,同时,海陵园区管委会有权解除协议;(6)香港斯托尔公司自项目公司注册之日起2年内,注册资本3000万美元不能全部到资,或者不能实现工业项目招商合同书及补充协议书确立的目标的,海陵园区管委会有权追回相关借款及奖励。

6. 争议解决:对发生的协议纠纷,由海陵园区管委会、香港斯托尔公司协商解决;协商不成的,向海陵园区管委会所在地有管辖权的人民法院提起诉讼。

最高人民法院再审认为,本案的争议焦点为:(1)本案工业项目招商合同书及补充协议书是否为行政协议;(2)本案纠纷解决应当适用民事诉讼程序还是行政诉讼程序;(3)本案应否适用《行政诉讼法》的相关规定处理。

一、关于本案招商引资协议是否为行政协议的问题

协议是经过谈判、协商而制定的共同承认、共同遵守的文件。利用协议来约定权利义务是各种社会主体普遍采用的手段。平等的民事主体间签订的协议属民事协议,引发的纠纷按照民事救济程序解决。随着行政管理方式的多样化和行政管理理念从高权命令向协商、合作的转变,行政机关在法律规定的职权范围内,通过协商一致的方式约定其与行政管理相对人之间的权利义务关系,此种协议也被统称为行政协议;由此引发的纠纷,一般通过行政救济程序解决。《行政诉讼法》第12条第1款规定:"人民法院受理公民、法人或者其他组织提起的下列诉讼……(十一)认为行政机关不依法履行、未按照约定履行或者违法变更、解除政府特许经营协议、土地房屋征收补偿协议等协议的……"《行政诉讼法司法解释》第11条第1款规定:"行政机关为实现公共利益或者行政管理目标,在法定职责范围内,与公民、法人或者其他组织协商订立的具有行政法上权利义务内容的协议,属于行政诉讼法第十二条第一款第十一项规定的行政协议。"因此,行政协议一般包括以下要素:一是协议有一方当事人必须是行政主体;二是该行政主体行使的是行政职权;三是协议目的是为实现社会公共利益或者行政管理目标;四是协议的主要内容约定的是行政法上的权利义务关系。由于行政管理的复杂性以及双方当事人协议约定内容的多样性,判断一项协议是属于行政协议还是属于民事协议,不能仅看其名称,也不能仅依据其中的少数或者个别条文来判定,而应当结合以上要素和协议的主要内容综合判断。

对本案的工业项目招商合同书及补充协议书招商引资协议而言:

(一)协议的一方当事人海陵园区管委会是行政机关

海陵园区管委会是经江苏省人民政府批准设立,作为海陵区政府派出机构,对

开发区实行统一领导和管理的行政机构。协议权利义务的最终承担者系海陵区政府,因此具备协议订立一方必须是行政主体的形式特征。

(二)海陵园区管委会在协议中处分的虽有民事机关法人的职权,但主要是行政职权

根据《江苏省经济技术开发区管理条例》第 8 条、第 9 条以及江苏省人民政府《省政府关于同意设立南京栖霞经济开发区等 34 家省级开发区的批复》的规定,海陵园区管委会属于海陵区政府派出机构,具有"制定开发区的总体规划和发展计划,按规定负责审批或者审核开发区内的投资建设项目,负责开发区内的基础公用设施的建设和管理,对市属各有关部门设在开发区内的分支机构的工作进行监督和协调,依法行使海陵区政府授予的其他职权,代表海陵区政府对开发区实行统一领导和管理"等法定职责。涉案招商引资协议约定海陵园区管委会行使的职权和义务,如有关土地出让金价格的确定、二期项目开发用地的预留、配套平整土地、给予政策补贴、帮助减免相应税费以及对开发、利用土地及未来改变土地用途时的同意并逐级上报审批、对香港斯托尔公司可能存在的违法用地行为的监督管理和行政处罚等,均属《江苏省经济技术开发区管理条例》规定以及海陵区政府所授予的行政管理职权。

(三)协议的目的是公共利益

《江苏省经济技术开发区管理条例》第 3 条第 2 款规定:"开发区旨在发展对外经济技术合作,引进外资、先进技术、先进设备、人才和科学管理方式,以兴办外商投资、出口创汇、高新技术项目为主,相应发展第三产业,加强与省内外的经济技术合作,促进对外开放和经济技术的发展。"涉案招商引资协议正是为了实现上述目的,为了实现公共利益需要而签订。协议约定,香港斯托尔公司将主要从事智能电脑针织机械的生产、制造和销售业务,企业总投资 5000 万美元,注册资本 3000 万美元;香港斯托尔公司将从当地学校招录职业技工 300 名,解决部分就业问题;条件成熟时,香港斯托尔公司还将二期项目扩产,海陵园区管委会同时预留 100 亩土地用于保障投资。协议的如约履行,将相应提高当地经济生产总量,提高政府财税收入,部分解决就业问题,有助于对外开放、经济技术发展和产业结构调整,有利于地方的长远发展。这些显然是为了促进社会公共利益,而非海陵园区管委会以及海陵区政府自身的法人利益。

(四)协议的主要内容约定的是行政法上的权利义务

协议虽有海陵园区管委会借款给香港斯托尔公司,支付国有建设用地使用权“招拍挂”成交价与5万元/亩基数差额部分的约定,但协议的主要内容仍然为行政法上的权利义务。协议约定,香港斯托尔公司负担保证所使用土地为拟申报项目的工业用地性质,不擅自改变土地用途,如需改变土地使用用途,应征得海陵园区管委会同意并报上级有权部门批准,重新签订土地使用权出让合同,调整土地使用权出让金并办理登记等义务;海陵园区管委会则相应负担对香港斯托尔公司申请变更土地使用用途进行审核上报的义务。协议还约定,香港斯托尔公司待协议生效后,负担及时申请外资企业工商注册登记,办理计划、测量、规划、国土、建设、交通、消防、财政、人防、质监等相关行政审批,缴纳相关配套费用的义务;海陵园区管委会则相应负担协助香港斯托尔公司办理完成其申请的行政审批和登记手续,争取政策补贴,帮助减免建设规费等义务。协议并约定,香港斯托尔公司需服从海陵园区管委会及当地政府管理,及时向海陵园区管委会主管税务机关纳税,以及以土地摘牌之日后24个月为起始时间,连续3年企业入库税收分别达到人民币10万元/亩、15万元/亩时,申请相应税费减免奖励等;海陵园区管委会则需对香港斯托尔公司依法纳税进行监管,积极争取和利用有关招商引资政策,将香港斯托尔公司投产后5年内所缴纳国税、地税、基金、地税,视情形对香港斯托尔公司进行奖励,以及在香港斯托尔公司设立新企业注册后1个月内配套安排25套住宅房屋,用于香港斯托尔公司引进高管人才,并帮助解决相关高管人才子女就学问题,帮助协调泰州地区有关职业技术学校与香港斯托尔公司签订就业安置协议等。这些权利义务虽有部分民事权利义务性质,但更多约定涉及地方政府不同职能部门的行政职权,分别受多部行政法律规范调整,具有明显的行政法上的权利义务特征。而事实上,此类约定也系海陵园区管委会代表海陵区政府进行的行政允诺。

总之,涉案工业项目招商合同书及补充协议书招商引资协议一方为行政主体,协议目的符合公共利益需要;海陵园区管委会行使的主要是《江苏省经济技术开发区管理条例》规定的行政职权;协议内容除包括相关民事权利义务约定外,还包括大量难以与协议相分离的行政权利义务约定,依法属于《行政诉讼法司法解释》第11条第1款规定的行政协议范畴。一审法院仅以双方约定的部分内容,即认定涉案招商引资协议仅系形成借款与赠与的民事法律关系,而不具有行政法上的权利义务内容,属于认定事实错误。

二、关于本案纠纷解决应当适用民事诉讼程序还是行政诉讼程序的问题

我国实行国家统一的法院制度,不存在普通法院与行政法院的管辖区分,人民法院内部仅系分庭管理,民事和行政审判庭也非以自己名义独立对外行使审判权,而是统一以人民法院名义行使审判权。因此,民事协议与行政协议、民事诉讼与行政诉讼,一般仅具有法理分工和管辖指引功能。审理行政协议案件既要适用行政法律规范,也要适用不违反《行政法》和《行政诉讼法》强制性规定的民事法律规范。实践中,民事协议可能交由行政审判庭审理,行政协议也可能交由民事审判庭审理。区分民事协议与行政协议、民事诉讼与行政诉讼,更多应考虑审判的便利性、纠纷解决的有效性、裁判结果的权威性以及上下级法院间裁判标准的一致性,也应考虑何种诉讼更有利于对行政权力的监督和对公共利益的维护。

本案协议有关民事权利义务的约定与行政权利义务的约定互相交织,难以完全分离。海陵园区管委会代表海陵区政府所作的权利义务的约定,涉及多个行政管理领域,多项行政管理职能,人民法院对此类约定的合法性、有效性进行审查,既要考虑是否确属当事人之间真实自愿和协商一致,还应考虑行政管理领域的具体法律规定,约定对地方政府及其职能部门的约束力以及合同的相对性原则的适用等。与民事诉讼程序相比,行政诉讼程序更有利于全面审查协议中有关税收承诺、土地出让价款承诺、行政许可承诺等诸项涉及行政法律规范之适用条款的合法性与合约性;而协议包含的工商、质监、房管、建设、交通等多个行政许可审批事项的约定,适用行政诉讼程序审理也更为适宜。尤其重要的是,本案香港斯托尔公司作为一审原告,在诉讼请求、诉讼类型及诉讼标的等问题上依法具有选择权,其有权就工业项目招商合同书及补充协议书的全部或部分内容提起诉讼。如果香港斯托尔公司在一审诉讼期间或者根据一审法院的指引,选择通过民事诉讼解决本案纠纷,亦无不可。在此情形下,上级法院应当尊重当事人选择权,而不宜仅因协议定性问题推翻下级法院生效裁判。但鉴于香港斯托尔公司因诉讼管辖等方面考虑,坚持选择行政诉讼程序寻求救济,则人民法院应同样予以尊重,并作为行政案件立案和审理。

三、关于本案应否适用《行政诉讼法》的相关规定处理的问题

2015 年 5 月 1 日前的法律规范未明确规定招商引资协议属于民事协议,本案所涉招商引资协议也未约定选择民事诉讼程序解决纠纷。二审法院虽未否定工业项目招商合同书及补充协议书的行政协议属性,也未否定本案可以作为行政案件

受理，但其以上述招商引资协议签订在2015年5月1日之前，而自2015年5月1日起实施的修改后的《行政诉讼法》始将行政协议纳入行政诉讼受案范围为由，驳回香港斯托尔公司的上诉，维持一审裁定。对于二审法院上述裁定理由是否适当，需要对《行政诉讼法》相关规定是否具有溯及力加以准确的判断和把握。对此，《最高人民法院关于印发〈关于审理行政案件适用法律规范问题的座谈会纪要〉的通知》（法〔2004〕96号）对有关新旧法律适用以及“法不溯及既往”问题作了明确规定。根据该纪要第3条的规定，在存在新旧法律衔接问题的情况下，人民法院审查行政行为的合法性，实体问题适用旧法规定，程序问题适用新法规定，但下列情形除外：（1）法律、法规或规章另有规定的；（2）适用新法对保护行政相对人的合法权益更为有利的；（3）按照具体行政行为的性质应当适用新法的实体规定的。根据上述适用法律规范标准，对《行政诉讼法》修改后的条款，除非明确规定不溯及既往或者因条款性质不适宜溯及既往的，原则上对有关受案范围、审理程序、裁判种类等属于法院裁判职权专属事项的规定，人民法院均应当适用新的规定进行裁判。由于《行政诉讼法》第12条第1款第11项是有关行政诉讼受案范围的规定，属于人民法院行使裁判职权专属事项，依法即具有溯及力。因此，二审法院认为《行政诉讼法》第12条第1款第11项规定不溯及既往的理由不能成立。申言之，对形成于2015年5月1日之前的行政协议，如果协议双方未明确约定争议解决适用仲裁或者民事诉讼途径的，作为协议一方的公民、法人或者其他组织提起行政诉讼，人民法院依法应当立案受理。

综上，一、二审法院以涉案工业项目招商合同书及补充协议书不属于行政诉讼受案范围为由，裁定驳回香港斯托尔公司的起诉及上诉不当，依法应予撤销。据此，最高人民法院依照《行政诉讼法》第92条第2款，《行政诉讼法司法解释》第78条、第79条第3项的规定，于2017年12月28日裁定如下：

一、撤销江苏省泰州市中级人民法院（2015）泰中行初字第00063号行政裁定；

二、撤销江苏省高级人民法院（2015）苏行终字第00736号行政裁定；

三、指令江苏省泰州市中级人民法院继续审理本案。

浙江方爵进出口有限公司与中华人民共和国镇江海关等行政处罚纠纷案

编者按

涉外定牌加工商标侵权是指国内生产加工企业在相同或类似商品上贴附与国内注册商标专用权人相同或近似商标的侵权行为。认定涉外定牌加工是否构成侵犯注册商标专用权在理论与实践中存在争议。在司法实践中,考虑现阶段涉外定牌加工仍是我国对外加工贸易的重要组成部分,因而目前各级法院对涉外定牌加工所涉商标侵权案件均采取个案判定原则。一般认为,审理涉外定牌加工所涉商标侵权案件应当把握以下两个方面裁判尺度:(1)对国内加工企业实行一定限度内认定不构成商标侵权,首先要求其基于善意,即国内加工企业对境外委托人提供的境外商标已尽到必要审查注意义务;(2)由于存在境内外商标恶意抢注和恶意仿冒现象,国内加工企业在接受境外订单时,基于诚实信用原则及尊重他人知识产权,对于国内有一定影响力的商标尤其是驰名商标应当予以合理避让。如在出口商品的产品包装显著位置上标注与其他企业注册商标高度近似的标识,则构成商标使用行为,海关有权给予行政处罚。

裁判摘要

在出口商品的产品包装显著位置上标注与其他企业注册商标高度近似的标识，已经起到识别商品来源的作用，无论涉嫌侵权货物是否全部销往国外，均属于《商标法》规定的商标使用行为。在涉嫌侵权货物出口过程中被查获的，海关可依法实施知识产权海关保护行为。

原告：浙江方爵进出口有限公司
法定代表人：敖某福，董事长
被告：中华人民共和国镇江海关
法定代表人：周某晨，关长
第三人：安徽海螺集团有限责任公司
法定代表人：高某榜，董事长

原告浙江方爵进出口有限公司（以下简称方爵公司）因与被告中华人民共和国镇江海关（以下简称镇江海关）、第三人安徽海螺集团有限责任公司（以下简称海螺公司）发生撤销行政处罚纠纷，向江苏省镇江市中级人民法院提起诉讼。

原告方爵公司诉称：(1)原告使用的商标"CGNAH"为法语，在加蓬共和国（官方语言为法语，以下简称加蓬）的读音为"希耶那"，意为"顺利"。海螺公司的商标"CONCH"为英语，读音为"靠起"，意为"贝壳、海螺"，两者在读音、含义、整体视觉效果等方面有明显区别，不构成近似商标。(2)涉案"CGNAH"标识系加蓬C. GNAH公司的名称标识，且已被非洲知识产权组织（以下简称非知组织）批准注册为商标，加蓬JIN WAN DA公司获得C. GNAH公司的授权，使用该标识从中国进口水泥。原告依据JIN WAN DA公司的要求在水泥袋上印制"CGNAH"标识，在中国境内仅属于物理贴付行为，即定牌加工，不具有识别商品来源的功能，不构成商标意义上的使用行为；且该批水泥直接出口到加蓬，并不在中国市场销售，不会造成中国消费者的混淆。(3)被告存在滥用职权、超越职权等程序违法行为。①被告对涉案违法行为无管辖权，涉案水泥在镇江生产，并向镇江海关申报出口，经镇江海关查验完毕后，载货船舶抵达张家港，张家港海关通知对货物进行查验，查验后货物就被就近扣留在张家港至今。根据《海关行政处罚实施条例》相关规定，本案应由最先发现违法行为的张家港海关管辖。②被告及南京海关启动行政执法程序严重违法,第三人涉案商标在海关总署的备案于2006年8月26日期满后未续展,2015年7月14日恢复备案。但张家港海关已于2015年7月13日通过第三人举报发现涉嫌侵权货物,故海关应当依据申请扣留侵权嫌疑货物并启动保护程序,而非依职权扣留。③被告违反独立行使职权的法律规定,根据《海关法》的规定,海关的隶属关系不受行政区划的限制,海关依法独立行使职权,向海关总署负责,上级海关对下级海关的执法活动进行监督。本案中,镇江海关向南京海关法规处请示,将涉案货物是否侵权这一关键问题交由后者决定。此后,南京海关通知第三人缴纳担保金,在第三人支付担保金后又通知镇江海关扣留货物,但镇江海关随后所有的调查过程均无南京海关参与,也未向南京海关请示,南京海关的行为对原告的权利产生影响,但原告对此却无法请求司法审查等救济。④被告确定涉案货物价值的程序违法,且未依法要求第三人提供与货物等值的担保。相关法律法规对货物价值的定义及计算有严格的程序和方法,中国人民银行授权中国外汇交易中心公布的外汇牌价是确定汇率的合法权威数据,被告仅凭内部同事间的邮件就确定涉案货值及汇率,显属程序违法。且原告涉案货值近500万元,南京海关却仅要求第三人支付30万元保证金,使原告可能陷入权利受损而无法弥补的困境。综上,请求撤销被告作出的镇关知罚字〔2015〕01号行政处罚决定。

被告镇江海关辩称:(1)海关经调查认定被控侵权标识与海螺公司"**CONCH**"商标构成近似并无不当。被控侵权标识和第三人商标均使用在第19类水泥上,两者均由五个大写字母组成,字体均为黑色粗体,其中第1、3、5位字母相同,并均以红色粗体突出字母"N"的斜杠部分,整体结构相同,外观高度相似。第三人商标于2004年被认定为驰名商标,具有较高知名度,而被控侵权标识"**CGNAH**"在法语中不构成任何单词,不具有特定含义。(2)原告提出其对"**CGNAH**"标识的使用并非商标性使用,不构成商标侵权的理由不能成立。原告在海关调查之初即承认其在出口水泥上使用该标识是其自主行为,与其之后所称系接受委托定牌加工的说法自相矛盾。定牌加工不构成侵权的前提条件是定作人对委托贴牌的商标在出口目的国拥有注册商标专用权,且承揽人对此应进行审查。但原告不仅无证据证明被控侵权标识已在加蓬取得商标注册,且在第三人涉案商标在中国及加蓬均已注册并具有较高知名度的情况下,原告仍在其出口水泥上使用与之近似的标识,显然未尽合理注意义务,构成商标侵权。(3)被告被诉行政处罚执法程序合法。①根据《海关法》的规定,出口货物自向海关申报起到出境止,应当接受海关监管。原告向镇江海关申报出口涉案水泥并从镇江启运出口，随后虽运抵张家港，但仍处于镇江海关监管之下，且本案系镇江海关对涉案水泥实施查验而案发，张家港海关只是协调港口码头部门配合镇江海关实施查验，故镇江海关对本案有管辖权。②根据相关规定，适用“依职权保护”程序的前提是海关在监管过程中发现进出口货物有侵权嫌疑时，相关权利已经在海关总署备案。本案第三人商标于2015年7月14日在海关总署取得备案，镇江海关于7月15日查验发现涉案水泥侵权，据此启动“依职权保护”程序符合法律规定。③根据《海关法》的规定，海关实行垂直管理体制，分为海关总署、直属海关、隶属海关三级，直属海关直接由海关总署领导，负责管理一定区域范围内的海关业务；隶属海关由直属海关领导，负责办理具体海关业务。南京海关作为直属海关，有权对关区各级海关具体分工予以明确，指导、监督关区知识产权海关的保护工作。且其指导下级海关、联系权利人确认知识产权状况、收取担保金对原告权利义务不产生直接影响。对原告权利义务产生直接影响的扣留、调查、听证以及作出处罚决定等行政行为均由镇江海关作出，并对其知情权和权利救济给予了充分保障。④海关收取担保金和确定涉案水泥价值依法合规。《知识产权海关保护条例》及其实施办法规定，知识产权权利人请求海关扣留侵权嫌疑货物的，应当向海关提供不超过货物等值的担保，价值超过20万元的，提供10万元的担保，海关据此就涉案水泥向第三人收取30万元担保金符合法律规定。此外，本案原告、被告双方对涉案水泥的申报价格均无异议，出口水泥不征收出口关税，确定其价值时以申报价格为完税价格，故镇江海关计核部门根据相关规定以原告申报的价格为基础对本案货值进行计核确定，依法合规。综上，请求驳回原告的诉讼请求。

江苏省镇江市中级人民法院一审查明：

一、涉案注册商标的注册登记情况

1997年5月7日，安徽省宁国水泥厂经国家商标局核准注册第996978号“**CONCH**”商标，核定使用商品为第19类水泥、水泥预制构件、建筑砖瓦等，注册有效期经续展至2017年5月6日。1997年11月28日，该商标经核准转让给海螺公司。2004年2月25日，国家商标局认定海螺公司使用在第19类水泥商品上的“**CONCH**”注册商标为驰名商标。

1999年8月27日，海螺公司就第996978号“**CONCH**”商标在海关总署取得备案，备案号为T1999－01498，备案有效期为1999年8月27日至2006年8月26日，该备案因到期未续展而失效。2015年7月14日,海螺公司就该商标在海关总署重新取得备案,备案号为T2015-40232,备案商品名称为水泥(袋装、散装),备案有效期为2015年7月14日至2017年5月6日。

2007年6月22日,海螺公司向非知组织提交商标注册申请,申请在第19类水泥、水泥预制件、建筑砖瓦等商品上注册"CONCH"商标,2008年2月29日获得注册登记,商标编号为57363,注册编号为3200701135。截至2015年8月14日,该商标未在非知组织的商标登记中被注销,亦未逾期。

二、镇江海关实施具体行政行为的情况

2015年6月26日,方爵公司委托案外人镇江远洋公司分三票向镇江海关申报出口15,000吨水泥至加蓬,申报价分别为153,000美元、357,000美元、255,000美元,共计765,000美元。2015年8月5日,镇江海关通过内部邮件与其计核部门确定以2015年7月15日为核算日,适用该月的基准汇率6.1158,核定涉案货值为人民币4,678,587.00元。

2015年7月14日,镇江海关向江苏远洋新世纪货运代理有限公司发出海关查验通知单,通知其将对所申报货物实施查验。次日查验后,镇江海关认为该批货物外包装(子母袋)使用了"CGNAH"标识,涉嫌侵犯海螺公司在海关总署备案的"CONCH"商标专用权。

2015年7月15日,镇江海关向南京海关法规处发出确认进出口货物知识产权状况联系单,请求其确认涉案货物是否构成侵权。南京海关于同日向海螺公司发出关于确认进出口物品知识产权状况的通知,通知海螺公司确认涉案货物是否侵犯其在海关总署备案的"CONCH"商标专用权;如果认为侵权,应向南京海关提出采取知识产权海关保护措施的书面申请并提交相应担保。海螺公司随即提出申请,并缴纳了30万元担保金。

2015年7月16日,南京海关向镇江海关发出扣留货物通知书,通知镇江海关扣留涉案货物。同日,镇江海关决定扣留涉案货物并立案调查。次日,镇江海关分别作出镇关知扣字〔2015〕1号、2号、3号扣留决定书及扣留清单,并于当日送达方爵公司,扣留地点为张家港。

2015年8月4日,镇江海关组织方爵公司和海螺公司召开知识产权案件证据开示会,方爵公司和海螺公司围绕涉案货物是否侵权进行了举证、质证和陈述。2015年8月26日,镇江海关作出行政处罚告知单(镇关知罚告字〔2015〕01号),并于同日送达方爵公司;方爵公司随后提出异议,要求举行听证。2015 年 9 月 14 日,镇江海关组织方爵公司和海螺公司召开行政处罚案件听证会,听取了方爵公司的陈述和申辩意见。同年 9 月 17 日,镇江海关作出涉案行政处罚决定书,并送达方爵公司。

三、与本案有关的其他事实

2015 年 5 月 26 日,方爵公司向国家商标局申请在第 19 类木材、石灰、石板、石膏、水泥等商品上注册“CGNAH”商标,注册号为第 17038712 号,该注册申请于 2016 年 4 月 23 日被国家商标局驳回。

2015 年 5 月 27 日,方爵公司与案外人江苏鹤林水泥有限公司(以下简称鹤林公司)在镇江高资签订购销合同一份,约定方爵公司向鹤林公司订购普通硅酸盐水泥(规格型号 P. O42.5R)15,000 吨,包装形式为大包套小包两吨装,单价 316 元/吨,合同总价 4,740,000 元,交货时间从 2015 年 5 月 27 日起,合同项下全部货物于 2015 年 12 月 31 日交货完毕。

镇江海关于 2015 年 7 月 16 日立案调查后,即对相关人员进行查问。其中,方爵公司业务经理管某在 2015 年 7 月 17 日的查问笔录中陈述:涉案水泥是由与方爵公司有较多业务往来的温州客户订购,并按其要求售往加蓬,指运港为利伯维尔,共 15,000 吨,品牌为CGNAH(方爵),该标识由方爵公司五名合伙人的姓氏首字母组成,在法语中意味着“一切都是好的”,方爵公司已就该标识申请注册并被受理。管某在 2015 年 8 月 4 日的查问笔录中陈述:2015 年年初,其在加蓬的温州老乡设立的公司 JIN WAN DA 公司问方爵公司能不能发水泥,方爵公司经多方考察在 4 ~ 5 月找到鹤林公司并签订合同,信息反馈给 JIN WAN DA 公司后,该公司便指定在水泥包装上印制“CGNAH”标识,并对品质、包装规格和货期提出了要求。鹤林公司销售部经理陈某在 2015 年 8 月 5 日的询问笔录中陈述:涉案水泥是方爵公司向其订购,并按方爵公司要求在包装袋上印制“CGNAH”标识,方爵公司提供该商标图样时,其曾质疑,认为与海螺公司的“CONCH”商标近似,尤其是“N”中间的红色斜杠。但方爵公司坚持认为不一样,并告知该标识已在绍兴申请商标注册,故其最终按照方爵公司要求生产了该批水泥。

方爵公司主张其系接受 JIN WAN DA 公司的委托,贴牌生产涉案水泥,并提交了经加蓬公证机关公证和我国驻加蓬大使馆认证的委托书一份,内容大致为:C. GNAH公司委任 JIN WAN DA 公司在中国采购水泥和钢材,所使用商标为

C. GNAH公司姓名和标识,委托期限为5年。落款处仅有授权人C. GNAH公司签章,无具体出具日期。该委托书与方爵公司在行政调查阶段及起诉时提交的未经公证认证的授权书的正文相同,落款及空白处的印章和签字等存在差异。

2015年8月11日,加蓬工业产权管理局总局长向镇江海关关长发出一份信函,声明:2015年8月3日,该局已收到了标识"CGNAH"的注册申请,还附有Thior Cheick先生于2015年5月8日在中华人民共和国提起该商标注册申请的文件,该局已于2015年8月4日向该申请者个人出具了一份注册登记的申请回执;到目前为止,对"CGNAH"名称和"N"字母以及标识方面,非知组织和该局均还未授予任何的正式注册决定;并声明按照非知组织相关领域中现行各项规章制度和法定条款的规定,作为产品或者服务标识,仅提起商标注册申请并不等同于该商标已经获得正式注册,也不得默认为官方已经授予其商标权。

方爵公司主张"C. GNAH"系法语词汇,但未提供证据予以证明,在海螺公司提交的《拉鲁斯法汉双解词典》(薛建成等编译,外语教学与研究出版社出版)中,未查询到该词汇。

另查明:C. GNAH公司注册登记地为加蓬利伯维尔市,创建者为Thior Cheick先生,经营范围为五金制品及建筑材料销售;JIN WAN DA公司注册登记地为加蓬奥文多市,系个体有限责任公司,经营范围为一般五金制品及建筑材料水泥进口,法定代表人为Xue Zebin。根据方爵公司提交的证据,无法认定上述两公司的具体成立时间。

方爵公司成立于2015年4月8日,系有限责任公司,注册资本1000万元,经营范围为货物进出口、批发、零售、建筑材料、装潢材料、钢材、五金等。

江苏省镇江市中级人民法院一审认为,本案的争议焦点为:(1)方爵公司是否实施了侵害海螺公司涉案"CONCH"注册商标专用权的行为;(2)镇江海关的行政处罚决定程序是否合法,处罚依据是否充分。

关于第一个焦点问题。注册商标专用权以核准注册的商标和核定使用的商品为限,未经商标注册人的许可,任何人不得在同一种商品或者类似商品上使用与其注册商标相同或近似的商标。海螺公司系涉案第996978号"CONCH"注册商标的权利人,其依法享有的注册商标专用权应受到法律保护。本案中,首先,方爵公司的涉案出口产品为水泥,海螺公司涉案注册商标核定使用的商品为水泥、水泥预制构件、建筑砖瓦等,两者属于同一类商品。其次,被控侵权产品外包装显著位置标注

“CGNAH”标识,已具有区分商品来源的作用,属于商标法意义上的商标使用行为。再次,被控侵权标识“CGNAH”与海螺公司涉案注册商标均由五个黑色粗体的大写英文字母组成,其中第1、3、5位字母相同,第3位字母“N”的斜杠部分为红色,并经过特殊艺术处理,故两者虽有两个字母不同,但其各要素组合后的整体结构相似,容易使相关公众对商品的来源产生误认或认为其来源与海螺公司注册商标的商品有特定联系,构成近似。方爵公司主张“C. GNAH”为法语词汇,但并未提交证据证明,故其据此认为被控侵权标识与海螺公司注册商标不构成近似的主张不能成立。最后,海螺公司涉案注册商标经过长期的宣传和使用,已具有较高的显著性和知名度,方爵公司对此应当知晓,且在其向鹤林公司订购涉案水泥时,对方也曾质疑该标识与海螺公司商标近似,其仍执意使用,侵权的主观故意明显。综上,方爵公司未经海螺公司同意,在同一种商品上使用与其涉案注册商标相近似的商标,侵犯了海螺公司的注册商标专用权。

关于方爵公司认为其使用“CGNAH”标识生产出口水泥的行为系定牌加工行为的主张。一审法院认为,认定是否系定牌加工行为及其是否侵犯注册商标专用权,应考虑以下因素:(1)境外生产商或销售商是否享有注册商标专用权或有授权许可;(2)承揽人是否已尽到必要的审查或注意义务。本案中,首先,方爵公司并无证据证明被控侵权标识已经非知组织批准注册为商标;相反,根据加蓬工业产权管理局总局长的信函,该局于2015年8月3日才收到关于“CGNAH”标识的注册申请,而在此之前,方爵公司已向鹤林公司订购涉案水泥并向镇江海关申报出口。其次,方爵公司曾于2015年5月26日在第19类商品上申请注册“CGNAH”商标,其业务经理管某在2015年7月17日的查问笔录中也承认使用被控侵权标识系方爵公司自主行为。最后,方爵公司提交的委托书虽有C. GNAH公司的签章,但无具体出具日期,且其在行政调查阶段及本案诉讼期间提交的委托书在落款及空白处的签章存在差异,即使存在委托的事实,也无法认定委托时间。综上,方爵公司主张其系根据JIN WAN DA公司的要求在水泥袋上印制C. GNAH公司合法授权的“CGNAH”标识,但未能证明涉案境外定作人享有合法授权,亦不能证明其已履行相关审查或注意义务,故其关于生产出口涉案水泥系定牌加工的抗辩理由不能成立。

关于第二个焦点问题。《海关法》第2条规定:“中华人民共和国海关是国家的进出关境(以下简称进出境)监督管理机关……”第44条第1款规定:“海关依照法律、行政法规的规定,对与进出境货物有关的知识产权实施保护。"据此,镇江海关具有对方爵公司出口货物行为是否侵犯他人知识产权进行认定和处理的法定职权。

首先,关于镇江海关是否具有管辖权。根据《海关法》第23条的规定,出口货物自向海关申报起到出境止,应当接受海关监管;《海关行政处罚实施条例》第3条规定,海关行政处罚由发现违法行为的海关管辖,也可以由违法行为发生地海关管辖;2个以上海关都有管辖权的案件,由最先发现违法行为的海关管辖。本案中,方爵公司于2015年6月26日向镇江海关申报出口涉案水泥,7月13日载货船舶抵达张家港。7月14日镇江海关向方爵公司代理报关单位发出海关查验通知单,次日对涉案货物实施查验后认为方爵公司涉嫌侵犯海螺公司的注册商标专用权,并依职权调查处理。据此,镇江海关作为发现违法行为的海关,对涉案行政违法行为具有管辖权。方爵公司称最先发现违法行为的是张家港海关,但并未提供张家港海关出具的任何查验通知或文书,故其认为涉案行政违法行为应由张家港海关管辖的理由不能成立。

其次,关于镇江海关启动行政执法程序是否违法。根据《知识产权海关保护条例》及《知识产权海关保护条例实施办法》的规定,海关发现进出口货物有侵犯备案知识产权嫌疑的,应当立即书面通知知识产权权利人;权利人认为有关货物侵犯其在海关总署备案的知识产权并要求海关予以扣留的,应向海关提出书面申请并按规定提供担保;权利人提出申请并提供担保的,海关应当依法扣留侵权嫌疑货物并进行调查处理。本案中,海螺公司涉案商标于2015年7月14日在海关总署重新取得备案,镇江海关于同日向方爵公司代理报关单位发出查验通知单并于次日实施查验,在发现涉案货物可能侵犯海螺公司备案的知识产权后,向知识产权权利人发出通知,并依据权利人申请依职权进行调查处理,符合法律规定。因方爵公司并无证据证明张家港海关于2015年7月13日已发现涉嫌侵权货物,故其认为镇江海关依职权扣留涉案货物并启动保护程序违反法律规定的理由不能成立。

再次,关于镇江海关是否违反独立行使职权的法律规定。根据《海关法》第3条的规定,国务院设立海关总署,统一管理全国海关;海关的隶属关系,不受行政区划的限制;海关依法独立行使职权,向海关总署负责。该法第100条规定,直属海关是指直接由海关总署领导,负责管理一定区域范围内的海关业务的海关;隶属海关是指由直属海关领导,负责办理具体海关业务的海关。本案中,镇江海关作为隶属海关,由直属海关南京海关领导,故其在办理案件过程中就案件有关问题向南京海关请示并无不当,且南京海关的依据并非最终结论,是否构成侵权仍需依法调查后予以认定。关于南京海关向海螺公司发出通知,海螺公司向南京海关提出申请并缴纳担保金的行为,其一,南京海关作为直属海关,在法律规定的范围内,对其辖区内各级海关的职权予以分工明确并无不当;其二,上述通知和申请的相对方均非方爵公司,对方爵公司的权利义务并无直接影响;其三,最终的扣留涉案货物并立案调查、组织当事人进行证据开示、认定是否侵权并作出行政处罚决定等行政行为,均系镇江海关依法独立行使,且对方爵公司的权利均予以了充分告知和保障。因此,方爵公司认为镇江海关严重违反独立行使职权的法律规定的理由不能成立。

最后,关于镇江海关确定涉案货值及海螺公司担保金是否违法。根据《海关行政处罚实施条例》第 64 条的规定,货物价值是指进出口货物的完税价格、关税、进口环节海关代征税之和。《海关审定进出口货物完税价格办法》第 21 条规定,出口货物的完税价格由海关以该货物向境外销售的成交价格为基础审查确定,并应包括货物运至中华人民共和国境内输出地点装载前的运输及其相关费用、保险费,但其中包含的出口关税税额,应当扣除。出口货物的成交价格是指该货物出口销售到中华人民共和国境外时买方向卖方实付或应付的价格。《进出口关税条例》第 38 条第 2 款规定,进出口货物的成交价格以及有关费用以外币计价的,以中国人民银行公布的基准汇率折合为人民币计算完税价格;适用汇率的日期由海关总署规定。根据《海关进出口货物征税管理办法》第 16 条的规定,海关每月使用的计征汇率为上一个月第三个星期三(第三个星期三为法定节假日的,顺延采用第四个星期三)中国人民银行公布的外币对人民币的基准汇率。本案中,方爵公司申报的货物总价为 765,000 美元,镇江海关以此为基础,根据上述规定确定适用汇率的日期,并以邮件的形式请求海关计核部门确定计征汇率,并不违反法律规定。关于担保金,根据《知识产权海关保护条例实施办法》第 23 条的规定,知识产权权利人请求海关扣留侵权嫌疑货物,货物价值超过人民币 20 万元的,提供人民币 10 万元的担保。本案方爵公司分三票申报出口的货物申报价分别为 153,000 美元、357,000 美元、255,000 美元,海关据此要求海螺公司对每票货物分别缴纳人民币 10 万元担保金,符合法律规定。因此,方爵公司认为镇江海关确定涉案货值和海螺公司担保金违反法律规定的理由不能成立。

综上,镇江海关作出的涉案行政处罚决定证据确凿,适用法律、法规正确,符合法定程序,应予维持。江苏省镇江市中级人民法院依照《行政诉讼法》第54条第1项的规定,于2016年9月27日判决如下:“驳回浙江方爵进出口有限公司的诉讼请求。”

方爵公司不服一审判决,向江苏省高级人民法院上诉称:(1)镇江海关作出涉案行政处罚决定程序严重违法,且存在滥用职权、超越职权情形。方爵公司从管辖权、执法程序选择、是否独立行使职权、担保金及货物价值确定五个方面提出合法有理的事实和理由,但一审法院对方爵公司调查取证的申请不予准许。①镇江海关对本案没有管辖权。本案中,方爵公司提交的船舶装卸时间记录、公证往来邮件均证明本案最先发现违法行为地为张家港海关,首先通知船舶停止作业的是张家港海关,涉嫌侵权货物被扣押在张家港,而张家港海关与镇江海关属于同级海关,各有自己监管区,本案应该由张家港海关管辖,而不是由镇江海关管辖。②一审庭审时,镇江海关代理人承认镇江海关在2015年7月14日前已经启动本案调查程序,而海关总署为海螺公司注册商标备案起始时间为2015年7月14日,镇江海关及南京海关启动行政执法程序显然已经严重违法。商标备案时间和本案案发时间直接决定镇江海关是依职权启动还是依申请启动海关保护,一审认为知识产权备案行政行为与被诉行政行为无关从而驳回方爵公司调查取证申请的理由不成立。③镇江海关严重违反独立行使职权的法律规定。镇江海关所有调查过程均没有南京海关参与,也没有向南京海关继续请示确认涉案货物是否侵权。南京海关的执法行为无疑对方爵公司权利产生直接且极其重要的影响,但方爵公司对南京海关作出的行政行为尚无法请求司法审查等救济程序。④镇江海关应该按照已申请保护规定,要求海螺公司提供与货物等值的担保,而不是按照依职权保护规定仅要求海螺公司提供每票货物10万元担保。南京海关确定的担保金额使方爵公司权利陷入受损无法弥补的困境。一审不去核查镇江海关在本案中究竟是按依职权保护程序执法还是按依申请保护程序执法,故意避开对关键事实的认定。⑤镇江海关仅凭一封邮件就确定货物价值,程序明显违法。一审对镇江海关定价程序是否合法适当未进行评价,而是越俎代庖来计算定价的准确性,显然属于避重就轻、答非所问。(2)方爵公司使用的标识与海螺公司的注册商标不构成近似商标。更为重要的是,方爵公司所有产品全部销往加蓬,其标识并未在中国国内市场发挥识别商品来源功能,方爵公司在产品上贴附标识的行为不能被认定为商标意义上的使用行为。一审不能以中国相关公众的一般注意力为标准对方爵公司使用的标识与海螺公司注册商标进行比对,方爵公司行为不会对海螺公司在中国市场的份额带来任何实质性损害,海螺公司注册商标的识别功能并未受到损害。请求:(1)撤销一审判决;(2)撤销镇江海关作出的涉案行政处罚决定。

被上诉人镇江海关辩称:镇江海关作出的涉案行政处罚决定事实清楚,证据确凿充分,适用法律正确,程序合法,裁量适当;方爵公司上诉请求和理由没有事实和法律依据,请求依法驳回。

被上诉人海螺公司陈述:本案事实清楚,证据确凿,镇江海关依法作出的行政处罚决定,符合法律规定;方爵公司的上诉请求没有事实和法律依据,请求依法驳回。

江苏省高级人民法院经二审,确认了一审查明的事实。

江苏省高级人民法院经二审另查明:

1. 中国国际贸易促进委员会专利商标事务所(以下简称贸促会专商事务所)于2017年5月4日给二审法院复函,称:"非洲知识产权组织的商标注册制度有两个特点:一是不做实质审查,即官方不审查申请商标是否与在先申请或注册的商标相同或近似;二是先注册后公告,即官方完成形式审查后,先给申请人签发注册证,而后再对商标申请情况予以公告。公告是商标注册程序的一部分,他人可以在公告期内提出异议。如果在公告期内无人提出异议,或者虽有异议但不成立,注册商标的效力得以最终确立。如果在公告期内由他人提出异议且经审查认定已成立的,被异议商标将归于无效。"北京超凡知识产权代理有限公司(以下简称超凡知产代理公司)于2017年5月4日给二审法院复函,称:"根据非洲知识产权组织现行商标法《班杰协定》第二部分第9条至第15条的规定,非洲知识产权组织商标注册流程可以简单归纳为:提交申请—官方受理—审查(仅绝对理由)—核准发证—异议公告(6个月)……商标正式注册/驳回无效。因此,在绝对理由审查之后下发的注册证最终能否有效取决于在注册后6个月内有无第三方提异议及异议是否成功。"本案中,根据非知组织出具的"CGNAH"商标注册证及非知组织于2017年3月22日工业产权官方公报显示,"CGNAH"商标于2015年8月3日申请,注册证于2016年2月29日签发,注册人为Thior Cheick,商标异议期为2017年3月22日至9月22日。在二审中,海螺公司称其已在异议期内向非知组织提出商标注册异议,该异议已被受理,异议程序尚在进行。对此,方爵公司予以确认。二审法院认定,非知组织官方下发的“CGNAH”商标注册证目前尚不具有非知组织注册商标专用权的最终效力。

2. 国家工商总局商标评审委员会(以下简称国家商评委)于2016年12月26日作出关于17038712号“CGNAH”商标驳回复审决定书。该决定认为,申请商标“CGNAH”与引证商标“CONCH”在字母构成、整体视觉效果等方面近似,构成近似商标,决定驳回方爵公司的商标注册申请。

还查明:

1. 海螺公司在涉案行政处罚程序中提供CIS(企业形象)工程策划合同、四份发票和设计成果。海螺公司称,“CONCH”商标是海螺公司在1995年花费36万元,委托深圳一家设计公司量身定作的设计成果。“CONCH”源于汉字海螺的英文,中间的“N”有红色菱形的艺术变化,是为了表现企业创新探索和上下求索奋斗不息的意思,“N”和红色菱形是这个标识的灵魂,是“CONCH”商标的显著特征。

2. 根据海螺公司在涉案行政处罚程序中提供的2014年1~12月全国水泥出口信息统计(海关总署2015年1月30日发布)相关数据显示,2014年1~12月,全国累计出口水泥1017.38万吨,占总产量的0.41%。中国水泥协会2014年7月18日关于发布2014年中国水泥上市公司综合实力排名的公告称,为展示中国水泥行业上市公司的竞争实力,鼓励水泥企业做优做强,培育具有国际竞争力和影响力的龙头企业,推动水泥行业健康持续发展,中国水泥协会本着公开、公正、科学的原则,组织业内专家和证券金融界的专家共同进行了讨论。2014年中国水泥上市公司综合实力排名结果,海螺公司(A:600585H:00914)以评分值239.97位居第一。中国水泥协会市场信息部于2015年7月30日出具证明称,海螺公司“截至2015年上半年水泥产量规模达到2.9亿吨,为全国最大的水泥集团之一,其主要生产海螺(CONCH)水泥,为世界上最大的单品牌水泥生产企业,约占全国10%的市场份额”。根据财富中文网信息,海螺水泥自2013~2015年在中国500强排名分别为第115位、第105位和第100位。根据海螺公司的报告,海螺公司是中国目前最大的水泥出口企业,为加强知识产权保护,海螺公司以水泥和型材为主要商品,在112个国家和地区进行了“CONCH”商标申请注册,注册地域包括欧美、非洲(含加蓬)、东南亚。

对此,二审法院认为,2014年海螺公司位居中国水泥上市公司综合实力排名第一,系经中国水泥协会组织专家评审公开发布的公告,该证据与海螺公司“CONCH”商标的知名度事实相关,且与在案其他证据之间能够相互印证,应予采信。二审法院认定,海螺公司在第19类水泥商品上的"CONCH"注册商标,自2004年被国家商标局认定为驰名商标至今仍保持驰名商标的市场知名度。

3. 根据2015年8月4日"镇江海关知识产权案件证据开示记录",海螺公司称,其"是从2010年开始开拓加蓬市场,市场占有率高。侵权水泥与权利人水泥同出口到加蓬地区,配载到同一条船舶上,两商标又具有惊人的相似度"。对于双方水泥装载于同一条船上,方爵公司予以认可,但表示事先并不知道该船上还有海螺公司的水泥。据此,二审法院认定,在海螺公司于2008年获得非知组织"CONCH"商标注册后,其"CONCH"商标水泥至少在2010年已进入加蓬市场。

另外,根据方爵公司的申请,二审法院要求镇江海关提供南京海关对其隶属海关进行监督指导知识产权海关执法工作的相关文件。镇江海关二审提供了海关总署文件《关于设立镇江海关的通知》([87]署办字第05号)、南京海关文件《南京海关关于修订印发〈南京海关知识产权海关保护操作规程〉的通知》(宁关法发〔2005〕331号)。对此,二审法院认为,镇江海关二审提交的上述文件客观存在,予以确认。

江苏省高级人民法院二审认为,本案的争议焦点为:(1)镇江海关作出的涉案行政处罚决定程序是否合法;(2)镇江海关作出的涉案行政处罚决定是否具有事实依据和法律依据。

一、关于涉案行政处罚决定是否存在程序违法的问题

方爵公司上诉主张,镇江海关行政处罚程序严重违法,包括镇江海关没有管辖权、适用依职权调查处理程序错误、违反独立行使职权规定、未要求海螺公司提供与货物等值的担保、确定货值程序违法等。对此,二审法院认为,镇江海关涉案行政处罚决定是否违反法定程序,应当依据《海关法》《海关行政处罚实施条例》《知识产权海关保护条例》《知识产权海关保护条例实施办法》等法律、法规规定进行司法审查,而审查的重点是镇江海关是否具有知识产权海关行政执法的权力、是否履行了海关保护的法定职责、行政执法手续是否完备、是否依法组织听证程序并听取权利人与涉嫌侵权人的申辩、涉嫌侵权人的知情权和申辩权是否获得充分保障等。根据《海关法》第44条第1款和《知识产权海关保护条例》第3条的规定,海关依法对进出境货物实施知识产权保护并行使《海关法》规定的有关权力。据此,镇江海关具有实施知识产权海关保护的行政执法权,同时从现有证据看,镇江海关系按照前述法律、法规的规定具体实施涉案行政执法行为。对此重点分析以下两个问题:

一是镇江海关的管辖权问题。镇江海关对本案是否具有管辖权,是涉案行政处罚程序是否合法的前提。首先,涉案水泥系由方爵公司于2015年6月26日向镇江海关申报出口并在镇江港装船发运,镇江海关在法定监管期限内依法履行监管职责,故即使涉案货物已运抵张家港,但在出境前仍处于镇江海关的监管之下。其次,海螺公司系于2015年7月13日向南京海关举报方爵公司的侵权行为线索,其性质为受害人向执法机关举报违法行为线索。根据南京海关的要求,镇江海关为查证核实该侵权线索,依据《海关法》第2条和第6条第2项规定的行政检查权对涉案水泥实施查验,并通过查验,确认涉案水泥存在侵犯海螺公司在海关总署备案的"CONCH"注册商标专用权的嫌疑。镇江海关所实施的查验程序有查验记录单在案佐证,证明无论是查验实施前的书面告知、实施查验的执法人员身份,还是记录查验结果的查验文书,均表明镇江海关是查验主体,且方爵公司也是在接到镇江海关查验通知后派员到场。最后,镇江海关于2015年7月15日向南京海关发出确认进出口货物知识产权状况联系单,南京海关同日向海螺公司发出关于确认进出口物品知识产权状况通知书,海螺公司随即向南京海关提出申请,并缴纳了人民币30万元担保金。南京海关于2016年7月16日向镇江海关发出扣留货物通知书,镇江海关同日决定扣留涉案货物并立案调查,镇江海关于次日出具扣留决定书。镇江海关于2015年8月4日、26日分别召开证据开示会和行政处罚案件听证会,组织方爵公司和海螺公司举证和质证,听取方爵公司意见陈述和申辩,并于9月17日作出涉案行政处罚决定书。上述所有程序均有相应文书在案佐证,并经方爵公司和海螺公司质证。综上,涉案水泥系在镇江海关报关装运并由镇江海关实施查验检查权,故根据《海关行政处罚实施条例》第3条的规定,镇江海关无论是作为违法行为发生地的海关还是发现违法行为的海关,对本案海关执法案件都具有无可争辩的管辖权。而张家港海关因并未实施海关查验检查权,只是依照南京海关和镇江海关的要求,协调港口码头部门配合镇江海关实施查验,其行为属于协助执法,故方爵公司主张张家港海关是最先发现违法行为的海关,具有本案管辖权,缺乏事实依据。

二是镇江海关是否依法行使职权问题。首先,根据《海关法》第100条对直属海关和隶属海关的用语解释,以及海关总署"关于设立镇江海关的通知",镇江海关为南京海关的隶属海关,由南京海关领导,负责办理具体海关业务。其次,本案中,对行政相对人方爵公司权利义务产生直接影响的是镇江海关作出的行政处罚决定,而该决定的直接法律依据是《海关法》第91条和《海关行政处罚实施条例》第21条第1款,事实依据则是镇江海关通过证据开示程序和行政处罚听证程序查明的涉案侵权事实。镇江海关的行政处罚决定符合《海关法》《海关行政处罚实施条例》等法律法规的基本规定。因此,如果方爵公司认为其权利受到损害,完全可以通过提起行政诉讼获得救济。至于南京海关收取担保金问题,经查,相关担保金数额符合《知识产权海关保护条例实施办法》第23条第1款第3项的规定,并未损害方爵公司的实际权益。再次,《海关法》第3条规定"海关依法独立行使职权,向海关总署负责",其准确含义是指海关依法独立行使职权,仅向海关总署负责,不受地方政府或其他组织干预。本案中,南京海关对镇江海关的指导监督,并不影响镇江海关依法行使职权。最后,我国知识产权海关行政执法分为依权利人申请扣留侵权嫌疑货物和依职权调查处理,两者在海关行政执法程序及其保护强度方面有所差异,且对权利人提供担保金要求不同,而依职权调查处理显然对权利人更为有利。因此,镇江海关根据查验结果主动依职权调查处理,不仅符合法律规定,而且体现了海关在加强知识产权保护、有效降低权利人维权成本方面履职尽责。二审法院认为,在涉及知识产权海关执法的行政诉讼中,司法既要监督海关依法行使职权,同时对认定侵权事实证据确凿、适用法律法规正确、符合法定程序的执法行为,亦应当依法予以支持,以确保我国海关知识产权保护制度的准确实施。

二、关于方爵公司侵犯海螺公司注册商标专用权的主观故意问题

根据现有证据,足以证明方爵公司实施侵权行为的主观故意明显。具体表现为:(1)海螺公司使用在第19类水泥商品上的"CONCH"注册商标,早在2004年2月25日即被国家商标局认定为驰名商标,至今仍具有广泛的知名度。(2)海螺公司早在2007年6月22日即向非知组织提交商标注册申请,并于2008年2月29日在第19类水泥、水泥预制件、建筑砖瓦等商品上获得"CONCH"商标注册,至今该商标仍是有效商标,且海螺公司的"CONCH"商标水泥至少在2010年已出口至加蓬,这表明"CONCH"商标在加蓬市场具有较高的知名度。(3)方爵公司于2015年5月26日向国家商标局在第19类木材、石灰、石板、石膏、水泥等商品上申请注册"CGNAH"商标(该注册申请被国家商标局驳回,并经国家商评委复审决定予以驳回),其次日即与案外人鹤林公司签订涉案水泥购销合同,鹤林公司工作人员已质疑方爵公司要求在包装袋上印制的"CGNAH"标识与海螺公司的"CONCH"商标近似,尤其是"N"中间的红色粗体斜杠,而方爵公司坚持认为不一样。尽管方爵公

司后主张其持有加蓬委托人在非知组织注册的“CGNAH”商标的授权,但并不能改变其在国内申请“CGNAH”商标并使用在出口水泥包装袋上系其自主行为的事实。(4)方爵公司使用的“CGNAH”商标与海螺公司的“CONCH”商标高度近似,尤其是构成显著特征的核心部分“CONCH”的设计特征,具体指“N”中间的红色粗体斜杠,与海螺公司水泥产品包装袋上使用的“CONCH”商标标识特征完全相同。因此,二审法院认为,方爵公司在相同商品上使用与海螺公司高度近似的商标,尤其是在鹤林公司质疑该商标与海螺公司商标近似后,仍未予以合理避让并坚持使用,显然是为攀附海螺公司“CONCH”驰名商标的商誉,其侵权故意明显,侵权行为性质严重。方爵公司以其刚从事水泥出口业务为由主张不知情,与本案基本事实不相符,不予采纳。

三、关于涉外定牌加工商标侵权判定相关问题

方爵公司上诉主张,其所有产品均出口海外,不构成商标意义上的使用行为,不侵犯海螺公司“CONCH”注册商标专用权。二审法院认为,涉外定牌加工本身并不是一个法律概念,而是国际加工贸易业务的一种形态。通常意义上的涉外定牌加工,是指国内生产加工企业直接接收境外定作人的委托,生产加工的贴牌产品全部销往境外而不在中国境内销售的行为。对于涉外定牌加工所涉商标侵权问题,即国内生产加工企业在相同或类似商品上贴附与国内注册商标专用权人相同或近似商标的行为,是否认定构成侵犯注册商标专用权,理论与实践中存在争议。对此,二审法院认为,首先,《商标法》第 57 条第 1 项、第 2 项规定,未经商标注册人的许可,在同一种商品上使用与其注册商标相同的商标的;未经商标注册人的许可,在同一种商品上使用与其注册商标近似的商标,或者在类似商品上使用与其注册商标相同或者近似的商标,容易导致混淆的,均属于侵犯注册商标专用权的行为。至于何为商标使用,《商标法》第 48 条规定:“本法所称商标的使用,是指将商标用于商品、商品包装或者容器以及商品交易文书上,或者将商标用于广告宣传、展览以及其他商业活动中,用于识别商品来源的行为。”而对于与进出口货物有关并受我国法律法规保护的知识产权,《海关法》和《知识产权海关保护条例》赋予海关实施知识产权海关保护的权力。其次,在司法实践中,考虑到现阶段涉外定牌加工仍是我国对外加工贸易的重要组成部分,因而目前包括二审法院在内的各级法院对涉外定牌加工所涉商标侵权案件均采取个案判定原则。涉外定牌加工所涉商标侵权案件的裁判尺度应当是:一是仅对接受境外委托人订单的国内加工企业在一定限

度内认定不构成商标侵权，但不能无限扩大到其他从事出口贸易的国内企业，因为这些国内企业组织加工企业生产加工货物再出口，其组织生产并在商品上贴附商标的过程，首先已经形成了国内商品的生产和流通，属于注册商标专用权所控制的商标使用行为；二是对国内加工企业实行一定限度内认定不构成商标侵权，首先要求其基于善意，即国内加工企业对境外委托人提供的境外商标已尽到必要审查注意义务；三是二审法院特别认为，由于存在境内外商标恶意抢注和恶意仿冒现象，国内加工企业在接受境外订单时，基于诚实信用原则及尊重他人知识产权，对于国内有一定影响力的商标尤其是驰名商标应当予以合理避让。需要明确的是，给予驰名商标尤其是我国自主品牌的驰名商标与其商誉程度相当的保护强度，制止恶意侵权，始终是我国商标法及司法政策坚持的基本方向，也是当前我国实施创新驱动战略，促进经济转型升级，严格知识产权保护的基本要求。正是基于以上认识，当前在涉外定牌加工商标侵权案件中存在认定侵权或者不侵权的两种裁判，这符合当前我国经济发展的阶段性要求，是满足我国对外加工贸易发展需求的特殊司法政策体现，而二审法院近年来在审理涉外定牌加工商标侵权案件中亦是区分不同情形分别作出认定侵权或者不侵权的裁判。本案中，方爵公司委托国内加工企业生产涉案水泥出口至加蓬，属于国内企业组织生产加工货物并出口的行为，不符合适用涉外定牌加工特殊司法政策的前提条件，而方爵公司提供加蓬委托人在非知组织注册的“CGNAH”商标与本案亦不具有关联性。

此外，方爵公司上诉还主张，其涉案水泥全部销往国外，不在国内销售，不属于商标性使用，海螺公司注册商标的识别功能并未受到损害。对此，海螺公司发现方爵公司侵权行为线索系因双方出口水泥同船装运，且目的港同为加蓬。在二审中，海螺公司主张，在企业国际化进程中，商品的出口权利是企业的重要权利之一，如果允许侵犯他人商标权的产品出口，势必影响合法商标权人的出口权利和出口份额，会导致境外客户产生误认，而保护商标权人的出口权，有利于扩大中国产品的国际影响力，符合国家“一带一路”倡议和“中国制造2025”的要求。同时，海螺公司还主张，其“CONCH”商标在加蓬已经有多年的较高知名度，侵权水泥如果进入加蓬，可能导致加蓬的相关公众产生误认，而海螺公司的加蓬经销商得知本案后，也担心侵权商品流入加蓬后对海螺公司的商品销售产生冲击。二审法院认为，如果涉案水泥出口到加蓬，势必对海螺公司“CONCH”水泥产品在加蓬甚至非洲市场的利益造成损害，因而在当前我国大力促进品牌战略实施，推动实施“一带一路”倡议、推动知识产权优势企业“走出去”的新形势下,对以往认为凡产品全部出口不在国内销售,并不会对国内注册商标专用权人产生损害的观点,需要重新予以考量。

近年来,随着我国大力推动创新战略实施,加强重点产业知识产权海外布局,我国出口商品的质量不断提升,“中国制造”凭借较高的性价比在满足国外消费需求方面发挥了积极作用。但与此同时,我国出口商品的侵权假冒问题也日益突出,对我国企业产品的海外市场造成严重损害,有损“中国制造”的国际形象。在此背景下,海关加强出口环节的知识产权保护,加大对侵权假冒违法行为的处罚力度,对于引导企业诚信守法经营、合法开展出口加工业务和提升知识产权保护意识,促进自主品牌发展,遏制侵权假冒现象,维护正常进出口贸易秩序,维护“中国制造”的良好国际形象,都具有积极意义。

综上,江苏省高级人民法院认为,镇江海关作出的涉案行政处罚决定事实清楚、证据确凿,适用法律、法规正确,符合法定程序,应予维持。方爵公司上诉请求撤销涉案行政处罚决定和一审判决缺乏事实和法律依据,均不能成立,不予支持,根据《行政诉讼法》第69条、第89条第1款第1项之规定,于2017年12月31日判决如下:“驳回上诉,维持原判。”

方爵公司不服二审判决,向最高人民法院申请再审称:(1)镇江海关作出的被诉行政处罚决定程序严重违法,应予撤销。①镇江海关对本案没有管辖权。本案首先通知载货船舶停止作业的是张家港海关,涉嫌侵权货物首先在张家港码头被海关发现,涉嫌侵权货物至今被扣押在张家港,而张家港海关与镇江海关属于同级海关,各有自己的监管区,依据《海关行政处罚实施条例》第3条的规定,从本案的案发经过、案件实际发生的情况看,本案应该由张家港海关管辖,而不是镇江海关管辖。②镇江海关在海螺公司于海关总署的注册商标备案的起始时间2015年7月14日前已经启动了本案的调查程序,启动行政执法程序显然已经严重违法。《知识产权海关保护条例》第8条及《知识产权海关保护实施办法》第三章、第四章对依申请扣留和依职权扣留作了详尽的规定,本案海螺公司的注册商标在2006年8月26日备案有效期满后并未向海关总署申请续期,但在2015年7月14日又开始起算备案日期,一审庭审时镇江海关代理人承认镇江海关在2015年7月14日前已经启动了本案的调查,本案应适用依申请保护程序对海螺公司商标权进行保护。一、二审法院对海螺公司商标备案时间和案发时间的调查取证未准予理由不能成立。③镇江海关严重违反独立行使职权的法律规定。《海关法》明确了各海关之间执法的独立性及上下级海关的执法监督关系。本案中,镇江海关向南京海关法规处请示涉案货物是否侵犯了海螺公司备案的知识产权,南京海关在通知海螺公司交付了担保金后,要求镇江海关扣留货物。南京海关的执法行为对方爵公司的权利产生了重要影响,但方爵公司却无法对该行为请求司法审查救济程序。④镇江海关应按照依申请保护的规定,要求海螺公司提供与货物等值的担保,而不是按照依职权保护的规定仅仅要求海螺公司提供每票 10 万元的担保。一、二审法院未审查本案究竟是按依职权保护程序执法还是依申请保护程序执法的事实根据,事实认定不全面,应予撤销。⑤镇江海关仅凭一封邮件即确定了货物的价值,程序明显违法。(2)方爵公司使用的标识与海螺公司的注册商标不构成近似商标,“CGNAH”与“CONCH”两商标无论是读音、含义、整体视觉效果均有明显区别。而且,方爵公司的所有产品全部销往加蓬,并未在中国国内市场发挥识别商品来源的功能,不能被认定为商标意义上的使用行为,两审法院不能以中国相关公众的一般注意力为标准对方爵公司使用的标识与海螺公司的注册商标进行比对。方爵公司在产品上贴附的标识不具有商标的属性,在产品上贴附标识的行为亦不能被认定为商标意义上的使用行为。请求:请求撤销一、二审判决,撤销镇江海关作出的被诉行政处罚决定。

被申请人镇江海关辩称:(1)其作出的行政处罚决定事实清楚、证据确凿充分,适用法律正确,程序合法,裁量适当。镇江海关依法对本案具有确定的管辖权,适用“依职权保护”程序实施知识产权保护具有充足事实依据和法律依据,镇江海关依法行使职权,方爵公司认为“严重违反了独立行使职权的法律规定”的主张不能成立。镇江海关收取每票报关单 10 万元(三票共计 30 万元)担保符合法律规定,确定涉案水泥价值依法合规。(2)一、二审判决认定事实清楚、证据确凿、适用法律法规正确,方爵公司的申诉请求和理由没有事实根据和法律依据。镇江海关经调查依法认定方爵公司在出口水泥上使用“CGNAH”商标标识与海螺公司“CONCH”商标构成近似,事实清楚、于法有据;方爵公司提出“在产品上贴附‘CGNAH’标识的行为不能被认定为商标意义上的使用行为”,从而不能得出构成商标侵权的理由不能成立。综上,请求法院依法驳回方爵公司的再审申请。

一审第三人海螺公司认为:(1)方爵公司的申请不符合《行政诉讼法》第 91 条规定的再审条件;(2)方爵公司使用的“CGNAH”未注册商标和其拥有的

"CONCH"注册商标构成商标近似;(3)方爵公司认为凡是出口商品上贴附的商标均不具有商标属性,不受中国商标法管辖,进而认为本案不属于商标侵权行为,没有依据;(4)镇江海关作出的行政处罚决定程序合法,方爵公司认为张家港海关因最先发现侵权事实而拥有管辖权、镇江海关未独立行使职权、海螺公司担保金缴纳不足等方面存在程序违法,没有依据;(5)海螺公司"CONCH"商标为驰名商标,且在非知组织取得了商标注册登记,实现了商标保护的领土延伸,依据中国和非洲知识产权组织参加的国际知识产权公约,海螺公司的商标获得了不同于一般商标的国际普遍保护,突破了地域保护的限制,单一的商标地域保护原则在本案中并不适用。综上,方爵公司的再审申请没有事实和法律依据,请求法院予以驳回。

最高人民法院经审查认为,本案的争议焦点为:(1)方爵公司使用的标识是否侵犯海螺公司的注册商标专用权;(2)涉案行政处罚决定是否合法。

针对第一个争议焦点,首先,海螺公司合法拥有"CONCH"注册商标专用权,并且该商标被认定为驰名商标并保持着较高的市场知名度。具体表现为:(1)海螺公司合法拥有经国家商标局核准注册的第996978号"CONCH"商标,核定使用商品为第19类水泥及相关产品。2004年2月25日,国家商标局认定该商标为驰名商标,至今该商标仍保持着较高的市场知名度。(2)海螺公司在2007年6月22日即向非知组织提交"CGNAH"商标注册申请,并于2008年2月29日获得在第19类水泥及相关产品上注册登记,至今该商标仍是有效商标。海螺公司从2010年起使用"CONCH"商标的水泥出口至加蓬,市场占有率较高。

其次,方爵公司案涉货物使用"CGNAH"标识属于明显侵犯海螺公司"CONCH"注册商标专用权的行为。具体表现为:(1)方爵公司于2015年4月8日成立,于2015年5月26日向国家商标局申请在第19类包含水泥的商品上注册"CGNAH"商标,该申请已被国家商标局于2016年4月23日驳回,并经国家商评委复审决定驳回。(2)2015年5月27日,方爵公司即与案外人鹤林公司签订购销合同,订购15,000吨水泥并要求印制"CGNAH"标识,鹤林公司工作人员曾提出质疑,认为该标识与海螺公司的"CONCH"商标近似,尤其是"N"中间的红色斜杠,但方爵公司坚持认为两者不一样并要求生产,可见方爵公司未予合理避让,并放任坚持使用侵权嫌疑标识的主观故意明显。(3)方爵公司二审中曾提出其于2015年8月3日向非知组织申请"CGNAH"商标注册,并于2016年2月29日获得签发注册,无论其是否最终取得非知组织授予的注册商标专用权,抑或该注册是否因异议而被撤销，该申请注册与本案涉案货物于 2015 年 7 月 15 日被查验发现侵权嫌疑并被予以处罚一事不具有关联性。（4）从外观上看，方爵公司涉案货物使用的“CGNAH”的标识与海螺公司的“CONCH”商标，均由五个黑色粗体的大写英文字母组成，且其中第 1、3、5 位字母相同，构成显著特征的核心部分“N”的设计特征均为中间红色菱形，两者显著特征相同，构图、颜色及颜色排列组合、字形及字形排列组合相同，各要素组合后的整体外观高度近似，且两者均使用在同一产品水泥包装袋上，容易导致相关公众的混淆，符合《商标法》第 57 条第 2 项规定的侵犯注册商标专用权的情形。

最后，方爵公司使用“CGNAH”的标识构成商标法意义上的使用行为。具体表现在：（1）根据《商标法》第 48 条的规定，商标的使用，是指将商标用于商品、商品包装或容器上以及商品交易文书上，或者将商标用于广告宣传、展览以及其他商业活动中，用于识别商品来源的行为。本案中，方爵公司在国内组织生产案涉水泥并向镇江海关申报出口，在水泥包装袋上显著位置标注“CGNAH”标识，已经起到识别商品来源的作用，符合法定的商标使用行为。（2）如前所述，方爵公司案涉货物标注“CGNAH”标识已经侵犯海螺公司的注册商标专用权，涉案侵权货物通过我国海关申报出口，无论是否全部销往国外，在我国均已属违法行为。方爵公司认为，涉案货物全部销往加蓬，所使用的标识并未在中国国内市场发挥识别商品来源的功能，不能以中国相关公众的一般注意力为标准对案涉货物标识与海螺公司的注册商标进行比对的主张，于法无据，不予支持。

针对第二个争议焦点，第一，镇江海关对本案是否具有管辖权。根据《海关法》第 44 条第 1 款的规定，海关依照法律、行政法规的规定，对与进出境货物有关的知识产权实施保护。《知识产权海关保护条例》第 2 条规定，本条例所称知识产权海关保护，是指海关对与进出口货物有关并受中华人民共和国法律、行政法规保护的商标专用权、著作权和与著作权有关的权利、专利权实施的保护。海关具有对与进出口货物有关并受法律保护的知识产权实施保护的职权。《海关法》第 23 条规定，出口货物自向海关申报起到出境止，应当接受海关监管；《海关行政处罚实施条例》第 3 条规定，海关行政处罚由发现违法行为的海关管辖，也可以由违法行为发生地海关管辖，2 个以上海关都有管辖权的案件，由最先发现违法行为的海关管辖。本案中，首先，涉案水泥系由方爵公司于 2015 年 6 月 26 日向镇江海关申报出口并在镇江港装船发运，涉案货物即使已运抵张家港，但在出境前仍处于镇江海关的监管之下。其次,2015 年 7 月 14 日,镇江海关向方爵公司代理报关单位发出海关查验通知单,并于次日对涉案货物实施查验,认为方爵公司涉嫌侵犯海螺公司的注册商标专用权,后依法进行调查处理并作出调查结论。因此,涉案货物是方爵公司向镇江海关申报,并在镇江海关报关装运,也是由镇江海关获知方爵公司可能存在侵权行为的线索,依法实施查验检查并发现涉嫌侵害海螺公司注册商标专用权的情况,所以,镇江海关作为发现违法行为的海关,对涉案违法行为具有管辖权。方爵公司认为本案最先系由张家港海关责令船舶停止作业,最先发现违法行为地为张家港海关,二审判决认为,张家港海关因并未实施海关查验检查权,只是依照南京海关和镇江海关的要求,协调港口码头部门配合镇江海关实施查验,其行为属于协助执法,并无不当。方爵公司认为镇江海关对本案没有管辖权的理由,依法不能成立,不予支持。

第二,镇江海关是否依法独立行使职权。根据《海关法》第 100 条的规定,镇江海关作为南京海关的隶属海关,受南京海关领导、指导、监督,且各级海关之间进行合理的职权分工协作并不违反相关法律规定。本案中,镇江海关向上级南京海关就案件相关问题进行请示,并由南京海关通知知识产权权利人进行确权,对方爵公司的权利义务并不产生实质影响。对方爵公司权利义务产生直接影响的是镇江海关作出的行政处罚决定,以及作出处罚决定过程中的实施查验并扣留案涉货物、组织进行相关证据开示从而认定违法事实、组织双方听证保障其陈述申辩权利,以及最终的法律适用,前述行为均由镇江海关依法独立行使。方爵公司认为镇江海关将涉案货物是否侵权这一关键的定性判断交由南京海关法规处决定的主张,无事实与法律依据,不予支持。

第三,镇江海关行政执法程序是否合法。首先,对于镇江海关启动的行政执法程序的问题,根据《知识产权海关保护条例》第 16 条的规定:“海关发现进出口货物有侵犯备案知识产权嫌疑的,应当立即书面通知知识产权权利人。权利人认为有关货物侵犯其在海关总署备案的知识产权并要求海关予以扣留的,向海关提出书面申请并按规定提供担保,权利人提出扣留申请并提供担保的,海关应当扣留侵权嫌疑货物并进行调查处理。”本案中,海螺公司的“**CONCH**”商标于 2015 年 7 月 14 日在海关总署重新取得备案,镇江海关于当日向方爵公司的代理报关单位发出查验通知并在次日实施查验后,发现方爵公司涉案货物可能侵犯海螺公司在海关总署备案的注册商标专用权,并向知识产权人发出书面通知后依职权进行调查处理,符合相关规定。方爵公司认为镇江海关在2015年7月14日前已经启动了本案的调查程序及本案应适用海关“依申请保护”方式的主张,无事实与法律依据,不予支持。其次,对于涉案货物价值的确定问题。本案中,根据《海关行政处罚实施条例》及《海关审定进出口货物完税价格办法》的相关规定,以方爵公司对案涉货物的申报价格作为完税价格,进而确定案涉货物价值,并无不当。镇江海关为准确换算案涉货物的价值,通过邮件的方式请求计核部门确定计征汇率,并不违反海关进出口货物征税管理的相关规定。方爵公司认为,镇江海关仅凭一封邮件确定货物价值,程序违法的主张,无事实与法律依据,不予支持。最后,对于海关收取的担保金数额的问题,根据《知识产权海关保护实施办法》第23条的规定,在海关依职权调查处理方式下,权利人请求海关扣留侵权嫌疑货物的,货物价值超过人民币20万元的,应当向海关提供10万元的担保。本案中,方爵公司分三票申报涉案货物,申报的货物价值超过人民币20万元,镇江海关据此要求海螺公司每票货物分别缴纳10万元担保金,并无不当。

需要说明的是,随着我国社会的发展进步,国家正在大力推动实施知识产权战略加强知识产权保护,知识产权的创新、运用和保护越来越受到人们的重视,全社会正在形成尊重知识产权,假冒伪劣可耻的良好社会氛围。特别是国家推动实施“一带一路”倡议以来,我国企业更加积极走出国门,与世界融合发展的趋势更加明显。与此同时,加大打击出口商品的侵权假冒行为,强化维护当事人的知识产权,不断提升“中国制造”的良好国际形象,是我国法律法规规定的法定义务,也是我国向国际社会作出的庄严承诺。行政诉讼在监督行政机关依法行使职权的同时,也支持行政机关依法打击违法行为,维护当事人的正当权益。本案中,镇江海关依照相关法律、法规实施知识产权海关保护,依法处罚违法行为人,维护知识产权人的合法权益,理应予以支持。一审判决驳回方爵公司的诉讼请求,二审判决驳回上诉,维持原判,并无不当。

综上,方爵公司的再审申请不符合《行政诉讼法》第91条规定的情形。最高人民法院依照《行政诉讼法司法解释》第116条第2款之规定,于2019年3月31日裁定如下:

驳回再审申请人浙江方爵进出口有限公司的再审申请。

执行案例

厦门双润投资管理有限公司与黄某兴、丰禾(中国)有限公司等案外人执行异议之诉纠纷案

编者按

执行异议之诉是一种重要的执行救济制度与手段,是以公平优先、兼顾效率为价值取向,通过实质审查的方式对执行标的权属进行认定,进而作出案外人享有的民事权益是否足以排除强制执行的判断,以实现对案外人民事权益的实体性执行救济。本案是股权受让人提出执行异议之诉的典型案件,考虑了股权的基本特性,确立了除存在法定优先权的情形外,股权被依法查封后,受让人提出执行异议之诉的成立要件,明确了股权受让人在查封之前已足额支付转让价款或已依约支付部分价款且将剩余价款按照人民法院的要求交付执行的,亦应属于其能够排除执行的必要条件之一,有利于促进构建合法诚信的股权交易秩序。

裁判摘要

1. 在人民法院依法查封股权后，股权受让人提出执行异议之诉，其成立要件应当包括在人民法院查封之前签订真实有效的转让合同，在人民法院查封之前完成公司股东名册变更，受让人在查封之前已足额支付转让价款或已依约支付部分价款且将剩余价款按照人民法院的要求交付执行等。

2. 股权受让人在查封之前未经过转让人授权将转让款支付给第三人的，不应视为有效付款。受让人在查封之后仍然直接支付股权转让款的，将会导致人民法院保全目的落空，且损害申请人利益，不应成为阻却事由，且系以实际行为拒绝将股权转让款交付执行，其执行异议申请不应得到支持。

原告：厦门双润投资管理有限公司

法定代表人：庄某，董事长

被告：黄某兴

第三人：丰禾（中国）有限公司

法定代表人：方某明，执行董事兼总经理

第三人：惠安县农村信用合作联社

法定代表人：林某琪，理事长

原告厦门双润投资管理有限公司（以下简称双润投资公司）因与被告黄某兴、第三人丰禾（中国）有限公司（以下简称丰禾公司）、第三人惠安县农村信用合作联社（以下简称惠安农信社）发生案外人执行异议之诉纠纷，向福建省高级人民法院提起诉讼。

原告双润投资公司诉称：第三人丰禾公司与双润投资公司于 2017 年 12 月 1 日向第三人惠安农信社提出办理股权转让申请。2017 年 12 月 11 日，惠安农信社第四届理事会审议并批准了丰禾公司转让原为其所有的惠安农信社全部股金（以下简称讼争股金）予双润投资公司的申请。同日，双润投资公司与丰禾公司、惠安农信社签订了股金转让协议书，约定由丰禾公司将其持有的惠安农信社发行的股金账面数 34, 388, 095 股的股金转让给双润投资公司，转让价款为人民币 6000 万元。双润投资公司已全额支付该转让价款。当日，双润投资公司与丰禾公司共同在股金登记部门惠安农信社完成了讼争股金的内部股金转让变更登记程序后，讼争股金于当日登记至双润投资公司名下,双润投资公司股东身份当天同时录入惠安农信社股东管理系统,惠安农信社亦当场为双润投资公司制作完成了股金证。2017年12月12日,正当双润投资公司凭借惠安农信社提供的办理出资人备案登记所需的相关材料向惠安县市场监督管理局申请办理出资人变更备案登记时,福建省高级人民法院于2017年12月12日下午,根据黄某兴与方某明、第三人丰禾公司等民间借贷纠纷案[案号:(2017)闽民初133号]作出的民事裁定书及(2017)闽执保102号协助执行通知书,要求惠安农信社及惠安县市场监督管理局协助执行冻结丰禾公司名下的惠安农信社4.2%(出资额3306.55万元)股权。黄某兴向法院申请查封惠安农信社股权之前,双润投资公司已合法拥有惠安农信社34,388,095股股金(占总股本的4.2%)及股金证,讼争股金已登记至双润投资公司名下,而丰禾公司在惠安农信社已没有股金记载。惠安农信社于送达回证上回复福建省高级人民法院,股权已于2017年12月11日转让给双润投资公司,截至2017年12月12日,丰禾公司在惠安农信社处已无股权可冻结。双润投资公司对上述财产保全行为亦提出异议,后于2018年3月7日收到(2018)闽执异1号执行裁定书,裁定驳回双润投资公司的异议申请。双润投资公司自2017年12月11日起,已是该惠安农信社社员,系惠安农信社34,388,095股股权(占总股份4.2%)的所有权人,福建省高级人民法院在另案保全中查封冻结已不属于丰禾公司的股权错误,为维护双润投资公司的合法权益,请求判令:(1)确认"原为丰禾公司持有的,已于2017年12月11日于股金登记部门惠安农信社处完成股金转让登记,现在工商行政管理机关登记和企业信用信息公示系统公示为丰禾公司名下的惠安农信社4.2%股权"为双润投资公司所有;(2)不得执行工商行政管理机关登记和企业信用信息公示系统公示的丰禾公司名下的惠安农信社4.2%股权,并立即解除(2017)闽民初133号及(2017)闽执保102号案件中对双润投资公司所有的惠安农信社4.2%股权的查封冻结手续;(3)黄某兴承担本案的诉讼费用。

被告黄某兴辩称:双润投资公司与丰禾公司之间的股权转让行为及为此而制作的一系列合同等材料,系双润投资公司为无偿占有丰禾公司所有的惠安农信社4.2%股权和对抗人民法院的诉讼保全措施所刻意编造的,不仅其已实施的股权转让程序不能对抗诉讼保全措施,且双润投资公司并未为其主张的"股权转让"支付过任何对价。因此,双润投资公司的主张不应得到支持,应予驳回。(1)双润投资公司提交的证据仅能证明其为涉案股权转让实施了标的单位惠安农信社的内部管理程序,其尚未实施涉案惠安农信社股权转让的法定变更程序,其既不是惠安农信社的合法股东,所实施的行为也不具有对外公示和排他的效力。①根据惠安农信社章程的相关规定,丰禾公司属于惠安农信社前十大股东(第一大股东),其名称记载于惠安农信社章程。对于涉及前十大股东的股权转让,属于需要修改章程的重大事项决议,除理事会审议通过外,尚须通过召开社员代表大会并经出席会议的社员代表所持表决权的2/3以上通过。双润投资公司受让涉案股权未完成修改章程程序,结合惠安农信社未同意将股金证交付给双润投资公司的事实,可以证实双润投资公司受让涉案股权未完成惠安农信社章程规定的法定程序,不是惠安农信社股东。②双润投资公司所提交的材料均属惠安农信社股权变更内部文件,不具有对抗黄某兴和人民法院执行的效力。③双润投资公司受让涉案股权不仅未支付对价,亦未办理工商变更登记手续,不得对抗黄某兴的执行。(2)双润投资公司与涉案厦门双润小额贷款股份有限公司(以下简称双润小贷公司)、厦门高迅达停车楼投资管理有限公司(以下简称高迅达公司)为同一人控制的关联公司,其与丰禾公司之间不存在真实的股权转让交易。双润投资公司为了本次诉讼,虚构事实,捏造了已支付股权转让款的银行转账凭证。双润投资公司行为已触犯《刑事诉讼法》的规定,涉嫌虚假诉讼罪,侵害黄某兴的权益,请求依法移送公安机关,追究双润投资公司及负责人刑事责任。①根据工商登记信息显示,陈某铭是双润投资公司及高迅达公司、双润小贷公司的实际控制人。双润投资公司所谓债权转让、股权转让款支付等相关交易均发生在陈某铭实际控制的关联公司之间,不是真实的交易。②双润投资公司与其关联公司双润小贷公司、高迅达公司之间的关联交易行为存在诸多的不合常理之处。双润投资公司提交的2017年12月5日其向高迅达公司转付人民币4512万元银行转账凭证中,明确记载着用途为"往来款",并非双润投资公司主张的股权转让款。上述付款行为发生在2017年12月6日其向惠安农信社申请受让涉案股权及2017年12月11日其与丰禾公司签订股权转让协议前,也就是说,在未签订股权转让合同,亦未向惠安农信社申请受让案涉股权转让的情况下,双润投资公司已先支付了4512万元的巨额款项,该笔4512万元转账并非双润投资公司主张的股权转让款。双润投资公司提交的2018年1月30日双润投资公司向高迅达公司转付1500万元银行转账凭证中,转账用途记载为"惠安农联社股权转让款",该笔转账发生在福建省高级人民法院已冻结涉案股权一个多月之后。双润投资公司在明知案涉股权已被冻结,并已提出执行异议之后,仍然向高迅达公司转账1500万元,并刻意注明是“惠安农联社股权转让款”,足见双润投资公司与高迅达公司为同一利益主体,双润投资公司刻意捏造了该笔1500万元股权转让款证据,该笔1500万元并非真实的股权转让款。在涉案丰禾公司的6000万元债务中,双润投资公司主张其已向债权人高迅达公司代偿了全部债务,并以代偿凭证作为支付股权转让款凭证,提起本次诉讼。依双润投资公司的主张,高迅达公司的债权理应偿清,然而,高迅达公司却同时在厦门法院向丰禾公司主张偿还涉案部分债务。双润投资公司在本案中的主张与高迅达公司在厦门法院中的主张存在明显的矛盾和冲突。双润投资公司与高迅达公司、双润小额贷款公司通过虚假交易手段,直接将质押财产变更为双润投资公司所有,属于《物权法》第211条约定禁止流质情形,侵害了丰禾公司及黄某兴的合法权益,该股权受让行为应为无效。综上,请求人民法院驳回双润投资公司的诉讼请求,并将本案涉嫌犯罪线索移送公安机关立案侦查。

第三人惠安农信社辩称:惠安农信社严格按照章程规定对涉案股权转让相关事项进行理事会决议,并根据涉案股金内部登记的质押人与质权人的要求办理股权质押内部冻结解除手续,并无过错。惠安农信社对股权转让双方的材料只作形式上的审查,并不清楚双润投资公司所称与案外人之间的经济往来。对涉案股权的实际所有人请法院依法裁判。

第三人丰禾公司未答辩。

福建省高级人民法院一审查明:

2017年7月28日,东方汽车有限公司(以下简称东方汽车公司)与双润小贷公司签署DK-2017-075-JK号最高额借款合同,约定东方汽车公司向双润小贷公司借款人民币1500万元。2017年8月11日,双润小贷公司将1500万元借款支付至东方汽车公司指定的账户。2017年7月28日,丰禾公司与双润小贷公司签署DK-2017-075-ZY号最高额质押合同,约定丰禾公司以其持有的惠安农信社8,266,369股股权质押给双润小贷公司,为DK-2017-075-JK号最高额借款合同项下东方汽车公司的全部债务提供质押担保。2017年12月4日,由于债务人及担保人出现最高额借款合同中约定的违约情形,双润小贷公司宣布全部贷款提前到期,借款人及保证人应立即偿还全部本息。借款人、质押人、保证人确认上述事项。

2017年7月28日,海峡融资租赁有限公司(以下简称海峡租赁公司)与双润小贷公司签署DK-2017-071-JK号最高额借款合同,约定海峡租赁公司向双润小贷公司借款人民币1500万元。2017年8月23日,双润小贷公司将1500万元借款支付至海峡租赁公司指定的账户。2017年7月28日,丰禾公司与双润小贷公司签署DK-2017-071-ZY号最高额质押合同,约定丰禾公司以其持有的惠安县农村信用合作联社8,266,369股股权质押给双润小贷公司,为DK-2017-071-JK号最高额借款合同项下海峡租赁公司的全部债务提供质押担保。2017年12月4日,由于债务人及担保人出现最高额借款合同中约定的违约情形,双润小贷公司宣布全部贷款提前到期,借款人及保证人应立即偿还全部本息。借款人、质押人、保证人确认上述事项。

2017年7月28日,丰禾公司与双润小贷公司签署DK-2017-069-JK号最高额借款合同,约定丰禾公司向双润小贷公司借款人民币1500万元。2017年8月10日,双润小贷公司将1500万元借款支付至丰禾公司指定的账户。2017年7月28日,丰禾公司与双润小贷公司签署DK-2017-069-ZY号最高额质押合同,约定丰禾公司以其持有的惠安农信社8,266,369股股权质押给双润小贷公司,为DK-2017-069-JK号最高额借款合同项下丰禾公司的全部债务提供质押担保。2012年12月4日,由于债务人及担保人出现最高额借款合同中约定的违约情形,双润小贷公司宣布全部贷款提前到期,借款人及保证人应立即偿还全部本息。借款人、质押人、保证人确认上述事项。

2017年7月28日,厦门凯达实业有限公司(以下简称凯达实业公司)与双润小贷公司签署DK-2017-067-JK号最高额借款合同,约定凯达实业公司向双润小贷公司借款人民币1500万元。2017年8月10日,双润小贷公司将1500万元借款支付至凯达实业公司指定的账户。2017年7月28日,丰禾公司与双润小贷公司签署DK-2017-067-ZY号最高额质押合同,约定丰禾公司以其持有的惠安农信社8,266,369股股权质押给双润小贷公司,为DK-2017-067-JK号最高额借款合同项下凯达实业公司的全部债务提供质押担保。2017年12月4日,由于债务人及担保人出现最高额借款合同中约定的违约情形,双润小贷公司宣布全部贷款提前到期,借款人及保证人应立即偿还全部本息。借款人、质押人、保证人确认上述事项。

2017年12月4日,双润小贷公司将其持有的DK-2017-069-JK号、DK-2017-067-JK号、DK-2017-071-JK号、DK-2017-075-JK号最高额借款合同项下的债权及其他相关权利转让给高迅达公司,并向相关债务人、担保人寄送了债权转让通知书,债权转让通知书均已被签收。

高迅达公司分别于2017年12月5日、29日向双润小贷公司支付了上述债权转让款,共计6000万元。双润投资公司于2017年12月5日向高迅达公司转账4512万元,款项用途为“往来款”;于2018年1月30日向高迅达公司转账1500万元,款项用途为“惠安农联社股权转让款”。

2017年12月6日,第三人丰禾公司向惠安农信社递交股金出让预约登记申请书、股金转让事项承诺书,双润投资公司向惠安农信社递交受让股金申请书、受让股金声明书,提出办理股权转(受)让申请。

2017年12月11日,惠安农信社第四届理事会作出关于同意法人社员丰禾(中国)有限公司股权转让的决议,批准丰禾公司与双润投资公司提出的股权转(受)让申请。同日,双润投资公司与丰禾公司签订股金转让协议书、确认书,确认双润投资公司以6000万元的价格受让丰禾公司原持有的惠安农信社34,388,095股的股金。双方对各自的权利义务进行了约定。惠安农信社作为“股金登记部门”在合同落款处盖章。惠安农信社于同日根据质押人丰禾公司和质押权人双润小贷公司的申请,办理了案涉股权的内部质押冻结解除手续。

丰禾公司将其股金账号内的股金金额34,388,095元转入双润投资公司股金账号,丰禾公司股金账号销户。双方确认股权转受让交易已完成。惠安农信社为双润投资公司制作了股金证(但尚未交付),并办理了内部股金系统转让变更登记手续。2017年12月12日,惠安农信社向惠安县市场监督管理局申请办理惠安农信社非公司企业法人出资人变更备案手续(尚未完成)。

2017年12月12日,福建省高级人民法院根据黄某兴的申请,作出(2017)闽民初133号民事裁定,查封、冻结方某明、王某、丰润金融担保有限公司、丰润金融控股集团有限公司、东方汽车公司、东海建材有限公司、丰禾公司、海峡融资租赁有限公司、江山兴业集团有限公司、昆仑实业(厦门)有限公司名下相当于人民币50,000万元的资产。2017年12月12日,福建省高级人民法院作出(2017)闽执保102号协助执行通知书和(2017)闽民初133号民事裁定书,要求惠安农信社及惠安县市场监督管理局协助执行冻结丰禾公司名下的惠安农信社4.2%股权(出资额3306.5476万元),冻结期限为3年,自2017年12月12日起至2020年12月11日止。惠安农信社在福建省高级人民法院(2017)闽执保102号送达回证上签注:股权于2017年12月11日转让给双润投资公司,截至2017年12月12日,丰禾公司在我社无股权,无法冻结。

2017 年 12 月 26 日，惠安农信社向双润投资公司发出函告书，载明："……2017 年 12 月 12 日下午，我社收到福建省高级人民法院委托惠安县人民法院对以上转让股权进行冻结的通知……我社现明确告知及提醒贵公司，即我社在本次股权转让过程中已严格按相关规定予以办理，不存在任何过错……基于目前福建省高级人民法院已对以上交易股权作出裁定并发出协助执行通知，且目前贵公司受让股权未完成工商变更登记，这将直接影响到贵公司相关利益……综上，敬请贵公司……及时采取相应对策，妥善处理，特别是股权工商变更登记问题，以免贻误时机，甚至丧失权利和时效利益。"

双润投资公司对上述股权保全措施提出异议，福建省高级人民法院于 2018 年 2 月 23 日作出（2018）闽执异 1 号执行裁定书，驳回双润投资公司的异议申请。双润投资公司不服该裁定，提起本案诉讼。

福建省高级人民法院一审认为，本案的争议焦点为：双润投资公司对案涉股权是否具有阻却执行的实体权利，能否对抗法院的执行行为。

从本案现有证据材料来看，丰禾公司与双润投资公司仅就转（受）让丰禾公司持有的惠安农信社 4.2% 股权完成了惠安农信社内部的股金转让变更手续。双润投资公司虽主张各方已于 2017 年 12 月 11 日向惠安县市场监督管理局申请办理惠安农信社出资人变更备案手续，但直至福建省高级人民法院对上述股权采取查封、冻结措施时，这些股权仍登记在丰禾公司名下。因此，福建省高级人民法院在另案保全过程中根据工商行政管理机关的登记，认定上述股权系丰禾公司名下财产并予以查封、冻结，并无不当。但在双润投资公司就涉案股权提起执行异议之诉时，则应着重审查其对讼争股权是否具有足以对抗执行的实体上的权利。

综合本案双方当事人提交的证据，一审法院认为，双润投资公司对涉案股权享有足以对抗执行的实体权利。首先，根据双润投资公司和惠安农信社提交的股金出让预约登记申请书、受让股金申请书、惠安农村信用合作联社第四届理事会关于同意法人社员丰禾公司股权转让的决议、股权转让或转换业务凭证、入股认购业务凭证、股权转受让非柜台现金交易完成声明书、股金证等一系列证据，可见，丰禾公司与双润投资公司早在 2017 年 12 月 1 日就向惠安农信社提出了办理股权转让的申请，双方签订股权转让协议书、惠安农信社批准丰禾公司的股权转让申请、为双方办理股权转让变更手续、制作股金证等均发生在人民法院对涉案股权采取查封、冻结措施前。其次，本案中丰禾公司对双润投资公司提供的最高额借款合同、借款借据、放款凭证的真实性均无异议,结合双润投资公司提供的贷款提前到期通知书、债权转让协议书及款项支付凭证,可以印证双润投资公司关于涉案股权交易源于股权出让人丰禾公司原对案外人双润小贷公司负有债务,后双润小贷公司将其对丰禾公司的债权转让给高迅达公司,丰禾公司为清偿债务,将其持有的惠安农信社4.2%股权转让给双润投资公司,双润投资公司通过向高迅达公司转款,不仅履行了股权转让协议书项下其应向丰禾公司支付股权转让款的义务,也替丰禾公司向高迅达公司(原属双润小贷公司)清偿了债务的主张。双润投资公司对本案股权转让背景的描述与其提供的证据能够相互印证,进一步证实股权转让行为的客观真实性。最后,双润投资公司提供的转账凭证表明,其已实际支付了股权转让款。黄某兴虽对双润投资公司提供的转款凭证的时间、金额及款项用途提出异议,认为双润投资公司利用其与高迅达公司、双润小贷公司是关联企业的便利条件,捏造、虚构其支付股权转让款的事实,但如前所述,在基础债权(双润小贷公司对丰禾公司的债权)真实存在,债权转让(双润小贷公司将债权转让给高迅达公司)也实际发生的情况下,仅仅根据原债权人(双润小贷公司)与债权受让人(高迅达公司)、股权受让人(双润投资公司)之间存在关联关系,即否定债务人丰禾公司对外转让股权的真实性,依据并不充分。由于并无证据证明股权出让人丰禾公司与股权受让人双润投资公司之间存在恶意串通的情形,双润投资公司亦对其将股权转让款支付给高迅达公司作了合理说明,因此,现有证据足以证明,双方之间存在真实的股权转让交易,双润投资公司已实际支付股权转让款并取得涉案股权所有权的事实。

尽管在福建省高级人民法院另案对上述股权采取查封、冻结措施时,这些股权仍登记在丰禾公司名下,但由于黄某兴并非直接就这些股权与丰禾公司发生交易,其并非《公司法司法解释(三)》第27条规定的股权善意取得制度的适用主体,并无信赖利益保护之需要,因此,黄某兴无权以涉案股权目前仍登记在丰禾公司名下为由,主张其所谓的信赖利益。依照《民法通则》第75条第2款的规定,黄某兴无权通过申请法院强制执行的方式取得丰禾公司名下惠安农信社4.2%的股权。

综上,双润投资公司的诉讼请求依据充分,予以支持。福建省高级人民法院依照《民诉法解释》第312条第1项的规定,于2019年6月9日判决如下:"一、确认目前在工商行政管理机关登记和在企业信用信息公示系统公示为丰禾(中国)有限公司名下的第三人惠安县农村信用合作联社4.2%股权为原告厦门双润投资管理有限公司所有;二、不得执行工商行政管理机关登记和企业信用信息公示系统公示的第三人丰禾(中国)有限公司名下的第三人惠安县农村信用合作联社4.2%股权;三、立即解除(2017)闽民初133号及(2017)闽执保102号案件中对原告厦门双润投资管理有限公司所有的第三人惠安县农村信用合作联社4.2%股权的查封冻结手续。"

黄某兴不服一审判决,向最高人民法院上诉称:(1)双润投资公司不是讼争股权合法权利人。一审法院冻结涉案股权时,该股权登记于丰禾公司名下。根据《执行异议和复议规定》第25条的规定,双润投资公司不符合股权执行异议权利人的判断标准,不得对抗执行。(2)双润投资公司与丰禾公司签订股金转让协议书存在"恶意串通,损害国家、集体或者第三人利益"的情形,应当认定为无效。涉案股权转让发生在人民法院保全裁定作出之后。2017年11月28日,一审法院作出(2017)闽民初133号民事裁定书,对涉案股权予以保全。2017年12月11日,双润投资公司与丰禾公司签订股金转让协议书。宣布涉案贷款提前到期、债权转让、债务代偿、代偿款抵扣股权转让款等用时极短,且存在很多不符合常理及交易规则的情形,系恶意串通所为。在丰禾公司贷款还未到期的情况下,双润小贷公司于2017年12月4日发出贷款提前到期通知书,声明"借款人及保证人在经营过程中出现与第三方发生重大法律纠纷",丰禾公司等众多公司同日在该通知上盖章收到并认可该通知。高迅达公司以原价6000万元购买高风险的双润小贷公司对丰禾公司的债权。为了让丰禾公司以股权转让款的方式偿还债务,各方违背了债权与股权的市场价值,将股权转让款也定为6000万元。2017年12月5日,在股金转让协议书签订及惠安农信社理事会就股权转让申请进行表决前,双润投资公司就以代偿方式支付大部分股权转让款4512万元,且随后签订的股金转让协议书中未提及已预先支付了4512万元股权转让款。在股金转让协议书签订前,仅在双润投资公司声称支付4512万元股权转让款后,丰禾公司却在股份转受让非柜台现金交易完成声明书中声明其已足额收到股权转让款。双润小贷公司、高迅达公司、双润投资公司系同一实际控制人控制的关联公司,本案中,丰禾公司没有取得涉案股权的转让款,该转让款均被双润投资公司以代偿债务的形式支付给关联公司高迅达公司。根据人民法院淘宝司法拍卖平台,同期惠安农信社股权的每股评估价格在3.03元至3.55元,即涉案惠安农信社4.2%股权的评估价值应约为1.13亿元。股金转让协议书约定股权转让款6000万元,明显低于其市场价值,严重损害了丰禾公司债权人的合法权益。(3)涉案股权转让程序既未完成惠安农信社章程规定的大股东变动程序,也没有在惠安县市场监督管理局办理变更登记,不具有对外公示及排他效力。惠安农信社在庭审时再次明确“涉案股权由双方自行办理工商变更登记。只有在完成工商变更登记后,惠安农信社才会将股金证原件交付给双润投资公司”,再次证明了双润投资公司与丰禾公司的股权转让流程并没有结束,必须以工商登记变更事项作为股权变动手续完成的必要条件。因此,双润投资公司自始没有实际占有惠安农信社的案涉股权。(4)一审法院关于双润投资公司已依约支付全部股权转让款的认定不当。双润投资公司于12月5日转给关联公司高迅达公司的4512万元不应认定为双润投资公司已依约支付股权转让款。该4512万元转款发生在关联公司之间,双方互相有频繁的资金往来,在这4512万元并没有注明为股权转让款,且支付于股金转让协议书签订前的情形下,一审法院将其作为双润投资公司已支付大部分股权转让款从而取得对抗执行的实体权利的证据明显不充分。双润投资公司在涉案股权被冻结一个多月以后,且已提出执行异议的情况下,仍然将剩余1500万元的股权转让款支付给关联公司高迅达公司,该行为致使已经进入诉讼保全程序的上诉人的合法债权得不到保障,且涉嫌构成拒不执行判决、裁定的行为。但一审法院却将这部分违法支付予以认定,并作为双润投资公司享有对抗法院执行的主要证据,明显错误。(5)双润投资公司与丰禾公司在保全裁定生效后转移涉案股权及股权转让款的行为违反了法律规定,且情节严重,涉嫌构成拒不执行判决、裁定罪,应依法追究刑事责任。请求:撤销一审判决,改判驳回双润投资公司诉讼请求,或裁定驳回双润投资公司起诉,将本案移送公安机关立案侦查。

被上诉人双润投资公司辩称:(1)一审法院以保全裁定送达惠安农信社及惠安县市场监督管理局的时间作为涉案股权查封时间正确。2017年12月1日,丰禾公司已向惠安农信社提出涉案股权转让给双润投资公司的申请,早于一审法院采取保全措施以及查封案涉股权的时间。(2)双润投资公司已实际支付股权转让款6000万元。丰禾公司与双润投资公司无关联关系,若丰禾公司未收到股权转让款,其不可能配合将股权变更至双润投资公司,且丰禾公司也已确认收到股权转让款。2017年12月5日,双润投资公司向高迅达公司转款的4512万元,其中4500万元为股权转让款。因该笔转款还包括12万元借款,故会计在转款时备注往来款。双润投资公司与丰禾公司自2017年11月就涉案股权转让进行磋商并于2017年12月1日开始向惠安农信社申请股权转让,但涉案股权仍质押登记在双润小贷公司名下。

为了使案涉股权顺利转让、高迅达公司的债权顺利得到清偿，三方协商并同意股权转让款6000万元由双润投资公司直接支付至高迅达公司。高迅达公司要求双润投资公司与丰禾公司必须在解除股权质押、办理股权转让申请前先向其支付4500万元以保障交易安全，股权转让后双润投资公司再支付股权转让余款1500万元。双润投资公司系根据丰禾公司指示，直接将股权转让款支付至高迅达公司账户。此后，丰禾公司与双润投资公司才办理股权解押手续。故双润投资公司支付股权转让款时间早于合同签订时间合情合理。由于惠安农信社要求股权转让必须按其提供的格式版本签订协议，故双润投资公司和丰禾公司约定于办理股权转让手续当日一并至惠安农信社处签订股金转让协议书。该协议书中股权对价支付方式描述为"应在签订《股金转让协议书》后__日内付清"。因双润投资公司已于2017年12月5日支付股权转让款4500万元，故双方没有在股金转让协议书上填写具体付款时间。惠安农信社于2017年12月26日发出确认双润投资公司股东权利的函告书之后，双润投资公司支付剩余1500万元股权转让款。黄某兴提出剩余款项应当支付至人民法院缺乏法律依据。(3)涉案股权转让价格合理，股金转让协议书合法有效，双润投资公司不存在与关联公司或丰禾公司恶意串通的行为，更未损害黄某兴的权益。本案大部分债权转让及股权转让的证据在人民法院查封之前即已客观存在，双润投资公司不可能未卜先知股权将要被查封，从而捏造证据。双润投资公司支付全部股权转让款，高迅达公司确认收到该笔款项，并确认丰禾公司尚欠高迅达公司的6000万元债务因此消灭。双润小贷公司转让不良贷款，高迅达公司受让该资产，均是正常商业行为。且双润投资公司受让股权的价格与其价值相当。(4)双润投资公司对涉案股权享有足以排除强制执行的所有权。本案属于执行异议之诉，依法应当对双润投资公司的实体权利进行审查，而不是在执行异议阶段只是简单地根据外观登记来判断。根据《农村合作银行管理暂行规定》以及《惠安县农村信用合作联社章程》的规定，惠安农信社印发记名股金证，以人民币标明面值作为入股社员的所有权凭证。惠安农信社本身系其股权的登记机构，在惠安农信社进行登记具有公示公信力。惠安农信社有其上级管理部门省农信联社开发的股权交易管理系统，每笔股权的转让皆有登记，系统中设置查封冻结、股权质押等功能。同时，惠安农信社制作的格式文本股金转让协议书上亦载明惠安农信社系股金登记机构。人民法院冻结惠安农信社股权时要求惠安农信社协助执行，亦可进一步说明惠安农信社本身系其股权的登记机构。本案中惠安农信社系统中丰禾公司已于

2017年12月11日将其名下股金账号内的34,388,095元股金转入双润投资公司名下的股金账号,股金已交付完毕,涉案股权亦于股金登记系统变更登记至双润投资公司名下。根据惠安农信社章程,股金证系社员持有股权的所有权凭证,而载有双润投资公司名字股金证的办理完毕代表着涉案股权变动手续已完成。章程修改或召开社员大会不是惠安农信社章程规定的股权转让必经手续。若转让方为持股比例前十名的法人社员、自然人社员,因在章程中体现法人名称或自然人姓名,才需要在股权转让后修改章程。章程修改只是股权转让之后附随的工商备案手续。涉案股权已于股金登记系统中变更至双润投资公司名下,股金证暂未交付双润投资公司并不代表股权未变更,亦不影响股金证已实际记载所有权人为双润投资公司的客观事实。

一审第三人惠安农信社述称:(1)《惠安县农村信用合作联社股权变更管理暂行办法(修订)》第二章,股权变更操作流程中第8条规定,"本办法所称的我社审查均指对变更双方提供资料的表面形式审查,包括变更双方承诺声明等,我社不对其中内容进行实质审查"。第9条规定,"提出变更申请。股权变更双方提出转让(过户)申请,并提供书面相关材料"。据此,惠安农信社对社员的股权变更仅需要进行形式审查,而不作实质审查。(2)惠安农信社依照丰禾公司与双润投资公司的申请,严格依据相关内部规定及法律规定办理股金变更手续。丰禾公司、双润投资公司向惠安农信社提交的股份转受让非柜台现金交易完成声明书等文件并在股金转让协议书中明确表示"双方均知晓并遵守《惠安县农村信用合作联社章程》及《惠安县农村信用合作联社股金管理暂行办法(修订)》的各项内容"。2017年12月11日,惠安农信社理事会审议通过涉案股权转让事宜。丰禾公司还是惠安农信社前十大法人社员之一,股权变更后导致实质上的社员与章程第18条所列的持股比例前十名名单不一致,故股权变更后需要修改章程有关名单。2017年12月12日,惠安农信社收到一审法院协助执行通知书,无法继续进行其他变更手续。涉案股权转让涉及章程前十大社员名单变更,相关程序将依据章程及主管部门相关规定予以办理。(3)根据涉案股金转让协议书第4条及惠安农信社《股权变更管理暂行办法》第13条的规定,股金变更的工商备案手续由受让方办理。惠安农信社仅负责出具相关手续,协助办理变更登记。即便应由惠安农信社办理工商变更登记手续,但办理手续亦存在合理期限。根据《企业法人登记管理条例》第18条及《公司登记管理条例》第34条的规定,企业法人有关登记事项发生变更后,应在30日内申请办理变更登记。惠安农信社未在2017年12月12日向工商登记部门提交变更申请，并未超过30日合理期限。因此，惠安农信社已依法按规办理涉案股权转让内部手续及协助执行手续，其不存在任何过错，涉案股权转让交易双方应自行承担相关法律责任。

最高人民法院经二审，查明以下事实：

双润投资公司是大洲控股集团有限公司（以下简称大洲控股公司）全资子公司，大洲控股公司法定代表人为陈某铭。大洲控股公司股权结构为厦门港润投资管理有限公司（以下简称厦门港润公司）持股53.14%、陈某铭持股46.86%。厦门港润公司股权结构为陈某铭持股96.82%、厦门市鹭铭地产投资咨询有限公司持股3.18%，法定代表人为庄某。高迅达公司股权结构为厦门市港中房地产开发有限公司（以下简称厦门港中公司）持股90%、厦门港润公司持股10%；厦门港中公司股权结构为厦门港润公司持股73.97%、陈某铭持股26.03%，法定代表人为陈某铭。陈某铭系双润小贷公司董事长、法定代表人。

2017年12月8日，双润投资公司向高迅达公司转款1200万元，用途备注为“往来账”；2017年12月29日，双润投资公司向高迅达公司转款4500万元，用途备注为“往来账”。

2017年12月11日，双润投资公司与丰禾公司签订股金转让协议书，该协议第1条关于转让标的及价款约定：“转让标的为惠安农信社34,388,095股股金，转让价款为6000万元，双润投资公司应于本协议生效后__天内付清。”第4条变更登记事宜约定：“本协议生效当天，双方共同委托惠安农信社办理内部股金转让登记，完成内部股金转让登记后，由双方持相关手续自行完成工商管理部门的股权变更手续；自完成惠安农信社内部股权变更登记次日起五个工作日内，若因交易双方无法及时完成工商变更登记的，由此产生的法律后果由交易双方自行承担，惠安农信社不承担任何法律责任，则双方授权惠安农信社将该笔股权交易给予撤销转回，恢复转回出让方名下，交易未能成交的后果由双方自行承担。”第6条双方的权利和义务约定：“（一）本次转让完成后，双润投资公司即持有惠安农信社的股金，并享受相应的权益；（二）本次转让完成后，丰禾公司不再享有惠安农信社的该转让股金的相应权益。”同日，双润投资公司与丰禾公司又签订确认书，约定该次股权转让不可撤销，在任何情况下，双方均不得以任何理由、终止或阻碍该次股权交易，包括但不限于未在股权转让协议载明时间内通过惠安县工商局登记、未获得惠安农信社相关机构的决议通过等。双润投资公司与丰禾公司签署的股份转受让非柜台现金交易完成声明书,载明双方之间的股金转受让交易已完成;出让人已足额收到受让人交来的转让股份全部款项。

2017 年 11 月 28 日,一审法院根据黄某兴的申请作出(2017)闽民初 133 号民事裁定书。

最高人民法院经二审,确认了一审法院查明的其他事实。

最高人民法院二审认为:《执行异议和复议规定》第 25 条规定:"对案外人的异议,人民法院应当按照下列标准判断其是否系权利人……(四)股权按照工商行政管理机关的登记和企业信用信息公示系统公示的信息判断……"据此,在执行阶段,人民法院应当以工商登记信息作为判断股权权利人的依据。在一审法院于 2017 年 12 月 12 日对涉案惠安农信社 4.2% 股权采取保全措施时,该股权仍然登记在被保全人丰禾公司名下,故该院依据(2017)闽民初 133 号民事裁定,查封涉案股权符合上述司法解释的规定。在涉案股权被查封后,双润投资公司对一审法院查封该股权的行为提出执行异议,请求解除查封措施。双润投资公司认为其在一审法院查封之前与丰禾公司签订股金转让协议书,并在惠安农信社办理股权内部变更登记手续,且在查封之前支付大部分股权转让款,剩余转让款在查封之后已支付完毕,其已成为涉案股权的所有权人,可排除强制执行。黄某兴则认为双润投资公司与丰禾公司恶意串通以签订股金转让协议书形式转移资产对抗人民法院执行,且双润投资公司在一审法院查封之前未支付股权转让款,尚未取得案涉股权的所有权,不能对抗强制执行。

本案的争议焦点为:(1)股权被依法查封后,受让人提出执行异议之诉成立的要件;(2)双润投资公司是否符合股权受让人提出执行异议之诉成立的要件。

一、关于股权被依法查封后,受让人提出执行异议之诉成立的要件

执行异议之诉的基本功能在于通过实体审理程序判断金钱债权申请执行人基于生效裁判对执行标的享有的权利与异议人对执行标的享有的权利谁更具有优先性。申请执行人基于对被执行人享有合法债权,而对被执行人名下执行标的具有请求人民法院依法处置,所得价款用于清偿其债权的权利。执行异议之诉制度基本价值取向是基于公平原则,给予符合特定条件的异议人优于普通债权人的特别保护。基于执行异议之诉基本功能与价值取向,除存在法定优先权情形下,受让人提出对执行标的具有优先性因而可以排除强制执行的,一般应当具备以下要件。

1. 受让人对执行标的权利应当是真实的，且该权利早在人民法院查封之前即已客观存在。真实性是受让人提出的执行异议能够成立的前提条件，如受让人对执行标的权利为虚假，则无保护之必要，遑论优先保护。人民法院查封之后，任何针对执行标的处分行为均应属无效，故受让人的权利在人民法院查封之前即已客观存在亦属于其异议能够成立的前提条件。因此，受让人与被执行人应当在人民法院查封之前签订真实有效的转让合同。

2. 受让人已实际占有或控制执行标的。在受让人没有实际占有或者控制执行标的情况下，其所享有的仅是请求被执行人依约交付执行标的的权利，该权利属于债权请求权，而债权具有平等性，不能对抗强制执行。在受让人因被执行人的履约行为已实际取得对执行标的占有或控制后，受让人已经可以对执行标的进行占有、使用、收益，而被执行人对执行标的即不再享有上述权益。人民法院在执行程序中对被执行人所采取的强制执行措施，应当以其实际享有的财产或财产性权益为限。在被执行人因丧失对执行标的的占有或控制而对该执行标的不享有任何权益之时，即具有将该财产排除强制执行的可能，也即受让人实际占有或控制执行标的是赋予其优先保护的实质要件。在转让对象系股权的情况下，在认定受让人实际控制执行标的要件时应当考虑股权的基本特性。股权是股东或出资人对公司所享有的资产收益、参与重大决策和选择管理者等权利，该权利行使的对象是公司。《公司法》第 32 条第 1 款、第 2 款规定："有限责任公司应当置备股东名册，记载下列事项：（一）股东的姓名或者名称及住所；（二）股东的出资额；（三）出资证明书编号。记载于股东名册的股东，可以依股东名册主张行使股东权利。"据此，股东名册是股东行使股东权利的依据。受让人能够实际行使股权的前提应当是公司股东名册已经变更、受让人已经作为股东记载于股东名册。故受让人应在人民法院查封之前完成公司股东名册的变更，其可依据股东名册向公司主张股东权利。

3. 被执行人的责任财产没有因转让行为而不当减少。首先，执行标的原本属于被执行人的责任财产，系债权人可以请求人民法院依法处置，用于清偿债务的对象。受让人取得对执行标的占有或控制是基于转让合同关系，而在该基础法律关系中，被执行人转让执行标的的目的是获得转让价款。被执行人转让执行标的与受让支付价款构成对待给付关系，两者相互依存，相互构成受领给付的基础。在受让人已经实际支付转让价款或者已依约支付部分价款、剩余价款交由人民法院执行的情形下，被执行人名下财产由该执行标的转化为转让价款，其责任财产范围并没有因转让行为而不当减少。考虑受让人依约履行支付价款等合同主要义务的情况下,其有权继续保持受领给付状态,可以赋予其排除强制执行的权利。而在受让人未按照合同约定支付转让对价的情况下,受让人因未履行对待给付义务,缺乏对执行标的继续占有的基础。在该执行标的被人民法院依法查封时,即不应赋予受让人排除执行的权利。其次,执行异议之诉基本价值系公平原则。在受让人未支付价款且不愿意将剩余价款交付人民法院执行的情况下,如赋予受让人优于对执行标的采取查封措施且已支付对价的债权人特别保护,则有悖于执行异议之诉制度的基本价值。最后,现行司法解释关于受让人能够排除执行的规定中均将转让价款的支付作为核心要件之一。2004 年颁布实施的《查封、扣押、冻结财产的规定》第 17 条规定:"被执行人将其所有的需要办理过户登记的财产出卖给第三人,第三人已经支付部分或者全部价款并实际占有该财产,但尚未办理产权过户登记手续的,人民法院可以查封、扣押、冻结;第三人已经支付全部价款并实际占有,但未办理过户登记手续的,如果第三人对此没有过错,人民法院不得查封、扣押、冻结。"《执行异议和复议规定》第 28 条规定:"金钱债权执行中,买受人对登记在被执行人名下的不动产提出异议,符合下列情形且其权利能够排除执行的,人民法院应予支持:(一)在人民法院查封之前已签订合法有效的书面买卖合同;(二)在人民法院查封之前已合法占有该不动产;(三)已支付全部价款,或者已按照合同约定支付部分价款且将剩余价款按照人民法院的要求交付执行;(四)非因买受人自身原因未办理过户登记。"《执行异议和复议规定》第 28 条基本延续了《查封、扣押、冻结财产的规定》第 17 条的规定,只是将价款支付条件放宽至"已支付全部价款,或者已按照合同约定支付部分价款且将剩余价款按照人民法院的要求交付执行"。甚至在基于生存权系最优先权利而对消费者购房予以最优保护的《执行异议和复议规定》第 29 条中仍将消费者购房人"已支付的价款超过合同约定总价款的百分之五十"作为排除执行的要件之一。在执行异议之诉中,股权受让人不应取得比消费者购房人更优越的地位。因此,股权受让人在查封之前已足额支付转让价款或已依约支付部分价款且将剩余价款按照人民法院的要求交付执行亦应属于其能够排除执行的必要条件之一。双润投资公司提出仅办理股东名册变更即可对抗强制执行的观点不能成立。

综上,在人民法院依法查封股权后,股权受让人提出执行异议之诉成立要件应当包括:其一,受让人与被执行人应当在人民法院查封之前签订真实有效的转让合同;其二,受让人应在人民法院查封之前完成公司股东名册的变更,其可依据股东名册向公司主张股东权利;其三,受让人在查封之前已足额支付转让价款或已依约支付部分价款且将剩余价款按照人民法院的要求交付执行。

二、关于双润投资公司是否符合股权受让人提出执行异议之诉成立的要件

根据上述分析,股权转让款的支付系股权被依法查封后,股权受让人提出执行异议之诉成立的要件之一,也即双润投资公司应当"在查封之前已足额支付转让价款或已依约支付部分价款且将剩余价款按照人民法院的要求交付执行"才能对抗强制执行。双润投资公司认为其分两笔足额支付涉案6000万元股权转让款;第一笔是其于2017年12月5日向高迅达公司转账4512万元,其中4500万元系股权转让款;第二笔是其于2018年1月30日向高迅达公司转账1500万元。黄某兴认为上述两笔付款均不应视为涉案股权转让款的有效支付,双润投资公司未支付任何股权转让款。对此分析认定如下:

(一)关于2017年12月5日向高迅达公司转账4512万元

首先,从付款时间来看,该笔付款日期为2017年12月5日,早于涉案股金转让协议书签订的时间。根据惠安农信社章程的规定,涉案股权转让应当取得惠安农信社理事会审批同意方能进行。在尚未签订股权转让协议书且惠安农信社理事会尚未审批同意股权转让的情况下,双润投资公司即支付大部分股权转让款缺乏合理性。其次,从合同约定来看,涉案股金转让协议书签订在后,但该协议并未记载双润投资公司已经支付大部分股权转让款,反而约定6000万元的股权转让款在合同生效后支付。虽然双润投资公司辩称惠安农信社要求采用该社提供的格式文本,但双方同样可以在协议相关条款处备注股权转让款已大部分支付的事实。且从双方在签订股金转让协议书的同时签订一份确认书的事实来看,双方是可以另行签订协议对股金转让协议书部分条款进行变更,但该确认书中亦未注明股权转让款已大部分支付至高迅达公司的关键事实。再次,从款项支付对象来看,该笔付款支付至高迅达公司账户,而不是支付至转让方丰禾公司账户。虽然丰禾公司在2017年12月11日的股份转受让非柜台现金交易完成声明书中称其已足额收到全部股权转让款,但该陈述与双润投资公司主张2018年1月30日才支付1500万元的事实不符,明显虚假。双润投资公司称其与丰禾公司、高迅达公司三方协商一致将股权转让款直接支付给高迅达公司用于清偿丰禾公司拖欠高迅达公司的债务。对于该陈述,双润投资公司并未提交任何证据予以证明,不予采信。即现有证据不能反

映丰禾公司曾经委托双润投资公司将其应得的股权转让款支付给高迅达公司用于偿还丰禾公司债务。最后,从款项用途来看。在没有合同依据的情况下,双润投资公司转款时也仅备注“往来款”,而未注明系代丰禾公司支付股权转让款。且根据二审查明事实,双润投资公司与高迅达公司属于同一实际控制人控制的关联公司,双方之间常有大额款项往来,在其没有注明款项性质的情况下,不能认定该笔款项与本案具有关联性。故从现有证据来看,双润投资公司于2017年12月5日向高迅达公司支付的4512万元不能视为其向丰禾公司支付的股权转让款。

(二)关于2018年1月30日向高迅达公司转账1500万元

首先,双润投资公司该笔付款对象同样不是丰禾公司。在缺乏证据证明丰禾公司授权双润投资公司向高迅达公司支付款项的情况下,该笔付款亦不能视为向丰禾公司支付的股权转让款。其次,双润投资公司的该笔付款是在人民法院依法查封涉案股权之后支付,不能成为阻却执行的依据。2017年12月26日,惠安农信社向双润投资公司发出函告书,明确告知其已收到一审法院送达的保全涉案股权的通知书,双润投资公司最迟于此时知晓涉案股权被人民法院依法查封的事实。双润投资公司称惠安农信社在该函中确认其股东权利,但惠安农信社在该案中不仅未确认双润投资公司享有股东权利,反而提示该公司可能存在的法律风险,且涉案股权被查封后,惠安农信社亦不具备认定涉案股权归属的权力。双润投资公司在收到函告书后,应当知道涉案股权无法办理后续股权变更手续,其受让股权可能存在法律障碍。但双润投资公司并不顾及可能存在的风险,继续向高迅达公司支付股权转让款,以其行为明确拒绝将股权转让款交付人民法院执行。再次,双润投资公司虽辩称由于一审法院未向其发出停止付款的协助执行通知书,其有权继续支付股权转让款。但人民法院对涉案股权采取保全措施就是为了有效控制被执行人财产,避免该财产被转移,如将双润投资公司在查封之后的付款视为有效,因该笔付款超出人民法院控制范围,将会导致人民法院保全目的落空。最后,双润投资公司在提出执行异议之后,亦应知晓如其提出的异议申请获得人民法院支持,则人民法院尚可通过保全股权转让款的方式保障申请人的合法权益;而如其继续向高迅达公司支付股权转让款,在人民法院支持其异议申请后则无剩余股权转让款可保全,将会损害申请人合法权益。鉴于双润投资公司上述付款对象不是丰禾公司,付款时间在涉案股权被查封之后,且该付款本身损害申请人的合法权益,故该笔付款不能视为其向丰禾公司有效支付股权转让款,不能成为其阻却执行的事由。

因此,黄某兴提出上述两笔付款不能视为双润投资公司向丰禾公司有效支付股权转让款的主张具有事实依据。一审法院认定双润投资公司已支付全部股权转让款错误,应予纠正。一审法院依据生效保全裁定,查封登记于丰禾公司名下的涉案惠安农信社4.2%股权,符合法律规定。在涉案股权被依法查封的情形下,双润投资公司作为股权受让人,提出执行异议成立必须满足前述三项要求,其中之一即是"在查封之前已足额支付转让价款或已依约支付部分价款且将剩余价款按照人民法院的要求交付执行"。从现有证据来看,双润投资公司在人民法院查封之前并未向丰禾公司支付股权转让款。在得知人民法院查封之后,双润投资公司继续向高迅达公司支付款项,并未提出要将股权转让款交付人民法院执行。且从双润投资公司诉讼行为来看,其随意摘取自身与关联公司的一次款项往来作为本案股权转让款的支付证据,试图逃避股权转让款支付义务。上述行为均表明双润投资公司拒绝将股权转让款交付至人民法院执行。鉴于双润投资公司未有效支付股权转让款,导致丰禾公司责任财产不当减少,本案不符合有关股权转让款支付要件,双润投资公司对案涉股权并不具有足以排除强制执行的实体权利。因此,双润投资公司提出不得执行涉案股权,并解除对案涉股权查封冻结手续的诉讼请求,不能成立。在双润投资公司对涉案股权不具有排除强制执行的实体权利情况下,其提出确认案涉股权归其所有的诉讼请求,更不能成立。

综上,黄某兴的上诉请求成立,应予以支持。最高人民法院依照《民事诉讼法》第170条第1款第2项、《民诉法解释》第312条的规定,于2020年5月9日判决如下:

一、撤销福建省高级人民法院(2018)闽民初25号民事判决;

二、驳回厦门双润投资管理有限公司的诉讼请求。

本判决为终审判决。

林某与蒋某花、陈某振、彭某夷等申请执行人执行异议之诉纠纷案

编者按

审理案外人执行异议之诉,既要依法确认案外人对执行标的是否享有受法律保护的实体权利,又要对该实体权利能否阻却强制执行作出判断,从而最终确定案外人的异议是否成立。对于预售商品房买受人对登记在被执行人名下的不动产提出案外人执行异议的情形,本案明确了对不动产的查封、扣押、冻结应以人民法院向协助执行人送达裁定书及协助执行通知书作为生效要件,查封登记等公示方式并非查封的生效要件,而是对抗善意第三人的要件。本案对查封裁定和协助执行通知书生效时间作出准确认定,实现了执行程序中对于不动产买受人保护程度与查封目的、保护申请执行人利益的目标相统一,对于执行异议之诉司法实务具有一定借鉴意义。

裁判摘要

不动产登记机构签收民事裁定和协助执行通知书之日,对讼争房产的查封即发生法律效力。不动产登记机构滞后办理讼争房产的查封手续,属于其内部管理问题,不能以此否定对讼争房产的查封已于签收日发生法律效力的事实。

原告(申请执行人):林某

被告(案外人):蒋某花

被告(案外人):陈某振

被告(案外人):彭某夷

被告(被执行人):翁某法

被告(被执行人):翁某俊

被告(被执行人):品乘有限公司

法定代表人:翁某法,董事长

被告(被执行人):武夷山市华泰房地产开发有限公司

法定代表人:翁某法,董事长

原告林某因与被告蒋某花、陈某振、彭某夷、翁某法、翁某俊、品乘有限公司、武夷山市华泰房地产开发有限公司(以下简称华泰公司)发生申请执行人执行异议之诉纠纷,向福建省南平市中级人民法院提起诉讼。

原告林某诉称:林某与翁某法、翁某俊、品乘有限公司、华泰公司民间借贷纠纷案,福建省南平市中级人民法院于2015年2月4日以(2014)南民初字第353号民事裁定书查封了华泰公司位于武夷山市度假区武夷山水名城21幢×室、29幢×室、32幢的房产(以下简称讼争房产)。(2014)南民初字第353号民事判决生效进入执行程序后,蒋某花、陈某振、彭某夷提出案外人执行异议,福建省南平市中级人民法院于2016年6月14日作出(2016)闽07执异11号执行裁定书,中止对上述执行标的物的执行。林某于2016年7月22日收到该裁定书,不服中止执行的裁定,诉至法院。(1)本案标的物属于不动产,依照法律规定应当进行登记,自记载于不动产登记簿始发生法律效力。蒋某花、陈某振购买的房产虽办理了备案登记手续,但该房产并未在不动产登记簿上进行产权的实际转移,彭某夷购买的房产甚至未办理备案手续,故讼争房产的所有权仍属于华泰公司。林某对华泰公司的合法债权经生效法律文书确认,并已申请强制执行,法院对讼争标的采取查封措施是正确的。(2)蒋某花、陈某振、彭某夷与华泰公司的房屋买卖行为无效。蒋某花、陈某振、彭某夷以不合理的低价购买讼争房产,可能存在与华泰公司恶意串通之嫌,侵犯了林某作为华泰公司债权人的合法权益。根据《合同法》第52条的规定,双方的房屋买卖行为无效。且蒋某花、陈某振、彭某夷在提出案外人执行异议时,并未提交相应的付款凭据,买卖行为可能并非真实存在。(3)人民法院仅以讼争房产办理了房屋备案登记手续为由就裁定中止对标的物的执行措施是错误的。《执行异议和复议规定》第30条的规定只是形式审查,而不是终局结论。《物权法》相对于《执行异议和复议规定》是上位法和特殊法,应当依据《物权法》的规定认定讼争房产的所有权人。请求判令准许执行讼争房产。

蒋某花、陈某振、彭某夷辩称:其与华泰公司签订的商品房买卖合同是真实合法有效的,且已经履行了支付全部购房款的义务,是讼争房产的实际权利人。蒋某花、陈某振、彭某夷在签订购房合同中不存在过错,华泰公司与林某之间的债权债务关系与蒋某花、陈某振、彭某夷无关,林某无权执行讼争房产。南平市中级人民法院作出的(2016)闽07执异11号执行裁定书认定事实清楚、适用法律正确,讼争房产应当中止执行。

翁某法、翁某俊、品乘有限公司、华泰公司未作答辩。

福建省南平市中级人民法院一审查明:

蒋某花于2014年12月29日,陈某振、彭某夷于2015年1月11日与华泰公司签订了商品房买卖合同,约定由蒋某花、陈某振、彭某夷分别以1,334,316元、1,351,060元、1,217,040元购买福建省武夷山市度假区武夷山水名城21幢×室、29幢×室、32幢的房产。蒋某花、陈某振、彭某夷在一审庭审中确认,上述房产即讼争房产,买卖合同签订当天,上述合同即通过武夷山房地产管理信息网提交备案。武夷山市商品房买卖合同备案信息表备注,网上签约合同提交后10日内应持纸质合同和该表向登记机关办理备案登记手续。三份商品房买卖合同分别约定蒋某花应于2014年12月29日,陈某振、彭某夷应于2015年1月11日一次性付清购房款,蒋某花、陈某振、彭某夷实际上并未按该合同约定的时间履行付款义务,而是向武夷山市农村信用合作联社武夷信用社办理抵押借款手续用于支付购房款,武夷山市农村信用合作联社武夷信用社于2015年2月28日向蒋某花和陈某振各贷款55万元,于2015年2月16日向彭某夷贷款50万元。华泰公司分别于2015年2月6

日、12 日对讼争房产开具销售不动产统一发票(蒋某花 784,316 元、陈某振 801,060 元、彭某夷 717,040 元)。2015 年 2 月 6 日,武夷山市房产管理处收到福建省南平市中级人民法院送达的(2014)南民初字第 353 号民事裁定书和协助执行通知书,该通知书的内容为查封华泰公司名下部分房产(包括本案讼争房产)。2015 年 2 月 13 日,讼争房产在武夷山市房产管理处办理了预告抵押登记手续。2015 年 2 月 15 日,武夷山市房产管理处办理了讼争房产的查封手续。一审又查明,2014 年 12 月 16 日,福建省南平市中级人民法院作出(2014)南民初字第 353 号民事判决,判令翁某法应偿还林某借款本金 23,978,520 元及利息,翁某俊、品乘有限公司、华泰公司对翁某法的借款本息承担连带清偿责任。品乘有限公司、华泰公司对该判决不服,提起上诉。福建省高级人民法院于 2015 年 5 月 6 日作出(2015)闽民终字第 595 号民事判决,驳回上诉,维持原判。(2014)南民初字第 353 号民事判决生效后,林某申请强制执行。蒋某花、陈某振、彭某夷提出案外人执行异议,福建省南平市中级人民法院于 2016 年 6 月 14 日作出(2016)闽 07 执异 11 号执行裁定,中止对上述执行标的物的执行。林某于 2016 年 7 月 22 日收到该裁定,不服中止执行的裁定,提起本案诉讼。

福建省南平市中级人民法院一审认为:本案系申请执行人执行异议之诉,翁某法、翁某俊、品乘有限公司、华泰公司作为被执行人未明确表达其是否同意申请执行人林某的主张,故林某将蒋某花、陈某振、彭某夷与翁某法、翁某俊、品乘有限公司、华泰公司列为共同被告,符合《民诉法解释》第 308 条的规定。

本案中,讼争房产系华泰公司开发建设的商业营业用房。蒋某花、陈某振、彭某夷提出案外人执行异议,要求法院停止对讼争房产的执行并解除查封,应当举证证明其享有足以排除强制执行的民事权益。依据《执行异议和复议规定》第 30 条"金钱债权执行中,对被查封的办理了受让物权预告登记的不动产,受让人提出停止处分异议的,人民法院应予支持;符合物权登记条件,受让人提出排除执行异议的,应予支持"的规定,经查,福建省南平市中级人民法院于 2015 年 2 月 6 日向武夷山市房产管理处送达了(2014)南民初字第 353 号民事裁定书和协助执行通知书,要求查封华泰公司名下的部分房产(包括本案讼争房产)。《查封、扣押、冻结财产的规定》第 1 条第 2 款规定:"采取查封、扣押、冻结措施需要有关单位或者个人协助的,人民法院应当制作协助执行通知书,连同裁定书副本一并送达协助执行人。查封、扣押、冻结裁定书和协助执行通知书送达时发生法律效力。"故(2014)南民初字第

353号民事裁定书和协助执行通知书送达武夷山房产管理处时，讼争房产的查封措施即发生法律效力。此时讼争房产仅是办理了商品房买卖合同网上备案手续，尚未办理受让物权预告登记，蒋某花、陈某振、彭某夷提出停止执行并解除查封，不符合《执行异议和复议规定》第30条规定的情形。讼争房产现仍登记在华泰公司名下。依据《执行异议和复议规定》第28条"金钱债权执行中，买受人对登记在被执行人名下的不动产提出异议，符合下列情形且其权利能够排除执行的，人民法院应予支持：（一）在人民法院查封之前已签订合法有效的书面买卖合同；（二）在人民法院查封之前已合法占有该不动产；（三）已支付全部价款，或者已按照合同约定支付部分价款且将剩余价款按照人民法院的要求交付执行；（四）非因买受人自身原因未办理过户登记"的规定，蒋某花于2014年12月29日，陈某振、彭某夷于2015年1月11日与华泰公司签订商品房买卖合同，应认定蒋某花、陈某振、彭某夷在人民法院查封前已经签订合法有效的书面买卖合同，但蒋某花、陈某振、彭某夷均未在合同约定的期限内完成一次性支付购房款的义务。在2015年2月6日人民法院查封讼争房产前，蒋某花、陈某振、彭某夷并未支付任何购房款项，而华泰公司却于2015年2月6日当天提前开出讼争房产的销售不动产统一发票，与常理不符。蒋某花、陈某振、彭某夷未提供银行转账凭证的原件证明其履行了支付购房款的义务。即便其提供的网上转账受理单和中国建设银行客户回单为真，但蒋某花、陈某振、彭某夷在向武夷山市农村信用合作社武夷信用社申请抵押贷款后，才将讼争房产购房价款中除贷款额度以外的款项汇入华泰公司账户，亦与常理不符。蒋某花、陈某振、彭某夷主张其为善意第三人，依据不足。同时，蒋某花、陈某振、彭某夷未提供证据证明其在人民法院查封之前已合法占有讼争房产。

综上，蒋某花、陈某振、彭某夷主张其权利能够排除执行，不能得到支持。福建省南平市中级人民法院依照《民事诉讼法》第144条，《民诉法解释》第306条、第308条、第311条、第313条，《执行异议和复议规定》第28条、第30条的规定，于2017年12月28日判决如下："准许执行标的物位于福建省武夷山市度假区武夷山水名城21幢×室、29幢×室、32幢的房产。"

蒋某花、陈某振、彭某夷不服一审判决，向福建省高级人民法院上诉称：（1）一审判决认定事实错误。蒋某花、彭某夷、陈某振与华泰公司签订的商品房买卖合同合法有效，签约后已经支付购房首付款，办理按揭贷款及抵押权预告登记，系讼争房产实体权利人。林某主张买卖双方恶意串通但未提交证据证明，一审法院仅以与常理不符等为由认定蒋某花、彭某夷、陈某振并非善意第三人，缺乏事实依据。(2)一审判决适用法律错误。《查封、扣押、冻结财产的规定》第1条第2款规定："采取查封、扣押、冻结措施需要有关单位或者个人协助的，人民法院应当制作协助执行通知书，连同裁定书副本一并送达协助执行人。查封、扣押、冻结裁定书和协助执行通知书送达时发生法律效力。"但并不意味着裁定发生效力当时案涉房产即处于被查封状态，武夷山市房产管理处出具的情况说明明确载明讼争房产于2015年2月15日才被查封，而在此之前即2015年2月13日讼争房产已经办理抵押权预告登记。根据《物权法》第20条、《执行异议和复议规定》第30条的规定，预告登记制度旨在限制不动产处分，已办理抵押权预告登记的讼争房产可以对抗查封登记并排除执行。请求：撤销一审判决，解除对讼争房产的查封，并撤销对讼争房产的执行。

福建省高级人民法院经二审查明：本案一审期间蒋某花、陈某振、彭某夷提交的三份个人购房借款合同签订时间为2015年2月13日，贷款人、保证人分别为武夷山市农村信用合作联社武夷信用社、华泰公司。提交的三份预购商品房抵押权预告登记证项下登记权利人均为"武夷山市武夷信用社"，登记义务人为蒋某花、陈某振、彭某夷等人。本案二审期间，蒋某花、陈某振、彭某夷另提交三份预购商品房预告登记证复印件，载明本案讼争房产于2015年2月9日、10日办理预购商品房预告登记，登记权利人为蒋某花、陈某振、彭某夷等人，登记义务人为华泰公司。三份预购商品房预告登记证复印件均加盖"福建武夷山农村商业银行股份有限公司"公章及"与原件核对相符"印章印文原件，并加盖"武夷山市不动产登记中心"公章印文原件及手写备注"与电脑信息相符2018.11.5"，蒋某花、陈某振、彭某夷据此证明本案讼争房产预告登记时间先于查封时间。

除上述事实外，福建省高级人民法院经二审，确认了一审查明的其他事实。

福建省高级人民法院二审认为：执行异议之诉案件系围绕案外人对执行标的是否具有某种实体权利以及该实体权利能否阻却执行进行审查判断的案件，可以提出执行异议的案外人应为对执行标的享有实体权利的人。根据《物权法》第20条第1款关于"当事人签订买卖房屋或者其他不动产物权的协议，为保障将来实现物权，按照约定可以向登记机构申请预告登记。预告登记后，未经预告登记的权利人同意，处分该不动产的，不发生物权效力"的规定，预告登记的功能，在于保全以物权变动为内容的请求权,房屋或其他不动产买受人进行预告登记的,其对房屋或其他不动产的请求权就具有了可以对抗第三人的物权排他效力。因此,以执行标的已经办理预告登记提出执行异议的当事人及《执行异议和复议规定》第 30 条规定中可以提出停止处分或者排除执行异议的受让人应为预告登记的权利人。本案一审判决作出后,蒋某花、陈某振、彭某夷以讼争房产在查封之前已经办理抵押权预告登记等为由上诉主张排除对讼争房产的执行,但从其三人一审期间提交的预购商品房抵押权预告登记证来看,讼争房产预告登记抵押权人为武夷山市农村信用合作联社武夷信用社,故蒋某花、陈某振、彭某夷作为讼争房产抵押预告登记的义务人请求排除执行缺乏法律依据,不予支持。此外,福建省南平市中级人民法院于 2015 年 2 月 6 日向武夷山市房产管理处送达(2014)南民初字第 353 号民事裁定书与协助执行通知书,查封包含本案讼争房产在内的华泰公司名下部分房产,根据《查封、扣押、冻结财产的规定》第 1 条第 2 款的规定,讼争房产的查封措施自送达时即发生法律效力。另外,根据《查封、扣押、冻结财产的规定》第 26 条第 1 款的规定,被执行人就已经查封、扣押、冻结的财产所作的移转、设定权利负担或者其他有碍执行的行为,不得对抗申请执行人。而且,依据《执行异议和复议规定》第 30 条的规定提出执行异议的,应当以被查封的不动产"办理了受让物权预告登记",即办理不动产预告登记应当先于查封为前提。本案二审期间蒋某花、陈某振、彭某夷提交的三份预购商品房预告登记证即便真实,讼争房产的预购商品房预告登记时间也在查封之后,其三人作为讼争房产的预告登记权利人请求排除执行也于法不符。蒋某花、陈某振、彭某夷一审期间提交的证据还显示,其三人支付购房款的时间均在讼争房产被查封之后,且无证据证明其三人在查封前已合法占有讼争房产,故本案也不符合《执行异议和复议规定》第 28 条规定的可以排除执行的条件,一审法院判决准予执行并无不当。

据此,福建省高级人民法院依照《民事诉讼法》第 170 条第 1 款第 1 项的规定,于 2018 年 11 月 7 日判决如下:"驳回上诉,维持原判。"

蒋某花、陈某振、彭某夷不服二审判决,向最高人民法院申请再审称:(1)蒋某花、陈某振、彭某夷是讼争房产的预告登记权利人,对讼争房产所享有的物权期待权可以排除人民法院的执行。首先,蒋某花、陈某振、彭某夷均与华泰公司签订有效的商品房买卖合同,按约支付购房款,办理贷款,设置抵押,依法取得讼争房产的预告登记证书,依据《执行异议和复议规定》第 30 条的规定,是有权请求排除讼争房产执行的预告登记权利人。其次,商品房买卖合同是个人购房借款合同的基础和前提,二审判决认定蒋某花、陈某振、彭某夷作为讼争房产抵押权预告登记的义务人无权请求排除对讼争房产的执行,混淆了执行异议主体的概念。(2)福建省南平市中级人民法院(2014)南民初字第 353 号民事裁定虽对讼争房产予以查封,但因未办理查封登记公示而不具有对世效力,蒋某花、陈某振、彭某夷于讼争房产查封前合法取得讼争房产的预购商品房预告登记证,不动产预告登记生效时间先于查封行为生效时间。蒋某花、陈某振、彭某夷基于对不动产物权登记公示的信赖,在华泰公司确认享有讼争房产完整物权的情况下,与其签订合法有效的商品房买卖合同,并已通过按揭贷款方式实际履行,是讼争房产的善意购买人。二审判决以蒋某花、陈某振、彭某夷未按约一次性支付购房款,却提前受领购房发票为由认定蒋某花、陈某振、彭某夷为非善意购买人,缺乏依据。

最高人民法院经再审审查认为:本案的审查主要涉及蒋某花、陈某振、彭某夷的再审申请是否符合《民事诉讼法》第 200 条第 2 项规定的情形。福建省南平市中级人民法院于 2015 年 2 月 6 日向武夷山市房产管理处送达了(2014)南民初字第 353 号民事裁定书和协助执行通知书,查封华泰公司名下包含本案讼争房产在内的部分房产。根据《查封、扣押、冻结财产的规定》第 1 条第 2 款关于“采取查封、扣押、冻结措施需要有关单位或者个人协助的,人民法院应当制作协助执行通知书,连同裁定书副本一并送达协助执行人。查封、扣押、冻结裁定书和协助执行通知书送达时发生法律效力”的规定,自武夷山市房产管理处 2015 年 2 月 6 日签收上述民事裁定和协助执行通知书之日,对本案讼争房产的查封即发生法律效力。武夷山市房产管理处于 2015 年 2 月 15 日才办理讼争房产的查封手续,属于其内部管理的问题,不能以此否定对讼争房产的查封已于 2015 年 2 月 6 日发生法律效力的事实。蒋某花、陈某振、彭某夷二审时提交的预购商品房预告登记证复印件显示,蒋某花、陈某振、彭某夷办理讼争房产预购商品房预告登记的时间为 2015 年 2 月 9 日和 10 日。因此,即便预购商品房预告登记证真实,讼争房产在蒋某花、陈某振、彭某夷办理预购商品房预告登记之前已被福建省南平市中级人民法院依法查封。蒋某花、陈某振、彭某夷关于不动产预告登记生效时间先于查封行为生效时间的主张,与事实不符,不应支持。

根据《查封、扣押、冻结财产的规定》第 17 条和《执行异议和复议规定》第 28 条的规定,作为买受人的案外人要排除对案涉房屋的执行,应当具备以下要件:(1)与被执行人即登记名义人签订以变动执行标的物所有权为目的的合同;(2)案外人已支付全部价款或已按照合同约定支付部分价款且将剩余价款按照人民法院的要求交付执行;(3)案外人对执行标的物的物权期待权已经以一定的方式对外公示,即在查封前已实际占有该物;(4)物权没有变更登记的原因不可归责于案外人。四个要件必须全部具备,缺一不可。就本案而言,讼争房产仍登记在华泰公司名下,蒋某花、陈某振、彭某夷虽提交了在人民法院查封前其与华泰公司签订的商品房买卖合同,但未提供证据证实其在人民法院查封前已合法占有讼争房产,且其在人民法院查封前亦未向华泰公司支付购房款。故二审判决认定蒋某花、陈某振、彭某夷的主张不符合可以排除执行的条件,并无不妥。

综上,蒋某花、陈某振、彭某夷提出的再审事由不能成立。最高人民法院依照《民事诉讼法》第204条第1款、《民诉法解释》第395条第2款的规定,于2019年5月23日裁定如下:

驳回蒋某花、陈某振、彭某夷的再审申请。

第二编

长三角三省一市案例

上　海

腾讯科技(成都)有限公司等与北笙网络科技有限责任公司等不正当竞争纠纷案

编者按

本案系全国首例网络游戏商业代练行为不正当竞争案件。随着游戏产业的发展,代练处于长期存在的"灰色"产业,并从最初的有偿帮助他人通关发展为更为复杂的商业模式,法律风险日益增多,对游戏的公平竞争机制、游戏产品健康发展和社会公共利益都产生了重要影响。对游戏代练行为不能一概而论,本案以被诉行为的损害后果和不正当性为判断依据,认定破坏游戏运营机制的商业代练行为构成不正当竞争,同时明确游戏经营者不能仅凭用户协议排除基于亲密关系的游戏账户善意、合理的分享行为。就互联网竞争行为的审查认定,本案还有如下两点意义:一是明确《反不正当竞争法》互联网专条兜底条款和原则条款的适用边界。并非所有借助互联网技术实施的不正当竞争行为均可适用互联网专条规制,需利用技术手段实现不正当竞争行为、导致损害后果才可适用该条款。二是对特定领域商业道德的司法认定。本案根据新修订的《反不正当竞争法司法解释》的相关规定,综合考虑行业规则或者商业惯例、经营者的主观状态以及对消费者权益、市场竞争秩序、社会公共利益的影响等因素依法判断经营者是否违反商业道德。本案裁判对互联网产业的公平竞争秩序、游戏产业的健康发展和社会公共利益的保护有重要意义。本案判决后,受到中央电视台、上海电视台、《中国知识产权报》等的关注报道,上海高级人民法院、最高人民法院"小案大道理"专题刊发本案评析,《人民法院报》《青年报》《工人日报》《法治日报》等报刊均发表专题评论,"青春上海""青春北京""广州日报"等公众号对本案报道的点击量均超过十万次。

裁判摘要

1. 对互联网竞争行为是否构成不正当竞争的判断,应基于该行为导致扰乱市场竞争秩序、损害其他经营者和消费者合法权益的损害后果并具有不正当性。被诉商业代练行为将其他经营者具有竞争性权益的网络游戏作为获利工具,却破坏游戏实名制、未成年人防沉迷机制等运营机制,妨碍互联网生态,具有不正当性。

2. 商业道德本身是一种在长期商业实践中所形成的公认的行为准则,但互联网等新兴市场领域中权益边界尚不清晰。在判断行为是否违反商业道德时,一方面,需要基于是否有利于建立平等公平的竞争秩序、是否符合消费者的利益和社会公共利益标准。另一方面,需明确商业道德不同于日常伦理。在认定商业道德时,可将行业协会规范等纳入考量范围。涉案网络游戏领域的商业道德应为保障竞技公平、数据清洁和承担未成年人保护等社会责任。

原告:腾讯科技(成都)有限公司

法定代表人:奚某,董事长

原告:深圳市腾讯计算机系统有限公司

法定代表人:马某某,董事长

被告:佛山市南海区北笙网络科技有限责任公司

法定代表人:李某,董事长

原告腾讯科技(成都)有限公司(以下简称腾讯成都公司)、深圳市腾讯计算机系统有限公司(以下简称深圳腾讯公司)因与被告佛山市南海区北笙网络科技有限责任公司(以下简称北笙公司)发生不正当竞争纠纷,向上海市浦东新区人民法院提起诉讼。

原告腾讯成都公司、深圳腾讯公司诉称:(1)判令被告北笙公司停止通过“代练帮”客户端提供《王者荣耀》游戏代练交易服务;(2)判令被告赔偿原告经济损失及合理开支共计 450 万元。事实与理由:腾讯成都公司拥有网络游戏《王者荣耀》著作权,并授权深圳腾讯公司独家运营该游戏。《王者荣耀》向用户免费提供游戏下载,并通过营造公平的竞技环境吸引更多用户,提供增值服务以从中获利。为落实未成年人保护要求,《王者荣耀》账号严格采用实名制并配有完备的防沉迷措施,未成年人仅能在规定的时间段内登录游戏。二原告通过用户协议要求其游戏用户实名制登记和使用网络游戏账号，不得将游戏账号以任何方式提供给他人做代练代打等商业性使用。二原告发现，被告北笙公司运营的“代练帮”App以“发单返现金”、设立“王者荣耀”专区的形式，引诱、鼓励包括未成年人在内的用户通过其平台进行商业化、规模化的《王者荣耀》游戏代练交易并从中获得收益。借助该App，接单者可以非真实身份登录涉案游戏，未成年人亦可接单获得他人的游戏账号绕开“防沉迷”机制进入游戏并赚取费用。二原告认为，“代练帮”App允许未成年人进行代练接单、交易的行为使申请人的游戏运营处于被查处的风险中，也极大地损害了社会公共利益，采取保全措施具有极大的紧迫性和可行性。被告北笙公司将“代练帮”App通过上海二三四五网络科技有限公司（以下简称二三四五公司）运营的“2345手机助手”进行宣传、推广，亦应停止上述行为。二原告认为，被告商业化、规模化地宣传并组织游戏代练交易的行为具有不正当性：第一，被告实质性破坏了原告游戏公平竞技匹配机制及游戏平衡，损害游戏消费者的游戏体验和合法利益。第二，被告经营活动建立在涉案游戏的基础之上，其将原告享有竞争性权益的网络游戏作为获利工具，并造成损害游戏用户体验和用户黏性的后果，减损了原告的交易机会和经济利益。第三，被告经营活动妨碍了原告提供网络游戏服务的正常运营，干扰了原告正常游戏管理秩序。被诉行为帮助用户绕开网络游戏实名制和游戏违规处罚机制，导致原告用户实名制、未成年人防沉迷机制等正当的网络游戏运营机制落空。被诉行为带来的损害包括但不限于：对原告而言，破坏原告游戏的实名制、公平匹配机制和防沉迷机制，造成公众对原告是否按照国家规定采取防沉迷措施、是否承担社会责任产生怀疑，给原告商誉造成影响。对用户而言，降低了用户的游戏体验，减损用户游戏账户安全。对公共利益而言，极大地增加了未成年人沉迷网络游戏的风险，对未成年人的健康成长造成不可逆转的损害，并且破坏了互联网环境中业已建立的良好市场竞争秩序。综上，北笙公司提供的“代练帮”客户端利用技术手段，通过组织原告游戏商业代练的方式，妨碍原告网络游戏业务的正常开展，对原告和游戏用户利益、社会公共利益均造成损害，违反《反不正当竞争法》第12条第2款第4项、第2条，构成不正当竞争。

被告北笙公司辩称：被诉行为不构成不正当竞争。第一，原告系提供游戏服务，被告系提供游戏代练，并非同一领域。游戏代练等同于游戏陪玩，都是服务性质，是为了给游戏用户提供更好的游戏体验，不构成不正当竞争。第二，被告会与用户充分沟通，协商处理可能存在的法律风险，不存在纠纷隐患。第三，游戏代练增强了游戏用户体验,没有给原告造成损失,反而给原告增加了流量和用户黏性。第四,原告主张的金额过高,被告经营被诉游戏没有营利。综上,请求驳回原告全部诉讼请求。

上海市浦东新区人民法院一审查明:

腾讯成都公司是《王者荣耀》网络游戏的著作权人,其授权申请人深圳腾讯公司独家运营该游戏。经过长期的推广、运营,《王者荣耀》游戏已拥有广泛的玩家群体,具有较高的知名度。该游戏通过向用户提供免费的游戏下载,营造公平的竞技环境,以吸引更多用户,并提供"皮肤"等增值服务从中获利。为落实未成年人保护要求,《王者荣耀》账号采用实名制、未成年人防沉迷机制,未成年人仅能在国家新闻出版署《关于进一步严格管理切实防止未成年人沉迷网络游戏的通知》规定的时长、时段登录游戏。原告还通过游戏用户协议明确要求用户不得将游戏账号提供给他人做代练代打等商业性使用。北笙公司运营的"代练帮"App 以"发单返现金"、设立"王者荣耀"专区的形式引诱、鼓励包括未成年人在内的用户通过其平台进行商业化、规模化的《王者荣耀》游戏代练交易。接单者可以非真实身份登录涉案游戏,未成年人亦可接单获得他人的游戏账号进入游戏并赚取费用。"代练帮"客户端通过"安全保证金""效率保证金"等方式保障交易实现,从用户充值手续费、提现手续费、订单结算手续费中抽取一定比例作为平台收益,并明确要求接单者均关闭手机定位以避免封号等处罚措施。被诉客户端自 2020 年年初开始运营,至诉讼时已上架华为、小米、豌豆荚、360 手机助手、PP 助手等多个应用商城,总下载量超过 1.5 万次。

上海市浦东新区人民法院一审认为:《反不正当竞争法》的立法目的是鼓励和保护公平竞争,维护正常的市场竞争秩序,从而降低经营者的生产经营成本和消费者的商品选择成本。其所保护的法益不仅包括竞争利益,也包括消费者利益和社会公共利益。正因如此,对于不正当竞争之诉成立与否的判别,应着眼于经营者实施的特定行为是否具有市场竞争属性和不正当性。至于经营者间是否存在同业竞争关系,则并不属于提起不正当竞争之诉或认定不正当竞争的必要前提。本案被告虽与二原告登记的经营范围不完全相同,但其为二原告的用户提供商业化代练交易,以二原告的经营活动和用户群体作为自身经营的基础资源,其行为本身具有市场竞争属性,并与二原告存在紧密的营业关联。据此,本院对被告提出的原、被告所处行业不同而不具有竞争关系的观点不予采纳。

本案的争议焦点为:(1)被告提供商业化网络游戏代练服务是否构成不正当竞

争;(2)如被诉行为构成不正当竞争,被告应承担的民事责任。现分述如下:

一、被告提供商业化网络游戏代练服务是否构成不正当竞争

《反不正当竞争法》第 2 条第 1 款和第 2 款规定,"经营者在生产经营活动中,应当遵循自愿、平等、公平、诚信的原则,遵守法律和商业道德。本法所称的不正当竞争行为,是指经营者在生产经营活动中,违反本法规定,扰乱市场竞争秩序,损害其他经营者或者消费者的合法权益的行为"。该条是《反不正当竞争法》中的一般条款,对于该一般条款的适用需要同时具备以下三个条件:一是法律对该竞争行为未作出特别规定;二是该竞争行为扰乱市场竞争秩序,损害其他经营者或者消费者合法权益;三是该竞争行为因违反诚实信用原则和公认的商业道德而具有不正当性。

(一)《反不正当竞争法》未对北笙公司的行为作出特别规定

《反不正当竞争法》作为规制经营者经营行为的法律,其立法目的在于鼓励市场竞争。除该法明确具体不正当竞争行为外,其他一般属于市场主体自由竞争范畴,法律不宜过度干涉,以实现市场资源的有效配置。是故,《反不正当竞争法》一般条款的适用应有较严格的要件,前提是《反不正当竞争法》第二章及《专利法》《著作权法》等知识产权专门法对该行为未作出特别规定。本案中,原告主张北笙公司运营"代练帮"客户端针对《王者荣耀》游戏提供商业代练服务的行为构成对原告的不正当竞争。原告认为该行为系由被告利用网络技术手段实施,并利用网络支付技术手段冻结"保证金"保障代练交易进行,因而主张该行为应优先适用《反不正当竞争法》第 12 条第 2 款第 4 项。对此,法院认为,根据《反不正当竞争法》第 12 条第 2 款第 4 项的规定,经营者不得利用技术手段,通过影响用户选择或者其他方式,实施其他妨碍、破坏其他经营者合法提供的网络产品或者服务正常运行的行为。该条中的"利用技术手段"应指以运用技术的方式实现不正当竞争,该技术手段的运用不正当地影响用户选择或者实质性地破坏、妨碍其他经营者正常提供网络产品或服务的技术运行逻辑,技术手段和行为损害后果之间具有直接因果关系,而非所有借助互联网实施的行为均可视作"利用技术手段"。涉案行为虽系被告通过运营"代练帮"客户端在互联网中实施,但该客户端仅提供代练交易平台,核心的代练行为系由用户通过人工操作实施,并非利用技术手段实现,故不符合该条款的适用条件。涉案行为亦并非《反不正当竞争法》第二章第 6 条至第 12 条列举的其他不正当竞争行为或《专利法》《著作权法》等知识产权专门法规制的行为。

(二)被诉行为扰乱市场竞争秩序,损害原告作为经营者、游戏用户作为消费者的合法权益

二原告运营的《王者荣耀》游戏内设"ELO 等级分系统"的公平匹配机制,根据游戏账号的游戏行为数据分析评价的竞技水平登记,匹配水平相当的对战对手及队友,保障用户获得良好的游戏体验,吸引并积累用户,最终获得游戏收益,这一竞争优势应受法律保护。此外,涉案游戏严格落实国家关于未成年人游戏防沉迷的要求,限制未成年人游戏时长、时段,建立未成年人游戏防沉迷机制,基于此获得的良好商誉亦应受法律保护。故二原告作为网络游戏开发商和运营商享有基于运营《王者荣耀》游戏产生的竞争性权益。但被告通过运营"代练帮"客户端设置"王者荣耀"专区、提供商业代练服务并从中获取收益,造成如下三方面的损害后果:

一是破坏涉案游戏公平竞技的游戏匹配及平衡机制,损害了游戏用户的消费体验和合法权益。涉案游戏系公平竞技类游戏,原告投入大量成本建立公平竞技的游戏匹配和平衡机制。而通过被告运营客户端的规模化、商业化的代练服务,大量玩家可以使用其他用户的账号进行游戏,使游戏账号操作人的真实游戏竞技水平与账号记录的游戏水平不匹配,导致其他实名游戏用户无法匹配到水平相当的对手及队友,无法获得公平竞技的游戏体验,损害了消费者的合法权益。被诉行为还破坏了未成年人防沉迷机制,未成年人玩家亦可通过承接订单不受时段、时长限制进入游戏系统,从而增加未成年人沉迷游戏的风险,严重影响未成年人身心健康。

二是减损游戏的用户黏性和交易机会,干扰涉案游戏建立的实名机制、未成年人防沉迷机制,损害二原告作为经营者的商业利益和竞争优势。用户无须注册游戏账号即可获得游戏体验。涉案代练客户端绕开被诉游戏的实名制和未成年人防沉迷机制,导致游戏内网络游戏账号的实际使用人与实名注册信息不一致,但原告却因无法知晓真实使用者信息从而无法通过自身的治理机制规制涉案行为,进而导致相关公众质疑原告的合规运营和社会责任承担,给原告的商誉造成损害,使其处于被查处的经营风险之中。

三是破坏网络游戏运营、竞争秩序,对公共利益造成侵害。网络技术的快速发展,给社会生活带来便捷的同时,也滋生了网络安全风险、未成年人沉迷网络游戏等问题。网络实名制是我国互联网管理的基本政策,《网络安全法》《未成年人保护法》对此均有规定。国家新闻出版署于 2021 年 8 月 30 日出台《关于进一步严格管

理切实防止未成年人沉迷网络游戏的通知》，要求所有网络游戏必须接入国家新闻出版署网络游戏防沉迷实名验证系统。被诉行为致使涉案游戏的实名制及未成年人防沉迷机制落空，妨碍网络游戏运营秩序，增加未成年人沉迷网络的风险，不利于网络生态治理和未成年人权益保护，损害社会公共利益。

（三）被诉行为因违反诚实信用原则和公认的商业道德而具有不正当性

市场环境中，竞争与损害相伴而生。竞争利益受损并不必然构成不正当竞争，只有竞争行为具有不正当性时，才需要运用反不正当竞争法进行规制。判定互联网领域竞争行为的不正当性，需要将商业道德放在特定互联网产业背景下进行考量，结合被告是否具有实施不正当竞争行为的主观故意以及权利人是否可以通过适当手段消除行为人带来的影响等综合判断。就被诉行为分析如下：

1. “代练帮”组织商业化、规模化游戏代练行为将原告具有竞争性权益的网络游戏作为获利工具，违反诚实信用原则和行业内公认的商业道德。根据《反不正当竞争法司法解释》第 3 条的规定，特定商业领域普遍遵循和认可的行为规范，人民法院可以认定为《反不正当竞争法》第 2 条规定的“商业道德”。人民法院应当结合案件具体情况，综合考虑行业规则或者商业惯例、经营者的主观状态、交易相对人的选择意愿、对消费者权益、市场竞争秩序、社会公共利益的影响等因素，依法判断经营者是否违反商业道德。人民法院认定经营者是否违反商业道德时，可以参考行业主管部门、行业协会或者自律组织制定的从业规范、技术规范、自律公约等。

区别于传统商业道德，互联网不正当竞争行为中的商业道德有其特殊性。就网络游戏领域而言，其商业伦理主要涉及三个维度：第一，通过禁止出借游戏账号及禁止商业代练保障竞技公平。涉案游戏采用公平竞技机制保证游戏体验，通过用户协议约定用户不得将游戏账号提供给他人作代练代打等商业性使用，并多次进行处罚公示。除原告外，网易游戏、360 游戏、暴雪游戏等均在其用户协议中有类似规定。基于此，禁止第三方为游戏玩家以作弊方式获取竞技优势提供便利、维护网络游戏规则公平性应是网络游戏行业公认的商业道德。第二，通过游戏管理机制承担社会责任。如涉案游戏采取用户实名制和防沉迷机制。基于此，禁止破坏实名制、未成年人防沉迷机制等游戏管理机制，保障网络游戏生态为行业所公认。中国音像与数字出版协会游戏出版工作委员会发布的《网络游戏行业防沉迷自律公约》约定游戏企业及小游戏平台必须全面接入国家新闻出版署网络游戏防沉迷实名验证系统。第三，通过设置数据使用行为边界保障数据清洁性和安全性。随着数据成为一类新的生产要素,数据财产利益和数据安全利益保护的制度需求随之产生。数据的积累和清洁性维护需要投入极高的成本,而对数据清洁性和安全性的破坏成本却很低。如果放任该类行为,会导致经营者无法收回投入成本,进而给市场秩序带来相应的损害。被诉行为破坏了涉案游戏数据的清洁性,干扰了游戏数据的真实反馈机制,也影响了用户和企业的数据安全。

需要指出的是,本案规制的为破坏游戏运营规则的商业化代练交易服务,上述规制应排除家庭成员或朋友之间基于人际关系就游戏账户进行分享的善意、合理情形,不能因用户协议约定而限制合理的账号密码分享行为。家庭成员或朋友之间就游戏账户善意、合理分享基于信赖基础并促进亲友之间的情感交流,并不违背诚实信用原则或公认的商业道德,亦符合和谐、友善等价值观,该行为与组织不特定人员进行商业代练行为不能等同。

2."代练帮"组织代练服务刻意规避二原告的监管机制,反映了被告对该行为所持的主观故意。原告在运营《王者荣耀》游戏的过程中,对违反实名制等违规用户的行为定期进行审核、查处并公示封号等处罚措施情况,积极维护网络游戏生态系统健康发展。被告北笙公司运营的"代练帮"客户端设置"王者荣耀"专区,并明确要求接单者关闭定位以避免封号等处罚措施,刻意规避原告的游戏监管机制。由此可见,被告知晓原告对网络用户游戏账户的管理、运营规则,并能够较为准确地预见"代练帮"破坏游戏运营机制、规模化组织商业代练服务可能导致的不良后果,但仍实施被诉行为,反映了被告的主观恶意。

3.原告无法通过适当技术手段消除被告行为带来的影响。原告作为涉案网络游戏软件的开发商、运营商,虽然可以通过游戏数据对用户违规行为进行识别、分析,但因被告采取关闭手机定位规避措施,原告无从发现涉案行为。又因涉案行为对用户实名制的破坏,原告无法通过平台自行予以规制,从而不合理地增加原告运营涉案网络游戏的运营成本。至此,市场自发的调节机制失灵,法律具有干预的必要。

被告北笙公司辩称其系提供陪玩服务,增强了游戏用户体验,给原告增加了流量和用户黏性,不应予以规制。法院认为,北笙公司的涉案行为看似为涉案游戏用户提供高性价比的服务,免去用户通过消耗时间、精力实现游戏级别的提升,但其实际是以极低的成本干扰了其他实名用户的游戏体验,破坏了游戏的实名制和未成年人防沉迷机制,并以极低的成本攫取他人的合法商业资源,以损害原告、用户、社会公共利益为代价获得自己的收益。虽然司法对新业态、新商业模式应保持一定宽容，但对违背诚实信用原则和公认的商业道德，不正当地破坏商业经营秩序的行为，应坚决予以规制，以为经营者提供良好的经营环境、维护消费者合法权益和营造公平的市场竞争秩序。故被告北笙公司这一抗辩主张，不能成立。

综上，被告北笙公司运营的“代练帮”客户端通过发单返现金、设置“王者荣耀”专区的行为组织用户进行《王者荣耀》游戏代练交易，其商业化、规模化组织游戏代练交易的行为（包括向未成年人提供游戏代练服务）违反了诚实信用原则和公认的商业道德，侵害了原告、消费者的合法权益和社会公共利益，具有可责性，违反了《反不正当竞争法》第 2 条的规定，构成不正当竞争，应予以规制。

二、关于被告北笙公司应承担的民事责任

被告实施不正当竞争行为，侵害二原告的相关竞争利益，应当承担停止侵害、赔偿损失等民事责任。

关于停止侵害的诉讼请求，北笙公司在庭审中陈述其已经断开被诉客户端的服务器，但未提交相应证据予以佐证，原告对此亦不予认可。故被告应承担停止涉案不正当竞争行为的民事责任，即停止通过涉案客户端提供《王者荣耀》游戏代练交易服务。

关于被告应当赔偿的经济损失数额，鉴于原、被告均未能举证证明因本案侵权行为导致原告的实际损失或被告的侵权获利，故法院根据二原告之请求依照法定赔偿方式，综合考量以下因素后进行酌定：(1)《王者荣耀》游戏具有较高的知名度和影响力。(2)被告在其客户端设置“王者荣耀”专区，将原告具有竞争性权益的网络游戏作为获利工具，减损原告的交易机会和经济利益。(3)被诉行为导致原告的防沉迷机制、实名制等网络游戏运营机制落空，导致社会公众对原告是否按照国家规定依法采取防沉迷措施、是否承担社会责任产生怀疑，使原告及其产品的社会评价降低，原告处于被投诉、被处罚的经营风险之中。(4)被诉行为违反了国家关于网络实名制的要求和未成年人防沉迷的相关规定，严重损害了社会公共利益。(5)“代练帮”客户端上架了华为、小米、豌豆荚、360 手机助手、PP 助手等多个应用商城，截至本案审理中的总下载量已经超过 1.5 万次。被诉客户端自 2020 年年初运营至今，实施涉案行为的持续时间较长。(6)“代练帮”客户端要求用户进行充值，并通过“安全保证金”“效率保证金”等方式保障交易实现，从用户充值手续费、提现手续费、订单结算手续费中抽取一定比例作为平台收益。被诉客户端启动时设置有广告。(7)被诉客户端明确要求接单者关闭定位以避免封号等处罚措施,刻意规避原告的游戏监管机制,具有明显的主观过错。综合上述因素,法院酌定被告北笙公司应承担的经济损失金额为80万元。

原告还主张被告应承担本案的合理开支。关于律师费部分,二原告提交了委托协议和发票用以佐证。法院对本案案情复杂程度、二原告委托诉讼代理人在本案中的工作量等因素进行综合考量后,认为二原告主张的金额并无不妥,可予以全额支持。关于公证费部分,公证费系本案必要支出,但部分公证内容并非必须,故法院对此予以酌情支持。

上海市浦东新区人民法院依照《民法典》第179条第1款第1项、第8项,第2款;《反不正当竞争法》第2条,第17条第1款、第2款、第3款;《反不正当竞争法司法解释》第1条、第2条、第3条的规定,于2022年12月29日判决如下:

一、被告佛山市南海区北笙网络科技有限责任公司自本判决生效之日起立即停止涉案不正当竞争行为;

二、被告佛山市南海区北笙网络科技有限责任公司自本判决生效之日起十日内赔偿原告腾讯科技(成都)有限公司、深圳市腾讯计算机系统有限公司经济损失人民币80万元及为制止侵权行为所支付的合理开支人民币185,000元,以上共计人民币985,000元;

三、驳回原告腾讯科技(成都)有限公司、深圳市腾讯计算机系统有限公司的其余诉讼请求。

南京高科新浚成长一期股权投资合伙企业（有限合伙）与房某某等其他合同纠纷案

编者按

司法实践中，较为常见的估值调整协议主要针对目标企业未能上市或未能达到约定业绩情形下对融资方股东进行必要补偿的约定。本案系国内首例目标公司上市后，对赌协议效力纠纷争议案件。目标公司上市后，对赌协议效力的认定，不仅涉及公司内部关系的调整，还涉及证券监管要求以及证券市场交易秩序和金融安全等问题。本案系争对赌条款属于目标公司在科创板上市前应当披露且必须应予清理的对赌条款。本案通过深入剖析监管部门将涉案对赌条款纳入上市前必须清理规制范围的初衷原意，以及该规则背后所需要保护的公共法益，最终认定"直接与二级市场短期内股票交易市值挂钩的价格计算方式，涉及破坏证券市场秩序，损害社会公共利益，违反公序良俗之情形，应属无效"。生效判决进一步体现了司法裁判与证券监管规则的一致性，通过司法裁判堵上变相规避证券监管秩序的制度漏洞，有效维护了证券市场的正常监管秩序，具有很强的示范性。本案裁判受到业界的广泛关注和肯定，尤其是在当前 IPO 注册制背景下，对鼓励上市公司依法依规履行信披义务，保障金融监管要求有效落实，具有十分积极的意义。

裁判摘要

目标公司上市后对赌协议的效力和履行不仅涉及公司内部关系的调整,还涉及证券监管要求以及证券市场交易秩序和金融安全等问题。当事人隐瞒未披露的对赌条款,属于上市审核规则明确必须在上市前予以清理的对赌条款的,对其效力认定应充分考察审核规则所体现的公共利益、监管对象是针对交易行为还是市场准入资格、对金融安全及社会影响等方面内容。与股票市值直接挂钩的回购条款,存在投资人为追求自身投资利益而故意在行权期内操纵二级市场股票交易价格的潜在风险,应认定为无效条款。

原告:南京高科新浚成长一期股权投资合伙企业(有限合伙)

执行事务合伙人:南京高科新浚股权投资合伙企业(有限合伙)

被告:房某某

被告:梁某某

被告:绍兴闰康生物医药股权投资合伙企业(有限合伙)

执行事务合伙人:房某某

原告南京高科新浚成长一期股权投资合伙企业(有限合伙)(以下简称高科新浚)因与被告房某某、梁某某、绍兴闰康生物医药股权投资合伙企业(有限合伙)(以下简称绍兴闰康)发生其他合同纠纷,向上海市第二中级人民法院提起诉讼。

原告高科新浚诉称:2016 年 12 月 7 日,高科新浚及案外人南京高科新创投资有限公司(以下简称高科新创)共同作为投资方与房某某、梁某某、绍兴闰康签订绍兴闰康生物医药股权投资合伙企业(有限合伙)合伙份额认购协议(以下简称认购协议)、绍兴闰康生物医药股权投资合伙企业(有限合伙)合伙人协议(以下简称合伙人协议)、入伙协议以及用于工商登记备案的合伙协议。2016 年 12 月 21 日,上述各方经协商签订绍兴闰康生物医药股权投资合伙企业(有限合伙)经修订和重述的合伙份额认购协议(以下简称修订认购协议)、绍兴闰康生物医药股权投资合伙企业(有限合伙)经修订和重述的合伙人协议(以下简称修订合伙人协议),约定由高科新浚与高科新创共同认缴绍兴闰康新增出资人民币 1260.0321 万元(以下币种同),实际认缴价款金额为 10,000 万元;其中,高科新浚认缴绍兴闰康新增出资 819.02 万元、实际认缴价款为 6500 万元,高科新创认缴绍兴闰康新增出资 441.01

万元、实际认缴价款为3500万元。认缴价款中超出新增出资金额的部分计入绍兴闰康的资本公积;高科新浚与高科新创所认购绍兴闰康新增出资所占合伙份额同比例对应绍兴闰康持有案外人江苏硕世生物科技股份有限公司(以下简称江苏硕世)的股权份额。同时,协议当事各方对于包括江苏硕世上市后的有关高科新浚、高科新创享有的主张投资回售的权利事项进行了约定,即房某某、梁某某、绍兴闰康在相关条件成就后有义务按高科新浚、高科新创的通知要求履行对应合伙份额的回购义务;并约定自江苏硕世完成合格的首次公开发行股票后15个交易日内,绍兴闰康应将高科新浚、高科新创所持合伙份额对应的江苏硕世股权份额质押给高科新浚、高科新创,且于江苏硕世完成合格的首次公开发行股票之日起30个交易日内完成对应股权份额的质押登记。2016年12月8日,高科新浚根据修订认购协议、修订合伙人协议的约定缴付出资款5000万元。2016年12月23日,高科新浚根据修订认购协议、修订合伙人协议的约定缴付出资款1500万元。2017年12月7日,当事各方签订绍兴闰康生物医药股权投资合伙企业(有限合伙)合伙协议之补充协议,就各方在所签订相关协议项下的权利义务及责任进行了进一步的明确。2019年12月5日,江苏硕世在上海证券交易所科创板上市,注册资本为5862万元,发行股份数量为5862万股。根据各方有关协议的履行情况,截至高科新浚起诉之日,高科新浚持有绍兴闰康13.08%合伙份额,对应江苏硕世已发行204.10万股股份,但绍兴闰康未按修订合伙人协议约定办理上述股份的质押登记手续。2020年7月13日,高科新浚、高科新创根据修订合伙人协议约定向房某某、梁某某、绍兴闰康发出回售通知书,要求绍兴闰康根据修订合伙人协议第4.2条即江苏硕世上市后回售权之约定,购买高科新浚、高科新创所持全部合伙份额。其中,高科新浚持有绍兴闰康13.08%的合伙份额,对应江苏硕世已发行股份数为204.10万股。根据修订合伙人协议第4.2条第(e)项即回购价款计算方式的约定,高科新浚主张的合伙份额的回售价款为499,023,228.60元。按约房某某、梁某某、绍兴闰康应于高科新浚发出回售通知后3个月内支付相应价款,截至高科新浚提起本案诉讼,房某某、梁某某、绍兴闰康尚未履行对应回售价款的支付义务,且绍兴闰康也仍未按约办理对应股权股份额的质押登记手续。高科新浚认为,本案当事各方所签订的修订合伙人协议合法有效,对各方均应有约束力,房某某、梁某某、绍兴闰康应当按约办理对应江苏硕世股权份额的质押登记手续,同时应在高科新浚发出回售通知后按照修订合伙人协议约定的计价方式、支付期限向高科新浚支付回购合伙份额的价款。因房某某、梁某某、绍兴闰康至今未按约定履行，故高科新浚诉至法院，请求判令：(1)房某某、梁某某、绍兴闰康共同向高科新浚支付合伙份额的回售价款499,023,228.60元；(2)房某某、梁某某、绍兴闰康共同向高科新浚赔偿因逾期支付回售价款导致的利息损失；(3)绍兴闰康协助高科新浚办理绍兴闰康所持江苏硕世204.10万股股份的质押登记手续，在前述股份质押登记手续办结后或逾期未在法院判决限定期限内办理股份质押手续的，高科新浚可通过协议折价或以拍卖、变卖后的价款在房某某、梁某某、绍兴闰康应向高科新浚支付的回售价款及利息损失范围内享有优先受偿权；(4)本案诉讼费由房某某、梁某某、绍兴闰康共同承担。

被告房某某、梁某某、绍兴闰康共同辩称：(1) 2015年，房某某、梁某某基于共同经营的目的出资设立了绍兴闰康，房某某是普通合伙人，梁某某是有限合伙人。2016年12月，高科新浚、高科新创通过增资入伙的方式成为绍兴闰康的合伙人，并以持有绍兴闰康合伙份额的方式间接投资持有江苏硕世的股权份额。在经高科新浚、高科新创设计制订协议文本内容后，围绕江苏硕世申请公开上市发行股票事宜，房某某、梁某某与高科新浚、高科新创签订系列案涉合伙协议，并在协议中约定了可由高科新浚、高科新创主张回售绍兴闰康合伙份额及对应回售价格计算的协议内容，即俗称的“对赌条款”。本案绍兴闰康实际只是一个持股平台，绍兴闰康除投资持有江苏硕世股权外，不存在其他经营活动和投资项目，绍兴闰康所持1560万股江苏硕世股份，实际均由其合伙人按合伙比例所对应持有。高科新浚、高科新创作为绍兴闰康的合伙人，在案涉修订合伙人协议中设定合伙份额的“回售权利”，是为了在江苏硕世未获准上市公开发行股票的情况下能及时收回其投资及收益；在获准上市公开发行股票后，又能通过主张对其所持绍兴闰康的合伙份额进行回售的方式，规避对应所持有江苏硕世股份的36个月锁定交易期限，违规提前套现。对此，《证券法》第36条第1款明确规定，“依法发行的证券，《中华人民共和国公司法》和其他法律对其转让期限有限制性规定的，在限定的期限内不得转让”。作为行业监管法规的《上海证券交易所科创板股票上市规则》《上市公司股东、董监高减持股份实施细则》也明确规定，“控股股东、实际控制人自公司股票上市起36个月内，不得转让或者委托他人管理其直接和间接持有的首发前股份”。本案中，绍兴闰康作为江苏硕世的控股股东，其所持上市公司股权份额尚在交易锁定期内，对应股份锁定期限至2022年12月。此外，《民法典》及《合伙企业法》规定，“合伙人的出资、因合伙事务依法取得的收益和其他财产，属于合伙财产。合伙人在合伙企业清算前,不得请求分割合伙企业的财产”。高科新浚、高科新创作为合伙企业成员,其入伙出资以及因此取得的收益都属于合伙企业财产,即高科新浚、高科新创按合伙份额所对应的江苏硕世股权份额依法应属于绍兴闰康的合伙财产,依法在合伙企业清算前,合伙人不得请求分割。更何况,绍兴闰康曾在江苏硕世招股说明书中公开承诺:“36 个月内如发生江苏硕世股价不稳定情况,将增持江苏硕世股份以稳定股价。”绍兴闰康作为江苏硕世的控股股东,对公众投资人所作的承诺,也是代表全体合伙人的承诺,其法律效力及于全体合伙人。在上述承诺期内,任何直接、间接减少合伙企业财产及债务承担能力,以及有违合伙人共担投资风险即估价波动损失的行为,都是破坏证券市场监管规则,损害公众投资者权益,损害公共利益,有违公序良俗的无效行为。据此,案涉修订合伙人协议中有关高科新浚有权向房某某、梁某某、绍兴闰康主张回售其所持绍兴闰康合伙份额的协议内容应为无效。(2)依据《审核问答(二)》第 10 条的规定,发行人在申报科创板股票发行上市前原则上要求清理对赌协议,但同时满足以下要求的对赌协议可以不清理:一是发行人不作为对赌协议当事人;二是对赌协议不存在可能导致公司控制权变化的约定;三是对赌协议不与市值挂钩;四是对赌协议不存在严重影响发行人持续经营能力或者其他严重影响投资者权益的情形。而案涉修订合伙人协议中约定的有关对赌协议条款,不仅与江苏硕世的股票交易市值挂钩,且如绍兴闰康或作为江苏硕世的实际控制人房某某、梁某某被判令需向高科新浚、高科新创支付案涉回购价款,将必然会导致江苏硕世的控股股东及实际控制人背负巨额负债,从而可能因执行对应法院生效判决而导致江苏硕世的股东控制权发生变化,进而对江苏硕世持续经营能力以及广大公众投资者权益造成重大影响和损害。因此,上述对赌协议条款不仅依法无效,且属于江苏硕世申请在科创板上市前必须予以清理的协议条款。当初,为了规避对赌协议条款的清理,高科新浚在上海证券交易所要求其提供入伙绍兴闰康的投资协议时,仅提供了各方之前的认购协议、合伙人协议和入伙协议,没有提供约定有案涉对赌协议条款的修订合伙人协议。综上,案涉修订合伙人协议中约定的“回售条款”不仅构成明股实债,且存在严重损害公共利益、违反和规避我国证券法规禁止性规定的情形,依法应认定无效。高科新浚、高科新创当初增资入伙绍兴闰康的行为,并非其真实的合伙意思表示,而是专业投资机构对股权投资所作的违法违规的交易架构安排,属于以合法形式掩盖非法目的行为,不仅损害了合伙企业和其他合伙人的利益,且对公众投资者利益构成损害。

上海市第二中级人民法院一审查明:

2016年12月21日,房某某(普通合伙人)、梁某某(有限合伙人)作为现有合伙人与作为投资方的高科新浚、高科新创签订案涉修订认购协议,约定:"根据房某某、梁某某、绍兴闰康(以下或简称合伙企业方)说明,截至本协议签署日,绍兴闰康原企业出资总额为现金5000万元,其中,房某某现金出资500万元、占合伙份额10%,梁某某现金出资4500万元、占合伙份额90%;截至本协议签署日,江苏硕世注册资本4396万元,绍兴闰康持有江苏硕世股权份额35.49%,对应江苏硕世注册资本1560万元,合伙企业已实缴全部注册资本;投资方高科新浚、高科新创根据本协议条款条件,认购绍兴闰康新增出资1260.03万元,占合伙企业增加(新增)出资后充分稀释合伙份额的20.1282%;其中,高科新浚认购绍兴闰康新增出资819.02万元,高科新创认购绍兴闰康新增出资441.01万元。高科新浚、高科新创实际向绍兴闰康支付的认缴价款金额为10,000万元,其中,高科新浚向绍兴闰康支付的认缴价款金额为6500万元、占合伙份额的13.08%,高科新创向际绍兴闰康支付的认缴价款金额为3500万元、占合伙份额的7.04%,认缴价款中超出新增出资金额的部分计入绍兴闰康的资本公积,各投资方应享有其投资合伙份额对应股权的江苏硕世股权利益。资金用途:各合伙企业方承诺,合伙企业在本协议项下获得的交易价款用途应限于实缴合伙企业对江苏硕世出资1240万元,以及偿还合伙企业、现有合伙人及其关联方对集团公司负债。关于合伙企业合伙目的承诺:各合伙企业方承诺,合伙企业合伙目的为对江苏硕世进行股权投资。合伙企业赔偿和补偿分担:各合伙企业方承诺,如合伙企业根据本协议对任一投资方进行赔偿或补偿,则该等赔偿应当由合伙企业普通合伙人房某某和有限合伙人梁某某承担;各方之前的《合伙协议》《入伙协议》如与本协议的任何规定不一致,在不违反法律前提下,应以本协议规定为准;本协议没有规定的事项,以各方之前的《合伙协议》《入伙协议》为准。"另协议注明,协议所涉集团公司指江苏硕世以及江苏硕世的任何控股子公司、分公司等分支机构。

2016年12月21日,房某某(普通合伙人)、梁某某(有限合伙人)作为现有合伙人与作为投资方的高科新浚、高科新创签订案涉修订合伙人协议,约定:"前述《修订认购协议》规定的交割完成后,合伙企业绍兴闰康的合伙份额结构为:房某某认购合伙企业出资500万元,占合伙份额比例7.99%,梁某某认购合伙企业出资4500万元、占合伙份额比例71.88%,高科新浚认购合伙企业出资819.02万元,占合伙份额比例 13.08%，高科新创认购合伙企业出资 441.01 万元，占合伙份额比例 7.04%；各投资方应享有投资方合伙份额对应股权的江苏硕世股权利益。”协议中，各方就投资方回售权约定如下：“4.1 未上市回售权。(a)如发生下述情形中的一项或数项：江苏硕世在《修订认购协议》交割日之日起 5 年内未完成合格首次公开发行；江苏硕世未于 2017 年 6 月 30 日之前完成合格重组；合伙企业和/或任何原合伙人违反其在本协议或《修订认购协议》项下的任何约定，且该等违约(如依其性质可以纠正或补救的情况除外)如未能在该违约方收到投资方发出的书面通知之日起 45 天内以合理方式予以纠正或补救等情形，则任一投资方有权要求(但并无义务)原合伙人按照规定的价格购买该投资方届时所持有的全部合伙份额或投资合伙份额对应的收益权或提出退伙，原合伙人和合伙企业合称‘回售义务人’，任一投资方可以自行选择合伙企业或原合伙人中任何一方或数方作为回售义务人。(b)回售程序：如任一投资方向任一回售义务人发出行使回售权的书面通知，该回售义务人应在该投资方发出回售通知之日起 3 个月内，按照该投资方的指示将回售价款支付至该投资方指定的银行账户。(c)未上市回售价款：回售义务人购买上市前投资方拟回售投资份额的，回售价款金额为：该投资方支付的全部交易价款金额及按 12% 年利率计算复利(其中不满一年的利息按照当年利息的相应部分计算金额)和对应合伙企业每年累计的应向该投资方支付但未支付的所有未分配利润(包括回售份额对应的江苏硕世股权的未分配利润)。4.2 上市后回售权。(a)上市后股份质押，江苏硕世完成首次公开发行股票之日后 15 个交易日起，合伙企业应将江苏硕世股份(‘投资方质押权股份’)质押给各投资方，并于江苏硕世完成合格首次公开发行之日起 30 个交易日完成该等股份质押登记(包括但不限于在中国证券登记结算有限公司登记)，质押给各投资方的投资方质押权股份应按下述公式计算：$S = P \times C$，S = 合伙企业应质押给该投资方的股份数量；P = 该投资方的上市后投资方合伙份额对应股权比例；C = 江苏硕世完成首次公开发行之日起 15 个交易日江苏硕世股份总数。(b)上市后回售权：江苏硕世完成合格首次公开发行之日起 6 个月届满之日各投资方有权(但并无义务)要求任一回售义务人按照规定的价格购买其全部或部分投资方合伙份额或投资方合伙份额对应的收益权(如发生投资方合伙份额被锁定等情况)(‘上市后投资方拟回售份额’)。(c)回售程序：如任一投资方向任一回售义务人发出行使回售权的书面通知，该回售义务人应在该投资方发出上市后回售通知之日起 3 个月内，将回售价款支付至投资方指定的银行账户。(d)上市后回售通知的失效,如回售义务人未在该投资方发出上市后回售通知之日起3个月内将全部上市后回售价款支付至该投资方指定的银行账户,则原合伙人无权根据该上市后回售通知购买该投资方拟回售股权,除非该投资方再次向合伙企业和原合伙人中的一方或数方发出上市后回售通知。(e)上市后回售价款,按照以下公式计算:M = V × P × U × C,M = 上市后回售价款金额;V = 该投资方发出上市后回售通知之日(含该日)前30个交易日江苏硕世股份在二级市场收盘价算术平均值;P = 截至该投资方发出上市后回售通知之日的该投资方的上市后投资方合伙份额对应股权比例;U = 该投资方拟回售合伙份额/该投资方的全部投资方合伙份额;C = 截至该投资方发出上市后回售通知之日的江苏硕世全部股份。(f)合伙企业出售江苏硕世份额:各投资方有权选择于合伙企业持有的江苏硕世股份锁定期届满之日(江苏硕世完成合格首次公开发行之日起36个月届满之日)后任何一日向合伙企业发出通知('上市后出售通知'),要求合伙企业出售江苏硕世股份;合伙企业应自该投资方发出上市后出售通知之日起5个工作日内在股票市场出售合伙企业直接或间接持有的江苏硕世股份,并将出售价款优先向该投资方分配,直至该投资方取得全部上市后回售价款;该投资方取得全部上市后回售价款后,其投资方拟回售合伙份额应注销,该投资方应办理退伙手续,该投资方不办理退伙手续的,可作除名处理;如果投资方合伙份额被锁定,则上述手续于投资方合伙份额解除锁定后办理;如任一投资方未于投资方发出上市后出售通知后3个月内收到全部上市后回售价款,合伙企业除应当支付上市后回售价款外,还应承担自上市后出售通知后3个月届满之日起至回售价款全部实际偿还完毕之日止,以回售价款为基数按年利率15%复利计算的(一年按365日计算)的罚息,各原合伙人对此承担连带保证责任。"

2016年12月8日,高科新浚根据修订认购协议、修订合伙人协议的约定缴付出资款5000万元。2016年12月23日,高科新浚根据修订认购协议、修订合伙人协议的约定缴付出资款1500万元。2017年12月7日,当事各方签订绍兴闰康生物医药股权投资合伙企业(有限合伙)合伙协议之补充协议,就各方在所签订相关协议项下的权利义务及责任进行了进一步的明确。

2019年12月5日,江苏硕世在上海证券交易所科创板上市,注册资本为5862万元,发行股份数量为5862万股。根据各方有关协议的履行情况,截至高科新浚起诉之日,高科新浚持有13.08%合伙份额,对应江苏硕世已发行204.10万股股份,但绍兴闰康未按修订合伙人协议约定办理上述股份的质押登记手续。2020 年 7 月 13 日，高科新浚、高科新创根据修订合伙人协议约定向房某某、梁某某、绍兴闰康发出回售通知书，要求绍兴闰康根据修订合伙人协议第 4.2 条即江苏硕世上市后回售权之约定，购买高科新浚、高科新创所持全部合伙份额；其中，高科新浚持有绍兴闰康 13.08% 的合伙份额，对应江苏硕世已发行股份数为 204.10 万股。根据修订合伙人协议第 4.2 条第(e)项即回购价款计算方式的约定，高科新浚主张的合伙份额的回售价款为 499,023,228.60 元。因房某某、梁某某、绍兴闰康未于高科新浚发出回售通知后 3 个月内支付相应回购价款，高科新浚遂提起本案诉讼。

另查明：1. 2016 年 12 月 7 日，房某某(普通合伙人)、梁某某(有限合伙人)与作为投资方的高科新浚、高科新创另签订有合伙份额认购协议、合伙人协议、合伙协议，其中没有约定如修订合伙人协议所赋予高科新浚、高科新创享有的投资方回售权。2017 年 12 月 7 日，房某某(普通合伙人)、梁某某(有限合伙人)与作为投资方的高科新浚、高科新创再次签订了用于工商登记备案的合伙协议。同日，房某某(普通合伙人)、梁某某(有限合伙人)与作为投资方的高科新浚、高科新创签订了绍兴闰康生物医药股权投资合伙企业(有限合伙)合伙人协议之补充协议，约定："协议各方当日签订的用于工商登记备案的《合伙协议》，如与此前案涉《修订认购协议》《修订合伙人协议》有任何矛盾、冲突或不一致之处，应以案涉《修订认购协议》《修订合伙人协议》规定为准。"

2. 2019 年 11 月 29 日，江苏硕世签署招股说明书，内容主要为：2010 年 4 月 12 日，江苏硕世登记设立，注册资本 3000 万元，上海硕世(后更名为上海灵娜贸易有限公司)认缴出资 2700 万元，董某南认缴出资 300 万元。2011 年 10 月 11 日，江苏硕世注册资本减少为 2000 万元。2015 年 12 月 2 日，江苏硕世召开股东会，同意注册资本增加至 3600 万元，其中由绍兴闰康认缴注册资本 1240 万元。2015 年 12 月 24 日，江苏硕世在江苏省泰州医药高新技术产业开发区市场监督管理局完成变更登记，其中，绍兴闰康认缴出资额为 1560 万元，对应出资比例为 43.33%。2016 年 7 月 7 日，江苏硕世召开股东会，同意注册资本增加至 4000 万元，其中，绍兴闰康认缴出资额为 1560 万元，对应出资比例为 39.00%。2016 年 10 月 17 日，江苏硕世召开股东会，同意注册资本增加至 4396 万元，其中，绍兴闰康认缴出资额为 1560 万元，对应出资比例为 35.49%。2017 年 3 月 28 日，江苏硕世形成股东会决议，江苏硕世改制为股份公司，并于 2017 年 4 月 10 日完成股份公司的改制登记，绍兴闰康持有股本1560万股,对应股权比例为35.49%。

发行人及本次发行的基本情况如下:注册资本4396万元,控股股东绍兴闰康,实际控制人房某某、梁某某、王某某,房某某、梁某某通过绍兴闰康共同控制江苏硕世35.49%股份,房某某、梁某某通过名下其他公司持有江苏硕世4.92%股份,王某某直接持有江苏硕世11.25%股份;发行股票面值1.00元,发行股数1486万股,每股发行价格46.78元房某某、梁某某、王某某合计持有江苏硕世54.93%股份,发行后江苏硕世总股本为5862万股。

3.江苏硕世公开发行股票的价格为46.78元,在完成公开发行股票后,其发行的可流通股股票于2019年12月5日正式在上海证券交易所挂牌上市交易,当日开盘价为52.33元;在高科新浚向房某某、梁某某、绍兴闰康发出回售通知书主张其“上市后回售权”的2020年7月13日,江苏硕世当日的股票交易收盘价为469元,当日盘中的股票交易价格一度达到476.76元,该股票盘中价格为江苏硕世上市交易至今的最高股价,该日江苏硕世的股价涨幅为13.15%;前一交易日即2020年7月10日,江苏硕世的股票交易收盘价为414.50元,该日江苏硕世的股价涨幅为17.12%;以2020年7月13日为基准日,含该基准日往前计算第30个交易日即2020年6月2日,江苏硕世的股票交易收盘价为183.80元;自2020年6月2日至7月13日的30个交易日,江苏硕世的股票价格涨幅达155%;2020年7月14日,即在高科新浚向房某某、梁某某、绍兴闰康发出回售通知书主张其“上市后回售权”的次日,江苏硕世股票收盘价格的跌幅为10%;2020年7月15日,江苏硕世股票收盘价格的跌幅为13.69%;此后,江苏硕世的股价一直处于跌势,至2020年9月11日,江苏硕世股票盘中最低价格为184.10元;至2021年1月29日,江苏硕世股票收盘价格回升至240.30元;2021年8月2日,即2021年8月的第一个股票交易日,江苏硕世的股票收盘价格为157.29元。

再查明:2021年2月3日,上海证券交易所科创板上市审核中心作出上证科审(监管意向)(2021)1号上海证券交易所文件,即《关于拟对江苏硕世生物科技股份有限公司实际控制人房某某、梁某某予以通报批评的通知》,具体内容如下:“江苏硕世生物科技股份有限公司:鉴于在你公司发行上市申请过程中,实际控制人房某某、梁某某隐瞒其与南京高科新创投资有限公司、南京高科新浚成长一期股权投资合伙企业(有限合伙)签署对赌协议的事实,未按监管要求对相关对赌协议予以清理并履行信息披露义务,涉嫌违反《审核规则》的有关规定。科创板上市审核中心

（以下简称审核中心）拟提请本所纪律处分委员会根据《审核规则》第 9 条、第 73 条、第 74 条的规定，对你公司实际控制人房某某、梁某某予以通报批评。你公司应当将本通知及时送达房某某、梁某某，确认其有无异议，并于收到本通知之日起 5 个交易日内通过项目保荐人以书面形式回复审核中心，同时按附表格式提供有关责任人的身份信息。如有异议，应在回复中说明异议理由，并附上相关证据材料。逾期不回复的，视为无异议。特此通知。”附件：（1）关于对江苏硕世生物科技股份有限公司实际控制人房某某、梁某某予以通报批评的意向书；（2）身份信息表。其中，附件 1 即关于对江苏硕世生物科技股份有限公司实际控制人房某某、梁某某予以通报批评的意向书的内容为：“江苏硕世生物科技股份有限公司实际控制人房某某、梁某某：经查明，房某某、梁某某系江苏硕世生物科技股份有限公司（以下简称发行人或硕世生物）的实际控制人，同时也是发行人控股股东绍兴闰康生物医药股权投资合伙企业（有限合伙）（以下简称闰康生物）的普通合伙人和有限合伙人，分别持有闰康生物 7.98%、71.88% 的份额比例。在硕世生物发行上市申请过程中，房某某、梁某某存在以下违规行为。2019 年 5 月 21 日，科创板上市审核中心（以下简称审核中心）发出首轮审核问询函，问题 5 要求发行人充分披露历史上对赌协议签署及清理情况，以及仍然存续的对赌协议或对赌条款具体内容、触发条件、产生后果等，并进行风险揭示。10 月 25 日，证监会注册环节反馈意见问题 1 要求发行人披露房某某、梁某某等实际控制人是否存在大额债务、股份质押，是否存在拟将发行人股份用于还债的协议或安排等。在硕世生物相关问询回复中，均未提及房某某、梁某某和闰康生物与南京高科新创投资有限公司、南京高科新浚成长一期股权投资合伙企业（有限合伙）（以下统称高科系投资方）签署了约定有对赌条款的投资协议。2020 年 12 月 7 日，硕世生物披露《关于实际控制人及控股股东涉及诉讼的公告》显示，2016 年 12 月，房某某、梁某某和闰康生物与高科系投资方签署投资协议，约定高科系投资方入伙闰康生物，享有合伙份额对应的硕世生物股份利益，并享有上市后回售权。目前，高科系投资方已向法院起诉，要求闰康生物及房某某、梁某某向其支付合伙份额回售价款合计 76,772.98 万元。梁某某、房某某分别持有的闰康生物 4500 万元、500 万元份额已被冻结。闰康生物所持硕世生物 400 万股已被冻结，占总股本比例 6.82%。硕世生物相关信息披露内容与审核问询回复及证监会注册环节反馈意见回复存在明显差异。经查，房某某、梁某某在填写保荐机构、发行人律师（以下统称中介机构）提供的自然人股东尽职调查问卷时，未回答并说明其与高科系投资方的对赌协议等类似安排,并出具了关于硕世生物招股说明书不存在虚假记载、误导性陈述或者重大遗漏的承诺。在审核问询过程中,房某某、梁某某仍未如实告知并披露对赌条款相关内容,导致审核问询回复内容与实际情况不符。招股说明书是发行上市申请的重要文件,市场和投资者对此高度关注。房某某、梁某某作为公司的实际控制人,应当诚实守信,依法充分履行信息披露义务,全面配合中介机构开展尽职调查。房某某、梁某某未按要求在发行人申报前清理其与高科系投资方之间的对赌协议,并在发行上市申请期间持续隐瞒存在相关对赌协议的事实,主观故意明显,致使招股说明书中关于发行人股东签署对赌协议情况的信息披露存在遗漏,相关风险揭示不到位。上述行为违反了《审核规则》第15条、第27条、第29条等有关规定。鉴于前述事实和情节,审核中心拟提请本所纪律处分委员会审核,根据《审核规则》第9条、第73条、第74条和《上海证券交易所纪律处分和监管措施实施办法》等有关规定,对江苏硕世生物科技股份有限公司的实际控制人房某某、梁某某予以通报批评。你公司应当将本通知送达实际控制人房某某、梁某某,确认其有无异议。你公司应当于收到本通知之日起5个交易日内以书面形式回复审核中心,并按附表格式提供有关责任人的身份信息。如有异议,应在回复中说明异议理由,并附上相关证据材料。逾期不回复的,视为无异议。本所最终做出的纪律处分将通报中国证监会,并记入诚信档案。上海证券交易所科创板上市审核中心。"

上海市第二中级人民法院一审认为,本案的争议焦点为:高科新浚可否依据案涉修订合伙人协议第4.2条第(e)项即就上市后回售价款约定的价款计算公式,主张就其以6500万元投资持有的绍兴闰康13.08%的合伙份额,以及该合伙份额对应的江苏硕世已发行204.10万股股份权益,要求房某某、梁某某、绍兴闰康共同按499,023,228.60元价款金额进行回购。

本案事实表明,高科新浚选择投资入伙房某某、梁某某出资设立的合伙企业绍兴闰康,以实际支付6500万元价款的方式认缴绍兴闰康新增出资819.02万元,并对应持有绍兴闰康13.08%合伙份额;其真实的合同目的在于投资入股江苏硕世,以期通过江苏硕世完成首次公开发行股票及在股票上市交易后获取高额投资回报;该投资目的从本案当事各方在案涉修订认购协议约定相关协议条款内容中可得到印证:各投资方享有其投资合伙份额对应的江苏硕世股权利益;各合伙企业方承诺合伙企业在该协议项下获得的交易价款用途应限于实缴合伙企业对江苏硕世的出资;各合伙企业方承诺合伙企业合伙目的为对江苏硕世进行股权投资。作为投资方的高科新浚在与房某某、梁某某就上述股权投资达成的融资性协议时,为了解决协议双方对江苏硕世未来经营发展的不确定性即能否完成首次公开发行股票并上市交易,以及信息回馈不对称和自身投资回报等问题,设计了包含投资权益回购、金钱补偿等对未来目标公司即江苏硕世的估值进行调整的协议条款即俗称的"对赌条款"。该"对赌条款"的主体一方为房某某、梁某某、绍兴闰康,另一方为高科新浚、高科新创。司法实践中,对于"对赌协议""对赌条款"的法律适用参照《合同法》《公司法》的相关规定,既要坚持鼓励投资方对实体企业特别是科技创新企业投资原则,从而在一定程度上缓解企业融资难问题,也要贯彻资本维持原则和保护其他中小公众投资人以及公司债权人合法权益原则,依法平衡投资方、其他中小公众投资人、公司债权人、公司之间的利益。对于投资方与目标公司的股东或者实际控制人订立的"对赌协议""对赌条款",如无其他无效事由,均认定有效并支持实际履行,但对于投资方与目标公司订立的"对赌协议""对赌条款"的效力尚存有争议。

通常"对赌协议""对赌条款"是基于资金需求一方对于提供股权融资的投资一方,就能否实现其承诺的目标公司经营利润或者在限定期限内实现首次公开发行股票并上市交易作出的确保投资方收回本金加收益的一种投资退出的机制安排,即实践中常约定采用的权益回购方式。案涉修订合伙人协议第4.2条约定,原合伙人和合伙企业合称"回售义务人",任一投资方可以自行选择合伙企业或原合伙人中任何一方或数方作为回售义务人,协议各方所赋予的高科新浚回售权具体分为"未上市回售权"和"上市后回售权";"上市后回售权"又分为赋予高科新浚对应其合伙企业份额持有的江苏硕世204.10万股股份权益,在股份权益上市交易锁定期内向"回售义务人"主张回售合伙份额的权利;以及在股份权益上市交易锁定期满后,可以在任何一日通知合伙企业即绍兴闰康出售锁定期届满的高科新浚对应合伙企业份额持有的江苏硕世204.10万股股份,并在收到通知后的5个工作日即交易日内完成。本案高科新浚主张的是其所持合伙企业份额对应的江苏硕世股份权益在上市交易锁定期内的"上市后回售权",其实质系高科新浚通过主张回售绍兴闰康合伙企业份额的方式,就其基于合伙企业份额所对应持有的江苏硕世204.10万股份权益在上市禁售期内提前进行转让并予以获利。基于前述司法实践中的适法原则,在作为合伙企业的绍兴闰康已经就高科新浚主张回售的合伙份额作出诸如同意退伙并对应进行减资清算等程序性安排且无其他无效事由的情况下,对于高科新浚主张的经与房某某、梁某某、绍兴闰康协议约定的案涉回售事项应认定有效而予以判决履行。但本案的问题在于:除了高科新浚就其对应所持江苏硕世股份权益在禁售期内提前进行转让获利行为的效力,以及是否存在严重影响发行人持续经营能力等问题存在争议外,最主要的还是其主张的回售价格的计算方式与江苏硕世发行上市后的股票交易市值挂钩,而如此的对赌协议条款内容原本属于江苏硕世在申报作为科创板股票发行上市前依规应予清理的对赌事项,对应要求清理的法规制定原意在于防止投资人为追求自身投资利益而故意在行权期内操纵二级市场的股票交易价格,致使二级市场的股票交易价格背离目标公司的正常市场交易估值,造成股票交易市场的其他公众投资者因参与该股的买卖交易而不当致损,进而对股票市场的交易秩序、公众投资者的财产性权益等公共利益构成损害,乃至涉及危害国家金融安全等公序良俗的问题。而依据江苏硕世股票在2020年7月13日(高科新浚向房某某、梁某某、绍兴闰康发出回售通知书之日)前后的交易价格走势,不排除在二级股票交易市场存在人为操纵江苏硕世股价的可能。因此,对于高科新浚主张回售权所依据的价格计算方式条款,因与股票交易市值挂钩而应认定为无效。据此,高科新浚以协议中约定的其发出上市后回售通知之日(含该日)前30个交易日江苏硕世在二级市场收盘价算术平均值作为案涉回售价款计算依据,诉请要求房某某、梁某某、绍兴闰康共同向其支付合伙份额的回售价款,不予支持。此外,在绍兴闰康未就高科新浚主张其承担共同回售义务的合伙份额,作出诸如同意退伙并对应进行减资清算等程序性安排的前提下,高科新浚向绍兴闰康主张承担其合伙份额的回售义务依法也不能成立。

根据上述认定意见,高科新浚在合伙企业即绍兴闰康持有的江苏硕世股份权益的禁售期内,可就其所持合伙企业份额按约主张房某某、梁某某共同承担回售义务,但对应回售价款应由当事各方在符合法律规定的情况下予以重新协商确定。如协商不成,基于案涉修订认购协议中所赋予高科新浚享有的"未上市回售权"和"上市后回售权",高科新浚可以选择按"未上市回售权"所约定的回售价格的计算方式,主张房某某、梁某某共同承担对应回售价款的给付义务;亦可选择于合伙企业持有的江苏硕世股份禁售期届满之后,就其基于合伙企业份额所对应持有的江苏硕世204.10万股股份权益,通知绍兴闰康按约在二级股票市场履行相应抛售义务并给付所得价款。协议约定的未上市回售价款的计算方式为:投资方支付的全部交易价款金额及按12%年利率计算复利(其中不满一年的利息按照当年利息的相应部分计算金额)和对应合伙企业每年累计的应向该投资方支付但未支付的所有未分配利润(包括回售份额对应的江苏硕世股权的未分配利润)。

关于高科新浚要求判令绍兴闰康协助高科新浚办理绍兴闰康名下所持江苏硕世股份中204.10万股股份质押登记手续的诉讼请求。案涉修订认购协议第4.2条约定:"上市后回售权。(a)上市后股份质押,江苏硕世完成首次公开发行股票之日后15个交易日起,合伙企业应将江苏硕世股份('投资方质押权股份')质押给各投资方,并于江苏硕世完成合格首次公开发行之日起30个交易日完成该等股份质押登记(包括但不限于在中国证券登记结算有限公司登记),质押给各投资方的投资方质押权股份应按下述公式计算:S=P×C,S=合伙企业应质押给该投资方的股份数量;P=该投资方的上市后投资方合伙份额对应股权比例;C=江苏硕世完成首次公开发行之日起15个交易日江苏硕世股份总数……"上述约定系各方真实意思表示,且与法不悖。据此,高科新浚如基于保障其间接所持江苏硕世股份权益的目的,进而诉请绍兴闰康按约予以协助办理名下所持江苏硕世股份中204.10万股股份的质押登记手续,可予以支持。但问题是,本案高科新浚诉请办理上述股份质押登记手续的理由,在于为其诉请房某某、梁某某、绍兴闰康给付的回售价款及利息损失提供质押担保,基于前述对高科新浚主张给付回售价款及利息损失的判决认定意见,高科新浚对应诉请办理该股份质押登记手续的诉讼理由,显然因本案诉讼的担保权益不成立而不应得到支持。同理,对于高科新浚就上述其要求判令办理质押登记手续的股份通过协议折价或以拍卖、变卖后的价款在房某某、梁某某、绍兴闰康应向高科新浚支付回售价款及利息损失范围内予以享有优先受偿的诉讼请求,亦依法不能成立。

综上,上海市第二中级人民法院依照《民法典时间效力规定》第1条第2款,2017年《民法总则》第8条,1999年《合同法》第7条、第52条第4项、第5项,2017年《民事诉讼法》第142条的规定,于2021年8月27日作出判决:"驳回高科新浚的全部诉讼请求。"

一审判决后,高科新浚不服,向上海市高级人民法院提起上诉。

高科新浚上诉称:(1)原审判决曲解了高科新浚行使回售权的核心诉讼请求。高科新浚的核心诉讼请求是,判令房某某、梁某某共同给付高科新浚其持有的合伙份额的回售款。虽然高科新浚也起诉了绍兴闰康,但绍兴闰康作为合伙企业,系非法人组织,没有独立财产,不能独立承担民事责任,相应民事责任最终应由合伙人承担。原审法院将高科新浚的核心诉讼请求理解成要求绍兴闰康支付合伙份额回售款,并将之引申为高科新浚向绍兴闰康主张给付其合伙份额所对应的江苏硕世的回售款,导致判决基点错误。高科新浚在二审中明确放弃对绍兴闰康的诉讼请求,仅诉请要求房某某、梁某某给付回售款及利息。(2)由于高科新浚的核心请求系要求房某某、梁某某支付回售款,该回购关系的成立只会引起合伙份额在高科新浚和房某某、梁某某之间流转,对绍兴闰康的稳定性没有任何影响,也不会引发绍兴闰康持有的江苏硕世股份的变更,故而不涉及"在禁售期内提前转让获利"。此外,高科新浚主张回售合伙份额,并非一定要通过在二级市场抛售江苏硕世股份的方式实现,当然也就不可能出现投资人操纵二级市场股票交易价格,损害交易秩序和其他公众投资者利益的情况。至于原审判决中提到的"是否存在严重影响发行人持续经营能力等问题",即便是绍兴闰康抛售相应股份,该股份也只在绍兴闰康与其他股东或者第三人之间流转,属于股东之间或者股东与第三人之间内部的事情,与发行人江苏硕世的持续经营能力无涉。修订合伙人协议第4.2条第(c)项约定的回售权,属于形成权,而非要约,无须承诺。房某某、梁某某支付回售款是履行合同义务。(3)江苏硕世未披露相关事项被证券监管部门处罚,与涉案回购条款效力没有直接关联。《审核问答(二)》并非法律、行政法规,且该规范出台时间是2019年3月,涉案协议签订时间是2016年12月,该规定不能溯及既往。上海证券交易所对江苏硕世及其实际控制人进行处罚,是因为他们没有履行披露义务,而高科新浚没有披露义务,不应当受到前述监管部门处罚的影响。上海证券交易所关于对江苏硕世生物科技股份有限公司实际控制人房某某、梁某某予以通报批评的决定(以下简称通报批评决定)中认为,涉案合同条款属于应当披露并清理的对赌协议,可见上海证券交易所仍然认为涉案回售条款是有效的,如果涉案回售条款是无效条款,则无须清理。(4)确定合伙企业绍兴闰康每一份额的价款,必须与其所对应的江苏硕世股票的市场价格挂钩。绍兴闰康作为股权投资型合伙企业,其目的就是"对江苏硕世进行股权投资",除此之外没有其他任何的营业或者合伙事务。绍兴闰康的唯一财产,就是其持有的江苏硕世的股份,此外别无其他任何的资产和负债,故其合伙资产的价值就是该股份的价值,而该股份的价值又取决于作为其载体和凭证的对应股票的市场价格。(5)原审法院关于"协商不成,可参照未上市回售权所约定的回售价格计算方式,或选择在江苏硕世股份禁售期满后通知绍兴闰康在二级市场上履行相应抛售义务的方式来实现合伙份额退出”的建议，系越俎代庖，违背了当事人意思自治原则，且对高科新浚明显不公。据此请求二审法院撤销一审判决，发回重审或者改判支持上诉人的一审诉讼请求。

被上诉人房某某、梁某某与绍兴闰康共同答辩称：(1)高科新浚所述原审判决逻辑起点错误，完全是曲解。原审法院的论证并非排他性针对绍兴闰康作为回购主体的情形，在回购请求指向房某某、梁某某的情形下，原审法院的论证理由依然成立。(2)高科新浚坚持将案涉回售权解释为合伙企业内部份额转让，完全是避重就轻。高科新浚系专业投资机构，其通过绍兴闰康有限合伙人的身份间接投资江苏硕世，是江苏硕世的间接股东。绍兴闰康作为持股平台，是江苏硕世上市前的控股股东，根据《证券法》的相关规定，绍兴闰康在江苏硕世上市起36个月内不能减持。涉案对赌条款的实质是为了实现高科新浚在上市禁售期内套现其所持合伙份额对应的股份收益。(3)本案纠纷本质是上市后合伙份额回售，并非简单的合伙企业份额转让和退股。上海证券交易所的通报批评决定中已经明确，诉争回售权条款是江苏硕世在科创板上市时必须清理的对赌协议。涉案对赌协议的效力不仅受到《民法典》《公司法》《合伙企业法》的约束，还要受到证券法的约束。根据《证券法》第12条以及《试点注册制的若干意见》第4条的规定，上海证券交易所发布相关监管规定应当被认定为法律强制性规定。涉案对赌条款涉及重大公共利益，人民法院应当进行实质审查。(4)高科新浚在一审起诉前即查封了房某某持有的绍兴闰康全部合伙份额，一旦房某某的合伙份额被法院强制拍卖转让，绍兴闰康将因失去普通合伙人而解散，由此导致江苏硕世控股股东发生变化。由此可见，涉案对赌交易的安排，将严重影响发行人江苏硕世的持续经营能力，严重影响公众投资者权益，属于《审核问答(二)》第10条应予清理的条款。(5)高科新浚认为上海证券交易所通报批评决定中采用“应当清理”的表述，即认可涉案对赌条款有效的逻辑是错误的。上海证券交易所不是司法机构，不宜对涉案条款的有效性作出评价，其职能侧重于证券监管，故通报批评决定中的相关表述与认定涉案对赌条款无效并不矛盾。(6)高科新浚认为涉案回售权必须与江苏硕世股票价值挂钩也是曲解。绍兴闰康所持有的江苏硕世的股份目前尚处于锁定期。在锁定期内，对合伙份额价值无论采取何种评估方式，所得到的公允价值都将远远低于二级市场的股票价值，因此不可能完全以股票市值作为确定价格的方式。高科新浚认为，如果不按照市值回购，其将蒙受巨大损失，也非客观事实。高科新浚作为江苏硕世上市前的投资人,其通过江苏硕世股票上市已获得了巨大利益。现高科新浚依据应当被清理的对赌条款,主张在禁售期内套现获利的诉请,不合法、不合规、不应予以支持。(7)高科新浚作为专业投资机构,对科创板上市规则是明知的,其对于涉案对赌条款必须清理,否则无法上市的事实也是清楚的。在江苏硕世上市前,高科新浚在中介机构尽调、招股说明书公示及上海证券交易所审核问询期间,均没有提及修订合伙人协议,可见其明知涉案对赌协议应予清理。因此,自江苏硕世股票上市后,该对赌条款即应归于无效,无论相关方是否签署了终止协议或声明,诉争对赌协议都不应得到司法支持。(8)高科新浚在二审中调整了诉请,仅要求房某某、梁某某给付回售款,但高科新浚发送的回售通知书中只要求绍兴闰康回售其合伙份额,故该回售通知书的效力不及于房某某、梁某某。请求驳回上诉,维持原判。

上海市高级人民法院确认了一审查明的事实。

另查明:2021 年 11 月 8 日,上海证券交易所作出〔2021〕145 号通报批评决定,对江苏硕世实际控制人房某某、梁某某予以通报批评。上述决定中多次表述:2016 年 12 月,房某某、梁某某、绍兴闰康与高科新创、高科新浚签署的投资协议中约定有江苏硕世上市前/后的回购权、反稀释权、估值调整等特殊权利义务安排,属于《审核问答(二)》中应当披露并清理的对赌条款。该决定第二部分“(三)纪律处分决定”中进一步明确,投资协议中包含对赌条款,且公司上市后回售权的相关安排与市值挂钩,属于《审核问答(二)》规定的应当披露且在申报前应予以清理的对赌协议。

上海市高级人民法院二审认为:本案系《民法典》施行前发生的民事法律行为,应该适用行为当时的法律规定。本案高科新浚系依据修订合伙人协议第 4.2 条第(e)项约定的计算方式主张行使上市后回售权,本案各方当事人的争议在于系争修订合伙人协议第 4.2 条上市后回售权条款(以下简称系争回购条款)的效力认定。

一、系争回购条款符合估值调整协议(俗称对赌协议)的基本特征

估值调整协议,系为解决交易双方对目标公司未来发展不确定性、信息不对称以及代理成本而设计的包括股权回购、金钱补偿等未来目标公司估值进行调整的协议,其实质是对商业经营中价值风险判断的合意行为,应属合同法调整范围。通常情况下,对于投资方与目标公司的股东或者实际控制人订立的“对赌协议”“对赌条款”,如不违反法律、行政法规禁止性规定,不违反公序良俗,不存在其他导致合同无效事由的,对当事人之间的合同意思自治应予确认和保护。司法实践中,较为

多见的估值调整协议主要是针对目标企业未能上市或未能达到约定业绩情形下，对融资方股东进行必要补偿的约定。此类估值调整协议的效力及履行，对上市公司股权稳定以及金融交易安全的影响较小。而本案系争回购条款是针对目标公司上市后的回购约定，对该条款效力的认定，不仅涉及公司内部关系的调整，还涉及证券监管要求以及证券市场交易秩序和公共利益、公序良俗的考虑。

二、系争回购条款的效力

第一，根据《证券法》第 12 条第 2 款的规定，上市公司发行新股，应当符合经国务院批准的国务院证券监督管理机构规定的条件，具体管理办法由国务院证券监督管理机构规定。《证券法》第 12 条第 2 款系授权性条款，即授权国务院证券监督管理机构对上市公司发行新股制定具体办法。

中国证券监督管理委员会制定的《科创板首发办法》第 4 条规定，首次公开发行股票并在科创板上市，应当符合发行条件、上市条件以及相关信息披露要求，依法经上海证券交易所发行上市审核并报经中国证券监督管理委员会履行发行注册程序。根据《科创板首发办法》的规定，目标公司在科创板上市必须符合上海证券交易所发行上市审核的具体要求。因此，《审核规则》以及《审核问答（二）》均是针对目标公司在科创板首次发行审核的细化规则，是针对证券市场主体准入资格的要件规则，对参与证券发行上市的各方投资主体，均具有约束力。

第二，上海证券交易所作出的通报批评决定中已明确，系争回购条款属于江苏硕世股票发行上市前应当披露，且应在申报前予以清理的对赌协议。更为关键的是，本案系争回购条款第 4.2 条第（e）项所约定回售价格的计算方式，直接与江苏硕世二级市场短期内的股票交易市值挂钩，涉及金融市场交易秩序和国家金融安全。上海证券交易所将此类对赌条款纳入上市前必须清理的规制范围，旨在防止投资人为追求自身投资利益而故意在行权期内操纵二级市场的股票交易价格，致使二级市场的股票交易价格背离目标公司的正常市场交易估值，造成股票交易市场的其他公众投资者因参与该股票的买卖交易而不当致损，进而对股票市场的交易秩序、公众投资者的财产性权益等公共利益构成损害。我国证券法规定，为了规范证券发行和交易行为，保护投资者的合法权益，维护社会经济秩序和社会公共利益，促进社会主义市场经济的发展，制定本法；证券的发行、交易活动，必须遵循公开、公平、公正的原则；证券发行、交易活动的当事人应当遵守自愿、有偿、诚实信用的原则；证券的发行、交易活动，必须遵守法律、行政法规，禁止欺诈、内幕交易和操纵证券市场的行为。因此,系争回购条款第 4.2 条第(e)项所约定的、直接与二级市场短期内股票交易市值挂钩的价格计算方式,涉及破坏证券市场秩序,损害社会公共利益,违反公序良俗之情形,属于 1999 年《合同法》第 52 条第 4 项所规定的合同无效之情形,应属无效条款。鉴于价格条款是系争回购条款的核心要件,本案中,高科新浚依据上述第 4.2 条第(e)项的计算方式诉请房某某、梁某某承担回购义务,不予支持。

三、针对高科新浚的其他上诉理由的回应

第一,高科新浚主张其诉讼请求是房某某、梁某某回购其所有的绍兴闰康的合伙份额,而非要求回购江苏硕世股份,且其在二审中已放弃了对绍兴闰康的各项诉请。对此本院认为,系争回购条款无效的核心原因在于第 4.2 条第(e)项所约定的价格计算方式,严重影响股票市场交易秩序和金融安全,损害社会公共利益,故高科新浚的该项上诉理由,并不影响对系争回购条款效力的认定。在条款本身无效的情况下,无论高科新创是否实际实施了操纵股票价格的行为,其依据系争回购条款提出的主张都不应得到支持。

第二,高科新浚上诉称上海证券交易所通报批评决定仅处罚了房某某、梁某某,与高科新浚无关。对此本院认为,高科新浚作为一家专业投资机构,其增资绍兴闰康的投资目的在于间接持有江苏硕世的股份权益,各方投资人对江苏硕世未来上市的预期是合作投资的重要内容,故高科新浚对江苏硕世上市审核要求应当明知。结合各方在修订合伙人协议、修订认购协议封面上所注“严格保密”,在补充协议中约定保密条款,在用于登记和公开的其他协议中均未披露回购事项,以及高科新浚在江苏硕世招股说明期间明知系争回购条款未予公示披露亦未提出任何异议的行为,足以证明隐瞒系争回购条款、获取江苏硕世上市发行,是各方投资人协商一致的共同安排。根据上海证券交易所审核规定,在系争回购条款未作清理的情况下,江苏硕世无法取得在科创板公开上市发行的资格。然而,因系争回购条款被隐瞒、未披露,江苏硕世已获取上市发行资格。在此情况下,高科新浚依据应当被清理的系争回购条款来主张权利,不予支持。

第三,虽然上海证券交易所《审核问答(二)》出台于 2019 年,但其规制的应予清理的行为发生在江苏硕世上市前,该规则所限制的并非 2016 年的签约行为,而是系争回购条款应在 2019 年江苏硕世上市前予以清理的行为,故高科新浚关于《审核问答(二)》不应溯及 2016 年修订合伙人协议效力的上诉理由,不能成立。

第四,高科新浚主张确定绍兴闰康合伙份额价值,必须与江苏硕世股票市场价格挂钩。对此本院认为,即便不考虑绍兴闰康所持有的江苏硕世股份尚在禁售期内、大宗交易与竞价交易之间的价差、控股股东限售比例等因素对合伙份额价值的影响,鉴于系争回购条款第4.2条第(e)项所约定的价格,系以高科新浚发出回售通知30日前的交易均价为计算依据,直接挂钩江苏硕世股票短期内的交易价格,且回购时间点完全由回购权人掌控,该种计价方式极易致使二级市场的股票交易价格短期内背离公司正常估值产生波动,故本院对此款约定的效力,不予认可。在系争回购条款第4.2条第(e)项所约定的价格计算方式无效的情况下,高科新浚作为投资人,就其间接持有江苏硕世股份权益,可以按照法律、行政法规及证券监管的要求,依法、依规退出合伙份额或持股权益。

综上,一审判决认定事实清楚,裁判结果正确,故对上诉人的上诉请求不予支持。上海市第一中级人民法院依照根据1999年《合同法》第52条第4项、第5项的规定,系争回购条款为无效条款。高科新浚的上诉请求不能成立,依照《民事诉讼法》第177条第1款第1项的规定,于2022年9月30日作出判决:

驳回上诉,维持原判。

新百伦贸易(中国)有限公司与纽巴伦(中国)有限公司、赵某鹏不正当竞争纠纷案

编者按

本案以诚实信用为基本原则,厘清了具有一定影响力的商品装潢权与注册商标专用权两种权利冲突产生时的司法判定规则,明确了即使注册商标专用权未被行政撤销,在使用商标时亦不得侵害他人在先具有一定影响力的商品装潢权益。不但对同类案件审理有参考价值,亦对市场经营者有一定的指导意义。

裁判摘要

注册商标专用权人若将注册商标作为商品装潢长期使用并具有一定影响力，则有权在商标法或反不正当竞争法之间择一作为法律依据进行主张。作为同业竞争者，在明知他人的商品装潢具有一定影响力的情况下，仍然在其生产的同类商品的相同位置上使用与他人近似的标识，即便其使用的标识系其享有的注册商标，但主观过错明显，客观上足以导致消费者对商品来源产生混淆、误认，则违背了诚实信用原则和公认的商业道德，侵害他人的在先权益，构成不正当竞争。在有证据证明不正当竞争行为所导致的损失超过了法定赔偿数额的上限为500万元的情况下，可在法定赔偿最高限额之上酌情确定经济损失赔偿额。

原告：新百伦贸易（中国）有限公司

法定代表人：Darren Tucker，董事长

被告：纽巴伦（中国）有限公司

法定代表人：丁某武，董事长

被告：赵某鹏

原告新百伦贸易（中国）有限公司（以下简称新百伦公司）因与被告纽巴伦（中国）有限公司（以下简称纽巴伦公司）、赵某鹏发生不正当竞争纠纷，向上海市浦东新区人民法院提起诉讼。

原告新百伦公司诉称：新平衡体育运动公司（以下简称新平衡公司）拥有的“New balance”品牌运动鞋在中国具有极高知名度和市场占有率。新平衡公司自20世纪80年代起陆续在我国商标局注册了“”“NEW BALANCE”“”“”等系列商标。各款“New balance”运动鞋共有的标志性设计，即在鞋两侧中央位置靠近鞋带处（以下简称鞋两侧）使用大写的英文字母“N”装潢。这一装潢已经与“New balance”运动鞋产品产生紧密联系，成为识别商品来源的首要标识。本案原告新百伦公司经新平衡公司授权，在中国非独占使用上述系列商标以及“New balance”运动鞋特有包装装潢并有权对侵权提起诉讼。上述有一定影响的商品装潢已经由多个生效裁判文书和行政处罚决定书予以认定。在部分生效判决书中，先后认定泉州市纽班伦体育用品有限公司（以下简称纽班伦公司）侵犯“New balance”运动鞋的知名商品特有装潢。但纽班伦公司不仅没有履行判决，反而将第4236766号“”

注册商标转让给本案被告纽巴伦公司。纽巴伦公司大量生产、销售鞋两侧印有“”标识的运动鞋,侵犯新平衡公司有一定影响的鞋两侧“N”字母装潢,构成不正当竞争。被告纽巴伦公司持续实施不正当竞争行为给原告带来损失远超过本案主张的3000万元。本案第二被告赵某鹏开设运动鞋店销售涉案侵权商品,应承担民事责任,并由纽巴伦公司承担连带赔偿责任。原告主张优先适用原告实际损失计算赔偿额,若实际损失无法计算则主张以被告获利为计算依据,同时主张一倍以上五倍以下的惩罚性赔偿。故请求法院判令两被告停止侵权、被告纽巴伦公司和赵某鹏分别赔偿经济损失及合理费用3000万元和50万元,纽巴伦公司对赵某鹏承担连带责任并刊登公告消除影响。

被告纽巴伦公司辩称:不同意原告全部诉讼请求。被告享有997335号“”、第4236766号“”注册商标专用权,纽巴伦公司在核准商品项目类别上使用注册商标的行为符合法律规定,不存在侵犯他人合法权益或权利的情形。综上所述,请求法院驳回原告的全部诉讼请求。

被告赵某鹏辩称:不同意原告的全部诉讼请求。除被告纽巴伦公司的意见之外,另补充:运动鞋店的货品都正当源于纽巴伦公司,主张赔偿金额无依据,合理费用中也难以确定用于运动鞋店的金额。运动鞋店销售范围仅限于上海市浦东新区康桥镇,故要求刊登声明消除影响没有法律依据。综上,要求驳回原告对第二被告的诉请。

上海市浦东新区人民法院一审查明:

2007年3月14日,新平衡运动鞋公司向国家商标局申请注册第5942394号“”商标,核定使用在第25类运动鞋商品上。纽巴伦公司向国家商标局提出异议申请。经裁定、复议、行政诉讼两审后,该商标于2016年9月13日予以核准注册。原告新百伦公司是新平衡公司体育运动产品在中国的总代理商,经新平衡运动鞋公司授权使用第5942394号“”商标,非独占使用在“New balance”运动鞋两侧的“N”字母装潢,并享有诉权。2004年起即有生效判决查明,新平衡公司在其运动鞋两侧中央位置(接近鞋带)上使用了“N”标识,其在产品宣传中也突出宣传该“N”标识。亦有生效判决查明新平衡公司的“New balance”运动鞋至少自1995年开始即在中国境内进行生产销售。“New balance”运动鞋两侧突出使用了大写、粗体的英文字母“N”标识。“New balance”运动鞋专卖店在全国范围内开设店铺,在包括网络、报纸、杂志等各种媒体持续宣传时均突出展示了鞋两侧“N”字母装潢。

纽巴伦公司的法定代表人系纽班伦公司的绝对控股股东。1997 年 5 月 8 日核准注册的第 997335 号“”商标、2007 年 8 月 7 日核准注册的第 3954764 号“”商标、2008 年 8 月 21 日核准注册的第 4236766 号“”商标均经纽班伦公司转让至纽巴伦公司名下。纽班伦公司于 2009 年 12 月受让第 4236766 号“”注册商标申请，初审公告期间新平衡公司提出异议，经异议、复议、行政诉讼两审后，对前述商标予以核准注册。被告纽巴伦公司在全国范围内有 2000 余家店铺，有实体店和网店，其大规模开店自 2011 年开始。

2016 年 5 月 15 日，原告新百伦公司发现在上海市松江区、闵行区、宝山区、青浦区、浦东新区以及北京市、江苏省等多地均有标有“NEW · BARLUN 纽巴伦”“NEW · BARLUN”“NEW—BARLUN”“纽巴伦”“N NEW · BARLUN 纽巴伦”“NEW · BARLUN”等字样的店铺，这些店铺多为被告纽巴伦公司的授权经销商。其中一家店铺即为被告赵某鹏经营的店铺。从这些店铺中分别公证购买的运动鞋款式、尺码、颜色各不相同，但整体观之，所有公证实物均在鞋两侧显著位置印有斜杠“N”标识。

2006 年 4 月 13 日，浙江省杭州市中级人民法院在(2004)杭民三初字第 393 号民事判决书中认为，原告新平衡公司将“N”字母作为标识在其运动鞋的两侧中央位置(接近鞋带)上突出使用，经过原告新平衡公司反复、长期宣传、使用，使得本来不具有固有或天然的区别性的“N”商业标识，因为继续使用等社会原因而产生了区别性，在消费者心中与特定厂家的特定产品联系起来，已经具有了另外的标识特定商品的意义，成为区分新平衡公司与其他运动鞋企业产品的重要商业标识。2012 年 4 月 23 日，上海市黄浦区人民法院在(2010)黄民三(知)初字第 368 号民事判决书中认为“New balance”运动鞋系知名商品，“New balance”鞋两侧中央位置靠近鞋带处使用大写、粗体的“N”字母标识，属于知名商品的特有装潢。纽班伦公司在鞋两侧使用“N”图形标识与“New balance”运动鞋的“N”字母整体相似，构成对新平衡公司的不正当竞争。原告的知名商品特有装潢形成时间早于被告的第 4236766 号注册商标专用权的形成时间。在两者因相似而可能造成相关消费者混淆的情况下，纽班伦公司应当采取附加区别性标识的方式使用第 4236766 号注册商标，对已在先形成的知名商品特有装潢予以避让，避免消费者混淆。

上海市浦东新区人民法院一审认为，本案的争议焦点为：(1)原告的诉讼主体地位是否适格；(2)“New balance”运动鞋两侧“N”字母装潢能否作为有一定影响的商品装潢受到保护;(3)被控侵权标识的使用是否构成对原告的不正当竞争;(4)两被告的民事责任承担。

关于第一个争议焦点。法院认为,首先,新平衡公司的授权书、关于商标、商品名称及商品装潢许可使用的确认备忘录等文件已明确记载原告作为非独占使用许可人可单独起诉,其权限当然包括有权主张损害赔偿及进行相关诉讼调查等各项原告这一诉讼主体所应享有的权利;其次,新平衡公司与原告约定由原告行使相关诉讼权益,并无不当;最后,原告与新平衡公司约定各自在两案中分别主张不同的侵权行为表现,并无不当。故法院确认新百伦公司系本案适格原告。

关于第二个争议焦点。法院从以下几个方面进行分析。

(一)“New balance”运动鞋的知名度及“N”字母装潢的影响力

装潢附着在商品之上,判断商品装潢是否有一定的影响,其所指向商品本身的知名度系重要的衡量因素之一。商品的知名度可以从商品的销售时间、销售区域、销售额和销售对象,进行宣传的持续时间、程度和地域范围,作为知名商品受保护的情况等因素进行综合判断。已有生效民事判决书中认定“New balance”运动鞋系知名商品。结合本案中原告提交的知名度证据来看,足以证明“New balance”运动鞋在中国境内的相关市场中的知名度越来越高,为相关公众所知悉。从受保护状况来看,涉案“New balance”运动鞋商品多次获得司法和行政保护。故法院认为,“New balance”运动鞋具有较高的知名度。“New balance”运动鞋绝大多数鞋款均在鞋两侧使用字母“N”装潢,该装潢包含两个要素:其一,位置要素即鞋两侧中央靠近鞋带处;其二,图形要素即“N”字母,该图形要素与原告的第5942394号“N”商标图形一致。虽然视觉效果上仅为大写、加粗的“N”字母图形,显著性和识别性并不强,原本不具有固有标志识别特定商事主体或商品的含义,但是新平衡公司或原告在其广告宣传中大量且长期地通过展示运动鞋两侧“N”字母装潢来进行商品宣传,已经足以使相关公众将运动鞋两侧使用“N”字母装潢的商品与“New balance”运动鞋相联系,使该装潢具有了识别商品来源的显著特征,具有显著性。

(二)鞋两侧的“N”字母装潢形成“有一定影响”的时间节点判断

根据原告提交的证据可以看出,原告鞋两侧“N”字母装潢在被告第4236766号注册商标申请日之前(2004年8月之前)已经形成“有一定影响的商品装潢”。广告和媒体的发布主体是否为原告并不影响“New balance”品牌及“N”字母装潢已经被实际宣传的事实,更不会影响“N”字母装潢所承载的知名度和商誉的积累。

（三）在“N”字母已经取得注册商标权的前提下，原告能否以反法为法律依据主张保护鞋两侧“N”字母装潢

“有一定影响的商品装潢”系《反不正当竞争法》明确规定的受保护权益，其与注册商标权分属彼此独立的知识产权类型。相关司法解释也明确在先取得的合法权益包括商标权、知名商品特有装潢等。商标权与“有一定影响的商品装潢”在构成要件、形成时间、权利客体、保护范围及期限等方面均不同。因此，在被诉侵权行为可能同时构成商标侵权及不正当竞争时，属于请求权竞合。在涉及请求权竞合的案件中，权利人可以明确择一法律关系对涉案行为进行主张。本案原告明确主张通过《反不正当竞争法》而非《商标法》保护其权益，已经就法律保护依据进行了选择，并无不当。

关于第三个争议焦点。法院认为，整体观之，原告、被告使用的两个“N”标识均是大写英文字母“N”的视觉效果。在隔离比对的情况下，特别是鞋类商品作为大众消费品，消费者通常施以一般的注意力，两个标识在要素构成、视觉效果方面区别并不明显，其存在的细微差别不足以引起消费者的注意。故法院认为，被告鞋两侧的“斜杠 N 标识”与原告鞋两侧的“N”字母装潢构成近似。注册商标专用权系经过行政授权程序取得。“有一定影响的商品装潢”系法律因承认其事实上的存在而给予保护的民事权益。因两种权利或权益的取得路径不同，不可避免会存在权利冲突。在解决两者冲突的问题上，应秉持诚实信用的基本原则。判断市场经营者是否诚实信用，应遵循两项规则：一是保护在先权益，二是防止市场混淆。而保护在先权益，立足于保护在先的合法权利或利益，制止的是对已经存在的他人合法权益的掠夺。结合原告提供的大量知名度证据，原告的鞋两侧“N”字母装潢在被告的第 4236766 号注册商标申请日之前已经形成“有一定影响的商品装潢”。防止市场混淆，即需要通过防止误导或者混淆维护公平竞争的市场秩序。具体到本案中，需要判断的是，在运动鞋两侧相近似位置的两种标识使用行为是否容易导致消费者的混淆。法院认为经前述比对，原告、被告的两种标识区别并不明显，且根据证据显示消费者产生了实际混淆。另外，被告主观上存在恶意，与被告有关联的公司在两起生效民事判决均被认定构成对“New balance”运动鞋不正当竞争，特别是在其中一起案件中已经对“New balance”运动鞋知名商品特有装潢进行确认并要求该案被告停止不正当竞争的情况下，纽巴伦公司仍然受让第 4236766 号注册商标并继续大规

模生产销售侵害原告“N”字母装潢的运动鞋产品,主观过错明显。被控侵权行为是否为注册商标的使用行为,不构成不正当竞争案件的抗辩事由。只要被告在后的标识使用行为与他人在先有一定影响的商品装潢构成近似,容易导致消费者混淆的,就构成不正当竞争。

综上,纽巴伦公司使用的标识虽系其注册商标,但作为同业竞争者,在明知原告的“New balance”运动鞋两侧“N”字母装潢具有一定影响的情况下,仍然在其生产的同类商品的相同位置上使用与原告近似的标识,其攀附原告商誉、造成市场混淆的主观过错明显,客观上足以导致消费者对商品来源产生混淆、误认,违背了诚实信用原则和公认的商业道德,侵害原告的在先权益,构成不正当竞争。

关于第四个争议焦点。法院认为,被告纽巴伦公司擅自使用与原告有一定影响的商品装潢相近似的标识,构成对原告的不正当竞争,应当承担停止侵害、消除影响和赔偿损失的民事责任。关于损害赔偿,原告将所有的被告产品盈利均视为其实际损失或被告侵权获利的主张,未排除因正确识别出被告注册商标而购买被告产品的未混淆公众的购买比例,亦未排除被告鞋类产品中未在鞋两侧使用“斜杠N”标识鞋类产品的合理比例。故其主张实际损失或被告获利的计算数额依据不足。虽然原告的实际损失及被告纽巴伦公司的侵权获利均不能确定,但现有证据已经可以证明原告因纽巴伦公司的不正当竞争行为所受到的损失超过了法定赔偿数额的上限500万元,故综合考虑涉案商品装潢的知名度、被告侵权时间、主观过错、被告门店数量等,应在法定赔偿最高限额之上酌情确定经济损失赔偿额。另外,被控侵权产品由纽巴伦公司生产制造,被告赵某鹏作为销售者仅实施了销售行为,无证据证明销售者在销售过程中存在帮助他人实施侵权行为的主观过错。故原告对于被告赵某鹏的全部诉讼请求,法院不予支持。

据此,依照《侵权责任法》第15条第1款第1项、第6项、第8项及第2款,《反不正当竞争法》第6条第1款、第17条,《商标纠纷司法解释》第17条的规定,于2020年4月16日作出判决:“一、被告纽巴伦(中国)有限公司自本判决生效之日起立即停止对原告新百伦贸易(中国)有限公司“New balance”运动鞋两侧“N”字母装潢的不正当竞争行为。二、被告纽巴伦(中国)有限公司自本判决生效之日起十日内赔偿原告新百伦贸易(中国)有限公司经济损失1000万元及合理费用80万元,以上共计1080万元。三、被告纽巴伦(中国)有限公司自本判决生效之日起十五日内,就其不正当竞争行为在《中华工商时报》非中缝版刊登声明,消除影响(内容需经本院审核)；如逾期不履行，本院将在相关媒体上公布本判决的主要内容，所需费用由被告纽巴伦(中国)有限公司负担。四、驳回原告新百伦贸易(中国)有限公司的其余诉讼请求。”

被告纽巴伦公司不服一审判决，向上海知识产权法院上诉称：“New balance”运动鞋两侧“N”字母的使用不构成有一定影响的商品装潢。被上诉人所使用的“N”字母已被核准注册为第5942394号注册商标。被上诉人及上诉人在一审中提供的证据均能够证明“N”字母的使用形态及位置存在变动性、使用人存在不同的主体，不符合知名商品特有装潢所应体现的长期、持续、稳定不变性。上诉人有权使用合法注册的第4236766号注册商标，且该商标与被上诉人的标识不构成近似。上诉人不具有不正当竞争的主观恶意。依据权利冲突原则，依法应当予以驳回。一审判决上诉人赔偿1000万元的数额，缺乏事实和法律依据。综上，请求二审法院支持上诉人的上诉请求。

被上诉人新百伦公司辩称：涉案装潢主要包括运动鞋侧面中央的位置要素和“N”这一图形要素，不应将两个要素割裂出来分别进行评价。注册商标权与具有一定影响的商品装潢权分属彼此独立的知识产权类型。被上诉人主张的装潢是确定的、稳定的，也有生效判决认定“N”字母装潢构成知名商品特有装潢。上诉人在运动鞋侧面中央位置使用的第4236766号商标与涉案装潢近似，极易并已经实际造成了消费者的混淆。新平衡公司就“N”标识享有在先权利。上诉人恶意受让并在运动鞋相同位置使用“”商标，属权利滥用，造成消费者混淆，系不正当竞争行为。上诉人及其关联公司以变更商标权利主体的方式来逃避判决义务继续实施侵权行为，恶意明显。关于上诉人的赔偿责任，一审判决综合酌定1000万元的损害赔偿符合法律规定。请求二审法院驳回上诉，维持原判。

原审被告赵某鹏表示不到庭参加诉讼，亦未发表书面意见。

上海知识产权法院审理后，确认了一审法院查明的事实。

上海知识产权法院二审认为，本案二审的争议焦点为：(1)“New balance”运动鞋两侧“N”字母装潢是否属于有一定影响的商品装潢；(2)被控侵权标识的使用是否构成对被上诉人的不正当竞争；(3)一审判决的赔偿金额是否具有事实和法律依据。

关于第一个争议焦点。一审法院根据一审查明的事实从“New balance”运动鞋的销售时间、销售区域、广告宣传的时间、范围以及受司法、行政保护的情况等角度出发,认定"New balance"运动鞋属于知名商品;从结合位置要素和图形要素以及商品的长期使用宣传事实,认定运动鞋两侧使用"N"字母具有识别商品来源的显著性;根据被上诉人提交的证据,认定上诉人实施的被控侵权行为确实导致大量消费者产生混淆误认。一审判决查明事实清楚,相关说理充分,对于一审判决作出的"New balance"运动鞋两侧使用"N"字母构成知名商品特有装潢的认定,于法有据,应予维持。同时,虽注册商标和知名商品特有装潢均属于商业标识,涉案知名商品特有装潢与第5942394号注册商标也均具有"N"字母,但涉案知名商品特有装潢还包括位置要素,两者毕竟属于不同的权利客体,分别受不同的法律保护,可以作为不同的民事权利(益)并存及分别作为提起侵权诉讼的请求权基础。被上诉人选择适用反不正当竞争法保护已构成知名商品特有装潢的民事权益,并无不当。

关于第二个争议焦点。一审法院经比对认定上诉人在运动鞋两侧使用第4236766号注册商标的"N"字母与被上诉人鞋两侧的"N"字母装潢构成近似,理由正确,并无不当。虽上诉人合法取得了第4236766号注册商标专用权,但其注册、使用时间晚于被上诉人在其运动鞋上使用"N"字母特有装潢的时间,根据保护在先权利及诚实信用原则,一审法院认定上诉人在运动鞋特定位置使用"N"字母的行为构成对被上诉人享有的知名商品特有装潢的不正当竞争,并无不当,一审法院基于双方当事人(包括关联公司)10余年间的司法诉讼结果认定上诉人具有主观过错,亦无不当,应予维持。此外,上诉人所援引的行政裁决中关于第4236766号与被上诉人"N"字母标识不同的理由,本院认为,商标行政授权确权程序中的行政裁决理由所基于的事实和得出的结论与不正当竞争纠纷案件完全不同,相关理由不能作为司法裁判依据。

关于第三个争议焦点。虽然法定赔偿的上限为500万元,但如有证据证明实际损失或者侵权获利数额确已超过法定赔偿最高限额的,可综合全案证据情况,在法定赔偿最高限额以上合理确定赔偿数额。在本案中,鉴于被上诉人主张的实际损失及上诉人的侵权获利均无充分证据证明,一审法院结合全案事实查明情况,综合考虑了被上诉人商品装潢的知名度、上诉人侵权行为的时间、规模及地域范围以及上诉人的主观过错等因素,酌情确定经济损失及合理费用的数额,于法有据,可予维持。

综上，上海知识产权法院认为，上诉人纽巴伦公司的上诉请求不能成立，应予驳回；一审判决认定事实清楚，适用法律正确，应予维持。依照《民事诉讼法》第 147 条、第 177 条第 1 款第 1 项的规定，于 2022 年 2 月 28 日作出判决：

驳回上诉，维持原判。

陶某武不服上海市宝山区水务局、上海市宝山区人民政府行政处罚及行政复议案

编者按

本案系《长江保护法》颁布实施后全国首例非法采砂行政处罚案件。作为我国首部流域专门法律,《长江保护法》针对非法采砂行为规定了更为严厉的处罚条款,一律没收用于违法活动的船舶更是对运砂船舶经营人的精准打击。此案典型意义在于从严格保护长江流域生态安全的最高准则出发,在涉长江保护共同非法采砂的认定方面适用推定过错原则,由运砂船对其不具有共同违法的主观故意承担举证责任。长江流域采砂实行规划与许可制度已广为人知,运砂船经营者对此更应明知并加以注意,即便当事人在不了解核实采砂船是否取得许可证的情况下即装运江砂,亦可推定其对非法采砂的违法后果持放任的间接故意。判决作出后当事人服判息诉,本案审理维护了行政机关对破坏长江流域生态环境违法行为的制裁打击,为长江大保护的国家战略提供了有力的司法保障。该案入选最高人民法院 2021 年全国海事审判典型案例,取得较好的法律效果和社会效果。

裁判摘要

运砂船应对其不具有共同非法采砂的主观故意承担举证责任,长江流域河道采砂实行许可制度已广为人知,运砂船在不核实对方是否取得许可的情况下联系采砂船为其打砂,主观上对于共同实施非法采砂亦存在放任的故意。《长江河道采砂管理条例实施办法》第25条中关于共同非法采砂的定义部分仍属有效,但罚则部分应适用《长江保护法》第91条。

原告:陶某武

被告:上海市宝山区水务局

被告:上海市宝山区人民政府

原告陶某武因不服被告上海市宝山区水务局、被告上海市宝山区人民政府行政处罚及行政复议,向上海海事法院提起诉讼。

原告陶某武诉称:其购买砂石系临时起意,且并不知道该砂石系他人非法开采所得。就算原告系明知非法采砂而购买,也系违反了《长江河道采砂管理条例实施办法》第25条规定,应当依据《长江河道采砂管理条例》第18条的规定作出处罚。请求判决撤销被告上海市宝山区水务局作出的行政处罚决定及被告上海市宝山区人民政府作出的行政复议决定。

被告宝山水务局辩称:原告与一艘无名采砂船共同实施采砂作业,无名采砂船未取得长江河道采砂许可证,原告停止采砂作业后往长江上游方向行驶,后被宝山海事局拦停于宝南锚地,原告上述采砂行为违反了《长江保护法》第28条第1款规定。被告执法主体适格,认定事实清楚、执法程序合法、适用法律正确,故请求判决驳回原告的诉讼请求。

被告宝山区政府辩称:被诉行政复议决定作出的程序合法,请求法院驳回原告的诉讼请求。

上海海事法院一审查明:2021年3月15日下午,宝山水务局行政执法大队前往宝山南锚地附近水域对“华青6766”运砂船进行登检,原告陶某武及船长在询问笔录中均称2021年3月13日21时30分左右,在吴淞口10号锚地北侧水域有一艘无名采砂船为其打砂。上海市水务局河长制工作处出具情况说明:2021年1月1日至3月16日,上海市未批出长江河道采砂许可证,且该时间段内也不存在尚在有效期内的长江河道采砂许可证。2021 年 6 月 4 日,被告宝山水务局对原告作出被诉行政处罚决定,认定原告在长江河道上海段吴淞口 10 号锚地北侧水域组织运砂船实施违法采砂行为,依据《长江保护法》对其作出处罚:罚款 50 万并没收江砂及运砂船舶。原告不服提起行政复议,被告宝山区政府于同年 8 月 10 日作出被诉行政复议决定,维持了被诉处罚决定。

上海海事法院一审认为,本案的争议焦点为:(1)原告的行为是否构成非法采砂;(2)被诉处罚决定的法律适用是否正确;(3)被诉处罚决定的处罚裁量是否适当。

一、关于原告的行为是否构成非法采砂

原告的装运行为客观上已符合《长江河道采砂管理条例实施办法》第 25 条规定所指的与非法采砂船舶共同实施非法采砂行为的构成要件。原告称其行为系购买工程砂,对采砂船是否取得许可并不知情。首先,原告并未提供购买凭证,且当事人是否购买取得涉案江砂并不影响共同非法采砂行为的认定。其次,原告并非通过公开市场渠道购买江砂,而是从浏河出发航行数个小时至吴淞口 10 号锚地后,联系采砂船舶为其现场打砂。最后,《长江河道采砂管理条例》实施至今已近 20 年,长江流域河道采砂实行规划和许可制度已为社会公众广为知晓,原告作为涉案运砂船的实际经营人,更应对此有所了解。即便如原告所述,在不了解对方是否取得许可的情况下,即联系采砂船为其现场采砂,主观上对于共同实施非法采砂行为亦存在放任的故意。

二、关于被诉处罚决定的法律适用是否正确

首先,当《长江保护法》和《长江河道采砂管理条例》均对长江流域非法采砂行为作出处罚规定时,按照上位法效力优于下位法原则,应当适用《长江保护法》第 91 条的规定作出行政处罚。其次,根据《长江保护法》第 92 条的规定,对于破坏长江流域生态环境等违法行为,《长江保护法》未作行政处罚规定,而其他法律、行政法规作出规定的,适用其他法律、行政法规;《长江保护法》已经作出处罚规定的,应当适用《长江保护法》,其他法律、行政法规的处罚规定则不再适用。最后,特别法和一般法的适用主要针对的是同一位阶的法律规范,《长江采砂管理条例》与《长江保护法》既非由同一机关制定,亦非同一位阶法律规范,故不存在特别法优先适用问题。宝山水务局先根据《长江河道采砂管理条例实施办法》第 25 条的规定,将原告的装运行为定性为非法采砂,进而适用《长江保护法》第 91 条关于非法采砂行为的处罚规定，法律适用并无不当。

三、关于被诉处罚决定的处罚裁量是否适当

设定和实施行政处罚必须以事实为依据，与违法行为的事实、性质、情节以及社会危害程度相当。宝山水务局基于涉案非法采砂的货值，参照长江委制定的细化裁量标准，在《长江保护法》第 91 条规定的处罚幅度内确定处罚金额，处罚裁量并无不当。原告关于其系初犯，尚须偿还购买船舶贷款，被诉处罚裁量过重的主张，既不属于处罚裁量的考量因素，亦不构成从轻、减轻处罚的法定事由。

上海海事法院依照《行政诉讼法》第 69 条、第 79 条的规定，于 2021 年 12 月 29 日判决如下：

驳回原告陶某武的全部诉讼请求。

招商银行股份有限公司与光大资本投资有限公司其他合同纠纷案

编者按

差额补足作为一种增信措施，是投资人等交易主体经常运用的增信方式，也常被视为一种新类型担保。但差额补足是否必然为担保的性质，却不能一概而论。本案中，当事人利用基金的结构化安排以及差额补足的方式就投资风险及投资收益进行分配，但并无明确的连带责任保证担保的意思表示，故该差额补足的性质并非担保，而是独立的合同关系。本案的价值在于明确差额补足协议等增信措施实质是商事领域的风险控制措施，人民法院进行司法评价时，应在尊重市场主体意思自治的基础上，关照市场主体的商业考量和经济逻辑，兼顾商事活动在风险分担和治理机制等方面的特殊性，方能准确认定该类增信措施的法律性质。

裁判摘要

差额补足协议的性质应当根据协议主体、权利义务约定等内容综合认定。差额补足义务的主体不是所涉投资资金的管理人或者销售机构的,不属于法律法规所规制的“刚性兑付”。协议双方自愿利用基金的结构化安排以及差额补足的方式就投资风险及投资收益进行分配的,不能仅以此否定行为效力。差额补足义务与被补足的债务本身不具有同一性、从属性等保证担保构成要件的,应认定构成独立合同关系。差额补足的条件及范围依合同约定确定。

原告:招商银行股份有限公司

法定代表人:李某红,董事长

被告:光大资本投资有限公司

法定代表人:范某,总经理

原告招商银行股份有限公司(以下简称招商银行)因与被告光大资本投资有限公司(以下简称光大资本公司)发生其他合同纠纷,向上海金融法院提起诉讼。

原告招商银行诉称:原告通过招商财富资产管理有限公司(以下简称招商财富公司)设立的招财尊享5号专项资产管理计划(以下简称招财5号资管计划)出资认购上海浸鑫投资咨询合伙企业(有限合伙)(以下简称上海浸鑫基金)优先级有限合伙份额28亿元。上海浸鑫基金设立系用于收购标的公司 MP & Silva Holding S. A.(以下简称 MPS 公司)65%股权,并约定通过暴风集团股份有限公司(以下简称暴风公司)收购标的公司股权实现投资退出。被告向原告出具差额补足函,被告全资母公司光大证券股份有限公司(以下简称光大证券公司)出具了关于光大跨境并购基金的回复及暴风光大跨境并购基金安慰函,明确已知悉上述补足安排。因被告未按约履行差额补足义务。原告请求判令:(1)被告向原告履行差额补足义务,金额为人民币3,489,429,041元;(2)被告以欠付金额3,489,429,041元为基数向原告赔偿自2019年5月6日起至实际清偿之日的资金占用损失;(3)由被告承担本案诉讼费、保全费等费用。

被告光大资本公司辩称:(1)差额补足函违反不得“刚性兑付”的监管规定,应认定无效。(2)差额补足函的法律性质应为保证,与合伙协议、MPS 股权回购协议之间构成主从法律关系,在主合同债权债务确定之前,原告不能依据从合同单独诉讼。(3)即使差额补足函有效,因基金尚未清算,支付条件并未成就。(4)若被告须承担差额补足义务,也应扣除基金已预分配的收益款以及MPS项目资产清算变现后的剩余资产等,否则构成双重获利。

上海金融法院一审查明:光大浸辉投资管理(上海)有限公司(以下简称光大浸辉公司)、暴风(天津)投资管理有限公司等共同发起设立上海浸鑫基金,光大浸辉公司为执行事务合伙人。招财5号资管计划委托人为原告,管理人为招商财富公司,资管计划于2019年5月5日到期。招商财富公司代表招财5号资管计划认购上海浸鑫基金优先级有限合伙份额28亿元,被告认购劣后级有限合伙份额6000万元。上海浸鑫基金于2016年2月25日成立。被告光大资本公司向原告招商银行出具差额补足函,同意:在上海浸鑫基金成立届满36个月之内,由暴风公司或被告指定的其他第三方以不少于人民币28亿元×(1+8.2%×资管计划存续天数÷365)的目标价格受让上海浸鑫基金持有的香港浸鑫公司100%股权,如果最终该等股权转让价格少于目标价格时,被告同意对目标价格与股权实际转让价格之间的差额无条件承担全额补足义务。届时,资管计划终止日,如果MPS股权没有完全处置,被告承担全额差额补足义务。光大证券公司另向原告出具暴风光大跨境并购基金安慰函、关于光大跨境并购基金的回复。招商财富公司与光大浸辉公司签订合伙份额转让合同,约定在转让事件发生时招商财富公司将基金份额转让给光大浸辉公司,冯某、上海浸鑫基金为此与招商财富公司签订相关股权质押合同。2019年3月,光大浸辉公司、上海浸鑫基金向北京市高级人民法院提起诉讼,诉请暴风公司、冯某赔偿因不履行回购义务而导致的损失。上海浸鑫基金于2019年2月24日进入清算程序,此前向招商财富公司分配收益373,650,410.96元。

上海金融法院一审认为:关于差额补足函的效力,被告并非所涉投资资金的管理人或者销售机构,不属于《私募基金管理办法》所规制的刚性兑付行为。上海浸鑫基金系被告与暴风集团公司共同发起设立的产业并购基金,原告、被告分别认购上海浸鑫基金的优先级、劣后级合伙份额,被告系基于自身利益需求,自愿利用上述结构化安排以及差额补足函的形式,与原告就双方的投资风险及投资收益进行分配,不构成无效情形。

关于差额补足函的法律性质,被告出具差额补足函的目的确系为原告投资资金的退出提供增信服务,但是否构成保证仍需要根据保证法律关系的构成要件进行具体判断。本案中,原告不是合伙协议及MPS公司股权回购协议中的直接债权人,被告履行差额补足义务也不以合伙协议中上海浸鑫基金的债务履行为前提。被告在差额补足函中承诺的是就香港浸鑫公司股权转让目标价格与实际转让价格之间的差额承担补足义务或在MPS公司股权没有完全处置时承担全额差额补足义务,与MPS公司股权回购协议的相关债务不具有同一性。因此,差额补足义务具有独立性。

关于差额补足的支付条件是否成就,被告直接向原告承诺差额补足义务是为确保原告的理财资金能够在资管计划管理期限届满时及时退出。在未能按期完成股权转让交易的情况下,被告须无条件独立承担支付义务,与基金项目是否清算无关,故履行条件已成就。但原告与招商财富公司对于系争债权的最终利益归属具有一致性,且被告义务的范围包括了系争28亿元投资本金及收益,因此,招商财富公司已经取得的投资收益应予以扣除。招商财富公司出具承诺书,承诺如原告在本案中实现其全部权益后,将不再另行主张光大浸辉公司履行基金份额收购义务,也不再通过基金获取基金分配收益,故不存在双重获利。综上所述,原告的诉请具有相应事实及法律依据。原告要求被告自2019年5月6日参照中国人民银行逾期罚息利率标准计算逾期付款损失,合理有据,应予以支持。

据此,上海金融法院依照《合同法》第8条、第60条、第107条、第113条的规定,于2020年7月30日作出判决:"一、被告光大资本投资有限公司应于本判决生效之日起十日内支付原告招商银行股份有限公司人民币3,115,778,630.04元;二、被告光大资本投资有限公司应于本判决生效之日起十日内支付原告招商银行股份有限公司以人民币3,115,778,630.04为基数,自2019年5月6日起至实际清偿之日止的利息损失(自2019年5月6日起至2019年8月19日按同期中国人民银行公布的贷款基准利率上浮50%计算,自2019年8月20日起至实际清偿之日止按同期全国银行间同业拆借中心公布的贷款市场报价利率上浮50%计算)。"

一审宣判后,光大资本公司不服一审判决,向上海市高级人民法院提起上诉。

光大资本公司上诉称:一审程序存在重大错误,认定事实不清,适用法律错误,判决事项错误。请求撤销一审判决,依法驳回招商银行的全部诉讼请求或将本案发回重审。

被上诉人招商银行答辩称:一审认定事实清楚,适用法律准确,程序正确。请求二审法院驳回上诉,维持原判。

上海市高级人民法院经二审,确认了一审查明的事实。

上海市高级人民法院二审认为:光大资本公司的上诉请求不能成立,应予驳回。一审判决认定事实清楚,适用法律正确,应予维持。

上海市高级人民法院依照《民事诉讼法》第170条第1款第1项、第175条的规定,于2021年6月4日作出判决:

驳回上诉,维持原判。

江　苏

小米科技有限责任公司、小米通讯技术有限公司与中山奔腾电器有限公司等商标侵权及不正当竞争纠纷案

编者按

本案是商标法修订后第一例明确适用惩罚性赔偿制度确定赔偿额的案例，也是适用惩罚性赔偿制度确定的赔偿额最高的一起商标侵权案件。本案判决全面分析阐述了适用惩罚性赔偿制度的“恶意”“情节严重”要件以及确定基数和倍数的方法，既考虑被诉侵权商品销售特点，又全面分析了影响惩罚倍数的相关因素，确定了与侵权主观恶意程度、情节恶劣程度、侵权后果严重程度相适应的倍数，最终全额支持了权利人5000万元及40余万元合理支出的赔偿诉求，为惩罚性赔偿制度的适用提供了实践样本，体现了严厉打击严重恶意侵权行为，最严格保护知识产权的价值导向。同时，本案结合案件特点创新性认定商标驰名，充分考虑手机商品的营销特点以及移动互联网时代品牌影响力尤其是涉案“小米”品牌影响力的传播速度，综合考量商标法规定的各项驰名因素，对“小米”商标的驰名度进行了全面、客观认定，未机械适用《驰名商标认定和保护规定》中关于持续3年或5年时间等具体时间节点的内容，为驰名商标司法认定提供了实践经验。本案适用惩罚性赔偿方式最大限度地保障了民营企业创立的驰名商标，维护了其商业信誉、商品声誉，对于营造良好的营商环境具有积极效果。

裁判摘要

人民法院在认定驰名商标时,不宜机械地适用《驰名商标认定和保护规定》中关于具体时间节点等相关规定,应综合考虑商标法规定的各项驰名因素,并结合具体案情对驰名事实作出全面、客观认定。

对于恶意侵权,情节严重的,可以适用惩罚性赔偿,以确定的补偿性损害赔偿数额为基数,在法定倍数范围内酌定损害赔偿额。在确定具体惩罚倍数时,应充分考虑侵权人的恶意程度和情节严重程度。

原告:小米科技有限责任公司

原告:小米通讯技术有限公司

被告:中山奔腾电器有限公司

被告:中山独领风骚生活电器有限公司(原名:中山米家生活电器有限公司)

被告:江苏苏宁易购电子商务有限公司

被告:麦某亮,原中山独领风骚生活电器有限公司法定代表人

原告小米科技有限责任公司(以下简称小米科技公司)、小米通讯技术有限公司(以下简称小米通讯公司)因与被告中山奔腾电器有限公司(以下简称中山奔腾公司)、中山独领风骚生活电器有限公司(以下简称独领风骚公司)、江苏苏宁易购电子商务有限公司(以下简称苏宁易购公司)、麦某亮发生侵害商标权及不正当竞争纠纷,向江苏省南京市中级人民法院提起诉讼。

原告小米科技公司、小米通讯公司诉称:其第 8228211 号"小米"商标经过长期广泛使用,在市场上已经属于具有极高知名度和美誉度的驰名商标;四被告共同实施了侵犯"小米"驰名商标专用权的行为;被告中山奔腾公司、独领风骚公司在产品的宣传和推广中使用与"小米"品牌近似的配色、广告语,构成虚假宣传的不正当竞争行为;被告中山奔腾公司、独领风骚公司将与其注册商标相同或相近的文字注册为域名,并通过该域名进行相关商品交易、电子商务的行为,容易造成相关公众误认,同样构成商标侵权。故诉至法院,请求判令:(1)中山奔腾公司、独领风骚公司、麦某亮及苏宁易购公司立即停止侵犯其"小米"注册商标专用权的行为;(2)确认独领风骚公司、麦某亮注册和使用"小米生活电器.com""xiaomi68.com"域名的行为构成商标侵权;(3)中山奔腾公司、独领风骚公司立即停止虚假宣传的不正当竞争

行为；(4)中山奔腾公司、独领风骚公司在京东（www. jd. com）、淘宝（www. taobao. com）、苏宁易购（www. suning. com）、1 号店（www. yhd. com）、拼多多（mobile. yangkeduo. com）等电商平台网站及中山奔腾公司官方网站（www. beves. cn）上连续 1 个月刊登声明，消除影响；(5)中山奔腾公司、独领风骚公司、麦某亮连带赔偿其经济损失 5000 万元及合理支出 414, 198 元。

被告中山奔腾公司、独领风骚公司、麦某亮共同辩称：(1)在中山奔腾公司 2011 年 11 月 23 日申请注册“小米生活”前，原告的“小米”商标不具有知名度，不可能达到驰名的程度，不应适用驰名商标的跨类保护。(2)其使用“小米生活”注册商标的行为不构成侵权。麦某亮的账户虽然被中山奔腾公司用来收取货款，但不能因此认定其与中山奔腾公司构成共同侵权。(3)独领风骚公司将“米家”登记为企业名称早于原告受让“米家”商标的时间，其没有攀附恶意，不构成不正当竞争；并且，其发现原告在使用“米家”商标后，为了不造成混淆，立即更改了企业名称。(4)其广告宣传、包装与原告的完全不一样，不构成不正当竞争，且从未作虚假宣传。(5)中山奔腾公司有权将“小米生活”注册为域名并使用，“小米”的中文拼音不是原告的注册商标，其当然有权利注册为域名并使用。并且，其在收到本案的起诉材料后，认为该两个域名的使用有可能会造成混淆，影响其合法经营时，就已经注销了该两个域名。(6)原告要求其连带赔偿损失及合理费用没有事实和法律依据。

被告苏宁易购公司辩称：(1)其与本案没有任何利害关系，不是本案适格的诉讼主体。其运营的“苏宁易购”网站交易平台的前台由其建设、维护，后台由商家开设、运营，其是网络服务技术提供方，并不销售任何商品。尚敬专营店的实际经营者为宁波杭州湾新区尚敬电子商务有限公司。(2)其已在网页上公示了涉案商户的工商登记信息及有效联系方式，履行了平台管理者应尽的职责和义务。(3)其已对涉案商家进行了必要的警示。其在《苏宁云台商家商品发布规范》中已对入驻的商家作出明确警示，不得发布侵害他人商标权等合法权益的信息，否则将采取相应处理措施。(4)原告在诉讼前并未通知其有商家可能侵害商标权的情况，其在收到起诉状后，已立即通知涉案商家，要求核实相关情况并将涉嫌侵权商品进行下架处理。

江苏省南京市中级人民法院一审审理查明：

一、原告主体及其权利

原告小米科技公司成立于 2010 年 3 月，注册资本 185, 000 万元，原名为北京小米科技有限责任公司,于2013年7月变更为现名,经营范围包括技术开发、家用电器、电子产品、手机技术开发、手机生产、手机服务等。

原告小米通讯公司成立于2010年8月,注册资本13,000万美元,经营范围包括开发手机技术、计算机软件及信息技术,家用电器、通信设备、电子产品、文体用品的批发零售等。

原告小米科技公司于2010年4月21日申请注册“小米”商标,“小米”商标于2011年4月28日核准注册,注册号为第8228211号,核定使用商品为第9类,包括便携计算机、可视电话、手提电话、手提无线电话、计算机游戏软件等。

2016年11月27日,小米科技公司受让第8522198号“MIJIA 米家”商标,该商标核定使用商品为第11类,包括灯、煤气灶、冰箱、排气风扇、厨房用抽油烟机、龙头、浴霸、太阳能热水器、消毒设备、电暖器。2016年3月起,原告在互联网上发布生态链产品新品牌米家的信息,表明“米家=小米智能家庭”,其品牌理念是“做生活中的艺术品”,其产品包括电饭煲、保温杯、电磁炉、落地扇、空调、电暖器等。

2010年12月,原告小米科技公司申请在第9类商品上注册“MI”商标,该商标于2012年7月获准注册。2015年5月,原告小米科技公司申请在第11类商品上注册“ ”商标,该商标于2017年1月获准注册。2014年5月,原告小米科技公司及其关联公司北京智米科技有限公司共同申请在第11类上注册“智米”商标,该商标于2015年6月获准注册,并于2018年7月转让给北京智米科技有限公司。2014年12月,原告小米科技公司在第9类上申请注册“智米”商标,该商标于2016年2月获准注册,并于2018年7月将该商标转让给北京智米科技有限公司。

原告小米科技公司与原告小米通讯公司签订商标许可协议一份,约定:许可方小米科技公司许可被许可方小米通讯公司在全球范围内在销售及分销产品时使用许可方持有的所有商标,许可的商品服务为该商标注册的所有指定商品及服务;除非双方另有约定,被许可商标包括许可方持有的本协议期内注册持有的所有商标;本协议所涉商标许可为无偿非排他许可;许可期限自2010年8月25日至2020年8月24日。

二、原告“小米”商标的知名度

以百度指数查询小米手机与其他品牌手机的数据对比,小米手机在2011年8月16日正式发布当天,其搜索量和关注度明显增长,并在一段时间内高于其他品牌手机。

自2011年小米手机发布以来,人民日报、中国证券报、第一财经日报、经济日报、南方日报、互联网周刊、IT时代周刊等报纸期刊均曾对原告及“小米”商标进行宣传报道。其中,《北京日报》2011年12月31日第1版刊发《37小时40万台手机售罄“小米”魔力何在》一文,文中提到“今年9月5日,小米首次预订销售,34小时预订出30万台,是计划两个多月的供货量;12月18日,第二次预订销售,3个小时卖出10万台”;“让发烧友参与手机系统的开发,就是‘用互联网的方式做手机’的第一步”;“MIUI系统目前有100余项根据发烧友反馈意见的改进,因而在小米手机发布前,MIUI系统就牢牢地吸引了70万智能手机‘刷机’发烧友”。《商圈》杂志刊登的《六年投放央视春晚广告　小米用科技带来不一样的生活》一文中提到“2013年小米首次尝试春节期间的央视广告投放,小米手机的首次电视广告《嘿嘿》在春晚开场前播放,引起众多‘米粉’的热烈反响;2014年小米在春晚前投放长达1分钟广告《我们的时代》,随后几年,小米坚持央视春晚开场前的广告大片投放,获得高曝光、高关注”。

2013年9月,央视《新闻联播》节目报道小米3手机,解说词为“我国业界推出全球运行速度最快的智能手机”。同年11月,央视《新闻联播》节目在报道国内企业的互联网模式创新时,第一家企业就是小米科技,称“数以千万计的小米用户成了小米研发的后援团”。

普华永道中天会计师事务所有限公司北京分所出具的审计报告显示:2011年度原告销售手机的收入为4亿余元,2012年度为103亿余元,2013年度为254亿余元,2014年度为568亿余元。

2012~2018年,原告及其关联公司通过微信、网络、报纸、楼宇广告等多种媒介发布广告,以赞助电影、投放晚会广告等方式宣传“小米”商标。北京中立诚会计师事务所有限公司出具的广告宣传费用专项报告显示:2010~2014年,原告小米科技公司的广告宣传费用总额为30,388万余元,其中2011年为126万余元,2012年为3251万余元,2013年为11,275万余元。普华永道中天会计师事务所(特殊普通合伙)北京分所的审计报告显示:2014~2017年,原告小米通讯公司的广告宣传费用总额为306,273万余元。

原告先后获得2011~2012年度中国最受尊敬企业、2011年创新应用之星、创新力量2011年3C传媒大奖年度创新大奖、2011年度新锐手机品牌奖、2011年最具投资潜力公司、2011年度企业网站服务力品牌奖、2011年中关村十大创投案例、

2011 年中关村十大创新成果、2011 年中关村十大新锐品牌、2012 年中国最具创新企业、2012 年度中国工业设计十佳创新型企业、2012 年中国新媒体十大创新品牌、媒体眼中 2012 年最看好产品、中国创新设计红星奖、中国智能手机市场最具竞争力品牌、中国优秀工业设计奖、未来之星 2013 年度最具成长性新兴企业、2013 年度最具市场影响力手机、2013 年度中国家电网购最受欢迎品牌、2013 年中国互联网大会“中国互联网生态价值之星”等荣誉。

在关于第 13704529 号“小米”商标无效宣告请求裁定书、关于第 15938054 号“小米雷布斯”商标无效宣告请求裁定书、关于第 15630778 号“MIXIAO 米小”商标无效宣告请求裁定书等若干份裁定书中,国家商评委均认为,在该案争议商标申请注册前(2013 年 12 月 12 日),小米科技公司通过报纸、期刊等多种形式对第 8228211 号“小米”商标及其产品进行了广泛宣传、使用,该商标在相关公众中已具有较高知名度,在第 9 类手提电话商品上已为相关公众所熟知,该案争议商标已构成《商标法》第 13 条第 3 款所指情形,均裁定对争议商标予以无效宣告。多份人民法院判决书显示,原告的“小米”“mi”“XIAOMI”商标多次被侵权、假冒,人民法院均判决侵权行为人停止侵权、消除影响、赔偿损失甚至承担刑事责任。

三、原告指控被告的侵权行为

2018 年 11 月 1 日,原告以公证方式从被告中山奔腾公司经营场所直接购得压力锅、电磁炉等产品共 4 箱(24 台),同时取得小米生活电器选购目录 1 本、“石某柒”名片 2 张、单据 3 张。被告中山奔腾公司经营场所楼顶安装有与其公司名称相同大小的“小米生活电器”标牌;经营场所内摆放有展板,展板上方为“小米生活”文字,中部为“我们只做生活电器中的艺术品”宣传语;展厅的产品陈列柜上陈列有不同颜色、造型的电饭煲、电磁炉;展厅内堆放有大量已包装的产品;所购产品的包装箱和产品上均标注“小米生活”商标,外包装箱上标注“小米生活 为品质而生”文字,电磁炉的产品型号为 Mi001;小米生活电器选购目录上印有“我们只做生活电器中的艺术品”宣传语;石某柒为被告中山奔腾公司的营销总监;3 张单据上加盖有被告中山奔腾公司的公章或放货专用章,其中加盖公章的单据上列有被告麦某亮的 3 张银行卡卡号和开户行。被告中山奔腾公司在另案的行政诉讼中提供其线下销售的发票,金额约 110 万元,发票中载明的货物名称为“小米生活 × × ×”,其中包括本次公证购买被诉侵权产品的单据。

原告以公证方式,先后在苏宁易购网站的尚敬专营店,京东网的小米生活子曰专卖店、小米生活旗舰店等,淘宝网的悠享精品电器店、小米生活体验馆等,1 号店的小米生活厨房小电旗舰店、小米生活官方旗舰店等,拼多多的小米生活海玲达专营店、星耀家用电器城等,购得挂烫机、电饭煲、电风扇、电磁炉、电砂锅、恒温杯、电饼铛、油烟机、灶具、消毒柜、电压力锅等商品。原告以店铺中商品的评论数量作为销售量,乘以商品单价,计算出以上店铺销售被控侵权产品的总金额为 76,153,888.80 元,其中被告中山奔腾公司在京东网开设的索菲亚生活电器旗舰店(原名小米生活官方旗舰店)的销售额为 10,853,610 元,被告独领风骚公司在淘宝网开设的 Beves 奔腾电器官方店(原名小米生活官方店)的销售额为 2,478,389 元。

根据原告的申请,经调查,被告中山奔腾公司在京东网开设的索菲亚生活电器旗舰店(原名小米生活官方旗舰店)自店铺开设日 2018 年 1 月至原告起诉之日 2018 年 11 月 13 日,销售“小米生活”产品 35,535 台,销售总额 13,836,546.66 元;被告独领风骚公司在淘宝网开设的 Beves 奔腾电器官方店(原名小米生活官方店)自开设之日 2017 年 3 月 16 日至 2018 年 11 月 13 日,销售“小米生活”产品共 22,872 单、41,217 台,销售总额 6,499,201.67 元。

在被告中山奔腾公司的网站(www. beves. cn)上关于其公司的介绍中,有其产品的展示。其产品展示板块的标题为“小米生活电器”,产品包括电饭煲、电磁炉、电水壶等。网站上列有该公司名称、地址、电话、传真及区域经理手机号码,网址审核时间为 2016 年 5 月。

被告独领风骚公司的网站(www. 小米生活电器. com),网页风格类似电商平台网站,网页显示其店铺名称为“小米生活电器旗舰店”,展示有集成灶、电磁炉、电饭煲、智能方煲、电压力锅、电热水壶、油烟机、灶具、消毒柜、热水器等产品。在该网站点击“关于我们”链接,跳转至网址为 www. xiaomi68. com 的网页,网页内容仍为“小米生活电器旗舰店”,其中有关于实体批发和网络分销两种经营模式的相关内容,包括批发条件、结算方式、付款方式、招商对象、分销价格、售后服务等条款。网页的公司简介中是关于被告独领风骚公司的内容,而网站的主办单位为中山奔腾公司,网站负责人为麦某亮,网址审核时间为 2016 年 5 月。

被告独领风骚公司在手机微信公众号上注册有“小米生活之家”官方账号,介绍其是小米生活直营产品零售体验店,也是米粉的交流聚集场所。被告中山奔腾公司、独领风骚公司的官方网站及该微信公众号均使用了橙、白配色。

2018 年 9 月 10 日,小米科技公司向亚洲域名争议解决中心北京秘书处提交投诉书,认为“小米生活电器. com”“xiaomi68. com”域名被中山奔腾公司恶意注册和使用,要求将争议域名转移至小米科技公司。2018 年 11 月 19 日,该处专家组裁决:将争议域名转移给小米科技公司。

截至 2018 年 10 月 24 日,被告中山奔腾公司曾提出 97 项商标注册申请,其中既包括以“生活小米”“小米生活”“mi”“MI LIFE”“智米米家”“智米生活”在不同类别的申请,也有以“盖乐世”“百事可乐 PAPSIPAPNE”“威猛先生 WEIMENG”提出的申请。

2017 年 12 月 30 日,中山奔腾公司与余姚智米生活电器有限公司签订合作协议,约定:中山奔腾公司授权余姚智米生活电器有限公司使用其在第 11 类的小米生活商标,并不再授权其他公司使用;余姚智米生活电器有限公司负责相关产品的销售,收取一定费用作为小米生活品牌使用费,第一年收取产品成本价格的 2%,第二年为 3%,后续统一为 4%,余姚智米生活电器有限公司须完成电磁炉、迷你电饭煲、加湿器、智能电饭煲四种产品共 29 万台/年的销售量,许可使用期限至 2022 年 12 月 31 日;鉴于余姚智米生活电器有限公司的实际控制人麦某亮为中山奔腾公司实际控制人麦某军的近亲属,视为一致行动人,故仅需向中山奔腾公司缴纳 1 元作为商标许可使用费,但并不代表该商标的实际价值仅为 1 元;中山奔腾公司承诺不随意低价转让商标所有权,且保证该商标转让权的转让款不得低于 2000 万元,若低于该价值仍需转让的,需征得余姚智米生活电器有限公司书面同意。

2017 年 2 月起,中山奔腾公司先后与作为乙方的中山市慧聪厨卫电器有限公司、陈某军、佛山市天群电子商务有限公司、广东一麦投资发展有限公司、广东顺德泽育网络科技有限公司分别签订协议书或商标使用许可合同,约定中山奔腾公司将其第 10224020 号商标以授权贴牌模式授权乙方生产、销售,商标使用费按数量收费的,每台产品为 10 ~ 30 元不等,年销售任务最低为 0. 5 万 ~ 7 万台不等;商标使用费按品类收取的,电烤箱为 40 万元/年(逐年递增 20%),加湿器为 35 万元/年(逐年递增 20%)。中山奔腾公司在合同中预留的收款账户为麦某亮个人银行卡账户。2018 年 7 月,中山奔腾公司与作为乙方的佛山市快猫电子商务有限公司、广东顺德泽育网络科技有限公司签订合作协议书,授权乙方在网络交易平台的店铺销售其“小米生活”品牌产品,合作期限均为 3 年,年销售任务分别为 600 万元、1000 万元、1500 万元和 1500 万元、2500 万元、4000 万元,产品结算价格按照中山奔腾公司发布的 2018 年度小米生活电商系列产品价格表执行;其中,在与广东顺德泽育网络科技有限公司的协议中，甲方将其所有的京东店铺小米生活厨房小电旗舰店交由乙方运营。上述合同、协议中代表中山奔腾公司签字的均为麦某亮。

在京东网、淘宝网、知乎等多个论坛的评论中，有用户提问小米生活电器和小米手机的关系、小米生活和小米的关系问题，有用户认为小米生活是基于小米平台的购物平台，也有用户认为小米生活与小米手机没有关系、小米生活是一个仿冒的品牌。2018 年 11 月，上海市质量技术监督局公布上海市电磁灶产品质量监督抽查结果，被告中山奔腾公司生产的小米生活 Mi001 电磁炉螺钉和连接不合格。

四、被告主体情况及其抗辩意见

被告中山奔腾公司成立于 2009 年 9 月，注册资本 50 万元，股东为苟某礼、麦某军，经营范围为生产、加工、销售家用电器、厨房电器、五金制品、燃气热水器、灶具等。

被告独领风骚公司原名中山米家生活电器有限公司，成立于 2016 年 6 月 24 日，注册资本 200 万元，股东为麦某亮、苟某礼、麦某军。其中，麦某亮为执行董事，麦某军为经理。2018 年 12 月 21 日，中山米家生活电器有限公司更名为独领风骚公司。2018 年 12 月 29 日，被告独领风骚公司继续进行变更登记，变更后的股东为麦某军和苟某礼，法定代表人变更为麦某军。

被告麦某亮与被告中山奔腾公司的法定代表人麦某军系兄弟关系，麦某亮自 2009 年 10 月起在被告中山奔腾公司参加社会保险。

2011 年 11 月 23 日，中山奔腾公司申请注册“小米生活”商标，该商标于 2012 年 10 月 27 日获得初步审定公告。小米科技公司对初步审定公告的该商标提出异议，国家商标局于 2015 年作出准予注册的决定，注册号为第 10224020 号，注册公告日期为 2015 年 7 月 7 日，专用权期限为 2013 年 1 月 28 日至 2023 年 1 月 27 日，核定使用商品为第 11 类，包括电炊具、燃气炉、热水器、厨房用油烟机、电暖器、电压力锅等。

2015 年 9 月 22 日，麦某亮、苟某礼、麦某军出资设立广东智米电器有限公司，该公司注册资本为 1000 万元。2017 年 8 月 8 日，麦某亮与他人出资设立余姚智米生活电器有限公司，注册资本 50 万元，麦某亮持股 51%。

2016 年 9 月，麦某军将其美术作品“小米生活”办理著作权登记，著作权登记证书上记载的作品完成时间为 2008 年 6 月 10 日。

被告中山奔腾公司、独领风骚公司、麦某亮提供商标查询的网页打印件，证明不同企业在不同类别上成功申请注册或经初审公告“小米生活”“小米”商标,其他企业在第9类和第11类商品上成功注册或经初审公告“小米”商标。原告认为,其对以上商标均提出了异议,被告提供的网页打印件中也记载商标的状态均为撤销或无效宣告申请审查中。

被告中山奔腾公司、独领风骚公司、麦某亮提供IDC咨询(北京)有限公司出具的2011年中国手机市场发展状况分析报告。该报告记载,2011年全年度中国国内手机销量为11.44亿部,3G智能手机销量为2.79亿部。三被告认为,原告在2011年的手机销量仅为23万台,市场占有率仅为0.02%,毫无知名度。原告对该证据的形式真实性及数据的真实性均提出异议,并以IDC咨询(北京)有限公司公布的2011年全球手机销量为15.46亿部,说明中国手机销量不可能占到全球销量的74%,证明被告提供的分析报告不真实。三被告又补充提供IDC咨询(北京)有限公司的情况说明,该公司确认分析报告由其出具,原告主张的手机销量与其分析报告中的3G手机销量对应。

被告中山奔腾公司、独领风骚公司、麦某亮提供历代小米手机的广告语,证明“为发烧而生”是小米手机1的广告语,仅在2011年至2012年使用过;提供历代小米手机的外包装图,证明小米手机历代产品都有不同包装,没有形成特有的包装、装潢,其产品包装也与原告的包装不同。原告认为,其“为发烧而生”和包装的橙白配色是最经典的,其后虽有变化,但橙白配色一直在使用,三被告也一直跟风模仿。

五、查明的其他事实

被告苏宁易购公司成立于2010年,注册资本20,000万元,经营范围包括电子商务系统,计算机软件及硬件的技术开发、设计、制作、销售,数据库及计算机网络服务等。苏宁易购网站系其提供技术支持和服务的电子商务网站。尚敬专营店由宁波杭州湾新区尚敬电子商务有限公司与苏宁易购公司签订相关协议后在苏宁易购网站上开设、经营。被告苏宁易购公司提供的证据证实,被控侵权产品已从尚敬专营店下架。

2018年8月,国家商评委作出关于第10224020号“小米生活”商标无效宣告请求裁定书,查明:小米科技公司的第8228211号“小米”商标指定使用在第9类手提电话等商品上;除第10224020号商标外,中山奔腾公司还在多个类别商品上多次围绕小米科技公司的“小米”“MJ图形”商标反复注册商标;同时,还在多个类别商品上注册了多件与“威猛先生”“百事可乐 Pepsi - Cola”等知名商标相同或相近似的商标。该委认为,在第10224020号商标申请注册日前小米科技公司的“小米”商标在手机等商品上已在先使用并在中国具有一定知名度,中山奔腾公司接触该“小米”商标的可能性较大;除双方争议的商标外,中山奔腾公司还在多个类别商品上多次围绕小米科技公司的“小米”“MJ图形”商标反复注册商标,同时在多个类别商品上注册了多件与“威猛先生”“百事可乐 Pepsi - Cola”等知名商标相同或相近似的商标,不能排除其上述商标的注册行为具有借助他人知名品牌进行不正当竞争或牟取非法利益的意图,其行为不仅有悖于诚实信用原则,而且扰乱了正常的商标注册管理秩序,有损于公平竞争的市场秩序,其行为已构成以不正当手段取得注册的情形,裁定对第10224020号商标予以无效宣告。

2019年1月,国家工商行政管理总局商标局作出决定,对中山奔腾公司申请的第21952175号“智米米家”、第21951854号“图形”商标不予注册。

珠海格力电器股份有限公司(以下简称格力公司)2016年度报告显示,其家电制造业的毛利率为37.01%。美的集团股份有限公司(以下简称美的公司)2016年度报告显示,其小家电的毛利率为29.69%。

为提起本案诉讼,原告支付律师费297,000元、公证费88,880元、财产保全保险费25,000元、检索费3318元。

江苏省南京市中级人民法院经审理认为:

一、涉案第8228211号“小米”商标构成驰名商标

原告的第8228211号“小米”商标注册在第9类商品上,与被告中山奔腾公司、独领风骚公司制造、销售的电磁炉等被控侵权产品并非同一类别;被告使用的“小米生活”标识与原告的“小米”商标近似,且原告提起商标侵权及不正当竞争纠纷诉讼,认为被告的行为损害其利益。故原告要求认定其第8228211号“小米”商标为驰名商标,有法律上的依据,本案有认定该商标为驰名商标的必要。涉案“小米”商标及其小米手机获得公众关注的方式有不同于其他商标和商品的特别之处。小米手机在发布、上市前,允许手机发烧友参与手机系统的开发、提出意见建议,吸引了数量较大的相关公众对其手机保持关注;在其手机发布当天,其手机的搜索量和关注度明显大幅增长,高于其他品牌手机,表明市场及消费者均对其手机持续保持关注,手机品牌具有一定的影响力;小米科技公司、小米通讯公司采取了集中预订销售的方式,在短时间内将40万台手机投入市场并进入消费者手中。小米手机作为一个全新品牌的手机,在当年8月才向市场发布,9月才开始接受预订,故不宜以常

规性的全年销售数量及市场份额占比衡量其在公众中的知晓程度。“小米”商标注册、小米手机投入市场后,在短时间内所形成的知名度、关注度较高,影响力较大。小米科技公司、小米通讯公司对该商标及使用该商标的商品的宣传持续时间长、方式多样、费用金额巨大、范围遍及全国,该商标被抢注、被侵权的情形多发、较为严重,国家工商行政管理总局商标局、国家商评委多次作出不予注册、宣告争议商标无效的决定,法院亦作出认定构成侵权的判决。因此,“小米”商标在中山奔腾公司申请注册“小米生活”商标时已构成驰名商标。

二、被告中山奔腾公司等行为侵犯了原告的注册商标专用权并构成不正当竞争

被告中山奔腾公司制造、销售的电磁炉、电饭煲等产品,与原告案涉商标的核定使用商品属不同类别;被告中山奔腾公司在其经营场所楼顶安装的“小米生活电器”标牌、在经营场所内展板上的“小米生活”文字、其制造、销售的被控侵权产品及产品包装箱上标注的“小米生活”标识、其网站上在产品展示板块显示的“小米生活电器”标题,其所使用的“小米生活电器”“小米生活”等文字,与原告的“小米”商标构成近似。被告中山奔腾公司的行为系模仿原告已注册的驰名商标,误导公众,可能致使原告的利益受到损害,侵犯了原告案涉“小米”注册商标的专用权。被告独领风骚公司网站上店铺的名称为“小米生活电器旗舰店”,其注册的微信公众号为“小米生活之家”,也系宣传、介绍、销售其制造的电磁炉、电饭煲等电器产品的平台,同样侵犯了原告“小米”注册商标的专用权。被告中山奔腾公司注册、被告独领风骚公司使用的域名“小米生活电器. com”“xiaomi68. com”,实际用于被告独领风骚公司电子商务网站经营。“小米生活电器. com”域名侵犯了原告案涉商标的专用权,理由如前所述;“xiaomi68. com”域名中“xiaomi”系“小米”的拼音,该域名系对原告“小米”商标的翻译和模仿,亦构成商标侵权。被告麦某亮系被告独领风骚公司的原股东和法定代表人,也是余姚智米生活电器有限公司的控股股东,其与被告中山奔腾公司法定代表人麦某军为直系亲属和一致行动人,同时作为被告中山奔腾公司的员工并代表该公司对外签订商标使用许可合同和合作协议,指定由其个人银行账户收款;在原告以公证方式向被告中山奔腾公司购买被控侵权产品时,也提供其个人银行账户作为收款账户,被告麦某亮的财产与被告中山奔腾公司、独领风骚公司的财产构成混同。制造、销售被控侵权产品的行为均以被告中山奔腾公司、独领风骚公司的名义进行,未以被告麦某亮个人名义进行,“小米生活电

器.com”“xiaomi68.com”域名也是被告独领风骚公司用于其网站经营，并非麦某亮个人经营，麦某亮个人不是实施制造、销售被控侵权产品行为的主体，但其为两公司实施侵权行为提供收取款项的帮助行为，亦构成侵权。

原告在2011年发布其手机时，因其产品定位是“高性能发烧级手机”，做“发烧友手机”，故“为发烧而生”成为其宣传语。因其手机发布、销售的特殊方式及所获取的高关注度，其该宣传语亦具有较强的辨识度。原告在2016年介绍其生态链时表明其米家品牌的理念是“做生活中的艺术品”。原告在品牌LOGO、广告宣传、商品包装及官网上均采用了橙白配色的方式，这种配色同样因为其商标和商品的知名度而广为人知。被告中山奔腾公司、独领风骚公司在其产品及包装上使用“小米生活－为品质而生”的广告语，该广告语的文字、含义与原告的广告语不同，但句型结构相同；其在宣传展板及小米生活电器选购目录上使用“我们只做生活电器中的艺术品”宣传语，也与原告于2016年发布的“做生活中的艺术品”品牌理念基本相同；两被告在其产品包装上亦使用橙色与白色相配的配色方式，与原告的配色方式近似。宣传广告语的句型、产品包装的颜色搭配虽非原告所独享，但该宣传语和配色方式经过原告的宣传、使用，已经与原告及其商标、商品建立起固定的联系，社会公众看到该宣传语或配色后，即会联想到原告及其商标、商品。特别是结合二被告的一系列行为：不仅注册本案所涉“小米生活”商标，还在不同类别注册“生活小米”“MI”“MI LIFE”“智米米家”“智米生活”等商标，更申请注册“盖乐世”“百事可乐PAPSIPAPNE”“威猛先生WEIMENG”等知名商标；被告独领风骚公司原企业名称中的字号与原告的“米家”商标文字相同；申请注册和使用的域名系模仿、翻译原告的案涉商标；在微信公众号中自称为“米粉”的交流聚集地；以原告的“智米”商标作为其企业的字号。可见，二被告全面模仿原告的商标、宣传语、粉丝昵称、品牌配色、域名，刻意强化与原告及其商标的近似程度，其攀附原告及其商标知名度的意图极为明显，属于以歧义性语言或者其他引人误解的方式进行商品宣传，并且实际已经造成相关公众的混淆误认，不正当地攫取了原属于原告的竞争优势，是引人误解的不正当竞争行为。

被告苏宁易购公司是网络服务技术提供者，并不销售任何商品。其已在商家入驻时进行了必要的警示，并在网页上公示了涉案商户的工商登记信息及有效联系方式，履行了平台管理者应尽的职责和义务。原告公证取证的尚敬专营店的实际经营者为宁波杭州湾新区尚敬电子商务有限公司，并非苏宁易购公司。苏宁易购公司在收到原告的起诉状后,已通知涉案商家并将涉嫌侵权商品进行下架处理。因此,被告苏宁易购公司的行为未侵犯原告的注册商标专用权。

三、中山奔腾公司等应承担的民事责任

中山奔腾公司、独领风骚公司应当承担停止侵权、消除影响、赔偿损失的责任。麦某亮为中山奔腾公司、独领风骚公司的侵权行为提供帮助,应当与两公司承担连带责任。关于赔偿损失及合理开支的数额,小米科技公司、小米通讯公司要求按照侵权人因侵权所获得的利益计算,并考虑驰名商标的显著性和知名度以及侵权时间、范围等因素,对本案恶意侵权行为适用惩罚性赔偿。一审法院认为,中山奔腾公司、独领风骚公司的侵权行为具有极为明显的恶意,情节极为恶劣,所造成的后果亦十分严重,应当适用惩罚性赔偿。根据原告以店铺中商品评论数量作为销售量进行的统计,店铺销售被控侵权产品的销售总额达 76, 153, 888. 80 元。而向电商平台调取的数据显示,被告中山奔腾公司在京东网开设的索菲亚生活电器旗舰店(原名小米生活官方旗舰店)的销售总额为 13, 836, 546. 66 元;被告独领风骚公司在淘宝网开设的 Beves 奔腾电器官方店(原名小米生活官方店)的销售总额 6, 499, 201. 67 元。将原告根据评论数量计算的结果与调取的数据对比可见,以评论数量计算的销售量及销售额并不准确,远低于实际的销售量及销售额。由此可以推断,以上店铺实际销售被控侵权产品的销售总额超过 76, 153, 888. 80 元,即使是只加上该两店铺的销售数据差额,销售总额也达 83, 157, 636 元。国内两大电器上市公司的年度报告显示,小家电行业的毛利率为 29. 69% ~37. 01% 。中山奔腾公司、独领风骚公司也为生产、销售小家电的企业,其规模虽小于上市公司,但其综合成本也应小于上市公司,其利润率应大于上市公司。以该两上市公司小家电毛利率的中间数 33. 35% 作为中山奔腾公司、独领风骚公司制造、销售被控侵权产品的利润率较为公平合理,据此计算,其利润为 27, 733, 071. 6 元。按照侵权获利数额的二倍计算,数额为 55, 466, 143. 2 元;按两被告商标许可使用的许可使用费及合作生产、销售产品的销售额计算,仅作为商标许可方的利润即超 1000 万元,尚未考虑被控侵权产品销售所获利润,该部分应不低于商标许可方的利润,两者相加应与网店销售获利相当,同样按二倍计算,也超过原告要求赔偿经济损失的数额,故对小米科技公司、小米通讯公司要求赔偿经济损失 5000 万元的诉讼请求予以全额支持。小米科技公司、小米通讯公司为制止侵权行为支出律师费、公证费、财产保全保险费及文献检索费等费用共 414, 198 元,有发票为证,且与其诉讼行为及提交的证据相对应,未超过相应标准,亦予以支持。

据此,江苏省南京市中级人民法院依照《商标法》第 13 条第 3 款,第 14 条,第 56 条及第 57 条第 3 项、第 6 项、第 7 项,第 63 条第 1 款;《反不正当竞争法》第 8 条,第 17 条;《侵权责任法》第 8 条,第 9 条第 1 款;《公司法》第 20 条;《商标纠纷司法解释》第 1 条第 2 项、第 3 项,第 13 条,第 17 条,第 22 条;《驰名商标保护司法解释》第 2 条,第 4 条,第 5 条;《不正当竞争案件司法解释》第 8 条;《民事诉讼法》第 64 条第 1 款,第 144 条的规定,于 2019 年 6 月 12 日作出判决:"一、中山奔腾电器有限公司、中山独领风骚生活电器有限公司立即停止制造、销售侵害小米科技有限责任公司、小米通讯技术有限公司第 8228211 号'小米'注册商标专用权产品的行为,并删除被诉侵权标识,麦某亮立即停止帮助中山奔腾电器有限公司、中山独领风骚生活电器有限公司实施侵权行为的行为;二、中山独领风骚生活电器有限公司曾使用'小米生活电器. com''xiaomi68. com'域名的行为侵犯小米科技有限责任公司、小米通讯技术有限公司第 8228211 号'小米'注册商标的专用权;三、中山奔腾电器有限公司、中山独领风骚生活电器有限公司立即停止虚假宣传的不正当竞争行为;四、中山奔腾电器有限公司、中山独领风骚生活电器有限公司于判决生效后十日内在京东网(www. jd. com)、淘宝网(www. taobao. com)、苏宁易购(www. suning. com)、1 号店(www. yhd. com)、拼多多(mobile. yangkeduo. com)等电商平台网站及中山奔腾公司官方网站(www. beves. cn)连续 1 个月刊登声明以消除影响(声明内容需经法院审核,逾期法院将刊登判决内容,费用由中山奔腾公司、独领风骚公司负担);五、中山奔腾电器有限公司、中山独领风骚生活电器有限公司于判决生效之日起十日内赔偿小米科技有限责任公司、小米通讯技术有限公司经济损失 5000 万元及为制止侵权行为支出的合理开支 414, 198 元;六、麦某亮对中山奔腾电器有限公司、中山独领风骚生活电器有限公司的前项赔偿责任承担连带责任;七、驳回小米科技有限责任公司、小米通讯技术有限公司的其他诉讼请求。一审案件受理费 293, 870. 99 元、诉讼保全费 5000 元,合计 298, 870. 99 元,由中山奔腾电器有限公司、中山独领风骚生活电器有限公司、麦某亮共同负担。"

中山奔腾公司等不服一审判决,向江苏省高级人民法院提起上诉称:(1)一审判决认定涉案"小米"商标在 2011 年 11 月 23 日"小米生活"商标申请注册前已构成驰名商标,证据不足,违反法律规定。①根据新、旧《驰名商标认定和保护规定》,

注册商标若要被认定为驰名商标,至少应当使用3年。而小米科技公司成立时间是2010年3月2日,涉案“小米”商标核准注册时间是2011年4月28日,持续使用的时间仅有3个月零7天。②2011年中国移动手机销售总量为11.44亿部,而小米手机销售量仅23万部,市场占有率仅为0.02%。③一审法院以形成于2011年11月23日之后的证据认定“小米”商标驰名的理由不成立。④小米科技公司、小米通讯公司提供的2011年11月23日之前的证据,不足以证明“小米”商标已经构成驰名商标。(2)中山奔腾公司和独领风骚公司使用“小米生活”注册商标的行为不构成侵权。①中山奔腾公司、中山独领风骚公司使用的是经过核准注册的“小米生活”商标,在注册商标有效期内使用该注册商标,不构成侵权。②各自注册的商标被核定的商品类别、含义不同。(3)一审法院认定中山奔腾公司和独领风骚公司涉案行为构成不正当竞争,属于认定事实错误。①“为发烧而生”“做生活中的艺术品”不受1993年施行的《反不正当竞争法》的保护,如认为构成近似,应以侵犯著作权为由另案起诉。而且,“为……而生”不能为任何人独享或垄断,小米科技公司、小米通讯公司不是该句型的创始人,“为品质而生”与“为发烧而生”表达的意思也完全不同。②产品包装装潢、域名、微信公众号均不是1993年施行的《反不正当竞争法》规定的虚假宣传方式。第一,小米历代手机都有不同的包装,没有形成特有的包装、装潢,且两者的产品包装不相同、不相似。第二,“小米生活”系中山奔腾公司的注册商标,其有权将其注册为微信公众号、域名并使用。“小米”的中文拼音不是注册商标,其当然也有权将“xiaomi”注册为域名并使用。③“米粉”昵称的权利主张主体是使用“米粉”的人而不是小米科技公司、小米通讯公司,其无权对“米粉”昵称主张权利。④独领风骚公司将“米家”登记为企业名称早于小米科技公司受让“米家”商标权的时间,其没有攀附恶意。(4)无论中山奔腾公司、独领风骚公司是否构成侵权,麦某亮均不构成侵权,不应当承担连带赔偿责任。①即使麦某亮提供其私人账户为中山奔腾公司收取货款,这是一种职务行为,产生的后果应当由公司承担。②虽然麦某亮曾代表公司与他人签订商标使用许可合同,该行为也是一种职务行为或代理关系,产生的法律后果应由公司承担。③小米科技公司、小米通讯公司没有提供证据证明麦某亮的财产与两公司财产混同。(5)一审判决赔偿5000万元,数额过高且没有事实和法律依据。①关于商标侵权赔偿。第一,即使“小米生活”注册商标被宣告无效,但无效前的行为不应当被追责。第二,即使构成商标侵权,应当参照中山奔腾公司的商标许可使用费的标准,结合其使用商标的时间、实际销售的数量酌定赔偿数额。另外,格力公司、美的公司是上市公司,其商标也是驰名商标,而中山奔腾公司、独领风骚公司属于小型民营企业,不能参照格力公司、美的公司的利润率确定赔偿额。广东省中山市中小企业的家电利润率大约为10%。第三,中山奔腾公司、独领风骚公司都是成立时间不长的小企业,没有赔偿能力,应予以考虑。②关于不正当竞争的侵权赔偿额。如果构成不正当竞争,应当适用1993年施行的《反不正当竞争法》第24条关于处以1万元以上20万元以下赔偿的规定。③一审法院错误适用惩罚性赔偿。中山奔腾公司、独领风骚公司使用的是经核准注册的商标,完全合法,即便认定侵权,也不属于恶意侵犯商标专用权。因此,商标侵权赔偿不能适用惩罚性赔偿。请求:撤销一审判决,依法改判驳回小米科技公司、小米通讯公司的全部诉讼请求,由小米科技公司、小米通讯公司承担本案的诉讼费用。

小米科技公司、小米通讯公司答辩称:(1)一审判决关于涉案"小米"商标在2011年11月23日前达到驰名状态的认定,事实清楚,适用法律正确。①《驰名商标认定和保护规定》为部门规章,在认定驰名商标时不必然,也不宜机械适用规章规定的"三年、五年"时间节点,而应综合考虑《商标法》第14条规定的各项因素对驰名事实进行客观、全面的认定。同时,应遵循驰名商标个案认定的原则,不能否认商标驰名的事实是一个动态变化的状况。②本案特殊之处在于,不同于传统行业,"小米"商标及其手机在面世之初所采取的互联网营销的方式打破了传统行业商品流通和传播的限制,通过互联网累积知名度的过程具有传播迅速、量级增长的典型网络效应,亦使得优质产品在极短时间内获得极多用户关注和认知成为可能。一审法院结合本案特殊性,并综合考虑公众知晓程度、商标使用的持续时间等情况,认定"小米"商标在2011年11月23日前达到驰名状态,认定事实清楚,适用法律正确。③最高人民法院在先判例已经明确在认定特定时间点的商标知名度状态时,一般不应孤立、片面地审查相关事实,必要时应将之放置在商标知名度积累过程之中,综合分析此前此后一段时间的商标使用证据。(2)三上诉人涉案行为侵害了"小米"注册商标专用权。①被诉商标标识曾经为注册商标的事实,并不妨碍法院认定被诉商标标识构成商标侵权。涉案"小米生活"注册商标已被宣告无效,且无效裁定及生效判决均确认中山奔腾公司以不正当手段抢注。其明知"小米"商标驰名在先而恶意攀附使用,无论被诉商标标识是否注册,在本案中均可以禁止被诉商标标识的使用。②商品或服务的不相同、不类似恰恰是本案应给予驰名商标保护的必要条件和前提,《商标法》第13条第3款即指"小米"商标和小米科技公司、小米通讯公司唯一对应关系被破坏,导致"小米"商标的显著性被减弱。③在中山奔腾公司、独领风骚公司未对"小米生活"的创意来源有合理、正当解释的情况下,一审法院认定被诉商标标识构成对"小米"商标的模仿是正确的。(3)中山奔腾公司、独领风骚公司涉案行为构成不正当竞争。小米科技公司、小米通讯公司使用的宣传语和配色方式等,已经构筑了与小米科技公司、小米通讯公司具有固定对应联系的整体品牌形象。中山奔腾公司、独领风骚公司全面模仿涉案"小米"商标、宣传语、粉丝昵称、品牌配色、域名等,刻意制造与小米科技公司、小米通讯公司的虚假关联关系,属于2018年施行的《反不正当竞争法》第8条规定的引人误解的商业宣传行为。中山奔腾公司、独领风骚公司对具体的宣传元素进行孤立的分析,并适用其他法律予以论证,其对事实与法律均存在错误认识。(4)麦某亮应与中山奔腾公司、独领风骚公司承担连带责任。麦某亮不仅提供侵权商品的收款账号,还设立了以"米家"为字号的企业,并作为法定代表人,同时涉嫌攀附小米科技公司其他商标等情节,因此,麦某亮在明知"小米"驰名商标及商誉的情况下,通过中山奔腾公司、独领风骚公司实施侵权行为,其个人对全案侵权行为起到了重要作用,在主观上具有实施被诉侵权行为的共同故意,客观上共同实施了被诉侵权行为。(5)一审判决全额支持5000万元的赔偿请求,具有充足的事实和法律依据。①小米科技公司、小米通讯公司在一审中要求按照侵权人因侵权所获得的利益计算,并提供了详细明确的计算依据和计算结果。根据中山奔腾公司、独领风骚公司在京东网、淘宝网开设店铺的销售数据,计算的侵权所得远远低于实际的销售量及销售额。②关于利润率,中山奔腾公司、独领风骚公司以侵权为业,其研发成本、广告宣传成本几乎为零,一审法院关于其利润率大于上市公司的认定正确。③关于惩罚性赔偿。被控侵权产品的店铺数量众多,销售范围广、数量多、产品种类多样,销售额巨大。结合侵权行为、主观恶意以及"小米"商标的知名度和显著性,一审法院适用惩罚性赔偿正确。

江苏省高级人民法院经二审审理,确认了一审查明的事实。另查明:

一、关于"小米"商标的知名度

2019年12月16日,小米科技公司委托诉讼代理人崔某嘉向北京市方圆公证处申请对其浏览互联网上相关内容过程办理保全证据公证。根据网页截图显示,2010年10月至2011年11月"小米社区"论坛部分帖子主要显示有以下内容:2010

年10月25日,"玩机之王"发布"第9周OTA升级后,经亲自验证,问题总结反馈",阅读量为76,921。2010年10月30日,"小米联合创始人"黎某强发布"让MIUI更小更自由,未来的ROM包不捆绑多余的apps",阅读量为242,196。2010年11月19日,"社区版主"发布"MIUI ROM产品简介",阅读量为414,566。2011年1月14日,"管理员"发布"新手必备:MIUI ROM新手入门(简介、视频和刷机教程等)",阅读量为337,890。从2010年12月8日至2011年11月4日,对MIUI系统功能进行的每周预告,阅读量在7万~58万人次。其中,2011年9月30日,"管理员"发布"MIUI第58周发布 六款机型发布稳定版2.3.5b",阅读量为580,729……

自2010年以来,小米科技公司、小米通讯公司及小米手机先后获得一系列荣誉。除一审判决已查明的奖项外,还获得"2010年中文互联网开放评选年度最受关注初创公司 小米科技""小米科技 中国Android软件开发企业TOP30评选第二名2010~2011年""2011消费指南年度最具性价比手机 小米手机""2011(第七届)未来之星十强 北京小米科技有限责任公司""北京小米科技有限责任公司2011年北京信息网络产业新业态创新企业30强""北京小米科技有限责任公司2011年移动互联网最佳团队奖""2012年中国自主创新新锐奖 北京小米科技有限责任公司 小米手机(2012年5月)"等。

自小米手机发布以来,多家报纸、期刊对小米科技公司、小米通讯公司及小米手机进行宣传报道。2011年9月,《集成电路应用》期刊中刊登的《浅析小米手机发展之路》一文中提及"小米科技公司在2010年底推出跨手机操作系统平台、跨通信运营商的手机端免费即时通讯工具米聊,在推出后的半年内注册用户突破300万。此外,小米科技公司还推出手机操作系统MIUI,今年6月底MIUI社区活跃用户达30万……搜狐网手机用户调查结果显示,八成人看好小米,五成人选择是因为其价钱便宜"。2011年9月,《中国航天报》在《小米加什么打败苹果》一文中提及"打开百度介绍:小米科技公司由前GOOGLE、微软、金山等公司顶尖高手组件,是一家专注于新一代智能手机软件开发与热点移动互联网业务运营的公司……2010年底推出手机实名社区米聊,在推出半年内注册用户突破300万。小米科技公司还推出手机操作系统MIUI,今年6月底,MIUI社区活跃用户达30万"。2011年10月,《通讯世界》(第199期)发布的《2011年9月中国手机市场报告ZDC》一文中提及"根据互联网消费调研中心ZDC通过对手机市场数据的监测,从品牌关注格局来看,第二、第三阵营品牌关注度及排名均发生了不同程度的变化。产品关注格局:诺基亚产品失去冠军位置,排名下滑明显;小米手机来势汹汹,9月跻身用户关注前十五榜单。不同参数手机关注分析:9月智能手机用户关注度为84%,较上月增长1.7%。GPS、触摸屏手机用户关注度小幅上升,国产品牌手机关注度上升明显。特别案例:小米手机发布第2个月,用户关注度就表现出强悍的上升趋势,但其未来命运究竟如何仍需等待市场的检验"。2011年10月,《21世纪经济报道》中刊登的《专访雷军:小米,火山口上的竞赛》一文中提及"在定价上,当时我们参考了淘宝销量前十名手机,2000块以上的只有一部,就是iPhone,其他都是2000块以下的,所以我们定了1999元的价格,把发烧机变成大众机,反正我们的定价是同等配置走得最低的"。2011年12月,《通信信息报》刊登的《小米手机搭上运营商3G快车　驰骋市场尚需完善供应链》一文中提及"小米手机被中国联通选为定制手机,首批定制200万台,小米手机搭上国内3G市场发展势头良好的中国联通……对联通而言,小米手机仅1999元的售价,相比目前同档次的机型则具有相当的吸引力……联通版小米手机最快在春节之前就会开始销售,首批铺货在8万至10万台,春节之后将有大批次的货上市……小米手机通过网络订购进行销售,9月5日开始预订,3天内排号超过30万……对消费者来说,小米手机在联手联通后将出现的高性价比最受期待。综观市场现状,目前小米手机预定码仍在淘宝上热卖,在淘宝上搜索'小米手机F码',跳出数百个相关内容,售价从150元到500元不等,这种被称为'F码'的邀请码,只是购买小米手机资格,不用排队立即在官网上买到小米手机,如今小米手机本身吸引人的1999元单价,加上联通的优惠套餐优惠并给予和iPhone4一致的补贴,购买用户数应不在少数"。2011年12月,《新视界》期刊中关于《2011 IT最大跌眼镜产品》一文中提及"1999元能买什么手机?手机市场着实被雷军的小米手机'雷'了一下……几乎顶级的硬件配置!……很多黄牛开始转战小米论坛了;各大二手论坛中嚷嚷着'出旧机换小米'的同学突然变多了……所谓希望越高,失望越大,当大家都磨拳霍霍抢小米的时候,才发现根本买不到"。2011年12月,《北京日报》在《小米魔力何在》一文中提及"米聊上线仅9个月,米聊用户即突破700万人次,成为学生等青年一族热衷的聊天工具"。

2019年6月20日,北京知识产权法院作出(2019)京73行初1083号、1084号行政判决书,分别认定在诉争商标"小米""MIXIAO米小"申请日(2013年12月12日、2014年11月3日)前,小米科技公司的"小米"品牌手机在市场上享有较高声誉。小米科技公司对其手机品牌进行了持续的销售展览,广告宣传。在案证据可以证明在诉争商标申请日前,引证商标"小米"在手机商品上经过广泛宣传使用,已经达到被相关公众广泛知晓程度,构成驰名商标。

中山奔腾公司不服涉案"小米生活"注册商标无效宣告请求裁定,向北京知识产权法院提起行政诉讼。2019 年 9 月 9 日,北京知识产权法院作出(2018)京 73 行初 9673 号行政判决书,认定由小米科技公司在商标评审阶段提交的广告宣传、获奖情况,于 2011 年 8 月 16 日召开"小米手机发布会"等媒体报告等证据可知,在诉争商标"小米生活"申请日前,小米科技公司的"小米"商标在手机等商品上已具有一定知名度。在中山奔腾公司注册的 90 余件商标中,不仅有在第 7、10、11 等类别的商品上注册的多件与小米科技公司"小米""智米"标识近似的商标,还有"百事可乐 PAPSIPAPNE""盖乐世""威猛先生""奔腾大地"等与他人知名品牌相同或相近的商标。虽然中山奔腾公司提交了商标许可使用合同、专卖店图片、产品宣传册等证据,但尚不足以排除其在实际经营中攀附小米科技公司及他人知名度的嫌疑。中山奔腾公司申请注册上述与他人知名品牌相同或相近的商标的行为具有搭他人商誉、声誉便车之嫌,其行为难谓巧合,亦无法令相关公众认可其有合理理由,扰乱了市场注册秩序,损害了不特定多数商标申请人的利益,已构成《商标法》第 44 条第 1 款规定的"以其他不正当手段取得注册"之情形。据此,该院判决驳回中山奔腾公司的诉讼请求。

2019 年 6 月 21 日,广东省中山市香山公证处出具的(2019)粤中香山第 7459 号公证书记载,国家统计局网站显示 2011 年移动通信手机产量 11.44 亿部。

各方当事人在二审庭审中一致确认,涉案"小米"商标在 2010 年申请注册时,《类似商品和服务区分表》中尚未有"手机"这一单独商品名称。《类似商品和服务区分表》(基于尼斯分类第十版 2014 年文本)中的通信导航设备类别中开始有"智能手机"商品名称。

二、关于被控侵权行为

独领风骚公司在其官网称,"小米生活是中山米家生活电器有限公司旗下的一个品牌,公司具备年产电磁炉 50 万台以上,电压力锅 30 万台以上的生产能力,是一家专注家用电器研发与制造的企业""热烈庆祝小米生活电器旗舰店正式上线""批发价格:网店未做活动情况下,按网络零售价(价格以公司下设的淘宝网店为准)的 6.5 折供货……本公司的网站是有分销系统的,所有的货都是通过系统发货,货款用支付宝受理(零风险)……各分销渠道的产品零售价必须一致,不允许出现低价销售等情况,一经发现马上取消分销资格,并向淘宝、拍拍、网店等平台举报……"

中山奔腾公司在其官网称,"中山奔腾公司占地面积约1万多平方米……具备年产电磁炉50万台以上,电压力锅30万台以上的生产能力,是一家专注于家用电器研发与制造的企业……"该网站的主办单位是中山奔腾公司,网站负责人为麦某亮。

根据小米科技公司、小米通讯公司一审提交的涉案数份公证书记载:(1)京东网的"小米生活官方旗舰店"登记的经营者为中山奔腾公司,"小米生活米家专卖店"登记的经营者为独领风骚公司。淘宝网的"小米生活官方店"登记的经营者为独领风骚公司。1号店的"小米生活官方旗舰店"登记的经营者为中山奔腾公司。(2)淘宝网的"小米生活官方旗舰店"经营者为宁波市莱丰贸易有限公司,"小米生活品牌自营店"经营者为广东顺德泽育网络科技有限公司。(3)在苏宁易购网的"尚敬专营店"、京东网的"小米生活子曰专卖店"、淘宝网的"小米生活官方旗舰店""小米生活品牌自营店""小米生活工厂旗舰店"等涉案店铺公证购买的被控侵权商品发货地源于"浙江省宁波市余姚市低塘街道汤家闸村唐家168号"或者"中山奔腾公司　广东省中山市南头镇同福西路20号"。中山奔腾公司在京东网自营店"小米生活官方旗舰店"的发货地亦为"浙江省宁波市余姚市低塘街道汤家闸村唐家168号"。(4)对于中山奔腾公司在京东网开设的索菲亚生活电器旗舰店(原名小米生活官方旗舰店)与独领风骚公司在淘宝网开设的Beves奔腾电器官方店(原名小米生活官方店),小米科技公司分别于2018年9月6日、13日对上述两家店铺进行公证取证,并以当日累计的评价数作为该店铺销售侵权商品的数量,按照评论数乘以单价计算,销售额分别为10,853,610元、2,478,389元。之后,一审法院从电商平台调取上述店铺从开设之日起至2018年11月13日的销售数据。(5)涉案23家店铺网页显示有多种被控侵权商品,小米科技公司通过公证购买了部分商品,亦未将所有侵权商品的评价数统计在内。中山奔腾公司、独领风骚公司经营的其他两家自营店"小米生活官方旗舰店""小米生活米家专卖店"按照评论数乘以单价计算,销售额分别为9,353,000元、76,679元。除中山奔腾公司、独领风骚公司4家自营店外,其余19家店铺的销售额,根据评论数乘以单价计算,合计为52,321,310元。

一审中,小米科技公司、小米通讯公司提供了中山奔腾公司在另案诉讼中提交的部分线下销售发票。根据该部分销售发票显示,宁波市莱丰贸易有限公司(淘宝网"小米生活官方旗舰店"经营者)、广东顺德泽育网络科技有限公司(淘宝网"小米生活品牌自营店"经营者)等公司多次向中山奔腾公司进货,商品单价为:电磁炉169元或176元,电饭煲123元、145元、163元或172元,暖暖杯62元或111元,电压力锅152元、170元或187元。独领风骚公司在淘宝网自营店"小米生活官方店"网页上称,"小米生活Mi001电磁炉全网销量破100,000台",网页显示商品种类价格为:Mi001钛晶电磁炉299元,Mi001黑精面板电磁炉259元、迷你电饭煲349元(3~4人)、迷你电饭煲249元(1~2人)、超薄静音电磁炉439元,迷你电磁炉特价199元,高压锅268元(3~4人)。

根据(2018)粤广南粤第9054号公证书的记载,2018年11月1日,小米科技公司转委托代理人黄某和到中山奔腾公司处购买被控侵权商品,其中一款Mi102电压力锅商品上标注:生产日期为2018年9月,委托方是中山奔腾公司、生产商是中山毅进电器有限公司。

2019年9月27日,小米科技公司代理人高某宇在独领风骚公司经营的"小米生活电器旗舰店"网站上浏览,网页显示有多种被控侵权商品。高某宇还在京东网的"益庭餐具专营店""扬鹰家居专营店"、淘宝网的"小米生活电器旗舰店""小米生活厂家店"分别购买了电饭煲、熨烫机,其中两家店铺分别销售的两款电饭煲的商品发货单据显示寄件地址均为"同福西路20号"。"益庭餐具专营店"出售的Mi219A电饭煲标注:出厂日期为2018年9月,制造商:中山奔腾有限公司,生产商:中山市万好电器有限公司。北京市方圆公证处对网页内容、购买商品、收货、拆封等全部过程予以监督,并分别出具了(2019)京方圆内经证字第27895号、第27896号、第27897号公证书。

2019年5月30日,中国质量新闻网发布的"上海市市场监督管理局:8批次织物蒸汽机产品不合格"新闻报道称,"从原上海市质监局官网获悉,近期,上海市市场监督管理局对本市生产、销售的织物蒸汽机产品质量进行了监督检查。经检验,不合格8批次。其中,不合格产品包括'小米生活'MW-806手持式挂烫机"。

江苏省高级人民法院经审理认为:

一、在中山奔腾公司申请注册"小米生活"商标之前,"小米"注册商标已达到驰名状态

在认定涉案"小米"商标是否驰名时,应着重考虑以下因素:(1)2011年是我国移动互联网迅速发展的一年。小米科技公司、小米通讯公司通过"硬件+软件+互

联网”的商业模式,在较短的时间将小米手机打造成互联网品牌手机。在认定涉案“小米”商标驰名的时间节点、社会公众知晓程度时,需综合考虑《商标法》第14条规定的各项因素,并结合移动互联网行业的特点,对涉案“小米”商标是否驰名进行客观、全面地认定,不应机械地适用《驰名商标认定和保护规定》中关于持续3年或5年时间等相关内容的规定。(2)中山奔腾公司申请注册“小米生活”商标的时间为2011年11月23日,在认定该时间点“小米”商标知名度状态时,不应孤立、片面地认定,应综合分析前后相近一段时间内“小米”商标使用证据,对发生在该时间点之后,能够补强证明该时间点商标知名度状态的使用事实,酌情予以考虑。(3)企业名称和商标共同承载着企业的商誉。小米科技公司、小米通讯公司的企业字号与涉案注册商标“小米”文字重合,两者具有高度关联性,在认定“小米”商标知名度时,亦应适当考虑小米科技公司、小米通讯公司企业名称或企业字号的使用情况和知名度。根据《商标法》关于驰名商标遵循个案认定的基本原则,综合考虑本案事实和相关因素,可以认定涉案“小米”商标在2011年11月23日“小米生活”商标申请注册时已为相关公众所熟知,一审判决认定“小米”商标构成驰名商标,并无不当。

二、中山奔腾公司等涉案行为构成商标侵权

中山奔腾公司在不同类别商品上申请注册的“小米生活”商标系模仿小米科技公司已经注册的涉案“小米”驰名商标。中山奔腾公司、独领风骚公司在经营场所、网站、微信公众号、被控侵权商品等处,突出使用“小米生活”,不正当地利用“小米”驰名商标的市场声誉,误导公众,损害了驰名商标注册人的利益,构成商标侵权。根据域名查询信息显示,涉案“小米生活电器.com”“xiaomi68.com”域名系中山奔腾公司注册,独领风骚公司将该域名用于其电子商务网站经营。上述两个域名中的“小米生活电器”“xiaomi”系对“小米”驰名商标的模仿或音译,足以造成相关公众的误认,亦构成商标侵权。麦某亮通过其个人身份,为中山奔腾公司、独领风骚公司实施一系列商标侵权行为提供相应的便利条件,一审判决认定其构成帮助侵权并无不当。

三、中山奔腾公司、独领风骚公司涉案行为构成不正当竞争

中山奔腾公司、独领风骚公司从商标、宣传用语、颜色搭配、粉丝昵称等方面进行全方位的效仿,刻意制造与小米科技公司、小米通讯公司及其商品之间的模糊连接,误导消费者,不正当地掠夺小米科技公司、小米通讯公司的商业信誉、商品声誉

以及由此相伴的消费群体，提升自己的竞争优势，显然有违诚实信用原则，属于以引人误解的方式进行商业宣传，构成不正当竞争。

四、关于民事责任的承担

中山奔腾公司、独领风骚公司共同实施商标侵权行为，并构成不正当竞争，依法应承担停止侵权、消除影响、赔偿损失的民事责任

麦某亮为两公司的侵权行为提供帮助，应与两公司承担连带赔偿责任。关于本案赔偿额的确定。一审中，小米科技公司、小米通讯公司主张以侵权获利额作为赔偿依据，并适用惩罚性赔偿，主张赔偿5000万元。对此二审法院认为：首先，网店商品的评论数可以作为认定商品交易量的参考依据。按照涉案京东网、淘宝网等电商平台的一般评价规则，用户完成一次订单交易后在一定的期限内可以对商品作出一次评价，即评价数与交易次数具有高度对应关系。同时，与一审法院调取中山奔腾公司、独领风骚公司网上直营店的实际销售额数据相比，虽然两者存在2个多月时间差，但即便扣除2个月的平均销售额，按照评论数计算销售额亦低于同期实际的销售量及销售额，故以评论数作为销售量的参考依据具有合理性。

其次，涉案23家店铺的销售额可以纳入本案侵权获利额的计算范围。但是，不能直接以经销商的全部销售额作为本案侵权获利额，应将中山奔腾公司、独领风骚公司自营店与经销商的销售额分别计算。从部分经销商从中山奔腾公司进货的销售发票记载的商品单价看，与中山奔腾公司、独领风骚公司直营店价格相比，经销商的销售价格在6~7折，结合其在官网中关于“网店未做活动情况下，按网络零售价(价格以公司下设的淘宝网店为准)的6.5折供货”的内容，酌情按照经销商销售额的6折计算本案侵权获利额。基于上述分析，法院确定涉案23家网店的销售额总计为61,158,213.30元。关于利润率，一审判决参考格力公司、美的公司年度报告显示的小家电行业毛利率，以中间数33.35%作为本案被控侵权商品利润率并无不当。

最后，本案符合惩罚性赔偿适用条件。一审法院综合考虑三上诉人主观上具有侵权恶意、侵权情节恶劣、侵权后果严重等因素，适用惩罚性赔偿，具有事实和法律依据。同时，二审法院认为，在确定具体的惩罚倍数时还需考虑以下事实和相关因素：(1)直到二审期间，中山奔腾公司、独领风骚公司仍在持续宣传、销售被控侵权商品，具有明显的侵权恶意。(2)小米科技公司、小米通讯公司在涉案大部分线上店铺中仅公证购买一款商品，以该款商品评论数计算销售额，并未将店铺中所有

侵权商品销售额计算在内。而中山奔腾公司、独领风骚公司通过多家电商平台、众多店铺在线上销售,网页展示的侵权商品多种多样,数量多,侵权规模大,这一情节亦应作为确定惩罚数额的考量因素。(3)涉案"小米"商标为驰名商标,具有较高的知名度、美誉度和市场影响力。但被控侵权商品"小米生活"Mi001 电磁炉、MW-806 手持式挂烫机分别于 2018 年、2019 年被上海市市场监督管理局认定为不合格产品。且从涉案店铺商品评价可知,部分用户亦反映被控侵权商品存在一定的质量问题。因此,中山奔腾公司、独领风骚公司在被控侵权商品上使用"小米生活"商标,在一定程度上会降低消费者对于"小米"驰名商标的信任,导致该商标所承载的良好声誉受到损害,故对于涉案侵权行为应加大司法惩处力度。

基于上述分析,结合二审另查明的事实,二审法院确定以侵权获利额为赔偿基数,按照三倍酌定本案损害赔偿额,对一审判决确定二倍的惩罚倍数标准予以适当调整。根据前述计算方式,销售额为 61,158,213.30 元,以 33.35% 的利润率计算,侵权获利额为 20,396,264.10 元,按照三倍计算为 61,188,792.40 元,故一审判决对小米科技公司、小米通讯公司主张赔偿 5000 万元的诉讼请求予以全额支持,并无不当。关于合理开支,小米科技公司、小米通讯公司主张其为制止侵权行为支出了律师费、公证费等费用共计 414,198 元,有相应票据、公证书等相关证据予以印证,且数额合理,故一审判决一并予以支持,亦无不当。

据此,江苏省高级人民法院依照《民事诉讼法》第 170 条第 1 款第 1 项的规定,于 2019 年 12 月 31 日判决如下:

驳回上诉,维持原判。

武汉卓航江海贸易有限公司、向某等12人污染环境刑事附带民事公益诉讼案

编者按

长江是中华民族的母亲河，是我国重要战略水源地、生态宝库和黄金水道，保持长江水体生态安全至关重要，船舶航行其中应当严格执行防治船舶污染的规定。

船舶航行时会形成含油废水堆积舱底，这些含油废水系有毒物质，不经有效处理直接排放会污染水体环境，甚至危害人类健康。现实中部分船舶运营公司及个人为降低运营成本，想方设法逃避监管将未经处理的废油水偷排至自然水域。由于船舶航行过程中位置不固定，从船舶排出的废油水立即被自然水体稀释，踪迹易灭失，造成查处和取证难度极大。本案裁判明确人民法院可以根据船舶航行轨迹、污染防治设施运行状况、污染物处置去向，结合被告人供述、证人证言、专家意见等证据，综合认定违法排放污染物的行为及造成的生态环境损害，有效破解航运船舶偷排含油污水取证难、损害后果认定难的问题。本案判决是对《环境污染刑事案件司法解释》第13条确立的环境刑事审判推定证明规则和民事推定证明规则的运用和有益补充，对同类案件的审理具有较强的指引、借鉴意义。展现了人民法院助力“长江大保护战略”贯彻落实等方面的责任担当，对促进船舶运输行业依法依规“绿色”经营具有良好警示教育意义。本案被选为最高人民法院第202号指导案例。

裁判摘要

1. 船舶偷排含油污水案件中,人民法院可以根据船舶航行轨迹、污染防治设施运行状况、污染物处置去向,结合被告供述、证人证言、专家意见等证据对违法排放污染物的行为及其造成的损害作出认定。

2. 认定船舶偷排的含油污水是否属于有毒物质时,由于客观原因无法取样的,可以依据来源相同、性质稳定的舱底残留污水进行污染物性质鉴定。

公诉机关暨附带民事公益诉讼起诉人:江苏省南京市鼓楼区人民检察院

被告单位暨附带民事公益诉讼被告:武汉卓航江海贸易有限公司

被告:孙某成,机务副总

被告:向某(因涉嫌犯污染环境罪,先后于 2019 年 4 月 11 日、7 月 23 日被取保候审)

被告:胡某政(因涉嫌犯污染环境罪,于 2019 年 3 月 17 日被刑事拘留,同年 4 月 23 日被逮捕)

被告:赵某,原国裕 1 号船机工长(因涉嫌犯污染环境罪,于 2019 年 3 月 17 日被刑事拘留,同年 4 月 23 日被逮捕)

被告:刘某军,原国裕 1 号船三管轮(因涉嫌犯污染环境罪,于 2019 年 3 月 17 日被刑事拘留,同年 4 月 23 日被逮捕)

被告:张某,原国裕 1 号船机工(因涉嫌犯污染环境罪,于 2019 年 3 月 18 日被刑事拘留,同年 4 月 23 日被逮捕)

被告:黄某永,(因涉嫌犯污染环境罪,于 2019 年 3 月 20 日被刑事拘留,同年 4 月 23 日被逮捕,同年 11 月 4 日被取保候审)

被告:殷某林(因涉嫌犯污染环境罪,于 2019 年 3 月 28 日被刑事拘留,同年 4 月 23 日、7 月 23 日先后被逮捕、取保候审)

被告:胡某桥,原国裕 1 号船大管轮(因涉嫌犯污染环境罪,于 2019 年 3 月 18 日被刑事拘留,同年 4 月 23 日被逮捕,同年 11 月 4 日被取保候审)

被告:朱某东,原国裕 1 号船大管轮(因涉嫌犯污染环境罪,于 2019 年 3 月 18 日被刑事拘留,同年 4 月 23 日被逮捕,同年 11 月 4 日被取保候审)

被告:李某财,原国裕 1 号船机工长(因涉嫌犯污染环境罪,于 2019 年 4 月 16

日、7 月 23 日先后被取保候审)

被告:胡某林,原国裕 1 号船机工(因涉嫌犯污染环境罪,于 2019 年 4 月 19 日、7 月 23 日先后被取保候审)

江苏省南京市鼓楼区人民检察院指控被告单位武汉卓航江海贸易有限公司(以下简称卓航公司)、被告孙某成、向某、胡某政、黄某永、殷某林、胡某桥、朱某东、刘某军、赵某、李某财、张某、胡某林犯污染环境罪,向江苏省南京市玄武区人民法院提起公诉,同时提起附带民事公益诉讼。

江苏省南京市鼓楼区人民检察院指控,卓航公司于 2016 年 9 月 29 日注册成立,以租赁武汉江裕海运公司船舶的方式长期从事国内水上货物运输业务。卓航公司制定防止船舶造成污染管理须知,规定了公司及船舶在防止船舶污染方面的具体制度,明确公司机务部、船长、船舶轮机部人员在防止船舶舱底废油水污染方面的具体责任。卓航公司经营的国裕 1 号船进行定线运输,2017 年以来,该船轮机部轮机长为了卓航公司利益,不执行防止船舶造成污染管理须知中关于防止船舶污染的规定,多次指使轮机部管轮、机工等人逃避监管,利用输油管连接水泵,将未经处理的舱底废油水偷排至自然水域,并向第三方公司购买接收证明自行填写内容后附在油类记录簿上,以应付海事部门检查。船长明知油水分离器没有使用、第三方船舶接收废油水存在弄虚作假情形,仍然默许、纵容轮机部人员逃避监管,向自然水域偷排舱底含油废水。被告孙某成作为分管卓航公司机务部的副总经理,对前述情况亦默许、纵容。经鉴定,国裕 1 号船舱底废油水中含有大量具有环境危害性和人体健康危害性的污染物质,属于"有毒物质"。公诉机关认为,被告单位卓航公司及各被告违反国家规定,排放有毒物质,严重污染环境,应以污染环境罪追究其刑事责任,提请法院依法判处。

公益诉讼起诉人江苏省南京市鼓楼区人民检察院提出诉讼请求:判令被告卓航公司承担本案环境损害赔偿费用人民币 23,750 元、专家评估费用人民币 9000 元及公告费用人民币 700 元。事实和理由:被告卓航公司于 2016 年 9 月 29 日注册成立,其经营的国裕 1 号船在 2019 年 3 月 8 日、2019 年 1 月底 2 月初、2018 年 9 月底 10 月初、2017 年 8 月至 2018 年 2 月,利用输油管连接水泵,将未经处理的舱底废油水偷排至自然水域。经鉴定,国裕 1 号船舱底含油废水属于具有环境危害性和人体健康危害性的"有毒物质"。经专家评估,卓航公司将未经处理的舱底废油水偷排至自然水域,造成的生态环境损害费用为人民币 10,000 元至 37,500 元。被告卓航公司违反国家规定,逃避监管向自然水体偷排有毒物质,污染生态环境,损害了社会公共利益。被告卓航公司的行为与损害事实之间具有因果关系,对生态环境构成民事侵权,应当承担侵权责任。

被告单位暨附带民事公益诉讼被告卓航公司对公诉机关指控的事实及罪名不持异议,承认控罪,对附带民事公益诉讼请求没有异议。其辩护人暨委托诉讼代理人提出如下意见:案发后,卓航公司深刻认识到行为造成的危害,采取了系列整改措施,真诚认罪悔罪;卓航公司已向公益诉讼起诉人出具了致歉函,作为民营企业因受新冠肺炎疫情的影响出现大幅亏损,希望法院从轻处罚。

被告孙某成对公诉机关指控其犯污染环境罪的事实及定性均不持异议,承认控罪。其辩护人提出如下辩护意见:孙某成具有自首情节,在庭审中如实供述,深刻认识到行为的错误,真诚认罪悔罪,希望法院依法予以从轻、减轻处罚,适用缓刑。

被告向某对公诉机关指控其犯污染环境罪的事实及定性均不持异议,承认控罪。其辩护人提出如下辩护意见:向某没有主观故意,犯罪后自动投案,如实供述犯罪事实,系自首;在侦查阶段积极配合,系初犯、偶犯,当庭认罪认罚,态度较好,同时其家庭情况比较困难。综合以上情节,希望法院对其从轻处罚,适用缓刑。

被告胡某政对公诉机关指控其犯污染环境罪的事实及定性均不持异议,承认控罪。其辩护人提出如下辩护意见:胡某政归案后真诚认罪悔罪,具有坦白情节,在庭审中如实供述,认罪认罚,其行为对环境的危害并不是很大、主观恶性不大,同时其家庭情况困难,希望法院综合考虑以上情节,予以从轻处罚。

被告赵某对公诉机关指控其犯污染环境罪的事实及定性均不持异议,承认控罪。其辩护人提出如下辩护意见:赵某系初犯,归案后主动积极配合公安机关的工作,当庭认罪,悔罪态度较好,其参与的几次排污均系按领导要求所为,仅起到次要作用,社会危害性较低,希望法院对其从轻处罚。

被告刘某军对公诉机关指控其犯污染环境罪的事实及定性均不持异议,承认控罪。其辩护人提出如下辩护意见:刘某军系受主管人员指示做事,仅是拖管、接管,作用较轻,社会危害性较小。希望法院对其从轻处罚。

被告张某对公诉机关指控其犯污染环境罪的事实及定性均不持异议,承认控罪。其辩护人提出如下辩护意见:张某系初犯、偶犯,在案涉船舶上仅担任机工,其根据领导安排做事,对排污的地点、方式不参与任何决策,主观恶性小,发挥作用轻微,社会危害性小,且投案后如实供述,具有自首情节。综上,希望法院对其从轻、减轻处罚。

被告黄某永对公诉机关指控其犯污染环境罪的事实及定性均不持异议，承认控罪。其辩护人提出如下辩护意见：黄某永主动投案构成自首，其前三次未认罪系对长江水域和海域有所误解所致，相关法律及司法解释没有对投案后如实供述时间的规定，黄某永在一审前能够如实供述犯罪事实，前三次未如实供述不影响自首情节的认定。黄某永系初犯、偶犯，无前科，为了工作实施偷排行为，主观恶性不大，其父母身体不好，家庭情况困难。本案的社会危害后果相对较小，生态环境损害费用为1万元至3.75万元可佐证损害后果较小。综上，请求法院对其从轻处罚，适用缓刑。

被告殷某林对公诉机关指控其犯污染环境罪的事实及定性均不持异议，承认控罪。其辩护人提出如下辩护意见：殷某林系初犯、偶犯，排污行为并非其本人意愿，其当庭如实供述，认罪悔罪态度好。殷某林于2018年9月至10月实施排污行为，本案鉴定样品提取于2019年3月，舱底污水和油泥已不一致，殷某林当时所排污水已无法提取。希望法院综合考虑有关证据关联性及其他情节，对其从宽、从轻处罚。

被告胡某桥对公诉机关指控其犯污染环境罪的事实及定性均不持异议，承认控罪。其辩护人提出如下辩护意见：胡某桥仅在下班时应别人要求将电源接通，犯罪情节轻微，且系初犯、偶犯，具有自首情节，真诚认罪悔罪，希望法院对其免予刑事处罚。

被告朱某东对公诉机关指控其犯污染环境罪的事实及定性均不持异议，承认控罪。其辩护人提出如下辩护意见：朱某东主动归案并如实供述，构成自首，庭前签署了认罪认罚具结书，认罪悔罪态度好，具有适用缓刑的条件，希望法院对其从轻处罚。

被告李某财对公诉机关指控其犯污染环境罪的事实及定性均不持异议，承认控罪。其辩护人提出如下辩护意见：李某财系初犯、偶犯，归案后认罪认罚，态度积极，具有自首情节，其实施排污行为系从事养家糊口的工作，发挥作用较轻，家庭情况困难。希望法院综合考虑以上情节对其从轻处罚。

被告胡某林对公诉机关指控其犯污染环境罪的事实及定性均不持异议，承认控罪。其辩护人提出如下辩护意见：胡某林系初犯、偶犯，无前科，在共同犯罪中系从犯，发挥作用轻微，投案后经过教育如实供述相关事实，认罪认罚，主观恶性小。

希望法院对其从轻处罚。

江苏省南京市玄武区人民法院一审审理查明:

被告单位卓航公司于2016年9月29日注册成立,通过租赁武汉江裕海运公司的船舶从事国内水上货物定线运输业务,其经营的国裕1号船的航次为从南京南钢码头驶至芜湖新港码头,从芜湖新港码头驶至浙江台州码头,再从浙江台州码头驶至宁波北仑港,最后回到南京南钢码头。卓航公司制定有防止船舶造成污染管理须知,载明防止舱底废油水污染环境的具体举措,规定舱底废油水可以通过油水分离器分离使石油含量不高于15PPM后予以排放,也可由有接收资质的第三方船舶接收。该须知还明确规定了公司机务部、船长、船舶轮机部工作人员在防止船舶舱底废油水污染方面的责任,由公司机务部检查指导船舶开展防污染工作,包括管理船舶防污染文书、检查监督船舶油水分离器使用及配件更换、对船舶通过第三方接收处置废油水进行报备审查等事项。

自2017年以来,卓航公司经营的国裕1号船轮机部轮机长为了公司利益,不执行防止船舶造成污染管理须知有关规定,多次指使轮机部管轮、机工等人逃避监管,利用输油管连接水泵,将未经处理的舱底废油水偷排至驶经的长江及近海水域;以每张500元左右的价格向第三方公司购买接收废油水的证明,自行填写内容后附于油类记录簿上,通过弄虚作假应付海事部门检查。该船船长明知油水分离器没有使用、第三方船舶接收废油水存在弄虚作假的情形,仍然默许、纵容轮机部工作人员逃避监管,多次向自然水域排放未经处理的底舱废油水。

经环境保护部南京环境科学研究所司法鉴定所鉴定,国裕1号船舱底废油水含有大量具有环境危害性和人体健康危害性的污染物质,属于《环境污染刑事案件司法解释》第15条第4款规定的"其他具有毒性,可能污染环境的物质",应当认定为《刑法》第338条规定的"有毒物质"。

被告孙某成分管的卓航公司机务部,常年不采购、更换油水分离器滤芯,不按照防止船舶造成污染管理须知要求对船舶使用油水分离器情况进行检查监督,默许、纵容船舶长期不使用油水分离器;对船舶通过第三方接收处置废油水的方式缺少监督,对接收单位资质、接收证明上接收废油水价格明显低于市场价格情形不加审核,对船舶在第三方接收处置废油水方面弄虚作假行为听之任之。为帮助船舶逃避海事部门监管,被告孙某成于2018年10月指使机务部工作人员杨某(另案处理)用纯净水替代油水分离器出水口水样,送武汉方基科技有限公司检测,取得油水分离器水样符合要求的检测报告。默许、纵容船舶为了公司利益逃避监管，向自然水域偷排舱底含油废水，严重污染环境。具体犯罪事实分述如下：

1. 2018 年 4 月 15 日至 2019 年 3 月 3 日，被告向某担任国裕 1 号船船长。在此期间，被告殷某林担任国裕 1 号船轮机长时，于 2018 年 9 月底 10 月初指使被告赵某、张某、朱某东利用输油管连接潜水泵，放进桶内，直接偷排未经处理的舱底废油水；被告黄某永担任国裕 1 号船轮机长时，于 2019 年 1 月底 2 月初指使被告张某、赵某、刘某军用同样的手段偷排舱底废油水。

2. 为防止偷排行为被发现，应付海事部门检查，被告殷某林、黄某永等人以每张 500 元的价格向安徽省芜湖市振泰船务有限责任公司购买接收证明，自行填写内容附在油类记录簿上。被告向某明知油水分离器没有使用，没有第三方船舶接收舱底废油水，在发现船上存在偷排设备情况下，仍然默许、纵容轮机部工作人逃避监管，长期利用暗管偷排舱底废油水。

3. 2019 年 3 月 8 日，被告胡某政（时任国裕 1 号船轮机长）指使被告赵某（时任国裕 1 号船机工长）偷排舱底废油水。被告赵某伙同被告张某（时任国裕 1 号船机工）、刘某军（时任国裕 1 号船三管轮）连接潜水泵和输油管，将潜水泵放在事先钻孔的桶内，再一起放入舱底污油水中，将输油管另一端插入甲板一楼卫生间便坑内。当晚 20 时许，被告胡某桥（时任国裕 1 号船大管轮）接通电源，舱底废油水开始被偷排至外环境。次日凌晨 0 时后，被告赵某关掉潜水泵，4 时许被告张某、刘某军、赵某拆卸排污装置。

4. 2017 年 8 月至 2018 年 2 月，被告胡某政（时任国裕 1 号船轮机长）指使被告李某财（时任国裕 1 号船机工长）、胡某林（时任国裕 1 号船机工）使用上述手段偷排舱底废油水。

案发后，公安机关在国裕 1 号船甲板船舷右边卫生间内查获偷排废油水用的输油管和潜水泵。

2019 年 3 月 17 日，被告胡某政、赵某、刘某军被江苏省南京市公安局水上分局大厂派出所抓获归案，被告张某、胡某桥、黄某永、殷某林、朱某东、向某、李某财、胡某林、孙某成于 2019 年 3 月 18 日至 12 月 20 日至江苏省南京市公安局水上分局大厂派出所投案。

江苏省南京市玄武区人民法院一审审理认为：根据《刑法》第 338 条第 1 款的规定，违反国家规定，排放、倾倒或者处置有放射性的废物、含传染病病原体的废物、有毒物质或者其他有害物质,严重污染环境的,处3年以下有期徒刑或者拘役,并处或者单处罚金;情节严重的,处3年以上7年以下有期徒刑,并处罚金。根据《环境污染刑事案件司法解释》第1条第5项的规定,通过暗管、渗井、渗坑、裂隙、溶洞、灌注等逃避监管的方式排放、倾倒、处置有放射性的废物、含传染病病原体的废物、有毒物质的,应当被认定为"严重污染环境"。

卓航公司虽制定了舱底废油水等污染环境的防治措施,但相关措施在实际运行中流于形式,用于防治污染的油水分离器不能正常使用,各被告弄虚作假获取油水分离器水样合格的检测报告、低价购置废油水接受证明逃避监管。案涉污染环境行为系为了卓航公司的单位利益,在公司分管副总经理孙某成默许、纵容下,由国裕1号船船长向某、国裕1号船轮机长、机工等多人参与下共同实施将未经处理的舱底废油水偷排至驶经的长江及近海水域,应当认定为单位犯罪。被告单位卓航公司违反国家规定,排放有毒物质,严重污染环境,其行为构成污染环境罪;被告孙某成系该公司单位犯罪中直接负责的主管人员,被告向某、胡某政、赵某、刘某军、张某、黄某永、殷某林、胡某桥、朱某东、李某财、胡某林系单位犯罪中的其他直接责任人员,应当以污染环境罪对其定罪处罚。江苏省南京市鼓楼区人民检察院指控事实清楚,证据确实、充分,指控罪名成立,予以支持。被告赵某、胡某林对其具体实施的犯罪行为承担责任,并非起次要、辅助作用,不应认定为从犯,有关辩护意见不予采纳。被告胡某政、赵某、刘某军具有坦白情节,依法可以从轻处罚;被告孙某成、张某、胡某桥、殷某林、朱某东、向某、李某财、胡某林主动到公安机关投案,并能如实供述犯罪事实,应当认定为自首,依法可以从轻处罚;各被告人认罪认罚,依法可以从宽处理;有关辩护意见予以采纳。被告黄某永虽系主动投案,但到案后初期并未如实供述犯罪事实,不应认定为自首,其在之后如实供述犯罪事实,可以认定为坦白,依法可以从轻处罚。

被告向某作为国裕1号船的船长,负有监督管理全船事务的职责,其明知禁止排污的有关规定而违反职责,默许、纵容舱底废油水多次偷排至外环境,在共同犯罪中起主要作用,结合本案犯罪情节,不宜对其宣告缓刑;被告胡某桥亦不符合免刑条件;有关辩护意见不予采纳。

附带民事公益诉讼被告卓航公司的污染环境行为,依法应承担生态环境损害赔偿责任。经专家评估,卓航公司将未经处理的舱底废油水偷排至自然水域,造成的生态环境损害费用为人民币10,000元至37,500元。公益诉讼起诉人江苏省南京市鼓楼区人民检察院取其中间值提出的生态环境损害赔偿费用,具有法律和事实依据,卓航公司亦不持异议,法院予以支持。公益诉讼起诉人主张的专家评估费及公告费,属于为诉讼支出的合理费用,法院亦予以支持。

综上,经江苏省南京市玄武区人民法院审判委员会讨论决定,该院于2020年7月16日作出刑事附带民事判决:

"一、被告单位武汉卓航江海贸易有限公司犯污染环境罪,判处罚金人民币四万元。被告孙某成犯污染环境罪,判处有期徒刑一年六个月,缓刑二年,并处罚金人民币三万元。被告向某犯污染环境罪,判处有期徒刑一年六个月,并处罚金人民币三万元。被告胡某政犯污染环境罪,判处有期徒刑一年五个月,并处罚金人民币二万元。被告赵某犯污染环境罪,判处有期徒刑一年五个月,并处罚金人民币二万元。被告刘某军犯污染环境罪,判处有期徒刑一年四个月,并处罚金人民币二万元。被告张某犯污染环境罪,判处有期徒刑一年四个月,并处罚金人民币二万元。被告黄某永犯污染环境罪,判处有期徒刑十个月,缓刑一年,并处罚金人民币一万元。被告殷某林犯污染环境罪,判处有期徒刑十个月,缓刑一年,并处罚金人民币一万元。被告胡某桥犯污染环境罪,判处有期徒刑十个月,缓刑一年,并处罚金人民币一万元。被告朱某东犯污染环境罪,判处有期徒刑十个月,缓刑一年,并处罚金人民币一万元。被告李某财犯污染环境罪,判处有期徒刑八个月,缓刑一年,并处罚金人民币一万元。被告胡某林犯污染环境罪,判处有期徒刑八个月,缓刑一年,并处罚金人民币一万元。二、禁止被告孙某成、黄某永、殷某林、胡某桥、朱某东、李某财、胡某林在缓刑考验期内从事与排污或者处置危险废物有关的经营活动。三、附带民事公益诉讼被告武汉卓航江海贸易有限公司于判决生效之日起十日内赔偿环境损害赔偿费用人民币23750元、专家评估费用人民币9000元及公告费用人民币700元,合计人民币33450元。"

一审宣判后,被告向某不服,向江苏省南京市中级人民法院提出上诉。

向某的上诉理由及辩护人的辩护意见为:对原判定罪无异议,但认为在共同犯罪中上诉人的作用和地位不突出,犯罪情节总体较轻,并具有自首、认罪认罚等多项从轻、减轻处罚情节,且上诉人患病在身,亲属也急需照料。原判量刑过重,请求二审依法对上诉人改判适用缓刑。

二审查明的事实和证据与一审法院查明的事实和证据一致。二审期间,上诉人未提供新的证据,亦未提供新的影响量刑的事实和情节。

江苏省南京市中级人民法院二审认为,卓航公司制定的防止船舶污染管理制度流于形式,执行不力,对船舱底废油水等污染物监控、处置措施虚置,甚至弄虚作假,逃避监管,默许、纵容所属船舶将舱底废油水这一有毒物质排至长江及近海水域,严重污染环境,其行为已构成污染环境罪。一审以污染环境罪对卓航公司定罪处罚并追究上诉人向某、原审被告孙某成、胡某政等直接负责的主管人员、其他直接责任人员的刑事责任符合法律规定。

针对上诉人的上诉理由以及辩护人的辩护意见,江苏省南京市中级人民法院综合评判如下:

一、关于上诉人在涉案犯罪活动中的作用和地位问题

经查,上诉人向某系卓航公司所属的国裕1号船的船长,直接承担全船事务的管理职责,理应知道包括防治船舶污染各项管理规定,具有制止违法排污行为的直接义务,但其视职责于不顾,多次默许、纵容舱底废油水被偷排入长江及近海水域,造成严重污染,其虽不是具体实施者,但对污染后果的产生起到了至关重要且必不可少的推动作用,在涉案污染环境犯罪中的地位较其他人更为突出。一判认定上诉人在共同犯罪中起主要作用是恰当的。

二、关于原判对上诉人量刑是否适当以及应否适用缓刑的问题

经查,根据《刑法》第338条的规定,构成污染环境罪,处3年以下有期徒刑或者拘役,并处或者单处罚金;后果特别严重的,处3年以上7年以下有期徒刑,并处罚金。本案系因船舶违法排污引发的犯罪案件,上诉人作为船舶直接管理者,多次怠于履行监管职责,导致严重污染环境后果发生,对长江及近海水域生态环境造成损害,犯罪情节较为恶劣,应予严惩。一审法院根据犯罪情节和社会危害性,在充分考虑自首、认罪认罚等从宽情节基础上,判处上诉人有期徒刑1年6个月,并处罚金人民币3万元,并不予适用缓刑,量刑并无不当。

综上,一审法院认定卓航公司污染环境的事实清楚,证据确实、充分,审判程序合法,定罪准确,量刑适当。上诉人的上诉理由及辩护意见不能成立,对其上诉请求不予支持。江苏省南京市中级人民法院依照《刑事诉讼法》第236条第1款第1项的规定,于2020年12月23日作出刑事附带民事裁定:

驳回上诉,维持原判。

谷某甲、杜某华与崇川区辉田日用品超市生命权纠纷案

编者按

本案涉及自助行为合法性的认定问题。自助行为是否合法，重点要考察行为的必要性、合理性。行为人为维护自身的合法权益免受损害，在不能及时获得国家机关保护的紧迫情况下，可以在合理限度范围内采取制止侵权行为的措施。超市作为经营管理场所的经营者负有安全保障义务，但该义务与超市维护自身合法权益的权利并不相悖。超市在合理限度范围内劝阻不当行为，该行为具有正当性。受害人因自身身体原因突发疾病，超市行为与该损害结果之间并不具有法律上的因果关系。因此超市不能因合法的自助行为承担侵权责任。

司法实践中，受害者遭受人身伤害甚至丧失生命等严重后果的，即使相对方没有违法行为，部分裁判也会从照顾弱者、缓和矛盾的角度出发，酌定相对方补偿受害者，但这类裁判在效果上往往存在较大争议。本案旗帜鲜明地宣示，公平责任不应成为“和稀泥”的法律依据，任何人都不能将自身应承担的风险转嫁他人，不是所有损害都应由他人来赔偿填补，损害发生如果不具有法定原因，不能要求他人承担侵权赔偿责任。

人民法院通过本案裁判，大力弘扬社会主义核心价值观，引导公众采取合法、适度的方式维护自身合法权益，引领诚信、友善、文明的社会风尚。本案入选 2021 年度人民法院十大案件。

裁判摘要

公共场所经营管理者为维护自身合法权益,在合理范围和限度内对顾客的不当行为采取必要的阻拦措施,属于合法的自助行为。顾客被阻拦后因自身疾病发生猝死,经营管理者及时报警求助,已经尽到安全保障义务,顾客近亲属主张经营管理者承担侵权责任的,人民法院不予支持。

原告:谷某甲

原告:杜某华

被告:崇川区辉田日用品超市

原告谷某甲、杜某华因与被告崇川区辉田日用品超市(以下简称辉田超市)发生生命权纠纷,向南通市崇川区人民法院提起诉讼。

原告谷某甲、杜某华诉称:谷某甲系谷某乙的儿子,杜某华系谷某乙的妻子。2020年6月13日,谷某乙于被告处购物。被告员工认为谷某乙拿了两只鸡蛋未付款,与谷某乙言语发生冲突进而肢体拉扯,在此过程中谷某乙倒地。谷某乙经送医抢救无效死亡,医院诊断为心肌梗死。被告员工限制老人自由并引起群众围观是老人猝死的直接原因。即使法院认为被告员工拉扯老人的行为在合理范围内,但是被告未及时拨打"120",未能尽到安全保障义务和基本的救助义务的行为,一定程度上造成了老人死亡的严重后果,应当承担侵权责任。故谷某甲、杜某华诉至法院,要求判令:(1)被告按照50%的比例赔偿两原告医药费用1503.80元、丧葬费30,000元、死亡赔偿金681,982.08元、精神损害抚慰金50,000元,合计赔偿额为381,742元;(2)诉讼费用由被告承担。

被告辉田超市辩称:被告员工制止谷某乙偷窃行为时并没有辱骂、殴打谷某乙。谷某乙突然倒地,被告员工立即拨打"110""120"进行急救。被告制止原告家属的偷窃行为是行使自己的合法权利。谷某乙系因自身疾病死亡,其死亡与被告的合法行为不存在因果关系。

南通市崇川区人民法院一审查明:2020年6月13日下午,谷某乙(原告谷某甲父亲,杜某华丈夫)进入被告辉田超市后挑选鸡蛋放入购物袋,并将个别鸡蛋放入自己裤子口袋中,该行为被被告员工罗某霞注意到。谷某乙在收银台结账完毕离开被告处时,罗某霞和谷某乙进行了对话,谷某乙返回超市内,多名被告员工和谷某乙交谈,其间罗某霞拉扯了下谷某乙的衣服袖子并放开,被告员工周某兰拉扯着谷某乙的衣服袖子并跟随谷某乙行走,在走至冰柜旁时,谷某乙突然倒地。被告员工周某红拨打了“110”“120”电话。其间,有两名路过的顾客对谷某乙进行胸外按压。之后,“120”工作人员到达现场对谷某乙进行急救并将谷某乙送至南通市中医院急诊科进行抢救,未能抢救成功,居民死亡医学证明(推断)书记载谷某乙死亡原因为心肌梗死。

南通市崇川区人民法院一审认为:谷某乙的突然离世对于其家人无疑是一次沉重的打击。法院惋惜谷某乙的突然离世,也理解其配偶丧夫之痛,儿子丧父之痛,但在本案中被告是否应对谷某乙的死亡承担责任、承担何种责任以及责任大小应由法律作出评判。行为人因过错侵害他人民事权益,应当承担侵权责任。被告作为经营性的超市,在其合理限度范围内可以对顾客的不当行为进行劝导,本案中,被告员工发现谷某乙的不当行为后,从视频中看出被告员工和谷某乙之间有言语交流,被告员工用手拉住了谷某乙的衣袖,但该行为并未超过合理限度范围,故对于原告主张被告存在的违法行为,不予采信。宾馆、商场、银行、车站、娱乐场所等公共场所的管理人或者群众性活动的组织者,未尽到安全保障义务,造成他人损害的,应当承担侵权责任。根据居民死亡医学证明(推断)书的记载,谷某乙死亡原因为心肌梗死。对于突发的心脏骤停,现场的有效心肺复苏和早期除颤是关键,在心脏骤停后的4~6分钟是黄金抢救时间。谷某乙的死亡系其自身疾病发展所致,由于其病发突然,被告亦拨打了“110”“120”,已尽到了安全保障义务和基本的救助义务。故本案中被告及其工作人员不存在侵权行为,且被告及其工作人员的行为与谷某乙的死亡之间亦无因果关系。因而对于原告的诉讼请求,不予支持。事发后,有两名顾客主动对谷某乙进行了胸外按压,该救助他人的行为亦是值得学习及弘扬的。

综上,南通市崇川区人民法院依照《侵权责任法》第6条、第37条的规定,于2020年12月8日作出民事判决:“驳回原告谷某甲、杜某华的诉讼请求。”

一审宣判后,谷某甲、杜某华不服,向南通市中级人民法院提出上诉。

谷某甲、杜某华上诉称:(1)一审庭审中谷某甲、杜某华举证证明在谷某乙倒地20分钟后,辉田超市员工才拨打“120”,辉田超市对此未提出异议,故不能认定辉田超市尽到基本的救助义务。(2)居民死亡医学证明(推断)书载明谷某乙死亡原因为心肌梗死,一审判决却表述为"心脏骤停",两者完全不同。辉田超市员工与谷某乙发生言语争执并造成围观,且有肢体接触,此是重要的诱因,与谷某乙突发心肌梗死有一定因果关系。(3)据知情人透露,事发的起因系谷某乙数日前在辉田超市购买了不新鲜的鸡蛋。因交涉退货无果,谷某乙便作出了拿辉田超市两个鸡蛋的行为。谷某乙系老知识分子,并无恶意。即便谷某乙该行为不对,但在其把两只鸡蛋放回后,辉田超市可以通过报警解决而不应当也无权限制其行动自由。辉田超市限制谷某乙自由并引起群众围观是其猝死的直接原因,谷某乙的发病与辉田超市的不当处理有因果关系。综上,请求撤销一审判决,改判支持谷某甲、杜某华诉讼请求。

辉田超市辩称:谷某乙在偷窃鸡蛋被劝阻过程中忽然倒地,超市员工立即拨打了"110""120",辉田超市已经尽到安全保障义务和基本的救助义务。其员工对不法行为进行制止和劝导合理合法,没有任何违法行为。谷某乙因疾病死亡与辉田超市员工的合法行为无任何因果关系。

南通市中级人民法院经二审,确认了一审查明的事实。

另查明:2020 年 6 月 13 日 15 时 3 分 51 秒,谷某乙在辉田超市购买鸡蛋时,因藏匿两只鸡蛋放入裤子口袋内未结账,被该超市员工罗某霞拦住。15 时 4 分 1 秒谷某乙返回超市内,15 时 4 分 49 秒谷某乙将两只鸡蛋悄悄放入超市置物柜内,15 时 6 分 41 秒谷某乙突然倒地。超市员工于 15 时 7 分 34 秒拨打"110",在 15 时 24 分 45 秒接处警民警电话提示后,于 15 时 26 分 19 秒拨打"120"。"120"急救中心救护人员于 15 时 40 分到达辉田超市内,用时约 14 分钟。

南通市中级人民法院二审认为,本案的争议焦点为:(1)辉田超市是否应对谷某乙因争执倒地承担侵权责任;(2)辉田超市在谷某乙倒地后是否尽到安全保障义务。

关于争议焦点一。本案系因受害人藏匿两只鸡蛋未结账引发的纠纷。判断辉田超市是否应当承担侵权责任可从行为人的过错、行为的违法性、行为与损害后果之间的因果关系等角度展开分析。

关于辉田超市是否存在过错的问题。过错是行为人对发生损害后果所持的主观状态。判断行为人是否具有过错应当分析行为人是否尽到了社会交往中的必要注意义务。本案中,辉田超市监控视频显示,辉田超市员工在发现谷某乙的不当行为后,主要通过拉住衣袖、语言交流的方式与其交涉。双方之间并无大幅度、过激的动作,谷某乙在双方交涉时仍可前后走动。辉田超市与谷某乙交涉的目的是维护超市正常经营秩序,制止不当行为。反观谷某乙,其在被超市员工拦住返回超市时,采取相对隐蔽的方式将裤袋里的鸡蛋放至超市置物柜上,且对辉田超市的交涉采取回避的态度。辉田超市员工与谷某乙素不相识,更不清楚其身体状况,对其突发疾病倒地无法预见,辉田超市员工劝阻行为也较为克制,对谷某乙倒地死亡不存在过错。

关于辉田超市的劝阻行为是否违法的问题。最高人民法院指导案例142号裁判要点指出,"行为人为了维护因碰撞而受伤害一方的合法权益,劝阻另一方不要离开碰撞现场且没有超过合理限度的,属于合法行为。被劝阻人因自身疾病发生猝死,其近亲属请求行为人承担侵权责任的,人民法院不予支持"。可见,只要未超过合理限度,即使是他人阻拦不当行为人也是被法律认可的。本案中,辉田超市作为谷某乙不当行为的直接利益相关方,其员工拉扯谷某乙衣袖,继续与谷某乙交谈,制止不当行为的举措更具有正当性,更应受到法律的保护。从监控视频也可以看出双方没有发生肢体冲突,辉田超市员工的劝阻方式和内容均在合理限度之内。因此,该劝阻行为是正当的,不具有违法性,应认定为合法的自助行为。

关于劝阻行为与损害后果是否存在因果关系的问题。虽然辉田超市员工的劝阻可能诱发谷某乙情绪波动而使谷某乙突然倒地,但事实上的因果关系有别于法律上的因果关系。判断行为与损害后果的因果关系不仅应满足必要性,即无此原因必无此结果的条件关系,还需要考察是否具有相当性,即有此原因通常有此结果的相当性。本案中,从辉田超市员工与谷某乙交涉到谷某乙倒地,前后不到3分钟。辉田超市员工的劝阻方式、内容和时长均在合理限度内。故从社会一般观念来看,该行为通常并不会造成谷某乙突发疾病倒地。根据谷某甲、杜某华陈述,谷某乙有高血压等基础病史,其倒地原因主要在于自身身体状况。综上,辉田超市员工的劝阻行为与谷某乙倒地之间不具有相当性,不能认定为存在法律上的因果关系。

关于争议焦点二。根据《侵权责任法》第37条以及《消费者权益保护法》第18条第2款关于宾馆、商场、餐馆、银行、机场、车站、港口、影剧院等经营场所的经营者,应当对消费者尽到安全保障义务的相关规定,尽管辉田超市对谷某乙的倒地不具有过错,但作为经营者对经营管理场所的消费者仍应尽到安全保障义务。安全保障义务是指经营者对消费者的人身和财产安全的必要注意和照顾义务,包括事故发生后的救助义务。但是,安全保障义务有其相应的内涵和边界,并不等同于担保义务,不能以受害人死亡结果反向推论经营者未尽到安全保障义务。本案应首先确定辉田超市应承担的安全保障义务的范围。

最高人民法院指导案例140号裁判要点指出,“公共场所经营管理者的安全保障义务,应限于合理限度范围内,与其管理和控制能力相适应”。确定安全保障义务的范围,应符合社会公众对安全保障的一般期待,既要为受害人提供必要的保护,也要避免对安全保障义务人课以过重责任。本案中,在谷某乙倒地后,辉田超市员工第一时间拨打了“110”报警求助。从“110”接处警记录的内容可知,辉田超市员工报警求助时不仅客观描述了纠纷的原因和过程,还如实陈述了谷某乙晕倒的事实。在接处警民警提示下,辉田超市员工又迅速拨打“120”抢救。因此,从本案的发生原因和发展过程来看,虽然辉田超市拨打“120”系在谷某乙倒地后近19分钟,但鉴于谷某乙倒地前双方发生纠纷,谷某乙倒地又具有突发性,辉田超市员工难以对谷某乙身体状况进行判断的情况下,通过拨打“110”处理纠纷,符合一般公众的社会认知,具有合理性,应认定为辉田超市尽到了安全保障义务。

从救助行为与死亡结果的因果关系来看,医方推断谷某乙的死亡原因为心肌梗死,而心肌梗死有多种情况,包括心脏骤停。辉田超市拨打“110”后,已有群众对谷某乙进行心肺复苏胸外按压抢救,仍未能挽救其生命。心肌梗死具有突发性和极高的致死率。即使辉田超市第一时间拨打“120”,按照通常行驶时间,“120”急救中心人员需要14分钟方能到达现场施救,也难以挽回谷某乙的生命。因此辉田超市在事发近19分钟时拨打“120”与谷某乙的死亡后果之间亦不具有法律上的因果关系。

综上,谷某乙突发疾病去世,法院深感惋惜。但是,当前社会风险和损害无处不在,侵权责任法不能给所有的损害提供救济。侵权责任法须权衡和协调两种基本价值:保护合法权益和维护行为自由。相对于特定的受害人而言,行为自由关乎每个人的利益。只有法律保护每个人不被任意地要求承担责任时,才能避免动辄得咎,民事主体的行为自由才能得到充分保护,民事主体的人格才能全面发展。当损害发生后,如果不具有法律规定的理由,受害人不能随意要求他人承担责任,不能将自身应承担的风险转嫁他人承担。辉田超市对谷某乙因争执倒地不构成侵权,在谷某乙倒地后也尽到了安全保障义务,一审法院认定辉田超市不应承担赔偿责任正确,应予以维持。

综上所述，谷某甲、杜某华的上诉请求不能成立，应予驳回；一审判决认定事实基本清楚，适用法律正确，应予维持。据此，南通市中级人民法院依照《民事诉讼法》第 170 条第 1 款第 1 项规定，于 2021 年 3 月 25 日作出民事判决：

驳回上诉，维持原判。

江苏省消费者权益保护委员会与乐融致新电子科技(天津)有限公司消费民事公益诉讼案

编者按

消费者依法享有选择权,消费者购买含有开机广告的智能电视,涉及两个层面的选择权。第一层面是选择购买智能电视的选择权;第二层面是选择是否接收开机广告的选择权。两种选择权不能互相替代。广告经营者可以通过互联网等方式向消费者推送广告或者其他商业信息,但应当保证消费者的拒绝权(选择权)。消费者是否接收商业信息的选择权是基于自身意愿产生的无须说明理由的权利,通过显著方式设置"一键关闭"窗口是保证该权利实现的法定形式,也是经营者应承担的无条件的法定义务。

本案是全国第一起因智能电视开机广告引发的消费民事公益诉讼案件,也是全国第一起由高级人民法院作出的消费民事公益诉讼终审判决。本案不仅直接关涉拥有智能电视的广大消费者合法权益,也涉及数十家智能电视机生产企业的利益,还可能对未来智能电视行业的发展产生引导作用。法院在审理过程中充分发挥司法裁判指引导向功能,准确解释法律含义,合理确定权利边界和行为界限,督促相关主管部门和行业自治组织进一步规范和惩处侵害消费者合法权益和市场公平竞争的违法经营行为。本案对营造健康和谐的消费市场环境,维护公平竞争的市场秩序,推动消费市场持续稳定健康发展,具有重要意义。

裁判摘要

智能电视生产者也是开机广告的经营者,有义务通过显著方式提示消费者产品含有开机广告,并告知能否一键关闭。智能电视生产者对其生产销售的智能电视加载开机广告,但未提供即时一键关闭功能,降低了用户观看电视的体验,消费者权益保护组织为维护众多不特定消费者的合法权益,提起民事公益诉讼要求智能电视生产者设置开机广告一键关闭功能的,人民法院应予支持。

原告:江苏省消费者权益保护委员会

被告:乐融致新电子科技(天津)有限公司

原告江苏省消费者权益保护委员会(以下简称江苏省消保委)因与被告乐融致新电子科技(天津)有限公司(以下简称乐融致新电子公司)消费民事公益诉讼一案,向南京市中级人民法院提起诉讼。

江苏省消保委诉称:根据消费者的投诉,原告调查发现被告在其销售的品牌智能电视产品中加载了开机广告功能。消费者打开智能电视后,会自动播放15秒左右的开机广告,但被告在销售相关产品时并未向消费者提示,相关广告也不能关闭。消费者普遍反映,相关开机广告降低了观看电视的体验。针对消费者的投诉,原告进行了问卷调查,根据调查结果向被告发送了整改通知,并集中约谈了包括被告在内的智能电视经营者。经过集中约谈,多数智能电视经营者能够整改,但是被告并未积极整改。被告未经消费者同意,通过互联网智能电视发送广告,且未提供一键关闭功能,违反了《广告法》第43条、第44条规定和《消费者权益保护法》第8条、第9条、第10条规定,侵害了消费者的知情权、选择权和公平交易权。原告作为消费者权益保护组织依法提起公益诉讼,请求判令:(1)被告在销售带有开机广告功能的智能电视时以显著的方式提示或告知消费者其产品存在开机广告;(2)被告为其销售的带有开机广告功能的智能电视提供一键关闭开机广告的功能;(3)被告承担本案诉讼费。

乐融致新电子公司辩称:(1)关于售前告知义务。原告约谈后,被告在包括但不限于京东等线上销售的商品介绍页面,乐视各型号智能电视均有明确告知存在开机广告。消费者在购买前享有充分的知情权,产品销售详情页面上即标注提示“此电视含开关机广告,但您可以上传自定义开机视频,详细步骤咨询客服”。在产品说明书售后服务支持页、乐视商城网站购买协议和产品外包装上也明确告知,保证消费者在购买时可以知晓。(2)关于保障消费者选择权。自约谈整改后,被告已提供视频定制化功能,为客户需求提供差异化服务。(3)关于开机广告的一键关闭功能,被告已完成整改。被告已经研发出了一键关闭功能,并处在调试各机型软硬件适配稳定性的阶段。(4)关于开机广告显示问题。被告的电视产品符合国家标准及行业标准,为优化枯燥的开机等待时间,用户可以观看精美广告或联系被告客服自定义开机视频,这些开机画面并未影响用户正常使用产品,也未占用用户的有效时间。《广告法》第44条立法目的旨在"不得影响用户正常使用网络",该立法并未禁止所有互联网广告。综上,由于技术原因,被告销售产品存在一定的开机等待时间,利用该时间播放的广告未侵害消费者的权益,在销售时给予了充分的告知,并且消费者可以对开机广告进行定制化更改,充分保障了消费者的知情权和选择权。法律并没有强制性规定取消开机广告,但被告仍然做了改变,希望能和原告达成和解,创造良好的营商环境。被告承诺对生产的内含开机广告的电视设置一键关闭功能,符合法律法规规章的规定,执行标准不低于市场上主流机型。尽管做了改变,但并不意味着被告存在违法,如未能达成和解,恳请法院依法驳回起诉,维护被告合法利益。

南京市中级人民法院一审审理查明:

被告乐融致新电子公司是"乐视 TV""Letv""Letv 超级电视"等品牌智能电视的经营者。2019年3月16日,原告江苏省消保委接到南京市一名消费者的投诉,反映被告销售的智能电视存在开机广告且不能关闭。

原告接到消费者投诉后,江苏省消保委履行了下列公益性职责:(1)受理投诉并进行调查。调查中,原告发现被告销售的智能电视开机时会自动播放15秒左右的开机广告,但被告未在销售时以显著的方式向消费者提示或告知存在开机广告,相关广告也不能关闭。针对消费者的投诉,原告进行了问卷调查。消费者纷纷留言表示不能接受智能电视开机广告,智能电视开机广告侵害了消费者的权益。(2)根据调查结果,集中约谈了包括被告在内的智能电视经营者,并向被告发送了整改通知。2019年9月4日,原告向包括被告在内的智能电视经营者发送了智能电视开机广告侵犯消费者权益问题的约谈函。2019年10月10日,原告集中约谈了包括被告在内的七家市场占有率较高的品牌智能电视经营者,集中告知其智能电视开机广告侵害了消费者的知情权、选择权和公平交易权。同日,原告向被告发送了企业告知书,要求被告在销售智能电视时向消费者告知其产品存在开机广告,并且为消费者提供一键关闭开机广告功能,履行保护消费者知情权、选择权、公平交易权、健全投诉处理机制等法律义务。(3)提起本案公益诉讼。经过集中约谈,创维、长虹、海尔、小米、夏普、海信等智能电视生产厂商先后向原告发送整改情况回复函,原告认为上述厂商已经通过技术手段解决了一键关闭开机广告的问题。被告于2019年9月20日致函原告,对约谈函中提出的问题进行回复,于2019年10月21日再次致函原告,对电视开机服务进行承诺及保障。原告认为,多数智能电视经营者能够整改,但是被告并未积极整改。原告作为依法成立的消费者权益保护组织,依据《民事诉讼法》第55条的规定,提起公益诉讼,以维护众多不特定消费者的合法权益。

一审庭审中,被告辩称,电视在开机热机阶段完全无法播放电视内容,如果没有广告就是黑屏状态,因此,待机期间的广告或其他用户自定义视频并未影响用户观看电视。

原告为证明开机广告并非智能电视必须具备的功能,提交了测试报告,并申请有专门知识的人孙某梓出庭,以证明智能电视开机时,技术上可以在播放广告同时实现一键关闭。孙某梓出具专家意见并陈述:(1)开机时播放广告不是智能电视开机的必要程序。(2)播放开机广告延长了开机时间,增加了消费者的等待时间。(3)智能电视开机广告需要利用互联网下载更新内容。(4)从技术可行性角度看,在播放开机广告同时可以提供一键关闭功能,消费者操作关闭广告的按键后,能够立即关闭广告。

关于提供一键关闭开机广告具体时间,被告陈述其已经提供开机广告一键关闭功能,是在15秒开机广告剩余5秒的时候出现一键关闭窗口。原告主张其诉讼请求是要求被告在智能电视开机广告播放同时提供一键关闭广告功能,即在开机广告播放时可以立即、随时关闭。

另查明:原告江苏省消保委经江苏省人民政府批准,于2017年9月13日依法成立,代替原"江苏省消费者协会"履行《消费者权益保护法》赋予的公益性职责。一审法院受理本案后,对本案受理情况进行了公告,但直至开庭前,无任何有关机关或社会组织申请参与本案诉讼。

再查明:一审期间,被告对其生产的智能电视的开机广告实施了整改,在外包装上就开机广告业务进行提示,增大提示字体。

南京市中级人民法院一审认为,本案一审的争议焦点为:被告是否应为其销售的智能电视在播放开机广告的同时提供一键关闭功能,是否侵害了消费者的知情权、选择权等合法权益,是否应承担相应的民事责任。

一审法院认为,消费者享有自主选择商品或者服务的权利。消费者享有公平交易的权利。《广告法》第43条第1款规定:"任何单位或者个人未经当事人同意或者请求,不得向其住宅、交通工具等发送广告,也不得以电子信息方式向其发送广告。"第44条规定:"利用互联网从事广告活动,适用本法的各项规定。利用互联网发布、发送广告,不得影响用户正常使用网络。在互联网页面以弹出等形式发布的广告,应当显著标明关闭标志,确保一键关闭。"本案中,原告作为依法设立的组织,履行消费者协会的职责,开展对商品和服务的社会监督,受理消费者投诉,保护消费者合法权益,根据《民事诉讼法》第55条、《消费者权益保护法》第47条、《消费民事公益诉讼司法解释》第1条的规定,有权提起本案诉讼。被告生产和销售的"乐视TV""Letv""Letv超级电视"等品牌智能电视加载了开机广告,并通过互联网不断更新广告内容,消费者开机后会自动播放15秒左右的开机广告,且该广告直到播放最后5秒时才弹出一键关闭窗口,消费者才能选择关闭开机广告,侵害了消费者的选择权,降低了消费者观看电视的体验,侵害了众多不特定消费者的合法权益。而且,从技术角度看,智能电视在开机期间播放广告,完全可以做到播放广告的同时提供一键关闭功能。被告抗辩认为电视开机时需要热机等待,如不播放广告会出现黑屏,与事实不符,不予采信。原告要求被告为其销售的带有开机广告的智能电视在播放开机广告同时提供一键关闭广告功能,具有事实和法律依据,予以支持。考虑被告以前销售的老旧机型,受软硬件技术限制以及功能修改量大,对其已经出售的智能电视机不作整改时间限制。被告乐融致新电子公司应于本案判决生效之日起为其销售的带有开机广告功能的智能电视机在开机广告播放的同时提供一键关闭广告功能。

关于原告要求被告在销售智能电视时以显著方式提示或告知消费者其产品存在开机广告的诉讼请求,因被告已经进行了整改,在产品销售页面、产品说明书、乐视商城网站的购买协议均有相应告知,且在外包装上就开机广告进行了提示,增大了提示字体。被告在销售智能电视时对其存在开机广告事项基本履行了向消费者的告知义务,对原告的此项诉讼请求,不予支持。综上所述,原告江苏省消保委的部分诉讼请求有事实和法律依据,予以支持。

据此,依照《消费者权益保护法》第9条、第10条、第47条,《广告法》第43条第1款、第44条,《消费民事公益诉讼司法解释》第1条、第4条、第13条第1款,《民事诉讼法》第55条的规定,南京市中级人民法院于2020年11月10日作出民事判决:"一、被告乐融致新电子科技(天津)有限公司于本判决生效之日起为其销售的带有开机广告的智能电视机在开机广告播放的同时提供一键关闭功能;二、驳回原告江苏省消费者权益保护委员会的其他诉讼请求。"

一审判决后,乐融致新电子公司不服,向江苏省高级人民法院提起上诉。

乐融致新电子公司上诉称:(1)乐融致新电子公司为消费者提供了可选择设置全家福、旅游照片等作为开机视频或观看电视广告的功能,且提供了一键关闭功能,已经充分保护了消费者的选择权,一审法院对此未予回应并以设置一键关闭功能的可行性为由认定乐融致新电子公司侵犯消费者权益错误;(2)《广告法》第43条明显落后于社会生活实际情况,一审法院无视智能电视产业的发展现状和客观情况,适用该规定处理本案对乐融致新电子公司过于苛刻,导致利益严重失衡,系适用法律错误。综上,请求撤销一审判决,驳回被上诉人江苏省消保委的全部诉讼请求。

被上诉人江苏省消保委辩称:(1)开机广告不是电视必须具备的功能,依据《广告法》第44条的规定,乐融致新电子公司有义务为其销售的智能电视在开机广告播放的同时提供一键关闭的功能,确保消费者选择观看或者不观看广告的权利;(2)江苏省消保委的诉讼请求是乐融致新电子公司在其销售的电视机上设置一键关闭而非其他功能,一审法院对上传照片、视频功能问题无须进行调查和回应;(3)设置一键关闭功能是为了保护消费者的选择权,并非不允许播放开机广告,也不损害乐融致新电子公司的经营利益。综上,一审法院认定事实清楚,适用法律正确。请求驳回乐融致新电子公司的上诉请求。

江苏省高级人民法院经二审审理,确认了一审查明的事实。

江苏省高级人民法院二审认为,本案的争议焦点为:(1)上诉人乐融致新电子公司销售的智能电视在播放开机广告时为消费者提供的可供选择的服务是否限制了消费者的选择权;(2)上诉人乐融致新电子公司提供的一键关闭的功能是否符合《广告法》等法律规定。

二审法院认为,开机广告是智能电视的生产者通过智能电视的内置程序,利用互联网下载更新内容,并在用户开机时自动播放的广告。智能电视生产者对开机广告内容和播放模式具有决定权。因此,智能电视的生产者也是开机广告的经营者。本案系因消费者购买乐融致新电子公司生产的电视机出现开机广告问题引发的纠纷。消费者的自主选择权是指消费者有权根据自己的意愿自主选择或拒绝特定商品和服务的权利。鉴于乐融致新电子公司的双重身份,相较于传统消费纠纷,本案消费者的自主选择权具有更加丰富的内涵,自主选择权是否受到侵害应分为两个层面讨论。第一层面为乐融致新电子公司在消费者购买电视机时是否全面告知开机广告的有关情况,以此让消费者能够充分了解相关信息并自主选择购买或不购买电视机;第二层面为涉案电视机在播放开机广告时,是否按照法律规定设置了一键关闭功能,确保消费者享有拒绝接收开机广告的权利。

一、关于乐融致新电子公司是否侵害消费者购买电视机的选择权问题

二审法院认为,根据一审法院查明的事实,乐融致新电子公司整改后,在产品销售页面、产品说明书、乐视商城网站的购买协议和产品外包装上就开机广告进行了提示,增大了提示字体。从提示的内容来看,乐融致新电子公司已经表明开机时会出现开机广告,部分机型包装上还载明了可以通过设置照片、视频等方式替代开机广告。在一般情况下,尚不至于使消费者产生误解,从而可以保障消费者购买电视机的选择权。然而,需要指出的是,乐融致新电子公司在相关提示中关于消费者是否可一键关闭开机广告的表述还不够清晰,仍有继续改进的空间。综合考虑本案情况,一审法院认为乐融致新电子公司在销售智能电视时对其存在开机广告事项基本履行了向消费者的告知义务正确,予以支持。

二、关于乐融致新电子公司是否侵害消费者观看开机广告的选择权问题

二审法院认为,《消费者权益保护法》第 29 条第 3 款规定:“经营者未经消费者同意或者请求,或者消费者明确表示拒绝的,不得向其发送商业性信息。”《广告法》第 44 条第 2 款规定:“利用互联网发布、发送广告,不得影响用户正常使用网络。在互联网页面以弹出等形式发布的广告,应当显著标明关闭标志,确保一键关闭。”可见,法律并不禁止广告经营者通过互联网等方式向消费者推送广告或者其他商业信息,但应当保证消费者的拒绝权(选择权)。上述规定已经充分考虑互联网的特点,平衡了广告经营者的商业利益、信息流通利益和消费者权益。消费者是否接收商业信息的选择权是基于自身意愿产生的无须说明理由的权利,通过显著方式设置一键关闭窗口是保证该权利实现的法定形式,也是经营者应承担的无条件的法

定义务。该法定义务应当是即时和彻底的,关闭窗口只有与互联网广告同时出现且能够彻底关闭广告才能充分保护消费者的选择权,才能实现法律规定的“确保一键关闭”“不影响用户正常使用网络”的规范目的。

本案中,乐融致新电子公司销售的智能电视为消费者提供了设置开机照片、视频的功能,但该功能只赋予消费者选择看开机照片、视频或是开机广告的权利,并未赋予消费者拒绝观看开机广告或其他开机照片、视频的权利,不当限缩了消费者选择权的范围。因此该功能不能免除或替代经营者的法定义务。而江苏省消保委提交的测试报告和专家意见已经证明,播放开机广告延长了开机时间,增加了消费者的等待时间,且在播放开机广告的同时设置一键关闭功能在技术上并无障碍。因此,即使乐融致新电子公司所称基于技术原因,电视开机时需要热机等待,如不播放广告会出现黑屏的事实成立,也不能作为其拒绝设置一键关闭窗口的理由。乐融致新电子公司生产和销售的“乐视 TV”“Letv”“Letv 超级电视”等品牌智能电视加载的开机广告,在播放至最后 5 秒时才弹出一键关闭窗口,消费者才能选择关闭开机广告,明显降低了消费者观看电视的体验,侵害了消费者的选择权。

二审中,乐融致新电子公司辩称其销售的智能电视机设置开机广告符合行业规范的要求,设置的一键关闭功能也遵循广告法的规定,赋予了消费者选择权。对此,二审认为,《智能电视开机广告服务规范》未就开机广告应如何设置一键关闭功能以确保实现消费者的选择权作出明确规定,并不代表经营者可以自由设置一键关闭功能。行业协会对开机广告制定行业规范,非法律所禁止,但行业规范的内容不能违反法律规定,行业标准不能低于法定标准,经营行为符合行业规范并不当然意味着合法。现有证据表明,乐融致新电子公司设置的一键关闭不符合广告法的要求,不具有即时性和彻底性。乐融致新电子公司的抗辩系对广告法条文的错误解读,不予支持。一审法院认定乐融致新电子公司侵害了众多不特定消费者的合法权益,具有事实和法律依据,予以支持。

乐融致新电子公司自 2019 年 10 月 21 日致函江苏省消保委至本案二审开庭,已一年有余,其向江苏省消保委承诺改进开机广告,设置一键关闭窗口事实上并无实质性进展,足见乐融致新电子公司缺少履行承诺的诚意和动力。一审法院考虑乐融致新电子公司以前销售的老旧机型,受软硬件技术限制以及功能修改量大等原因,对其已经出售的智能电视机不作整改时间限制,仅判令乐融致新电子公司于本判决生效之日起为其销售的带有开机广告的智能电视机在开机广告播放的同时提供一键关闭功能,已经充分考虑了乐融致新电子公司的利益,体现了司法对市场主体的尊重和宽容,亦予以支持。

法院注意到当前消费市场普遍存在低价销售智能电视并通过播放开机广告营利的现实状况。法院充分尊重企业的经营模式和商业选择,深知消费市场的繁荣稳定离不开消费者、经营者、投资者等各类市场主体的积极参与和共同努力,法院必须依法维护各方权益,不可偏废导致利益失衡,也完全理解乐融致新电子公司对己方整改后竞争力下降的担忧。但是,市场允许的竞争应当是正当和公平的竞争,任何商业营利模式的创新都不能以违反法律规定,扭曲市场竞争,损害消费者和其他经营者的合法权益为代价。市场普遍存在违法现象更不能作为豁免特定经营者法律责任的理由。本案是全国第一起因开机广告提起的公益诉讼,不仅直接涉及众多不特定消费者权益,也间接影响数十家智能电视机生产企业的利益,还可能对未来智能电视行业的发展产生引导作用。法院高度重视各方关切,除严格依法公正审理案件,合理确定权利边界和行为界限,平衡利益冲突外,还将积极发挥司法职能,向有关部门和行业协会发送司法建议,跟踪受约谈经营者的整改进展,督促相关主管部门和行业自治组织进一步规范和惩处侵害消费者合法权益及市场公平竞争的违法经营行为,推动尽快制定智能电视开机广告强制标准,致力于与相关市场主体一起努力,构建健康和谐、充满活力的消费市场环境。

综上,上诉人乐融致新电子公司的上诉请求和理由均不能成立,不予支持。依照《消费者权益保护法》第29条第3款、《广告法》第44条第2款、《民事诉讼法》第170条第1款第1项的规定,江苏省高级人民法院于2021年3月23日作出(2021)苏民终21号民事判决:

驳回上诉,维持原判。

泰州市人民检察院诉王某朋等59人非法捕捞、收购长江鳗鱼苗生态破坏民事公益诉讼案

编者按

生态环境与每个人都息息相关，生态环境保护“功在当代，利在千秋”。《长江保护法》的颁布和施行将长江流域生态环境保护和修复摆到更加重要的位置，实现人与自然的和谐共生事关中华民族永续发展。“长三角”地区人民法院始终坚持以习近平生态文明建设思想为引领，充分发挥司法审判职能作用，加强长江流域生态环境司法保护，切实筑牢长江流域生态安全司法屏障。本案中，人民法院积极能动司法，严厉打击破坏长江生态资源、损害社会公共利益、危害生物多样性的行为，将替代性修复与惩罚性赔偿并举，让非法收购、贩卖者与捕捞者承担连带赔偿责任，从源头治理上彻底切断利益链条，用最严格的制度、最严密的司法，切实贯彻习近平总书记提出的“把修复长江生态环境摆在压倒性位置”的任务要求。

裁判摘要

1. 当收购者明知其所收购的鱼苗系非法捕捞所得,仍与非法捕捞者建立固定买卖关系,形成完整利益链条,共同损害生态资源的,收购者应与捕捞者对共同实施侵权行为所造成的生态资源损失承担连带赔偿责任。

2. 侵权人使用禁用网具非法捕捞,在造成其捕捞的特定鱼类资源损失的同时,也破坏了相应区域其他水生生物资源,严重损害生物多样性的,应承担包括特定鱼类资源损失和其他水生生物资源损失在内的生态资源损失赔偿责任。当生态资源损失难以确定时,人民法院应结合生态破坏的范围和程度、资源的稀缺性、恢复所需费用等因素,充分考量非法行为的方式破坏性、时间敏感性、地点特殊性等特点,并参考专家意见,综合作出判断。

公益诉讼起诉人:泰州市人民检察院

被告:王某朋等 59 人

公益诉讼起诉人泰州市人民检察院因被告王某朋等 59 人生态破坏民事公益诉讼一案,向南京市中级人民法院提起民事公益诉讼。

公益诉讼起诉人泰州市人民检察院诉称:(1)2018 年 1 月至 4 月,被告董某山、丁某希等人单独或共同在长江干流水域,使用网目尺寸小于 3 毫米的张网等禁用渔具,非法捕捞具有重要经济价值的鳗鱼苗,用于出售谋利;(2)2018 年 1 月至 4 月,被告高某初等人,为牟取非法利益,明知所收购的鳗鱼苗系他人非法捕捞所得,仍分别多次向非法捕捞人员收购鳗鱼苗,并加价出售给被告王某朋等人;(3)2018 年年初,被告王某朋等人,为牟取非法利益,通过签订合伙协议、共同出资等方式建立收购鳗鱼苗的合伙组织,并于同年 1 月至 4 月,在明知所收购的鳗鱼苗系他人非法捕捞所得的情况下,向被告刘某初等非法贩卖或捕捞人员收购长江鳗鱼苗,后加价出售给被告秦某兵以及夏某旺、郑某宣等人,均分非法获利;(4)2018 年 1 月至 3 月,被告秦某兵明知被告王某朋等人向其出售的鳗鱼苗系在长江水域中非法捕捞的,仍先后 5 次向被告王某朋等人收购鳗鱼苗。泰州市人民检察院认为,被告王某朋等 59 人实施的非法捕捞、贩卖和收购长江鳗鱼苗的行为,严重侵害了长江鳗鱼资源和其他生态资源,造成长江渔业资源和其他生态资源的严重损害,致使生物多样性减少,损害了社会公共利益。故依法提起民事公益诉讼,请求法院:(1)判令王某朋等59名被告对其非法捕捞、贩卖、收购鳗鱼苗所造成的鳗鱼资源损失和其他生态资源损失承担赔偿责任。鳗鱼资源损失按30元/条计算,其他生态资源损失按鳗鱼资源损失的1.5倍至3倍计算。其中,王某朋、董某胜、秦某建、沙某良、何某生、周某刚、何某忠、顾某祥、王某鹏、陆某室、薛某祥、陶某芬、卢某芬(以下简称王某朋等13人)在其非法买卖的范围内承担连带赔偿责任;秦某兵在其收购范围内与被告王某朋等13人承担连带赔偿责任;高某初、刘某初、高某伯、郑某荣、朱某芳、赵某其、束某(以下简称高某初等7人)等收购、贩卖者分别在其贩卖给王某朋等13人的范围内,与被告王某朋等13人承担连带赔偿责任;董某山及丁某希等37人(以下合并简称董某山、丁某希等38人)分别在其非法捕捞并出售给高某初等7人或王某朋等13人的范围内,与收购者承担连带赔偿责任;对非法捕捞、买卖过程中因保管不善造成鳗鱼苗死亡或与其他身份不明人员买卖鳗鱼苗所造成的生态资源损失由相关被告分别承担赔偿责任。(2)判令王某朋等59名被告对其非法捕捞、收购、贩卖鳗鱼苗损害社会公共利益的行为在国家级媒体公开赔礼道歉。

王某朋等59名被告共同答辩意见:(1)认识到自身行为造成的不良影响,愿意在媒体上公开赔礼道歉;(2)对鳗鱼资源价值应当分别按照实际交易价格或者平均收购价格计算,而非按照公益诉讼起诉人主张的30元/条计算;(3)《江苏省渔业管理条例》第40条中"渔业资源损失"及"渔业生物致死量"均应包括鳗鱼资源损失,公益诉讼起诉人主张对于鳗鱼资源损失之外的其他生态资源损失按鳗鱼资源损失的1.5倍至3倍计算缺乏依据;(4)各被告在与本案相关的刑事案件中已经退缴的违法所得应当在本案生态资源损害民事赔偿的数额内予以抵扣;(5)部分被告年龄较大,主观上不知道捕捞鳗鱼苗是违法行为,家庭困难且没有劳动能力,请求法院予以充分考虑。

被告王某朋等9人另辩称:(1)捕捞行为与收购行为相互独立,王某朋等9人在收购时并不知道捕捞的方式和鳗鱼苗的来源,且本案的损害结果在捕捞行为发生时即已产生,故收购行为与本案损害结果之间并无因果关系,不应承担侵权责任,也不应与捕捞者承担连带责任;(2)目前尚无证据证明案涉116,999条鳗鱼苗全部是用张网方式从长江中捕捞。

被告陆某室等4人另辩称:(1)陆某室等4人与王某朋等9人之间并非合伙关系,而是买卖关系,不应共同承担连带责任;(2)陆某室等4人参与收购鳗鱼苗时间较短、获利较小,如果法院认定4人存在过错,应减轻相应的民事赔偿责任。

被告秦某兵另辩称:(1)秦某兵并未直接实施非法捕捞行为,也没有教唆、帮助行为,未与捕捞者产生非法捕捞的意思联络,尽管在收购行为上存在过错,但其不应对非法捕捞造成的损害结果承担责任;(2)公益诉讼起诉人对秦某兵收购的长江鳗鱼苗数量认定存在错误,且秦某兵作为最终收购者,其与非法捕捞造成生态损害之间的因果关系关联性较弱。

被告高某初等7人另辩称:(1)在收购鳗鱼苗时并不存在向捕捞者订购的情形,也不知道捕捞者的捕捞方式,主观上没有过错,和捕捞者之间不存在共同侵权,应当承担较轻的赔偿责任;(2)收购并贩卖鳗鱼苗过程中获利不多。

被告董某山、丁某希等38人另辩称:(1)收购者应当与捕捞者承担连带责任,且没有买卖就没有非法捕捞,所以收购者的过错更大。(2)公益诉讼起诉人所主张的部分被告捕捞鳗鱼苗的数量不准确,侯某涛主张其捕捞鳗鱼苗不超过130条;龚某宏、沈某松、于某兴三人主张,起诉书中关于三人销售死亡鳗鱼苗111条认定错误,其中包含了毛某保的10条,应当在总数中予以扣减;翟某松对其捕捞并出售240条鳗鱼苗不予认可,认为鳗鱼苗死亡180条,其只是贩卖了60条;张某桃主张其捕捞鳗鱼苗430条;张某明主张其出售给陆某室的鳗鱼苗为39条。

南京市中级人民法院一审查明:

一、2018年1月至4月,被告董某山、丁某希等38人,单独或共同在长江干流水域,使用网目尺寸小于3毫米的张网等禁用渔具,非法捕捞具有重要经济价值的鳗鱼苗,用于出售谋利。

二、2018年1月至4月,被告高某初等7人,为牟取非法利益,明知所收购的鳗鱼苗系他人非法捕捞所得,仍在靖江市安宁港、蟛蜞港等地,分别多次向非法捕捞人员收购鳗鱼苗,并加价出售给被告王某朋等13人。

三、2018年年初,被告王某朋等13人,为牟取非法利益,通过签订合伙协议、共同出资等方式建立收购鳗鱼苗的合伙组织。2018年1月至4月,被告王某朋等13人明知所收购的鳗鱼苗系他人非法捕捞所得,仍共同出资收购,并统一对外出售,均分非法获利。被告王某朋等13人按区域划分分工,至靖江市安宁港、蟛蜞港、南通市通州区小李港闸、开沙岛等地,向被告高某初等7人以及董某山、丁某希等38人非法贩卖或捕捞人员收购长江鳗鱼苗116,999条,后加价出售给被告秦某兵以及其他人员。2018年1月至3月,被告秦某兵在明知被告王某朋等13人向其出售的鳗鱼苗系在长江水域中非法捕捞的情况下,向被告王某朋等13人收购长江鳗鱼苗合计 40,263 条。

中国水产科学研究院淡水渔业研究中心向泰州市人民检察院出具关于王某朋等人民事公益诉讼案中非法捕捞水产品造成生态资源损害的专家评估意见一份，认为:鳗鱼属于江苏省重点保护鱼类，至今无法人工繁殖，其群落必须依靠自身繁殖，张网一般设置在鱼虾类繁育场所或鱼类洄游通道内，其选择性差、网目尺寸小、作业范围广、捕捞时间长，是一种竭泽而渔的高强度捕捞网具，对生产、资源、环境均有较大危害。使用禁用网具进行大量捕捞鳗鱼苗，必然破坏鳗鲡族群稳定，导致生物多样性减少。捕捞鳗鱼苗的行为还会对其他渔业资源造成损害，张网作业时易误捕其他保护物种，且张网作业多集中在鱼类繁育区，渔获物绝大部分属于鱼类幼苗，将对整个鱼类群落稳定产生威胁。高度的捕捞强度会导致水生生物减少，水域食物链遭到破坏，威胁长江水域生态系统的稳定性和生物多样性。本案中非法捕捞的鳗鱼苗总经济价值在 351 万元以上。鉴于涉案人员长期在长江中使用禁用网具非法捕捞鳗鱼幼苗，数量巨大，对鳗鱼资源造成了毁灭性打击，严重危害了渔业资源，严重破坏了长江生态系统，且会误捕其他保护鱼类，影响长江水域物种多样性，鉴于长江生态系统已十分脆弱，建议以直接经济损失的 3 倍价格确定渔业资源损失赔偿，即捕获每条鳗鱼苗应承担渔业资源损失 90 元至 105 元，本案渔业资源损失合计金额为 1053 万元以上。渔业资源损失的赔偿用于长江靖江、南通段水域生境保护和渔业资源保护，补偿因违法捕捞造成的资源损失和生态破坏。建议将鱼类资源补偿费用纳入长江渔业资源增殖放流计划，由渔业主管部门统筹安排。

在本案审理过程中，专家评估意见的出具人周某锋出庭接受各被告方及法庭询问，并对《江苏省渔业管理条例》中渔业生物致死量如何理解、评估意见对鳗鱼资源造成毁灭性打击有无证据支持、过度捕捞是否会导致鳗鱼资源急剧下降、渔业资源损失包括哪些方面、长江渔业资源目前状况、禁渔期捕捞会对鱼类繁衍造成何种影响、案涉捕捞工具有哪些危害、生态环境损害和生物多样性的损害如何修复更为科学等问题分别作出详细回答。其主要意见认为，受包括过度捕捞等高强度人为活动的影响导致长江水生生物的生存环境趋于恶化，重要栖息地丧失，生物多样性持续下降，珍稀特有鱼类全面衰退，部分物种已功能性灭绝，经济鱼类资源量接近枯竭。本案所涉及的鳗鱼，学名为日本鳗鲡，在 2014 年被世界自然保护联盟列为濒危物种，在禁渔期采用网目尺寸小的鳗苗网非法捕捞，会对鳗鱼种群繁衍造成损害且数量巨大。本案的渔业资源损失不仅包括鳗鱼资源损失，还包括兼捕或误捕其他鱼类的数量,以及造成水生生物多样性下降等生态损失。

靖江市价格认定中心于2018年4月16日、5月3日分别出具的《价格认定结论书》(靖价认定刑〔2018〕92号、110号)载明,经靖江市价格认定中心认定,2018年1月1日至3月中旬,长江鳗鱼苗价值为人民币35元/条;3月下旬,长江鳗鱼苗价值为人民币30元/条。

与本案相关的泰州医药高新技术产业开发区人民法院(2018)苏1291刑初315号刑事判决载明,相关被告在该案审理中分别退缴了100元至185,757元不等的违法所得。

南京市中级人民法院一审认为,本案的争议焦点为:(1)生态资源损失如何认定;(2)被告是否应当承担赔偿责任,收购者是否应当与捕捞者承担连带责任;(3)已经退缴的违法所得能否予以抵扣。

一、关于生态资源损失认定问题

1.以30元/条确定长江鳗鱼苗价值估值合理。长江鳗鱼苗虽不允许交易,但实际存在交易行为。交易价格在不同的交易环节、不同区域、不同时间有所差异。本案中收购自捕捞者的鳗鱼苗价格为18元至30元,向养鳗场的销售价格为25.3元至39.5元。靖江市价格认定中心认定,长江鳗鱼苗在2018年1月至3月中旬市场价格为35元/条,3月下旬为30元/条,该认定未偏离实际交易价格。公益诉讼起诉人参照可交易的鳗鱼苗市场交易价格即与长江鳗鱼苗属同一物种的海洋鳗鱼苗的市场交易价格,并参照本案部分捕捞者的供述以及靖江市公安局从王某朋家中扣押的相关收条、收据中载明的鳗鱼苗收购和贩卖价格区间,主张按照30元/条确定长江鳗鱼苗价值,该主张具有事实和法律依据,予以采纳。

2.本案酌定按照鳗鱼资源损失价值的2.5倍计算生态资源损失。《环境民事公益诉讼司法解释》第23条规定,生态环境修复费用难以确定或者确定具体数额所需鉴定费用明显过高的,人民法院可以结合污染环境、破坏生态的范围和程度、生态环境的稀缺性、生态环境恢复的难易程度、防治污染设备的运行成本、被告因侵害行为所获得的利益以及过错程度等因素,并可以参考负有环境保护监督管理职责的部门的意见、专家意见等,予以合理确定。《江苏省渔业管理条例》第40条规定,违反本条例规定,造成国家渔业资源损失的,渔业资源损失的赔偿,按照渔业生物致死量的0.5倍至3倍计算。鉴于非法捕捞鳗鱼苗对生态资源造成实际损害,酌定以鳗鱼资源损失价值的2.5倍确定生态资源损失。主要依据有两点:

一是案涉非法捕捞鳗鱼苗方式的破坏性。捕捞者系采用网目极小的张网捕捞鳗鱼苗,所使用张网的网目尺寸低于《农业部关于长江干流实施捕捞准用渔具和过渡渔具最小网目尺寸制度的通告》中不小于3毫米的规定,属于禁用网具。捕捞时必将对包括其他小型鱼类在内的水生物种造成误捕,严重破坏相应区域水生生物资源。案涉鳗鱼苗数量达116,999条,捕捞次数多、捕捞网具多、捕捞区域大,必将对长江生态资源产生较大危害。

二是案涉非法捕捞鳗鱼苗时间的敏感性和地点的特殊性。案涉的捕捞、收购行为主要发生于长江禁渔期,该时期系包括鳗鱼资源在内的长江水生生物资源繁衍生殖的重要时段。捕捞地点位于长江干流水域,系日本鳗鲡洄游通道,在洄游通道中对幼苗进行捕捞,使其脱离自然水体后被贩卖,不仅妨碍鳗鲡种群繁衍,且同时误捕其他渔获物,会导致其他水生生物减少,导致其他鱼类饵料不足,进而造成长江水域食物链相邻环节的破坏,进一步造成生物多样性损害。

二、关于被告对生态资源损失赔偿责任承担的问题

1.本案中董某山、丁某希等38名捕捞者违反法律法规规定,非法捕捞鳗鱼苗,依照《侵权责任法》第6条的规定,应当在其各自非法捕捞范围内承担相应的赔偿责任。

2.本案中的收购者明知鳗鱼苗系非法捕捞而来仍然进行收购,收购者与生态资源损害之间有法律上的因果关系,应当依照《侵权责任法》第8条的规定在各自所涉的生态资源损失范围内承担连带赔偿责任。

第一,非法捕捞与收购形成了完整的利益链条,共同造成生态资源损害。本案收购行为多数发生在王某朋等13人与其他收购者、王某朋等13人与捕捞者之间。而王某朋等13人系为牟取非法利益,成立收购、贩卖鳗鱼苗团队从事收购活动,统一收购价格、统一对外出售,并就收购鳗鱼苗的事项进行明确约定。收购鳗鱼苗行为具有日常性、经常性,在收购行为中已高度组织化,对于从其他收购者之间或者不同的非法捕捞者处收购的鳗鱼苗来源及方式具有明确的认知和判断。捕捞者通过非法捕捞的方式获取鳗鱼苗,后通过向收购者出售赚取经济利益;而直接收购者作为中间环节,在收购鳗鱼苗后,通过加价出售的方式获取差值利润;秦某兵作为最终收购者,在明知案涉鳗鱼苗系源于长江的情况下,依然进行收购,通过将鳗鱼苗进行养殖并出售的方式获利。在这一链条中,相邻环节被告之间存在相互利用、彼此支持的行为分担情形,均从非法捕捞行为中获得利益,具有高度协同性,行为

与长江生态资源损害结果之间具有法律上的因果关系。

第二,收购诱发了非法捕捞。案涉鳗鱼苗特征明显,体型细小却价格高昂,无法进行人工繁育,也无法直接食用。之所以产生大量的非法捕捞行为,系因为鳗鱼苗养殖户需要收购养殖后,再进行贩卖获取经济利益。因此,收购是非法捕捞实现获利的唯一渠道,只有收购才能使非法捕捞实现经济价值,巨大的市场需求系引发非法捕捞和层层收购行为的主要原因。本案中,捕捞者系使用网目极小的张网方式捕捞鳗鱼苗,而对收购者而言,对于鳗鱼苗的体态特征充分了解,也意味着其明知捕捞体态如此细小的鳗鱼苗必然使用有别于对自然生态中其他鱼类的捕捞方式,必然会造成长江其他生态资源的损害。收购者主观上与捕捞者同样存在放任长江鳗鱼资源及其他生态资源损害结果出现的故意。

针对鳗鱼苗这一特定物种,没有大规模的收购,捕捞行为毫无价值,采用"绝户网"进行大规模非法捕捞,必然导致生态资源严重破坏。预防非法捕捞行为,就要从源头上彻底切断利益链条,让非法收购、贩卖鳗鱼苗的共同侵权者付出经济代价,与非法捕捞者共同承担对长江生态资源损害后果的连带赔偿责任。故对公益诉讼起诉人关于捕捞者和收购者之间、王某朋等13人之间、其他收购者与王某朋等13人之间、王某朋等13人与秦某兵之间均应当在各自所涉的侵权责任范围内对生态资源损害结果承担连带赔偿责任的诉讼主张,依法予以支持。

三、关于已经退缴的违法所得能否抵扣本案生态资源损害赔偿数额的问题

已退缴的违法所得与生态资源损害赔偿具有同质性,可以予以抵扣。公益诉讼起诉人在本案中系基于维护国家利益及社会公共利益的角度,请求各被告对生态资源损害后果承担侵权责任,赔偿生态资源损失,恢复生态环境原有的状态和功能,从而满足对公共利益的最大保护。对被害人的合法财产,应当及时返还,经过追缴或者退赔仍不能弥补损失的,被害人还可以向人民法院另行提起民事诉讼。本案系公益诉讼起诉人为修复生态环境而提起的公益诉讼。同一行为引发的刑事案件中,本案部分被告已退缴了违法所得,该部分款项属于破坏生态所获得的非法利益,与本案生态损害赔偿责任款项具有同质属性。故对被告提出的在与本案相关的刑事案件中已经退缴的违法所得,在本案生态资源损害赔偿范围内予以抵扣的相关主张,予以采纳。

被告应当就其非法捕捞、收购行为对生态资源造成的损害后果赔礼道歉。本案被告的非法捕捞、收购、贩卖鳗鱼苗行为,对长江生态资源的可持续发展产生较

为负面的影响,对国家利益和社会公共利益造成较大损害,为警示和教育生态侵权者,增强公众生态保护意识,对公益诉讼起诉人要求王某朋等59名被告对其非法捕捞、收购、贩卖鳗鱼苗损害社会公共利益的行为在国家级媒体公开赔礼道歉的诉讼请求依法予以支持。鉴于在本案审理过程中,中央电视台等多家国内主流媒体对庭审进行了全程现场直播报道,针对公益诉讼起诉人关于赔礼道歉的诉讼请求,各被告已在庭前会议中或经委托诉讼代理人当庭通过媒体表示,对于非法捕捞、收购、贩卖鳗鱼苗造成生态破坏、损害社会公共利益的行为向社会公开进行赔礼道歉,故该项诉讼请求的内容已经在案件审理中得以实现,不再另行作出判决。

本案生态资源损失赔偿数额的计算方式为:生态资源损失赔偿数额=非法捕捞或收购的鳗鱼苗条数(包括相关被告因保管不善造成鳗鱼苗死亡条数以及与其他身份不明人员交易的鳗鱼苗条数)×30(元/条)×2.5(系数)-已经退缴的违法所得。考虑到本案中部分被告经济较为困难、年龄较大且经济偿付能力欠缺的实际情况,充分注重考量生态资源的保护与被告生存发展权利之间的平衡,在被告确无履行能力的情况下,可以考虑采用劳务代偿的方式,即被告可参加所在地渔政部门开展的保护长江生态环境等公益性质的活动,或者配合参与长江沿岸河道管理、加固、垃圾清理等方面的工作。按照从事劳务行为的具体内容、强度及时间,经相关部门统计及量化后,被告应承担的赔偿责任可通过劳务行为予以折抵。

长江是中华民族的母亲河,长江流域是我国重要的生态宝库和生态安全屏障区,长江水生生物资源对于净化水域生态环境、维持长江生态系统平衡具有关键作用,坚持生态优先和保护优先,应当是人类的共识。环境司法的职能就在于通过依法受理审理案件,引导公众自觉遵守生态环境保护法律法规,共同守护绿水青山,希望被告以本案为戒,以实际行动积极参与践行长江生态保护。

综上,南京市中级人民法院依照《环境保护法》第64条,《侵权责任法》第6条、第8条,《人民陪审员法》第16条,《环境民事公益诉讼案件适用法律若干问题的解释》第15条、第18条、第20条、第23条、第24条,《检察公益诉讼司法解释》第2条、第7条,《民事诉讼法》第55条的规定,于2019年10月24日作出(2019)苏01民初2005号民事判决,判令被告王某朋、董某胜、秦某建、沙某良、何某生、周某刚、何某忠、顾某祥、王某鹏、陆某室、薛某祥、陶某芬、卢某芬13名非法收购者对其非法买卖116,999条鳗鱼苗所造成的生态资源损失8,589,168元共同承担连带赔偿责任;被告秦某兵对其非法收购40,263条鳗鱼苗所造成的生态资源损失3,019,725

元与被告王某朋等13人在前述判项范围内承担连带赔偿责任;被告董某山、丁某希等38名捕捞者,根据其捕捞的鳗鱼苗数量,在能够明确其下游直接收购者的情况下与直接收购者承担连带赔偿责任,在无法明确或者因捕捞造成鱼苗死亡的情况下对所造成的生态资源损失承担相应赔偿责任;被告高某初等7名收购者,根据其参与非法买卖的鳗鱼苗数量,在能够明确其下游直接收购者的情况下与直接收购者承担连带赔偿责任,在无法明确或者造成鱼苗死亡的情况下对所造成的生态资源损失承担相应赔偿责任。

一审判决后,王某朋、董某胜、秦某建、沙某良、何某生、周某刚、何某忠、顾某祥、王某鹏、陶某芬、秦某兵不服,向江苏省高级人民法院提出上诉,该院于2019年12月30日作出(2019)苏民终1734号民事判决:

驳回上诉,维持原判。

浙　江

胡某芳与上海携程商务有限公司侵权责任纠纷案

编者按

本案曾被多家媒体报道和转载，引发社会普遍关注，被称为“大数据杀熟第一案”。本案界定了数字经济背景下，平台经营者就平台内经营者应向消费者履行告知义务的程度和范围，以及其怠于履行监管职责可能导致的法律后果，对规范广大平台经营者起到了良好的示范效应。同时，本案审判对平台经营者在提供服务中合法、正当、必要地收集、使用个人信息问题进行了初步探讨，并对侵害个人信息的追责认定标准作出了先行探索和尝试，提出了依法严格保护个人信息应当平衡信息提供者利益、数据平台使用者利益和公共利益的裁判理念，为规范个人信息收集、使用，加强个人信息权益保护，促进数字经济健康发展提供了良好的司法实践样本，也为类案审判起到示范作用。

裁判摘要

1. 平台经营者未依法以显著标识将自营业务与他营业务予以区分,未依法向消费者披露其所称的平台内经营者信息,未对他营业务存在的风险予以告知;同时,对利用其平台发布高溢价房源信息、赚取高额利润的不当行为未进行有效监管,应依法认定平台构成欺诈。

2. 依法严格保护个人信息应当平衡信息提供者利益、数据平台使用者利益和公共利益。

原告:胡某芳

被告:上海携程商务有限公司

法定代表人:孙某,执行董事

原告胡某芳因与被告上海携程商务有限公司(以下简称携程公司)发生侵权责任纠纷,向浙江省绍兴市柯桥区人民法院提起诉讼。

原告胡某芳诉称:胡某芳通过携程公司名下的携程 App 预订了 2020 年 7 月 18 日的舟山希尔顿酒店房间 1 间,携程公司以编号 13000885272 的订单向胡某芳收取房费 2889 元,并向胡某芳声明,胡某芳为携程公司的钻石贵宾客户,上述 2889 元房价已是携程公司为胡某芳争取的最优价。胡某芳当天通过其名下的中国银行信用卡向携程公司支付 2889 元订房款,后胡某芳按时入住。第二日胡某芳退房时,因偶然要求酒店开发票,才发现酒店的房价加上服务费、税金总价仅 1377.63 元,胡某芳向酒店方反映,酒店明确告知胡某芳,真实的零售开票价是 1377.63 元,携程公司声称的最惠房价并非真实房价。胡某芳认为携程公司的行为实属欺诈,深感愤慨,随即与携程公司进行维权交涉,携程公司虽同意返还价格虚高部分,但以调查核实的最惠价为 1621 元为由,仅同意返还胡某芳虚高部分房价 1268 元。胡某芳认为,携程公司销售欺诈损害消费者权益,应退一赔三,但携程公司连退还全部差价都不愿意履行,对自身的欺诈销售,缺乏应有的认识及歉意;胡某芳作为携程公司的钻石贵宾用户,之前多次频繁地通过携程公司名下的携程网预订价格不菲的客房、机票,从未要求酒店等服务实际提供方开票,也从未核实真实价格,胡某芳有理由怀疑携程公司通过胡某芳此前的消费行为将胡某芳界定为消费金额不敏感用户,利用胡某芳消费行为沉淀的数据对胡某芳进行大数据杀熟,恶意侵犯胡某芳的消费者权益,故胡某芳请求携程公司不再使用、利用胡某芳的消费数据,不同意携程公司为胡某芳进行消费者画像;携程公司名下的携程 App 在全国的旅游服务市场占据较大份额,已具有优势地位,现用户在使用该 App 前系统自动推送服务协议和隐私条款,如用户不同意则直接退出 App,导致胡某芳被迫同意携程公司采集其个人数据信息,形成个人信息上的强制缔约。为杜绝携程公司收集个人数据进行消费者画像、数据杀熟的行为,尊重用户个人意愿,保护个人信息权,携程公司应在携程 App 推送服务协议和隐私条款时提供"不同意,继续使用"的选项。

被告携程公司辩称:携程公司系携程旅行网的平台方,在携程旅行网上售卖的酒店产品均由相关平台内经营者提供。携程公司并非涉案订单的合同相对方,未收取过胡某芳任何费用,也未提供订单中的内容,经携程公司核实,涉案酒店产品由上海赫程国际旅行社有限公司(以下简称赫程公司)提供,收款方亦为该公司,在预订页面及胡某芳提供的携程发票中均有所体现。针对诉争订单的疑问,携程公司进一步向赫程公司核实,赫程公司方面称,该酒店产品由供应商张家口捷锐信息技术咨询服务有限公司(以下简称捷锐公司)向赫程公司提供,捷锐公司提供的该产品价格为 2889 元,赫程公司结算给捷锐公司 2600 元,收取服务费 289 元。在从携程公司处得知胡某芳情况后,赫程公司同捷锐公司也进行了沟通,捷锐公司表示该价格系当晚酒店预订房价紧张所致,后携程公司客服暗访酒店,得知胡某芳预订的 2020 年 7 月 18 日一晚舟山希尔顿酒店豪华湖景大床房(含早)的售价为 1621 元,故携程公司考虑到给胡某芳带来的不佳体验,先行于 2020 年 7 月 19 日向胡某芳补偿了 1268 元。由于本案订单并非酒店直接与胡某芳订立,故胡某芳所述酒店开票价与本案无关联,携程公司不存在欺诈故意,也不存在客观侵权。根据携程公司的服务协议第 10 条,携程公司对任何直接、间接、偶然、特殊及继起的损害不负责赔偿。故请求驳回胡某芳全部诉讼请求。

浙江省绍兴市柯桥区人民法院一审查明:

1. 胡某芳在携程 App 的用户情况。胡某芳于 2016 年在携程上注册为用户,累计通过携程 App 订房 30 余单,累计消费已逾 10 万元,以总消费除以订单笔数计算,平均每单价格近 4000 元。胡某芳已为携程公司的钻石贵宾客户,依照携程公司对外宣传,钻石贵宾客户享有酒店会员价 8.5 折起等特权。

2. 诉争订单情况。(1)胡某芳下订情况。2020 年 7 月 18 日,胡某芳在携程公司运营的携程旅行 App 中预订了当天舟山希尔顿酒店豪华湖景大床房一间,订单金额为2889元,并于当天上午8时42分完成付款。(2)酒店接单情况。2020年7月18日上午8时53分,酒店对外电话接到自称王先生的人来电,以胡某芳名义直接向酒店预订,房款1377.63元通过微信支付,且注明房价保密。酒店对该订单的记录仅显示店外客人电话预订,未显示其他商业合作渠道,酒店方提供的源于携程的订单记录里也无该笔订单。(3)胡某芳投诉情况。2020年7月19日退房时,胡某芳要求酒店开具发票,发现酒店房价为1377.63元,胡某芳遂当即(7月19日12时24分)电话向携程客服反映称“其在携程App上所付房费为2889元,而酒店方开票价仅为1377.63元,要求携程方面给予解释并退款”,客服声称“需要核实后进行回电”。然携程公司自行举出的、欲证明酒店房价实际为1621元的暗访录音显示,其核实是指携程公司客服以潜在顾客名义致电舟山希尔顿酒店。暗访录音中可听见一人询问订房价格,对方回复称“1073元”,又问昨日价格,对方较为诧异,随意说了“1621元”,对话即结束。随后(7月19日13时31分),携程公司客服回复胡某芳称“已向酒店核实,诉争房间酒店向携程App供应商提供的原价为1621元,预订打8.5折,因携程供应商为预定,故实际支付给酒店的房价为1377.63元,携程公司愿意按原价1621元收取并退款1268元”,并于当日13时50分向胡某芳退款1268元。

3.其他调查情况。(1)携程集团自行公布的2020年第四季度及全年财务业绩载明携程集团的营业额达到3950亿元,连续3年居全球在线旅游行业第一。其声称的诉争订单合同相对方赫程公司,经调查及携程公司其后自认,系携程集团子公司。(2)酒店方记录,在诉争订单交易前后一个月内(2020年7月入住的全月),携程公司向其下单的豪华湖景大床房共计97单,其向携程公司收取的最高单价是1209.78元,仅有3单。最低单价是685.54元,有13单。余下订单有25笔单价在1000~1100元,有56笔单价在700~1000元。诉争订单入住日(2020年7月18日),携程公司向酒店采购的当日入住的订单有5笔,酒店向携程公司收取的最低单价是971.185元,最高单价是1133.78元,依照胡某芳当日取得的开票价1377.63元计算,是7折至8.2折。另根据酒店方记录,其向携程供应的单价,同日价格也可能有差异,但同日最大差价不超过200元。(3)酒店方与携程存在合作协议,酒店给予携程优惠价,通过携程预定,至少折扣为8.8折。(4)截至一审判决作出之日(2021年7月7日),如新下载携程App,页面直接跳出服务协议、隐私政策的温馨提示,并仅有两个选择:“同意并继续”“不同意并退出”。用户必须点击同意携程服务协议、隐私政策方能使用携程 App,如不同意,将直接退出携程 App。截至一审判决作出之日(2021 年 7 月 7 日),携程 App 的服务协议、隐私政策对用户个人信息有采集和使用条款。其中服务协议第 7 条用户隐私制度中要求特别授权,其要求特别授权的第 3 项为:为确保交易安全,允许携程及其关联公司、业务合作伙伴对用户信息进行数据分析,并允许携程及其关联公司、业务合作伙伴对上述分析结果进行商业利用。隐私政策第 2 条第 4 项第 3 款信息使用中的数据分析条款载明:我们可能将对您的订单数据用于分析,从而形成用户画像,以便让我们能够了解您所在的位置、偏好和人口统计信息,或与其他来源(包括第三方)的数据相匹配,从而开发我们的产品、服务或营销计划,改进我们的服务。控制信用风险条款载明:为确保交易安全和控制风险,携程及关联公司、业务合作伙伴可能对用户信息进行数据分析,并对上述分析结果进行商业利用。隐私政策第 2 条第 4 项第 4 款信息共享、转让和公开披露中第 1 点载明:我们可能会向合作伙伴等第三方共享您的订单信息、账户信息、设备信息以及位置信息,以保障为您提供的服务顺利完成……我们可能会与我们的关联公司共享您的个人信息,使我们能够向您提供与旅行相关的或者其他产品或服务的信息,他们会采取不低于本隐私政策同等严格的保护措施。(5)该院责成携程公司自行提交订单,携程公司提交了通过携程 App 用户在 2020 年 7 月 17 日至 8 月 17 日入住舟山希尔顿酒店豪华湖景大床房的订单信息 142 笔(含取消未实际执行订单,含直采订单、供应商订单和其他渠道订单)。此 142 笔订单,最高单价即 7 月 18 日入住的本案诉争订单的单价 2889 元,渠道是供应商,当日还有两笔单价较高的订单,分别为 2756 元和 2667 元,渠道均是供应商。此 3 笔单价在 2000 元以上的订单也是携程公司所举的订单中单价最高的 3 单。最低单价为 773 元,有 20 单。余下订单单价从 776 元至 1778 元不等,且将同日订单相比较,价格高低与是否预订不相关。同日入住的单价价格差最大达到 1600 多元,直采价的同日价格价差也有 400 多元。另外,单价 1400 元以上的订单在携程公司记录中绝大部分为供应商渠道,但供应商信息栏仅少量有“住哪”和“亿程”两个第三方公司标注,大部分供应商渠道的订单在供应商信息栏空白,赫程公司也未出现在供应商信息栏。3 笔 2000 元以上的订单供应商信息栏亦空白。(6)酒店方记录与携程公司自行提交的有效订单(仅限于直采渠道,因携程向酒店直采,酒店始可能标注携程来单)比对情况。酒店提供 7 月 17 日至 7 月 30 日客户入住的携程订单共计 37 单,携程公司提供的 7 月 17 日至 7 月 30 日客户入住且未取消的携程直采订单共计 57 单,两者数量有差异,且多不能吻合,或者酒店显示有订单,而携程公司处无订单,或者携程公司列出有订单,但酒店列表中无订单。两者相一致的,如7月17日入住,7月19日离店的,酒店和携程公司均有此笔预订2日的订单,显示携程公司向酒店支付的单价是955元,而携程公司向用户收取的单价是1504元。(7)为给予携程公司核实时间,该院在合议庭开庭前通知携程公司,请求其提前进行情况核实,以便在合议庭开庭时能对7个问题进行回答。然而,携程公司未到庭应诉,其接到该院询问后提交的补充答辩状对上述问题也均未予回复。

浙江省绍兴市柯桥区人民法院一审认为:

一、存在损害事实,胡某芳可予追责

酒店方实际收取的房费为1377.63元,而胡某芳被收取的房费金额为2889元,胡某芳明显受到损失和伤害,胡某芳有诉的利益。

二、携程公司系责任方

携程公司作为中介平台,仅对自身服务费、服务收益率有定价权,但对标的物价值无实质定价权,现其作为引发胡某芳信赖利益的行为方,在作出星级客户享受优惠承诺的同时未为价格监管行为,未向胡某芳如实报告酒店方给出的房价信息,反而向胡某芳展示了一个高出酒店方实际房价100%以上的价格,致使胡某芳产生错误认知,应当承担责任。

三、胡某芳主张退一赔三符合《消费者权益保护法》

根据《消费者权益保护法》第55条的规定,携程公司在App中向胡某芳承诺其可享受优惠房价,但胡某芳实际"享受"的是溢价率超过100%的房价,携程公司的虚假宣传导致胡某芳高价下订,成立价格欺诈。且在携程公司处理胡某芳投诉过程中,携程公司主张的"1621元"的价格只是携程公司工作人员伪装成客户向酒店工作人员询问而来的普通房价,并不存在酒店向供应商提供的房价内容,也不存在8.5折之类的折扣,携程公司根据该"1621元"房价仅向胡某芳退款1268元亦存在欺骗性质。由于住宿消费的特殊性,消费者业已消费完毕,不存在实体商品的退款退货,故针对"退一",该院只判退差价,而非退2889元全额房费。针对"赔三",则可要求携程公司按2889元全额房费的三倍支付。因胡某芳自愿只请求差额房费的三倍,故仅准其差额房费的三倍之诉请,即4534.11元(2889-1377.63=1511.37,1511.37×3=4534.11)。

四、胡某芳主张携程公司在公开媒体上赔礼道歉,不予准许胡某芳无名誉损伤,无须消除影响,其本身也无公益诉讼代表人资格。故在公开媒体上赔礼道歉的民事责任与携程公司侵权行为的具体方式和造成影响并不相当。

五、胡某芳主张携程 App 增加用户不同意其现有服务协议、隐私政策仍可继续使用的选项,应予支持

胡某芳具有诉的利益,且胡某芳具有法律法规上的依据。国家互联网信息办公室秘书局、工业和信息化部办公厅、公安部办公厅、国家市场监督管理总局办公厅四部门在 2021 年 5 月 1 日联合实施的《常见类型移动互联网应用程序必要个人信息范围规定》第 4 条规定,App 不得因为用户不同意提供非必要个人信息,而拒绝用户使用其基本功能服务。携程 App 的服务协议、隐私政策恰恰以拒绝提供服务形成对用户的强制,迫使用户许可其采集和使用非必要信息。现携程 App 的服务协议、隐私政策均要求用户特别授权携程公司及其关联公司、业务合作伙伴共享用户的注册信息、交易、支付数据,并允许携程公司及其关联公司、业务合作伙伴对用户信息进行数据分析,且对分析结果进一步商业利用。携程 App 的隐私政策还要求用户授权携程自动收集用户的个人信息,包括日志信息、设备信息、软件信息、位置信息,要求用户许可其使用用户信息进行营销活动、形成个性化推荐,同时要求用户同意携程公司将用户的订单数据进行分析,从而形成用户画像,以便携程公司能够了解用户偏好。上述信息超越了《常见类型移动互联网应用程序必要个人信息范围规定》第 5 条规定的形成订单必需的要素信息,属于非必要信息的采集和使用,其中用户信息分享给携程公司可随意界定的关联公司、业务合作伙伴进行进一步商业利用更是既无必要性,又无限加重用户个人信息使用风险。携程 App 在打开之后要求用户在“同意(其隐私政策、服务协议)并继续”和“不同意并退出”中作出选择,正是以拒绝提供服务形成对用户的强制。而且依据携程公司自行公布的财报,携程集团的营业额连续 3 年居全球在线旅游行业第一,已有市场强势地位,用户对平台依赖度较高,转向其他平台缺乏足够、可预期的可能性,用户难以弃用携程 App,自主选择其他平台,实质也构成强制。根据《民法典》第 1035 条的规定,处理个人信息应遵循合法、正当、必要原则,不得过度处理。而正当原则既包括信息处理的目的正当,也包括信息获取的手段正当。故以捆绑服务、强制停止使用等不正当手段变相诱导、胁迫用户提供个人信息,违反了正当性原则。胡某芳的诉请,是对非正当行为之纠正。另外,胡某芳在携程 App 平台上的数据积累符合价格不敏感、

高净值客户的形象,携程公司对高价订单形成的“酒店房源紧张”的辩称不符合事实,订单合理性难以解释,携程公司强制要求用户同意的隐私政策还明示了携程公司要形成用户画像,更在客观上加深了胡某芳“大数据杀熟”的疑虑。综此,胡某芳疑虑携程公司“大数据杀熟”存在一定理由。但是携程公司“大数据杀熟”确证与否,不构成影响本案实体判决的事实基础,该院未予进一步审查确认。

据此,浙江省绍兴市柯桥区人民法院依照《民法典时间效力司法解释》第 2 条,《民法典》第 990 条、第 995 条、第 1034 条、第 1035 条、第 1037 条、第 1197 条,《消费者权益保护法》第 55 条,《民事诉讼法》第 144 条的规定,于 2021 年 7 月 7 日作出判决:“一、上海携程商务有限公司于判决生效之日起十日内退还胡某芳订房差价 243.37 元并按差额房费的三倍支付赔偿金 4534.11 元;二、上海携程商务有限公司限于判决生效之日起三十日内在其运营的携程旅行 App 中为胡某芳增加不同意其现有《服务协议》和《隐私政策》仍可继续使用的选项,或者在判决生效之日起三十日内为胡某芳修订携程旅行 App 的《服务协议》和《隐私政策》,去除对用户非必要信息采集和使用的相关内容(修订版本需提交该院审定同意);三、驳回胡某芳的其他诉讼请求。”

携程公司不服一审判决,向浙江省绍兴市中级人民法院提起上诉称:(1)原审判决事实认定多处错误,并遗漏重要事实。携程公司在提供服务过程中既无虚假宣传行为,亦未获得不合理利益,不构成欺诈。①原审判决错误认定胡某芳作为钻石贵宾客户所享受优惠政策的适用范围。携程 App 中非常明确地表明了钻石贵宾客户享受特权的规则,只有在携程优享会范围内的酒店,钻石贵宾客户才会享有相应优惠,具体以酒店房型详情页说明为准。但案涉酒店不是优享会酒店,不适用优惠政策。携程公司并未在会员优惠政策上进行虚假宣传,胡某芳也并未受到宣传欺骗。②原审判决未查明胡某芳系在携程 App 上通过代理商展示销售的资源而预订酒店的重要事实,混淆了携程平台在直采和代理两种不同销售渠道下的知情范围,错误认定携程公司在本案中有所谓“房价信息报告义务”。实际上,胡某芳是在携程 App 上通过已经标明“代理”的渠道预订房间,而非携程直采房型。在代理模式下,携程 App 上所显示的价格由代理商自行在携程后台设定报价并附加携程公司合理服务费后组成,由代理商捷锐公司采购酒店房间并通过携程 App 展示销售,携程公司与酒店方之间并不存在直接合同关系,不掌握代理商渠道的客房销售及价格情况。携程公司如实履行了告知义务,并未故意在电商平台中向用户提供任何虚假或不真实的信息。③原审判决中遗漏了对于胡某芳所付房价真实情况的查明,导致直接笼统认定本案房费属于“携程 App 高溢价”从而得出“欺诈”的错误认定。本案中捷锐公司系自行出价并通过代理商系统上传,最终以固定价格显示在包括胡某芳在内的所有携程 App 用户面前。胡某芳接受价格并按照携程 App 界面显示价付费后,赫程公司扣除合理服务费后将捷锐公司的出价全额支付给捷锐公司,捷锐公司和酒店方自行进行结算。因此,携程公司在包括本案在内的同类服务模式下,并未从包括胡某芳在内的用户订单费用中获得任何非正常营业收益。携程公司没有理由干预代理商捷锐公司的自主定价经营行为,并无任何责任与过错,亦未从中获取不合理的利益。④原审判决认定携程公司构成侵权属于事实认定错误。根据民事诉讼法“谁主张,谁举证”的原则,在没有明文规定举证责任倒置的情况下,胡某芳应当对自己的主张提供证据予以证明。胡某芳指控侵权的“大数据杀熟”没有任何证据证明,仅仅是个人的怀疑与臆测。携程公司并无对胡某芳实施用户画像和精准推荐行为。同时,原审判决对于酒店专业问题不了解,仅凭自己理解即毫无依据地认为价格高就是携程公司实施了“大数据杀熟”。本案中,酒店价格高是代理商提前预判酒店稀缺而囤房销售所致,根本不是携程公司自营销售,携程公司在本案法律关系中的性质和法律地位是电商平台而不是中介,其法律义务是由电商法规定,不存在所谓的中介报告义务。⑤原审判决认定携程公司占据电商产业的优势、强势地位,亦属于认定事实错误。有关此项的表述与案件审理欺诈与否的事实与法律争议均无关系,且与实际市场情况明显不符。旅行行业市场竞争充分,在线酒店预订行业更是竞争激烈,原审法院仅凭片面说法未经过全面分析和科学论证,错误判断携程公司占据电商产业的优势地位以及具有市场强势地位。(2)原审判决法律适用错误。虽然法律规定了公民享有个人信息权益,但并未设置原审判决中所谓的“个人信息拒绝权”,胡某芳并无要求携程公司修改产品设计或者协议文本的请求权基础。①《常见类型移动互联网应用程序必要个人信息范围规定》为规范性文件,不是原判所谓“个人信息拒绝权”的法律依据,不得作为胡某芳请求权基础,不能作为法院审理案件的裁判依据。②《民法典》没有规定原审判决中所谓的“个人信息拒绝权”,在胡某芳已经同意了服务协议、隐私政策的前提下,若胡某芳认为携程公司不应依据隐私政策处理其个人信息,只能依据《民法典》第 497 条提出相关条款对其不生效的请求;或者依据《民法典》第 1037 条第 2 款的规定,提出删除个人信息的请求,并由法院在查清事实的基础上,作出前述法律条文是否在本案中适用的认定。但无论如何,本案都不存在胡某芳要求携程公司修改服务协议、隐私政策文本或增加不同意现有服务协议、隐私政策仍可继续使用的选项的法律基础,该项请求应予驳回。(3)原审判决存在多处程序违法。①原审判决在侵权案件同时审理合同纠纷,违反法律规定。我国法律一贯对于违约竞合构成侵权的,只能选择其中之一作为案由起诉,本案胡某芳诉称欺诈退一赔三属于侵权,原审案由也是侵权责任纠纷,但是服务协议、隐私政策明显属于合同法律关系,原审将不能在同一个案由中兼容的两种法律关系杂糅,明显违反法律规定。②原审法院应当追加被告未追加。在携程公司抗辩仅是电商平台运营方的情况下,原审法院应当向胡某芳释明,并追加代理商捷锐公司作为共同被告,以查明案件事实。③判决书格式错误,未归纳争议焦点,概括法律争议问题,并阐明法院评判意见。本案只有对胡某芳诉讼请求同意与否的评价,没有根据携程公司提交的证据和答辩状,概括双方争议焦点并做分析评判。④原审判决超出胡某芳请求和人民法院司法审查范围。胡某芳第 4 项请求系判令携程公司在 App 中增加选项,使得客户不同意服务协议、隐私政策也可以使用 App,判决主文第 2 项增加了修订上述协议的内容,该判项超出请求范围,违反不告不理原则。携程公司并未收到胡某芳增加诉讼请求的通知和相关材料,亦未收到法院于判决书中所述的开庭前要求携程公司核实的七条具体问题的材料,上述情况皆未在判决书中如实记载和体现,属于程序违法。此外,对于收集信息是否必要,是否需要单独设置功能保障用户可以使用,属于国家关于企业如何利用个人信息的政策和行政监管范畴,在没有具体个人信息侵权或合同争议的情况下,上述问题超出人民法院民事审判的范围。请求:依法撤销原审判决,驳回胡某芳的全部诉讼请求。

被上诉人胡某芳辩称:原审认定事实清楚,不存在程序违法,判决应予维持。(1)携程公司构成欺诈。①携程公司存在虚假宣传。携程公司于包括携程公司官网在内的多个平台对自身服务宣传称“放心的服务、放心的价格”,但事实上携程公司向胡某芳提供的酒店预订服务价格明显高于普通客户预订价格及市场价格,足以认定携程公司存在虚假宣传行为。无论案涉酒店房源是否享受 8.5 折优惠,均不影响对于携程公司欺诈的认定。②无论案涉房源是否由第三方销售,本案侵权主体仅为携程公司。本案中,除了订购页面上以极小字体标出的“代理”字样外,携程公司没有向胡某芳就房源渠道进行任何告知,没有告知该代理的含义,没有履行如实告知义务。③携程公司是否在案涉订单中获取"非正常营业收入",甚至是否获取营业收入,与本案无关。④原审法院未依据"大数据杀熟"而认定携程公司的侵权行为,即使携程公司没有进行"大数据杀熟",也不影响携程公司在本案中构成欺诈。⑤携程公司满足欺诈行为的构成要件。本案中携程公司存在虚假宣传,且未履行如实报告义务,利用了胡某芳对携程公司的信赖,使胡某芳对携程公司提供标的物价值产生错误认知,作出高价下订的意思表示,因果关系明朗,成立欺诈。⑥原审法院关于携程公司在全球在线旅游行业具有优势地位的事实认定无误,且上述事实与携程公司实施的个人信息违法行为密切相关。(2)胡某芳要求携程公司增加用户不同意其现有服务协议、隐私政策仍可继续使用携程 App 系针对携程公司的违法行为所提出,该诉请合理合法,其目的在于要求携程公司停止收集胡某芳非必要个人信息,胡某芳可在携程公司不收集其非必要个人信息的情况下继续使用携程 App,而原审判决也即为此意。(3)本案不存在程序问题,携程公司所讲的程序问题之理由均不能成立。

绍兴市中级人民法院经审理认为:胡某芳通过携程 App 预订酒店的房价远高于门市价,携程公司对此构成欺诈。携程公司未依法以显著标识将自营业务与他营业务予以区分,未依法向消费者披露其所称的平台内经营者信息,对第三方代理商渠道房源存在的风险未予告知。同时,携程公司作为携程 App 网络服务提供者,有义务、有能力、有必要对利用其平台发布高溢价房源信息、赚取高额利润的不当行为进行监管。本案中,携程 App 上存在第三方代理商预先零费用囤房、择机翻倍加价的"倒房"行为,但携程公司怠于履行平台主体责任未进行有效监管。而且携程公司一直在消费者心目中营造"低价""放心"等品牌形象,使消费者有合理理由相信并充分信赖认为,在携程 App 上展示的 2889 元价格应当是低于或者至少是不高于酒店正常对外销售价格。携程公司的上述错误行为,使胡某芳陷入了对交易对象的认知错误,继而又基于对携程公司的充分信赖而陷入了对交易价格优惠的认知错误,最终作出不真实的意思表示,实际支付了远高于门市价格的价款。携程公司应承担欺诈的惩罚性赔偿责任。

对胡某芳要求携程公司对其 App 增加不同意服务协议、隐私政策仍可继续使用的选项之诉请不宜支持。本案中,携程公司存在侵害消费者个人信息权益的行为,其"强制且不指明具体内容"的信息收集方式违反有关处理个人信息的正当性原则;对个人信息的收集超出所必需的信息范围,不符合对个人信息收集的最小范围原则;将信息分享给携程公司可随意界定的关联公司、业务合作伙伴进行数据分析和商业利用,不符合对个人信息最小损害原则。但民事责任的承担方式应与侵权行为相适应,且依法严格保护个人信息应当平衡信息提供者利益、数据平台使用者利益和公共利益。携程公司未对消费者个人信息肆意披露和以极端方式加以侵害,给其否定性评价并要求其承担惩罚性赔偿已可达到胡某芳使用携程 App 的预期效果和合同订立初衷。同时,随着新一代信息技术的迅速发展,人类已经进入数字经济时代。数字经济是当前最具创新活力的经济形态。必要的信息收集、积累和数据加工是数字经济发展的关键要素和核心竞争力。但必须坚持促进发展与保护权利相统一,在发展利益和个人利益之间寻找最佳平衡点。本案如不允许携程公司收集消费者的姓名、手机、身份信息等就无法实现具体的服务事项。如允许消费者不提供任何个人信息,仍可使用携程 App 要求携程公司提供服务,系对携程公司的过分苛责。平台经营者会因此丧失支撑起经营模式的基础资源,也无法通过合理的数据处理更好地保障消费者利益,如此既不利于数字经济的长远发展,最终也会损害消费者权益。故对胡某芳要求增加该 App 选项的诉请不予支持。

据此,浙江省绍兴市中级人民法院依照《民法典时间效力司法解释》第 1 条;《民法总则》第 111 条;《电子商务法》第 9 条,第 14 条,第 15 条,第 23 条,第 37 条;《网络安全法》第 41 条;《消费者权益保护法》第 8 条,第 20 条第 1 款、第 2 款,第 29 条,第 55 条第 1 款;《民事诉讼法》第 170 条第 1 款第 2 项的规定,于 2021 年 12 月 31 日判决如下:

一、维持浙江省绍兴市柯桥区人民法院(2021)浙 0603 民初 790 号民事判决第一项,即上海携程商务有限公司于判决生效之日起十日内退还胡某芳订房差价 243.37 元并按差额房费的三倍支付赔偿金 4534.11 元;

二、撤销浙江省绍兴市柯桥区人民法院(2021)浙 0603 民初 790 号民事判决第二项、第三项;

三、驳回胡某芳的其余诉讼请求。

浙江省湖州市人民检察院诉浙江某环保公司、夏某某污染环境案

编者按

该案系全国首例违法使用“COD去除剂”干扰环保自动监测设施污染环境入刑案。被告单位作为经营污水处理的企业，是污水治理的最后一道环节，不仅未积极落实治理污水主体责任，反而为牟利以“假治污”形式逃避监管，成为污染源头，对生态环境安全埋下巨大隐患。本案首次对企业使用“COD去除剂”干扰监测设施的行为进行刑事追责，明确了类案裁判标准，阻断了违法犯罪利益链条，给不法企业敲响警钟，彰显人民法院充分发挥审判职能作用，践行用最严密法治保护生态环境的理念，巩固打击环境污染犯罪高压态势、维护生态环境安全和人民群众生命健康安全的决心和担当，满足了人民群众对干净水质、良好生态、清洁美丽世界的新期盼。鉴于本案系首例涉及违法使用COD污染环境新类型案件，审理法院积极落实《最高人民法院关于完善四级法院审级职能定位改革试点的实施办法》精神，适用提级管辖，由中级法院院长、市检察院检察长“两长”同庭履职并当庭宣判，赢得了社会公众普遍认可与赞誉，实现了政治效果、社会效果、法律效果的有机统一。本案判决后经中央电视台等主流媒体报道，产生了广泛的社会反响。

裁判摘要

市级以上重点排污单位明知其所投加的“COD 去除剂”将产生干扰环保自动监测设施的后果,为了逃避监管和处罚,仍然进行投加。只要排污单位所排放的污水中含有 COD(化学需氧量)成分,其行为即构成污染环境罪,COD 成分是否超标不影响行为定性。

公诉机关:浙江省湖州市人民检察院

被告单位:长兴新天地环保科技有限公司

法定代表人:严某民

被告人:夏某频,生产经营负责人

浙江省湖州市人民检察院因被告长兴新天地环保科技有限公司(以下简称新天地公司)、被告夏某频的污染环境行为,向浙江省湖州市中级人民法院提起公诉。

浙江省湖州市人民检察院指控:新天地公司系湖州市生态环境局确定的重点排污单位。2020 年 12 月至 2021 年 1 月,新天地公司先后七次从长兴开源化工有限公司购得“COD 去除剂”。随后,新天地公司将所购得的“COD 去除剂”投加在污水处理末端,干扰自动监测设施,以降低 COD 自动监测数据,排放化学需氧量污染物。夏某频作为新天地公司直接负责的主管人员,为了单位利益,明知“COD 去除剂”具有干扰自动监测设施的作用,亲自或者组织、指挥公司员工违法投放。2021 年 5 月 12 日晚,湖州市生态环境局长兴分局对新天地公司进行现场检查,当场查获新天地公司上述违法投加行为。经鉴定,新天地公司购买、使用的“COD 去除剂”粉剂氯酸钠检测值为 66.2%,水剂氯酸钠检测值为 0.064%。夏某频于 2021 年 5 月 19 日晚在长兴住处被抓获归案。浙江省湖州市人民检察院认为新天地公司、夏某频的行为触犯了《刑法》第 25 条、第 31 条、第 338 条、第 346 条的规定,构成污染环境罪,建议对新天地公司判处罚金人民币 20 万元;对夏某频判处有期徒刑 1 年,缓刑 1 年 6 个月,并处罚金人民币 2 万元。

浙江省湖州市中级人民法院经审理认为:良好生态是最普惠的民生福祉,生态文明建设是关系中华民族永续发展的千年大计。每一个单位、组织和个人都有保护和改善生活环境和生态环境的义务和责任。水是生命之源,是重要的环境要素,更是人类赖以生存和发展的珍贵资源。水体受污染会影响生态系统,危害人类生存空间，理应用最严密的法治予以保护。本案中，新天地公司作为重点排污单位，其通过投加“COD 去除剂”的方式，干扰自动监测设施，排放含有污染物化学需氧量的废水，其行为已构成污染环境罪，夏某频系新天地公司直接负责污水处理的主管人员，其行为亦已构成污染环境罪。公诉机关指控的罪名成立，依法应予惩处。新天地公司作为环保企业，是属地生活污水及部分工业污水处理的最后一道防线，承担着精准治污、科学治污、依法治污的职责，但其却为逃避监管、防止被处罚，采用隐蔽手段干扰自动监测设施，向外环境排放含有污染物的废水，其行为造成的社会危害性更为恶劣，酌情从重处罚。夏某频作为环保企业的生产经营负责人，理应带领企业运用专业技术科学处理污水，让清洁的水回归大自然，但其却为了单位利益，实施污染环境行为，应当予以刑事制裁，考虑其到案后如实供述自己的罪行，具有坦白情节，依法可以从轻处罚。新天地公司、夏某频自愿认罪认罚，并签署了认罪认罚具结书，依法可以从宽处理。公诉机关提出的量刑建议适当，应予采纳。

根据新天地公司、夏某频犯罪的事实、犯罪的性质、情节和对于社会的危害程度以及犯罪后的表现，浙江省湖州市中级人民法院依照经 2011 年《刑法修正案（八）》修正的《刑法》第 338 条、第 346 条、第 31 条、第 67 条第 3 款、第 64 条，《最高人民法院、最高人民检察院关于办理环境污染刑事案件适用法律若干问题的解释》第 1 条第 7 项，《刑事诉讼法》第 15 条的规定，于 2022 年 6 月 2 日作出判决：

被告单位长兴新天地环保科技有限公司犯污染环境罪，判处罚金人民币二十万元；被告人夏某频犯污染环境罪，判处有期徒刑一年，缓刑一年六个月，并处罚金人民币二万元；扣押的记事本 1 本，由扣押机关依法发还；扣押的其余物品由扣押机关依法处理。

楼某某诉杜某某、北京微梦创科网络技术有限公司肖像权纠纷案

编者按

近年来,有极少数个人通过网络社交平台发布一些罔顾客观事实与民族情感的言论,盲目崇拜他国、恶意贬损中国、丑化中华文化,这不仅会伤害民族情感与国家尊严,也会涣散中华民族的凝聚力和向心力,更会影响人们形成正确的历史观,必须予以坚决抵制、严厉谴责、依法惩戒。本案被告杜某某在国家重要纪念日无视中华民族艰难的抗战历程,无视近现代中国人民遭受的耻辱、苦难,通过互联网平台公开散布崇日贬中,丑化民族精神、文化、历史的言行,伤害了国民的民族情感,应当受到道德的谴责、法律的负面评价。

儿童是国家的未来、民族的希望,儿童的健康成长能够为国家发展提供宝贵的资源和不竭的动力,保障儿童的健康成长不仅是保障其身体健康,更需要保障其发展健全的人格,养成坚实的国家身份认同和深切的民族情怀。《未成年人保护法》第5条明确规定,国家、社会、学校和家庭应当对未成年人加强爱国主义教育,培养爱祖国、爱人民、爱社会主义的公德,引导未成年人树立和践行社会主义核心价值观。

本案审理受到社会极大关注,案件一经宣判,《人民日报》即以本案裁判为主题在新浪微博主持话题讨论,关注、阅读人数超过亿次。后续《中国日报》、《法治日报》、《中国青年报》及"中央政法委长安剑"、共青团中央微信公众号等全国94家线上、线下新闻媒体跟进报道,产生了极好的社会影响,达到了以公正裁判树立行为规则,培育和弘扬社会主义核心价值观的目的。

裁判摘要

1. 行为人在信息网络平台罔顾客观事实以造谣传播等方式盗用、歪曲使用他人肖像,可认定为《民法典》第 1019 条第 1 款规定的以丑化、污损,或者利用信息技术手段伪造等方式侵害他人肖像权的行为。

2. 未成年人相较成年人具有脆弱和身心不成熟的特点,侵害未成年人人格权益造成其爱国情感、民族情怀等精神利益受到伤害的,易对其产生不良的国家身份认同影响,可认定造成未成年人严重精神损害。未成年人据此主张精神损害赔偿的,人民法院应予以支持。

原告:楼某某

法定代理人:夏某某,系原告之母

被告:北京微梦创科网络技术有限公司

法定代表人:曹某,董事长兼经理

被告:杜某某

原告楼某某因与被告北京微梦创科网络技术有限公司(以下简称微梦创科公司)发生肖像权纠纷,向杭州互联网法院提起诉讼。

原告楼某某诉称:(1)被告微梦创科公司向原告披露涉案微博用户"西格隆咚锵的隆"(UID:2386311935)的实名身份信息;(2)本案诉讼费用由被告负担。案件审理过程中,原告楼某某申请追加杜某某为案件被告,同时变更诉讼请求为:(1)请求判令被告杜某某立即向原告赔礼道歉,使用原账号在微博上公开发表道歉文章,若无法实际履行,则请求判令在国家级媒体上登报道歉,时间均持续一周;(2)请求判令被告杜某某赔偿原告精神损害赔偿金 5 万元、律师费 5000 元;(3)本案的诉讼费用由两被告负担。事实和理由:2021 年 7 月 7 日,被告微梦创科公司旗下新浪微博用户"西格隆咚锵的隆"即被告杜某某,未经原告母亲同意擅自配图原告照片(图片内容为一个戴着帽子、拎着小皮包的小女孩乘坐地铁)发文:"日本地铁上的小乘客,一个人上学,那眼神里充满自信和勇气,太可爱了。"后还回复和转发相关评论:"只有在世界上最安全、最文明的国都里才有这个可爱、幸福的镜头,感谢摄影师。"该微博很快冲上微博热搜,并广泛扩散,被告杜某某针对原告肖像图片的不实言论给原告的社会评价带来了不可逆转的影响,给爱国爱家、生活和谐的原告家庭造成极大困扰,侵害了原告的肖像权和民族感情。原告认为被告微梦创科公司作为平台,在由用户利用其平台进行侵权行为后有义务向被侵权人提供相关侵权用户信息,被告杜某某作为直接侵权人应承担赔礼道歉和损害赔偿责任。综上,为维护原告合法权益,特起诉至法院,请依法支持。

被告微梦创科公司辩称:(1)微梦创科公司作为微博网站的经营者在本案中的法律地位属于网络服务提供者,对微博用户所发布的内容无事先审查或主动审查的法律义务,在原告对微梦创科公司进行有效通知前对涉案内容的存在并不知悉,不存在过错,不构成侵权。微梦创科公司既非当事人也非知情人,互联网信息纷繁复杂,微梦创科公司作为网络平台经营者,不可能对每一篇微博及其配图都核对其内容的真实性。涉案微博内容并非位于微博平台的显著位置,微梦创科公司也从未对其内容进行过整理、编辑或推荐。如果相关权利人不予指正且提供充足的证据,作为网络服务提供者不可能判断涉案内容的真实性,亦不可能发现侵犯其相关权益的事实。要求微梦创科公司对用户微博上所发表的内容进行判断与事先审查,无论在事实上还是法律上,都显然超出微梦创科公司应具备的审查能力和应履行的义务。因此,根据法律法规规定,微梦创科公司对涉案微博内容并无事先审查的义务,无任何过错,不应承担侵权责任。(2)原告就涉案的微博并未事先有效通知微梦创科公司要求删除,微梦创科公司不应当承担侵权责任。本案中,原告在起诉前并未事先有效通知微梦创科公司并举证要求删除,微梦创科公司在原告起诉前对涉案微博内容不知悉。在收到起诉材料后,及时对原告证据显示的涉案微博内容进行了删除处理;且经查,涉案微博账号已于 2021 年 7 月 8 日由于案外原因(案涉微博账号存在其他不当言论)被关闭处理,现涉案微博账号及其发布的所有内容均已不存在。因此,微梦创科公司已合理履行作为网络服务提供者的义务,不存在过错,不应承担任何侵权责任。据此,微梦创科公司恳请法院根据相关事实并依照有关法律规定,依法驳回原告对微梦创科公司的全部诉讼请求。

被告杜某某未发表答辩意见。

杭州互联网法院一审查明:

2021 年 7 月 7 日 11 时,新浪微博用户"西格隆咚锵的隆"发布一条博文,该博文由图片和文字组成,其中图片内容为一名站立在地铁上手持小提包的小女孩,文字内容为"日本地铁上的小乘客,一个人上学,那眼神里充满自信和勇气,太可爱了"。该博文在新浪微博引起极大争议,其他微博用户纷纷在该条微博下留言"这不是日本的地铁,日本地铁没有柱子,座位是布艺沙发”“这是中国地铁”“这是中国啊”“没错,就是我们中国”“唯一配得上这几个词的国家只有中国”“谢谢你夸我们中国”等。经查明,案涉图片中的小女孩为原告楼某某,图片的拍摄地点在杭州市的地铁上,场景为楼某某乘坐杭州地铁时的情景。2021 年 7 月 8 日,原告楼某某母亲在新浪微博发布辟谣帖称,“我是地铁小女孩的妈妈。网传我家孩子是日本小孩!在此特此申明:我家孩子是我大中华儿女,并深深热爱着我们的祖国!请那些擅自乱加文案的‘人’给我闭嘴!我大中国不容许你们在这里乱来~”。但被告杜某某仍不删除案涉博文,还在该微博下留言称“那是世界最安全的国家”“不把千年的糟粕文化丢进垃圾桶,是不会彻根彻底地改变思想文明进步的”“只有在世界上最安全、最文明的国都里才有这个可爱、幸福的镜头,感谢摄影师”等。后微博账号“西格隆咚锵的隆”由于案外原因(案涉微博账号存在其他不当言论),被新浪微博官方做关闭处理,该微博账号发布的所有内容已从新浪微博平台清除。

经原告楼某某申请,法院向微梦创科公司等调取了微博用户“西格隆咚锵的隆”的实名注册信息,确认该微博用户实名注册主体为被告杜某某。

杭州互联网法院一审认为:

一、关于被告杜某某案涉行为是否侵害原告楼某某的肖像权的问题

法院认为,首先,原告楼某某对案涉图片肖像享有肖像权。根据《民法典》第 1018 条的规定,自然人享有肖像权,有权依法制作、使用、公开或者许可他人使用自己的肖像。肖像是通过影像、雕塑、绘画等方式在一定载体上所反映的特定自然人可以被识别的外部形象。由此可知,肖像权是自然人以肖像所体现的人格利益为主要内容的民事权利,它直接关系到自然人的人格尊严及其形象的社会评价,是自然人所享有的一项重要的具体人格权。自然人对通过影像方式使个人外貌在物质载体上得以再现的肖像享有肖像权,前提是肖像具有可识别性,即通过影像方式再现的个人肖像能够被社会普通民众辨认为某个具体的自然人,该自然人即肖像权人。本案中,被告杜某某发布的案涉微博博文中使用的图片含有一小女孩的清晰面部特征、体貌状态等外部身体形象,通过比对原告提交证据中楼某某本人的肖像,以社会一般人的认知标准,能够清楚地确认案涉博文图片中的肖像为本案原告楼某某的形象,故原告楼某某对该图片再现的肖像享有肖像权。

其次,被告杜某某案涉行为侵害了原告楼某某的肖像权。根据《民法典》第 1019 条第 1 款的规定,任何组织或者个人不得以丑化、污损,或者利用信息技术手

段伪造等方式侵害他人的肖像权。未经肖像权人同意,不得制作、使用、公开肖像权人的肖像,但是法律另有规定的除外。由此可知,《民法典》规定侵害自然人肖像权的构成要件为:未经本人同意;实施了利用他人肖像的行为。肖像权本质上是权利人所享有的人格权,任何人使用他人肖像应当依法取得权利人的同意;如果权利人系未成年人,须征得其监护人的同意。本案中,原告楼某某系未成年人,按其年龄属无民事行为能力人,他人使用原告肖像,依法应获得原告监护人的同意。被告杜某某使用其新浪微博账号发布了带有原告楼某某肖像的图片,但未经原告楼某某监护人同意,属于非法使用原告的肖像,构成对原告肖像权的侵害。更为严重的是,被告杜某某在全国纪念"七七事变"84 周年之际,公然在原告一名中国小女孩在中国乘坐地铁的图片上配文阐释,称原告为"日本地铁上的小乘客,一个人上学,那眼神里充满自信和勇气,太可爱了",使人产生误解,认为原告楼某某为日本人。然而,在中国哪怕作为一个最普通的公民,无论是耄耋老人还是三尺童蒙,都有最基本的国家归属感、文化认同感及民族自豪感。热爱自己的国家是公民个体与国家整体之间的精神血脉纽带,是回答"我们是谁"这一国民身份认同性问题的终极答案。对一个人的最基本尊重是尊重其人格,对一个国家的最基本尊重是尊重其国格。国格就是国家尊严,国格也是国家每一个公民个体人格中所包含的国家身份认同、民族情感的重要组成;尊重公民的国家身份认同、民族情感也是尊重其个人人格的重要体现,扭曲、虚无、丑化个人的民族意识、国家认同,也是对个人人格权益的侵害。被告杜某某在"七七事变"纪念日这一特殊时刻,在网络上发布原告肖像图片,并将图片中的肖像人物阐释为日本人,借原告"眼神里充满自信和勇气"和可爱的外在形象,以达到盲目崇拜日本,贬低中华民族的意图,甚至不惜通过对自己祖国的贬损与丑化,来凸显对日本的"热爱"与"向往",此种行为严重损害了原告楼某某的国家认同感和民族自豪感,应认定为对原告楼某某肖像的丑化,严重侵害了原告楼某某的肖像权。

二、关于被告杜某某侵害原告楼某某肖像权,应承担何种民事责任的问题

法院认为,首先,原告楼某某要求被告杜某某赔礼道歉的诉请依法应获得支持。根据《民法典》第 995 条的规定,"人格权受到侵害的,受害人有权依照本法和其他法律的规定请求行为人承担民事责任。受害人的停止侵害、排除妨碍、消除危险、消除影响、恢复名誉、赔礼道歉请求权,不适用诉讼时效的规定"。本案中,被告杜某某未经原告楼某某许可,使用了原告楼某某的肖像图片,并且对原告肖像进行

扭曲、丑化使用,侵害了原告的肖像权。儿童是国家的未来、民族的希望,儿童的健康成长能够为国家发展提供宝贵的资源和不竭的动力,保障儿童的健康成长不仅是保障其身体健康,更需要保障其发展健全的人格,养成坚实的国家身份认同和深切的民族情怀。《未成年人保护法》第 5 条对此作出明确的规定,国家、社会、学校和家庭应当对未成年人进行理想教育、道德教育、科学教育、文化教育、法治教育、国家安全教育、健康教育、劳动教育,加强爱国主义、集体主义和中国特色社会主义的教育,培养爱祖国、爱人民、爱劳动、爱科学、爱社会主义的公德,抵制资本主义、封建主义和其他腐朽思想的侵蚀,引导未成年人树立和践行社会主义核心价值观。儿童相较成年人具有脆弱和身心不成熟的特点,本案被告杜某某的侵权行为极易对尚为儿童的原告楼某某产生不良的国家身份认同影响;而个人的民族意识、国家认同和爱国情操是其形成健全人格的重要组成部分,故被告杜某某侵害原告楼某某肖像权的行为,对原告人格权益造成侵害,原告诉请被告杜某某赔礼道歉,有利于恢复其人格状态的圆满,有利于其未来的健康成长,依法应获得支持。原告诉请由被告杜某某在新浪微博使用原微博账号进行道歉,但被告杜某某的案涉微博账号已被注销,不能再通过该账号进行赔礼道歉;考虑到案涉事件已在全国范围内产生很大的负面影响,故酌情确定由被告杜某某在《法治日报》刊登向原告进行赔礼道歉的声明。若被告杜某某拒不承担前述赔礼道歉的民事责任,法院采取将裁判文书主要内容在《法治日报》发布公告的方式予以执行,产生的费用由被告杜某某负担。

其次,原告楼某某要求被告杜某某赔偿精神抚慰金、合理维权费用的诉请依法应获得支持。根据《民法典》第 1183 条第 1 款的规定,侵害自然人人身权益造成严重精神损害的,被侵权人有权请求精神损害赔偿。本案中,第一,被告杜某某侵害原告肖像权在主观上具有过错,且行为极为卑劣,并无悔改之意,造成了极为恶劣的社会影响。如果说被告杜某某在发布案涉博文之初,错将原告楼某某阐释为日本小女孩,是因其未尽到审慎注意义务,主观上存在有过失;那么,在其发布博文之后,有众多网友留言指出其错谬,指正其博文中图片肖像人物为中国小女孩,其仍拒不处理,还不断留言,大言不惭地称"只有在世界上最安全、最文明的国都里才有这个可爱、幸福的镜头"等,此时被告杜某某主观上完全具有放任的故意,即为了达到其"崇日贬中"、丑化中国、贬低中国人、贬损中华文化的目的,不惜丑化、亵渎原告楼某某的肖像。此后,在原告楼某某母亲已在多个平台发布严正声明表示楼某某"是我大中华儿女"时,被告杜某某仍拒不删除博文,足以表明其主观恶性和行为之卑劣。被告杜某某发布案涉博文之时,正是全国纪念"七七事变"84 周年之际,日本侵华战争是中国人民历史上灾难深重的一段记忆,是中华民族史册中永远无法忘记的沉痛往事。被告杜某某案涉行为不惜撕裂历史伤口,伤害民族感情,挑战历史记忆,亵渎历史尊严,严重伤害了包括原告楼某某及家人在内的每一个中国人的民族情感记忆,其行为经过网络发酵造成了极为恶劣的社会影响,必须予以坚决抵制、严厉谴责。第二,原告楼某某为年仅 3 周岁的儿童,其权利依法应受到特殊的保护,对未成年人特别是儿童人格权利的侵害所造成的精神损害后果往往具有潜在性和长期性,某些负面影响可能会伴随其一生的成长。本案楼某某现仅为 3 周岁的儿童,当下其对于案涉事件的认知可能尚处于懵懂状态;但事件在网络中的痕迹不会随着时间的经过而自动被遗忘,当楼某某慢慢长大后仍需独立面对事件可能给其造成的不良影响。试想当楼某某进入小学后翻开人教版一年级语文课本上册第一课《我上学了》,读到第一页"我是中国人"时,联想到案涉事件而产生的内心波澜、悸动,以及可能对其造成的连锁反应,凡此种种均需由其一人独立面对。故被告杜某某的侵权行为对原告楼某某造成的精神损害是客观存在的,且后果较为严重。综上因素考量,法院酌情判定由被告杜某某赔偿原告楼某某精神损害抚慰金 1 万元。至于原告楼某某为本案维权支出的律师代理费 5000 元,属于被侵权人为制止侵权行为所支付的合理开支,可以认定为《民法典》第 1182 条规定的财产损失,法院亦予以支持。

最后,需要指出的是:爱国,是人世间最深层、最持久的情感。爱国作为社会主义核心价值观的重要组成部分,是每一个中国公民必须秉持的价值理念。爱源自"我"属于这个国家,也只有这个国家包含着"我",这是"我"的国家,"我"与这个国家的山川、历史、文化、价值有着无法割裂的精神血脉联系。中华优秀文化传统、悠久历史传承是中国人民族身份的标识,对于华夏子孙而言,只有认同自己的文化、历史,才能在多元杂陈的世界文化中找到自己的根基,产生归属感。爱国使人具有身份认同感、文化归属感、价值依存感,由此"我"对自己的国家产生出特殊的爱和认同,对这个国家及其同胞的福祉有着特殊的关切,哪怕近代中国积贫积弱、民族危难多舛,仍然有无数仁人志士抛头颅、洒热血,"寄意寒星荃不察,我以我血荐轩辕",甘愿为国家的兴盛、繁荣贡献生命。正是这种身份认同、历史认同、文化认同、政治认同和族群认同使无数个小"我",构成我们的祖国,国家由每一个小"我"组成,“我”是国家难以割舍的一分子,“江山就是人民,人民就是江山”。爱国不仅是每个公民应遵从的政治原则、道德要求,也是每个公民应该遵守的法律规范,是每个公民都应当履行的责任和义务。近年来,有极少数个人通过网络社交平台发布一些罔顾客观事实与民族情感的言论,盲目崇拜他国,恶意贬损中国,丑化中华文化,这不仅会伤害民族情感与国家尊严,也会涣散中华民族的凝聚力和向心力,更会影响人们形成正确的历史观,必须予以坚决抵制、严厉谴责、依法惩戒。本案被告杜某某在国家重要纪念日无视中华民族艰难的抗战历程,无视近现代中国人民遭受的耻辱、苦难,通过互联网平台公开散布崇日贬中,丑化民族精神、文化、历史的言行,玷污了历史的神圣感,伤害了国民的民族情感,某种意义上丢掉了做中国人的底气、骨气和硬气,应当受到道德的谴责、法律的负面评价,希望其能认识到自身行为的严重错误,迷途知返,不要继续在错误的道路上越走越远。本案原告楼某某及其家人,包括网络上第一时间指正被告杜某某错误言行、提醒协助楼某某维权的热心网友,在本案事件中都表现出一个理性爱国者应具备的维护、捍卫祖国尊严的可贵品质;特别是原告楼某某能够采用合法方式维护自身权利,也维护了国家尊严,值得肯定和赞扬。本案被告微梦创科公司作为大型互联网社交平台经营者,绝不能为了经济利益沦为传播历史虚无主义的载体和宣扬错误价值观的阵地,应该进一步加强平台自治力度,对此类言论应采取措施,加强事前预案管控、及时阻断传播影响、事后依规从严查处,为确立爱国价值观、民族文化、历史认同感营造风清气正的网络传播空间。希望在新时代,每一个中国人都能不断增强道路自信、理论自信、制度自信、文化自信,做一个堂堂正正的中国人。

据此,杭州互联网法院依照《民法典》第 995 条、第 1018 条、第 1019 条、第 1182 条、第 1183 条,《民事诉讼法》第 64 条第 1 款、第 144 条的规定,于 2021 年 12 月 28 日判决如下:

一、被告杜某某于本判决生效后五日内通过在《法治日报》刊登道歉声明的形式向原告楼某某进行赔礼道歉(道歉声明内容须经本院审核确定);逾期不履行,本院将本判决书主要内容在《法治日报》予以刊登,所需费用由被告杜某某负担。

二、被告杜某某于本判决生效后五日内赔偿原告楼某某精神损害抚慰金 10000 元、合理维权费用损失 5000 元。

三、驳回原告楼某某其他诉讼请求。

嵊州市佳歌电器有限公司、浙江佳阁电器有限公司与青岛九牧电器有限公司商标权转让合同和计算机网络域名转让合同纠纷案

编者按

商标在经核准注册后，其权利稳定性并不是绝对的。如果商标在转让后被宣告无效，就会导致受让人无法继续使用，进而引发转让人和受让人之间的纠纷。《商标法》处理此类问题的核心条款是第47条第2款即规定宣告注册商标无效的决定或者裁定，对宣告无效前已经履行的商标转让合同不具有追溯力；但是，因商标注册人的恶意给他人造成的损失，应当给予赔偿（以下简称"不追溯条款"）。虽然该条表述中未明确出现"当事人另有约定的除外""除合同另有约定的外""除有相反约定外"等任意性规范常见的除外表述，但无论从调整对象看，还是从目的解释的角度看，该条款都属于任意性规范，允许当事人通过约定排除适用。本案在充分尊重当事人意思自治的前提下，排除了上述"不追溯条款"的适用，依据当事人合同约定确定商标被无效后的责任承担。本案裁判具有典型性，对已转让商标被宣告无效后的合同责任承担问题具有指导意义。

裁判摘要

根据《商标法》第47条的规定,宣告注册商标无效的决定或裁定对已经履行的商标转让合同不具有追溯力,但因商标注册人的恶意给他人造成的损失,应当予以赔偿,不返还商标转让费明显违反公平原则的,应当全部或者部分返还。从法律规范性质看,上述不具有追溯力的规定系任意性规范,如果当事人在合同中对注册商标被宣告无效后的责任承担另有约定的,应当充分尊重当事人意思自治,优先按照合同约定确定责任承担主体及方式。

原告:嵊州市佳歌电器有限公司

法定代表人:袁某东,董事长

原告:浙江佳阁电器有限公司

法定代表人:袁某东,董事长

被告:青岛九牧电器有限公司

法定代表人:李某芬,总经理

原告嵊州市佳歌电器有限公司(以下简称佳歌公司)、浙江佳阁电器有限公司(以下简称佳阁公司)因与被告青岛九牧电器有限公司(以下简称九牧公司)发生商标权转让合同和计算机网络域名转让合同纠纷,向浙江省绍兴市中级人民法院提起诉讼。

原告佳歌公司、佳阁公司诉称:佳阁公司曾用名浙江加加电器有限公司,佳歌公司曾用名嵊州市加加电器有限公司。2018年4月21日,其与九牧公司签订商标注册转让合同及域名转让合同,约定九牧公司将注册号为第15994980号、第19374369号商标及"加加. cc""Jiaz. com. cn"两个域名一并转让给嵊州市加加电器有限公司,转让款共计23万元。2018年4月26日,嵊州市加加电器有限公司通过转账支付转让款共计232,214元。2018年10月6日,九牧公司将两商标转让至嵊州市加加电器有限公司名下。2019年4月3日,嵊州市加加电器有限公司将该两商标转让给浙江加加电器有限公司。

2018年6月15日,加加食品集团股份有限公司(以下简称加加食品集团)向国家工商行政管理总局①商标评审委员会对第15994980号、第19374369号商标提出无效宣告申请。2019年3月15日,国家工商行政管理总局商标评审委员会作出无效宣告裁定书,该两商标被无效宣告。2019年4月28日,嵊州市加加电器有限公司向北京知识产权法院提出行政诉讼,分别要求撤销上述两份商标无效宣告裁定,北京知识产权法院驳回嵊州市加加电器有限公司的诉讼请求。之后,北京市高级人民法院于2020年6月24日驳回上诉,维持原判。2019年1月28日,加加食品集团起诉佳阁公司要求佳阁公司立即停止使用该两商标及相关域名,赔偿相应损失并登报消除影响。2020年6月24日,湖南省长沙市中级人民法院(以下简称长沙中院)作出(2019)湘01民初393号民事判决书,判决佳阁公司立即停止生产、销售侵犯加加食品集团第3236518号商标专用权涉案商品,赔偿其经济损失100万元,并登报消除影响。该判决生效后,佳阁公司已经向加加食品集团支付赔偿款及诉讼费1,015,400元。综上,佳歌公司、佳阁公司认为,商标注册转让合同的标的第15994980号、第19374367号商标已被依法宣告无效,其合同目的已经不能实现,该两商标及域名均无法使用,其也因此更改企业名称。根据商标注册转让合同第6条"如有第三方提出异议,导致乙方不可使用此商标,甲方要全额退还已收款项",且该行为给其造成的直接经济损失至少为1,015,400元,故特向法院提出诉讼,请求:(1)依法判令九牧公司退还商标及域名转让款共计232,214元,并支付自起诉日起至实际退还日止按同期全国银行间同业拆借中心公布的贷款市场报价利率计算的利息;(2)依法判令九牧公司赔偿因此造成的经济损失1,015,400元,并支付自起诉日起至实际赔偿日止按同期全国银行间同业拆借中心公布的贷款市场报价利率计算的利息;(3)本案诉讼费用由九牧公司承担。

被告九牧公司辩称:(1)根据合同相对性原则,佳阁公司不是适格原告;(2)原告请求返还商标及域名转让款232,214元及赔偿所受的经济损失没有事实及法律依据。请求驳回原告全部诉讼请求。

浙江省绍兴市中级人民法院一审查明:

九牧公司成立于2013年12月16日,经营范围为销售家用电器、厨具、五金交电、办公耗材、电线电缆、化妆品、服装、纸制品、包装材料、仪器仪表、通信设备、机械

① 2018年3月,根据第十三届全国人民代表大会第一次会议批准的国务院机构改革方案,将国家工商行政管理总局的职责整合,组建中华人民共和国国家市场监督管理总局;将国家工商行政管理总局的商标管理职责整合,重新组建中华人民共和国国家知识产权局;不再保留国家工商行政管理总局。

设备、日用设备、橡胶制品。2016 年 2 月 28 日、2017 年 6 月 28 日，九牧公司利用案外人李某安申请的到期未续展的第 3192247 号“加加及图”图片要素，分别向原国家工商行政管理总局商标局申请注册第 15994980 号“JIAJIA 加加”商标，核定使用商品为第 11 类：灯、烹调用装置和设备、空气调节设备、空气净化器装置和机器、厨房用抽油烟机、加热装置、抽水马桶、消毒设备、电暖器、电吹风（截止）；申请注册第 19374367 号“JIAJIA”商标，核定使用商品均为第 11 类：灯、冷冻设备和装置、烹调用装置和设备、消毒设备、空气调节设备、厨房用抽油烟机、加热装置、抽水马桶、电暖器（截止）。在商标注册过程中，加加食品集团对第 15994980 号“JIAJIA 加加”商标提出异议，2017 年 4 月 18 日，国家工商行政管理总局商标局作出（2017）商标异字第 0000016785 号决定，对该商标准予注册。

2018 年 4 月 18 日，嵊州市加加电器有限公司注册成立，注册资本为 100 万元，经营范围为生产、加工、销售厨房电器、集成灶等。同年 4 月 20 日，九牧公司出具委托授权书，委托股东唐某兵办理上述两枚商标的转让、买卖等事宜，并委托授权唐某兵收取商标和域名转让的相关款项。4 月 21 日，九牧公司与嵊州市加加电器有限公司签订商标注册转让合同，约定九牧公司将注册号为第 15994980 号、第 19374367 号商标转让给嵊州市加加电器有限公司，转让费用 20 万元，九牧公司保证转让的注册商标拥有合法性及不存在权利瑕疵。如有第三方提出异议，导致嵊州市加加电器有限公司不可使用此商标，九牧公司全额退还已收款项。同日，唐某兵以其个人名义与嵊州市加加电器有限公司签订域名转让合同一份，约定通过在线 PUSH，将“加加. cc”“jiaz. com. cn”过户到嵊州市加加电器有限公司指定的“jiajiacz”管理账号下，两个域名转让款 3 万元，过户后嵊州市加加电器有限公司使用此域名产生的一切后果及责任与九牧公司无关。同年 4 月 26 日，嵊州市加加电器有限公司通过转账支付给唐某兵转让款及洽谈转让事宜的交通费等共计 232, 214 元。同年 10 月 6 日，九牧公司将两商标转让至嵊州市加加电器有限公司名下。2019 年 4 月 13 日，嵊州市加加电器有限公司将该两商标转让给浙江加加电器有限公司。一审庭审中佳歌公司、九牧公司均认可涉案域名已在佳歌公司的管理之下。

2018 年 6 月 15 日，加加食品集团向国家工商行政管理总局商标评审委员会对第 15994980 号、第 19374367 号商标提出无效宣告申请。2019 年 3 月 15 日，该商标评审委员会作出商评字[2019]第 0000053160 号和商评字[2019]第 0000053158 号商标无效宣告请求裁定书，该两商标被宣告无效。同年 4 月 28 日，嵊州市加加电器有限公司向北京知识产权法院提出行政诉讼,分别要求撤销上述两份商标无效宣告请求裁定,北京知识产权法院驳回了其诉讼请求。同年11月11日,嵊州市加加电器有限公司企业名称变更为佳歌公司。2020年4月28日,佳歌公司向北京市高级人民法院对上述两起行政案件提出上诉,北京市高级人民法院于2020年6月24日驳回上诉,维持原判。

2018年5月3日,浙江加加电器有限公司成立,注册资本为1000万元,经营范围为生产、加工、销售厨房电器、集成灶等。2019年1月28日,加加食品集团起诉浙江加加电器有限公司,要求浙江加加电器有限公司立即停止使用上述两商标及相关域名,赔偿损失300万元并登报消除影响。同年4月13日,嵊州市加加电器有限公司将第15994980号、第19374367号商标转让给浙江加加电器有限公司。2019年12月11日,浙江加加电器有限公司名称变更为佳阁公司。2020年6月24日,长沙中院作出(2019)湘01民初393号民事判决书,判决佳阁公司立即停止生产、销售侵害加加食品集团第3236518号商标专用权的涉案商品;赔偿加加食品集团经济损失100万元,并登报消除影响。佳阁公司在该案中支付诉讼费15,400元。佳阁公司未提出上诉。2020年8月24日,佳阁公司向加加食品集团支付1,015,400元。

浙江省绍兴市中级人民法院一审认为:佳阁公司虽经过佳歌公司的再转让曾取得涉案商标和域名的专用权,但并非本案商标注册转让合同及域名转让合同的合同当事人,根据合同相对性原则,其不是本案合同纠纷的适格原告,遂裁定驳回其起诉。

对于佳歌公司的起诉,法院认为:首先,根据商标注册转让合同的约定,九牧公司对转让的商标有权利瑕疵担保义务及商标无法使用的款项返还义务。因此,佳歌公司要求其返还商标转让款20万元及洽谈商标转让所产生的合理费用2214元符合双方约定,应予支持。至于佳歌公司所主张的利息损失,无合同和法律依据,不予支持。至于九牧公司抗辩称本案商标系无效而非异议,不属于约定返还转让款事由的意见,因合同中约定的异议并未特指商标注册中的异议,且商标异议和无效均产生商标无法使用的后果,对该抗辩意见不予采纳。至于九牧公司抗辩本案约定的权利瑕疵担保的具体情形不包括商标转让后被宣告无效的情形,法院认为,本案双方当事人对商标权利瑕疵担保义务的约定采取一般加列举的方式进行约定,被告不能仅以本案不属于具体列举的权利瑕疵情形就否定其应承担的权利瑕疵担保义务。本案的商标无效宣告虽发生在商标转让款履行之后,但无效的事由,即案外人加加食品集团的在先权利,在商标转让前已经存在,本案所转让商标的稳定性存在问题,九牧公司作为商标权转让人对此应负有一定的注意义务,以确保受让人能够安全使用涉案商标,以实现合同目的。

其次,本案所涉及的"加加. cc"和"jiaz. com. cn"两个域名已经过户到嵊州市加加电器有限公司指定的"jiajiacz"管理账号下,该两域名并未被认定为无效;长沙中院作出(2019)湘01民初393号民事判决书认定涉及不正当竞争的域名为"jiajiadg. com",并非本案域名转让合同约定的受让域名;域名转让合同约定域名转让后佳歌公司使用域名的后果由其自行承担责任。因此,佳歌公司要求返还3万元域名转让款无事实和法律依据,不予支持。至于九牧公司提出的域名转让合同并非唐某兵签订,涉案域名的权利人或管理人实际系唐某兵的抗辩意见,因唐某兵系九牧公司股东,九牧公司委托唐某兵收取域名转让款,即使九牧公司主张成立,但九牧公司的行为足以使佳歌公司产生九牧公司系为合同当事人的授权表现,符合表见代理之构成要件,该行为的法律后果应由九牧公司承担。

最后,佳歌公司将受让的商标转让给佳阁公司,佳阁公司使用该商标导致侵权,并因此承担侵权赔偿款100万元和诉讼费15,400元,该赔偿款项虽发生在商标转让款支付之后,但佳歌公司在庭审中自认该笔款项系由其承担最终责任,佳歌公司自行使用受让商标导致侵害第三人权利所产生的侵权赔偿金,与将受让商标再转让给他人并由佳歌公司承担侵害第三人权利所产生的侵权赔偿金,在侵权赔偿金的产生原因和范围上并无二致。因此,该笔款项属于佳歌公司因转让商标所致的直接损失范围。考虑到合同约定的权利瑕疵担保义务,双方在商标转让过程中应承担的注意义务,本案商标无效和使用案涉商标构成侵权之诉形成过程,本案主要的合同目的系转让涉案商标、域名仅系附属转让,长沙中院(2019)湘01民初393号民事判决所认定的侵权损害赔偿原因有使用转让商标所致侵权和公司名称侵权、域名侵权等多种侵权原因等因素,酌情确定九牧公司承担507,700元的侵权赔偿金。

据此,浙江省绍兴市中级人民法院依照《合同法》第5条、第60条,《商标法》第47条的规定,于2021年4月29日作出判决:"一、被告青岛九牧电器有限公司退还原告嵊州市佳歌电器有限公司商标转让款及洽谈商标转让所产生的合理费用共计202,214元;二、被告青岛九牧电器有限公司赔偿原告嵊州市佳歌电器有限公司侵权损害赔偿款507,700元;三、驳回原告嵊州市佳歌电器有限公司的其他诉讼请求。”

九牧公司不服一审判决,向浙江省高级人民法院提起上诉称:(1)关于商标转让款。①涉案商标注册转让合同已经履行完毕,根据《商标法》第47条第2款的规定,宣告注册商标无效的决定或裁定,对已经履行的商标转让合同不具有追溯力。②商标注册转让合同约定返还转让款的事由为第三方提出商标异议,而涉案商标系被宣告无效,故本案情形不属于返还事由。③九牧公司在转让商标时不存在主观过错,其系在案外人到期未续展的情况下注册涉案商标,并非恶意注册;在签订商标注册转让合同时,涉案商标处于合法有效状态,九牧公司并未隐瞒涉案商标曾经被他人提出异议的事实。相反,佳歌公司在签订商标注册转让合同前,已经有大力推广和使用“加加”标识的意图。④本案不符合商标注册转让合同第4条约定的6项权利瑕疵情形,九牧公司无须承担瑕疵担保责任。(2)关于合理费用。该笔费用系唐某兵因洽谈商标转让产生的交通差旅费,根据双方约定应由佳歌公司承担。(3)关于侵权赔偿款。①涉案商标再次转让的事实已超出九牧公司订立商标注册转让合同时的预期,佳阁公司使用涉案商标而产生的侵权责任,不应由九牧公司承担,况且佳阁公司使用的侵权标识与涉案商标存在明显差异,其生产的侵权产品集成灶亦超出涉案商标核定使用的类别。②涉案商标被提起无效宣告程序后,佳歌公司未及时评估风险,对继续推广使用涉案商标的后果应自担风险。③佳歌公司未提供证据证明其受到的损失,且其经营利润与九牧公司无关,根据权利义务相一致原则,其受到的损失亦应自行承担。请求:撤销一审判决,改判驳回佳歌公司全部诉讼请求。

因九牧公司已于2021年4月20日核准注销,其诉讼权利义务由其股东继受,故浙江省高级人民法院变更该公司股东李某芬、唐某兵为上诉人。

被上诉人佳歌公司辩称:(1)商标注册转让合同系双方当事人基于自愿平等原则,在充分考虑商标价值的情况下协商一致后签订,受让方注册资本的多少、受让后商标如何使用与商标价值并无关联。(2)佳歌公司受让涉案商标后,按照商标注册转让合同约定合法使用商标,后将涉案商标再次转让给佳阁公司亦符合法律规定。涉案商标被提起无效宣告后,佳歌公司及佳阁公司并未加大推广使用规模。(3)在商标注册转让合同签订时,九牧公司并未告知涉案商标曾经被加加食品集团提出异议的事实,其隐瞒了加加食品集团一直在维权的事实,涉案商标缺乏稳定性。(4)合同约定的退还已收款项的事由已经发生,九牧公司应当依照约定退还商标转让款及合理费用。同时,一审法院根据合同约定的权利瑕疵担保义务、本案合同的主要目的、长沙中院民事判决所认定的侵权损害赔偿原因等因素,酌情确定九牧公司承担507,700元侵权赔偿款符合事实及法律规定。(5)集成灶并非单独的商品类别,一般是以家用燃气灶作为主要部分,结合厨房用抽油烟机、烤箱、消毒柜等部件而集成,在集成灶上使用涉案商标并未超出核定使用范围。至于九牧公司提出的并未使用原商标的问题,佳歌公司受让后使用涉案商标标识,但在后续使用形态会根据原商标有所变化,这是对涉案商标外延的合理延展。

浙江省高级人民法院对一审查明的事实予以确认。另查明,佳歌公司和佳阁公司于一审中提交一份备忘录,载明:2020年8月26日,佳歌公司与佳阁公司约定,佳歌公司愿意承担佳阁公司因涉案商标产生的全部经济损失。再查明,长沙中院(2019)湘01民初393号民事判决认定佳阁公司的商标侵权行为表现为:在集成灶等产品及包装上使用“加加”“JIAJIA加加”“JIAJIA”“JIAJIA加加”“JIAJIA加加”“JIAJIA加加”标识,构成对加加食品集团第3236518号“”驰名商标的侵害。

浙江省高级人民法院经二审审理认为:

一、关于是否应当退还商标转让款及洽谈商标转让事宜所产生的合理费用

首先涉案商标转让合同系双方真实的意思表示,且内容不违反国家法律、行政法规的强制性规定,合法有效。涉案商标在合同履行完毕后被宣告无效,虽然《商标法》第47条第2款规定,宣告注册商标无效的决定或者裁定对已经履行的商标转让合同不具有溯及力,但该条款系任意性规范,若合同对注册商标被无效后的责任有明确约定的,应当优先按照合同约定确定责任承担。因此,判断李某芬、唐某兵是否应当承担返还商标转让款及合理费用的责任,关键在于双方有无退款约定以及约定的退款条件是否已经成就。

涉案转让合同第6条约定,如有第三方提出异议,导致佳歌公司不可使用此商标,九牧公司要全额退还已收款项。现涉案商标在转让后被宣告无效,导致佳歌公司无法使用该商标,故李某芬、唐某兵应当按照合同约定退还已收取的款项,包括商标转让款20万元及为洽谈商标转让事宜所产生的合理费用2214元。李某芬、唐某兵上诉称商标无效并非该条约定的退款事由商标异议,但在双方合同签订时,涉案商标已获得核准注册,合同约定的“第三方提出异议”显然并非特指他人在商标

注册公告期内提出的商标异议,其相关上诉理由不能成立,不予支持。

二、关于是否应当赔偿第三人主张侵权所产生的侵权损害赔偿款

第一,李某芬、唐某兵负有赔偿损失的义务。涉案转让合同第4条约定,九牧公司保证转让的注册商标拥有合法性及不存在权利瑕疵,同时列举了6项权利瑕疵的具体情形。虽然无效并未在具体列举的6项权利瑕疵情形之内,但考虑到实践中商标权利瑕疵的情形难以穷尽,双方已在合同中对九牧公司的权利瑕疵担保义务作出概括性约定;同时,涉案商标系因与加加食品集团的在先权利冲突而被宣告无效,该无效事由在商标转让前即已存在,本质上系因九牧公司的注册行为而导致,九牧公司对此应承担瑕疵担保责任。

第二,佳歌公司有权向李某芬、唐某兵主张侵权损害赔偿款。本案中,佳歌公司受让涉案商标后将商标再次转让给佳阁公司,佳阁公司因使用该商标而被加加食品集团起诉并产生一笔侵权损害赔偿款,该笔款项虽系因佳阁公司的使用行为而产生,但佳歌公司与佳阁公司已达成备忘录,约定佳歌公司愿意承担佳阁公司因涉案商标产生的全部经济损失。对于佳歌公司而言,该笔侵权损害赔偿款系其必然要向佳阁公司承担的债务,也是其因受让涉案商标而产生的实际损失,故其有权要求李某芬、唐某兵予以赔偿。

第三,关于李某芬、唐某兵上诉提出的商标使用形态和商品使用范围问题。涉案商标为“JIAJIA 加加”“JIAJIA”,其中最具显著性部分系中文“加加”和拼音“JIAJIA”。佳阁公司在长沙中院审理案件中使用的多个侵权标识虽与涉案商标并非完全一致,但发挥主要识别功能的仍是“加加”“JIAJIA”或两者的组合。因此,商标使用形态不一致并不影响李某芬、唐某兵承担本案赔偿责任,但在具体赔偿数额上可予考虑。至于商品使用范围问题,涉案商标核定使用的商品类别为第11类,主要包括灯、烹调用装置和设备、厨房用抽油烟机、消毒设备等,长沙中院审理案件中被诉侵权产品主要为集成灶。一般而言,集成灶系一种一体式厨房用品,主要包括吸油烟机、燃气灶、消毒柜、储藏柜等,佳阁公司将涉案商标使用在集成灶产品上,并未超出涉案商标核定使用的商品范围。

第四,关于李某芬、唐某兵应赔偿的具体数额。本案中,侵权损害赔偿款系佳阁公司使用九牧公司注册的涉案商标构成侵权而产生;因此,在确定赔偿数额时,应结合转让合同约定的权利义务,九牧公司、佳歌公司在涉案商标转让过程中的注意义务,被诉商标侵权的具体情形,佳歌公司因商标侵权所产生的损失等因素合理确

定。具体而言:(1)根据涉案转让合同的约定,九牧公司对涉案商标负有权利瑕疵担保责任。(2)一方面,九牧公司明知涉案商标在注册过程中曾被案外人提出异议,商标权稳定性存在问题,仍将涉案商标转让给佳歌公司;另一方面,佳歌公司作为理性的商事主体,有能力对受让商标的法律风险进行合理评估,其在转让合同签订后、商标核准转让公告前,已知晓加加食品集团对涉案商标提出无效宣告申请的事实,但仍继续受让商标并开展经营。双方均对最终损失的产生负有一定责任。(3)长沙中院判决所认定的侵权损害赔偿系基于佳阁公司使用商标标识所致侵权,以及企业名称侵权、域名侵权等多种侵权行为。(4)佳阁公司实际使用的商标标识与涉案商标不完全一致。(5)佳歌公司签订涉案转让合同的主要目的在于受让并使用涉案商标,现涉案商标被宣告无效,佳歌公司主要合同目的无法实现,其为实现合同目的所投入的广告宣传、生产运营成本等均无法得到回报。综合考虑上述因素,法院认为,一审法院酌情确定李某芬、唐某兵承担507,700元侵权损害赔偿款,在合理范围内,应予维持。

据此,浙江省高级人民法院依照《民事诉讼法》第170条第1款第1项规定,于2021年9月9日判决如下:

驳回上诉,维持原判。

宁波驿江南酒店管理有限公司与宁波麦程酒店管理有限公司等商业诋毁纠纷案

编者按

随着互联网经济的迅猛发展，商家有了更多平台和空间展示产品、招揽客户，消费者也有了更多、更及时的渠道反馈自身的消费体验。但同时，也出现了通过“恶意差评”等进行商业诋毁的新形式的不正当竞争行为。近年来，相关案件数量呈上升态势，引发社会普遍关注。本案紧扣《反不正当竞争法》第 14 条的规定，从构成要件出发，明确案涉行为已经构成商业诋毁行为，并在难以确定侵权损失时，综合诋毁信息的存在时间、知悉范围等因素，酌定侵权人的赔偿数额。既明确了新业态形势下商业诋毁行为的认定路径，也为互联网时代如何确定商业诋毁行为中的侵权赔偿数额提供了有益的思路借鉴。

裁判摘要

是否构成反不正当竞争法所规定的商业诋毁行为，应综合考量侵权人是否与被侵权人存在竞争关系，主观上是否具有损害竞争对手商誉的故意，客观上是否存在编造、传播虚假信息或者误导性信息等多方面因素。经营者捏造、散布虚伪事实，损害竞争对手的商业信誉、商品声誉，即构成商业诋毁，不因行为人采取了在互联网上“恶意差评”的新形式而影响对行为性质的认定。

原告：宁波驿江南酒店管理有限公司

法定代表人：潘某君，经理

被告：马某

被告：张某超

被告：宁波麦程酒店管理有限公司

法定代表人：马某，总经理

原告宁波驿江南酒店管理有限公司（以下简称驿江南公司）因与被告马某、张某超、宁波麦程酒店管理有限公司（以下简称麦程公司）发生商业诋毁纠纷，向浙江省余姚市人民法院提起诉讼。

原告驿江南公司诉称：原告和被告麦程公司同为经营管理酒店，原告经营位于余姚高铁北站北门不远处的南苑e家高铁精选连锁酒店，被告麦程公司经营余姚高铁北站东南角位置的麦程连锁酒店，被告马某、张某超系被告麦程公司的投资股东。被告马某任公司经理，被告张某超任公司监事。原告与被告麦程公司经营范围相同，同处高铁站附近，显为竞争关系。原告在经营过程中，对自己的酒店投入巨大物力、财力和精力，用以维护酒店的良好声誉和口碑。因此，在“携程网”“美团网”“大众点评网”“淘宝飞猪”“艺龙网”等网站拥有极高的客户评价和用户体验。2017年12月7日晚10时左右，被告张某超登记入住由被告马某通过“美团网”预订的南苑e家高铁精选连锁酒店8511房间。2017年12月8日凌晨，被告马某未经前台登记，自行驾驶其所有的浙BR××××号牌轿车驶入原告酒店内。进入酒店后以同行特有的方式对原告酒店进行检查，最后入住被告张某超已入住的8511房间并过夜。2017年12月8日上午8时左右，被告张某超到前台要求原告派人送其去余姚石浦大酒店。接到前台通知后，驾驶员用原告法定代表人的车辆送其去了酒店。当日10:23,被告马某到前台退房后,驾驶其车辆离开原告酒店,整个过程由当晚的监控予以全程录像为证。令原告意想不到的是,原告以酒店经营者的诚信服务并未得到被告马某、张某超的正面认可。相反,被告张某超在随后的“美团网”“大众点评网”显示的用户评价中,采取恶意诋毁的评价和低分,造成酒店服务差的假象,拉低原告酒店的网络评分,以此达到诋毁原告、减少原告酒店入住率,增加其酒店入住率的不正当竞争目的。被告马某、张某超作为直接的不正当竞争行为的参与人和共同侵权人,被告麦程公司作为两被告投资的经营主体,最终的不正当行为产生的直接后果又体现在被告麦程公司的日常经营上,按照相关规定,应当由三被告共同承担法律责任。起诉请求判令:(1)三被告立即停止不正当竞争行为,并在《余姚日报》上公开登报赔礼道歉,在“大众点评网”“美团网”诋毁页面用回复方式予以公开更正;(2)被告承担公证费用800元、律师费8000元;(3)三被告共同赔偿原告经济损失5万元;(4)本案诉讼费由被告承担。

被告马某辩称:原告驿江南公司诉请被告马某构成不正当竞争缺乏事实依据,要求承担相应的法律责任也缺乏事实依据,请求驳回。

被告张某超、麦程公司辩称:张某超、麦程公司并不存在在“大众点评网”上进行差评的行为,原告驿江南公司将张某超、麦程公司列为本案的被告没有事实依据,应予驳回。

浙江省余姚市人民法院一审查明:

原告驿江南公司于2016年5月27日成立,经营范围系生产:酒店管理,餐饮服务:小吃店,食品零售,住宿、三棋一牌、足浴的服务。2017年12月7日21:55,被告张某超登记入住原告经营的酒店8511号房间。2017年12月8日2:10左右,被告马某驾驶浙BR××××号车辆驶入原告停车场,当日2:13左右进入被告张某超居住的房间。2017年12月8日8时左右,被告张某超到前台要求原告派人送其去石浦大酒店,原告应允并开车送往。2017年12月8日上午11:15左右,被告马某结账并驾驶汽车离开原告酒店。2017年12月14日,被告马某在“大众点评网”上发表评论:“感觉欠前台钱一样,写着接送服务,既然说没车,结果等了半小时让我自己打车,早说嘛,走走都走到了!害我班车赶不上不说,早饭都没吃成!差评,建议小伙伴不要轻信什么接送服务!骗骗眼球而已!”原告及被告对马某发表评论的事实无异议。

被告马某系被告麦程公司法定代表人,麦程公司成立于2017年5月11日,经营范围为:酒店管理咨询,餐饮管理咨询,商务信息咨询,一般经济信息咨询,企业管理咨询,鲜花的批发、零售,食品销售,住宿的服务。另核实,原告于 2018 年 7 月 20 日由宁波忆江南酒店管理有限公司变更为宁波驿江南酒店管理有限公司。

浙江省余姚市人民法院一审认为:商业诋毁是指经营者针对竞争对手的营业活动、商品或者服务进行虚假陈述而损害其商品声誉或者商业信誉的行为。《反不正当竞争法》第 14 条对此即规定,经营者不得捏造、散布虚伪事实,损害竞争对手的商业信誉、商品声誉。认定是否构成商业诋毁,在主观上要求行为人应具有损害竞争对手商誉的故意,客观上则表现为行为人通过捏造、散布虚伪事实,损害竞争对手的商业信誉、商品声誉。原告驿江南公司主张被告马某、张某超、麦程公司作为不正当竞争行为的参与人与共同侵权人,采取恶意诋毁的方式造成原告服务差的假象,以此达到诋毁原告的事实,构成不正当竞争。被告马某、张某超、麦程公司认为主观上并非出于恶意,也不会导致原告商誉的降低,故不构成不正当竞争。法院认为,首先,被告马某本身就是被告麦程公司的法定代表人,两家酒店距离较近,其在未经登记的情况下入住原告酒店,并对原告酒店作出评价,被告马某违反了酒店管理制度,属越规入住原告酒店,并非原告酒店的一般住客;其次,原告确系在一定距离内提供接送服务,被告马某的说法不实,且在网上予以评价,主观上存在故意。被告马某诋毁的对象和行为明确具体,对原告的商业信誉造成了一定损害,原告酒店与被告马某经营的酒店系近距竞争关系,被告马某为自己及被告麦程公司谋取不正当利益的主观恶意明显,构成不正当竞争。被告马某,同时作为被告麦程公司法定代表人的行为属于捏造、散布虚假事实的行为,该行为损害了原告的商业信誉和商品声誉,构成不正当竞争行为,依法应承担停止侵权、赔礼道歉、消除影响、赔偿损失的民事责任。结合本案情况,被告马某、被告麦程公司应立即停止不正当竞争行为,原告要求被告马某、麦程公司停止侵权,并在"大众点评网"诋毁页面以回复方式予以公开更正,其要求合理有据,法院予以支持;其要求被告马某在"美团网"、《余姚日报》上公开登报赔礼道歉,被告马某系在"大众点评网"发布评价,"美团网"、《余姚日报》等受众与被告马某评价的受众不同,其在"大众点评网"诋毁页面以回复方式予以公开更正的方式足以消除影响,故对原告的该项请求不予支持。原告要求被告赔偿公证费、律师费及经济损失合计 58,800 元,法院综合考虑涉案诋毁信息的持续时间、范围,被告马某主观恶意程度,给原告酒店造成的商誉和声誉损害,原告支出的合理费用等因素,酌情确定赔偿金额为 1 万元(含为制止侵权支出的合理费用)。原告要求被告张某超承担侵权责任,依据不足,法院不予支持。

据此,浙江省余姚市人民法院依照《民法通则》第134条、《反不正当竞争法》第14条、《民事诉讼法》第64条第1款规定,于2018年10月15日判决:“一、被告马某、被告麦程公司于本判决发生效力后十日内在‘大众点评网’诋毁页面以回复方式对原告驿江南公司的诋毁言论进行公开更正;二、被告马某、被告麦程公司共同赔偿原告驿江南公司各项经济损失合计10,000元(含为制止侵权支出的合理费用);三、驳回原告驿江南公司其他诉讼请求。”

一审宣判后,马某、麦程公司不服一审判决,向浙江省宁波市中级人民法院提起上诉。马某、麦程公司上诉称:(1)马某因急于去北站坐公交车而要求驿江南公司提供送行服务,在等待较长时间后未果。马某在“大众点评网”上针对接送服务的差评并非出于恶意也不是虚假信息或误导性信息,马某提供的证据也可以证明其他客户同样在“大众点评网”上对接送服务给予了差评。实际上,驿江南公司的接送服务从三公里免费接送到高铁北站接送再到高铁北站接站服务,服务内容变更,范围不断缩小,存在问题。(2)酒店管理制度是酒店内部约束机制,对住客需办理登记入住系公安部门对酒店的要求,而非住客的义务。一审法院以单纯的竞争关系推断主观恶意明显,是先入为主的判断。经营者有权依法制止竞争对手编造、传播虚假信息或者误导性信息,但也应当对竞争对手客观、真实的评价予以适度容忍。请求二审法院撤销一审判决第一、二项并驳回驿江南公司的请求。

被上诉人驿江南公司辩称:一审法院认定事实清楚,适用法律正确,请求驳回上诉,维持原判。

原审被告张某超未作答辩。

二审期间,上诉人、被上诉人及原审被告均未向法院提供新的证据。

浙江省宁波市中级人民法院经二审,确认了一审查明事实。

浙江省宁波市中级人民法院二审认为:经营者不得捏造、散布虚假事实,损害竞争对手的商业信誉、商品声誉。本案中,首先,上诉人麦程公司与被上诉人驿江南公司的经营范围均包括酒店管理,故两家公司实际为同行,且地理位置较近,显然存在竞争关系。马某系麦程酒店的股东兼法定代表人,其是在未办理登记手续的情况下直接入住他人登记的驿江南公司的客房,故法院认为马某并非酒店的一般住客。其次,驿江南公司有提供一定距离范围内的接送服务,马某并无证据证明其曾要求接送服务而被拒,故法院认为马某在网站上发布"感觉欠前台钱一样,写着接送服务,既然说没车,结果等了半小时让我自己打车""差评,建议小伙伴不要轻信什么接送服务！骗骗眼球而已"等的言论与事实不符,其行为应认定为故意编造、散布虚假信息。最后,接送服务作为酒店吸引、招揽客户的附加增值服务,对客户选择入住酒店有一定影响。马某在公众熟悉的"大众点评网"上作虚假评价会使潜在客户对驿江南公司产生不信任的负面印象,其行为主观上有为麦程公司谋取利益的故意,客观上对驿江南公司的商誉造成了一定的损害。据此,一审法院认定马某及麦程公司存在商业诋毁行为并无不当。

综上,上诉人马某及麦程公司的上诉请求不能成立;一审判决认定事实清楚,适用法律正确,应予维持。据此,浙江省宁波市中级人民法院依照《民事诉讼法》第170条第1款第1项的规定,于2019年1月14日判决如下:

驳回上诉,维持原判。

安　徽

德农种业股份公司与安徽金培因科技有限公司、安徽华展种业有限公司、灵璧县黄湾镇朱鹏农资、泗县久久农资经营部侵害植物新品种权纠纷案

编者按

粮食安全是国之根基，民之根本。最高人民法院将全方位保护植物新品种权作为知识产权司法保护工作的重点，打击市场套牌侵权是今后一个时期种业知识产权司法保护的重中之重。司法实践中，被诉侵权一方往往以其生产销售的农作物已经过品种审定，与在先通过品种审定的农作物存在特异性为由进行抗辩，否定侵犯在先审定品种的植物新品种权。本案例厘清我国植物新品种保护和主要农作物品种审定两种不同法律保护制度的区别，确定遵循植物新品种侵权认定一般规则判定通过审定农作物品种是否侵权的司法规则，说理清晰，论证充分，逻辑严谨，具有较高的类案参照价值。同时，该案例很好地平衡了当事人之间的权利义务，双方当事人一审均服判息诉，侵权人自觉履行判决义务，取得了良好的法律效果和社会效果。

裁判摘要

植物新品种保护和主要农作物品种审定是两种不同的法律保护制度,被诉侵权一方不能以其生产销售的农作物已经过品种审定而得出与在先已经通过品种审定且取得植物新品种权的农作物存在特异性,进而不侵犯在先审定品种的植物新品种权的结论,是否侵权仍需在进行相关鉴定后作出认定。

原告:德农种业股份公司

法定代表人:梁某朝,董事长

被告:安徽金培因科技有限公司

法定代表人:樊某鑫,执行董事

被告:安徽华展种业有限公司

法定代表人:房某志,总经理

被告:灵璧县黄湾镇朱鹏农资

经营者:朱某

被告:泗县久久农资经营部

经营者:李某

原告德农种业股份公司(以下简称德农种业公司)因与被告安徽金培因科技有限公司(以下简称安徽金培因公司)、安徽华展种业有限公司(以下简称安徽华展公司)、灵璧县黄湾镇朱鹏农资(以下简称朱鹏农资)、泗县久久农资经营部(以下简称久久农资)发生侵害植物新品种权纠纷,向安徽省高级人民法院提起诉讼。

原告德农种业公司诉称:其是集科研、生产、经营、服务于一体的现代大型综合高新技术种子企业。"德单5号"是其投入大量资源所培育的玉米新品种,农业部①于2015年9月1日授予其"德单5号"植物新品种权。经其推广,"德单5号"植物新品种以强抗旱、抗高温、抗倒、抗病性强等优点获得了广大种植户的高度认可。安徽金培因公司未经授权大量繁育、私自繁育"德单5号"玉米种子加以"盛创688"的外包装,在安徽、山东、河南等区域进行广泛销售,声称该"盛创688"品种是"德单5

① 2018年3月13日,第十三届全国人大第一次会议审议国务院机构改革方案,组建农业农村部,不再保留农业部。

号"姊妹系。2019年4月,其在安徽华展公司、朱鹏农资、久久农资等6处销售商公证购买了安徽金培因公司生产的标有"盛创688"的玉米种子。经检测,上述公证购买的"盛创688"与"德单5号"差异位点为0,为相同品种。安徽金培因公司作为专业的种子繁育经营企业,为商业目的故意侵权,持续时间长、销售范围广,侵权情节极其恶劣。安徽华展公司、朱鹏农资、久久农资作为专业的种子经销商,在明知侵权情况下销售侵权植物新品种,应当各自承担赔偿责任。故诉至法院,请求判令:(1)四被告立即停止侵犯其植物新品种权的违法行为,并销毁侵犯其植物新品种权的种子或作消灭活性处理;(2)安徽金培因公司赔偿其经济损失300万元,安徽华展公司、朱鹏农资、久久农资各赔偿其经济损失20万元;(3)四被告共同赔偿其为制止侵权支付的合理费195,000元。

被告安徽金培因公司辩称:(1)其销售的是自行培育并通过安徽省审定的"盛创688"玉米品种,不存在私自繁育"德单5号"品种并以"盛创688"外包装进行销售的事实。2017年6月,其培育的"盛创688"玉米品种通过安徽省农作物品种审定委员会审定,审定意见为:符合安徽省玉米品种审定标准,通过审定,适宜在安徽淮河以北玉米区推广种植。品种通过审定后,2018年,其在甘肃省进行了"盛创688"品种的制种,共制种生产5000公斤种子。2019年在安徽宿州进行了推广试销,共包装3120袋,每袋1.6公斤,销售2241袋,剩余879袋。其销售"盛创688"仅2019年一年,不存在销售持续时间长、广泛销售的情况。(2)德农种业公司以其内设生物技术研究中心出具的检测报告主张"盛创688"和"德单5号"系同一品种,依据不足,应采取田间观察检测方法进行判定。德农种业公司内设生物技术研究中心出具的检测报告不具有独立性、合法性,不能作为认定品种的依据。采取DNA基因图谱的方法进行鉴定,自身就存在不确定性,应当依据《侵害植物新品种权纠纷司法解释》第4条的规定,采取田间观察检测的方法进行涉案品种是否属于同一品种的鉴定。综上,其生产经营"盛创688"是正当合法行为,没有侵犯德农种业公司的"德单5号"品种权。

安徽华展公司、朱鹏农资、久久农资未答辩。

安徽省高级人民法院一审查明:

北京德隆种业有限公司于2015年9月1日获得农业部颁发的植物新品种权证书,为"德单5号"植物新品种的品种权人,品种权号为CNA20100395.7,保护期限为15年。2018年1月15日,经北京海淀工商局核准,北京德隆种业有限公司更名为德农种业公司。"德单5号"植物新品种经安徽省、河南省、山东省农作物品种审定委员会审定通过,取得编号为皖玉2013006号的《安徽省农作物品种审定证书》、编号为豫审玉2010021号的《河南省农作物品种审定证书》、编号为鲁农审2012011号的《山东省农作物品种审定证书》。审定证书注明品种来源为:一代杂交种,5818/昌7-2。

2019年5月5日,德农种业公司的委托代理人谢某与公证人员一同来到安徽省宿州市埇桥区淮河西路268号光彩城大市场内安徽华展公司经营的店铺处,经公证购买了安徽金培因公司繁育生产的品种名为"盛创688"的玉米种子3袋,购买费用120元。同日,上述人员还一同来到该市场内的宿州市年年丰农资营销中心经营的"年年丰种业"店铺处,经公证购买了安徽金培因公司繁育生产的品种名为"盛创688"的玉米种子3袋,购买费用120元;来到安徽省宿州市灵璧县小康路南侧朱鹏农资经营的"朱鹏种子化肥农资"店铺处,经公证购买了安徽金培因公司繁育生产的品种名为"盛创688"的玉米种子3袋,价格150元;来到安徽省亳州市蒙城县蕉城区305省道西侧道路"艳阳天好肥料"店铺处,经公证购买了安徽金培因公司繁育生产的品种名为"盛创688"的玉米种子3袋。2019年5月6日,上述人员一同来到安徽省宿州市泗县汴河大道路久久农资经营的"东方红种业"店铺处,经公证购买了安徽金培因公司繁育生产的品种名为"盛创688"的玉米种子,购买费用120元。同日,上述人员在安徽省宿州市泗县沱河大道、和谐路交叉口"东方红农资"店铺处,经公证购买了安徽金培因公司繁育生产的品种名为"盛创688"的玉米种子3袋,购买费用135元。安徽华展公司宣传单上标注为总经销、"盛创688"为"德单5号"姊妹系。上述公证保全的被诉侵权"盛创688"玉米种子有两种外包装:一种显示生产日期为2017年12月,检测日期为2017年10月;另一种显示检测日期为2018年11月,没有标注生产日期。

安徽金培因公司主张"盛创688"玉米品种通过安徽农作物品种审定委员会审定通过后,仅于2018年委托甘肃省临泽县禾丰种业有限责任公司进行了该品种的制种,于当年10月完成制种,制种数量5000千克,仅于2019年上半年在安徽省宿州部分县区进行了推广试销,共包装3120袋,每袋种子规格1.6千克,已销售2241袋,剩余879袋。法院要求安徽金培因公司提交涉及"盛创688"玉米种子的企业生产销售财务账册,安徽金培因公司以"盛创688"玉米种子仅是其公司极小部分业务、财务不规范为由未予提交。

庭审中,安徽金培因公司亦认可公证保全封存的被诉侵权“盛创688”玉米种子是其生产的。

德农种业公司成立于2002年10月21日,注册资本18,600万元,经营范围:销售种子,化肥,农药,农用地膜,花、草及观赏植物,食用农产品,机械设备;生产种子;技术咨询、技术转让、技术服务等。

安徽金培因公司成立于2012年3月26日,注册资本6000万元,经营范围:杂交水稻、杂交玉米及其亲本种子、大豆、小麦、常规稻、油菜、非转基因棉花、西甜瓜、蔬菜、芝麻的包装、批发、零售;农作物种子选育、研发、技术转让、农业技术推广及服务等。2017年6月16日,经安徽省农作物品种审定委员会审定通过,安徽金培因公司取得编号为皖审玉2017023号的《主要农作物品种审定证书》,载明品种名称:“盛创688”,适宜在安徽淮河以北玉米区推广种植,品种来源:C949x昌7红。

安徽省农业委员会第86号审定公告记载了“盛创688”玉米种子品种来源、特征特性、产量表现、栽培技术要点、审定意见。中国种子协会网站数据查询平台亦显示“德单5号”与“盛创688”玉米品种在品种来源、主要特征特性、品质表现、产量表现等多项农作物品种特性存在差异。

一审法院接受德农种业公司的申请,依法委托农业农村部植物新品种测试中心对经德农种业公司公证购买的标注有“安徽华展”“年年丰”“朱鹏种子”“东方红种业”“东方红农资”“艳阳天好肥料”字样的六份玉米种子检材与经农业农村部种业管理司审批从农业农村部植物新品种保护办公室植物新品种保藏中心提取的“德单5号”玉米种子样品(封装信封印有“农业农村部植物新品种保护办公室植物新品种保藏中心”字样,并标注“编号:2021004”品种入库编号:“XIN11812　德单5号”字样)依据《玉米品种鉴定技术规程SSR标记法》(NY/1432－2014)进行真实性检测。2021年4月8日,农业农村部植物新品种测试中心出具编号为2021－D－0003、2021－D－0004、2021－D－0005、2021－D－0006、2021－D－0007、2021－D－0008的《农作物种子质量检验报告》,均显示检验结果:公证购买取样的检材样品与对照样品“德单5号”比较位点数40,差异位点数0;检验结论:为极近似或相同品种。

一审法院接受安徽金培因公司的申请,依法委托农业农村部植物新品种测试中心,对经德农种业公证购买的标注有“艳阳天好肥料”玉米种子检材与从安徽省种子管理总站提取的“盛创688”玉米种子样品[封装纸袋印有“农业部农作物种子质检中心(合肥)安徽省种子质量监督检验站”字样,品种栏标注有“盛创688”字样],依据《植物品种特异性、一致性和稳定性测试指南玉米》(GB/T19557.24-2018)中基本性状采用植物品种田间种植对比鉴定(DUS)。2021年12月24日,农业农村部植物新品种测试中心出具测试编号为20212003259A的《植物品种田间种植对比鉴定报告》,显示对比结果:经1个生长周期2点测试,测试样品和对比样品在39个基本性状中有0个性状有明显差异;鉴定结论:测试样品与对比样品无明显差异。

德农种业公司为本次诉讼共支付公证费45,000元、律师费(包括一审、二审和执行)15万元。

安徽省高级人民法院一审认为,本案的争议焦点为:(1)安徽金培因公司、安徽华展公司、朱鹏农资、久久农资是否实施了侵犯涉案“德单5号”植物新品种权的行为;(2)如安徽金培因公司、安徽华展公司、朱鹏农资、久久农资侵权行为成立,在本案中应如何承担民事责任。

关于争议焦点一。植物新品种,是指经过人工培育的或者对发现的野生植物加以开发,具备新颖性、特异性、一致性和稳定性并有适当命名的植物品种。为推动我国的种子工程建设、鼓励社会投资植物育种,我国实行植物新品种保护制度。完成育种的单位和个人对其授权的品种,享有排他的独占权,即拥有植物新品种权。任何单位或者个人未经品种权所有人许可,不得为商业目的生产或者销售取得植物新品种权授权品种的繁殖材料,不得为商业目的将该授权品种的繁殖材料重复使用于生产另一品种的繁殖材料。此外,为避免盲目引进和推广植物品种、损害农业生产和农民利益,国家对主要农作物和主要林木实行品种审定的市场准入制度,主要农作物必须按照农业部制定颁布的《主要农作物品种审定办法》规定经过省级或国家级农作物品种审定委员会审定通过后方能在审定的区域进行推广销售。按照规定,国家对主要农作物进行品种审定是要求申请审定的品种必须与已审定通过或本级品种审定委员会已受理的其他品种具有明显区别。但因为《主要农作物品种审定办法》中对待审定品种的测试方法和送样方式的规定,品种实验主要审查是否符合当地种植标准,可以由品种审定委员会进行,也可以根据《主要农作物品种审定办法》的规定由品种申请人自己进行并提交报告,由品种申请人保证申请材料及品种实验的真实性,品种审定委员会审定通过品种试验审查后,将品种申请人提交的品种标准样品提交至农业主管部门植物品种标准样品库保存,不能保证申请人自主组织品种实验的种子与提交至农业主管部门标准样的种子的同一性;因审定样本没有进行田间种植观察检测(DUS),也不能保证审定品种与在先审定品种存在实质上特异性。可见,植物新品种保护制度和主要农作物品种审定制度是两种不同的法律保护制度,被诉侵权一方不能以其生产销售的农作物已经经过品种审定则必然得出与在先已经通过品种审定的农作物存在特异性进而不侵犯在先审定品种的植物新品种权的判定。

具体到本案中,德农种业公司主张安徽金培因公司生产销售的被诉侵权"盛创688"玉米种子与"德单5号"玉米种子系同一品种,侵犯其"德单5号"玉米品种的植物新品种权。经法院依法委托农业农村部植物新品种测试中心对经德农种业公司公证购买的被诉侵权"盛创688"玉米种子与从农业农村部植物新品种保护办公室植物新品种保藏中心提取的"德单5号"玉米种子样品,依据《玉米品种鉴定技术规程 SSR标记法》进行真实性鉴定即DNA基因指纹图谱鉴定,结果两者比较位点数40,差异位点数0,为极近似或相同品种,故被诉侵权"盛创688"玉米种子与被授予植物新品种权的"德单5号"玉米种子为同一品种。安徽金培因公司关于其生产销售的"盛创688"玉米品种已经经过安徽省农作物品种审定委员会审定通过,必然与"德单5号"玉米品种不是同一品种的答辩理由不能成立。根据《侵害植物新品种权纠纷司法解释(二)》第23条"通过基因指纹图谱等分子标记检测方法进行鉴定,待测样品与对照样品的差异位点小于但接近临界值,被诉侵权人主张二者特征、特性不同的,应当承担举证责任;人民法院也可以根据当事人的申请,采取扩大检测位点进行加测或者提取授权品种标准样品进行测定等方法,并结合其他相关因素作出认定"及第24条"田间观察检测与基因指纹图谱等分子标记检测的结论不同的,人民法院应当以田间观察检测结论为准"的规定,安徽金培因公司应当对其主张的二者特征特性不同的事实承担进一步的举证责任,即可以申请对德农种业公司公证购买的被诉侵权"盛创688"玉米种子与农业农村部植物新品种保护办公室植物新品种保藏中心收藏的"德单5号"玉米种子样品进行田间观察检测(DUS)。虽然被诉侵权"盛创688"玉米种子与安徽金培因公司留存在农业主管部门的"盛创688"玉米种子样品进行田间观察检测(DUS)的鉴定结论显示两者无明显差异,但仍不能证明被诉侵权"盛创688"玉米种子与被授予植物新品种权的"德单5号"玉米种子是不同品种。至于相关数据平台显示经安徽省农作物品种审定委员会审定的"德单5号"与"盛创688"玉米种子在品种来源、主要特征特性等多项农作物品种特性存在差异，但该“盛创688”不能与德农种业公司公证购买的被诉侵权“盛创688”玉米种子及留存在农业主管部门的“盛创688”样本种子建立直接的对应关系，而对德农种业公司公证购买的被诉侵权“盛创688”玉米种子与“德单5号”留样种子进行田间观察检测（DUS），可以进一步得出二者特征特性是否为同一性的确定性结论。虽然安徽金培因公司庭前接受法庭询问时曾表示应当对上述种子进行田间观察检测（DUS），答辩意见中也认为DNA基因图谱鉴定存在不确定性，但此后却仅书面申请对德农种业公司公证购买的被诉侵权“盛创688”玉米种子与其留存在农业主管部门的“盛创688”玉米种子样品进行田间观察检测（DUS），视为对自己举证权利的放弃，应当承担对其不利的法律后果。

综合上述分析，经德农种业公司依法申请法院委托鉴定形成的农作物种子质量检验报告可以认定被诉侵权“盛创688”玉米种子与被授予植物新品种权的“德单5号”玉米种子为极近似或相同品种，在安徽金培因公司没有提交相反证据的情况下，不足以认定非同一品种。根据《种子法》第28条和《侵害植物新品种权纠纷司法解释》第2条的规定，未经品种权人许可，生产、销售授权品种的繁殖材料，应认定为侵害植物新品种权。安徽金培因公司未经“德单5号”品种权人德农种业公司许可，生产、销售名为“盛创688”实为“德单5号”玉米品种的繁殖材料，侵害了德农种业公司享有的植物新品种权。安徽华展公司作为被控侵权“盛创688”玉米种子的总经销商，朱鹏农资、久久农资作为被控侵权“盛创688”玉米种子的分销商，销售授权品种的繁殖材料，亦应认定为侵害涉案“德单5号”的植物新品种权。

关于争议焦点二。《侵害植物新品种权纠纷司法解释》第6条第1款规定：“人民法院审理侵犯植物新品种权纠纷案件，应当依照民法典第一百七十九条、第一千一百八十五条、种子法第七十三条的规定，结合案件具体情况，判决侵权人承担停止侵害、赔偿损失等民事责任。”本案中，安徽金培因公司未经“德单5号”品种权人德农种业公司许可，生产、销售名为“盛创688”实为“德单5号”玉米品种的繁殖材料，侵害了德农种业公司享有的植物新品种权，应当承担停止侵害、赔偿损失等民事责任。安徽华展公司、朱鹏农资、久久农资未经“德单5号”品种权人德农种业公司许可，销售名为“盛创688”实为“德单5号”玉米品种的繁殖材料，侵害了德农种业公司享有的植物新品种权，亦应承担停止侵害、赔偿损失等民事责任。停止侵权方式包括销毁侵害植物新品种权的种子或作消灭活性处理。

关于赔偿数额的确定问题，根据《侵害植物新品种权纠纷司法解释》第6条第2

款、第3款的规定,人民法院可以根据权利人的请求,按照权利人因被侵权所受实际损失或者侵权人因侵权所得利益确定赔偿数额。权利人的损失或者侵权人获得的利益难以确定的,可以参照该植物新品种权许可使用费的倍数合理确定。权利人为制止侵权行为所支付的合理开支应当另行计算。依照前款规定难以确定赔偿数额的,人民法院可以综合考虑侵权的性质、期间、后果,植物新品种权许可使用费的数额,植物新品种实施许可的种类、时间、范围及权利人调查、制止侵权所支付的合理费用等因素,在300万元以下确定赔偿数额。本案中,德农种业公司未举证证明其因被侵权所受实际损失或安徽金培因公司因侵权所得利益,也未提供可以参照的许可使用费,在本案中主张法定赔偿。而安徽金培因公司主张其"盛创688"经品种审定后,仅于2018年10月完成制种5000千克,且仅销售3000余千克,但在法院要求安徽金培因公司提交涉及"盛创688"玉米种子的企业生产销售财务账册时,安徽金培因公司却以"盛创688"玉米种子仅是其公司极小部分业务、财务不规范为由未予提交。同时,根据德农种业公司公证购买的被诉侵权"盛创688"玉米种子标注的生产日期有2017年和2018年两种不同日期,结合我国玉米种子一年制种一次的常识,对于安徽金培因公司仅于2018年10月制种5000千克的主张不予采信。本案考虑"盛创688"玉米种子的审定时间,标注生产日期,销售范围仅限于皖北部分地区而德农种业公司未提供其在该地区销售"德单5号"玉米种子的证据,进而综合考虑安徽金培因公司侵权的性质、期间、后果、销售范围,及德农种业公司为调查、制止侵权所支付的合理费用等因素,酌情确定安徽金培因公司向德农种业公司赔偿经济损失及合理费用40万元。安徽华展公司作为被诉侵权"盛创688"玉米种子在安徽的总经销商,并且宣称是"德单5号"的姐妹系,其侵权行为的情节较朱鹏农资、久久农资为重,故在确定赔偿数额时应区别于朱鹏农资、久久农资。考虑本案的具体情况,酌定安徽华展公司赔偿德农种业公司经济损失及合理费用5万元,朱鹏农资、久久农资各赔偿德农种业公司经济损失及合理费用15,000元。

综上所述,德农种业公司的诉讼请求部分成立,予以部分支持。安徽省高级人民法院依照《种子法》第28条第1款、第2款,第72条第3款、第4款;《侵害植物新品种权纠纷司法解释》第2条,第6条第1～3款;《侵害植物新品种权纠纷司法解释(二)》第13条,第23条;《民事诉讼法》第145条,第147条及第151条第1款、第2款、第3款的规定,于2022年2月28日判决如下:

一、安徽金培因科技有限公司立即停止侵害涉案"德单5号"植物新品种权的行为，销毁侵害植物新品种权的种子或作消灭活性处理，并于本判决生效之日起十日内赔偿德农种业股份公司经济损失及制止侵权所支付的合理费用共计40万元；

二、安徽华展种业有限公司立即停止侵害涉案“德单5号”植物新品种权的行为，销毁侵害植物新品种权的种子或作消灭活性处理，并于本判决生效之日起十日内赔偿德农种业股份公司经济损失及制止侵权所支付的合理费用共计5万元；

三、灵璧县黄湾镇朱鹏农资立即停止侵害涉案“德单5号”植物新品种权的行为，销毁侵害植物新品种权的种子或作消灭活性处理，并于本判决生效之日起十日内赔偿德农种业股份公司经济损失及制止侵权所支付的合理费用共计15000元；

四、泗县久久农资经营部立即停止侵害涉案“德单5号”植物新品种权的行为，销毁侵害植物新品种权的种子或作消灭活性处理，并于本判决生效之日起十日内赔偿德农种业股份公司经济损失及制止侵权所支付的合理费用共计15000元；

五、驳回德农种业股份公司的其他诉讼请求。

安徽省庐州双凤工程建设有限公司与安徽建工集团股份有限公司合同纠纷案

编者按

招标人往往利用市场优势地位，在行政法律规定之外设定种种不予退还保证金的格式条款，而收取投标保证金一方动辄以"法无禁止即自由"作为抗辩，导致双方权利义务失衡。目前，因提供虚假材料不退还投标保证金而产生的纠纷已成为司法实践的难题和理论研究热点。本案例从公平的民法法理角度审视招标人拒不退还投标人投标保证金的具体案情，辩证分析现行行政法律规范与民事法律规范适用关系，对不予退还投标保证金的合同条款进行法律规范和公序良俗的双重检验，观点鲜明，论证充分，逻辑严谨，准确区分投标保证金应返还和不返还边界，法律适用结果正确，充分体现情、理、法的融合，可资类案借鉴。

裁判摘要

招标人在法律规定的情形之外,在招标文件中增加规定投标人提供虚假资料等投标保证金不予退还的条款,该条款不得违反投标保证金的设立目的,亦不得随意扩大不予退还投标保证金的适用范围以致加重对方责任,否则应依法认定该条款无效。

原告:安徽省庐州双凤工程建设有限公司

法定代表人:张某山,总经理

被告:安徽建工集团股份有限公司

法定代表人:王某良,董事长

原告安徽省庐州双凤工程建设有限公司(以下简称双凤公司)因与被告安徽建工集团股份有限公司(以下简称建工集团)发生投标保证金返还纠纷,向安徽省蚌埠市禹会区人民法院提起诉讼。

原告双凤公司诉称:2018 年 4 月 4 日,安徽建工集团有限公司发布了 S341 宁泾公路 K21 + 200 ~ K26 + 300 段道排工程施工招标公告。双凤公司于 2018 年 4 月 13 日向安徽建工集团有限公司投递投标文件并缴纳了投标保证金 80 万元,双凤公司未中标,安徽建工集团有限公司认为双凤公司提供了虚假材料,不退还投标保证金。之后,安徽建工集团有限公司被安徽水利开发股份有限公司吸收合并,合并后公司名称变更为安徽建工集团股份有限公司。请求判令:(1)被告退还投标保证金 80 万元及利息;(2)被告承担本案诉讼费。

被告建工集团辩称:(1)双凤公司要求退还投标保证金的请求权,已经超过法律规定的诉讼时效;(2)双凤公司提供虚假业绩资料进行投标,建工集团有权没收投标保证金。

安徽省蚌埠市禹会区人民法院一审查明:

2017 年 11 月 8 日,安徽建工集团有限公司中标泾县红色旅游交通路网工程建设 PPP 项目(项目编号:JX – CG – 2017 – 035)。2018 年 4 月 4 日,安徽建工集团有限公司发布招标公告,具体为 S341 宁泾公路 K21 + 200 ~ K26 + 300 段道排工程。2018 年 4 月 13 日,双凤公司向安徽建工集团有限公司投递投标文件并缴纳了投标保证金 80 万元。2018 年 5 月 10 日,安徽建工集团有限公司以双凤公司未能按照询标承诺提供相关资料,也未能提供任何证明业绩真实性的其他有效证据,认定双凤公司存在"提供虚假资料等弄虚作假方式投标"的违规行为,并作出处理决定书,决定对双凤公司所缴纳的80万元投标保证金不予退还。2020年双凤公司请求安徽建工集团有限公司返还投标保证金未果后曾向安徽省合肥市蜀山区人民法院起诉,因主体问题于2021年6月29日另行诉讼至安徽省蚌埠市禹会区人民法院。

另查明:2016年12月28日,安徽水利开发股份有限公司吸收合并安徽建工集团有限公司。2018年7月30日,安徽建工集团有限公司注销登记。2019年8月12日,安徽水利开发股份有限公司企业名称变更为安徽建工集团股份有限公司。

安徽省蚌埠市禹会区人民法院一审认为,本案的争议焦点为:(1)双凤公司的诉请是否超过诉讼时效;(2)建工集团不予退还投标保证金是否具有法律依据。

一、关于双凤公司的诉请是否超过诉讼时效的问题

根据《民法典》第188条第2款"诉讼时效期间自权利人知道或者应当知道权利受到损害以及义务人之日起计算"之规定,根据本案查明的事实可知,虽然安徽建工集团有限公司于2018年5月10日作出不予退还双凤公司投标保证金的决定,但2018年7月30日安徽建工集团有限公司已经被安徽省工商行政管理局企业注册局注销登记,原义务人安徽建工集团有限公司的主体已经不存在,而吸收合并原义务人安徽建工集团有限公司的安徽水利开发股份有限公司于2019年8月12日经蚌埠市市场监督管理局准予将企业名称变更为安徽建工集团股份有限公司,也即在本案中被告作为明确的义务人的时间为2019年8月12日。且诉讼中双凤公司提交安徽省合肥市蜀山区法院传票以证明其在2020年度已经主张过权利,故双凤公司的诉请并未超过诉讼时效。

二、关于建工集团不予退还投标保证金是否具有法律依据的问题

本案为民事案件的合同纠纷,双方当事人在民事活动中的法律地位平等。建工集团占有双凤公司款项不予退还的法律依据应基于物上请求权、合同约定、无因管理、不当得利及因侵权导致的损害。本案中,建工集团不予退还投标保证金的理由是认为双凤公司在招投标过程中存在"提供虚假资料等弄虚作假方式投标"的行为。而建工集团的招投标仅是要约邀请,在双凤公司没有中标的情况下,双方并没有形成合同关系,且建工集团也未提供因双凤公司存在"提供虚假资料等弄虚作假方式投标"的行为给自己造成损失的证据。结合以上三点,对双凤公司要求建工集团退还80万元投标保证金的请求予以支持。关于双凤公司主张的利息,应以80万元

为本金基数,自建工集团作出不予退还投标保证金之日(2018 年 5 月 10 日)起,按当时一年期贷款市场报价利率计算至本金还清时止。

综上,依据《民法典》第 120 条、第 188 条第 2 款、第 473 条,《公司法》第 174 条,《民事诉讼法》第 90 条的规定,安徽省蚌埠市禹会区人民法院于 2021 年 10 月 9 日作出判决:“被告安徽建工集团股份有限公司于本判决生效之日起十五日内返还原告安徽省庐州双凤工程建设有限公司投标保证金 80 万元及利息。”

建工集团不服一审判决,向安徽省蚌埠市中级人民法院上诉称:一审法院判决建工集团向双凤公司退还 80 万元投标保证金并支付相应利息没有法律和事实依据。(1)双凤公司在投标过程中,违反《招标投标法》第 33 条及《招标投标法实施条例》第 42 条的规定,以提供虚假业绩的方式弄虚作假,索要 80 万元投标保证金有违诚实信用原则。(2)依据招标公告第 2 章“投标人须知”前附表序号第 21 项、第 36 项以及总则第 3.4.5 条第 4 款、第 9.6 条第 4 款的明确规定,投标人需缴纳 80 万元投标保证金,若投标资料一经查实弄虚作假,则没收投标保证金。双凤公司熟知涉案工程的招标文件全部内容,并签订诚信投标承诺书,愿意接受招标公告约定的所有处理、处罚等,可认定双方已就招标公告条款达成合意,该项规定内容不违反法律规定,合法有效。(3)依据 S341 宁泾公路 K21 + 200 ~ K26 + 300 段道排工程施工招标公告的规定,投标人只要对投标资料弄虚作假,建工集团就不予退还投标保证金,该规定并不以“因双凤公司提供虚假材料给建工集团造成损失”为前提条件。投标保证金兼具保证的性质,是投标人对其提供材料真实性的保证,也是对其提供虚假材料要承担违约责任的担保。(4)双凤公司提供虚假业绩资料进行投标,建工集团不予退还投标保证金有事实依据。双凤公司投标文件中所附淮南现代煤化工产业园路网二期高皇路南段(煤化工大道—姚凤段)工程、中铁十局四公司高恩高速 K22 + 100 ~ K29 + 900 段公路路基土石方建设工程、上海市 S2 高速公路路基工程 3 份业绩合同,该公司仅能提供淮南现代煤化工产业园路网二期高皇路南段(煤化工大道—姚凤段)工程业绩合同 1500 万元的转账单,另外两份业绩合同未能提供相关证明材料,双凤公司在一审庭审中明确表示不能提供。故请求依法撤销一审判决,改判驳回双凤公司的一审诉讼请求或将本案发回重审。

被上诉人双凤公司辩称:建工集团不退还双凤公司投标保证金,无事实与法律依据。(1)招标文件不予退还保证金条款违反法律规定,内容应属无效。《招标投标法实施条例》第35条、第74条明确规定不予退还投保保证金的情形。建工集团新增“投标人在投标过程中以提供虚假资料弄虚作假方式并查证属实的,不退还投标保证金”内容,超出法律规定,应属无效。建工集团招标文件中的“不予退还保证金”部分条款,超出九部委《关于印发简明标准施工招标文件和标准设计施工总承包招标文件的通知》,强行增加了投标人的义务,违背公平原则,系属无效。(2)建工集团的招标文件属于要约邀请,双凤公司的投标文件属于要约,双凤公司未中标也未签合同,处于缔约合同的磋商阶段,建工集团不退还投标保证金无合同依据。本案属于合同的缔约过失责任,双凤公司在缔约过程中无过错。(3)双凤公司提供的业绩材料符合招标要求。双凤公司投标中提供四项业绩,均系双凤公司参与过的有关工程,而招标公告要求“有一项工程符合条件即可”,其中两项业绩,建工集团没有异议,且都满足投标人条件。建工集团仅依据另两份业绩因无法提供有关资料而认定双凤公司提供虚假材料是不准确的。(4)双凤公司的行为没有给建工集团造成任何经济损失,建工集团不退还80万元投标保证金,显然有失公允。故建工集团应全额退还投标保证金。

蚌埠市中级人民法院经二审,确认了一审查明的事实。

另查明:安徽建工集团有限公司发布的招标公告“四、投标人资格要求”之“3.类似业绩要求”载明:近五年具有一项公路路基工程或市政道排工程施工业绩且业绩单项合同金额不低于6000万元,近五年是指2013年3月1日后,以合同签订日期为准。

双凤公司提交的投标文件所附的企业类似业绩表载明其有四项业绩,即巢湖市碧桂园观湖大道道排工程、淮南现代煤化工产业园路网二期高皇路南段(煤化工大道—姚凤段)工程、中铁十局四公司高恩高速K22+100~K29+900段公路路基土石方建设工程、上海市S2高速公路路基工程。

又查明:安徽建工集团有限公司发布的招标文件第3.4.5条规定:“如果投标人发生以下任一种情况,其缴纳的投标保证金将不予退还:……(4)投标人在投标过程中以提供虚假资料等弄虚作假方式投标并查证属实的……”

2018年4月17日,双凤公司向安徽建工集团有限公司提交的投标文件中的投标承诺书载明“1.我们将按时提交招标文件中所要求的全部资料,并保证是真实的和正确的……4.在工程施工过程中我方不以任何理由要求招标人对工程单价进行调整,并不以任何借口停止或影响本次投标中所约定的工程内容。如我方违背招标人有权拒付我方所施工的应得工程款,并没收我方保证金。5.投标人需仔细阅读招标文件,详细考察施工现场,熟悉施工内容,所报总价为完成上述工作的一切费用,如对招标文件有异议,需在投标文件中明确提出,否则视为投标人完全接受招标文件及合同条款内容。”

2018年4月28日,安徽建工集团有限公司致双凤公司的关于投标文件相关情况判定的函告载明:“……经过评标委员会评审,向你司询标并要求:承诺投标文件提交合同是否真实,若真实,在2018年4月20日15:00前提供合同(结算单、发票、银行转账凭证单等原件)证明材料至安建国际大厦703室。对于以上询标要求,你司投标授权人樊福乐澄清答复为:合同属实,同意按照上述要求提供证明材料。截至2018年4月20日15:00,你司提供了其中一个合同业绩的转账单一份,以及情况说明一份,同时说明了‘公司搬迁和人员离职等原因,新来人员对资料未能及时找到’。因你司未能按照询标承诺要求提供以上资料,也未能提供任何证明业绩真实性的其他证据,现判定你司该项目投标文件存在‘提供虚假资料等弄虚作假方式投标’的违规行为”等内容。

安徽省蚌埠市中级人民法院二审认为,综合双方当事人举证、质证及诉辩意见,本案的争议焦点为:建工集团不予退还双凤公司投标保证金有无事实和法律依据。

投标保证金,是指投标人按照招标文件的要求向招标人出具的,以一定金额表示的、约束自己履行投标义务的一种担保。其实质是为了避免因投标人在投标有效期内随意撤销投标、中标后无正当理由不与招标人签订合同等行为给招标人造成损失。其目的是维护招标投标关系、保证招标投标活动顺利进行。

一、关于“投标人在投标过程中以提供虚假资料等弄虚作假方式投标并查证属实的,投标保证金不予退还”的合同条款缺乏法律、法规和规章依据

依照《招标投标法实施条例》第35条、第47条的规定,投标保证金不予退还的情形有两种:一是投标截止后,投标人撤销投标文件的;二是中标人无正当理由不与招标人订立合同,在签订合同时向招标人提出附加条件,或者不按照招标文件要求提交履约保证金的。同时,由国家发展和改革委员会、财政部等九部委联合编制的《标准施工招标文件》(2007年版)中的“投标人须知”投标保证金不予退还的情形也仅有两种,与上述规定的情形一致。在九部委随后联合颁布的第56号令中,对《标准施工招标文件》的使用进行了规范:行业标准施工招标文件应不加修改地引

用《标准施工招标文件》中的“投标人须知”(投标人须知前附表和其他附表除外);“投标人须知前附表”用于进一步明确“投标人须知”正文中的未尽事宜,招标人应结合招标项目具体特点和实际需要编制和填写,但不得与“申请人须知”和“投标人须知”正文内容相抵触,否则抵触内容无效。安徽省人民政府第111号令《安徽省建筑工程招标投标管理办法》(2017年)第18条第2款规定:“投标人未中标的,其交纳的投标保证金由招标人在确定中标人后5日内退还;已中标的,其交纳的投标保证金由招标人在签订建筑工程承包合同后5日内退还。”而本案中招标人提供的招标文件除法定不予退还投标保证金的两种情形外,增加了“投标人在投标过程中以提供虚假资料等弄虚作假方式投标并查证属实的,投标保证金不予退还”的内容。该内容于法无据,且与相关规章规定相悖。

二、关于“投标人在投标过程中以提供虚假资料等弄虚作假方式投标并查证属实的,投标保证金不予退还”的合同条款的法律效力问题

从当事人合意的形式和内容来看,招标人安徽省公路桥梁工程有限公司发布的招标文件中关于投标保证金不予退还的条款属于格式条款。格式条款的积极意义主要表现在节约交易成本、提高交易效率。对于格式条款的提供者而言,还有增进交易安全,防范交易风险的作用。从法律角度分析,格式条款的消极作用也非常明显,其与契约自由原则在一定程度上背离,对契约正义造成了冲击,故对其弊端应予规制和防范。从法律的角度而言,既要保证格式条款积极作用的有效发挥,又要防范一方当事人滥用权利加重对方当事人责任,损害其合法权利。本案中,投标人双凤公司以缴纳投标保证金和提交投标文件的行为参加建工集团招标中心接受招标人委托进行的采购招标活动,投标人没有与招标人协商合同条款的可能,提供格式条款的招标人应当依法遵循公平原则确定其与投标人之间的权利和义务。在本案招投标活动中,投标人已被取消评标资格,并非涉案工程的中标人,在当事人之间尚未成立合同关系的情况下,当事人之间的上述约定并不涉及今后正式合同中双方实体权利义务,只是对双方磋商订立合同的程序性安排,对当事人在合同订立阶段的程序性权利义务作出约定。换句话说,上述条款是将《合同法》规定的诚信缔约义务和缔约过失责任转化为双方意定的约定条款和违约责任。鉴于缔约过失责任和违约责任的法律性质、构成要件、责任轻重等方面存在明显区别,此种责任形态的转化应依照法律、法规和规章的规定进行,当事人在法律、法规和规章之外进行的表意行为不仅应遵循意思自治原则,还应受公平原则、诚信原则规范,并

不得违反法律、行政法规的强制性规定,不得违背国家宏观政策等公序良俗。

《国务院办公厅关于清理规范工程建设领域保证金的通知》(国办发〔2016〕49号)、九部委第56号令等监管规定提出依法依规设立投标保证金和返还保证金的要求,是为了推进简政放权、放管结合,优化服务改革,减轻企业负担,激发市场活力,发展信用经济,建设统一市场,促进公平竞争,优化营商环境,加快建筑业转型升级。在国家政策层面,既保留了投标保证金,又通过深化改革对涉企保证金进行清理规范,在清理规范保证金的同时,不再单纯依赖投标保证金保护交易安全,而是坚持标本兼治,通过纳入信用体系等方式,建立监督约束建筑业企业的新机制。从新近颁布的地方政府规章来看,《合肥市工程建设项目招标投标管理办法》(合政办〔2021〕13号文)第9条"招标文件要求缴纳投标、履约、工程质量和农民工工资保证金的,应当按照国家、省、市有关规定在招标文件中明确缴纳方式、金额、比例、退还方式和退还条件。推行电子保函方式替代现金形式保证金"的规定进一步明确了在招标文件中依法依规退还投标保证金的要求。本案中,招标人利用市场优势地位在投标保证金不予退还的法定情形之外,在招标文件中另行规定不予退还投标保证金的情形,不符合相关政策精神。

从投标人行为造成的社会影响来看,本案中,投标人提交的投标文件所附的企业类似业绩表载明其有四项业绩,其中两项业绩已被确认,另两项业绩因投标人未提交证明材料被招标人及其代理人认定"提供虚假资料等弄虚作假方式投标"。鉴于投标人提交的前两项业绩已满足招标文件载明的投标人资格要求,投标人提供另两项增强其投标竞争力的虚假业绩,违反诚信原则,已被取消评标资格,不再参与招投标活动,涉案标段最终由案外人安徽中原市政工程有限公司中标,故投标人除不涉及投标人资格要求的部分材料虚假之外,已经完成其所交纳的投标保证金所担保的义务。如果因为投标人违反诚信原则的行为而不返还80万元投标保证金,建工集团将因此获得巨额利益,双方的权利义务明显失衡,有悖民法公平原则。

综上,二审法院在个案中认定,招标文件中的上述格式条款不合理地加重了对方责任,依照《合同法》第40条"格式条款具有本法第五十二条和第五十三条规定情形的,或者提供格式条款一方免除其责任、加重对方责任、排除对方主要权利的,该条款无效"的规定,该格式条款无效。根据《合同法》第58条"合同无效或者被撤销后,因该合同取得的财产,应当予以返还;不能返还或者没有必要返还的,应当折价补偿。有过错的一方应当赔偿对方因此所受到的损失,双方都有过错的,应当各自承担相应的责任”的规定,建工集团应将收取的80万元投标保证金返还给双凤公司。

三、投标人在投标过程中以提供虚假资料等弄虚作假方式投标的责任承担

本案中,投标人双凤公司在缔结合同过程中存在两项业绩弄虚作假的行为,违反诚信原则,理应承担相应民事责任,有关机构也可以依照《招标投标法》第54条第2款的规定,从行政管理方面给予投标人行政处罚。因“投标人在投标过程中以提供虚假资料等弄虚作假方式投标并查证属实的,投标保证金不予退还”的合同条款无效,投标人应依法承担缔约过失责任。缔约过失责任是法定损害赔偿责任,其目的是解决没有合同关系的情况下因一方的过错而造成另一方信赖利益损失的问题。建工集团可依法向双凤公司主张赔偿信赖利益损失,但是建工集团并未对此提出诉讼主张,亦未提交因双凤公司“提供虚假资料等弄虚作假方式投标”的行为给自己造成损失的相关证据,而是主张双凤公司承担违反合同义务的违约责任,理据不足,依法不予支持。

综上,依照《民事诉讼法》第177条第1款规定,安徽省蚌埠市中级人民法院于2022年2月18日判决如下:

驳回上诉,维持原判。

北京市朝阳区自然之友环境研究所与安徽滋彩玻璃器皿有限公司环境污染民事公益诉讼案

编者按

生态环境是人类赖以生存发展的前提。本案是全国知名环保民间公益组织对地方重点企业提起的公益诉讼案，社会关注度较高。诉讼中，地方环保主管部门主动介入，启动生态环境损害赔偿磋商机制，促使企业积极履行环境保护社会和法律责任，取得良好的社会效果。同时，人民法院判决有效运用证据规则，在充分论证的基础上，依法确认基于生态环境损害赔偿磋商出具的鉴定报告可以作为定案依据，避免重复鉴定，提高了审判效率，减少了当事人的诉讼负担。本案中，人民法院坚持一事不再罚原则，对于已缴纳生态环境损害赔偿磋商协议确定的费用，认定污染企业已履行了环境损害赔偿义务，并在判决确定的赔偿费用中予以扣除，有效保障涉案企业合法权益。本案例具有典型性和示范意义，对于环保公益诉讼案件的法律适用具有一定的参照价值。

裁判摘要

1. 在污染企业与环境主管部门进行生态环境损害赔偿磋商的过程中,由环境主管部门委托专业机构所作的鉴定评估报告书,经双方当事人质证,公益组织对于鉴定评估报告书所提出的异议,专业机构亦作出明确答复,且鉴定评估报告书符合证据标准的,可以作为法院的定案依据。

2. 污染企业在生态环境损害赔偿磋商过程中与环境主管部门达成生态环境损害赔偿磋商协议,并按照协议约定缴纳了环境损害赔偿费用,人民法院经审查已缴纳费用涵盖公益组织诉请范围的,可以认定污染企业已履行了环境损害赔偿义务,并在判决时扣除相应赔偿费用。

原告:北京市朝阳区自然之友环境研究所

法定代表人:张某驹,所长

被告:安徽溢彩玻璃器皿有限公司

法定代表人:程某华,执行董事

原告北京市朝阳区自然之友环境研究所(以下简称自然之友)因与被告安徽溢彩玻璃器皿有限公司(以下简称溢彩公司)发生环境污染民事公益诉讼纠纷,向安徽省六安市中级人民法院提起诉讼。

原告自然之友诉称:溢彩公司系安徽省大气环境重点排污单位。2012 年 2 月 10 日,被告年产 10 万吨玻璃制品项目投产试生产,但直至 2017 年 5 月,始终未按照环评要求建设脱硫脱硝设施,导致窑炉废气长期出现“黄龙现象”。六安市环境保护委员会将被告列入环境问题违法整改名单,要求其限期整改。2018 年 3 月 12 日,安徽省大气污染防治第九督查组发现其烟气脱硫脱硝设备未验收及石英砂、煤渣、原煤堆场未全封闭的违法事实,要求其立即整改。同年 10 月,安徽省大气污染防治第九督查组再次对被告督查时,指出丝印线工艺未有 VOCs 废气吸附设施,现场车间气味明显。根据安徽省重点排污单位自行监测及监督性监测信息公开平台上所记录的被告自行监测数据,自 2019 年 11 月 19 日 0 时在线监测数据联网起至原告提起本案诉讼,被告长期向大气超标排放污染物,包括烟尘、二氧化硫以及氮氧化物,且是连续数月持续超标;截至 2020 年 7 月 7 日,被告超标数据多达 7903 条。为维护环境公共利益,依法制止被告违法排污的恶劣行为,消除污染大气环境的危险，并使被告承担大气环境治理费用，特提起环境民事公益诉讼。请求判令：(1)被告停止超标排放大气污染物的违法行为，消除所有不遵守环境保护法律法规行为对大气环境造成的危险；(2)被告支付2012年2月10日起至被告消除所有不遵守环境保护法律法规行为对大气环境造成危险并稳定达标排放时向大气排放的污染物所产生的大气环境治理费用（暂定10万元，具体数额以专家或评估意见为准）；(3)被告在省级以上媒体对其损害社会公共利益的行为公开赔礼道歉；(4)被告承担本案全部诉讼费用，包括案件受理费、鉴定检测费用、专家费、原告律师费、差旅费等。

被告溢彩公司辩称：溢彩公司对生产存在的环保问题积极整改，加大环保投入，履行社会责任，原告自然之友的主要诉讼请求在本案诉讼过程中已经实现：(1)对安徽省环保督察组督查发现的环境管理问题，溢彩公司已经整改完成，自2021年3月以来，溢彩公司大气污染物已经实现稳定达标排放。(2)本案诉讼过程中，溢彩公司已经与六安市生态环境局达成生态环境损害赔偿磋商协议，并按照协议履行了生态环境损害赔偿责任。根据磋商协议，溢彩公司已经赔偿大气环境损害费用共计人民币3，182，728元，支付鉴定评估的事务性费用45万元。(3)溢彩公司自愿承担因本案产生的必要、合理的事务性费用。

安徽省六安市中级人民法院一审查明：

溢彩公司位于安徽省六安市霍山县境内，于2007年9月成立，主要经营范围包括日用玻璃制品、玻璃包装容器及其他玻璃制品制造和销售。2010年该公司决定扩建溢彩公司年产10万吨玻璃制品生产线项目，分两期建设。2010年9月，溢彩公司正式委托安徽省环境科学研究院编制环境影响报告书，该单位出具了溢彩公司扩建年产10万吨玻璃制品生产线项目环境影响报告，载明：污染物排放标准中，关于该项目窑炉烟气执行《工业炉窑大气污染物排放标准》(GB9078－1996)中表2和表4中二级标准。炉窑烟气最高允许排放浓度中二氧化硫≤850mg/m^3、烟尘≤200mg/m^3；环保设施验收清单中列有炉窑烟气脱硫除尘系统。2010年12月28日，霍山县环境保护局出具关于溢彩公司扩建年产10万吨玻璃制品生产线项目环境影响报告书的批复，原则同意上述报告书提出的采用“湿式除尘、双碱法烟气脱硫”工艺处理窑炉废气的方案，窑炉废气处理后其烟尘、二氧化硫不仅要符合《工业炉窑大气污染物排放标准》中新建窑炉排放标准，同时要满足总量控制指标要求；验收合格后方可投入生产。2012年4月，霍山县环境监测站出具的溢彩公司扩建年产

10万吨玻璃制品生产线项目竣工环保验收监测报告显示,溢彩公司废气基本落实,脱硫系统未上,因使用低硫煤不需上脱硫系统;主要污染物防治措施落实到位,污染物做到了达标排放;建议该项目通过环境保护验收。2012年4月14日,霍山县环保局出具关于溢彩公司扩建年产10万吨玻璃制品生产线项目一期工程竣工环境保护验收意见,同意项目正式投入生产。

该公司在生产经营期间,安徽省环保督查组于2017年3月14日现场督查发现,溢彩公司存在危险废物管理不规范,废油漆桶随意堆放;粉煤堆场管理不规范,运输过程中存在扬尘污染;原料堆场未硬化,防雨淋防流失措施不到位;未建脱硫脱硝设施,窑炉废气出现“黄龙”现象。2018年3月12日,安徽省大气污染防治第九督察组第一轮督查,发现溢彩公司烟气脱硫脱硝设备未验收;石英砂、煤渣、原煤堆场未全封闭。2018年10月,安徽省大气污染防治第九督察组第十轮督查期间,发现溢彩公司丝印线工艺未有VOCs废气吸附设施,现场车间气味明显。自2019年11月19日0时至2021年3月31日23时,溢彩公司大气污染物在线监测数值出现异常情况。基于溢彩公司存在的上述事实,自然之友作为环保公益组织,向法院提起诉讼。

诉讼过程中,六安市生态环境局与溢彩公司进行生态环境损害赔偿磋商。2021年3月,经六安市生态环境局委托安徽省环境科学研究院对溢彩公司近年来在历次督查检查中指出的环境问题开展生态环境损害鉴定评估工作。2021年9月,该机构出具了溢彩公司环境污染事件生态环境损害鉴定评估报告书,报告认定基于六安市环境保护委员会和六安市大气污染防治工作领导小组办公室等部门交办件要求溢彩公司进行整改的案件线索,经调查确认,以下事件问题构成污染大气环境行为且具备鉴定评估条件:(1)溢彩公司粉煤堆场管理不规范,运输过程中存在扬尘污染,石英砂、煤渣、原煤堆场未全封闭;(2)丝印线工艺未有VOCs废气吸附设施,现场车间气味明显;(3)部分CEMS数值超标。按照大气污染虚拟治理成本法,经鉴定评估,以上事件生态环境损害事实存在,污染行为与生态损害因果关系成立,大气生态环境损害额度为3,182,728元,环境损害鉴定评估事务性费用45万元,最终生态损害赔偿金额共计3,632,728元。2022年1月7日,溢彩公司与六安市生态环境局签订了生态环境损害赔偿磋商协议,上述赔偿款项溢彩公司已全部支付完毕。

安徽省六安市中级人民法院一审认为,本案的争议焦点为:溢彩公司的环境违法行为是否已经整改到位,其因环境违法行为应承担的法律责任是否已经全部履行完成。

基于违法事实,溢彩公司在本案审理过程中与六安市生态环境保护局进行生态环境损害赔偿磋商,六安市生态环境保护局委托安徽省环境科学研究院对溢彩公司的环境违法问题进行生态环境损害鉴定评估工作。经该机构鉴定,溢彩公司的生态环境损害事实存在,污染行为与生态损害因果关系成立,大气生态环境损害额度为3,182,728元,环境损害鉴定评估事务性费用45万元,共计3,632,728元,上述费用现已全部履行到位。

自然之友在诉讼过程中就安徽省环境科学研究院出具的上述评估报告书提出异议,具体分析如下:

首先,关于自然之友所称的溢彩公司2012年2月10日至2019年6月13日因未执行"环保三同时"制度违法向外环境排放的全部大气污染物的大气治理费用问题。从在卷证据看,溢彩公司虽然未建成脱硫脱硝设施,但霍山县环境保护局同意溢彩公司提出的采用"湿式除尘、双碱法烟气脱硫"工艺处理窑炉废气的方案,窑炉废气处理后其烟尘、二氧化硫不仅要符合《工业炉窑大气污染物排放标准》中新建窑炉排放标准,同时要满足总量控制指标要求。霍山县环境监测站出具的溢彩公司扩建年产10万吨玻璃制品生产线项目竣工环保验收监测报告的环评建议和批复落实情况一览表中显示,溢彩公司废气基本落实,脱硫系统未上,因使用低硫煤不需上脱硫系统;主要污染物防治措施落实到位,污染物做到了达标排放。霍山县环保局关于溢彩公司扩建年产10万吨玻璃制品生产线项目一期工程竣工环境保护验收意见认定,该项目完成了原先制定的环保工程建设,项目废气排放达到《工业炉窑大气污染物排放标准》表2中二级标准要求,通过竣工环保验收,同意项目正式投入生产。根据安徽省环境科学研究院此次鉴定评估过程中的调查认定、霍山县环境监测站出具的安徽溢彩玻璃器皿有限公司监督检测报告(2012~2016年)、合肥海正环境监测有限责任公司出具的溢彩公司委托检测报告、安徽瀚茗分析检测科技有限公司出具的溢彩公司常规检测报告表明,溢彩公司2012年至2018年炉窑烟气排放年度检测符合《工业炉窑大气污染物排放标准》中新建窑炉排放标准,即烟气最高允许排放浓度中二氧化硫≤850mg/m^3、烟尘≤200mg/m^{3}的要求。根据六安市环境保护局《关于年产10万吨水晶玻璃器皿项目环境影响报告书的批复》

(环监〔2017〕97 号)和霍山县环境保护局《关于安徽溢彩玻璃器皿有限公司扩建年产 10 万吨玻璃制品生产线项目环境影响报告的批复》(霍环字〔2010〕196 号)及溢彩公司排污许可证(证书编号 91341525666236327U001V),溢彩公司总量控制指标为颗粒物 61.383t/a、二氧化硫 346.839t/a。根据霍山县环境监察大队出具的排污核定通知书(2012 ~ 2017 年)表明,溢彩公司 2012 年至 2017 年排放颗粒物和二氧化硫满足总量控制指标。综上,2012 年至 2017 年,溢彩公司在未建脱硫脱硝设施时,可以做到浓度达标排放和不超总量排放,无法证明窑炉废气出现"黄龙"现象与企业超标排放行为构成因果关系。同时,在溢彩公司烟气脱硫脱硝设施验收完成(2019 年 6 月 14 日)前,根据安徽瀚茗分析检测科技有限公司出具的《安徽溢彩玻璃器皿有限公司常规检测报告》(HMJC - 20180411 - 001)、《安徽溢彩玻璃器皿有限公司半干法脱硫、PTFE 布袋除尘设施检测项目检测报告》[瀚茗环检字(2018)第(001)号]、《安徽溢彩玻璃器皿有限公司六座窑炉整治项目环保竣工验收检测报告》(HMJC - 201905 - 23)、《安徽溢彩玻璃器皿有限公司六座窑炉整治项目环保竣工验收(补测)检测报告》(HMJC - 201906 - 07)表明,在溢彩公司炉窑烟气治理设施完成前,检测符合《工业炉窑大气污染物排放标准》中新建窑炉排放标准。6 座玻璃窑炉烟气治理项目完成后,炉窑烟气排放可达到颗粒物 $30mg/Nm^3$、二氧化硫 $200mg/Nm^3$、氮氧化物 $300mg/Nm^3$ 的限值,现烟气脱硫脱硝设备运行稳定。因而,溢彩公司在未建烟气脱硫脱硝设施前,选择采用"湿式除尘、双碱法烟气脱硫"工艺处理窑炉废气方案,有环评报告,获得了环境主管部门的批准同意和竣工验收,溢彩公司"脱硫系统未上,因使用低硫煤不需上脱硫系统",溢彩公司提供了证据证明该公司后期生产过程中使用了低硫煤,也满足了总量排放控制的要求。故对于自然之友要求对溢彩公司 2012 年 2 月 10 日起至 2019 年 6 月 13 日止因未执行"环保三同时"制度违法向外环境排放的全部大气污染物的大气治理费用进行鉴定的意见不予采纳。

其次,关于自然之友主张的溢彩公司在环保设备停机而生产设备未停机的情况下违法排放的全部大气污染物的虚拟治理费用问题,溢彩公司已向霍山县生态环保局办理了环保设备停机申请,并报环保部门批准、备案,故该期间的异常数据不应计入溢彩公司的超标排放范围。至于自 2021 年 5 月 1 日至 2022 年 4 月 1 日超标排放大气污染物的大气治理费用,自然之友未提供证据证明存在超标排放,故对其要求鉴定的意见不予采纳。

再次,关于自然之友主张的评估报告对于溢彩公司炉窑烟气排放限值认定溢彩公司2020年10月1日前执行排放限值为烟尘≤200mg/m^3、二氧化硫≤850mg/m^3,2020年10月1日后执行二氧化硫≤200mg/m^3、烟尘≤30mg/m^3、氮氧化物≤400mg/m^{3}标准的时间期限有误问题。生态环境部、国家发展和改革委员会、工业和信息化部、财政部2019年7月1日发布的关于印发《工业炉窑大气污染综合治理方案》的通知规定:"……三、重点任务……(三)实施污染深度治理……暂未制订行业排放标准的工业炉窑,包括铸造,日用玻璃……重点区域原则上按照颗粒物、二氧化硫、氮氧化物排放限值分别不高于30、200、300毫克/立方米实施改造,其中,日用玻璃、玻璃棉氮氧化物排放限值不高于400毫克/立方米……"安徽省和六安市《2020年大气污染防治重点任务》要求在2020年秋冬季即2020年10月1日前全部窑炉稳定达到大气污染物特别排放限值,暂无行业标准的(日用玻璃)按照颗粒物、二氧化硫、氮氧化物不超过30mg/m^3、200mg/m^3、400mg/m^{3}限值要求实施改造。因此,《工业炉窑大气污染综合治理方案》的规定应理解为从2019年7月1日起重点区域日用玻璃行业的颗粒物、二氧化硫、氮氧化物排放限值开始按照上述新标准实施改造,而安徽省和六安市对于上述行业的最迟改造完成时间要求是2020年秋冬季即2020年10月1日前。法院认为,根据《工业炉窑大气污染综合治理方案》的要求,2019年7月1日应理解为按照新排放标准改造的开始时间,而不是溢彩公司采用新排放标准的时间。法院认为,溢彩公司的烟气脱硫脱硝设施已于2019年6月14日通过环保竣工验收,于2019年11月19日与安徽省重点排污单位自行监测及监督性信息公开平台联网,溢彩公司此时已完全满足采用新标准排放的条件,可以2019年11月19日作为溢彩公司采用新排放标准的时间节点。但考虑到安徽省和六安市《2020年大气污染防治重点任务》要求的是在2020年秋冬季即2020年10月1日前全部窑炉稳定达到大气污染物特别排放限值,暂无行业标准的(日用玻璃)按照颗粒物、二氧化硫、氮氧化物不超过30mg/m^3、200mg/m^3、400mg/m^{3}限值要求实施改造,故安徽省环境科学研究院本次鉴定认定溢彩公司2020年10月1日前执行排放限值为烟尘≤200mg/m^3、二氧化硫≤850mg/m^3,2020年10月1日后执行二氧化硫≤200mg/m^3、烟尘≤30mg/m^3、氮氧化物≤400mg/m^{3}标准,符合本地实际,并无不当。

最后,关于自然之友主张的评估报告书以日均值作为判断溢彩公司大气污染物是否超标排放的问题。虽然《工业炉窑大气污染物排放标准》《大气污染物综合排放标准》《固定源废气监测技术规范》等规定均采用小时均值作为污染物超标依据,但《安徽省生态环境厅关于进一步加强重点排污单位自动监测数据超标行为处理处罚工作的通知》和《安徽省污染源自动监控管理办法(试行)》均规定重点排污单位污染物排放自动监测数据以有效日均值为超标判定依据。法院认为,上述两份文件虽然是安徽省环保主管部门对本地企业的行政处罚执法标准,但溢彩公司作为本地企业,基于上述文件规定,对于其超标排放行为应采用日均值标准被处罚或承担生态环境损害赔偿责任具有心理预期。因此,安徽省环境科学研究院本次鉴定采用日均值作为判断溢彩公司大气污染物超标排放的依据对溢彩公司更为公平合理,并无不当。

关于自然之友要求溢彩公司支付大气环境治理费用的诉请。综合以上分析,安徽省环境科学研究院系受六安市生态环境保护局委托,该鉴定机构和人员具备相关鉴定资质;在本案审理过程中,就鉴定评估报告书中的专业技术问题,法院依法向鉴定人员进行了咨询,形成书面笔录,并经双方当事人当庭质证。根据《最高人民法院关于审理环境民事公益诉讼案件适用法律若干问题的解释》第 15 条"当事人申请通知有专门知识的人出庭,就鉴定人作出的鉴定意见或者就因果关系、生态环境修复方式、生态环境修复费用以及生态环境受到损害至恢复原状期间服务功能的损失等专门性问题提出意见的,人民法院可以准许。前款规定的专家意见经质证,可以作为认定事实的根据"和《最高人民法院关于审理环境侵权责任纠纷案件适用法律若干问题的解释》第 10 条"负有环境保护监督管理职责的部门或者其委托的机构出具的环境污染事件调查报告、检验报告、检测报告、评估报告或者监测数据等,经当事人质证,可以作为认定案件事实的根据"的规定,上述鉴定评估报告书合法有效,可以作为本案的定案依据。溢彩公司因其环境违法行为应承担的大气环境治理费用已经赔偿到位,故对于自然之友要求溢彩公司支付大气环境治理费用及要求对该费用进行鉴定的请求不予支持。

关于自然之友要求溢彩公司停止侵权行为、消除危险并赔礼道歉的诉请。根据上述鉴定评估报告书的认定,溢彩公司的 6 座玻璃炉窑烟气治理项目完成后,现可以达到颗粒物 $30mg/m^3$、二氧化硫 $200mg/m^3$、氮氧化物 $400mg/m^3$ 的排放标准,烟气脱硫脱硝设备运行稳定,故对于自然之友要求溢彩公司停止超标排放大气污染物的违法行为,消除不遵守环境保护法律法规行为对大气环境造成的危险的诉讼请求,依法不予支持。但溢彩公司并未就其环境违法行为公开赔礼道歉,故对于自然之友要求溢彩公司在省级以上媒体对其损害社会公共利益的行为公开赔礼道歉的请求予以支持。

关于自然之友主张的律师代理费,根据《环境民事公益诉讼司法解释》第22条"原告请求被告承担检验、鉴定费用,合理的律师费以及为诉讼支出的其他合理费用的,人民法院可以依法予以支持"的规定,自然之友主张律师代理费具有法律依据,且溢彩公司在答辩时也明确表示愿意支付,具体数额由法院核定。根据自然之友提交的其与北京市京伦律师事务所签订的委托代理协议,结合本案溢彩公司已赔偿的款项数额,经核定,本案律师代理费为20万元,该费用由溢彩公司予以支付。

综上,安徽省六安市中级人民法院依据《环境民事公益诉讼司法解释》第1条、第15条、第18条、第22条,《环境侵权责任纠纷司法解释》第10条,《民事诉讼法》第67条,《民诉法解释》第284条的规定,于2022年12月9日判决如下:

一、安徽溢彩玻璃器皿有限公司于本判决生效之日起三十日内就其环境违法行为在安徽省级媒体上公开赔礼道歉;

二、安徽溢彩玻璃器皿有限公司赔偿大气生态环境损害额度3,182,728元(已履行完毕);

三、安徽溢彩玻璃器皿有限公司于本判决生效之日起三十日内一次性支付北京市朝阳区自然之友环境研究所律师代理费200,000元。

一审判决宣判后,双方当事人在法定期间内均未上诉,一审判决已经发生法律效力。

上海瑞屋投资(集团)有限公司与芜湖悦家置业有限公司建设工程施工合同纠纷案

编者按

实际施工人直接以发包人为被告主张工程款时,如何审查实际施工人与发包人之间是否形成事实上的建设工程施工合同关系;在实际施工人与发包人之间未形成事实上的建设工程施工合同关系时,转包人或违法分包人与实际施工人之间约定有仲裁管辖条款的,应如何认定仲裁条款的效力及如何处理实际施工人对发包人的诉讼主张等,是司法实务中经常遇到的难题。本案例围绕案件具体事实,对相关问题分别予以逐项深入分析,焦点归纳准确,说理透彻,论证充分,逻辑严谨,有助于正确理解和适用《建设工程施工合同纠纷司法解释(一)》第43条规定,对厘清相关争议案件的裁判思路具有较好的借鉴价值。

裁判摘要

1. 实际施工人所举证据不足以证明发包人在与转包人或违法分包人签订施工合同时知道或应当知道其真实的合同相对方系实际施工人时,不宜认定实际施工人与发包人直接形成事实上的建设工程施工合同关系,应按转包或违法分包处理。

2. 转包人或违法分包人与实际施工人之间约定有效仲裁管辖条款,实际施工人未先行通过仲裁程序与转包人或违法分包人进行工程款项结算,而直接起诉要求发包人支付工程款的,人民法院不予以支持。

原告:上海瑞屋投资(集团)有限公司

法定代表人:芮某立,董事长

被告:芜湖悦家置业有限公司

法定代表人:王某,执行董事

第三人:江苏省建设集团有限公司

法定代表人:张某林,总经理

原告上海瑞屋投资(集团)有限公司(以下简称瑞屋投资公司)因与被告芜湖悦家置业有限公司(以下简称悦家置业公司)及第三人江苏省建设集团有限公司(以下简称江苏建设公司)发生建设工程施工合同纠纷,向安徽省芜湖市中级人民法院提起诉讼。

原告瑞屋投资公司诉称:2013 年 10 月 9 日,瑞屋投资公司以江苏建设公司的名义与悦家置业公司签订了施工合同,约定由江苏建设公司承建悦家置业公司开发的芜湖悦达广场工程。为明确瑞屋投资公司作为实际施工人的权利和义务,瑞屋投资公司与江苏建设公司于 2013 年 11 月 18 日签订承包合同书。依据悦家置业公司的指令,瑞屋投资公司进场进行施工。非瑞屋投资公司的原因导致工程延期,瑞屋投资公司克服种种困难努力组织施工,最终工程完工并经竣工验收质量为合格。瑞屋投资公司、悦家置业公司之间已经建立起事实上的施工合同关系,悦家置业公司应当直接向瑞屋投资公司支付工程款,请求判令:(1)悦家置业公司立即向瑞屋投资公司支付工程款 22,577,339.21 元,并支付相应利息(利息要求按照银行同期同类贷款利率上浮 10%,计算至实际款清日止),至起诉日利息暂计 432,562 元,本息暂合计 23,009,901.21 元;(2)本案诉讼费用由悦家置业公司承担。

悦家置业公司辩称:(1)瑞屋投资公司认为其与江苏建设公司之间存在挂靠关系无依据。(2)案涉工程并非由瑞屋投资公司全部施工,瑞屋投资公司不能单独主张案涉工程价款。(3)即使瑞屋投资公司系借用江苏建设公司资质与悦家置业公司签订施工合同,但在施工合同签订时,悦家置业公司并不知晓瑞屋投资公司借用江苏建设公司资质的事实,悦家置业公司属于善意的合同相对方;善意的信赖合同相对人系江苏建设公司,江苏建设公司单方虚假意思并不导致案涉施工合同无效。(4)悦家置业公司已与江苏建设公司对工程价款进行了结算,对于合同双方及实际施工人均产生约束力。

江苏建设公司述称:(1)瑞屋投资公司无证据证明其在合同签订时直接和悦家置业公司形成合同合意。(2)江苏建设公司与瑞屋投资公司之间的合同关系为先转包后联营。(3)瑞屋投资公司的诉请范围包含江苏建设公司投入的施工份额,瑞屋投资公司应当就其实际投入予以举证。(4)如按照瑞屋投资公司诉请判决,将不可避免地对瑞屋投资公司与江苏建设公司之间的仲裁事实提前作出认定,在实体上否认了实际承担了对外所有债务的江苏建设公司的工程款请求权。

安徽省芜湖市中级人民法院一审查明:

2013年,悦家置业公司委托南京建淳造价师事务所有限公司进行招标代理。2013年8月23日,江苏建设公司制作芜湖悦达广场工程施工投标函等文件。同年10月9日,悦家置业公司与江苏建设公司签订芜湖悦达广场工程施工合同,约定工程名称为芜湖悦达广场工程。同年10月8日,案涉工程监理安徽祥如建设工程咨询有限公司向江苏建设公司出具工程开工令。11月18日,江苏建设公司第二工程分公司与瑞屋投资公司签订芜湖悦达广场工程承包合同书,载明由悦家置业公司发包的芜湖悦达广场工程,已与江苏建设公司签订了芜湖悦达广场工程施工承包合同,江苏建设公司第二工程分公司与瑞屋投资公司协商约定由瑞屋投资公司承包施工主合同规定范围内的所有施工……如果存在争端或分歧协商不成时,应向南京市仲裁委员会申请仲裁。2016年3月3日,江苏建设公司江苏分公司与瑞屋投资公司签订芜湖悦达广场工程承包合同书补充协议,载明:2015年2月3日因瑞屋投资公司资金紧张,无法完全承担该项目的正常施工,经瑞屋投资公司提出并征得江苏建设公司同意,自2015年3月1日起,由江苏建设公司江苏分公司接手项目现场管理,并由瑞屋投资公司和江苏建设公司江苏分公司联合经营,共同完成该项目后续工程,并对项目的后续施工管理、资金投入及利益分配等达成协议……该协议为江苏建设公司第二分公司与瑞屋投资公司于2013年11月18日签订芜湖悦达广场工程承包合同书的补充协议,2015年2月3日经江苏建设公司同意转由江苏建设公司江苏分公司与瑞屋投资公司联合执行,该补充协议未涉及的内容双方同意仍以原主合同执行。

2016年12月21日,芜湖悦达广场综合2号楼、3号楼、4号楼和住宅1号楼、2号楼、3号楼等工程经过竣工验收。2017年6月23日,芜湖悦达广场综合1号楼、非人防地下室等工程经过竣工验收。瑞屋投资公司认可在悦家置业公司主张的应扣减款项中应承担审计费用1,021,048.56元。

另查明:瑞屋投资公司原以江苏建设公司、悦家置业公司为被告,诉至安徽省芜湖市中级人民法院。后江苏建设公司以与瑞屋投资公司存在仲裁协议为由,于2018年7月9日向安徽省芜湖市中级人民法院提出管辖权异议申请。安徽省芜湖市中级人民法院作出(2018)皖02民初50号裁定,驳回江苏建设公司提出的异议。江苏建设公司不服提起上诉,安徽省高级人民法院作出(2019)皖民辖终3号裁定书,裁定撤销安徽省芜湖市中级人民法院(2018)皖02民初50号裁定。此后瑞屋投资公司向安徽省芜湖市中级人民法院提出撤回对江苏建设公司起诉的申请,该院裁定予以准许,并追加江苏建设公司为第三人。

安徽省芜湖市中级人民法院一审认为:从瑞屋投资公司签订的承包合同的时间及内容来看,瑞屋投资公司与江苏建设公司就案涉工程系转包关系。从双方签订的芜湖悦达广场工程承包合同书补充协议及瑞屋投资公司向江苏建设公司申请解决"工程资金缺口"的内容来看,在案涉工程施工过程中,江苏建设公司因瑞屋投资公司的原因实际与瑞屋投资公司共同参与了工程施工。鉴于案涉工程系经过招投标程序确定江苏建设公司为施工单位,且江苏建设公司实际与瑞屋投资公司共同施工,故对于悦家置业公司来说,案涉建设工程施工合同的相对方系江苏建设公司。瑞屋投资公司提供的证据不足以证明系悦家置业公司在案涉工程招标过程中指定瑞屋投资公司挂靠江苏建设公司参与投标,并确定为江苏建设公司中标单位。瑞屋投资公司关于其与悦家置业公司形成事实上的合同关系的主张不能成立。瑞屋投资公司就案涉工程存在转包及共同施工关系的混合,应当依据双方的承包合同及补充协议,由其通过协商或仲裁方式,确定双方的权利义务。对于瑞屋投资公司与江苏建设公司就承包合同及补充协议的争议依法不应由主管审判,其应通过仲裁方式明确其是否享有工程款债权及其数额。依照法律规定,无论瑞屋投资公司与江苏建设公司就案涉工程系转包或挂靠关系,悦家置业公司仅在欠付江苏建设公司的工程款范围内对实际施工人承担责任。鉴于瑞屋投资公司与江苏建设公司签订的承包合同约定的争议解决方式为向南京市仲裁委员会申请仲裁,其应当通过协商或仲裁方式就其与江苏建设公司关于案涉工程的权利义务进行清理结算,确定其可以取得的工程款数额。瑞屋投资公司未通过协商或仲裁方式确定江苏建设公司欠付其工程款的数额,直接通过诉讼方式主张悦家置业公司承担支付工程款及逾期付款利息的法律责任,于法无据。

综上所述,依照《合同法》第58条、《建设工程施工合同纠纷司法解释》第2条、《建设工程施工合同纠纷司法解释(二)》第24条、《民法典时间效力司法解释》第1条的规定,安徽省芜湖市中级人民法院于2021年12月27日作出判决:"驳回瑞屋投资公司的诉讼请求。"

瑞屋投资公司不服一审判决,向安徽省高级人民法院提起上诉称:(1)一审法院在未作实质审查的情况下,仅以合同签订时间先后及内容为依据,根据事实的表象错误认定瑞屋投资公司与江苏建设公司之间系转包及共同施工关系。(2)一审法院对足可证明悦家置业公司明知瑞屋投资公司借用江苏建设公司资质的证据均未作审查认定,直接否定双方事实上的合同关系,违背证据认定规则,所作认定背离客观事实。(3)一审法院错误认定三方主体之间的法律关系,剥夺了瑞屋投资公司作为事实合同关系下实际承包人的工程款请求权,严重损害瑞屋投资公司合法权益。瑞屋投资公司与江苏建设公司之间存在争议及仲裁约定并不影响瑞屋投资公司实际承包人的法律地位及向发包人直接主张工程款的权利。(4)一审法院对瑞屋投资公司应承担的审计费用认定错误。(5)芜湖悦达广场工程承包合同书虽约定如果存在争端或分歧协商不成时,应向南京市仲裁委员会申请仲裁,但因合同是无效的,仲裁条款无约束力。合同中关于仲裁的条款,只应在涉及管辖权争议时适用,不应在涉及实体权利时被作为有效的约定予以适用,不应以此为理由判决先行通过协议或仲裁方式确定双方权利义务。芜湖悦达广场工程承包合同书关于仲裁条款的约定为"如果甲、乙方之前存在争端或分歧,双方……协商不成时,应向南京市仲裁委员会申请仲裁",明确指承包合同签订之前发生的纠纷,不包括承包合同签订之后产生的本案纠纷,更不包括补充协议履行时发生的纠纷。芜湖悦达广场工程承包合同书仲裁条款表述为应向南京市仲裁委员会申请仲裁,因南京市存在两家仲裁委员会(南京仲裁委员会、中国国际经济贸易仲裁委员会江苏仲裁中心),无法确定是其中的哪一家仲裁机构,仲裁条款无效。(6)《建设工程施工合同纠纷司法解释(二)》第24条明确规定实际施工人有权直接向发包人主张工程款,未规定需先行确定转包方欠付实际施工人工程款的数额。在可以查明悦家置业公司欠付工程款数额的情况下,瑞屋投资公司有权向悦家置业公司主张工程款及利息。(7)芜湖悦达广场工程承包合同书补充协议未生效亦未履行,更不构成联营关系。(8)一审法院不应既判决驳回瑞屋投资公司的诉讼请求,又告知其就此另行主张权利。

悦家置业公司辩称:(1)悦家置业公司信赖的合同相对方系江苏建设公司,悦家置业公司与瑞屋投资公司之间未形成合同关系。(2)瑞屋投资公司否认其与江苏建设公司之间形成转包关系和合伙联营关系,缺乏事实依据。(3)芜湖悦达广场工程承包合同书无效不影响合同中有关解决争议方法条款的效力。在当事人对于仲裁机构名称表述有瑕疵的情况下,应当作出合理解释来确定仲裁机构。对合同中约定的"如甲、乙方之前发生纠纷的……"中的"之前"作出合理解释,应为"之间",属于草拟合同时产生的笔误。(4)鉴于瑞屋投资公司与江苏建设公司之间的法律关系复杂,就案涉工程价款请求权双方存在争议,双方权利的争议应当按照双方约定的仲裁方式解决。瑞屋投资公司对江苏建设公司是否享有债权及债权的具体数额系其向悦家置业公司主张权利的首要条件。

江苏建设公司述称:(1)一审法院认定事实清楚,适用法律正确。(2)瑞屋投资公司并非本案涉案工程中的全部的投入方。根据本案的实际情况,厘清瑞屋投资公司的投入,需要瑞屋投资公司举证其所有施工投入的证据材料。这样就涉及实体审理瑞屋投资公司与江苏建设公司之间有仲裁条款的事实与对相关合同效力进行裁判。瑞屋投资公司无权要求法院在本案中对瑞屋投资公司与江苏建设公司之间的合同性质与结算方式、结算金额进行审查。(3)如果将全部剩余工程款判决给瑞屋投资公司,江苏建设公司工程款请求权的实体权利将被剥夺。(4)一审判决结果符合江苏建设公司与瑞屋投资公司联营的客观事实,确保了后续江苏建设公司与瑞屋投资公司的结算权利,未侵害瑞屋投资公司的实体权利。(5)仲裁条款中的相关瑕疵是笔误("之前"为"之间"的笔误),不影响仲裁条款效力。(6)芜湖悦达广场工程承包合同书补充协议不仅生效,且实际履行。

安徽省高级人民法院二审确认了一审法院认定的事实。

安徽省高级人民法院二审认为,本案的争议焦点是:(1)瑞屋投资公司与悦家置业公司之间就案涉工程是否形成事实上的建设工程施工合同关系。(2)瑞屋投资公司能否直接向悦家置业公司主张欠付工程款及利息;如能主张,则数额应如何确定。

一、关于瑞屋投资公司与悦家置业公司之间就案涉工程是否形成事实上的建设工程施工合同关系的问题

瑞屋投资公司在其向一审法院提交的民事起诉状中称,江苏建设公司在承接悦家置业公司开发的案涉工程之后,将工程转包给瑞屋投资公司实际承建。2013年10月9日,悦家置业公司与江苏建设公司签订芜湖悦达广场工程施工合同,约定由江苏建设公司承建悦家置业公司开发的芜湖悦达广场工程。2013年11月18日,江苏建设公司通过其设立的江苏建设公司第二工程分公司与瑞屋投资公司签订芜湖悦达广场工程承包合同书的形式,将芜湖悦达广场工程交由瑞屋投资公司承建。芜湖悦达广场工程承包合同书载明:悦家置业公司发包的芜湖悦达广场工程,已由悦家置业公司与江苏建设公司签订了芜湖悦达广场工程施工合同(主合同);瑞屋投资公司愿意接受和承担主合同规定的所有责任与义务,根据主合同及招标文件等文件,双方达成协议。由此可见,前述施工合同的签订时间及相关内容印证了瑞屋投资公司民事起诉状中对案涉工程由来的表述,即江苏建设公司从悦家置业公司承接工程后,将工程转包给瑞屋投资公司。瑞屋投资公司在2016年3月3日的芜湖悦达广场工程承包合同书补充协议中再次确认,瑞屋投资公司承建的案涉工程是从江苏建设公司承接而来。此外,施工过程中的工程款支付审批表、银行转账凭证等表明,先由江苏建设公司向悦家置业公司申请支付工程款,经审批后,悦家置业公司将工程款项支付给江苏建设公司;瑞屋投资公司在一审庭审中亦认可悦家置业公司未向其支付过工程款。施工过程中的联系单、通知单、形象进度确认单等表明,施工过程中系由江苏建设公司与悦家置业公司进行业务接洽、交涉。由此,进一步印证了瑞屋投资公司在一审民事起诉状中对案涉工程由来的自认。即便瑞屋投资公司确系借用江苏建设公司资质,以江苏建设公司名义与悦家置业公司签订并履行施工合同,但瑞屋投资公司所举证的短信、微信聊天记录及电子邮件等证据反映的部分人员的真实身份难以查证,且相关内容亦不足以证明悦家置业公司在与江苏建设公司签订施工合同时知道或应当知道其真实的合同相对方系瑞屋投资公司,不足以证明瑞屋投资公司与悦家置业公司直接就案涉工程形

成事实上的建设工程施工合同关系。因此,瑞屋投资公司以其与悦家置业公司直接就案涉工程形成事实上的建设工程施工合同关系为由向悦家置业公司主张工程款的诉讼主张,不应予以支持。

二、关于瑞屋投资公司能否直接向芜湖悦家置业公司主张欠付工程款及利息的问题

现有证据反映,悦家置业公司将案涉工程发包给江苏建设公司后,江苏建设公司又将其承包的案涉工程转包给瑞屋投资公司。悦家置业公司的合同相对方是江苏建设公司,瑞屋投资公司与悦家置业公司并非合同相对方,瑞屋投资公司仅能依据司法解释的特别规定向悦家置业公司主张工程款。《建设工程施工合同纠纷司法解释(一)》第 43 条第 2 款规定:“实际施工人以发包人为被告主张权利的,人民法院应当追加转包人或者违法分包人为本案第三人,在查明发包人欠付转包人或者违法分包人建设工程价款的数额后,判决发包人在欠付建设工程价款范围内对实际施工人承担责任。”依据该司法解释的规定,瑞屋投资公司虽然可以向悦家置业公司主张工程款,但判令悦家置业公司向瑞屋投资公司支付工程款的前提条件是要查清瑞屋投资公司的应得工程款数额是多少,也即查清江苏建设公司欠付瑞屋投资公司的工程款数额是多少。但江苏建设公司与瑞屋投资公司就案涉工程价款存在争议,无法协商解决。江苏建设公司与瑞屋投资公司签订的芜湖悦达广场工程承包合同书第 17 条约定以仲裁方式解决双方的纠纷,人民法院无权对双方之间的纠纷进行实质性审查,双方应当通过仲裁的方式对案涉工程的权利义务进行清理结算,从而确定瑞屋投资公司的应得工程款数额。

需特别指出的是,瑞屋投资公司诉称的仲裁条款无效及不适用案涉工程纠纷的问题,均不能成立。对此,具体分析如下。首先,瑞屋投资公司在 2018 年向一审法院提起本案诉讼时,将江苏建设公司与悦家置业公司均作为被告。江苏建设公司在一审答辩期间即依据芜湖悦达广场工程承包合同书第 17 条仲裁条款的约定,提出管辖权异议。一审法院虽裁定驳回了江苏建设公司提出的管辖权异议,但该裁定已被本院裁定撤销。其次,芜湖悦达广场工程承包合同书有效与否,均不影响其中关于解决争议的仲裁条款的效力。瑞屋投资公司以芜湖悦达广场工程承包合同书无效为由,认为其中的仲裁条款亦无效的上诉主张不能成立。虽江苏省南京市不仅有南京仲裁委员会,亦有中国国际经济贸易仲裁委员会江苏仲裁中心,但芜湖悦达广场工程承包合同书第 17 条约定的仲裁机构名称“南京市仲裁委员会”通

常即指南京仲裁委员会,不存在《仲裁法》第18条规定的因仲裁委员会约定不明而导致仲裁条款无效的情形。瑞屋投资公司以芜湖悦达广场工程承包合同书第17条约定的仲裁委员会不明为由,认为仲裁条款无效的上诉主张亦不能成立。最后,芜湖悦达广场工程承包合同书系江苏建设公司与瑞屋投资公司仅就案涉工程签订的合同,未涉及双方之前的其他工程或纠纷事宜,如合同中解决争议方法的条款不适用于案涉工程却专门适用于双方之前的争端或分歧,明显有违常理;且瑞屋投资公司亦未指出,更未举证证明双方之前存在何种争端或分歧。更为重要的是,瑞屋投资公司先将江苏建设公司与悦家置业公司均作为被告,向一审法院提起诉讼;在江苏建设公司一审答辩时依据仲裁条款提出管辖权异议后,瑞屋投资公司不仅未以仲裁条款系解决双方之前的争端或分歧为由提出抗辩,而且在本院撤销了一审法院作出的驳回管辖权异议后直接撤回了对江苏建设公司的起诉。故综合考虑"间(jian)"与"前(qian)"读音的谐音性、本案实际情况及日常生活经验,法院认为,仲裁条款虽载明"如果甲乙双方之前存在争议或分歧,双方应通过友好协商妥善解决;协商不成时,应向南京市仲裁委员会申请仲裁",但其中的"之前"应系误写,实际应系"之间"。因此,瑞屋投资公司认为芜湖悦达广场工程承包合同书第17条约定的仲裁条款仅适用于签订合同之前的纠纷而不适用案涉工程纠纷的上诉主张不能成立。综上,瑞屋投资公司对芜湖悦达广场工程承包合同书第17条约定的仲裁条款所提的异议均不能成立。

综上所述,瑞屋投资公司的上诉请求依据不足,安徽省高级人民法院依照《民事诉讼法》第177条第1款第1项的规定,于2022年9月19日判决如下:

驳回上诉,维持原判。

段某枝、季某桂、叶某与中国人民财产保险股份有限公司南京市分公司、福建人力宝科技有限公司人身保险合同纠纷案

编者按

互联网经济的高速发展催生了“平台＋骑手”的新型用工模式。“众包骑手”指的是平台对所有公众开放，任何人可通过外卖平台运营的配送 App 自行决定是否接单配送，骑手可以同时选择在多个外卖平台工作，故不同于平台的专送骑手。案涉对“众包骑手”的保险系新业态发展中产生的新兴保险类型。本案例明确了外卖平台虽为投保办理渠道，但保险合同法律关系在“众包骑手”个人与保险公司之间成立，投保人、被保险人和保险受益人都仍是该骑手，而非作为办理渠道的外卖平台。案件所体现的裁判理念厘清了“众包骑手”、外卖平台和保险公司之间的法律关系，解决了新业态形势下对保险法提出的新问题。

裁判摘要

外卖的"众包骑手"虽通过外卖平台投保商业保险并实际支付保费,但投保人、被保险人和保险受益人都是骑手本人,而非该外卖平台。保险合同并未明确约定,骑手在配送投保平台之外的订单时发生保险事故的,保险公司免赔。故保险公司以骑手在事故发生时所配送的平台订单并非代为投保的平台订单而主张免赔的,人民法院不予支持。

原告:段某枝

原告:季某桂

原告:叶某

被告:中国人民财产保险股份有限公司南京市分公司

负责人:娄某民,总经理

被告:福建人力宝科技有限公司

法定代表人:姚某骏,总经理

原告段某枝、季某桂、叶某因与被告中国人民财产保险股份有限公司南京市分公司(以下简称人保南京公司)、福建人力宝科技有限公司(以下简称人力宝公司)发生人身保险合同纠纷,向安徽省芜湖经济技术开发区人民法院提起诉讼。

原告段某枝、季某桂、叶某诉称:2020 年 5 月 14 日 18 时 40 分许,死者叶某红在万春商业街送外卖途中突发脑干出血晕倒,后经送医抢救无效,于 2020 年 5 月 15 日死亡。经查,美团外卖平台为死者叶某红在被告人保南京公司投保了众包骑手意外险,约定被保险人突发疾病死亡或者在 48 小时内经抢救无效死亡的,保险人应当给付 60 万元的突发疾病身故保险金,保险期间为 2020 年 5 月 14 日 5 时 24 分至 2020 年 5 月 15 日 1 时 30 分。事故发生后,原告作为第一顺位法定继承人依约向被告人保南京公司主张赔偿身故保险金,但被告人保南京公司以种种理由推脱,并表示只愿意支付 6 万元。原告认为叶某红的死亡符合保险合同约定的突发疾病在 48 小时内经抢救无效死亡的情形,被告人保南京公司拒绝全额支付身故保险金,严重侵害了原告的合法权益。请求判令:(1)人保南京公司向原告支付叶某红身故保险金 60 万元;(2)被告人保南京公司承担诉讼费用。

被告人保南京公司辩称:案涉"美团骑手保障组合产品保险单"特别约定第 3

条第3款约定:本保单扩展承保在保险期间内因身体急性症状发生后即刻或48小时内经抢救无效导致的猝死责任,但由既往病史导致的突发经病身故不属于保险责任;如发生猝死事故,必须由有鉴定资格的医院或者公安部门指定法医鉴定机构进行尸检以确定死亡原因,如未能提供相关证明材料导致无法确定死亡原因的,在已有证据可排除既往症原因的情况下,保险人按不超过身故限额的10%进行赔付。本案中,根据接处警情况登记表记载,叶某红系在万春商业街晕倒,经医院诊断为突发性脑干出血或高血压。据2020年5月14日的门诊病历记载,叶某红有高血压病史10余年,未服药控制;叶某红于2020年5月15日死亡。通过医学检索可知,导致脑干出血的原因大致分为以下几种:最常见的是原发性高血压引起的脑干出血、服用抗凝性药物引起脑干出血、外伤引起脑干出血、肿瘤性疾病。本案中,排除了服用抗凝药物、外伤、肿瘤的因素,且伤者自身存在高血压病史情况,引起脑干出血的原因只能是高血压。本案原可以通过司法鉴定明确参与度,但在未进行尸检以确定死因的情况下,叶某红遗体即被火化,致死亡原因无法查清。现未能有相关证明材料导致无法确定死亡原因,而目前已有证据也无法排除既往症原因,因此保险人无法理赔。即使认定保险人需要赔付,根据保单约定,保险人的合理赔付也应按不超过身故限额的10%即6万元赔付。案涉"美团骑手保障组合产品保险单"每单只收取3元的保费,条款均是经过银保监会备案,低保费正是基于特别约定载明的保险责任和范围而确定,叶某红通过被告人力宝公司投保,应当遵循保单的相关约定。

被告人力宝公司辩称:叶某红通过美团平台注册成外卖骑手,通过美团平台与人力宝公司签订了网约配送员协议,叶某红通过美团平台自主选择、完成配送服务事项,在事项完成后获得相应的服务报酬。2020年5月14日5时24分40秒,叶某红开始配送订单,平台自动扣取3元保险费,生成"美团骑手保障组合产品保险单",保险期限为2020年5月14日5时至2020年5月15日2时。2020年5月14日,叶某红配送8单,最后一单送达时间为16时45分44秒;此后,叶某红处于美团平台下线状态,未有接单。根据原告提供的证据,叶某红突发脑干出血为18时44分,已经距离配送结束将近2个小时,没有在美团外卖平台提供配送的可能性。据人力宝公司了解,叶某红在两个外卖平台提供配送,事发时在为"饿了么"平台提供配送。

安徽省芜湖经济技术开发区人民法院一审查明:

原告段某枝、季某桂、叶某为叶某红亲属,叶某红系美团平台的注册骑手。美团平台会在骑手当日首次成功接单时收取骑手3元,由骑手所属的劳务公司为骑手购买意外伤害等相关保险。2020年5月14日,叶某红从美团平台首次接单时,被告人力宝公司为其在被告人保南京公司投保了美团骑手保障组合产品保险,其中意外身故、残疾每人保额为60万元,叶某红为此支付了保费3元。当日18时40分,芜湖市公安局经济技术开发区分局万春派出所接到"110"指令称,在万春商业街有名男性外卖员(后经核实为叶某红)晕倒。民警赶往现场后同"120"急救车将叶某红送往芜湖市第一人民医院救治。经芜湖市第一人民医院门诊诊断叶某红为脑出血,后叶某红转往皖南医学院弋矶山医院继续救治。皖南医学院弋矶山医院门(急)诊病历记载处理意见为脑干出血、双瞳散大、无自主呼吸,无手术指征、预后不良,随时有死亡可能、维持生命体征。2020年5月15日,叶某红出院,出院诊断为脑干出血、高血压,出院情况为深昏迷、双侧瞳孔散大固定、对光反射消失、刺痛无反应、机械通气中,去甲肾上腺素维持血压。当日,叶某红出院后在家中死亡,社区卫生服务机构及公安机关出具的安徽省居民死亡医学证明(推断)书记载的死亡原因为脑内出血。

另查明:被告人保南京公司出具的"美团骑手保障组合产品保险单"(电子保单)上并无投保人和被保险人签名或签章。投保后,叶某红的美团App中"保险说明"内第1.3条载明"突发疾病身故:最高赔偿限额60万元人民币。在保险合同保险期间内,被保险人在工作时间和工作岗位突发疾病死亡或者在48小时之内经抢救无效死亡(既往症原因除外),保险人按照保险合同约定的保险金额给付突发疾病身故保险金,本附加保险合同终止"。第2条载明保险期间为被保险人当日第一次接单开始至当日24时,如在当日24时送单尚未结束的,保险期间最长可延续至次日凌晨1时30分,最长为25.5个小时。第6条保险条款中的意外伤害保险条款无法打开。

安徽省芜湖经济技术开发区人民法院一审认为,被告人保南京公司辩称案涉"美团骑手保障组合产品保险单"特别约定第3条第3款已有约定,该保单扩展承保在保险期间内因身体急性症状发生后即刻或48小时内经抢救无效导致的猝死责任,但由既往病史导致的突发疾病身故不属于保险责任;如发生猝死事故,必须由有鉴定资格的医院或者公安部门指定法医鉴定机构进行尸检以确定死亡原因,如未能提供相关证明材料导致无法确定死亡原因的,在已有证据可排除既往症原因的情况下,保险人按不超过身故限额的10%进行赔付。根据病历、出院记录记载叶某红有高血压病史,叶某红的情况可能系高血压导致的脑干出血进而死亡,在未经尸检确定死亡原因的情况下保险人无法赔付。但根据被告人保南京公司提交的证据,无法证明被告人保南京公司已就保险条款、特别约定等向投保人、被保险人履行了明确说明、告知义务;且被保险人通过美团平台上的保险说明也无法知晓相关保险条款内容及猝死事故发生后应当由具有相应资质的机构进行尸检以确定死因的特别约定,故关于必须由有鉴定资格的医院或者公安部门指定法医鉴定机构进行尸检以确定死亡原因的相关约定对被保险人叶某红及其亲属并不产生效力,亦不能由原告方承担未尸检确定叶某红死亡原因而被保险人拒赔的责任。本案中,叶某红在保险期限内发生脑干出血的病症,并在经医院抢救后仍深昏迷、双侧瞳孔散大固定、对光反射消失、刺痛无反应、仅靠机械通气及去甲肾上腺素维持呼吸及血压等生命体征,且出院当日即因脑出血死亡,属于保险合同约定的在保险期限内因突发身体急性症状48小时内经抢救无效导致死亡的情形,对三原告要求被告人保南京公司在意外身故保险限额范围内赔付保险金60万元的诉请予以支持。

据此,安徽省芜湖经济技术开发区人民法院依照《保险法》第13条、第14条、第17条,《民事诉讼法》第64条的规定,于2020年12月17日作出判决:"被告中国人民财产保险股份有限公司南京市分公司于本判决生效后十五日内支付原告段某枝、季某桂、叶某叶某红死亡赔偿金60万元。"

一审宣判后,人保南京公司不服一审判决,向安徽省芜湖市中级人民法院提起上诉。

人保南京公司上诉称:(1)保险人就保单内容已向投保人履行了提示及明确说明义务,保单约定条款对投保人及被保险人具有约束力。案涉保险为线上投保,投保过程中必须强制阅读保单内容才能进行下一步操作,否则无法成功投保。因此,人保南京公司在投保时已针对保单内容向投保人尽了提示及说明义务。即便存在被保险人不知晓保单内容的情况,责任也在于人力宝公司未向被保险人尽到提示说明义务,与人保南京公司无关,相关的赔偿责任应当由投保人人力宝公司承担。人力宝公司投保了大量同险种的保险,应当熟知此类保险的保险范围,一审法院认定事实错误。(2)案涉保单是电子保单,是为了方便美团众包的兼职骑手灵活投保,保费与保险内容和范围挂钩。投保人及被保险人在享受电子投保便利的同时,也应遵循电子保单的约定和内容。(3)案涉"美团骑手保障组合产品保险单"特别约定第3条第3款已有约定,本案中,根据接处警情况登记表记载,叶某红系在万春商业街晕倒,经医院诊断为突发性脑干出血和高血压;2020年5月14日的门诊病历记载,叶某红高血压病史10余年,未服药控制;叶某红于2002年5月15日死亡。因此,本案不能排除叶某红的死亡是高血压病史导致。而段某枝、季某桂、叶某及人力宝公司未提供证据证明已就叶某红死亡事实及时向人保南京公司履行了告知义务,在人保南京公司不知情的情况下,在叶某红死亡后的第三天即火化遗体,导致叶某红的真实死因无法查明,相关责任应当由原告或人力宝公司承担。即便人保南京公司需要进行赔付,也应根据保单约定,按照不超过身故限额的10%即6万元进行赔偿。综上,请求撤销一审判决,依法改判。

被上诉人段某枝、季某桂、叶某共同辩称:(1)一审法院认定被保险人叶某红符合保险理赔情形,且保险公司未尽到保险条款的解释说明义务,拒赔条款对被保险人叶某红及亲属不发生效力,系认定事实清楚,适用法律正确。案涉保单从骑手接第一单后直接扣费予以投保,无须强制阅读保单内容。(2)其在一审中已提交报警记录、出院记录、死亡诊断证明书等材料,足以证明死亡时间等事实。作为死者家属,截至一审开庭前,未收到人保南京公司的保险单或电话,仅在理赔被拒时才告知死者需要尸检。人保南京公司以此归责于死者家属,显然没有事实依据。此外,保单中关于尸检的约定系免责条款,人保南京公司并未举证证明其已向死者或投保人履行了提示和告知义务。(3)人保南京公司主张在工作时间及工作岗位发生的事故才符合理赔条件,但该意外保险说明系美团平台系统发布,并非保险条款,附加的理赔条件对死者不发生效力。保险说明存在于保险合同的协商阶段,是在保险单出具之前,保险承保范围应当以保险单记载的为准。(4)无论是保险说明还是保险条款以及特别约定都是保险公司格式条款,理解不一致时,应从有利于当事人的角度进行解释。(5)即便认可工作时间和工作岗位作为理赔前提,保险说明中也未约束具体的工作,事发时被保险人在"饿了么"平台配送,并不妨碍被保险人在美团平台也属于上班时间。劳动法并没有禁止劳动者不得在多家企业任职。故被保险人完全符合工作时间和工作岗位的要求。一审中,因美团平台的保险说明中没有必须尸检的记载,人保南京公司就以保险单中记载必须尸检为由拒赔;二审中,人保南京公司依然将该观点作为拒赔的理由。现又以保险说明中约定"在工作时间和工作岗位”为由,否认保险单约定的效力。人保南京公司任意选择适用对自己有利的文字表述,不仅违反了保险法对保险条款的理解适用,还有违社会赋予保险公司的责任与义务。(6)本案中,叶某红通过美团平台支付了保费,保险公司收取保费后通过美团平台显示了投保日期、险种、保险期间、承保公司的信息,并生成了电子保单,足以证明案涉保险合同成立并生效。另,无论是根据美团平台显示的保险内容还是保险公司提供的保单,案涉事故均发生在保险期间内。

一审被告人力宝公司辩称:案涉保险名为“美团骑手保障组合产品”保险,但该保险是用于美团外卖平台服务的,骑手是负责在规定时间内到指定商家拿餐并按时送达买家指定地点的送餐人员,即该保险的目的在于保障整个送餐过程。从保单载明的起保时间为骑手第一次接单时间(以实际接单时间)为准来看,该保险并不保障在此之前被保险人受伤或致人受伤的情形。叶某红在注册成为美团骑手后,对是否提供配送享有自主决定权,也可随时解除配送退出美团平台,即可以随时结束美团骑手状态,案涉保险也不再对其提供保障,骑手亦不再是被保险人。案涉保单显示保险期间至次日24时,仅是为了保障订单配送的时间,而非对骑手结束配送状态后仍保障至次日24时。本案中,叶某红对是否提供配送享有自主决定权,其作为完全民事行为能力人,知晓每天美团平台提供配送时需要购买美团骑手保障产品保险,该保险系保障其在工作中自身受损或致人损害。根据人保南京公司提供的其他平台的配送记录,以及从叶某红家属处了解到的情况,可知案涉事故发生时,叶某红并非在美团平台提供配送服务,故人力宝公司以及人保南京公司均无须在本案中承担赔偿责任。

二审中,上诉人人保南京公司提交一份上海拉扎斯信息科技有限公司出具的叶某红于2020年5月14日在“饿了么”平台的配送记录,证明案涉事故发生时,叶某红配送的是“饿了么”平台订单,而非美团平台订单。被上诉人段某枝、季某桂、叶某质证称,对该份证据真实性及证明目的均不予认可。一审被告人力宝公司质证称,认可该份证据真实性及证明目的。安徽省芜湖市中级人民法院经审查认为,对该份证据的真实性予以采信。

安徽省芜湖市中级人民法院经二审,确认了一审查明的事实。

安徽省芜湖市中级人民法院二审认为,本案二审的争议焦点为人保南京公司是否应当承担保险赔偿责任。

案涉“美团骑手保障组合产品保险”系由骑手所属劳务公司人力宝公司为骑手

在人保南京公司处投保,并于骑手当天在美团平台首次接单时,自动扣除骑手3元的保费。其中包含意外伤害险,保险范围包括被保险人在工作期间和工作岗位突发疾病死亡或者在48小时之内经抢救无效死亡的突发疾病身故。本案中,叶某红生前系美团众包骑手,于2020年5月14日接单时购买了众包骑手意外险,因突发脑干出血不幸身亡。现人保南京公司上诉主张其不应对叶某红的死亡承担保险赔偿责任,理由有两点:一是其已就保单中的免赔事由向投保人履行了提示说明义务,即“美团骑手保障组合产品保险单”(电子保单)(以下简称保险单)特别约定部分第3条约定,由既往病史导致的突发疾病身故不属于保险责任;如发生猝死事故,必须由有鉴定资格的医院或者公安部门指定法医鉴定机构进行尸检以确定死亡原因,如未能提供相关证明材料导致无法确定死亡原因的,在已有证据可排除既往症原因的情况下,保险人按不超过身故责任限额10%进行赔付。叶某红有高血压病史10余年,未服药控制,不排除死亡原因系高血压所致,且因叶某红家属原因致叶某红的真实死亡原因无法查明,人保南京公司仅应承担不超过身故责任限额10%的赔偿责任。二是案涉保险系为美团骑手在配送美团订单过程中提供保障服务,人保南京公司承保的前提是骑手配送的订单属于美团平台。但案涉事故发生时,叶某红配送的订单属于“饿了么”平台,不符合保险条件,案涉保险合同并未生效。对此,法院认为,认定人保南京公司是否承担保险责任需厘清以下问题:(1)案涉保险合同是否生效,案涉事故是否属于保险理赔范围;(2)人保南京公司主张的免赔事由是否成立。

关于问题一。“众包模式”是指平台对所有公众开放,任何人可通过外卖平台运营的配送App注册,并自行决定是否接单配送,平台对骑手的工作时间、接单数量等不作硬性要求的模式,而通过该模式参加配送活动的骑手称为“众包骑手”。不同于平台专送骑手,该模式下的骑手具有工作时间碎片化以及工作地点自由化的特征,通常骑手可以同时选择在多个外卖平台工作,与平台之间的关系归属并不唯一、人身依附性并不紧密。案涉保险为商业保险而非工伤保险,投保是为了保障骑手的人身安全及分担致人损害的赔偿责任,即保险的受益人为骑手而非美团平台。案涉保险投保方式为电子投保,骑手每天在接受第一单外卖派送时购买当天的众包骑手意外险,即自系统扣除骑手保费之时,保险合同业已生效。最长保险期间是从骑手首次接单时至次日凌晨1点半;保险范围包括被保险人在工作时间和工作岗位突发疾病死亡或者在48小时之内经抢救无效死亡。本案中,叶某红在保险期间内因脑内出血死亡,符合保险合同约定的48小时之内经抢救无效死亡情形,属于保险理赔范围。现人保南京公司上诉主张叶某红在事故发生时,配送的为“饿了么”平台订单,并非美团平台订单,不符合保险理赔条件。但前文已论述案涉保险保障的是骑手的人身权益而非美团平台的权益。且从案涉保险合同关系来看,美团平台在骑手当天首次成功接单时收取骑手3元,由骑手所属的劳务公司为骑手购买意外伤害等相关保险,可见,保险费亦系骑手本人支出,而非美团平台支出,案涉保险合同关系实质存在于骑手与保险公司之间,美团平台仅起到了联系组织作用,其并非案涉保险的实际受益人。另,该险种的客户群体为众包骑手,人保南京公司作为保险格式合同的提供方,在设立保险条款时,应知悉该类被保险人的工作特性及可能存在的风险隐患,若其基于降低自身赔付风险的考量,需对众包骑手的兼职属性进行限制,应在保险条款中明确注明若众包骑手配送投保平台之外的订单时发生保险事故,保险公司不予理赔。但案涉保险条款中未约定被保险人须在配送美团平台订单时发生保险事故人保南京公司才予以赔付。故人保南京公司的该项上诉请求不能成立。

关于问题二。案涉保险单及众包骑手意外保险说明系格式条款,是为了重复使用而预先拟定,并在订立合同时未有与对方协商的条款。该条款由人保南京公司单方提供,供不特定的对象重复使用。其有义务对保险合同中免除保险人责任的条款,在订立合同时在投保单、保险单或者其他保险凭证上作出足以引起投保人注意的提示,并对该条款的内容以书面或者口头形式向投保人作出明确说明;未作提示或者明确说明的,该条款不产生效力。案涉保险以电子投保的形式购买,人保南京公司主张的因既往病史导致的突发身故以及需有相关鉴定资质的机构确定死因的免赔条款明显属于免除保险人责任的条款,其应提交充分有效的证据证明在缔约合同时以特别提示或说明的方式提请对方注意前述条款,如在合同中用黑体字予以特别标记,或以颜色、大小、下划线等方式进行特别标记等。但从本案现有证据看,人保南京公司并未履行相应的提示和说明义务。且人保南京公司主张叶某红有高血压病史10余年,未服药控制,不能排除叶某红的死亡系高血压病史所致。然高血压系既往病症,而脑干出血系突发疾病,脑干出血的发病原因诸多,虽高血压系诱发脑干出血的常见原因之一,但并不是唯一原因,并不能当然以存在高血压病史为由免除保险责任。故人保南京公司主张的免赔事由不能成立。

此外,案涉保险系新业态发展中产生的新兴保险种类,其设立除具有分散风险的保障功能,更为了加强对众包骑手合法权益的保障。本案中,保险公司按照保险合同约定对众包骑手在兼职配送时发生的保险事故承担赔付责任,并未加重其保险责任,也符合保险法维护社会经济秩序和社会公共利益的立法本意。

综上,上诉人人保南京公司的上诉请求不能成立,依法不予支持。安徽省芜湖市中级人民法院依照《民事诉讼法》第 169 条、第 170 条第 1 款的规定,于 2021 年 5 月 20 日作出判决:

驳回上诉,维持原判。